U0920636

长庆石油勘探局年鉴

2001—2004

（三）

长庆石油勘探局　编

石 油 工 业 出 版 社

图书在版编目(CIP)数据

长庆石油勘探局年鉴:2001—2004/长庆石油勘探局编
北京:石油工业出版社,2005.4
ISBN 7-5021-5025-0

Ⅰ.长...
Ⅱ.长...
Ⅲ.鄂尔多斯盆地-油气勘探-工业企业-2001—2004-年鉴
Ⅳ.F426.22-54

中国版本图书馆 CIP 数据核字(2005)第 019080 号

长庆石油勘探局年鉴
2001—2004/长庆石油勘探局编

出版发行:石油工业出版社
(北京安定门外安华里 2 区 1 号　100011)
网　址:www.petropub.cn
总　机:(010)64262233　发行部:(010)64210392
经　销:全国新华书店
印　刷:长庆石油勘探局长庆石油报社印刷厂印刷

2005 年 4 月第 1 版　2005 年 4 月第 1 次印刷
787×1092 毫米　1/16　印张:118.5　插页:17
字数:2934 千字　印数:1—1050 册

ISBN 7-5021-5025-0/TE·3498
定价:680.00 元(全三册)
(如出现印装质量问题,我社发行部负责调换)

目　　录

《长庆石油勘探局年鉴》重要资料卷

中国石油天然气集团公司领导讲话

重组重要讲话及文件

长庆石油勘探局党委、长庆石油勘探局重要文件

长庆石油勘探局领导讲话

2000 年

2001 年

2002 年

2003 年

附　录

编后记

长庆石油勘探局年鉴

重要资料卷

中国石油天然气集团公司领导讲话

中国石油天然气集团公司总经理马富才同志在西气东输靖边至上海进气仪式上的讲话

（2003 年 10 月 1 日）

尊敬的洪峰副省长，
各位领导、各位嘉宾，
女士们，先生们：

在举国上下欢庆伟大祖国诞辰 54 周年的时刻，我们在陕西靖边压气站现场举行隆重的进气仪式，向国内外郑重宣告：西气东输工程东段管道已经建成，陕北的天然气开始输往上海和长江三角洲等广大地区！这是党中央、国务院亲切关怀的结果，是国家西气东输工程领导小组及国家有关部委、沿线地方党委和政府，以及各族人民群众大力支持的结果，也是参建各单位团结协作、顽强拼搏的结果。在此，我代表中国石油天然气集团公司、中国石油天然气股份有限公司，向关心、支持西气东输工程建设的各级领导、有关人员、国外专家、新闻界朋友和各族人民群众表示衷心的感谢！向长期以来关心和支持中国石油在陕企业发展的陕西省委、省政府和各地人民表示诚挚的谢意！向按期、优质、安全、高效完成建设任务的广大工程建设者表示亲切的慰问，并致以崇高的敬意！

西气东输靖边至上海段管道，干线全长 1458 千米，途经陕西、山西、河南、安徽、江苏、浙江、上海 7 个省市，穿越黄土高原、太行山脉、黄淮海平原和江南水网等多种地形地貌，延水关隧道穿越黄河、郑州定向钻顶管穿越黄河和南京盾构隧道穿越长江“三大控制性工程”全部集中在这一段，是西气东输工程中条件最复杂、施工难度最大的一段工程。自 2001 年 9 月试验段试验。特别是去年 7 月 4 日全线开工以来，中国石油精心组织，各参建单位通力合作、日夜奋战，克服了施工上、技术上等一系列难以想像的困难和挑战，特别是今年以来面对突如其来的非典疫情、部分地区特大洪灾和罕见的持续高温，众志成城、迎难而上，开展了“高扬党旗、决战百日”活动，取得了抗击非典、战胜洪灾、战胜高温和工程按期推进的全面胜利。9 月中旬，国家西气东输工程领导小组第六次工作会议召开后，广大建设者深受鼓舞和鞭策，认真学习贯彻落实会议精神，特别是学习贯彻曾培炎副总理的重要讲话，进一步做好工程收尾、投产准备、工程验收、管道保护等工作，使工程全面具备了进气的条件。

作为西气东输靖边至上海段启动气源的陕北气区，在探明天然气地质储量超过万亿立方米和已建成 48 亿立方米天然气生产能力的基础上，今年又完成了 27 亿立方米的产能建设任务，为东段供气做好了充足的资源准备。

西气东输的目标市场是上海和长江三角洲等中东部地区。目前，中国石油已与河南、安徽、江苏、浙江的 17 家用户，草签了天然气销售合同，还与上海和扬子巴斯夫公司签署了备忘录。协议用气量已占设计年输量 120 亿立方米的 50%以上。下游天然气市场用户和项目可靠落实，部分已做好了接气、用气的准备。

西气东输工程的下一步目标是:2004年1月1日靖边至上海段正式向上海商业供气,2004年10月1日塔里木盆地轮南进气。为此,要继续做好以下工作:

(1)加强东段试运投产的组织领导,严格按照技术方案和生产规程操作,制订各种应对预案和措施,确保投产一次成功。同时,精心制订和优化运行方案,加强产、运、销的协调,做好管道运营的日常管理和维护,确保管道投产后安全平稳高效运行。

(2)进一步加强上游资源勘探,努力增加可采储量,科学部署气田开发方案,按计划推进塔里木和长庆气区的产能建设,保证西气东输管道的长期稳定供气需求。

(3)加快轮南至靖边段管道建设,抓紧完成主体焊接、中卫黄河跨越、工艺站场及配套设施建设等工程,做好管道保护、水工保护、竣工验收等工作,按期实现全线贯通。

中国石油天然气集团公司副总经理、中国石油天然气股份公司总裁陈耕同志在长庆油田庆祝油气当量突破1000万吨暨2003年总结表彰大会上的讲话

(2003年12月1日)

同志们:

在集团公司、股份公司上下掀起学习贯彻"三个代表"重要思想新高潮,认真贯彻落实党的十六大和十六届三中全会精神,为全面超额完成今年业绩目标而奋力拼搏的关键时刻,从我国鄂尔多斯盆地传来捷报,长庆油田年产油气当量突破1000万吨大关,全年原油产量将迈上700万吨新台阶、天然气产量将突破50亿立方米,成为我国陆上第五大、西部第二大油气田,中国石油第四大油气田、第二大气区,这是中国石油的一件大事,也是长庆油田发展史上的一个重要里程碑。在此,我代表中国石油天然气集团公司党组,代表集团公司和股份公司,向为长庆油田增储上产作出重要贡献的长庆石油勘探局、长庆油田分公司的全体干部、职工和家属,表示热烈的祝贺和亲切的慰问!向曾在长庆油田工作并始终关心和支持长庆油田发展的各级领导同志,表示衷心的感谢和崇高的敬意!向为油田发展作出突出贡献、刚才受到表彰的先进集体、先进个人表示热烈的祝贺!

刚才王道富同志总结回顾了长庆油田年产油气当量突破1000万吨的艰难历程,使我们又一次受到了石油战线光荣传统和大庆精神、铁人精神的教育,也使我们感受到建设千万吨级油气田的这一成绩,确实来之不易。长庆油田勘探开发会战始于1970年,33年来,历届领导班子、几代长庆石油职工,始终以振兴我国油气事业为己任,坚持党的基本理论、基本路线和基本纲领,认真贯彻执行党和国家的各项方针政策,长期奋战在黄土高原,转战陕、甘、宁、蒙,面对艰苦的自然条件,面对复杂的外部环境,面对"三低"油气藏的客观现实,弘扬"铁人"精神,矢

志不渝，排除万难，反复实践，反复认识，不断取得油气田勘探的新突破，不断创出油气田高效开发的新成果，为我国油气事业的持续稳定发展、陕甘宁蒙地区的经济繁荣作出了重大贡献。尤其是重组改制四年来，长庆油田坚持甩开预探和滚动勘探开发并重，把原油生产作为发展的根本、天然气生产作为新的经济增长点，加大产能建设和重点工程建设力度，油气储量连年大幅增长，油气产量每年跃上一个新台阶。截至目前，长庆油田已经累计探明石油储量11.91亿吨，探明天然气储量11143亿立方米，形成原油生产能力811万吨，天然气生产能力75亿立方米，成为中国石油增储上产的主力地区，是实现集团公司和股份公司国内原油产量稳中有增、天然气业务快速增长的主力军之一。与此同时，工程技术服务更专更强，矿区面貌日新月异，职工生活水平大幅提高，油田综合实力显著增强。33年来，长庆石油人谱写了一部艰苦创业、不断发展、铸就辉煌的历史。长庆油田年产油气当量突破1000万吨，实现了低渗透油气田开发的历史性跨越，鄂尔多斯盆地成为继东北松辽、渤海湾、新疆准噶尔等盆地之后中国石油又一新兴能源中心。这对于股份公司建设具有国际竞争力的大型石油公司、实现持续有效快速发展，对于集团公司加速实现“两个转变”、推进具有国际竞争力的跨国企业集团建设，对于国家加快推进西部大开发、促进陕甘宁蒙地区的经济振兴和民族团结，具有十分重要的意义。

长庆油田在中国石油的整体发展中占有极其重要的地位。年产油气当量突破1000万吨，标志着长庆油田跨入了一个新的发展阶段。我们希望，长庆油田的广大干部职工要以此为新的起点，全面贯彻落实党的十六大和十六届三中全会精神，以“三个代表”重要思想为指导，进一步解放思想，与时俱进，艰苦奋斗，开拓进取，在新的发展阶段再创新的辉煌。针对长庆油气事业的发展，我再提几点要求。

一、坚定不移地把发展放在首位，大力加强油气勘探开发，实现持续增储上产

党的十六届三中全会提出了“积极推进西部大开发，有效发挥中部地区综合优势，支持中西部地区加快改革发展，振兴东北等老工业基地，鼓励东部有条件地区率先基本实现现代化”的要求。这对我们的发展提出了更高的标准，同时也提供了新的机遇。目前，国内油气供需矛盾日显突出，公司油气产量虽然有所增长，但增长幅度远低于市场需求。中国石油作为在国内油气行业占据主导地位的石油公司，在保障国家能源安全、促进国民经济持续快速健康发展方面担负着重大责任。中西部是中国石油最重要的资源接替战略地区，鄂尔多斯盆地石油探明率只有13%左右，天然气探明率11%左右，尽管面临“低压、低渗、低产”诸多难题，但含油气面积大，油气质量好，这是我们得天独厚的资源优势。长庆油田的广大干部职工，要进一步增强责任感和使命感，精心组织，周密部署，狠抓落实。石油勘探要突出重点，选择有利地区，积极扩大延长统油层和上、下古生界气层的勘探成果；石油开发要继续打好西峰及周边油田开发、志靖—安塞连片扩大及老油田滚动勘探开发三大战役；天然气开发也要继续抓好靖边气田开发、苏里格气田开发攻关和榆林等老气区滚动勘探开发三个重点；工程技术服务要继续做专、做精做强，确保油气储量和产量的持续稳定增长，为中国石油的更大发展再立新功。

二、要牢固树立科技是第一生产力的思想，坚持依靠科技进步，不断提高油气勘探开发工程技术水平

长庆油田勘探开发的快速发展证明，没有技术的进步，就没有安塞低渗透油田的开发成功，就没有西峰油田的发现，苏里格气田的大规模开发建产也将不可能实现。油田分公司和勘探局要加强协调，密切配合，针对勘探开发上遇到的各类技术难题，大力开展科技攻关、联合攻关，不断推出先进适用的工程技术，并形成比较充分的技术储备。特别是对于鄂尔多斯盆地这样的“三低”油气藏，要突出解决地质认识、储层改造和配套的工程技术，形成与不同油田、不同储层、不同开发阶段相对应的工艺技术方案，当前要全力打好苏里格气田高效开发科技攻关仗，形成全面优化、配套适用的开发技术，为上古气田的有效开发积累宝贵的经验。

三、要坚持以控制投资和降低成本为重点，全面强化企业管理，努力实现有效发展

今后几年，长庆油田仍是中国石油投资的重点油气区。对长庆油田而言，必须进一步加强投资项目的计划、实施、投运等全过程管理，认真开展项目后评估，积累经验，找出问题，及时整改，进一步提高投资的有效性。下大力气做好老油田简化、新油田优化两篇大文章，最大限度地控制投资规模。要优化钻井管理，实现安全高效，降低成本，努力提高工程技术服务水平。要在全油区大力倡导厉行节约，深入挖潜增效，全员动员，广泛、持久地开展节能节水活动，努力提高资源利用效率和效益。继续强化HSE管理，提高管理水平，杜绝重大安全事故的发生，确保生产经营各项工作的安全平稳运行。要按照从严管理、科学管理、规范管理的要求，继续加强各项管理基础工作。

四、要坚定不移地深化企业改革，不断为企业发展注入新的活力和动力

要按照集团公司全面建设具有国际竞争力的跨国企业集团的统一部署和要求，树立强烈的改革意识，自觉地把思想认识从那些陈旧的观念、做法和体制的束缚中解放出来，以改革为动力，在改革中求发展。要坚持以市场为导向，以效益为中心，进一步理顺和完善油田内部的管理体制和运行机制，推进主辅分离和辅业改制工作，建立起面向市场、适应市场，能够比较从容应对市场挑战和市场风险的管理体制和运行机制。

五、继续加强党的建设、班子建设和队伍建设，进一步提升队伍素质

要进一步深入贯彻党的十六大和十六届三中全会精神，用“三个代表”重要思想武装全体干部职工，在开拓创新上下功夫，在力求实效上下功夫。要按照集团公司基层党建工作会议的要求，全面加强和改进党的思想建设、组织建设、作风建设和制度建设，不断增强凝聚力和战斗力。加强领导班子建设，树立“坚定、勤勉、团结、廉洁”的新形象。坚持以人为本，搞好人才的开发和培养，努力建设好管理人员、技术人员和操作人员“三支队伍”。继续发扬“攻坚啃硬、拼搏进取”的企业精神，推进企业文化建设。各级领导干部要密切联系群众，解决群众的实际困难，不断提高职工的生活水平，充分调动广大职工的积极性。在企业快速发展的同时，保持企业和队伍的稳定。要继续搞好油田公司、勘探局及各参与建设单位的协作配合，实现双赢互利，共同发展。要注意处理好与地方各级党委、政府的关系，加强和当地群众的沟通，为油气田的发展创造良好的外部环境。

同志们，集团公司党组、集团公司和股份公司对长庆油田的发展寄予厚望，也充满信心。希望你们发扬连续作战的精神，再接再厉，开拓进取，不断创造新的业绩，全面实现“31599”和“三步走”发展目标，为中国石油的发展，为我国西部大开发和全面建设小康社会，做出新的更大的贡献。

重组重要讲话及文件

中国石油天然气集团公司副总经理蒋金楚同志在长庆石油勘探局检查指导工作期间的讲话

(1999年6月19日)

我这次来长庆,主要有三个目的:

一是没有来过长庆油田。去年10月份回到集团公司以后,让我分管计划、发展研究、物资装备等方面的工作。搞计划,不懂得、不了解情况,就不太好搞。所以,很早就想到长庆来看看。

二是最近集团公司召开了重组工作会议,你们长庆油田有什么想法、有什么要求,想听听你们的意见。你们刚才谈了不少,将来在核心业务和非核心业务分开以后,都有一个重组问题,到底怎么重组,党组讨论了几次,有好多问题,我们也拿不准。所以,还要靠大家群策群力,集中大家的智慧,把这个事情搞好。不仅工作进度要加快,工作要做扎实,还要保证稳定,今年的生产经营形势不要受影响。

三是准备编制"十五"规划和2010年远景发展目标。这是集团公司跨世纪发展的一个很重要的发展规划。原来准备开一个会,听听大家的意见。你们刚才谈的很多思路、很多想法和对发展目标的提法,对我很有启发。

所以,我带着这三个目的来长庆调查研究。遗憾的是下午要回去开会,整个行程没有完成一半,对不起大家。

刚才,听了胡文瑞同志的介绍,昨天看了助剂厂,我们三位同志也作了发言。我总得认为,这次虽然停留时间很短,但感觉很好。我对长庆油田概括这么几句话:

一是油田的基础很好,包括资源基础,工作基础,管理基础搞得都很好。这个优势很明显,不同于其他油田。你们管理很扎实、工作很扎实。不像有些单位,听他们的思路、汇报工作,一谈就是一套一套的,但是在实际现场一看,就不是他们所说的那样。

二是从长庆油田的发展来讲,我觉得前途是很光明的。之所以说基础很好,突出的感觉有这么几个方面:

(1)区位优势很明显,用胡局长的话来讲,你们西边有资源、东边有市场,在东西部的结合点。东部向西部转移,首先通过你们;资源和市场结合点也在你们这个地方。

(2)资源优势。长庆资源很丰富。到目前为止,石油储量有7亿多吨,相当不简单。塔里木说100多亿吨,现在探明只有2亿多吨;大庆油田多一点,可采的也只有7亿多吨。但你们不仅油的储量这么多,而且气的储量有3000多亿立方米,远景很好。所以,我们国家、集团公司发展天然气工业新的经济增长点,你们是个重点,而且是先锋,你们已经把气往东输了。

(3)你们技术储备了很多。你们针对油田"三低",即:低渗透、低产量、低地压的特点,摸透了10个方面的技术优势。针对油田开发的这些技术储备,很好。为长庆油田的稳步发展和滚动开发,积累了很多经验。

(4)你们的领导班子、队伍有优势。你们的班子刚调过,很精干、很团结。班子结构很合理,从年龄结构、知识结构、工作经历结构、相融性,以及各方面,我看你们现在是一个很好的班子、干实事的班子、团结的班子、朝气蓬勃的班子。

队伍也很好。昨天我到咸阳助剂厂,一看那个队伍各方面管理都是兢兢业业的,这是你们的优势基础,基础很好,优势很明显。

三是管理很扎实。刚看了一下你们技术资料积累得很多,我在咸阳助剂厂就看出来了,一大堆资料都是基础资料,相当全面。我跑了三个油田,第一个是到大庆,第二个到辽河,第三个就到你们这里,看你们基础资料是不错的。

四是我觉得你们前景是很广阔的。为什么这么讲,这不是我讲好听的,你们的开发是从油开始到气,以油促气,用油田开发积累的资金来搞气、来开发气田;将来你们是以气来保油,你们油的产量增加可能要慢,气的前景很好,3000多亿呀！油气并举,发展互补互促,是哪个油田也没有的。现在大庆油田是伴生气,它没有专门的气田;辽河油田有几口气井,但是以伴生气为主的;其他油田都没有。而四川全部是气,只有20多万吨油。所以,仅从油气来讲,好的还是你们。塔里木当然有一部分气,太远了,输送不过来,即使输送过来,竞争不过你们。你们的经营成本,开采也比较低。所以,你们的发展前景是很广阔的。而且陕京线已经通到北京了。上次我见到了北京市刘海燕,他管两方面工作:一是天然气,北京市用气他抓,他是副市长,燕化用气他也管。你们得赶紧输气到燕化。燕化用气每年4亿立方米左右;天津到永靖那条管线,今年就投产了,是保天津用气;加上石家庄也要用气,河北省省长也找过我们几次了。所以,西气东输你们先行一步,而且发展前途更大,从远景发展规划来讲,你们的气从北京到天津,再往南走,到济南到南京;新疆的气、青海的气,从西安到洛阳到信阳再往南方;四川的气,到武汉到信阳,到南京汇合。这两条线汇合,对你们的气田发展大有好处。

我觉得长庆是基础很好,工作很好,而且结构也很好,工作也很扎实,希望很大。这是我总的看法。但是,应该看到在当前情况下碰到的暂时的困难:

(1)由于你们在勘探过程中,为了找到中部气田,投入很大。开发以后,又因气的用户不到位,下游工程未跟上,积压了很多资金。因此,生产经营面临着很大的困难。

(2)你们毕竟是一个低渗透、低产量的“三低”油田,开发难度大,投入成本高一些。现在世界上勘探开发成本随着技术进步,大体占4美元左右。我们即使降到9美元以内的话,一旦入关以后,我们的竞争力是不强的。所以,我们要下功夫降低勘探开发成本,但你们现在已经降得相当低了。有些资源开发出来的难度比较大,天然气丰度比较低,单井产量比较低,成本要高一些。

(3)你们长庆油田人比较多,地域太广,社会负担太重。有大部分职工分布在农村,连县城都不是,包袱很大,办中学、办小学、退休工人养老、文化娱乐设施、职工调动,你们都得要考虑,包袱太重,非常分散,37万平方千米,相当于日本,我到日本去过。分布这么广,而且都在贫困山区,地跨五个省(区)。所以,说你们精干主业难度很大、非主业你们怎么考虑,确实对你们班子来讲、对我们集团公司来讲都有难度。

(4)“诸侯割据”加大了你们的管理难度。既有地方分割你们,来吞食你们油田;还有各个油田都来分割,很不便于资源统一规划利用,还有新星公司在这里也搞了一块。我觉得这方面的难度对油田来讲是很大的。而且,这个问题不解决,对油田的生存和发展会造成很大问题,必须解决。要解决这个问题,也有很多有利条件,只要充分发挥你们的优势、利用你们的有利条件,集团公司在政治上给予支持,我想这个问题可以很快得到解决。

马总也来了,黄总也来了,任总也来了,对你们各方面的工作都提了一些很好的意见。我讲的意见,如果与马总、黄总他们发生矛盾的地方,以他们为主。

第一点意见,目前当务之急是认真贯彻落实集团公司两个工作会议精神。一个是年初的工作会议,再一个就是重组工作会议。这两个会议精神都要认真贯彻落实。

贯彻工作会议精神,关键是要抓好今年以低成本战略为核心、以效益为中心的生产经营组织工作,保证全年目标的实现。看来这方面,胡局长所讲的,可能问题不大。今年集团公司给你们定的利润目标是 110 万元,现在已经完成 1558 万元,但这是在油价上升的情况下实现的,如果下半年欧佩克组织控制协议不能很好地执行,产量控制不好的话,油价也可能要低下来。我刚才分析了,国外的大型公司油价降到 7—8 美元,还很有活力。但对我们来讲,降到 9 美元以下的话,那就没利润,你们销售就会受到很大影响,但愿不出现这个形势。可是 6 月份油价又在不断下滑,从 16 美元降到 15 美元了。欧佩克是个比较松散的组织,油还是供大于求,这个形势我们要充分估计。

重组工作会议,要求我们重组。千万不能把核心业务和非核心业务分开看作是集团公司和股份公司分开,不是那么回事,底下往往会有些误区。重组只是把核心业务分出来了,油气田的开发、炼油、化工、储运,还有销售分出去,组成股份公司,百分之六七十的股份还是我们集团公司控股,是我们集团公司的控股公司,它上市也只在国外上市。油田的测井、设计、钻井、物资供应、工程建设、生活后勤服务等等,集团公司还是要统一管理的。集团公司这个牌子,对我们国家来讲,还是主要的。股份公司只是在集团公司控股下的子公司,只是为了更好的在国外上市,才打出了子公司。重组上市绝不是我们的目的,是我们的一个手段。精干主业,提高效益,积累资金,加快发展才是目的。我们如果不作这种调整、不坚持这个重组的话,就不能建立现代企业制度。目前我们集团公司这种管理体制,应该说不适应市场经济发展需要,也不适应于我们走向世界同世界油公司接轨的需要,我们讲了 10 多年、20 年的“油公司”,但现在并不是油公司的体制。通过这次重组,我们要真正能够建立起与世界油公司接轨的体制,才能更好地走入国际市场,解决我们当前多级核算、多级管理、多级法人的弊端。所以,精干主业,才能够保证我们集团公司更快地发展。

这样搞了以后,将来怎么能保证非核心业务的发展呢?有两个途径:将来股份公司通过签订合同,绝大部分业务都由非核心业务单位来提供,只不过是核算体系不一样罢了,收入都是一样的,都是从股份公司拿来,都是从主业拿来,养活我们的非核心业务。二是股份公司上市以后,它经营的业务所获得收入返回的利润,将来归集团公司统筹运作,可以拿出一部分来补给非核心业务。这是从两个方面来考虑我们非核心业务的发展。非核心业务不发展,也就没有核心业务的发展;核心业务发展了,就能够带动非核心业务的发展。这两个方面是唇齿相依的关系,绝不能分开的。只不过是在体制上、管理上、法律关系上作了些调整。所以,大家千万不能有什么担心:非核心业务的同志收入不会显著减少,什么方面都保证不了,有一种担心感、失落感,甚至产生了“我为石油奋斗了一辈子,现在主业分出去,把我甩在一边不管了”的想法。不存在这个问题,我们要反复做好职工的思想工作。

昨天,我看了你们的电视节目,大家表态都很好,认识都很一致。这两个工作会议精神的贯彻都要抓好、都要抓紧。

第二点意见,怎么样才能够深化企业体制改革呢?特别是对于长庆油田来讲,根本问题是要结合长庆的特点,从长庆的实际出发,来解决企业改革中突出的问题,如下岗分流问题。集团公司不仅感到压力很大,而且这是朱总理、吴邦国副总理走到哪里,就讲到哪里的问题。

说石油没有危机感、石油工人太多。确实我们人太多,154 万职工一年 1 亿多吨油,加上 100 多亿立方米气,和国外大公司没法相比。我算你们长庆的账也是这个样子,现在你们是五万五千人,油气当量 600 万,按照远景规划 1000 万吨来考虑的话,人均也只有 200 多吨,人确实是多了。因此,下岗分流是必然的出路,这个事情必定要做,毫不犹豫地做。用邯钢的话来说"无情的下岗,有情的操作",这些人都是在边远地区为石油作出这么多贡献,现在他们要下岗了,一定要把他们安排好,这就是"有情操作"。这些工人退下来了以后、下岗以后,确实不能不管,那样太伤心了、太伤感了。所以,要做到这一点,是很困难的。你们的问题比别的油田更突出,你们这么多工人分流安置,而且家属职工 20 多万。所以,你们的工作量是很大的,但这个事情必须要做,要稳妥地做好。

第三点意见,怎么样以降低成本为核心。你们的工作已经做得不错了,以降低成本为核心来考虑核心业务的发展问题,我特别要讲,从中部来看,长庆是一个大的石油基地,将来在核心业务重组过程中,必须把艰苦条件、把资源优化配置、结构的调整和将来的发展方向统筹考虑,这是我们深化改革很重要的问题。所以,关于你们几个炼厂的重组问题,将来要统一调整结构、优化资源配置,提高效益。我们集团公司对炼油化工这一块的重组从四个层次考虑:第一个是从整个集团公司的层次来考虑,计划规划部已经做了一个方案;第二是个从区域层次来考虑,在五省区范围内来考虑,石油和石油化工,这是我们下一步改革的主要内容,这些都是主业,在重组中要划到你们局里统筹考虑。你可以提方案,报集团公司研究,根据你们的实际情况,如果质量达标、环保达标的话,前提条件都要达标,一个是技术指标,一个是环保指标,在这个前提下,来考虑资源优化配置、提高效益。

第四点意见,怎样搞好"十五"规划和 2015 年发展远景目标。虽然集团公司正在重组,但是并不影响这项工作。不管核心企业重组不重组,从发展规划的重点来讲,一个是体制,一个是具体业务的发展。这里我重点强调三个问题:

一是长庆油田的"十五"发展规划,应该从集团公司上下游、内外贸、产供销一体化的特点,跳出本单位的圈子来考虑庆阳周围、延长油矿优化重组、统一发展的问题。虽然现在延安炼油厂、延长油矿都还没有归到我们集团公司,他们已经试着组成了一个集团,也准备划到我们集团公司来管。新星公司这一块,我可以给大家交个底,国务院已经同意交给我们集团公司了,但后来又考虑到周家俊同志给国务院领导写了一封信,不同意解散他那家公司。总之这个问题会很快解决,这就有利于以长庆局为核心,把 37 万平方千米整个区域的油气资源综合利用起来、统一考虑。这个规划必须从这个角度来考虑。

二是要以经济效益为中心。就是"三个三"的问题,目前情况下,那些好一点的油层要优先开发。滚动开发要以效益为中心,以市场为导向,规划里面要体现这个精神。这样,才能够使资源得到有效的利用,立足当前,考虑长远,以效益为中心,来综合发展我们长庆的油气业务;这样才能够扬长避短,增强长庆油田整体综合实力。

三是要转变生产方式,大力推广科学技术。针对你们刚才讲的 10 个方面的科技开发,在油田内部要广泛的推广应用,在规划里面要体现技术贡献。技术贡献在我们油田勘探、开发、生产里面要有新的提高,这就是我们强调科学技术第一生产力在油气开发、生产当中要充分提高技术贡献率,这是我们"十五"规划中很重要的一点。

希望从这三点出发,把长庆油田的勘探开发工作搞得更好,实现跨世纪的目标,使长庆油田在下个世纪以崭新的面貌出现在我们面前。

关于取缔油区周围土炼炉的问题。这是个

老大难问题,我觉得应该解决了。有三个途径:

一个是贯彻国务院(38)号文,对于非法采油和土炼炉一律采取关停、关闭,态度坚决。如果推迟关闭,将追查地方领导的责任。国务院决心很大,朱总理催了好几次,这个文件是配合燃油税的出台搞的,去年搞了,将近一年。这是很好的事情。

二是机构重组。不管是地方还是其他油田的问题,都可以解决了。为什么呢?重组以后,江汉油田不要到这里来了,这是肯定的,你不能再到我这里搞了。别的油田,都形成了核心业务,核心业务由集团公司的股份公司统管起来了,不可能核心业务给这分一块,给那分一块,是要统一管起来的。

三是外部问题,好解决。核心业务重组以后,将来地方这一块和新星公司这一块都得统一纳入核心业务,服从集团公司的统一勘探部署、开发部署,服从集团公司核心业务的发展需要,不能破坏资源。资源是国家的,不是地方的。而且,集团公司下了决心,组织了一个以黄总为首的清理整顿领导小组,政策由国家出,具体工作由我们集团公司来做。国务院还委托公安部、经贸委,组织保卫油田安全生产调查组,已经到四川调查过了。下来就整顿各个油田,要出台一个保卫油田安全生产条例,保护工矿企业,特别是油田生产的安全,对我们油田来讲,也是很有好处的。

关于靖—咸输油管线项目问题。

资源量要搞清楚。建设管线,首先要考虑资源量的落实,资源量不落实,将来运行起来就要亏损,这是一个很大的问题;而且投资那么大,资源不落实的话,报上去就不会批。因为今年年初连续开了两个基本建设会,特别是2月2号下了个通知,通知说得很清楚,一定要严格按照基本建设管理条例办事。根据我在计委工作的经验,你这个报告,各个部门都得要表态,特别是管道集输建设,这也关系到铁道部,铁道部对这一点卡得太死。本来我们要建兰州至成都的输油管线,这条管线效益很大,铁道部却提出兰—新管线,宝成铁路运力增加这么多,是国家投资的,我不运油,我运什么。他还举了个例子,库—鄯管线建起来以后,是个效益大户,南疆铁路的运量却减少到65%,由原来盈利大户一下子变成大亏损单位。我估计你们这条管线报批还有这个问题,要做好充分的思想准备。一个资源量要好好落实,外部工作我们也要做,争取把这个项目早一点定下来,你们放心,凡是对油田有利的事情、油田有效益的事情,我们规划计划部,作为我本人一定会大力支持。

最后,对我们长庆局在座的各位领导、各位同志,为我们这次来作出精心的安排,对我工作的支持,表示衷心的感谢!

中国石油天然气集团公司党组成员、纪检组组长张轰同志在宣布长庆油田领导班子干部大会上的讲话

(1999年11月15日)

同志们:

我们这次是在宣布了宁夏化工厂和宁夏石化公司的领导班子后来到长庆的。途中的两天,看了你们的银川基地、岭北作业区木一转、两个钻井队、一个试油队,看了井下、采油二厂庆阳基地、井下压裂大队、马岭炼油厂、长庆炼油化工总

厂等单位。到这里后，又参观了一些单位，看了一些材料，听了有关情况的汇报。这几天听到和看到的情况，给我留下这样几个印象：

一是长庆的重组改制工作稳步向纵深发展。长庆石油勘探局坚决贯彻集团公司有关重组改制的文件，坚持实事求是、积极稳妥的原则，稳步推进重组改制工作，广大干部职工识大体、顾大局，积极支持重组改制工作，使长庆的重组改制工作顺利推进，基本做到了集团公司提出的“生产不停、思想不散、队伍不乱、财产不丢、生产经营和重组改制同步进行”的要求，为下一步工作奠定了良好的基础。

二是长庆生产经营持续稳定发展。在油气勘探方面，今年头 10 个月，长庆新增石油探明储量 6511 万吨，为全年计划 6000 万吨的 108.5%，新增天然气探明储量 305.3 亿立方米，为全年计划 100 亿立方米的 305.3%；在油气生产方面，今年头 10 个月，长庆的原油产量已经完成 358.46 万吨，为全年计划 425 万吨的 80.4%，估计全年原油产量将突破 430 万吨，天然气生产已经完成 7.49 亿立方米，比去年全年产气总量净增近 4 亿立方米，预计全年可产气 12 亿立方米；销售形势也非常好，全年销售收入预计突破 100 亿元。

三是长庆的管理水平比较高。这次我们参观的几个单位，如你们的 20116 钻井队、炼油化工总厂、银川生活基地，环境整洁、生产秩序井然、干部职工的精神状态良好，给我留下了深刻的印象，反映出你们管理得比较严，水平比较高。

四是思想政治工作和纪检监察工作抓得实、抓得好。我在你们庆阳基地休息时看到《长庆石油报》登的第一条消息是，党委中心组认真学习贯彻中央 17 号文件，研究加强和改进基层思想政治工作的消息；刚到西安又看到两篇文章，反映你们在加强思想政治工作的针对性和有效性，积极探索建立科学合理的思想政治工作运行机制，狠抓纪检监察工作重要措施的落实方面取得的成绩，感到长庆局党委“两手抓、两手都要硬”的意识比较浓厚，思想政治工作和纪检监察工作抓得比较实，比较好。

五是长庆有一支爱岗敬业、无私奉献、勇于献身的职工队伍。长庆石油勘探局的自然环境恶劣，周边社会环境复杂，但你们的各项工作能取得如此显著的成绩，这说明长庆有一支很好的职工队伍。罗玉娥同志就是我们长庆职工的杰出代表。在从宁夏到西安的途中，我们专程参观了罗玉娥烈士事迹陈列馆，受到了一次生动的教育。两年前，我听了罗玉娥同志英雄事迹汇报后，说过一句话：“对杀害罗玉娥烈士的凶手，不杀不足以平民愤。”这次刚好在我参观罗玉娥烈士事迹陈列馆的同一天，杀害烈士的凶手被依法处决，我非常高兴。陈列馆的同志要我题词，我写下了：“罗玉娥精神永存！”我想这既是我的感受，也是我们全体石油职工的共同心声。在此，我代表集团公司党组、代表马富才同志向长庆的全体职工、离退休老同志及家属表示深深的敬意和感谢！

六是长庆有一个讲团结、讲政治、顾大局的领导班子，一个能够带领广大职工真抓实干、求真务实、有进取精神、有战斗力的领导班子。俗话说得好：“火车跑得快，全靠车头带”，长庆油田这几年发展得这么快，其中很重要的一点是我们有一个很好的领导班子。今年 4 月中旬，党组对长庆班子进行了调整，史兴全同志到集团公司工作，黄炎副总经理代表集团公司党组对长庆油田领导班子的工作作了全面的评价，这里我不再多说。胡文瑞同志任局长、孙玉辰同志任党委书记以来，工作是积极努力的，各项工作有新起色、新气象，集团公司党组对胡文瑞、孙玉辰同志的工作和长庆党政班子成员的工作是满意的。

我们这次来长庆，主要是代表集团公司党组宣布长庆石油勘探局和新组建的中国石油长庆油田公司领导班子的调整配备决定。刚才，集团公司人事劳资部主任郑虎同志，宣布了集团公司党组的任免决定；胡文瑞和孙玉辰同志先后作了表态发言，讲得都很好。下面我对如何认识这次重组改制，以及班子调整和下一步工作谈几点意见。

一、关于重组改制

我们这次来宣布两套班子的成立，主要是适应集团公司重组改制的需要。集团公司为什么还要重组，大家对这个问题有自己的理解，我想谈谈我对这个问题的理解：

一是集团公司的重组改制是深入贯彻党的十五大精神和党中央、国务院的重大战略决策的必然要求。党的十五大明确提出要按照“产权清晰、权责明确、政企分开、管理科学”的原则，对国有企业进行规范的公司制改造，党的十五届四中全会对国有企业改革的方针政策作出了明确规定。石油石化工业作为国民经济的支柱产业，在国有企业改革中处于非常重要的位置，国务院领导多次对集团公司的重组改制提出了明确要求，今年7月下发的中央12号文件也明确强调，积极推动包括石油、石化企业在内一批关系到国民经济命脉的企业集团，通过优化资本结构和资源配置，扩大直接融资，增强企业发展能力。这说明集团公司的重组改制是党中央、国务院的重要战略决策，也是我们集团公司改革发展的重要举措，我们一定要坚定不移地贯彻落实党中央、国务院的指示精神，积极推动集团公司重组改制工作。

二是集团公司的重组改制是适应国际经济全球化浪潮，参与国际市场竞争的必然要求。当前国际经济全球化是一股不可遏制的浪潮。全球化的一个基本特征就是自由竞争，石油作为一种重要的战略资源，注定它一定要参与国际经济的自由竞争，特别是我国加入世贸组织后，这种竞争将更加不可避免。集团公司作为中国最大的石油企业，要在激烈的国际经济竞争中站稳脚跟，就必须降低自己的成本，提高自己的综合竞争能力。但按照我们的现状，我们根本无法和国外大的石油公司比高下、论伯仲，原因在于我们的企业普遍存在四个弱点：(1)企业小而全、大而全的问题突出，资产闲置，利用率低；(2)企业冗员过多，生产率低；(3)企业负债率高，部分企业亏损严重；(4)企业经营机制不活。要解决这些问题，必须在企业的管理体制和经营机制上进行重大调整，按照建立现代企业制度的要求，对企业进行规范的公司制改造。

根据集团公司重组改制的需要，集团公司决定将核心业务划出来，组建中国石油股份有限公司。集团公司是股份公司的控股公司，股份公司择机上市，在更大范围内筹集资金，加快集团公司的发展，使集团公司步入良性循环。长庆石油勘探局的油田勘探开发、炼油、销售等业务从原企业划出，成立中国石油长庆油田公司。长庆油田公司是行政上受中国石油股份有限公司管理的分公司，其党组织关系（含工会、共青团）隶属于长庆石油勘探局党委，长庆石油勘探局党委接受集团公司党组和甘肃省委的双重领导。其余业务，如钻井、油建、工程作业、水电、机械制造、通信、多种经营以及企业办社会部分仍留在长庆石油勘探局，其企业名称、机构规格和党组织隶属关系（含工会、共青团）保持不变，为独立核算的经济实体。今天正式宣布了集团公司党组和集团公司对长庆两套班子的任免决定，标志着长庆石油勘探局的重组改制进入了一个新的阶段。

二、关于两套领导班子的调整配备

党组考虑到长庆油田今后的发展任务重，需要充实优秀年轻干部。加强领导力量，以适应工作需要。经过认真研究并征得中共甘肃省委同意，做出了两套班子调整配备的决定。

一是因为工作需要，饶永久同志调吉林油田集团公司任总经理，不再担任长庆石油勘探局副局长、党委常委职务。

二是胡文瑞同志任中国石油长庆油田公司经理、党委书记。胡文瑞同志在油田担任领导工作时间比较长，他1989年担任副局长，1996年11月担任常务副局长，今年4月担任局长职务。这个同志有以下几个特点:一是组织领导能力强,工作有魄力,决策果断,有开拓创新精神;二是勤于学习,有良好的思想政治素质和较高的政策理论水平,善于团结同志,作风正派,办事公道,清正廉洁;三是知识面宽,专业基础扎实,熟悉长庆油田的地质特点和生产经营全面情况,在油田开发和改造低渗透油田方面有良好的建树。相信他完全能够挑起这副重担,决不会辜负广大干部职工的期望和党组的重托,一定能够继续开创长庆油田公司的新局面。

三是局总地质师何自新同志改任中国石油长庆油田公司副经理。何自新同志 1969 年毕业于北京地质学院古生物专业。他担任过钻井队技术员、油田勘探院的室主任、副院长、油田副总地质师,1997 年 1 月担任油田总地质师。这个同志专业技术知识扎实,熟悉油气勘探业务,实践经验丰富,工作能力比较强。相信他担任油田公司副经理后,一定能够在油田油气勘探方面开创新的局面。

四是副局长包方钧同志改任中国石油长庆油田公司党委副书记、纪委书记、工会主席。包方钧同志 1969 年毕业于北京石油学院采油工程专业,在基层担任过主要领导,任副局长后分管过油田开发、炼油化工、人事劳资和企业管理等工作。适应能力比较强,有较强的领导经验和组织协调能力,处理问题比较稳重。希望他尽快转换角色,适应新的岗位,取得新的成绩。

五是根据工作需要和班子结构的要求,中国石油长庆油田公司班子充实了三名优秀干部。一名是提油田副总经济师兼供应处处长喻昌荣同志任长庆油田公司副经理。喻昌荣同志 1968 年中专采油专业毕业,1986 年毕业于华东石油学院干部大专班。这个同志对油田开发和钻井生产比较熟悉,工作热情高,敬业精神强,领导经验比较丰富,组织协调和适应能力比较强,担任钻井公司副经理、采油厂厂长、器材供应处处长和局副总经济师。无论在哪个工作岗位,他都能以较高的工作热情投入到工作中去,并取得好的成绩。

另一名是提局长助理兼副总工程师金忠臣同志任长庆油田公司副经理。金忠臣同志 1967 年毕业于北京石油学院采油工程专业,担任过长庆油田采油三部生产科科长、局开发处主任工程师、局副总工程师兼开发处处长、局长助理兼天然气处处长等职。他长期从事油气田开发工作,积累了丰富的实践经验,技术比较全面,对油气田开发、油气藏工程比较熟悉,学术水平高,是长庆油田公认的油气开发专家和学术带头人。1992 年被授予局“优秀科学、技术管理专家”称号,1997 年荣立长庆气田建设二等功。这个同志有组织协调能力,工作思路清晰,工作中善于抓重点。

再一名是提油田开发处处长王道富同志任长庆油田公司副经理。王道富同志 1982 年毕业于西南石油学院地质专业,担任过油田开发处主任工程师、副处长、高级工程师。这个同志专业基础扎实,大学毕业后一直从事油气田开发工作,实践经验比较丰富,能力比较强。他工作思路清晰,考虑问题全面,在油田开发技术上有自己的见解,特别是在地质专业理论方面有一定的深度。组织协调能力比较强,工作务实政绩比较明显。

以上新提的这三名同志都是局多年培养的后备干部,政治素质比较好,思想作风正派,在群众中有一定的威信。是在进行了组织考核和群众推荐的基础上,经党组讨论决定的。相信他们担任新的职务后,一定会用更高的标准严格要求自己,更加努力工作,在各自岗位上为长庆的发展做新的更大的贡献。

六是孙玉辰同志任长庆石油勘探局局长、党委书记。主业与非主业分立后,孙玉辰同志的担子更重了。他长期在油田担任二级单位领导职务,1983 年担任副局长,1989 年改任局党委副书记,今年 4 月任局党委书记。这个同志政治素质好,善于学习,有较高的政治理论水平,贯彻执行党的方针政策和上级指示精神坚决。他思维敏捷,思路开阔,创新意识强,能根据党在各个时期的中心工作和油田实际情况提出新思路,在具体工作中注意宏观指导、微观协调、抓好落实。他工作标准高、要求严,作风扎实,讲究实效。近年来在加强党的建设和班子、队伍建设,整治油田环境,维护油田稳定,协调对外关系等工作中取得了较大成绩。他长期在长庆工作,熟悉情况,对行政管理也比较熟悉。希望他能进一步熟悉生产经营方面的业务,积极开拓进取,与班子成员一道共同完成集团公司交给的各项工作任务。

勘探局的其他同志原职不变,所以不再一一介绍。

两套班子组成以后,结构得到了一定改善,力量得到一定加强。希望新班子不要辜负集团公司党组和长庆广大干部职工的希望,坚持依靠职工群众,团结一致,形成坚强的领导集体。同时,希望班子成员能够积极支持胡文瑞和孙玉辰同志的工作,共同把长庆的事情做好,实现长庆跨世纪的发展蓝图。

三、关于下一步工作的意见和要求

第一,要认真学习领会、积极贯彻落实党的十五届四中全会精神。

党的十五届四中全会是我国国有企业改革发展进入攻坚阶段和关键时期召开的一次非常重要的会议,全会通过的《中共中央关于国有企业改革和发展若干重大问题的决定》是指导我国国有企业改革发展的纲领性文件。集团公司在国有企业改革中处于非常重要的地位。当前,集团公司的重组改制工作正在向纵深发展,少数人对重组改制工作还存在一些疑虑和看法,迫切需要我们用四中全会精神统一广大干部职工的思想认识。党组在前不久向全系统下发了《关于认真学习贯彻党的十五届四中全会精神的通知》,希望两个领导班子按照党组的要求,把四中全会精神的学习抓好、抓实,要结合油田重组改制的实际,深入学习四中全会精神,用四中全会精神指导企业改革和发展。

第二,正确处理勘探局和油田公司的关系,实现共同发展。

实现勘探局和油田公司的共同发展,既是重组改制的重要环节,也是重组改制的根本目的。分开后,勘探局和油田公司在业务上分开,财务上分立,但油田公司的发展离不开勘探局的支持,勘探局的发展离不开油田公司的拉动,因此一定要注意处理好两个单位之间的关系。在处理双方关系时,发展是目的,团结是基础,领导是关键,希望胡文瑞和孙玉辰两位主要领导带头协调好两家的关系。日常工作中处理好两家关系需要遵循几个原则:(1)坚持互惠互利的原则,两家要建立密不可分的合作关系;(2)坚持优势互补的原则,双方都要借助对方发挥自己的优势,坚决制止同业竞争,坚决制止重复建设,油田公司决不允许再发展多种经营;(3)坚持规范交易的原则,两个公司之间的关联交易要遵循市场经济的规则,按照国际惯例运作;(4)坚持共同发展社区的原则,两个单位分开了,但还有一些共同的生活小区,两个单位都要积极支持共同生活小区的发展,都要积极支持小区公益事业和公共事务,费用要合理分摊,特别是要积极建设健康向上的文艺、体育设施。

第三,加快油气勘探开发,努力实现长庆跨世纪持续发展的战略目标。

长庆油田近年来油气勘探取得重大突破,资源潜力很大,发展前景广阔,是我国陆上油气接替最现实的地区,也是集团公司油气增储上产的重点地区之一。同时,长庆又承担着向首都北京供气的重要任务,也是今后向上海、长江三角洲供气的主力气源之一。长庆油田已经制订了跨世纪持续稳定发展的目标:到2003年,累计探明石油储量10.34亿吨,探明天然气储量4300亿立方米;年产油气当量达到1000万吨(其中原油500万吨,天然气50—60亿立方米);到2005年,累计探明石油储量11—12亿吨,探明天然气储量10000亿立方米(其中:探明6000亿立方米,控制6000亿立方米);年产油气当量1550—1600万吨(其中:原油550—600万吨,天然气100亿立方米)。从长庆总的发展形势看,实现这一目标是有把握的。但长庆的发展也面临着严重的挑战和困难,可以说现在长庆的发展是优势与困难同在,机遇与挑战并存:长庆既具有资源基础雄厚、勘探开发区域广阔、发展潜力很大、发展前景良好等有利条件,又面临资源品位低、开采难度大、外部环境恶劣、企业负担沉重、负债率高、油气勘探开发效益不太好,生产成本仍然较高的严峻挑战。对此,两个单位的领导班子都必须有一个清醒的认识,加强合作,按照集团公司的总体部署,加大勘探工作的力度,特别是加强鄂尔多斯盆地的开发。鄂尔多斯盆地是集团公司油气储量接替的战略地区之一,根据集团公司"加大战略接替地区勘探力度"的部署和加快鄂尔多斯盆地油气勘探开发的要求精神,要进一步加强地质综合研究,加强科技攻关,突出寻找能够有效开发的可采储量,为油气产量的稳定增长提供有利的接替地区。

第四,要进一步加强领导班子建设,新班子要有新气象、新面貌。

一是希望两个单位的领导班子加强学习。时代的发展对我们企业领导干部提出了更高的要求,一个眼光短浅、文化水平低下、知识面狭窄的领导不可能成为一个合格的企业领导干部,更不可能成为一个合格的现代企业家,因此,两个单位的领导干部一定要响应江泽民同志"学习、学习、再学习"的号召,既要学习马列主义、毛泽东思想,特别是邓小平理论,提高自己的思想政治素质,也要学习经济知识、管理知识、法律知识、计算机知识和外语知识,提高自己的综合素质和工作能力。

二是希望两个单位的领导班子坚持开拓进取,勇于实践,奋发有为,在工作上有新气象。新班子的形象如何,取决于能否在工作上开好局、起好步,尽快打开新局面。要解放思想,开动脑筋,锐意进取,大胆创新;要认真搞好调查研究,谋划一个好的工作思路,选好着力点,找准突破口,明确工作目标和措施,认认真真地抓好落实;要防止和克服墨守成规、故步自封的倾向,坚持一切从实际出发,创造性地开展工作。

三是希望领导班子廉洁勤政,求真务实,在思想作风上有新气象。领导班子的思想作风至关重要。我们的党员干部,一定要牢记党的宗旨,坚持群众路线,自觉模范地遵纪守法。要在领导班子中大力倡导廉政勤政、求真务实、深入实际、深入群众的好作风,坚决反对形式主义和欺上瞒下的恶劣作风。

四是希望领导班子讲原则,讲大局,在团结上有新气象。团结是领导班子的生命,每个班子成员都要像爱护自己的眼睛那样,维护班子的团结。班子成员之间要讲党性、讲谅解,大事讲原则,小事讲团结,树立起互相信任、互相支持、互相补台的良好风气,使领导班子真正成为团结战斗的坚强领导集体。

长庆石油勘探局关于转发中国石油天然气集团公司对我局重组方案批复的通知

(长局发［1999］第152号)

局属各单位、机关各处室:

我局按照集团公司领导干部会议精神和中

油办字［1999］第300号文件要求，在局重组工作领导小组的领导下，重组办公室制订出了我局的重组方案。7月6日至7日召开局务会、党委全委会，对方案充分审定后，以长局发［1999］第136号文件上报集团公司。

集团公司于7月18日以中油办字［1999］第387号文件批复了我局重组方案。

现将集团公司对我局重组方案的批复转发给你们，供领导传阅。希望你们按照勘探局重组工作的统一部署，认真搞好重组工作。

1999年7月23日

附：

关于对长庆石油勘探局重组方案的批复

（中油办字［1999］第387号）

长庆石油勘探局：

你局《关于企业重组方案的报告》（长局发［1999］第136号）收悉。经研究，批复如下。

一、同意重组设立中国石油长庆油田公司。

1. 长庆油田公司机关人员编制110人，其中领导职数6人。职能部门设：经理办公室（党委办公室）、勘探开发处、生产运行处、技术发展处、计划财务处、审计监察处、人事处（组织部）、企管与法规处、质量安全环保处。

2. 党委办公室内可设宣传、团委、工会等党群部门。

3. 油田公司下设采油一、二、三厂、采气厂等11个直属单位。

二、对方案做以下调整。

1. 马岭炼油厂、马家滩炼油厂暂不进入油田公司。

2. 油田公司人员总数控制在12567人以内。

三、现企业名称及规格保持不变。非核心业务的机关机构设置，由现企业负责作相应调整。

四、核心业务与非核心业务财务资产的分开与划拨，以经集团公司批准的中介机构评估、审计结果为准。

五、方案中提出的有关问题，待集团公司有关业务部门统一研究后，提出处理意见。

接到批复后，望认真组织实施，并将调整后的重组方案及实施情况上报集团公司。

中国石油天然气集团公司

1999年7月18日

长庆石油勘探局关于企业重组改制工作的总结报告

（长局发［1999］第166号）

中国石油天然气集团公司重组与上市筹备组：

根据集团公司企事业单位领导干部会议的

统一部署和中油办字［1999］第300号文件的要求，我局立即动员部署，抽调专人，封闭工作，严格按程序制订方案、组织实施。目前，已基本完成重组改制分开、分立阶段的各项工作。现将工作总结呈上，请指示。

1999年8月13日

附：

长庆石油勘探局重组工作总结

根据集团公司企事业单位领导干部会议精神和中油办字［1999］第300号文件的要求，我局对重组工作进行了认真的部署安排、组织实施，如期完成了重组改制的分开、分立任务，做到了生产没停、思想没散、队伍没乱、财产没丢，保证了重组与生产经营的顺利进行。

油田公司与非油田公司业务分开后，油田公司直属单位11个，职工总数12567人，占全局职工总数的22.8%，非油田公司单位42个，职工总数42435人，占全局职工总数的77.2%；油田公司与非油田公司资产、负债、所有者权益均作了详细的界定与划分。截至目前，重组的分开、分立工作已基本完成。

在重组工作中，我们主要抓了以下几个方面的工作。

一、认真贯彻会议精神，抓好教育动员，统一干部、职工的思想认识

集团公司企事业领导干部会议之后，我局主要领导以高度的政治责任感和强烈的历史使命感，对重组改制和长庆局的实际情况进行了认真的研究分析，明确认识到：这次重组改制是适应社会主义市场经济发展，建立现代企业制度，从根本上实现石油工业良性循环的迫切需要；是石油工业管理体制改革力度最大、层次最深的一次重大战略调整；是“脱胎换骨”的一次深刻革命；也是解决我局内部深层次矛盾的一次难得的机遇。

基于上述认识，我们把学习贯彻集团公司企事业领导干部会议精神，统一干部职工思想认识放在首位，从6月10日开始，在近一个月时间内，连续召开勘探局党政领导干部会、厂处领导干部会，进行学习、动员、部署。这期间重点抓了三个方面的工作：

第一，层层动员，广泛造势。把学习的重点放在提高重组工作的必要性和迫切性认识上。6月11日至12日，我局领导集中两天时间传达学习会议精神，统一班子的思想认识，达成共识；6月14日至15日，召开了厂处领导干部大会，原文传达、认真学习会议文件，使大家明确这次重组改制的思路，以及我局的态度、决心和措施，统一思想。局党政领导还分别与40多个二级单位的“一把手”单独谈心，讲这次重组改制的重要性和必要性，要求认真抓好重组与生产经营，起到了做好一个人的工作、带动一个单位的作用。同时，采取各种会议、电视、广播等多种媒体，向全局广大职工大力宣传重组改制的重大意义，做到家喻户晓、人人皆知，使广大干部职工真正认识到：重组工作是集团公司发展战略的重要部署，是国企改革的重大举措，是建立现代企业制度和经营机制的根本要求，是迎接市场挑战、提高竞争能力的要求，不仅具有重要的经济意义，而且具有重要的政治意义。要求把职工的思想认识统一到十五大精神上来，统一到集团公司的战略部署上来；迅速转变观念，改变计划经济体制下形成的思维定式和工作习惯；迅速调整心态，服从大局利益，服从长远利益。

第二，组织得力，工作扎实。为确保重组工作的顺利进行，勘探局于6月15日成立了由党政一把手担任第一责任人、4名局领导参加的重组工作领导小组；成立了由政治思想工作部主任挂帅，机关有关部门人员组成的工作办公室，下设财务资产组、人事组、政策研究组、资源组、综合组，明确分工，落实责任，并倒排了办公室工作运行大表，认真开展工作。

第三，提高认识，增强信心。针对职工思想动态，积极做好教育和引导工作。集团公司企事业单位领导干部会议精神传达后，职工对非油田公司单位今后的生存和发展十分关心。为此，我们及时编印下发了宣传提纲，引导职工认识重组的目的是提高效益，提高竞争能力，从而促进企业更快、更好地发展，不能简单地认为重组是“分家”，更不能把重组与“下岗”等同起来。引导职工冷静客观地分析认识我局既具有资源、技术和接近东部市场的优势，预计到2003年年产油气当量将突破1000万吨的宏伟目标，以增强共同发展、共同繁荣的信心；同时也要认识到我局地域分散、富余人员多、油气田开采难度大、负债率高，发展面临着诸多困难，重组和改制从根本上符合长庆局广大职工的利益。从而，引导广大职工理解、支持和参与重组工作。

由于采取了一系列措施，从思想上保证了重组工作的顺利开展。

二、精心研究制订方案，为实施重组打下了坚实的基础

为了在很短的时间内制订出高质量的重组方案，我们首先组织办公室的全体工作人员利用两天时间，学习文件，吃透精神，掌握政策，确定制订方案的指导思想、基本原则和方案的框架。

重组工作的基本指导思想是：深入贯彻党的十五大精神，结合长庆局地域分散、低渗、低产、低效、负债率高、外部环境复杂等实际情况，充分认识重组的必要性和紧迫性，在思想上、行动上与中油集团公司保持高度一致，坚决按照中油集团公司关于进行企业重组的总体要求和部署，积极稳妥、扎实有效地完成重组工作和今年的各项生产任务。

制订重组实施方案的基本原则是：“两个符合”、“四个统一”，即：符合中油集团关于重组工作的要求和中油办字［1999］第300号文件精神；符合我局实际情况。把与中油集团重组改制保持一致和确保我局重组方案的顺利实施统一起来；把中油集团的发展与我局的发展统一起来；把我局核心业务的发展与非核心业务的发展统一起来；把重组过程中的眼前利益与我局的长远利益统一起来。

在编制方案过程中，我们还较好地把握了以下几个问题：

第一，严格执行中油办字［1999］第300号文件。大家一致认为，300号文件是我们编制方案的总纲，只要不折不扣地执行，就能够按时拿出高质量的重组方案。因此，我们严格执行了油田公司与非油田公司的划分界限；严格执行集团公司资产、债务、所有者权益划分的原则；严格按300号文件要求，设置机关机构和人员编制；严格重组工作纪律，并将此贯穿于方案编制的整个过程，确保了方案的质量。

第二，立足于实事求是，采取委托管理方式解决了小作业区的问题。前几年，我局在产业结构调整中，一些非油田公司单位组建了13个周边油田小试采作业区。为了解决好这一问题，我们组建了周边油田开发事业部，直属油田公司，业务上归勘探开发处领导，作为管理层，负责周边油田的原油生产、成本确定、开发技术政策制定和督促实施，与原开采单位采取甲乙方合同形式，以原油买断的方式委托原开采单位负责成本控制、生产组织、运行和施工作业，产量纳入油田公司，销售由油田公司销售公司统一负责。这一做法得到了集团公司的充分肯定。

第三，坚持了油田公司与非油田公司共同繁荣、共同发展的原则。我们认为油田公司与非油田公司是由企业生产经营方式决定的，分工不同，目标一致；工作对象和工作方法不同，利益一致；工作内容不同，根本目的一致。只有相互依存，互为补充，才能共同发展。因此，在方案的编制过程中，我们把分开与分立整体设计，同步推进，一次到位。但为保证分开、分立后的平稳运行，过渡阶段，对分开后新组建的五个技术（综合）服务处，由勘探局委托油田公司采油一厂、采油二厂、采油三厂和长庆炼油化工总厂、油气销售公司管理，待条件成熟时再彻底分开。

第四，做过细的工作，使方案具有可操作性。为了做到方案一经批准下发就能立即组织实施，我们按照精简效能、职责明确、满负荷工作的原则设置岗位，从油田公司机关及附属单位的定编定员到工作职责，从工作人员的任职资格到选聘程序和方法都作出了明确规定。使方案的每个数据都能落实到每一个单位，每一个处室，每条措施都具有可操作性。

在上述指导思想、基本原则、注意事项确定之后，重组办公室全体工作人员统一进驻工作地点，实行全封闭作业，吃住在办公地点，工作人员冒着高温酷暑，夜以继日地加班加点。勘探局领导严格把关，经常与工作人员一道彻夜工作。每一次修改，都亲自审阅，与工作人员共同推敲研究，先后十易其稿，为方案的顺利出台起到了关键作用。集团公司重组工作小组到我局后，重组领导小组及时汇报了工作进展和方案的制订情况，并按照工作小组的要求进行修改。方案出台后，我们又分别召开了局务会、党委全委（扩大）会，进一步讨论审定方案。于7月9日，按照集团公司规定的时间，提前一天上报了方案。集团公司对我局重组方案给予了充分肯定，专门编发了《参阅件》，表扬了我局的重组工作，对我局组建周边油田开发事业部、委托非油田公司单位开发小作业区的做法给予了肯定，并在中油集团系统进行了推广。

三、精心部署，认真实施，做到了重组与生产两不误

重组方案于7月18日经集团公司正式批复后，勘探局迅速召开重组领导小组和重组办公室会议，认真学习和领会批复精神，重组办公室的同志们又连夜组织修改方案。依据集团公司批复精神，在对重组方案修改、调整的基础上，进一步细化，制订了实施方案。8月5日至8日连续召开了局务会、党委（扩大）会、长庆局八届四次职代会代表团长联席会、厂处领导干部会，讨论通过了重组实施方案，并进行了重组实施的总动员和重组工作的部署。

在重组工作动员大会上，勘探局主要领导反复强调，要求各级干部必须迅速调整好心态，理顺情绪，坚定不移地高质量、快节奏搞好重组工作，做到思想到位、人员到位、工作到位，并且确保职工队伍的稳定，确保生产秩序的稳定，确保生活秩序的稳定。再次强调：1999年集团公司下达的考核指标不变；勘探局对各二级单位下达的生产任务和经营指标不变；勘探局提出的2003年油气当量1000万吨的远景目标不变。当前尤其要加强各项重点工程建设和各项工作的管理，确保实现向北京扩大供气的目标；加快浅油层开发；抓紧落实发展稳定陇东的各项措施；积极部署抓好明年的生产准备工作。由于采取了上述措施，上半年，我局实现利润目标1618万元，为年初计划的55%；原油生产已踏上年产油430万吨的步伐，实现了“硬过半”；油气勘探取得了新的成绩；油气产能和重点工程建设进展顺利。

目前，油田公司领导班子，正在上报审

批；机关各处室长已经研究确定，工作人员将在近期到位，立即开展工作；办公地点也已划分完毕；重组办公室下设的重组推动工作组已进驻采油二厂，进行人员、资产划分的试点，随后将全面推开，预计8月底各项工作将全面完成。

四、我们工作的几点体会

第一，统一思想，提高认识是搞好重组工作的首要条件。只有广大干部职工的思想认识提高了，才能理解、支持重组工作，才能变成每一个人的自觉行动。因此，搞好重组工作，必须首先统一职工的思想，努力把干部职工的思想统一到十五大精神上来，统一到中油集团公司的要求上来，统一到局党委、勘探局的安排部署上来。党政工团齐心协力做好思想工作，才能产生好的效果。

第二，领导重视是搞好重组工作的前提。这次重组工作，集团公司明确各单位党政一把手是第一责任人。勘探局领导感到责任重大，始终把重组工作摆在全局工作的首要位置，主要领导亲自参加方案的制订、讨论、审定工作，并注意做好每一个单位、每个部门的工作，确保了重组工作的顺利进行。

第三，稳定是搞好重组工作的基础。这次重组是一场脱胎换骨的革命，必然涉及到干部职工的切身利益。为了减少震动，保持稳定，勘探局领导反复研究，采取了“有情”办法处理一些问题，如根据生产发展的情况，我们提出在主要生产单位暂不提职工下岗问题；对局机关属于油田公司业务部分的专业处室整体划入油田公司外，其他处室及附属单位的机构、职能、职责原则上保持不变。另外，我们还把今年的调整工资、住房、子女教育等涉及职工切身利益的事情力求办得公开、公平、公正，把好事办实、实事办好。

第四，促进生产发展，提高经济效益是搞好重组的根本。重组工作一开始，勘探局领导就明确提出：各单位要一手抓重组，一手抓生产经营，以重组促进今年各项任务指标的完成。因此，在重组工作动员会上，主管生产和经营工作的副局长分别就上半年生产经营和下半年工作进行了总结、安排。上半年，经过全局广大干部职工的共同努力，原油生产实现了“硬过半”，踏上了年产430万吨的目标；天然气、中生界石油勘探取得了新成果；油气产能建设进展顺利；全面实行低成本战略，严格控制各项费用支出，挖潜增效见到了明显效果。

当前，全局广大干部职工正满怀信心，以自己的实际行动搞好重组和今年的各项生产任务。在集团公司的正确领导下，我们将坚定不移地以高度的责任感、使命感，做好重组改制工作，为石油工业的改革发展做出应有的贡献。

长庆石油勘探局关于印发《重组实施方案》的通知

（长局发[1999]第177号）

局属各单位、机关各处室：

根据中国石油天然气集团公司中油办字［1999］第300号文件的要求和中油办字［1999］第387号《关于对长庆石油勘探局重组方案的批复》精神，勘探局在对《重组方案》修改、调整的基础上，研究制订了《重组实施方案》，并经局党委常委（扩大）会、局务会、职代会代表团组长联席会和局厂处领导干部会进一步讨论审定。现印发你们，望各有关单位和机关有关部门认真组织实施。实施过程中的有关问题请及时报告局重组工作领导小组办公室。

1999 年 8 月 28 日

附：

长庆石油勘探局重组实施方案

根据中国石油天然气集团公司中油办字[1999] 第 387 号《关于对长庆石油勘探局重组方案的批复》精神，为了认真搞好重组工作，在对重组方案修改、调整的基础上，特制订本实施方案。

一、长庆局基本概况

（一）长庆局组织机构及人员现状

截至 1999 年 5 月 31 日，长庆局组织机构及职工队伍状况是：

1. 局属厂处级单位 43 个，作业区及科级单位 386 个，用工总量 63535 人。其中全民职工 55002 人，其他用工 8533 人。

2. 在全民职工中，管理、专业技术人员 14607 人，操作人员 40395 人。

3. 局机关职能处室 29 个，职工 424 人；局机关附属单位 10 个，职工 312 人。

4. 全局离退休职工 13660 人。

（二）重组后长庆局组织机构及人员概况

重组后长庆局分为油田公司和非油田公司两部分。

1. 油田公司组织机构及人员概况。

（1）公司领导 6 人，经理助理及副总师 4 人。

（2）机关职能处室 9 个，工作人员 115 人。

（3）机关附属单位 11 个，工作人员 163 人。

（4）直属处级单位 11 个：第一采油厂、第二采油厂、第三采油厂、采气厂、长庆炼油化工总厂、甲醇厂、油气销售公司、勘探开发研究院、油气工艺研究所、油气勘探事业部、周边油田开发事业部。

（5）油田公司用工总量 15394 人，其中全民职工 13371 人，其他用工 2023 人。

2. 非油田公司部分组织机构及人员概况。

（1）局机关处室 21 个，机关附属单位及部门 10 个。

（2）厂处级单位 43 个。其中包括：与油田公司有关直属单位分开后，新成立的处级单位 4 个，即第一采油技术服务处、第二采油技术服务处、第三采油技术服务处、工程技术研究所；副处级单位 2 个，即长庆炼油化工综合服务处、西安油气销售综合服务处。

（3）油田公司以外部分用工总量 48141 人。其中，全民职工 41631 人，其他用工 6510 人。

二、重组的指导思想和总体原则

（一）指导思想

深入贯彻党的十五大精神，紧密结合勘探局的实际情况，充分认识重组的必要性和紧迫性，坚决按照中油集团公司关于企业重组的总体要求和部署，积极稳妥、扎实有效地完成重组工作和今年的各项生产经营任务，为长庆跨世纪可持续发展奠定基础。

（二）总体原则

1. 坚持按集团公司关于企业重组的要求

安排重组工作，并结合勘探局的实际，尽量细化，具有可操作性。

2. 坚持按划分标准分开油田公司业务与非油田公司业务，净化精干油田公司业务。

3. 坚持油田公司业务与非油田公司业务相互依存、共同发展，避免同业竞争，降低交易成本。

4. 坚持按精简、效能的原则设置机构，达到职责明确、权责统一，管理人员不增加。

5. 坚持整体设计，分步实施，规范运作，管理到位。

6. 坚持有利于发展，有利于稳定，积极稳妥地处理好重组、发展和稳定的关系。

7. 坚持重组改制与生产经营统筹安排，以重组促进今年各项任务指标的完成，以完成今年的任务指标促进重组的顺利进行。

三、重组实施方案

（一）油田公司机关组建方案

1. 组建原则。

（1）按集团公司批复的要求组建油田公司机关。

（2）按照精简效能、职责明确、满负荷工作的原则设置岗位。

（3）油田公司机关及附属单位的工作人员，按照“个人申请，领导提名，双向选择，组织审定”的程序和方法，原则上从现机关业务性质相同或相近的部门、单位中选聘。

（4）按编制、按条件、按岗位要求选聘或部分在局内招聘机关工作人员。生产、技术处室工作人员应具有本科以上学历或高级职称；综合、经营处室的工作人员一般应具有大专以上学历。同时，1998 年度、1999 年度中连续考核均为胜任以上者。

（5）为保证局机关和油田公司机关处室都能正常运行，油田公司机关人员原则上可按编制一次聘任到位，机关附属部分单位的人员可逐步到位。

（6）油田公司机关组建工作在局党委、勘探局统一领导下进行。处室领导由局组织干部部门提出配备意见，由勘探局党委常委会议、党政领导会议研究确定。

2. 具体内容。

油田公司领导班子由 6 人组成。在油田公司组建的同时，成立公司党群组织，党群组织负责人实行兼职，党委书记、党委副书记、纪委书记、工会主席分别由经理和副经理兼任，由一名领导侧重抓党群工作。党群部门在设置上与相关职能部门合署办公，党委办公室内设宣传、工会、团委等岗位。另外，根据工作需要设经理助理或副总师 4 人，协助公司领导负责某方面的工作。

油田公司机关设职能处室 9 个，工作人员 115 人。处室领导一般按 1 正 2 副配备，对业务范围广、人员较多的处室增配 1 名副职，人员较少的处室少配 1 名副职；4 人以上的科室设正副科长，3 人以下的科室设科长 1 人。

（1）经理办公室（党委办公室）：是油田公司党政工作的综合办事机构。主要协调公司日常行政和党群工作，指导督查机关各部门、各直属单位贯彻落实上级指示和公司党政重大决策，负责宣传、工会、共青团等日常工作，参与协调组织公司的中心工作和重大活动，负责公司接待、机要、保密及档案、打字收发的管理。

人员编制及内设机构：编制 14 人。其中，主任 1 人、副主任 3 人；机要秘书科 4 人、党群工作科 4 人、接待科 2 人。

（2）勘探开发处：是油田公司油气勘探、开发业务的主管部门。主要负责公司油气勘探、开发地质、油气藏工程、油气田开采及资源登记管理工作。

人员编制及内设机构：编制 15 人。其中，处长 1 人、副处长 3 人；勘探与资源管理科 3 人、油田开发科 4 人、气田开发科 2 人、工艺技术科 2 人。

（3）生产运行处：是油田公司生产运行的

综合管理部门。主要负责公司日常油气、炼化生产协调管理、油气集输，重点生产项目运行的组织管理，机动设备、器材物资采供计划及水电运的协调管理工作。

人员编制及内设机构：编制 16 人。其中，处长 1 人、副处长 3 人；综合科 4 人、值班科 4 人、设备管理与采办科 4 人。

（4）技术发展处：是油田公司油气勘探开发技术研究应用和科技发展战略及技术政策研究制订的主管部门。主要负责油田公司科技攻关、新技术研究应用等重大科研项目立项论证、计划编制与组织实施工作，负责石油学会长庆分会的日常工作等。

人员编制及内设机构：编制 7 人。其中，处长 1 人、副处长 1 人、科技项目管理科 3 人、成果与信息管理科 2 人。

（5）计划财务处：是油田公司发展规划和生产计划制订及财务资产管理的综合部门。主要负责公司长远规划、中长期计划、日常计划和预算决算工作，负责投资控制和会计成本核算、资金运营、税价保险管理及资产管理工作，对资金结算部、油气田规划室实行业务领导和管理。

人员编制及内设机构：编制 21 人。其中，处长 1 人、副处长 3 人；计划统计科 4 人、会计核算科 4 人、资金管理科 3 人、税价管理科 3 人、资产科 3 人。

（6）人事处（组织部）：是油田公司党组织建设、劳动工资、人事业务的主管部门。主要负责公司班子建设、党的组织建设、人事管理，负责劳动工资、劳动组织、劳动关系、劳动力交流和劳动统计等管理工作。

人员编制及内设机构：编制 15 人。其中，处（部）长 1 人、副处（部）长 2 人；组织科 3 人、工资科 3 人、劳动科 3 人、人事科 3 人。

（7）企管与法规处：是油田公司企业管理、法律事务、合同管理的主管部门。主要负责公司的企业管理、法律事务和合同管理工作。

人员编制及内设机构：编制 8 人。其中，处长 1 人、副处长 2 人；企业管理科 2 人、法律与合同管理科 3 人。

（8）质量安全环保处：是油田公司安全生产、环境保护和技术监督工作的主管部门。主要负责技术监督、节能、消防、安全生产、环境保护的管理，对工业生产安全操作规程、计量标准的制订和落实情况进行定期检查、监督。

人员编制及内设机构：编制 9 人。其中，处长 1 人、副处长 2 人；技术监督科 2 人、安全科 2 人、环保科 2 人。

（9）审计监察处（纪检）：是油田公司审计、行政监察和纪律检查工作的主管部门。主要负责公司及直属单位的投资、经营、资金运营效果的审计、行政监察和纪律检查工作。

人员编制及内设机构：编制 10 人。其中，处长 1 人、副处长 2 人；审计科 4 人、纪检监察科 3 人。

长庆油田公司机关设附属单位 11 个，工作人员 163 人。

（1）经济研究所：是油田公司各项经济政策、经济评估、概预算、定额标准的研究和管理机构，是领导的参谋部门。主要负责公司各项经济政策调查、研究和制订，为领导决策提供依据；负责各类定额（工程预算定额、劳动定额、材料消耗定额）的制订、修订和组织经济评估工作。

级别为处级，业务独立，直接对油田公司负责。

人员编制及内设机构：编制 25 人。其中，所长 1 人、副所长 3 人；经济政策研究室 4 人、调查研究室 3 人、经济情报信息室 3 人、概预算室 3 人、定额管理室 5 人、经济评估管理室 3 人。

（2）对外经济合作部：是油田公司国际、国内经济合作项目的主管部门。主要负责油田公司对外经济合作项目的管理、立项、洽谈、调研、论证、上报审批、合同签订、组织实施等工作。

级别为处级，业务独立，直接对油田公司负责。

人员编制及内设机构：编制8人。其中，主任1人，副主任1人；国际项目合作科3人、国内项目合作科3人。

(3) 工程项目管理部：是油田公司工程建设项目的业务管理部门。主要负责公司重点工程建设项目的监督检查，工期、质量、投资的控制，项目的验收和结算。

级别为处级，业务独立，直接对油田公司负责。

人员编制及内设机构：编制8人。其中，主任1人、副主任1人；工程项目管理科4人、综合财务科2人。

(4) 对外协调部：是油田公司对外关系和土地资产管理业务的主管部门。负责公司对外关系协调工作，编报公司用地计划，负责公司土地的征借、管理和评估；负责公司水土保持管理工作。

级别为处级，业务独立，直接对油田公司负责。

人员编制及内设机构：人员编制10人。其中，主任1人、副主任2人；公共关系科3人，土地管理科4人。

(5) 炼化技术部：是油田公司炼油化工业务、工艺技术的主管部门。主要负责油田公司炼油、化工生产工艺技术的研究和推广应用、油气产品项目的开发和油气深加工的工艺技术攻关、引进等工作，同时对马岭炼油厂、马家滩炼油厂的业务进行管理。

级别为处级，业务独立，直接对油田公司负责。

人员编制及内设机构：编制6人。其中，主任1人、副主任1人；管理科2人，工艺技术科2人。

(6) 机关事务管理部：是油田公司机关行政事务和党群业务的管理部门。主要负责公司机关的行政事务、党群工作、财务管理、劳动工资、社会保险及办公营具、劳保用品的发放和管理工作，负责油田公司机关小车队管理。

级别为副处级，业务独立，直接对油田公司负责。

人员编制及内设机构：编制63人。其中，主任1人、副主任1人；综合管理科6人；小车队级别为科级，定编55人。

(7) 资金结算部：是油田公司资金统一管理、运行和结算的业务部门。主要负责资金的统一管理、运行和结算，负责公司的内外部结算，审查办理各开户单位的内、外结算、收支及提现业务。

级别为副处级，业务隶属计划财务处领导。

人员编制及内设机构：编制20人。其中，主任1人；机关设资金运行科3人、稽查科2人；基层单位设西安结算室2人、庆阳结算室2人、马岭结算室2人、马家滩结算室2人，靖边结算室4人，延安结算室2人。

(8) 油气田规划室：是油田公司油气田规划的业务部门。主要负责油气田远景和中长期建设发展规划的编制，滚动发展计划的编制，项目的前期评估、论证和立项报批、审批及重大项目的后期评估。

级别为科级，业务隶属计划财务处领导。人员编制10人。其中，主任1人、副主任1人，规划人员8人。

(9) 外事及设备引进办公室：是油田公司外事及设备引进工作的业务部门。主要负责对外技术合作、技术设备引进、外事接待的综合管理工作，参与有关外事项目的管理和出国人员的培训、教育工作。

级别为科级，业务独立，直接对油田公司负责。人员编制4人。其中，主任1人；工作人员3人。

（10）档案室：主要负责油田公司各类档案资料（含人事档案）的编目、归档和管理工作。

级别为科级，业务隶属于经理办公室领导，人员编制4人。其中，主任1人；工作人员3人。

（11）打字收发室（含公务）：主要负责油田公司机关各类文件、信函、公文资料及报刊的收发；打字校对油印；公司机关的日常服务工作。

业务隶属于经理办公室领导，人员编制5人。

（二）局机关调整方案

1. 调整原则。

（1）属于油田公司业务部分的专业处室整体划入油田公司后，局机关其他处室及附属单位的机构、职能、职责原则上保持不变。

（2）与油田公司机关业务有关的综合处室、专业处室及附属单位，部分人员进入油田公司后，定员相应压缩，机构、职能、职责原则保持不变。

（3）为便于工作和加强管理，对部分处室按业务性质归并和调整，赋予新的职责和职能。

（4）按照精干、效能、一人多岗、一岗多能、满负荷工作的原则，对内部岗位设置进行适当调整和合并，以保持机关人员总量原则不增加和处室工作的正常运行。

2. 具体方案。

油田公司机关组建后，局机关处室调整合并为21个。

（1）按业务性质归并后的机关处室3个：

原总调度室、机动处、对外关系协作处合并组建市场开发部。

原局长办公室、党委办公室、政治思想工作部办公室合并为办公室，保留党委办公室、政治思想工作部办公室印章。

原财务处、国有资产管理处合并组建财务资产部。

（2）保留的机关处室有17个：钻井工程技术处、试油压裂处、基建工程处、规划计划处、劳动工资处、教育培训处、技术监督安全环保处、科技处、卫生处、组织部（干部处）、党委宣传部（长庆石油报社）、纪委监察处、局工会、局团委、武装部、离退休职工管理处、机关事务管理处。

组建成立再就业服务中心，与人力资源开发服务中心按一套机构、两块牌子运行。

（3）保留的机关附属单位有：资金结算中心、社会保险中心、检测中心、档案馆、影视部、编辑部、印刷厂、打字收发室、卫生所、子弟学校。

（三）有关二级单位分开、分立的方案

1. 分开、组建的原则。

（1）人员划分的时间界限为1999年5月31日。

（2）厂、处机关工作人员原则上从现机关及附属业务性质相同或相近的部门、单位选聘。

（3）按照精干、效能的原则，保证油田公司业务和非油田公司业务均能正常运行。

（4）采油、采气作业区等基层单位的人员原则上整体划入油田公司，内部可作适当调整。

（5）为使油田公司生产运行具备基本手段，将原采油厂所属的小修作业整体划入油田公司，组建成立检泵公司。

（6）重组后，机关工作人员按编制原则上一次配备到位，部分新组建的单位和产能建设新增编的人员可逐步配备到位。

（7）重组后机关工作人员总量原则上不增加。

（8）各单位在总定编、定员范围内，结合实际制订本单位实施方案。

（9）组建油田公司直属单位的同时，成立党群组织，党群组织负责人实行兼职。党群部门在设置上与相关职能部门合署办公。

(10) 油田公司公安部门增挂治安保卫科牌子，统一管理非油田公司部分的治安保卫工作。

(11) 重组工作在现党政领导班子统一领导下进行。各单位的人员划分、单位组建、基层领导班子的确定，由现领导班子按照管理权限和工作程序研究决定，具体业务由现业务部门办理。

(12) 建立相互依存、统一协调、共同发展的工作机制。分开后，先实行统一领导，分开核算，采取油田公司直属单位与技术（综合）服务单位的主要领导交叉任职的办法逐步过渡，待条件成熟时再彻底分开。

(13) 财务资产划分，必须以《长庆石油勘探局重组实施方案》和《集团公司重组审计项目分开原则》为依据，以集团公司批准的资产评估、财务审计结果为基础，做到账、卡、物、资金四对口。

(14) 按照稳步推进的原则，先在第二采油厂进行重组试点，逐步在面上展开。

2. 具体方案。

(1) 第一采油厂分开后，组建新的第一采油厂和第一采油技术服务处。

①第一采油厂。

全厂用工总量3049人，其中：全民职工2575人，其他用工474人。厂领导职数6人，科级职数74人。

厂机关定编78人（含厂领导6人）：科室长职数21人；设9个科室：厂长办公室（党委办公室）、生产运行科、地质工艺技术科、质量安全环保科、计划财务科、企管与法规科、公共关系科、人事科（组织科）、企业文化科。

机关附属设：工程项目管理室、环保监测站、采办站、土地管理办公室、职工培训站、资金结算室、资料档案室、打字收发室、小车队，定编72人，其中：科级职数7人。

所属的基层单位有：坪桥采油作业区、王窑采油作业区、侯市采油作业区、杏河采油作业区、集输大队、采油工艺研究所、地质研究所、浅油层开发公司、维修抢险大队、检泵公司、公安局（治安保卫科）、经济民警中队、采气队、电力队。

②第一采油技术服务处。

机关定编58人，其中：处领导5人。机关设：处长办公室（党委办公室）、市场开发科、生产技术科、技术监督安全环保科、计划财务科、人事科（组织科）、宣传科、纪检监察科、工会、团委、武装部11个科室。

机关附属有：教育培训中心、档案室、文化站、电视台、打字收发室、小车队，定编42人。

所属的基层单位有：综合机修站、特车大队、器材供应站、油管厂、基建办公室、公用事业管理站、劳动服务公司、实业公司、通信站、消防大队、职工医院、长庆七中、富县子校、离退休职工管理站。

第一采油技术服务处用工总量2351人，其中：全民职工2033人，其他用工318人。

(2) 第二采油厂分开后，组建新的第二采油厂和第二采油技术服务处。

①第二采油厂。

全厂用工总量5505，其中：全民职工4665人，其他用工840人。厂领导职数7人，科级职数136人。

厂机关定编88人（含厂领导7人）；科室长职数22人；设9个科室：厂长办公室（党委办公室）、生产运行科、地质工艺技术科、质量安全环保科、计划财务科、企管与法规科、公共关系科、人事科（组织科）、企业文化科。

机关附属设：工程项目管理室、环保监测站、采办站、土地管理办公室、职工培训站、资金结算室、资料档案室、打字收发室、小车队、长庆艺术团，定编122人，其中：科级职数 9 人。

所属的基层单位有：岭中采油作业区、岭南采油作业区、岭北采油作业区、城壕采油作业区、华池采油作业区、元城采油作业区、樊家川采油作业区、南梁采油作业区、集输大队、地质研究所、采油工艺研究所、维修抢险大队、马岭检泵一公司、马岭检泵二公司、城华检泵公司、经济民警大队、电讯队（油区磁石生产电话）。

长庆公安处与第二采油厂公安分处合并，集中搞好陇东油区社会治安综合治理。部分服务三省（区）的职能不变。对内统一使用警力，对外统一协调公安业务。

公用事业处庆阳管理分处 50 名转岗培训职工划入第二采油厂。

②第二采油技术服务处。

处机关定编 71 人，其中：处领导 7 人。机关设：处长办公室（党委办公室）、市场开发科、生产技术科、技术监督安全环保科、计划财务科、人事科（组织科）、宣传科、纪检监察科、工会、团委、武装部 11 个科室。

机关附属有：教育培训中心、井下作业室、档案室、文化站、长庆电视二台、打字收发室、小车队，定编 87 人。

所属的基层单位有：特修一公司、特修二公司、特车大队、综合机修站、公用事业管理站、器材供应站、油管厂、第二招待所、多种经营办公室、劳动服务公司、实业公司、巨力化工厂、恒达公司、油田工程公司、建筑安装公司、基建办公室、离退休职工管理站、四所子弟学校、卫生所。

原公安处所属消防大队、公用事业处所属庆阳管理分处整体移交第二采油技术服务处。

第二采油技术服务处用工总量 4144 人，其中：全民职工 3636 人，其他用工 508 人。

(3) 第三采油厂分开后，组建新的第三采油厂和第三采油技术服务处。

①第三采油厂。

全厂用工总量 3474 人，其中：全民职工 2988 人，其他用工 486 人。厂领导职数 7 人，科级职数 82 人。

厂机关定编 83 人（含厂领导 7 人）；科室长职数 21 人；设 9 个科室：厂长办公室（党委办公室）、生产运行科、地质工艺技术科、质量安全环保科、计划财务科、企管与法规科、公共关系科、人事科（组织科）、企业文化科。

机关附属设：工程项目管理室、环保监测站、采办站、土地管理办公室、职工培训站、资金结算室、资料档案室、打字收发室、小车队，定编 80 人，其中：科级职数 7 人。

所属的基层单位有：大水坑采油作业区、靖北采油作业区、靖南采油作业区、油房庄采油作业区、吴旗采油大队（除卫生所、小学、综合服务队人员）、集输大队、地质研究所、采油工艺研究所、维修抢险大队、检泵一公司、检泵二公司、公安分局（治安保卫科）、经济民警中队。

66 名转岗培训职工整体划入第三采油厂。

②第三采油技术服务处。

处机关定编 68 人，其中：处领导 5 人。机关设：处长办公室（党委办公室）、市场开发科、生产技术科、技术监督安全环保科、计划财务科、人事科（组织科）、宣传科、纪检监察科、工会、团委、武装部 11 个科室。

机关附属有：教育培训中心、档案室、文化站、电视台、打字收发室、小车队，定编 61 人。

所属的基层单位有：井下作业公司、运输大队、水电厂、机修站、消防大队、器材供应站、职工医院、公用事业管理站、锦林公司、实业公司、离退休职工管理站、井下工艺管理室、大水坑子弟学校、吴旗综合服务队。

第三采油技术服务处用工总量 2530 人，其中：全民职工 2181 人（含长庆四中、银川子弟学校人员），其他用工 349 人。

(4) 采气厂。

采气厂属于按新体制、新机制组建的单位，整体划入油田公司。

全厂定员编制 781 人，其中：厂领导职数 7 人，科级职数 40 人；现有 614 人整体划入油田公司。

厂机关定编 57 人（含厂领导 7 人）；科级职数 13 人；设 8 个科室：厂长办公室（党委办公室）、生产运行科、地质工艺技术科、质量安全环保科、计划财务科、公共关系科、人事科（组织科）、企业文化科。

机关附属设：工程项目管理室、采办站、环保监测站、资料档案室、打字收发室、小车班，定编 36 人，其中：科级职数 3 人。

所属基层单位有：净化厂、作业一区、作业二区、作业三区、作业四区、工艺与地质研究所、综合服务大队、计量标定站、天然气液化厂。

转岗培训职工 167 人，整体划入采气厂；经勘探局审批的其他用工继续使用。

(5) 咸阳长庆石油助剂厂分开后，组建长庆油田公司长庆炼油化工总厂和长庆炼油化工综合服务处。

①长庆油田公司长庆炼油化工总厂。

全厂用工总量 763 人，其中：全民职工 707 人，其他用工 56 人。厂领导职数 5 人，科级职数 11 人。

厂机关定编 46 人（含厂领导 5 人），科室长职数 10 人；设 5 个科室：厂长办公室（党委办公室）、生产运行科、工艺技术科、计划财务科、人事科（组织科）。

机关附属设：采办站、资料档案室、打字收发室、小车班，定编 16 人，其中：科级职数 1 人。

所属基层单位有：催化车间、常压车间、化验车间、供排水车间、动力车间、维修车间、储销车间、原油接卸队、产品精制车间、铁路专线运行队、成品油装运队、加氢重整车间、液化气车间、项目组、护厂队。

②长庆炼油化工综合服务处。

处机关定编 16 人，其中：领导 2 人。机关设：经营财务办公室、综合办公室。

所属基层单位有：公用事业管理站、菱达实业公司、车队、器材供应站、通信站、离退休职工管理站。

长庆炼油化工综合服务处用工总量 192 人，其中：全民职工 132 人，其他用工 60 人。

(6) 甲醇厂。

甲醇厂属于按新体制、新机制组建的单位，整体划入油田公司。

全厂定员编制 297 人，其中：厂领导职数 5 人，科级职数 12 人，现有 210 人整体划入油田公司。

厂机关定编 35 人（含厂领导 5 人），科室长职数 9 人；设 5 个科室：厂长办公室（党委办公室）、生产运行科、工艺技术科、计划财务科、人事科（组织科）。

机关附属设：销售部、采办组、打字收发室、小车班，定编 32 人，其中：科级职数 3 人。

所属基层单位有：甲醇车间、储运车间、动力车间、维修车间、中心化验室、综合队、护厂队。

转岗培训职工 48 人，整体划入甲醇厂；经审批的其他用工可继续使用。

(7) 石油天然气销售总公司分开后，组建长庆油田公司油气销售公司和西安油气销售综合服务处。

①油气销售公司。

新组建的油气销售公司用工总量 464 人，其中：全民职工 417 人，其他用工 47 人。公司领导职数 5 人；科级职数 29 人。

公司机关定编 60 人（含公司领导 5 人），科室长职数 15 人；设 7 个部室：经理办公室（党委办公室）、经营财务科、人事科（组织科）、原油销售部、天然气及化工产品销售部、铁路运输部、成品油销售部。

机关附属设：资料档案室、打字收发室、小车班，定编 17 人。

所属基层单位有：咸阳分公司、庆阳分公司、银川分公司、西北公司、西南公司、欣盛公司、成都长庆公司。

以上人员共计 288 人，其中：全民职工 241 人，其他用工 47 人。

油田各单位所属全民性质的加油站，全部划归油气销售公司统一管理，共计 176 人，均为全民职工。

②西安油气销售综合服务处。

处机关定编 17 人，其中：领导 2 人。机关设：综合办公室、经营财务办公室。

所属基层单位有：离退休职工管理站、公用事业管理站、源丰公司。

西安油气销售综合服务处用工总量 142 人，其中：全民职工 74 人，其他用工 68 人。

(8) 勘探开发研究院属于按新体制分离后组建的科研单位，整体划入油田公司。

全院定员编制 430 人，其中：院领导职数 6 人，科级职数 40 人。

机关定编 27 人（含领导 6 人），科室长职数 7 人。设 4 个科室：办公室（党委办公室）、科研管理科、经营财务科、人事科（组织科）。

机关附属设：采办组、打字收发室，定编 5 人。

所属科研室有：石油勘探室、天然气勘探室、储量地质室、地球物理室、石油开发一室、石油开发二室、天然气开发室、非油气资源勘探室、分析试验中心、电子计算机中心、技术服务中心。

全院现有人员 370 人整体划入，缺员按所需专业从油田公司有关单位中选聘。

(9) 钻采工艺研究院分开后，组建油气工艺研究所和工程技术研究所。

①油气工艺研究所。

全所用工总量 104 人，均为全民职工。所领导职数 4 人，科级职数 18 人。

所机关定编 16 人（含所领导 4 人），科室长职数 4 人；设 3 个科室：综合办公室、科研管理科、经营财务科。

机关附属设：打字收发室，定编 3 人。

所属科研室有：采油工艺研究室、采气工艺研究室、压裂技术室、新技术推广中心、分析试验室、信息中心。

②工程技术研究所。

机关定编 17 人，其中：领导 4 人。机关设 3 个科室：综合办公室、科研管理科、经营财务科。

机关附属定编 3 人，负责打字、收发和档案管理。

所属基层单位有：钻井工艺研究室、机电研究室、压裂工艺研究室、新技术推广室、信息室、试验分析室、工程监督公司。

工程技术研究所用工总量 144 人，均为全民职工。

(10) 组建油气勘探事业部。

油气勘探事业部直属油田公司，业务上归勘探开发处领导，负责油气勘探、油田滚动勘探的规划部署和实施，油气勘探项目投资控制，储量的计算、申报和管理，矿权的申报、维护和管理。

定编 40 人（含领导 6 人），科级职数 7 人。内设机构：综合办公室、工程技术科、油气勘探项目科、经营财务科。

(11) 组建周边油田开发事业部。

周边油田开发事业部直属油田公司，业务上归勘探开发处领导，作为管理层，负责靖东采油作业区、八珠采油作业区、宁定采油作业区、靖中采油作业区、安塞谭南采油作业区、狼儿沟采油作业区、镇北采油作业区、演武采油作业区、固城川采油作业区、八岔台采油作业区、大路沟采油作业区、白于山采油作业区、靖南 147 试采区等周边油田的原油生产、成本控制、开发技术政策制定和监督实施。与周边油田开采单位采取甲乙方合同的形式，委托原开采单位负责生产组织、运行和施工作业。

定编60人（含领导6人），科级职数13人。内设机构：综合办公室、经营财务科、工艺科、地质科、生产管理科。

另外，长庆局对外合资组建的长宁输油有限责任公司职工11人、长宁输气公司33人、靖西输气公司8人、靖咸输油公司4人、坪北项目经理部2人划入油田公司管理。

四、实施的组织领导、方法步骤、进度要求

（一）组织领导

为确保重组方案的顺利实施，勘探局决定调整和健全重组工作领导机构。

长庆局重组工作领导小组：

组　长：胡文瑞

副组长：孙玉辰

成　员：张继昌　陈国法　包方钧
　　　　张芝兰　张敬堂

领导小组下设重组工作办公室：

主　任：张敬堂

副主任：袁家嵩　焦留群
　　　　王小平　王道富　陈慧敏
　　　　张鹏万　张　纲

办公室下设3个重组工作小组：

1. 财务资产组：组长陈慧敏，副组长张鹏万、王道富，成员由财务处、资产处、开发处、勘探部等有关人员组成。

2. 人事组：组长袁家嵩，副组长焦留群、朱关荣，成员由组织部、劳资处、人力资源开发中心等有关人员组成。

3. 综合组：组长张纲，副组长许四德，成员由局工会、局长办、局党办、宣传部、法律顾问室等有关人员组成。

各有关单位也要成立相应的组织领导机构，在勘探局重组实施工作小组的指导下，认真搞好本单位的重组工作。

（二）方法步骤及进度安排

第一阶段（7月18—8月5日）：依据中油集团公司中油办字［1999］第387号《关于对长庆石油勘探局重组方案的批复》精神，制订重组实施方案，提交党委常委（扩大）会、局务会、职代会主席团会审定。

第二阶段（8月6—8日）：召开厂处领导干部大会，进行重组工作动员和部署。

第三阶段（8月9—15日）：组建完成长庆油田公司机关，机关处室及附属单位的负责人和工作人员到位。

第四阶段（8月16—18日）：对长庆局机关部分处室调整到位。

第五阶段（8月19—29日）：重组工作小组进驻相关单位，划分、确定所属单位业务、资产、机构、人员，各所属单位领导、机关人员到位。

第六阶段（8月30—9月5日）：进行重组工作总结，并上报集团公司重组与上市筹备组。

（三）工作要求

1. 年初对各单位下达的生产任务和经营指标，不能因重组而改变。各单位要积极搞好生产的协调运行，科学合理地安排生产进度，优化各项方案和措施，实现速度、质量和效益的统一，确保全年经营目标的实现。

2. 要进一步加强成本和费用控制，努力减少各项支出，发动广大职工继续开展挖潜增效活动，确保成本、费用不超。

3. 加强安全生产的管理工作，尤其要切实抓好以防洪防汛为重点的安全生产工作。

4. 大力加强思想政治工作，确保职工队伍的稳定。重组工作必然涉及一些人的工作岗位和利益调整，各级领导要耐心做好深入细致的思想工作，及时发现问题，化解矛盾，把问题和矛盾解决在本单位，消灭在萌芽状态。要向广大干部职工讲清我们目前面临的形势和重组工作的重大意义，取得广大干部职工的理解、支持和积极参与，依靠职工搞好重组工作。

五、有关问题的说明

1. 长庆油田公司与长庆局的关系。

根据集团公司中油办字［1999］第300号文件中明确的"分公司为非法人单位，仍隶属于现企业"和中油办字［1999］第387号《关于对长庆石油勘探局重组方案的批复》中明确的"现企业名称及规格保持不变"的精神，重组后的中国石油长庆油田公司为非法人单位，实行独立核算，仍隶属于长庆局领导，由长庆局统一管理。

2. 长庆油田公司党委与长庆局党委的关系。

根据集团公司中油办字［1999］第300号文件的规定精神：长庆油田公司党委接受长庆局党委领导。油田公司党的建设只能加强，不能削弱，应适应公司结构的变化和党员的分布状况，及时合理地调整党组织的设置；党的组织工作必须落实专项经费，有专人负责；油田公司党委要坚持党对企业的政治领导，发挥企业党组织的政治核心作用和党员的先锋模范作用。

3. 油田公司机关处室与长庆局机关处室的关系。

长庆局机关处室仍履行原机关职能；油田公司机关处室只负责管理公司所属单位的业务；油田公司机关对上、对外的业务仍由长庆局机关处室统一负责。油田公司机关处室要按长庆局机关处室的要求，及时报送有关报表和资料。

4. 油田公司所属单位与长庆局其他单位之间的关系。

按照集团公司中油办字［1999］第300号文件精神，各单位之间，在经营上是合作伙伴关系、契约关系、关联关系，也是利益共同体，应相互依存、相互支持，互惠互利，共同发展。在合作方式上，实行甲乙方合同管理。

5. 周边油田开发事业部与试采作业区的关系。

周边油田开发事业部直属油田公司，业务上归油田公司勘探开发处领导，作为管理层，负责试采作业区的原油生产、成本核算、开发技术政策制定和督促实施。周边油田开发事业部与试采作业区原开采单位采取甲乙方合同形式，以原油买断的方式委托原开采单位负责成本控制、生产组织、运行和施工作业，产量纳入油田公司，销售由油田公司销售公司统一负责。

6. 关于马岭炼厂、马家滩炼厂与油田公司的关系问题。

集团公司在批复我局重组方案时明确马岭炼厂和马家滩炼厂暂不进入油田公司。为便于运行，我们的初步意见是两个炼厂的人员、资产均属于长庆局，原油配置、成品油销售纳入长庆炼油化工总厂，委托油田公司统一管理。目前，正在争取集团公司的同意和支持。

7. 关于重组后长庆局所属单位和机关的调整问题。

油田公司组建后，长庆局原有其他二级单位的名称、规格保持不变。教育、卫生、公安、消防、社会保险等企业办社会的单位运行方式保持不变。同时，长庆局还在进一步采取措施，加强这方面的工作。最近，已将长庆四、五、六中合并，成立了长庆银川高级中学，为独立的副处级单位，直接由长庆局管理；将宁夏石油技校合并到驿马石油技校，集中了人、财、物优势。同时，还准备按"四新"要求，成立西安长庆宾馆、长庆房地产开发公司、长庆再就业服务中心等单位，进一步配套完善物业管理和社会化服务系统。

8. 关于财务资产的划分问题。

依据中油集团公司［1999］第387号《关于对长庆石油勘探局重组方案的批复》和长局发［1999］第136号文件有关规定，对油田公司与长庆局的财务资产按以下原则进行划分：

(1) 以经局重组财务审计工作组审核后的各单位分账报表为基础。

(2) 在实施过程中，长庆局重组实施方案与上报重组方案的调整部分，财务资产划分也作相应的调整。

(3) 具体账务处理，以集团公司委托的财务审计、资产评估机构审计评估结果为准，并进行相应的账务处理。

9. 关于企业重组后职工分流的有关政策问题。

长庆局在上报集团公司的重组方案中提出了一些关于重组后职工分流的有关政策建议，集团公司在批复中明确"待集团公司有关业务部门统一研究后，提出处理意见"。关于职工与企业自愿解除劳动关系的问题，集团公司中油人劳字［1999］第337号文件已有明确规定，补偿标准"由企业按照连续工龄每满1年一般不高于本企业上年2.5个月平均工资的水平自行确定"。其他有关政策，待集团公司明确后，长庆局将研究制订具体的实施细则。

长庆石油勘探局关于组建中国石油长庆油田公司的决定

（长局发［1999］第203号）

按照集团公司的部署，我局实事求是地、积极稳妥地进行了重组改制工作。根据集团公司对我局《重组方案》的批复（中油办字［1999］第387号文件），勘探局决定组建中国石油长庆油田公司。

集团公司重组改制，是党中央、国务院的重大决策；是实现国有企业深化改革和建立现代企业制度的需要；是推进资本经营，迅速扩大核心业务、带动非核心业务、实现更大发展的需要；是迎接国际严峻挑战，建立符合国际规范的公司运行机制，参与国内外市场竞争的需要。从这个意义上讲，重组改制是我国石油天然气工业实现跨世纪持续发展战略的重要途径，是关系我国石油天然气工业前途和命运的战略举措。

我局是一个正处于大发展中的国有特大型企业，有一支长期在艰苦环境中经历多种困难考验和锻炼的职工队伍；有一套高效、科学、合理勘探开发低渗透油气田的配套工艺技术；有一定油气生产规模和雄厚的油气资源。但是，我局在前进道路上也面临着许多困难，主要是：低渗、低压、低产油气藏造成的开发难度大、成本高、利润少；债务负担沉重；装备状况相对较差；冗员多，富余人员分流难度大；油区社会治安状况恶化。因此，通过对业务、资产、机构和人员的重组，实现产业结构的优化组合，将有利于促进我局油气等各种资源的勘探开发；有利于改善资产结构和债务结构，实现企业效益的最大化；有利于专业化分工与协作，在勘探局内部实现优势互补、合理组合，增强企业对市场的适应性和竞争能力；有利于技术进步、技术改造、技术装备的提高；符合我局广大职工的根本利益。

根据集团公司对我局重组方案的批复，组建后的中国石油长庆油田公司非法人单位，实行独立核算，仍隶属于长庆石油勘探局；长庆油田公司党委接受长庆石油勘探局党委领导。

中国石油长庆油田公司组建后，主要担负石油、天然气等各种资源的勘探、开发，炼油、化工及油品销售任务。

按照我局跨世纪持续稳定发展规划，到2003年，年产油气当量将达到1000万吨；到2005年，年产油气当量将达到1550—1600万吨。长庆油田公司肩负着重要的历史使命。因此，长庆油田公司一定要认真执行党的各项方针政策，在勘探局的领导下，按照新体制、新机制运作，争取最大的经济效益。同时，要与各非核心单位相互依存、相互支持、互惠互利、共同发展，为我局新的腾飞，为我国石油天然气工业的发展做出更大的贡献。

1999年9月18日

长庆石油勘探局办公室关于印发长庆石油勘探局积极支持中国石油长庆油田公司发展的意见的通知

（长局办发［2000］第3号）

局属各单位、机关各部门：

现将第一次局党委常委（扩大）会议制订的《关于积极支持油田公司发展的意见》印发你们，望认真贯彻执行。

长庆油气主业的发展，是事关长庆持续稳定发展的根本大计，是油田公司和勘探局的共同目标、共同责任。我们一定要积极支持油田公司的发展和规范运用，确保上市大局。

2000年1月15日

附：

长庆石油勘探局关于积极支持油田公司发展的意见

1. 坚定不移地贯彻“先活心脏、后养肌肤”的原则。以实际行动支持油田公司的发展。

从生产组织、技术服务到公用事业服务，都必须有利于油田公司的规范运作与发展。要主动开绿灯、让方便。

2. 坚持互惠互利、优势互补、规范交易的原则。

认真学习掌握关联交易的政策、原则和方法。

按照统一认识、理清范围、规范方法、明确政策的要求，搞好关联交易。

充分发挥各自优势，坚决避免同业竞争和重复建设。

建立长期合作关系，共同实现长庆发展的宏伟目标。

3. 油田公司托管、委管的单位和作业区，按照油田公司的统一规划、部署和要求运作。

4. 工程技术服务，按照油田公司油气田建设的需要和要求，组织好工程施工。

积极推广应用新技术、新工艺，保证施工作业程序衔接紧密，工程质量优良。

5. 机械制造和加工，要为油气主业生产先进适用的优质产品，搞好现场服务。

6. 供电、供水、通信、运输、器材供应等生产服务业务，要搞好优质服务，不断降低服务成本。

7. 科研、设计、技术监督和工程监理等单位，做到科研设计先进合理、监督公正、公开、规范。

8. 加强社会治安综合治理，支持和帮助油气主业保卫油田，维护矿区正常的生产、工作和生活秩序。积极组织防灾抗灾，保证油田生产建设工作顺利进行。

9. 坚持共同协商的原则，对公共服务、矿区规划建设和管理、精神文明建设、综合治理、报纸电视工作、关联交易等重大问题，积极主动地协调、部署，拾遗补缺。

10. 建立勘探局与油田公司领导联席会议制度。

成立协调委员会，按照市场经济、规范交易、共同发展、共存互利、友好协商的原则，及时协调过渡时期遇到的问题。

11. 勘探局机关及所属单位都要积极支持油田公司领导的工作。

凡油田公司领导对勘探局提出的建议和意见，要认真研究落实。

对油田公司机关及所属单位的工作要求和信息，要及时研究解决和予以反馈。

加强团结，顾全大局，不说不利于团结的话，不做不利于团结的事。

12. 教育、医疗卫生、报纸、电视、离退休职工管理、物业管理、驻外办事处等单位，要提高管理水平和服务质量，及时、热情、周到地为油田公司服务。

中国石油长庆油田公司与长庆石油勘探局关于互供产品及服务等关联交易总协议

本协议于2000年1月19日由下列双方在西安市长庆兴隆园小区签订。

甲方：中国石油长庆油田公司

营业执照注册号：6100001805418

注册机关：陕西省工商行政管理局

乙方：长庆石油勘探局

企业法人营业执照注册号：6100001010330

注册机关：陕西省工商行政管理局

根据中国石油天然气集团公司中油办字[1999]第300号文件精神，长庆石油勘探局进行了重组改制。重组后，原长庆石油勘探局主营业务，包括石油天然气的勘探开发、炼油、化工、产品销售、有关科研机构组成了中国石油长庆油田公司；长庆石油勘探局保留了石油工程技术、辅助生产、物资供应、多种经营、生活后勤、社会服务等业务。

中国石油长庆油田公司及其下属单位与长庆石油勘探局及下属单位有着长期的协作关系和经验。双方都愿意依照本协议的规定，从对方获取本协议约定的产品和服务。

在此基础上，为规范双方之间的关联交易行为，本着公平合理、互惠互利、尊重历史、相互依存、共同发展的原则，中国石油长庆油田公司和长庆石油勘探局愿意签订本协议并按其规定相互提供有关产品和服务。

一、产品和服务范围

（一）甲方向乙方提供的产品和服务包括：

1. 原油、天然气、炼油产品、化工产品及半成品、副产品。

2. 供水、供电、供气、供暖等。

(二)乙方向甲方提供的产品和服务包括:

1. 工程技术服务类:物探、钻井、固井、录井、测井、试油、井下作业、油气田建设(包括建筑安装、管道建设)、炼化建设(包括建筑安装)、工程设计、工程监理、装置设备维修和检修、设备检测防腐和研究、工艺技术服务(包括为上述服务提供专利、专有技术、计算机软件服务)、信息服务、公用工程(油区、厂区公路、市政建设、民用建筑和公用设施),及其他相关或类似服务。

2. 生产服务类:供水、供电、供气、供暖、通讯、消防、保安、图书资料、部分档案保管、资产租赁、厂区和矿区的环境卫生、机械维修、机械加工(产品类)、运输、技术监测中心、道路维护及其他相关或类似服务。

3. 物资供应类:代理采购、质量检验、存储、发送及其他相关或类似服务。

4. 生活服务类:物业管理、培训中心、职工食堂、浴池、招待所(宾馆)、办事处(联络处)的管理及其他相关或类似服务。

5. 社会服务类:社区保安系统、教育(除小学、普通中学和中专)、幼儿园、托儿所、文化宣传(包括电视台、报社)、公共交通、市政设施(包括公路、城市、矿区的绿化)、再就业服务中心、社会保险中心、职业技能鉴定中心、疗养院、综合服务及其他相关或类似服务。

6. 受甲方委托为甲方所属新区开发公司的石油开采提供相关服务。

(三)需要另行订立协议的范围:

房屋使用权的租赁、土地使用权的租赁及使用、知识产权包括专利、商标、专有技术、计算机软件的许可使用(前述工艺技术服务中包括的专利、专有技术、计算机软件服务除外)。

二、交易总原则

本协议旨在明确提供产品和服务时甲乙双方必须信守的基本原则:

(一)服从中国石油天然气集团公司与中国石油天然气股份有限公司签订的关于互供产品和服务等关联交易总协议。在服务范围、交易总原则、定价原则和运作方式等方面,按总协议的规定执行。

(二)对各自提供的所有产品和服务项目,保证质量优良、价格公平合理,如有第三方提供同类产品或服务或参与同类交易,不得劣于该第三方就此类产品或服务提供的条件。

(三)所有产品和服务交易一律依法订立合同,规范运作,并使其符合中油股份公司上市地的有关法规(包括但不限于上市规则)的规定。

(四)按照国家改革开放和建立社会主义市场经济的要求并遵循有关法律和规定,对各项产品和服务交易,按照有序竞争、比质比价、同等优先的原则进行。

(五)在符合股份公司的利益和上市地有关法规(包括但不限于上市规则)的前提下,随着双方生产经营的不断发展,甲乙双方如愿相互提供本协议以外的其他服务,其服务的条款和条件应按照本协议所规定的交易总原则和定价原则由双方协商后确定。

(六)尊重历史,实事求是,相互依存、相互支持,互惠互利,共同发展。一方不发展另一方服务范围内的业务或产品;过渡期内,双方共同研究有关内外招商、招标事宜。

三、定价原则

(一)定价总原则:

1. 关联交易定价要公平、公正,符合市场法则和市场监管的要求,具有市场竞争能力。

2. 关联交易定价要符合《中国石油天然气集团公司与中国石油天然气股份有限公司产品和服务互供总协议》(以下简称“总协议”)的规定。凡有政府定价的,参照政府定价执行;凡没有政府定价,但有市场价格的,参照市场价格执行;没有政府定价或市场价格的,采用成本价或协议价格。

3. 各项关联交易应尽量价格化,以减少费用分摊部分,特别是工程技术服务、生产服务、物业管理等关联交易都要价格化。

4. 对垄断性的产品和服务,有政府定价的,要采用政府定价,但同时应通过双方协商妥善处理好企业的特殊情况。实行协议价,具有竞争性的关联交易,要努力创造条件,逐步过渡到市场竞争价。

(二)定价具体原则:

1. 产品类:

原油、炼油产品、天然气等,执行政府定价,化工产品按市场定价。

2. 工程技术服务类:

(1)工程技术施工服务类:物探、钻井、固井、录井、测井、试油、井下作业等,在过渡期内,实行协议价,以后逐步过渡到市场价。

具体方法是:

①协议价 = 成本 + 利润。

②成本价 = 1998 年实际成本 + 转移费用。

③利润率不超过 3%(2000 年),价格中不含税金,税金另计。

④1998 年实际成本中不含折旧的要增加折旧,同时压缩修理费用。

⑤转移费用包括:企业直接承担的各类保险金、内部补贴、水资源费、服务单位上级机关管理费。

⑥协议价的价格水平不得超过适用于该产品或服务的国际市场价格。

(2)工程技术服务中的油气田建设(包括建筑安装)在国家颁布统一定额和收费标准前,按照协议价执行。国家颁布统一定额和收费标准后,参照国家标准执行。

(3)炼化建设(包括建筑安装)、工程设计、工程监理实行政府定价。

(4)工程技术服务中的装备维修、检修、设备检测、防腐和研究、工艺技术服务等,实行协议价。

(5)工程技术服务中的公用工程(油区、厂区公路、市政设施、民用建筑和公用设施),国家有统一定额和收费标准的参照国家颁布的定额和收费标准执行;如国家没有标准,从 2000 年 1 月 1 日起,按市场价并根据《中华人民共和国招投标法》规定,公开招标定价。

(6)其他工程技术服务(包括信息服务),按市场定价。

3. 生产服务类:

(1)供水、供电、供气、供暖:

①采用直供方式,执行政府定价;自己发电的,价格双方协商或执行协议价。

②需要转供的,可在政府定价的基础上加转供成本。

转供成本包括:转供机构 1998 年实际发生的直接材料、辅助材料、燃料、动力、直接人工、制造费用等运转成本以及合理比例应分担的管理部门的费用。

(2)生产类服务中,新建生产配套的水、电、路、讯等建设项目,由甲方决策、立项、投资、资产属于甲方,由乙方负责管理,并收取管理费和维护费。

(3)采油一厂、采油二厂、采油三厂、油气销售公司、长庆炼油化工总厂五个单位与整体分开的技术服务处是对口服务关系,甲方应优先为其提供相对稳定的服务市场,具体服务价格由对口服务单位双方另行商议。

(4)生产类服务中的通讯,实行协议价;图书资料,部分档案保管,道路维修,实行成本价。

(5)生产类服务中的资产租赁、环境卫生、机修、机加工、运输等,实行市场价。

(6)生产类服务中的消防费用由甲方全额承担。

(7)技术监测中心执行协议价。

(8)特殊、紧急情况下,抢险服务价格另议。

4. 物资供应类,实行代理制:

(1)一般性物资采购供应,年初双方共同确定计划价格,由乙方采购供应,执行过程中,如果价格出现大幅度波动,双方协商调整计划价格。

(2)大宗、大件的物资采购实行招标,由甲、乙双方联合组成招标小组,负责进行技术和商务谈判。

(3)代理采购费用执行市场价格。质量检验和整理费用、运杂费按照采购金额的一定比例收取;仓储费用按照年平均仓储余额的一定比例收取,所采用的比例由关联双方协商确定。物资运送费执行协议价。

5. 生活服务类:

(1)物业管理价格:

物业管理价格 =(1998 年物业管理完全成本 - 1998 年职工个人交费总额 ± 人工费等客观因素调整)÷ 管理的房屋面积。

物业管理主要包括:房屋管理,供排水、环境卫生、小区设施及绿化、房屋供暖、管网维修等。

国家规定职工福利住房的小区的配套工程建设资金,三年内继续由企业承担,这部分费用从公益金中支付,以后这方面的建设,要双方协商,量力而行。

(2)生活服务类的其他项目,招待所(宾馆)、职工食堂、浴池、办事处(联络处)、疗养院等费用执行市场价,以收抵支不足部分由双方另行协商。培训中心费用,执行协议价。

6. 社会服务类:

(1)社会服务类中的教育费用(扣除小学、普通中学和中专的费用),再就业服务中心、社会保险中心、职业技能鉴定中心、文化宣传净支出、住房公积金管理费用、公益及福利设施费用等按乙方扣除社会服务部分后的职工人数与甲方职工人数的比例分摊。

(2)社会服务类的幼儿园、托儿所、公共交通、市政设施、综合服务等,执行市场价。以收抵支不足部分,双方另行协商。

(3)离岗退养人员费用,离岗前属于核心业务的职工,其费用继续由甲方承担。

7. 土地租金计算办法:根据中国石油天然气集团公司正式发文明确。

8. 乙方为所属新区开发公司的石油开采所提供的相关服务价格另行商议。

四、价款支付

(一)付款方式:

根据甲方和乙方年度关联交易总金额,由甲方按月预付给乙方,定期清算。

(二)结算方式:

甲方和乙方签订的所有关联交易分协议、具体服务合同都通过资金结算部门进行内部结算,由资金结算部门严格按有关规定办理。

五、运作方式

(一)甲乙双方须于每年 11 月 30 日前向对方提交下一年度需向对方获取的产品或服务需求计划,并须编制该年度向对方提供产品或服务的计划,应于 1 个月之内将提供产品或服务的计划提交对方。

(二)甲乙双方依照产品或服务供求年度计划,根据需要签订分协议、具体服务合同。

(三)甲乙双方各自的产品或服务年度供求计划可以调整,但必须由甲乙各方在对方确定该产品或服务年度供给计划之前提出,经双方协商一致后,统一对各自的产品或服务供给计划做出相应调整;在计划执行过程中,如有需要并经双方同意,也可以对产品或服务供需计划进行调整。如果双方对调整供需计划不能取得一致,供方(服务方)应按需方(被服务方)提供的需求计划,向需方(被服务方)提供相应的服务。

(四)甲乙双方根据分协议、具体服务合同,对工作量和价格的调整及有关事项的说明可签订补充协议,补充协议作为分协议、具体服务合同的附件,与分协议、具体服务合同具有同等的法律效力。

(五)甲乙双方不定期召开协调会,协调本协议及分协议和具体服务合同或补充协议的签订和履行。

(六)本协议没有列举的产品和服务,应根据供求计划,另行签订补充协议或服务合同。

六、协议期限

(一)本协议期限为10年,自2000年1月1日起,至2009年12月31日止。

(二)分协议和具体服务合同一年一订。

七、双方的权利和义务

(一)甲方的权利和义务。

1. 甲方的权利包括:

(1)自主编制年度需求和供给计划。

(2)有权按本协议规定获得乙方提供的服务。

(3)甲方和所属单位有权依法取得本协议所规定的服务费用。

(4)如果第三方提供的同类服务在同等条件下优于乙方提供的服务,则甲方可以通过招标选择该等第三方提供的服务。但是,对在本协议生效之后双方就本协议所述的产品和服务范围或分协议、具体服务合同中的服务,应按本协议、分协议、具体服务合同的规定继续履行各自的义务。

(5)甲方可在没有对乙方造成不良影响的情况下,向第三方提供相应的服务。

(6)就关联交易情况,甲方有权审查乙方和其联系人士的会计记录。

2. 甲方的义务包括:

(1)促使并保证按本协议规定并依据服务供求计划与乙方签订有关分协议、具体服务合同。

(2)监督下属单位按本协议所列的定价标准提供优质服务。

(3)应具体服务合同当事人的要求,协议与该具体服务合同有关的事宜。

(4)指定或设立专门机构负责产品和服务交易的联络、文件的编制、合同执行的监督、协调等事项。

(5)按照本协议及各具体服务合同的规定支付有关服务费用。

(6)保证赔偿由于违反本协议或具体合同的任何条款而对乙方造成的任何损失。

(7)采取进一步的其他必要的行动,包括签署其他有关的协议或合同或文件,以确保实现《中国石油天然气集团公司与中国石油天然气股份有限公司产品和服务等关联交易实施的补充意见》的宗旨和规定的内容。

(8)不组建和设立本协议约定的,由乙方提供产品及服务范围的服务队伍和机构。

(二)乙方的权利和义务。

1. 乙方的权利包括:

(1)乙方有权按本协议规定获得甲方提供的服务。

(2)乙方有权依法取得本协议所规定的费用。

(3)根据甲方服务需求计划,组织编制服务供给计划。

(4)如果第三方提供的同类服务在同等条件下优于甲方提供的服务,则乙方可以通过招标选择该等第三方提供的服务,但是,对在本协议生效之后双方就本协议所述的产品和服务范围或分协议、具体服务合同中的服务,应按分协议、具体服务合同的规定继续履行各自的义务。

(5)在保证向甲方按照本协议规定提供服务的前提下,有权选择为第三方提供相应的服务。

(6)有权从事统配产品和非统配产品的销售和仓储业务,维持原经销非统配产品的渠道,但不得从事批发业务。

(7)对乙方有能力承担的新增各项服务项目,乙方享有同等优先权。

2. 乙方的义务包括:

(1)促使并保证按本协议规定和年度服务供求计划与甲方签订有关协议、具体服务合同。

(2)监督下属单位向油区、石油化工区提供供水、供电、供气、通讯、消防等专门服务项目,按本协议和甲方需要,提供优良的服务。

(3)监督下属单位按照相应的服务标准提供服务。

(4)应具体服务合同当事人的要求,协议与该具体服务合同有关的事宜。

(5)指定或设立专门机构负责产品和服务交易的联络、文件的编制、计划安排、供求平衡、监督运作、协调事项。

(6)促使下属单位按本协议向甲方及下属单位提供有关的服务,并保证对其下属单位违反本协议规定之行为承担赔偿责任。

(7)就关联交易情况,乙方承诺将向甲方提供乙方和其联系人士的会计记录。

(8)采取进一步的其他必要的行动,包括签署其他有关的协议或合同或文件,以确保实现《中国石油天然气集团公司与中国石油天然气股份有限公司产品和服务等关联交易实施的补充意见》的宗旨规定的内容。

(9)不组建和设立本协议约定的,由甲方提供产品及服务范围的服务队伍和机构。

八、协议、合同的变更

1. 本协议和分协议、具体服务合同在履行过程中,经双方协商一致,可以变更,但必须采用书面形式。

2. 一方提出变更协议、合同时,应当提前30日书面通知对方;另一方应当在接到书面通知后15日内作出书面答复,经双方协商并达成协议。变更和解除协议、合同不影响已经履行部分的内容。对因变更协议、合同而给另一方造成损失的,责任方应赔偿对方的损失。

九、协议或合同的生效及终止

(一)提供的终止:

1. 如果甲方(乙方)无法方便地从第三方[包括但不限于与甲方(乙方)有关的任何其他第三方]获得某种乙方(甲方)提供的服务,乙方(甲方)不得以其他借口拒绝该种服务的提供[但甲方(乙方)违反本协议规定者除外]。

2. 签订分协议、具体服务合同的任何一方可以在不少于6个月之前向另一方发出终止提供产品或服务的书面通知。通知中必须说明何种产品或服务的提供会予以终止及何时此等终止将生效。若有任何产品或服务根据分协议、具体服务合同终止提供,该终止不影响乙方或甲方在本协议项下其他的权利或义务,也不影响分协议、具体服务合同的任何一方在该等合同项下的其他权利或义务。

(二)双方签订产品和服务互供总协议,双方授权代表签字并加盖公章之日起生效,且追溯到2000年1月1日。本协议及分协议、具体服务合同的终止,必须经双方协商一致,采取书面形式。

本协议期满后,如双方协商同意,可以延长。

十、不可抗力

(一)如果甲乙任一方因受不可抗力事件(不可抗力事件指受影响一方不能合理控制的,无法预料或即使可预料到也不可避免且无法克服,并于本协议和具体服务合同签订日之后出现的,使该方对本协议全部或部分的履行在客观上成为不可能或不实际的任何事件。此等事件包括但不限于水灾、火灾、旱灾、台风、地震及其他自然灾害、交通意外、罢工、骚动、暴乱及战争以及政府部门的作为及不作为)影响而未能履行其全部或部分义务,该义务的履行在不可抗力事件妨碍其履行期间应予中止。

(二)声称受到不可抗力事件影响的一方应尽可能在最短的时间内通过书面形式将不可抗力事件的发生通知另一方,并在该不可抗力事件发生后15日内以手递或挂号空邮向另一方提供关于此种不可抗力事件及其持续时间的适当证据。声称不可抗力事件导致其对本协议的履行在客观上成为不可能或不实际的一方,有责任尽一切合理的努力消除或减轻此等不可抗力事件的影响。

(三)不可抗力事件发生时,双方应立即通过友好协商决定如何执行有关协议,并就造成的损失协商解决。不可抗力事件或其影响终止或消除后,甲乙双方须立即恢复履行各自在协议项下的各项义务。

十一、公告

任何一方未经另一方事先书面同意不得作出与协议事项有关的任何公告。

十二、其他规定

1. 未经另一方书面同意,任何一方不得转让其在协议项下的全部或部分权利和义务。

2. 协议及其附件构成双方全部协议,并取代双方以前就该此事项而达成的全部口头或书面的协议。协议各条款标题应为方便查阅而设,不具有法律效力。

3. 协议任何一条款成为无效并不影响协议其他条款的效力。

4. 协议或其补充附件的修订仅可经书面协议并经双方授权代表签字后生效。

5. 除非另有规定,一方未行使或延迟行使其在协议项下的权利不构成对这些权利的放弃,而单一或部分行使这些权利并不排斥任何其他权利的行使。

6. 协议附件(包括双方达成的会议纪要)是协议不可分割的组成部分,并与协议具有同等约束力。

十三、通讯

1. 一方根据协议规定作出的通知或其他通讯应采用书面形式并以中文书写,并可经专人或挂号邮寄发至以下规定的另一方地址,或传真至另一方规定的传真号码,通知被视为已有效作出,日期应按以下规定确定:

(1)经专人交付的通知应在专人交付之日被视为有效。

(2)以挂号邮寄发出的通知应在付邮(以邮戳日期为准)的第7天(若最后一天是星期日或法定假日,则顺延至下一个工作日)被视为有效。

(3)以传真形式发出的通知应被视作于传真完毕的时间作出,发件人应出示传真机就其所发出的文件而打印的报告以证明有关文件已经圆满地传给对方。

双方通讯地址和传真号码如下:

甲方:西安市长庆兴隆园小区、长庆油田公司经理办公室

传真:029-3599999

乙方:西安市长庆兴隆园小区、长庆石油勘探局办公室

传真:029-3592222

2. 若一方更改其通讯地址或传真号码,应按本条规定书面通知另一方。

十四、违约责任

1. 本协议在履行过程中除出现不可抗力事件外,其他不履行本协议的行为均被视为违约行为。

2. 一方发展设置与另一方业务重复的产品、服务项目的队伍、机构,从事生产和本协议约定由对方提供的产品和业务,被视为违约。

3. 一方违约给另一方造成损失的,违约方应向对方支付违约金,违约金不足以弥补损失的,还应赔偿损失。违约金的计算,国家有规定的按其规定执行,国家没有规定的,由双方在分协议、具体服务合同中约定。

十五、争议的解决

因实施本协议产生的争议,由甲乙双方协商解决。双方将签订的产品和服务互供总协议应适用中华人民共和国法律并根据中华人民共和国法律解释。凡因协议引起的或与该协议有关的任何争议,由甲乙双方协商解决。若协商不成,报共同上级调处。

十六、定义和解释

除非上下文中另有规定,下述措辞在本协议中应有下述含义:

会计年度:指每年的公历1月1日至12月31日。

关联交易:是指由同一个具有法人地位的企业分立而成的两个企业之间的交易。

公用工程:指油区、厂区公路、市政设施、民用建筑、公用设施。

服务:指甲乙双方按照本协议规定的服务范围互供的交易活动。

政府定价：是指由中华人民共和国中央政府、省政府或其他监管部门制定的法律、法规、决定、命令或方针对该类服务确定的价格，政府定价随政府价格调整而调整。

市场价：指按照下列顺序依次确定的价格：(1)在该等服务的提供地或其附近地区在正常交易情况下提供该类服务的独立第三方当时收取的价格；(2)在中国正常交易情况下提供该类服务的独立第三方当时收取的价格。

成本价：成本价＝1998年实际成本＋转移费用。转移费用包括：1998年由企业总部直接承担的各类保险金、内部补贴、水资源费、服务公司上级机关管理费等。

协议价：协议价＝成本价×(1＋利润率)(2000年利润率不超过3%)。

定价标准：政府定价、市场价、协议价或成本价。

提供：按照本协议的规定而进行的任何长庆油田公司与长庆石油勘探局相互提供服务的行为。

十七、附则

1. 本协议未尽事宜，依照中国石油天然气集团公司与中国石油天然气股份有限公司产品和服务等关联交易实施的有关规定执行，没有规定的双方依本协议原则协商订立补充协议，该补充协议与本协议具有同等效力。

2. 协议一式20份，甲乙双方及授权代表签字并加盖公章后生效，甲、乙各执十份，每份协议具有同等效力。

3. 双方已于首页载明的日期签署本协议，兹此为证。

长庆油田公司(印章)

法定代表人(授权代表)

长庆石油勘探局(印章)

法定代表人(授权代表)

孙玉辰同志在长庆石油勘探局领导干部会议上的讲话

(1999年6月15日)

同志们：

这次勘探局领导干部会议，历时两天，就要结束了。

会议期间，认真传达了集团公司领导干部会议精神，紧紧围绕CNPC重组与上市，联系实际，进行了广泛深入的讨论，突出了“提高认识，统一思想，严肃稳妥，积极行动，认真落实CNPC领导干部会议精神”这个主题；有15个单位在大会上作了重点发言；胡文瑞局长代表局党委、勘探局对贯彻集团公司领导干部会议精神，搞好重组工作作了重要的报告。会议开得很及时，达到了预期的效果。

为了传达贯彻好集团公司领导干部会议精神、特别是贯彻好胡文瑞局长的重要讲话，我再强调以下几点意见。

一、坚持用党中央、国务院和集团公司的指示精神统一思想认识

搞好重组与上市工作，关键在于认真学习好有关文件，在一些重大问题上形成共识。要教育各级干部和广大职工明确认识到：

(1)CNPC 的重组与上市,是深入贯彻党的十五大精神,深化企业改革,实现 CNPC 跨世纪发展目标的战略举措。

(2)CNPC 重组与上市,是我国石油工业发展史上的一件大事。大就大在对现行的管理体制、经营机制进行脱胎换骨的改造。

面对国际市场竞争的严峻挑战,企业发展的条件变了,那么,发展的方式也应该随之而变。国家已把 CNPC,包括海洋公司、石化公司的重组上市作为国有企业改革的重头戏和突破口。在这个问题上是大势所趋、势在必行。

(3)上市是手段、是契机,重组改制才是目的。

石油工业的改革,从实行原油产量包干、下放企业自主权、按"油公司"体制解体"大而全、小而全",转换经营机制,到实行资产经营责任制等一系列改革的尝试,都取得了很大成绩。但真正影响企业发展的一些深层次的问题还没有得到很好解决。这次重组与上市,就是要在这些深层次的问题上取得重大突破。

(4)现在重组有困难,但是,等到日子如果过不下去的时候再重组,就会更困难。

通过重组,核心业务与非核心业务都是 CNPC 的组成部分。核心业务部分发展了,必然会给非核心业务部分带来更大的利益和更多的发展机会,从而带动非核心业务部分的发展。

(5)重组与上市,对于长庆来说,可以使我们充分利用国家政策的支持,减轻企业债务负担,盘活资产,求得更大发展。

(6)这次重组的时间很紧,工作量和难度都很大,是一项浩大的系统工程。能不能搞好,关键在于领导干部。

在这些重要方面,胡局长用了很大的篇幅,已经讲得很明确了。我们一定要认真学习胡局长的讲话,真正解决好思想认识问题。

要充分认识到,CNPC 重组与上市,这是党中央、国务院的重大决策、是 CNPC 的重大举措。在这个重大问题上,要解决好思想认识问题,不能走捷径。必须用党中央、国务院和集团公司的指示精神统一广大干部、职工的思想认识。

二、认真贯彻这次会议精神

(1)要抓好正面的宣传教育。

贯彻好这次会议精神,重要的是一定要认真分析有利条件和不利条件,实事求是地制订我们的重组方案。当前特别要注意抓好正面的宣传教育,这也是局党政领导在学习讨论当中的共识。

为了统一大家的思想认识,胡局长在讲话中,从正面总结了重组与上市将给我局带来 5 个方面发展的机遇。各单位要按照胡局长讲话的基本精神,认真分析本单位的有利条件,从积极方面引导广大职工正确认识重组与上市。

联系我们的实际,还应该看到,重组与上市,不仅为我们创造了调整优化资产结构、产业结构的机会,而且提供了调整组织结构、队伍结构的条件,特别是制订了一系列有利于调整队伍结构的政策。我们可以充分利用这些有利条件,来深化企业内部的改革,更好地发挥我们的优势。

当然,也必须看到,重组与上市,长庆的核心业务部分实行国际资本经营,也必然会使我们要让出一块市场,让出一些资源,还要让出一些利润,要关停并转一批亏损或者效益差的车间、装置。将使一些富余人员从岗位上撤下来,必然会触及到一些单位和职工的切身利益。这些都是不利的方面,我们要认真分析研究,但不宜多讲。

特别是在人员问题上、下岗分流的问题上,无论是核心业务部分,还是非核心业务部分,仍然是下一步要打的攻坚战。

所以,我们要坚持正面的宣传教育,要给干部、职工鼓劲,使大家以积极的态度对待重组。

(2)认真落实胡局长的要求,群策群力地制订好重组方案。

当前的任务,重点是制订好重组部分的方

案。

核心业务部分，首要任务是组建一个独立经营、独立核算、独立管理的单位，按分公司体制运行；下一步必然要按照统一的要求，关停一部分低效和负效的车间、装置，将富余人员从岗位上撤下来。

非核心业务部分，重点是要进行结构的调整，这也是制订方案的难点。在这个问题上，必须群策群力，有所突破。

我们的目标是：动员干部、职工共同努力，制订一个既符合 CNPC 关于重组与上市的要求，又符合我局实际；既有利于核心业务部分的发展，又有利于非核心业务部分的发展；既体现国家利益、CNPC 利益，又体现我们企业的长远利益和职工的合理利益的方案。

要坚定不移地贯彻落实局党委、勘探局今年的各项工作部署，坚决保证生产经营目标的实现。以生产建设的发展，来保证和促进重组工作的顺利进行。

三、需要注意抓好的几项工作

(1)大力加强思想政治工作和宣传教育。

通过广泛深入的宣传教育，使广大干部、职工了解重组的重大意义、了解重组的目的，从思想上和行动上支持重组，参与重组。

要把重组的政策原原本本地交给干部和职工群众，使大家能够正确地理解重组，充分发表意见和建议，集思广益，搞好重组。

要把广大干部和群众的积极性引导到立足本职、搞好工作、完成各项任务上来。

各级领导要密切注意掌握和分析职工思想动态，积极做好工作，化解各种矛盾，把问题解决在萌芽状态，消化在本单位，决不把矛盾上交。

(2)要把握好宣传政策。.

对重组与上市工作的宣传报道，要严格遵守集团公司和局党委、勘探局的规定。

重组与上市工作，目前在宣传上，只讲重组，不讲上市。

(3)切实加强对重组工作的领导。

各单位党政一把手，都是重组的第一责任人。

在石油企业变革这样一个历史时期，各级领导干部肩负着重要的责任，也是对每个领导干部的严峻考验。各单位党政一把手要负总责，亲自研究，亲自部署，亲自抓好重组改制工作。

勘探局重组工作领导小组，要认真贯彻胡局长提出的 10 条工作要求，切实担负起研究制订重组方案的重要任务，深入调查研究，认真研究政策，按期完成任务，不辜负局党委、勘探局和全局职工的重托。

(4)严格遵守重组工作纪律。

为了保证重组工作的顺利实施，各单位、各部门一定要从长远利益出发，顾全大局，服从组织决定。各级领导要严格遵守各项纪律和保密规定，对令不行、禁不止的，要严肃处理。

(5)改革有可能会出现挫折与困难。对此，各级领导必须做好充分的思想准备，要向职工坦诚地表明：领导要始终和职工同甘共苦、团结奋斗；重组会有困难，领导一定会带领大家去克服困难，决不会置大多数职工的利益而不顾。

四、关于会议精神的传达贯彻问题

胡局长对传达会议精神已经提出了明确要求，要认真抓好落实。

(1)各单位参加会议的领导回去以后，要组织领导班子成员，集中 1—2 天时间，认真学习 CNPC 领导干部会议文件和我们这次会议精神，特别是要认真学习马总和胡局长的讲话。

(2)要在领导班子学习的基础上，分层次地搞好传达贯彻，逐步将 CNPC 和勘探局领导干部会议的精神，传达到科级干部和骨干，有条件的单位要召开科级干部会议，集中进行传达。

各单位主要领导要亲自宣讲，除了原原本本地传达文件之外，还要研究政策，吃透精神，正确地解答问题。

传达学习的主要内容是：马富才总经理的

两次讲话、集团公司重组试点方案和胡文瑞局长的讲话。

集团公司会议之后，我和胡文瑞局长反复学习文件，研究形势，咨询了上级有关领导和专家，对重组与上市的问题才有了一些认识。胡文瑞局长的讲话，是在这个基础上，概括了局领导学习讨论当中的一些好的意见，集中了大家的认识和体会，提出了我局贯彻集团公司领导干部会议精神的意见和要求。我们一定要认真贯彻落实，要把思想统一到局党委、勘探局的部署上来。

(3)各单位要积极支持配合勘探局重组工作领导小组做好重组方案的制订和实施。同时，要积极配合 CNPC 对我局资产的评估和财务审计等工作，为重组工作奠定良好的基础。

(4)各单位要按照局党委的安排，认真组织好庆“七一”的各项活动。集团公司近期将召开精神文明建设会议，会后，要认真贯彻落实会议精神。

孙玉辰同志在长庆石油勘探局领导干部会议上的讲话

（1999 年 8 月 8 日）

同志们：

我们这次会议的主题是，传达贯彻中央 12 号文件精神和最近集团公司召开的领导干部会议精神；讨论制订勘探局重组实施方案。会前，先召开了局党委常委(扩大)会议和第四次局务会议。这次会议还请来局职代会代表团组长共议大事，为开好这次会议奠定了基础。会上大家畅所欲言，提出很多非常好的建议和意见。我们准备把这些好的意见充实到方案中，并贯彻到整个实施过程中去。刚才饶永久、滕玉林同志讲了许多非常好的意见，最后胡文瑞同志还要对如何修改好、贯彻好我局的重组方案和当前的几项重点工作作重要的讲话。利用这个机会，我仅就各级领导干部如何进一步提高对重组与改制的认识，统一思想，端正态度，真正担负起领导责任，确保重组与改制的顺利进行讲几点意见。

一、进一步提高对重组与改制工作的认识

第一，在市场经济条件下，企业甚至行业，不断地进行重组，(包括产品结构、资产、人员结构的重组)是不可避免的。

市场竞争越激烈，重组亦越激烈、越频繁。资本主义市场经济和社会主义市场经济概莫能外。

道理很简单，重组就是不断地调整生产关系以适应生产力的发展。国外大小企业甚至行业，不断地进行重组，不仅是家常便饭，而且都想利用重组获得更大的生存空间和更丰厚的利润。

我们在这方面还是小学生，还没学会甚至还不懂得利用重组求得生存和发展。

我们曾经搞过教育、卫生、生活服务等方面机构的重组；去年采油二厂还进行了队伍结构、产业结构的重组。它同这次重组相比，只不过是局部的，还算不上脱胎换骨的重组。尽管如此，也使我们尝到了甜头。我们也完全可以利用这次重组的机会，进一步激活人的积极因素，盘活不良资产，使产品、产业结构更具有竞争力。况且目前我们的负债率高，油气生产成本高，设备新度系数低，要真正把资源优势变为经

济优势,照目前的常规运作是非常困难的。如果能利用这次重组的机会,实现债转股,搞资本经营,将是件大好事。即使不上市,利用重组增强企业活力,也是需要的。

当然,重组并非是万能药,并非没有风险。而且提高企业的竞争力和效益,也并非只有重组这一条路可走(通过发展科技进步或局部调整产业、产品结构等,也是可以的)。但利用重组毕竟是经过实践证明是非常有效的路子之一。所以,党中央、国务院三令五申,下决心进行石油石化大重组。

结论是:重组的大势不可逆转。我们必须面对现实,积极、稳妥、大胆地实践。我们的历史责任是促其成功!

第二,脱胎换骨需要有个过程。

CNPC 和长庆的重组确实是一个脱胎换骨的过程。几十年来在计划经济体制下,长庆和 CNPC 一样,不仅形成了一个庞大的工业体系,而且形成了一个庞大的自我生存体系和自我保护体系,以及特有的企业文化体系。这个体系,不仅为社会也为本体系创造了巨大的财富并获得自身发展的巨大成功。因而,生活、工作在这个体系中的每一个成员,都为此感到自豪与骄傲。

社会发展到了今天,在市场经济浪潮的冲击下,这艘巨大的航空母舰遇到了麻烦——缺少冲向国际市场的动力。

面临的抉择是,要么大家一起继续捆在这条大船上渴死、饿死,要么重新建造快艇乘风破浪。

这个大势本来也是不可逆转的,但生活在这条大船上的由几代人组成的“石油世家们”并未认识到这种危险,就是看到了危险的边缘,也不愿承认和接受这种解体的现实。

对我们长庆,还有它自身的特殊性:这就是恶劣的企业外部环境和鞭长莫及的管理幅度,已经给我们造了“合则存、分则亡”的又一个现实。

我们要在这样的现实下进行重组,不仅人们的认识是滞后的,感情上也是痛苦的。

我认为,利用行政手段完成资产、组织机构的重组并不需要多长时间,费事、费时间的主要有五个方面:

(1)企业内外市场的培育。

(2)运用高科技提高勘探开发“三低”油气田的效益。

(3)核心与非核心业务的同步发展。

(4)通过实践使群众对重组与改制的自觉认可。

(5)适应现代企业制度的人才的培养。

这就决定了这种脱胎换骨将是一个过程,而不是单靠行政手段所能全部完成的。我们认识和承认这一过程并不是目的,目的是要研究在这个过程中做什么、怎么做。

由于在这个过程中(不管这个过程是长还是短),核心与非核心将是一个紧密的而不是松散的利益共同体,要通过市场作为纽带来实现核心与非核心共同发展。

那么,任何不兼顾多方利益的行为和政策都是要碰壁的。同样,任何不思进取、不讲效益、无所作为的行为都将被淘汰。

第三,要对我局的重组满怀信心。

目前我局有一定的资源基础,有一支团结奋斗的干部队伍和职工队伍,有 CNPC 的正确领导和支持帮助,再制订一个比较符合长庆实际情况的重组实施方案,只要上下同心协力,搞好重组改制是有希望的。盲目悲观同盲目乐观一样,都是有害的。

二、要在实践中不断修改和完善重组实施方案,并确保其顺利实施

(1)现在提交大会讨论修改的实施方案,尽管还需在实施过程中不断地充实和完善,但它确实是来之不易的。它不仅为全局所关注,也凝聚着全局广大职工的心血。在上级的亲切指导关怀下,重组领导小组及其办公室自始至终尽量使实施方案的内容做到“两个符合”、“四个相统一”：

即：符合 CNPC 300 号文件的要求；

符合长庆的实际。

力求核心业务的发展与非核心业务的发展相统一。

长庆的发展与 CNPC 的发展相统一。

职工眼前利益与长远利益相统一。

改革、发展、稳定三者相统一。

在制订方案的过程中，尽量按程序广泛地听取和吸收了方方面面的意见，我相信，经过这次大会进一步修改完善，将更贴近长庆的实际，将会进一步调动广大职工的积极性，把重组与改制工作做好。

所以，对待即将实行的实施方案的正确态度应该是，全力支持，认真贯彻，主动配合，拾遗补缺。在实施过程中，更不要遇到一点困难或麻烦就退缩、就指责、就打退堂鼓、就去找避风港。

(2)下一步在落实实施方案的过程中，必须首先保证核心业务顺利开展工作，这是全局中的大局。

胡文瑞同志曾多次强调，从长庆的实际看，核心中多进点人好，多背点债有利。只有核心与非核心都发展才能发展，才真正符合广大职工的根本利益。

当前和今后一个时期内，非核心部分的困难可能更多一点，这是必然的、现实的。正因为如此，就必须坚定地反弹琵琶，就要在一开始确保核心业务顺利地开展工作，使它顺利起航。

任何组织和个人，在对这个问题的认识上都不能有半点的含糊，在言行上不能有半点的离谱。我曾在局全委扩大会议上讲过，要“先活心脏，后养肌肤”。皮之不存，毛将焉附。我特别提醒没有进入核心业务的各级干部，在这个问题上不要糊涂，不要计较个人得失，更不要不顾大局，阳奉阴违犯错误。

(3)各级党的组织，一定要大力加强重组与改制过程中的思想政治工作和基层建设，充分发挥党支部的战斗堡垒作用和共产党员的先锋模范作用。

要正确处理好新形势下的人民内部矛盾。要把实情交给群众，把重组的政策原汁原味地交给大家，要允许大家发表不同意见，更要允许人们对这个问题的认识有个过程。要既报喜又报忧，既当宣传者又当拓荒者。各级组织要加强请示汇报和群众来信来访工作，要及时化解矛盾。要坚持正面宣传，多鼓劲，多帮忙。工会、共青团组织，要多调查研究，实事求是地反映情况，积极实行民主监督。总之，要充分发挥我们的政治优势，确保实施方案的顺利实行。

三、要正确处理发展、改革、稳定的关系，实现我局跨世纪持续发展的宏伟目标

今年前八个月，我们召开了一系列重要会议，做了很多带有全局性的重要决策，其中贯穿一条红线：就是结合我局实际，积极处理好改革、发展、稳定三者之间的关系。现在，搞重组改制，也必须把握好这三者的关系。

(1)发展是硬道理。重组不是目的，只有发展，才能生存。

这就要求我们必须认真贯彻落实勘探局今年提出的各项工作目标，确保盈利目标的实现。

要打好“天”字号工程攻坚战，确保顺利完成给北京输气的任务。

要搞好明年生产建设的规划和准备工作，努力实现到 2003 年油气当量达到 1000 万吨的奋斗目标。

(2)稳定是基础。没有稳定，什么事也干不成。

首先要保证各级领导班子的稳定。当前，班子稳定的重要一条是对重组的认识要统一。只有认识上统一了，才能步调一致，队伍整齐。

其次，要保证职工队伍的稳定。

今年以来，局党委、勘探局为稳定职工队伍采取了一系列措施。一定要把稳定和发展陇东的 10 条措施逐条落实。要逐步理顺搬迁遗留的问题。把今年升工资、住房、子女教育等涉及职工切身利益的事情，要办得公开、公平、公正。把好事办实，实事办好。对个别人的无理要求，要旗帜鲜明地讲清政策，做好劝导工作，绝不能回避矛盾。

最近，三院有些年轻知识分子，轻信传言，采取私下串联，集体上访的形式闹房子，要引起我们的注意。固然群众这样做是错误的，绝不能让带头闹事的得到好处。同时也看出我们基层组织的软弱无能和个别领导干部思想作风有了毛病。

第三，要稳定外部环境。油田地域分散，外部环境复杂，不仅成为制约我们发展的一大障碍，也是不稳定的重要因素。胡文瑞同志在稳定和发展陇东会议上曾就如何处理好企地关系讲了非常重要的意见，在贯彻这些意见时，当前要注意做到"一个坚持"、"两个坚决"。

即坚持企地合作，共同发展的原则，积极争取各级政府的领导和支持，这是保证我们顺利发展的重要条件。

在贯彻生存战略时，一定要坚决做到保卫油田，守土有则。

坚决打击油头油霸和盗窃石油物资的犯罪分子，依法维护企业的合法权益。要积极配合地方政府和公安部门坚决取缔土炼炉和各种非法收购点。为油气生产创造一个良好的外部环境。

第四，认真贯彻中央关于处理"法轮功"的一系列重要指示，确保全局政治稳定。

近期来，全局各级组织认真贯彻中央关于处理"法轮功"的一系列重要指示，主要做了5个方面的工作：

一是集中精力，集中时间，按要求，按规定，认真传达了文件；

二是摸清了"法轮功"练习者的底子：

初步统计，全局共有"法轮功"练习者261人。

其中党员95人，占36.4%，群众166人。

在职干部17人，在职工人34人(在职职工占19.5%)。

退休干部32人，退休工人82人(退休职工占43.7%)，家属96人(占36.8%)。

三是收缴了练功器材。截至今天，已收缴与"法轮功"有关的书籍572本、录音带433盒、录像带33盒、图片30张、资料860份、徽章7枚、旗帜2面、李洪志的头像29张。

四是认真开展教育转化。各单位采取领导包党员，党员包群众，一包一、几包一的办法，对"法轮功"练习者逐个进行了教育转化工作。

五是严格把握了政策，保证了职工队伍的稳定。

总的看，自7月23日以后，在我局范围内，再没有发现"法轮功"的活动。曾练习过"法轮功"的党员、干部、离退休老同志，都能与党中央在政治上、行动上保持一致，同"法轮大法"决裂，肃清毒害。少数人开始有些想不通，但行动上也都按中央的要求和规定去做了。在这段时间里，各单位党政主要领导亲自传达文件，亲自找有关人员谈话，带头批判"法轮大法"。各单位都能及时报告情况，勘探局也按要求及时向三省区和集团公司党组作了汇报。

但是，我们必须充分估计到这场斗争的复杂性。在我局也发现极少数"法轮功"习练者，中毒较深，思想沉闷，还有的背上了思想包袱，还需要耐心地做好教育转化工作。

一是要分别不同情况继续采取一包一、几包一的办法，做好耐心细致、入情入理的教育转化工作。要允许他们有一个思想转化过程。转化得越多越好，解脱得越多越好。

二是要深入掌握情况，不留隐患。要向"法轮功"练习者讲清楚，这次一定要向组织上谈清情况，不要隐瞒。不然的话，将来如果发现隐瞒了曾参加过"法轮功"的历史，要以隐瞒参加非法组织论处。

三是要严格掌握政策，及时解脱大多数。要适时召开党内民主生活会或专题学习讨论会，给曾练习过"法轮功"的人以表明态度、争取大家帮助和共同批判“法轮大法”的机会。

要通过处理“法轮功”问题,对党员进行一次政治教育,认真解决党员的党性、理想和信念问题。党员干部要带头破除封建迷信,带头批判,带头做教育转化工作。

同志们,当前面临的任务十分繁重,各级领导一定要充分认识自己肩负的重任,切实负起领导责任,振奋精神,努力工作,把本单位的事情办好。要看好自家的门,管好自己的人,坚决做到:人心不散,队伍不乱。只要我们团结一致,同心同德,坚决贯彻局党委、勘探局的各项重大决策,就一定能把重组改制工作搞好,把长庆的事业推向前进,实现我局跨世纪持续发展的宏伟目标。

孙玉辰同志在中国石油长庆油田公司成立大会上的讲话

（1999 年 9 月 18 日）

同志们:

刚才,胡文瑞同志作了重要讲话,我完全赞同。

经集团公司批准,中国石油长庆油田公司今天正式成立了!

中国石油长庆油田公司的成立,标志着我局深化企业改革迈出了实质性的一步,是全局广大职工政治、经济生活中的一件大事。

根据大会的安排,我再强调几点意见。

一、提高认识,坚定信心,把思想和行动进一步统一到我局重组改制实施方案上来

石油企业的重组改制是党中央、国务院的重大决策,是石油企业一次脱胎换骨的重大变革,是国有企业改革的重大突破。

我局重组改制工作认真贯彻落实了集团公司一系列重要指示。集团公司领导干部会议之后,我们先后召开了局党委全委(扩大)会、局党政领导联席会、局务会、领导干部会、职代会代表团长联席会等 6 个重要会议,原原本本传达学习了集团公司领导同志的重要讲话和文件,全局上下进行了广泛深入的宣传教育和思想动员,各级领导干部和广大职工对重组改制的重大意义有了明确的认识,特别是局处两级领导同志在一些重大问题上形成了共识,因而,在行动上保持了与党中央、国务院和集团公司的一致性。

勘探局在深入调查研究的基础上,反复讨论,制订了重组方案,报经集团公司批准后,又进一步制订了重组实施方案。之后,在采油二厂进行了分开、分立的试点工作。

同时,按照集团公司的部署,配合上级有关部门认真进行了资产评估、储量评估、财务资产审计等工作。

目前,已经具备了组建中国石油长庆油田公司的条件。

总体上讲,我局重组改制工作是符合集团公司要求,符合长庆实际的;也是积极稳妥、扎实有效的,得到了上级的充分肯定。

我们的重组改制工作,始终得到了集团公司的关怀和指导,得到了当地各级政府的理解和支持。广大职工,尤其是局处两级机关同志,始终以高昂的热情,认真搞好生产建设和各项工作。从而保持了职工队伍的稳定,保持了生产建设的发展,保持了经济效益的增长,有力地保证了重组改制工作的顺利进行。借此机会,局党委、勘探局向集团公司党组和省(自治区)、地、县各级政府,向集团公司领导和各司局、各部门的领导,向局、处两级机关干部和广大职工,表示衷心的感谢!

油田公司的成立,使我们的重组改制工作进入了一个新的阶段。下一步还有许多工作要做,任务将会更加繁重。勘探局和油田公司、勘探局机关和油田公司机关的职能将有一个重新定位和调整、磨合和适应的过程。这将是对传统体制、传统模式和传统观念进行的一次更加深刻的变革。运作得好不好,不仅关系到主业的发展,也关系到全局各项事业的发展;不仅关系到职工队伍的稳定,也关系到企地关系的健康发展;不仅关系到企业的眼前利益,更关系到企业的长远利益和跨世纪持续发展宏伟目标的实现。

因此,全局上下都要立足本职,发展当前的好形势,坚定信心,全力支持油田公司起好步,开好头。要进一步用重组实施方案,统一思想,规范行动,保证重组改制工作的顺利进行。

二、顾全大局,突出重点,保证油田主业与全局各项事业共同发展

我局是一个正处于大发展中的国有特大型企业。它已经走过了 30 年的光辉战斗历程。几代长庆人在十分艰苦复杂的环境中,团结奋斗,甚至流血牺牲,探明了雄厚的油气地质储量,探索出一套高效、科学、勘探开发低渗透油气田的思路、经验和配套工艺技术,开创了油气并举、协调发展的大好局面,继承和发扬了老石油、革命老区和解放军的优良传统,建设了一支过硬的职工队伍。这是我们长庆人的财富,也是长庆人的自豪。这些都为搞好当前的重组改制奠定了良好的基础。

现在,根据党中央、国务院的指示和集团公司的部署,从石油企业重组改制这个大局出发,实行了油气主业与其他业务的分开、分立。但从总体上讲,无论是油气主业还是其他各行各业,发展的目标都是一致的。历史的、现实的和未来的发展,都决定了我们是一个不可分割的利益共同体,是唇齿相依、血肉相连的大家庭。

根据集团公司对我局重组方案的批复,组建后的中国石油长庆油田公司为非法人单位,实行分开核算,仍隶属于长庆石油勘探局;长庆油田公司党委接受长庆石油勘探局党委领导。

中国石油长庆油田公司的成立,通过对业务、资产、机构和人员的重组,实现产业结构、队伍和组织结构的优化组合,将更加有利于促进我局长期稳定的发展。从而带动和支持技术服务、社会服务、多种经营等业务的发展。这完全符合广大职工的根本利益和热切期望。

从我局的实际情况看,油气发展是我们生存的根本条件,是实现企业利润的主要增长点。分开、分立以后,首先要保证油田公司的持续稳定发展,才能带动整个企业的发展。我曾在局党委全委(扩大)会上讲过,要“先活心脏,后养肌肤”,“皮之不存,毛将焉附”。对于首先支持好和服务好油气主业的发展,我们任何人、任何时候都不能有半点含糊。

我局重组改制,有利于实行资本经营和改善投资结构,实现企业效益的最大化;有利于专业化分工与协作,实现内部优势互补;有利于促进观念的转变,增强企业的市场适应能力和竞争能力。我们要着眼于这个大局,抓住机遇发展自己,这才是明智之举。

当然,重组改制是一个探索的过程,确实是件新事、大事,又是件难事。这就要求我们各级领导干部在新的改革实践中有一种老实的态度。积极地投身到重组改制的实践中去,当一名伟大的拓荒者。任何畏难消极情绪都是对职工群众根本利益不负责任的表现。

为保证我局持续稳定发展,特别是保证非油气主业部分的发展,局党委、勘探局着眼长远,立足当前,认认真真地征求方方面面的意见,老老实实地学习借鉴有关的知识和经验,力争做到与长庆的实际相结合,在总体思路和工作部署上进行了深度的思考。特别是胡文瑞同志为此倾注了大量心血,他主动做好上上下下的工作。在我们的重组实施方案中采取了预留一定的石油储量和区块给非油气主业部分;组建了周边油田开发机构,把小作业区的利益尽可能多的留给非油气主业部分;召开了发展和稳定陇东矿区工作会议;抓紧更新技术服务装备;完善矿区基本建设;分流安置困难企业人员;在一些重要的机构中还要交叉任职等一系列实实在在的重大措施,千方百计地保证非油气主业与油气主业同步发展、共同发展。这就使大家对非油气主业部分的发展充满了信心,增强了内聚力。

油田公司一定要认真搞好生产建设的组织领导,充分调动广大职工的积极性和创造性,努力搞好油气生产和销售,提高效益,坚决完成今年各项任务。长庆石油勘探局既是一个整体,又始终是油田公司的可靠大后方、大本营。

当然,技术服务、社会服务和多种经营企业的根本出路在于增强市场竞争力,不断提高服务质量,积极开拓市场。当前,要坚决保证今年经营目标的实现,并为开展内部关联交易、稳固占领油田市场、积极开拓外部市场创造条件。同时,要积极稳妥地搞好非油气主业部分的重组,进一步优化产品结构、资产结构、组织结构和队伍结构。

我们一定要认真贯彻胡文瑞同志强调指出的长庆局和长庆油田公司共同发展的“两条基本思路”,认真研究发展战略,以发展促进重组改制,以重组改制促进发展目标的实现。

三、增强党性,严肃纪律,确保机关重组工作的顺利进行

局处两级机关是全局各项工作的指挥中枢。

油田公司成立后,局机关和划入油田公司的所属单位,都首先面临着一个机关重组的问题,这是对局处两级机关工作人员政治素质的一次考验和检验。

在这样一场权力和利益进行大调整的变革当中,是对每一个人、特别是对各级领导干部的严峻考验。我们需要的是实事求是,提倡的是大局观念,防止和克服的是极端个人主义和得过且过、不负责任的坏作风。

重组改制工作,要严格按照胡文瑞同志强调的“必须明确的8点认识和态度”,积极稳妥地进行。这是经局务会研究决定的,是局领导的共识,也是进一步搞好重组改制的总体要求和保证。

也请大家相信,局党委、勘探局一定会从保持油田跨世纪持续稳定发展的高度,实事求是地设置机构,认真负责地搞好两套机关人员的优化配置。尽可能地各就其位,各尽其能。

油田公司成立后,勘探局的管理体制、运作方式和工作机制都将发生一系列重大变化。对每个同志来说,都有一个重新学习,重新适应新的工作环境、打开新的工作局面的问题。这就要求每一个工作人员都要加强学习,勤于思考,努力提高政治业务素质,提高胜任本职工作的能力。整个机关工作要树立起精干高效、勤政廉政的良好形象。

在重组改制工作中,全局各单位一定要充分发挥党组织的政治核心作用,大力加强党的建设和思想政治工作,加强管理,加强纪律,做到生产不停,财产不丢,人心不散,队伍不乱。确保职工队伍的稳定,确保重组目标的实现,确保正常的生产秩序、工作秩序和生活秩序,确保今年经营目标的实现。

四、加强领导,严密组织,认真搞好精神文明建设

当前,要突出抓好三件大事:

第一,要认真学习贯彻党的十五届四中全会精神。

中央决定,明天在北京召开党的十五届四中全会。这次全会的主要任务是,贯彻党的十五大提出的战略部署,就国有企业改革和发展的若干重大问题作出决定。

全局各级党组织一定要认真贯彻全会精神。要把学习贯彻全会精神同学习党中央、国务院领导同志关于加强国有企业改革和发展的一系列重要指示结合起来，同贯彻落实集团公司关于重组改制的工作部署结合起来。通过学习，进一步促进我局重组改制工作，促进生产建设的发展。

第二，要组织好庆祝建国五十周年活动。

今年10月1日，是新中国成立50周年大庆。党中央、国务院就庆祝国庆活动专门发了通知。开展隆重的庆祝活动，对于全面贯彻党的十五大精神，深化爱国主义、集体主义和社会主义教育，振奋民族精神，坚定走建设有中国特色社会主义道路，有着十分重要的意义。

局党委、勘探局对庆祝国庆和迎接澳门回归的各项活动，作了具体的安排部署。各单位要本着“隆重热烈、规模适度、注重效果、注意节俭”的原则，精心策划，认真组织，搞好献礼和庆祝活动，表现出长庆人欢乐喜庆、团结向上的精神风貌。

第三，要进一步做好稳定工作。

各单位要切实搞好节日期间的治安防范工作，认真落实社会治安综合治理的各项措施，加强重点部位、职工住宅区和文化娱乐场所的管理，切实搞好安全生产，保证节日期间的社会稳定，让全局职工、家属过一个祥和文明的节日。

要加强油区治安的综合治理，坚决打击哄抢、盗窃石油物资的各种违法犯罪活动，维护油区生产建设的正常秩序。

现在距年底只有三个多月的时间了，我们面临着十分繁重的任务。各单位一定要认真贯彻局党委、勘探局的各项重大决策，扎扎实实地抓好当前各项工作，认真传达、落实胡文瑞同志今天大会上的重要讲话精神，保证重组改制和生产建设的顺利进行。

同志们，中国人民的传统节日——中秋节和新中国成立50周年国庆节即将来临。在这阖家欢聚、举杯赏月，万民欢腾、举国大庆的日子里，我谨代表局党委、勘探局，向全局广大职工、家属，向离退休老同志，致以节日的祝贺和亲切的问候！

孙玉辰同志在中国石油天然气集团公司宣布长庆领导班子大会上的发言

（1999年11月15日）

尊敬的集团公司领导、同志们：

大会宣布了集团公司党组关于长庆油田公司和长庆石油勘探局领导班子成员的组成和任命。我坚决拥护集团公司的任免决定。

我深感责任重大。决心同班子成员一起，同心同德、尽职尽责地把集团公司交给的任务完成好，把长庆的事情办好，不辜负集团公司重托，不辜负全局广大职工的信任和支持。我借这个机会，作如下表态发言：

一、统一思想，提高认识，坚定不移地搞好企业重组改制

集团公司重组改制工作会议以来，我们在上级的正确领导和广大职工的支持下，积极稳妥、全面顺利地推进长庆的重组改制工作，做到了思想不乱，队伍不散，财产不丢，保证了各项生产建设的正常运行，表现出广大职工和各级领导干部良好的素质。

这充分说明，只要我们坚持在思想上、政治

上和行动上同党中央保持一致,坚持在组织上、决策上和部署上同集团公司保持一致,坚持在重组改制的运作上同集团公司300号文件的要求保持一致,坚持实事求是、一切从实际出发的方针,就能保证重组改制的顺利进行。

重组改制是石油企业历史性的变革,它的重大意义,最根本的是为我们提供了新的发展机遇,迫使我们进一步深度思考企业的发展战略,研究内外市场,解决好效率和效益问题,是解决企业长远发展的根本大计。

在这个重大问题上,必须从集团公司的改制上市这个大局来思考问题;也必须学会借风行船,把长庆的发展解决好,这才是讲政治和明智之举。

二、坚定信心,奋发图强,坚决做到非核心业务与核心业务同步发展、共同发展

我们必须清醒地分析非核心业务发展的有利条件和不利因素,趋利克弊,坚定发展的信心。

非核心业务发展的条件,最根本的有两条。

1.核心业务必须发展,这是龙头,是心脏,事关一荣俱荣,一损俱损

长庆目前所制订的2003年乃至2005年的发展目标,是大家共同的目标,共同的责任,共同的理想。只要这一跨世纪可持续发展目标能够实现,非核心业务部分就能与之同时发展、共同发展。

重组一开始,我们就非常明确地提出:要"先活心脏,后养肌肤"。前阶段重组中,我们严格贯彻了这一指导思想。今后也必须遵循这一原则,以此来确定内部关联交易的政策、搞好各项技术服务以及制订好过渡时期的协调措施。

2.非核心业务的各项技术服务,必须在内外市场中具备竞争力

这就要求人要精,武器要好,机制、体制要适应市场竞争的需要。这就要求我们不断地、稳步地推进非核心业务部分的再重组。

这是整个重组过程中必须打好的一场攻坚战,也是一个必须打胜的一场攻坚战。如果这一仗打不好,就会后院起火,全局不稳。

这个问题,文瑞同志超前做了很多思考,并结合长庆的实际,在重组方案中从组织、政策上采取了一些措施。

作为我们非核心业务部分,要做到在内外市场中具有竞争力,也必须解决好以下两个问题:

第一,必须采取果断措施,一方面要合法有效地保护局内技术服务市场;另一方面则必须以竞争的优势占领局内市场。

第二,必须不断地开拓外部市场。

也就是说,非核心业务的发展是个市场问题。有市场即活、即胜,无市场即死、即败。

我们不能消极地减人,要靠开拓市场养人。

我们一切的出发点和归宿点都必须掌握住:非核心业务部分的生存战略同样是要打进攻性的攻坚仗。任何回避矛盾、害怕困难、甚至悲观失望的消极行为,都是无用和不必要的。

因为市场是客观存在的,就看我们有没有本事去占领、去开拓。所以,

我们必须采取积极的政策分流人员,

必须采取更灵活的政策盘活不良资产;

必须让职工参股办企业,实行厂务公开,让大家当家做主;

必须抓住强化管理这个主题,实施合理的低成本战略;

必须艰苦奋斗,实施二次三次创业;

必须扩大融资渠道,更新设备,搞好科研攻关;

必须鼓励奖励有功单位和有功人员;

必须精简机构,改善机关服务、协调职能;

必须抓好班子建设和职工队伍建设;

必须办好教育、搞好离退休职工管理,让一老一少各得其所,减少核心业务的后顾之忧;

必须解决好子女就业问题;

必须在生产发展的基础上,不断改善职工的生活质量。

一句话，目标必须明确，认识必须统一，仗就一定能打好、打胜。

三、精心策划，精心组织，切实处理好过渡、磨合时期的几个关系

1.要处理好过渡时期油田公司党委与勘探局党委的关系

CNPC 300号文件明确指出：油田公司党委要接受勘探局党委的领导。

胡文瑞同志曾多次在大会上明确指出处理好这一关系的重要意义和具体要求。我再强调几点：

第一，属于党的基层组织对上（CNPC党组）、对外（省、区）要归一个口管理。

第二，党委所领导的工会、共青团组织、纪律检查工作等，要本着减少层次、方便基层、避免重复的原则，探索一条工作和管理上有分有合、有章有序的机制。

第三，为了建立有效的干部流动机制，两边的党委可以联席讨论重要人事事宜，分头完备手续。

第四，要充实调整勘探局精神文明建设指导委员会，两边党委主要成员和有关部门领导共同参与，统一部署、协调、组织、指导精神文明建设，包括电视、报纸、文联、统战、政治思想工作研究等工作。

第五，党委领导的公安、保卫和综合治理工作，要以保卫油田生产建设和维护内部治安秩序稳定为重心，实行党委统一领导和所属单位具体组织领导相结合、统一部署中心工作和独立完成正常业务相结合，理顺关系，形成合力。

2.要处理好两级机关各部门磨合期的工作关系

目前，全局成立了生产调度、经营管理、科技管理等三个指挥协调系统，负责指挥协调全局的日常工作。调整充实了重组领导小组及其办公室。统一研究解决重组中出现的矛盾。

同时，按照大政工的格局，实施精神文明建设规划，还需建立联席会制度，油田公司党委领导和有关部门要参与勘探局政治思想工作部的工作，统一协调、统一研究部署、分头实施思想政治工作部署、矿区文明建设规划和电视、报纸重大宣传报道，以及文联、体协、统战等重要工作。

两边党政领导还要共同研究制订和实施全局基础设施建设方案。

胡文瑞和我商量，还打算逐步建立油田公司与勘探局重大问题联席会议制度。

作为人员和机构已经一分为二的有关二级单位，也必须从本单位实际出发，探索磨合期的工作机制，以适应形势的需要。

我在这里强调的是：没有经验并不可怕，磨合期出现这样那样的问题也不可怕，可怕的是在认识上把机构业务的重组，看成利益上的分割，甚至造成行为上的分裂。我们在过渡磨合期，必须先保证核心业务顺利起航。

胡文瑞局长今后到各单位检查指导工作、对非核心机关提出工作要求、联席主持会议讨论决定重大问题，大家要一如既往的支持帮助、贯彻执行。这将是对各级领导干部政治上是否识大局、明大理的考验。

只有真正解决好这个问题，才能做到唇齿相依、共同发展；才能发挥长庆的整体优势，实现长庆跨世纪可持续发展的宏伟目标。

3.要处理好当前工作和明年各项准备工作的关系

今年年初，全局制订的各项生产经营指标，任何人、任何单位都不能动摇，都必须斤两不少地保质保量完成。不准挂空账，说假话。否则，一经发现查实，要按特殊时期的特殊要求追究责任。

要抓好冬季生产和综合治理，保证生产建设安全平稳运行和职工生产、工作、生活秩序的稳定。

年终不能突击花钱，不能搞低层次的所谓“分家”礼仪。审计监察机关要注意这些问题，确保资产的完好，避免少数人犯错误。

要抓紧2000年各项工作的计划和准备，为明年生产启动和运行打好基础。

四、从实现长庆跨世纪持续稳定发展的目标出发，切实加强各级领导班子建设

班子建设是党的建设和队伍建设的核心。

勘探局领导班子和多数主要生产单位领导班子都作了调整。新班子要有新气象，做出新成绩。

关于班子建设，今年几次会议都作了要求。我再强调几点：

(1)理论上的成熟是领导干部政治上成熟的基础。班子成员要讲政治、讲正气、讲学习；要加强政治理论学习，加强市场知识的学习、加强科技知识的学习。

(2)继承和发扬党的优良传统和作风，继承和发扬石油战线的优良传统和作风，继承和发扬长庆历届领导班子和广大职工集体智慧创造、凝结的一切成功经验。承前启后，着眼未来，保持工作的继承性和政策的连续性。

(3)加强党风和廉政建设，认真落实党风廉政建设责任制，做到廉政勤政，树立良好的公众形象。

(4)坚持民主集中制的原则，班子成员要讲党性，讲原则，讲大局，讲团结，有事共同商量。办事多征求群众意见。

(5)切实改进领导作风和工作作风，坚持实事求是的原则，深入基层，深入实际，调查研究，解决问题。当老实人，说老实话，办老实事。

搞好班子建设，关键在“班长”。党政一把手要带头严格要求、严格管理，加强督查工作的力度，保证各项工作的落实。

五、认真贯彻落实集团公司的各项决策，落实好张轰同志这次来长庆所提出的工作要求

今年以来，集团公司的6位领导曾来长庆检查指导工作，每次都帮助促进了我们工作上台阶。这次张轰同志来长庆，从银川至西安，一路深入基层，还要全面听取工作汇报，这将又一次鼓励鞭策我们前进。

这次会议之后，我们首先要召开党政领导会议，进一步系统地学习贯彻集团公司领导的讲话精神，提出具体的措施，逐项抓好落实，扎扎实实地搞好长庆各项工作。做到让集团公司放心，让广大职工放心。

长庆石油勘探局党委、长庆石油勘探局重要文件

长庆石油勘探局办公室关于印发长庆石油勘探局基本工作思路和发展战略的通知

（长局办发[2000]第2号）

局属各单位、机关各部门：

局党委第一次常委（扩大）会议认真讨论、原则通过了《关于勘探局的基本工作思路和发展战略》。

《关于勘探局的基本工作思路和发展战略》明确了工程技术服务、生产服务、社会服务生存和发展的方向和任务，是当前和今后一个时期指导全局各项工作的纲领性文件。现印发你们，望结合本单位实际，认真学习讨论，在实施过程中不断完善。

各单位学习、讨论、贯彻情况，望及时报告局党委、勘探局。

2000年1月15日

附：

关于长庆石油勘探局的基本工作思路和发展战略

一、基本情况

（一）企业名称：长庆石油勘探局。

（二）法人代表：孙玉辰。

（三）企业性质：长庆石油勘探局隶属中国石油天然气集团公司。是直接为长庆油田公司油气勘探、开发与加工、销售服务的，具备工程技术服务、生产服务、社会服务和多种经营整体能力的综合性国有大型企业。

（四）经营范围：地球物理勘探、钻井、测井、井下作业、油气田建设、筑路、工程监督监理；运输、水电、通信、机械制造、勘察设计；文教卫生、物业管理；物资供应；多种经营等。

（五）所属单位：45个。其中，工程技术服务类14个，生产服务类6个，制造加工类4个，社会服务类20个，多种经营1个。

（六）职工总数：49042人。其中，全民职工42402人，劳务合同工5204人，其他用工1436人；专业技术干部11000人；高级技术职称395人，中级技术职称2800人。

（七）企业资产：

项 目	资 产 （亿元）							企业负债总额	所有者权益	资产负债率（%）
	资产总值	其 中								
		固定资产原值	固定资产净值	长期投资	流动资产	无形资产	递延资产			
数量	56.91	45.42	26.65	0.55	22.61	1.89	0.31	16.20	40.71	28.47

注：系1999年6月30日模拟分账数据。

（八）形势分析。

1. 有利条件。

(1)勘探局2000年有饱满的工作量。

(2)油田公司的盈利为返哺创造了条件。

(3)油田公司和勘探局都有一个好班子。

(4)有一支过硬的职工队伍。

(5)有集团公司领导的关心和支持。

2. 不利因素。

(1)大市场,低效益。

为了降低勘探开发成本，发挥全局的优势，勒紧腰带多搞点储量，多建点产能。近三年，对生产技术施工单位实行的是宏观指导下的零利润运行，成本一压再压，各单位主要靠堆工作量和挖家底完成局里下达的经营指标。据统计，探明亿吨油（气）当量直接投资、百万吨产能建设的投资、钻井综合成本、试油压裂、测井录井的同比价格等，在集团公司系统也是较经济的。

但是,重组后出现了新的矛盾:勘探开发成本提不起来,操作费用提不起来。

即使工作量饱满,也只能是吃饭经济;虽有施工市场,但无经济效益。初步预测，2000年油田公司虽然能提供30—35亿的市场份额,即使钻井综合成本在1998年完全成本的基础上净化后提高15%,也不过是几千万的微利。

(2)装备差,缺乏市场竞争力。

近3年中,全局用于施工作业装备购置的费用2.5亿元,占所提折旧的6%。装备新度系数低。53台大中型钻机,新度系数只有0.16;25台地震钻机,新度系数只有0.17。

重组后,由于亏空大、欠账多,自身无力更新关键设备,队伍装备缺乏市场竞争能力。

(3)观念滞后。

不少职工重组后,仍然想躺在企业身上吃太平饭、大锅饭,甚至产生消极畏难情绪。

当前的形势需要各级领导带领广大职工脱胎换骨,转变观念,唱着《国际歌》迈向“二次创业”的新时代。

二、基本思路

(一)坚持围绕油气主业发展而发展的基本思路。贯彻“先活心脏,后养肌肤”的原则。

(二)坚持以市场为导向促进内部管理水平提高的基本思路。

当前的首要任务是:以转变思想观念为先导,以盘活不良资产、扩大融资渠道、以资产为纽带把职工利益与企业利益紧密地联系在一起,用足、用活、用好各项政策,加速机制、体制的转换。尽快建立起适应上市公司和市场经济要求的运行机制。

三、发展战略

积极有效地实施“四大战略”:

(一)市场开发战略。

1. 以优质、高效的服务,占领油田公司市场。

2. 优先占领本区内对外合作项目的(反承包)生产技术服务市场。

3. 开拓鄂尔多斯盆地油气勘探开发工程技术、生产服务市场。

4. 充分发挥技术、人才、装备的优势,积极开拓国际钻井、油气集输等工程技术服务市场。

5. 抓住开发大西北的机遇,积极开拓其他社会市场。

(二)质量、效益型经营战略。

1. 逐步转变以单纯追求产值、工作量为特征的生产型、任务型经济模式,发展高附加值、高技术含量的效益型经济。

2. 实施民主决策和科学决策,减少和避免各种经营风险,追求最佳经济效益。

3. 优选施工方案,强化施工管理,净化和降低各类成本,最大限度地提高企业利润。

4. 适时适度地进行队伍结构、产业结构、产品结构的调整重组,充分利用现有资源、技术和基础设施的优势,开辟新的经济增长点,实施转岗分流,提高劳动生产率。

5. 强化资金集中管理,提高资金使用效果。发展市场容量大、技术含量高、效益好、短、平、快的项目。

（三）多元化发展战略。

1. 加快企业改制，大力发展多元投资主体和多种经济成分，全面放开搞活。

2. 有选择有重点地发展市场潜力大、技术含量高、发展前景好的骨干企业。

3. 广开融资渠道、筹集发展资金。

4. 正确处理好安置效益和经济效益的关系。

5. 理清家底，明晰产权，抓大放小，重点改制，多方支持，用好政策。

（四）科技进步和人才开发战略。

1. 以项目管理和重点工程施工建设为龙头，建立科研、实验、生产一体化的科研新机制，充分发挥行业技术骨干的积极性和创造性。

2. 千方百计加大科技投入，强化适用技术研究，以效益评价效果。

3. 搞活人才市场，建立开放式的人才机制，实施人才培养工程。

4. 奖励科研有功单位和个人。允许以个人或专家组的名义申报专利权。

中共长庆石油勘探局委员会关于开展“求生存、图发展、闯市场、增效益”主题活动的意见

（长党发[2000]第5号）

2000年是新世纪的第一年，也是石油工业重组与改制的关键一年。在这一年，我们长庆油气主业仍处在大发展时期，能够给存续企业提供较充足的服务工作量，长庆油田公司的大发展必将改善存续企业的生存状态，带动和促进存续企业的发展。

我们要清醒地看到，油田公司按照精干高效的原则组建分开分立后，存续企业面临许多问题，一是冗员多，人均资产装备程度低，共有人员49000多人，资产净值54.39亿元，四分之三的人员仅拥有约四分之一的资产，明显低于CNPC全系统的平均水平；二是劳动生产率低，按增加值计算，全员劳动生产率不到油田公司的四分之一；三是非经营性资产比重高，结构不合理，庞大的社会服务系统和辅助生产系统的资产占到总资产的62%，产出效率低下；四是主要技术服务企业设备严重老化；五是企业外部环境错综复杂，额外负担沉重。

在新的形势下，我们必须清醒地看到：完全依赖关联交易来解决存续部分生存与发展的全部问题是不可能的、不现实的；必须“两条腿走路”，一方面要以优质的服务和合理的价格占领区域内市场，通过关联交易解决基本生存问题，另一方面，要积极开拓外部市场，扩大生存空间，谋求更大发展。基于这样的认识，我们认为，在全局广大干部职工中开展“求生存、图发展、闯市场、增效益”的主题活动是当务之急和今年思想政治工作的一项重要任务。

一、活动主题

转变观念是前提，重组改制是机遇，政策支持是保证，共同发展是目的。

要进一步提高对重组改制重要性的认识，尽快转变思想观念，增强市场经济意识，增强紧迫感和危机感。

认识不到位、观念陈旧滞后已成为深化改革，在市场竞争中求生存、图发展的桎梏。结合

干部职工队伍实际,应该首先转变以下四种观念:

一是长期大锅饭养成的“等、靠、要”观念;

二是长期计划经济造成的竞争意识淡化;

三是对重组改制重要性认识不足,产生的消极悲观情绪;

四是重生产任务、轻经济效益,认为只要有活干就有饭吃的片面认识。

通过活动,使全局干部职工明确我局生存和发展的“一个原则,两条基本思路,四大战略”,树立四种意识:

一是树立危机意识,正确认识面临的形势,唱好“国际歌”,依靠自己的力量,战胜困难,求生存,图发展;

二是树立竞争意识,优胜劣汰,适者生存;

三是树立服务意识,要靠主动服务、优质服务占领油田内部市场;

四是要树立创新开拓意识,集中优势、攥紧拳头、抓住机遇,开拓社会市场。

二、活动目的

效益第一是活动的出发点,也是终极目标。市场竞争是激烈而又残酷无情的,如果效益指标落后的话,在竞争中注定要失败。没活干肯定就没有效益,要努力开拓内外部市场找饭吃;有活干不一定有效益,要努力降成本,增加效益。

通过活动,达到三个目标:

一是盈利企业要千方百计追求利润的最大化;

二是目前经营指标持平的企业,要挖掘潜力,力争盈利;

三是困难企业要力争持平,或限期扭亏解困。

三、活动重点内容

(一)要抓住机遇,结合实际,确立生存、发展的思路和目标

重组改制不仅要脱胎换骨,更要强身健骨。国务院领导提出用三至五年时间,解决好存续企业生存和发展问题。

理念的领先决定企业的命运,没有思路,就没有出路。确定生存、发展思路的基点:

一是走依靠内涵盘活资产存量,以最小的增量拉动尽可能多的存量,充分发挥工程技术服务、生产服务、社会服务及技术、人才、基础设施建设等方面的优势,建立与市场经济相适应的石油技术服务体系;

二是积极有效地占领内部市场,大力开拓外部市场;

三是加快经营机制的转变,拓宽融资渠道,适时适度地进行队伍结构、产品结构的调整重组,分离富余人员,提高市场竞争能力;

四是加快发展多种经营和第三产业,抓住西部大开发这一难得机遇,寻找新的经济增长点。

(二)提高管理水平

管理是企业生存发展的永恒主题,对于存续企业来说,强化管理,充分挖掘生产经营的潜力更是当务之急:

一是要千方百计降成本,把经营挖潜贯穿到生产经营的每一个环节中去;

二是生产组织、经营管理必须适应关联交易的要求,规范管理程序,建立必要的运行机制;

三是强化质量管理,赢得市场,增加效益,建立起符合健康、安全、环保要求的 HSE 管理体系;

四是建立起适应新形势的决策机制、用人机制、奖励机制、管理机制,让新机制具体化、科学化、规范化,覆盖到每个管理层和每一个岗位。

(三)用关联交易规范经济行为

油田公司和存续企业分开、分立后,两者虽是利益的共同体,但所有的经济活动都是通过关联交易的形式实现的。因此,必须用关联交易规范经济行为,这是一个全新的课题。

一是要提高对关联交易重要性的认识。规

范关联交易是股份公司和服务公司分开运作的前提;关联交易协议是正确处理关联双方经济关系的准则,规范关联交易是中国石油股份公司顺利上市的必要条件;完全按照规范的市场法则理顺所有的经济关系,实现关联交易的规范化是一项十分艰巨和复杂的任务。

二是准确把握处理关联交易的原则,即:双方发展并重的原则;实事求是的原则;坚持规范运作的原则;坚持协商一致的原则。

三是明确关联交易的范围和指标。关联交易的范围有六项:工程技术服务;生产、水电讯服务;产品互供;物资采购;生活服务;社会服务。两个指标是:关联交易价格;关联交易总量。

四是明确有关关联交易的9项要求和政策,即:成立关联交易领导协调小组;小学、普通中学、中专、医院和离退休费用由集团公司统一负担;发挥企业整体优势,统一处理对外关系;妥善解决水、电、路、讯等建设项目投资和职工福利住房小区配套工程建设资金问题;明确服务企业可以继续经销股份公司的统配产品和非统配产品;物资采购实行代理制;对具有独立法人地位的多种经营企业予以适当照顾;把产权制度改革与有偿解除劳动合同结合起来;存续企业要加快改革步伐,建立新的运行机制。

(四)提高职工队伍素质

市场竞争,归根结底是人才的竞争。建设高素质的职工队伍,是占领内部市场、开拓外部市场的基本条件。

一是要加强专业技术队伍的建设,为技术创新创造先决条件,坚定不移地走科技增效之路。

二是加大对职工进行生产技术培训的力度,提倡一人多岗,一专多能,减人增效。

三是管理人员要适应新形势,更新知识结构,尽快培养一批懂生产、懂经营、会管理、有开拓意识的复合型人才。

四是用企业精神凝聚人心,规范职业道德,把爱岗敬业作为所有干部职工上岗的基本要求。

五是引入严考核、硬兑现的竞争机制,好比10个人排队,但一定只安排9个人的饭,末位淘汰。

四、活动方式

(一)加大宣传力度

1. 形势任务教育

由宣传部牵头,2000年第一季度集中时间、集中力量抓好形势任务教育。

教育的重点是,以胡文瑞同志的工作总结和孙玉辰同志的《元旦献辞》为形势教育的纲领和基本教材;运用报纸、电视、媒体等宣传工具,加大2000年工作思路、奋斗目标的宣传;把我们面临的形势,生存和发展的有利条件和不利因素让每一个职工都清楚明白。要教育职工认清我们面临着新的发展机遇:长庆是集团公司实施“稳定东部、发展西部”战略最有潜力的地区,也是未来投资和发展的重点地区。2000年油气探明储量占集团公司计划的20%,油气产量预计增长150万吨,勘探开发投资39亿元,在集团公司排名第四位。要教育职工认识到我们多年来形成的五大优势:资源优势、区位优势、技术优势、政策优势、队伍优势,鼓舞职工士气,增强战胜困难的决心和信心。

教育的特点:

一是必须有权威性,局领导、各单位主要领导要亲自为职工作形势报告,把形势讲透,把困难讲明,把任务讲清;

二是必须有层次性,要根据党员、干部、群众、离退休职工等不同特点,采取不同的方式,提出不同的要求;

三是必须有针对性,要结合本单位的特点、职工队伍的现状和存在的主要问题进行,找准症结,有的放矢。

2. 改革政策教育

新的一年,集团公司要求存续企业建立新的运行机制,加快推行联合、兼并、租赁、承包经营、股份合作制、出售等多种形式，一些改革措施将进入实质性操作阶段，同时将会出台一些新的具体政策措施。

做好思想工作，是保证改革政策能否顺利实施的前提所在。因此，要进一步提高对重组改制的认识，重点宣传重组改制的重大决策、配套政策，特别是全局上下十分关注的、涉及到职工切身利益的职工带资分流、有偿解除劳动关系，停薪留职，房改以及转岗分流，待岗，企业内部职工持股会等政策，做好解疑释惑，提高认识的工作；做好宣传引导，耐心说服的工作；要做好统一思想，凝聚人心的工作。

3. 关联交易教育

搞好关联交易教育，举办学习班，使广大职工群众认真学习掌握和运用关联交易的政策、原则、方法，统一认识、理清范围、明确政策要求，特别是学习贯彻好《中国石油天然气集团公司与股份有限公司互供产品及服务等关联交易实施意见》等文件精神，长庆油田公司支持存续业务的 12 条规定、存续业务支持油田公司的若干规定，搞好关联交易，促进共同发展。

(二)组织职工献计献策

1. 开展大讨论

由局工会、局团委牵头，举行“求生存、图发展”大讨论，讨论的主题是：如何合法有效地保护局内技术服务市场，以竞争的优势占领局内市场，不断开拓外部市场；如何采取积极的政策分流人员；如何盘活不良资产；如何进一步实施合理的低成本战略；如何扩大融资渠道，更新设备，搞好科研攻关等等。

2. 进行献计献策

在广泛讨论的基础上，征集职工合理化建议，为非核心业务的生存和发展献计献策。组织有关专家，对职工合理化建议进行进一步筛选论证，对于应用于生产经营实践中，取得突出效益的建议，实行重奖。

3. 继续搞好全局青年 QC 活动和“五小”活动

(三)举行竞赛活动

围绕“求生存、图发展、创市场、增效益”主题活动开展劳动竞赛。由宣传部牵头，市场开发处、局工会、局团委共同组织。

要确定竞赛范围，制订竞赛细则与指标，公布于众。竞赛活动半年进行初评，年底进行总评，并和各单位的年终总结评比结合起来。

(四)选准突破口，抓好试点

各单位都要选择那些不影响生产经营大局的项目和经营网点，采取多种形式进行试点。勇闯市场，加大力度，加快速度，积极探索自我生存、自我发展的新途径。

(五)把基层建设和精神文明建设纳入本次主题活动范畴

1. 加强基层党支部建设

各级党委结合新的形势和任务，认真研究和解决基层组织建设薄弱的问题。党的基层组织要加强自身建设，充分发挥战斗堡垒作用，真正建设成为群众的主心骨。要坚持“三会一课”，继续深入开展“创建党员责任区、模范岗”活动，每月分析一次职工思想动态，有针对性地进行教育。

2. 开展“三创一争”活动

文明矿区、文明单位由宣传部牵头，协同公安处、公用公司进行评比；文明家庭、文明职工的评比由局工会牵头；文明宿舍的评比由局团委牵头。同时对近年命名的文明单位、文明矿区、文化示范区进行复查，重新授牌，对于不合格的要坚决摘牌。

3. 建立健全各种规章制度

重申局党委、勘探局近年来制定的《进一步加强对各级领导干部严格管理的暂行规定》、《加强十个方面的管理的规定》、《领导干部廉政勤政责任制》、《关于实行厂务公开制度的实施办法》，加强领导班子建设；同时结合实际，制定《2000 年度生产经营考核办法》、《关于在新形势下加强和改进宣传思想政治工作的意见》等制度，以制度规范行为。继续深入开展“三禁一反”活动，加强队伍管理，提高队伍素质。加强油区综合治理，理顺外部关系，保卫油田、守土有责，保持油田正常的生产、生活秩序。

五、活动要求

（一）加强领导

各级党委更要把主题活动当作2000年加强基层建设、思想政治工作和精神文明建设的大事来抓，列入议事日程，定期分析活动进展情况和存在的问题，加强组织领导，形成党政工团齐抓共管的局面。

（二）加大宣传力度

各种新闻媒体要全力配合，报纸要开辟专栏，报道活动动态、交流活动经验；电视要制作专题，进行全方位报道；同时要利用多媒体、网络、广播等各种手段，大造声势，使“求生存、图发展、闯市场、增效益”活动深入人心。

（三）培育典型

各单位要结合本行业实际，培育基层队和个人的典型，典型要充分体现先进性、代表性和群众性，使群众感到他们可亲可敬可信可学，使各行各业做到学有榜样、赶有目标，在全局形成崇尚先进、学习先进、争当先进的良好风气。

（四）注重策划

各部门、各单位都要制定活动计划，做到有安排、有检查、有总结、有表彰，保证活动按预定目标扎扎实实地向前发展。

中共长庆石油勘探局委员会、长庆石油勘探局关于实施企业文化建设工程的意见

（长党发[2001]第8号）

企业文化是在一定社会历史条件下，企业在物质生产过程中形成的具有本企业特色的文化观念、文化形式和行为模式，以及与之相适应的制度和组织机构，体现了企业及其成员的价值准则、经营哲学、行为规范、共同信念及凝聚力。在市场经济条件下，加强企业文化建设，树立良好的企业形象，是企业竞争取胜的“法宝”。

“十五”期间，集团公司部署启动“十大工程”，企业文化建设就是其中的一项重要内容。为了把我局企业文化建设推向新阶段，提高企业知名度，增强企业活力和对外竞争力，现结合我局实际情况，将“企业文化建设工程”分解为六个子项目，由勘探局进行整体规划，各二级单位负责具体策划和组织实施。

一、认知工程

要继续弘扬“爱国、创业、求实、奉献”的大庆精神，把石油工业的优良传统、作风与当代企业的改革和管理有机结合起来，着力培养具有时代特征、符合企业改革和发展需要的经营理念、价值取向，作为指导全体职工行为和规范企业行为的准则。

我局在30多年的实践中，逐步形成了丰富的、具有长庆特色的精神成果和文化观念。

（一）勘探局企业理念

创新、开放、简捷、明确、责任、自信。

（二）勘探局发展思路

（1）坚持围绕长庆油气发展而发展；

（2）坚持以市场为导向，不断提升科学管理水平。

（三）勘探局发展战略

（1）市场开发战略；

（2）管理提升战略；

(3)多元化发展战略；

(4)科技进步与人才开发战略。

(四)勘探局企业价值观

追求最佳经济效益，追求最佳服务质量，追求最佳岗位成才途径。

各单位要根据行业和专业特征，进一步丰富和拓展勘探局经营理念、企业精神、发展思路、发展战略的内涵，构筑科学的、完整的勘探局认知体系。通过宣传教育、文化渗透，切实把广大职工的思想和行动汇集到一个共同的方向，引导到一个共同的目标上来。

二、创新工程

21世纪是知识经济时代，创新是企业持续发展的源泉，创新是确保企业成功的关键。

创新是我局生存与发展的战略选择。

(一)观念创新

就是要以市场经济为导向，在企业价值取向和职工行为规范上确立新的市场观念、人才观念、竞争观念、效益观念、质量观念、服务观念、生存与发展观念。

(二)管理创新

就是要真正确立管理是企业永恒主题的重要思想，借鉴HSE管理的合理内核，以人为本，把软件管理与硬件管理紧密结合，把柔性管理与刚性管理紧密结合，向管理要效益。

(三)科技创新

就是要牢固树立科学技术是第一生产力的重要思想，建立科研、实验、生产一体化的科技创新机制，强化适用技术研究，以效益评价效果，培养造就一大批中青年优秀学术带头人。

(四) 产品创新

就是要实施品牌战略，开发拳头产品，注重产品质量，增强产品的高科技含量，提高产品附加值。

各单位要根据实际，有针对性地选择和开展创新竞赛活动和宣传教育活动，形成鼓励创新，提升企业素质的文化环境。

三、文明工程

要继续深入开展“创建文明单位、文明小区、文明班组，争当文明职工”的群众性精神文明创建活动。

“十五”期间，局属各二级单位都要成为地市级文明单位；全局10%的单位成为国家级文明单位，50%的单位成为省(部)级文明单位。几个主要科研生活基地要力争成为国家级文明小区。实现精神文明建设走在所在地区的前列、走在全行业前列的奋斗目标。

(一)文明单位的标准和基本要求

领导班子符合“四化”要求，勤政廉洁，团结进取，政绩突出；职工队伍有理想、有道德、有文化、有纪律；文明生产，文明经营，科学管理；经济效益显著，环境优美。创建文明单位要使精神文明建设同本单位的生产、经营、管理结合起来，推动两个文明建设共同发展。

(二)文明小区的标准和基本要求

小区规划合理，环境清洁、整齐、美观，文体设施配套，社会治安良好，职工生活便利，服务优良，环保达标。建设文明小区，必须把树立良好的社会道德风尚作为重要任务，使优美环境、优良秩序、优质服务、文明语言、文明行为、良好风尚等精神文明的要求体现在小区的各个方面，形成健康、文明、向上的社会风气。各单位要把重点放在治理整顿现有设施及环境上，先易后难，分批推进，狠抓落实，务求实效。

(三)文明班组的标准和基本要求

班组成员积极进取，团结向上，爱岗敬业；坚持经常性技术练兵和反事故演练；严格执行操作规程，岗位操作规范化；产品质量优良化；设备保养经常化，完好率达到100%；成本管理科学化，人均年节约挖潜千元以上；做到班务公开。

(四)文明职工的标准和基本要求

热爱国家，热爱油田，热爱岗位，有远大理想；通晓本职工作内容，有熟练的操作技能，出勤率达到98%以上；遵守规章制度，注重安全生产，追求产品质量，及时完成生产任务和经营指标；立足岗位成才和岗位创新，努力提高自身科学文化和业务技术素质；遵纪守法，尊老爱幼，见义勇为，助人为乐，廉洁奉献。

各单位结合实际情况，还可开展创建文明岗位、文明宿舍、文明家庭等活动。

四、形象工程

良好的企业形象，是企业的无形资产和无价之宝。塑造良好的企业形象，不仅会产生巨大的社会效益，还会产生巨大的经济效益。

要遵循服务社会、形象真实、结合实际、注重实践、系统整体、根植文化、全面负责、着眼长远的原则，全面导入 CIS 视觉识别系统，建立具有鲜明个性的企业形象。注重运用传媒系统，宣传、传播企业形象。

设计企业标志、标准字、标准色、象征图案、吉祥物、产品品牌及包装、事务用品，注意统一性和规范性。

《长庆石油报》要办成有特色、有魅力、生动活泼、喜闻乐见的主导舆论阵地，全方位、多层次、多视觉宣传企业形象。有计划地在《中国石油报》等报刊上，组织一批全面反映我局和各二级单位企业形象宣传的图片、稿件。

长庆电视台要更好地发挥现代化宣传媒体作用，反映企业形象和职工精神风貌，成为职工群众文化生活最基本的阵地。

重视网络传播，制作高水准、高品位的企业形象网页。使我局企业标志、品牌产品、施工能力、生产服务和工程技术服务项目等，能及时地向社会和外界宣传。

注重广告宣传，在西安、兰州、银川等省会城市和各二级单位驻地及周边地区，制作反映企业形象的大型广告牌，形成效果辐射。

建立荣誉室、产品展览室、文化长廊等，形成观瞻体系。

法定节日、重大节日、大型庆典时，举行升国旗、企业标志旗仪式，唱国歌、唱企业之歌。

编制企业形象宣传画册、职工行为规范手册等。

五、精品工程

精品是思想性、艺术性、观赏性高度统一，深受广大职工欢迎的优秀精神文化产品。要突出长庆的地域特色和行业特点，突出全局广大干部、职工的业绩，加工、提炼、创作一批在全石油系统，乃至全国有影响的佳作、力作。

继续深入开展“五个一”精品工程活动。

每年要立项编写一批好书、一批好歌、一批好文章、一批好电视专题片、一批好新闻。使这些文化产品成为对全局职工进行爱国主义、集体主义、艰苦奋斗优良传统教育，进行热爱长庆、“二次创业”教育的基本教材。

（一）好书

全面反映企业两个文明建设的成果，特别是广大干部、职工“求生存、图发展、闯市场、增效益”方面的典型事迹，力争在石油系统出版发行，获得省（部）级以上奖励。

（二）好歌

主题鲜明，旋律优美，曲调流畅，反映企业新人、新事、新风尚、新道德，能够被广大职工群众广为传唱。

（三）好文章

包括论文、调查报告、重要言论等，力争在国家级、省（部）级刊物上发表。

（四）好电视专题片

题材新颖，手法艺术，收视率高，反映深化改革、强化管理、开拓市场、职工风采等，力争在国家级、省（部）级电视台播出。

（五）好新闻

真实反映企业的深层次活动，在新闻价值、宣传价值和审美价值上达到有机统一，具有较大的社会影响。力争在国家级、省（部）级新闻载体上发表，获得省（部）级以上好新闻奖。

勘探局每年评选、表彰一次“五个一”精品。

六、千里油田文化工程

要继续深入开展“千里油田文化工程”活动，构建千里油田文化体系，成立群众性文学艺术(文学创作、摄影、美术、书法、音乐、舞蹈等)组织、体育活动组织,开展彩色周末、广场文化及多种多样文体活动,营造浓厚的企业文化氛围,全面活跃和丰富广大职工的业余文化生活。

(一)彩色周末活动经常化

各单位要定期举办联谊舞会、歌咏、演讲、小型演唱、赛诗、故事会等文娱活动,活跃职工文化生活。

(二)广场文化活动多样化

各单位要整治和建设好职工文娱活动场所,切实为职工群众提供开展文化活动的阵地。以职工自娱自乐班形式为主,建立多种多样的活动组织。要从组织上给予必需的资金、器具等方面的支持。

邀请著名文学艺术家来油田采风,举办笔会、联谊会。培养一支业余文学艺术骨干队伍。

(三)举办油田职工、学生体育运动会

开展经常性的体操、球类、棋类等运动竞技活动,提高职工身体素质。

2001 年 2 月 20 日

中共长庆石油勘探局委员会关于开展“三讲”学习教育活动情况的报告

(长党发[2001]第 43 号)

集团公司党组暨“三讲”学习教育活动领导小组:

我局“三讲”学习教育活动,从 5 月 22 日开始,到 6 月 22 日结束,经过三个阶段,历时一个月时间。

局党委、勘探局对开展“三讲”学习教育活动高度重视,严格按照中办发[2001]8 号、中油党字[2001]27 号文件要求,始终把开展“三讲”学习教育活动作为事关勘探局改革、生存、发展与稳定大局的一项政治任务来抓,坚持“统一部署,分步实施,有序推进,确保质量”的原则,明确指导思想,把握基本要求,认真制订方案,周密组织安排,扎扎实实地做好每一环节的工作,取得了明显成效。通过思想动员、理论学习、专题讨论,提高了认识,统一了思想,进一步增强了加快鄂尔多斯盆地油气资源勘探开发,搞好勘探局改革、生存与发展,促进长庆双方共同发展的信心和决心;通过广泛征求群众意见,深入开展民主评议,认真进行自我总结,找到了存在的问题,明确了努力的方向,进一步坚定了全心全意依靠职工群众办好企业的信念;通过班子成员谈心交心、召开专题民主生活会,增进了理解和尊重,加强了团结与配合,进一步增强了班子的内聚力和战斗力;通过制订整改方案,理清了工作思路和需要整改的主要问题,进一步巩固和发展了“三讲”学习教育活动的成果。

特别是正值我局“三讲”学习教育活动整改阶段,集团公司总经理马富才,副总经理,股份公司总裁黄炎,股份公司副总裁罗英俊带领集团公司和股份公司有关部门的负责同志,深入长庆调查研究,现场办公,看望广大干部职工,就认真贯彻“三个代表”重要思想,加快鄂尔多斯盆地油气资源勘探开发和低产低效油气资源开发步伐,深化企业改革,搞好关联交易,实现长庆双方共同发展,关心职工生活等方面发表了许多重要的讲话,尤其是马富才总经理多次作了重要指示。这些重要指示和讲话,高屋建瓴,从理论和实践的结合上,深刻阐述并妥善解决了“三讲”学习教育活动中我们要解决的影响勘探局改革、生存与发展的重大问题，以及职工群众普遍关注的突出问题，与“三讲”和“三个代表”重要思想完全一致，符合长庆的实际，给“三讲”学习教育活动，尤其是对整改工作以极大的推进，使长庆广大干部职工，特别是使勘探局领导班子及成员受到了极大的教育、鼓舞和鞭策，把“三讲”学习教育活动推向了一个新的高潮，搞好勘探局改革、生存与发展的思路更加清晰，机遇和优势更加明显，信心和决心更加坚定，思想更加解放，精神更加振奋。

在集团公司“三讲”指导检查组的指导帮助下，经过局党政领导班子及成员、厂处单位党政主要领导、局机关处室主要负责人和广大职工群众的共同努力，圆满地完成了各项工作任务，达到了预期的目的，为开创勘探局“二次创业”和各项工作的新局面提供了强大的精神动力和思想保证。

特此报告

附：长庆石油勘探局开展“三讲”学习教育活动情况总结

2001 年 6 月 22 日

附：

长庆石油勘探局开展“三讲”学习教育活动情况总结

按照中办发［2001］8 号文件精神和中油党字［2001］27 号文件要求，我局领导班子及成员“三讲”学习教育活动，从 5 月 22 日正式开始，到 5 月 21 日结束，历时一个月时间。在集团公司“三讲”指导检查组的指导帮助下，经过局党政领导班子全体成员、厂处单位党政主要领导、局机关处室主要负责人和广大职工群众的共同努力，较好地完成了各项工作任务，基本达到了预期的目的。

一、基本情况

3 月中旬，接到集团公司中油党字［2001］27 号文件后，勘探局党委认真贯彻中央和集团公司的这一重大决策，站在政治和全局的高度，把开展好“三讲”学习教育活动作为事关企业改革、生存、发展和稳定大局的政治任务，以及落实集团公司加快鄂尔多斯盆地油气资源勘探开发部署和勘探局“十五”规划，加强领导班子建设，增强搞好勘探局的信心和决心，提升核心竞争力，实现“二次创业”目标的一件大事来抓。严格按照集团公司《实施方案》规定的工作程序和方法步骤，明确指导思想，把握基本要求，认真制订方案，周密组织安排，使这项工作紧张而有秩序地进行。

（一）加强组织领导，精心部署安排

接到中油党字［2001］27 号文件以后，局党委首先组织班子成员进行了认真学习，并根据集团公司的总体要求，结合我局实际情况，按照“统一部署，分步实施，有序推进，确保质量”的原则，对开展“三讲”学习教育活动作了统一部署和安排。5 名局领导分 3 期参加了集团公司举办的“三讲”学习班，并于 4 月 16 日至 19 日由组织、纪检、宣传、工会、机关党委等部门分片组织征求意见，先期查找影响企业改革、生存和发展的重大问题，以及职工群众普遍关注的突出问题。

为了确保这次“三讲”学习教育活动顺利进行并收到预期的效果，局党委常委（扩大）会议研究并上报集团公司“三讲”学习教育活动领导小组办公室同意，我们成立了“三讲”

学习教育活动领导小组，下设办公室，并成立综合、组织协调、指导检查和学习宣传4个小组，形成了强有力的组织保证体系。

在认真学习文件，深入领会精神的基础上，局党委紧密结合实际，在多次讨论、征求意见的基础上，召开了局党委常委（扩大）会议，初步形成了《长庆石油勘探局“三讲”学习教育活动实施方案》和相关材料。先后两次专程赴北京征求集团公司“三讲”学习教育活动领导小组办公室的意见，并按照有关领导的要求认真进行了修改和完善。为增强实施方案的可操作性，还编制了与之相配套的工作流程图、时间进度表和活动安排明细表。同时，对局机关和各厂处单位的“三讲”学习教育活动也相应作出了具体安排。经过一个多月的充分准备和集团公司“三讲”指导检查组同意，5月22日勘探局召开“三讲”学习教育活动动员会议，对局党政领导班子及成员、厂处单位和机关部门的“三讲”学习教育活动进行了全面动员部署。

在整个活动中，局党委始终注意把握方法，严格程序，坚持重大事项及时报告，充分利用报纸、电视等媒体，加强舆论宣传，先后编发“三讲”情况简报18期，营造了良好的“三讲”氛围。“三讲”办公室先后6次召开协调会，加强对各项具体事宜的组织协调，做到了组织严密，计划严谨。

（二）抓好理论学习，提高思想认识

这次“三讲”学习教育的一个突出特点，就是注重联系实际学习理论，强调从政治的高度进行理论思考，紧紧抓住深入贯彻“三个代表”重要思想，坚定搞好国有企业的信心，加快鄂尔多斯盆地油气资源勘探开发步伐，促进长庆双方共同发展这一主题，立足于思想政治上的提高。局党委制订了详细的学习计划，划分专题，列出重点，规定了进度，明确了学习要达到的目的。局领导班子及成员抓住这次宝贵的学习机会，在抓好分管工作的同时，静下心来聚精会神认真读书，集中研究关系领导班子建设和勘探局生存与发展的大事，并注重边学习、边思考、边提高，学习方法比较灵活。

一是通读与精读相结合，在系统学习与重点研读上下功夫。班子成员对《国有企业“三讲”学习教育活动必读》篇目进行了通读，有些原先没有完全吃透精神的篇目反复阅读。特别是系统学习了江泽民总书记1999年在东北、华北等地区主持召开的五次国有企业改革和发展座谈会上的重要讲话和中央领导同志关于发展我国石油石化工业的一系列重要指示，比较完整准确地掌握了中央和集团公司对石油企业改革和发展的总体指导方针及政策、部署、措施。班子成员在潜心读书的同时，还撰写了大量的学习笔记和心得体会。据统计，局领导班子成员在理论学习中，阅读重点理论文章平均达30篇以上。

二是自学与集中研讨相结合，在理论与实践的结合上下功夫。班子成员在坚持抓好分管日常工作、处理问题的同时，充分利用“五一”长假、双休日和业余时间坚持自学，平均每人自学时间达5天以上。在指导检查组的指导帮助下，5月25日和27日，局领导班子成员集中2天时间，围绕如何深刻认识开展“三讲”学习教育活动的重要性和必要性，如何找准和解决好影响勘探局改革、生存与发展的重大问题，以及职工群众普遍关注的突出问题，进行了专题讨论。班子成员结合自己的工作和思想情况，广泛交流学习体会，深刻进行理论探讨，既务虚，又务实，进一步提高了从政治高度思考问题和解决问题的能力。

三是班子成员带头学与厂处单位及机关部门主要负责人集中培训相结合，在提高素质上下功夫。为了搞好“三讲”，局党委举办了两天半的“三讲”学习教育培训班，对43个厂处单位的党政“一把手”，以及局机关部门的主要负责同志共100多人进行了集中培训。在培训班上，局党委书记、局长孙玉辰同志作了题为《深入开展“三讲”学习教育活动，全面实施整体发展战略》的专题报告。还特别邀请集团公司发展研究部主任严绪朝同志作了《关于集团公司当前宏观层面上的几个重大问题》的报告，组织观看了国家经贸委企业改革司司长邵宁同志主讲的《国企改革与大型企业集团运作》的报告录像，并组织了专题研讨。有些同志说，平时总是忙于工作，很少静下心来读书思考问题，像这样系统地学习理论，认真地进行理论思考，多年来还是第一次，感到收获很大，而且越学越感到自己有差距，大大增强了加强理论学习的自觉性。

（三）广泛发动职工群众，诚心诚意征求意见

局党委在“三讲”学习教育动员会上公开承诺：诚恳希望广大干部职工积极参与民主评议，多提批评意见，只要是有利于勘探局的生存、改革与发展，都会十分欢迎和重视。在“三讲”学习教育三个阶段的各个关键环节，局党委都始终坚持了这种鲜明的态度和立场，真心依靠和发动群众帮助班子及成员搞“三讲”。通过发放书面征求意见调查表、设立征求意见箱、开设热线电话、召开座谈会、民主评议、个别谈话等形式，广泛征求各个层次、各个方面的意见和建议。局党委书记、局长孙玉辰同志专门委托局“三讲”办公室指导检查组负责人，采取召开小型座谈会和个别访谈的方式，征求了对他本人的意见和建议。局党委还征求了油田公司对勘探局的意见和建议。在此基础上，局“三讲”指导检查组。通过发放书面问卷调查表的形式，再次征求了参加民主评议的部分职工代表、离退休职工代表对领导班子及成员的意见和建议。集团公司“三讲”指导检查组同志也不辞辛苦，帮助征求意见，并对来自各方面的意见进行全面分析。累计发出和回收各类征求意见问卷调查表162份，其中《勘探局领导班子征求意见问卷调查表》81份，《勘探局领导班子成员征求意见问卷调查表》81份；召开局领导干部、离退休老干部、局机关部门负责人等分别参加的各类座谈会6个，民主评议会1个，形成归纳汇总材料11份、7万余字。这些做法，得到了广大干部和职工群众的积极响应，很快形成了畅所欲言的良好氛围。广大职工敞开思想，踊跃发言，知无不言，言无不尽。

经过认真分析、汇总梳理，勘探局共征求到各类意见和建议8个方面19条。这不仅为局党委自身查摆问题提供了重要参考，也使局领导班子成员受到了一次深刻的群众观点和群众路线教育。

（四）找准抓住突出问题，严肃认真地开展批评与自我批评

局领导班子及成员通过学习文件、学习理论，在广泛征求意见的基础上，按照自重、自省、自警、自励的要求，结合近三年来的思想、工作和廉洁自律等方面的情况，进行了认真、冷静地反思，以新的境界、新的思考，从新的理论高度全面回顾总结工作。特别是对重组改制、分开分立后党政领导班子所做的主要工作及取得的主要成绩，做了全面、客观、实事求是地总结。重点是紧密联系企业改革与发展的实际，查找影响全局、事关紧要的突出问题；联系群众反映强烈的意见，查找领导班子思想和作风方面的不足。

通过认真回顾反思，仔细查找问题，深入分析原因，总结经验教训，形成了班子及成员个人总结材料。局领导班子及成员在自我总结中，既对照检查、找准问题，又深挖根源、制订整改措施。对班子的总结材料，班子成员、“三讲”领导小组及办公室成员于5月31日集体讨论，提出了许多修改意见并连夜加班修改、补充完善。党委书记、局长孙玉辰同志又本着求真务实、务求实效的态度，对班子每个成员个人总结认真审阅，提出了许多修改意见，并及时反馈给本人作了认真修改完善。

6月3日，局“三讲”办公室组织部分机

关处室长、厂处单位主要领导、职工代表和离退休老干部共 50 人，分 5 个小组从三个方面对领导班子及成员“三讲”学习教育活动的总结进行了认真的民主评议，即：领导班子及成员对开展“三讲”学习教育活动重要性、必要性的认识是否到位，理解是否深刻；领导班子及成员查找问题是否准确，对存在问题的原因分析是否透彻；领导班子及成员对整改的意向性意见是否切合实际，切实有效，是否有针对性和约束力。

民主评议中，参与评议的职工代表，对重组改制以来勘探局领导班子及成员的工作情况和所取得的成绩给予了客观评价，并结合企业深化改革、生存与发展的实际，提出了不少宝贵的意见和建议。为高质量、有针对性地开好局领导班子专题民主生活会，继续深入、扎实、有效地开展“三讲”学习教育活动奠定了基础。

6 月 4 日，集团公司“三讲”指导检查组审阅了班子及成员的自我总结材料，并对照民主评议记录，提出了修改意见。集团公司指导检查组和第一责任人就征求到的群众意见、总结材料中存在的问题以及民主评议归纳后的群众意见，先后两次向领导班子及成员作了反馈。

在集团公司指导检查组的具体指导帮助下，对评议后总结材料的修改，反复进行了多次。每修改一次，对问题的认识加深一次，找准了班子及成员自身存在的问题及原因，使自我总结基本达到了自己满意、群众满意、上级满意。

6 月 8 日，召开了勘探局党政领导班子专题民主生活会。在召开民主生活会前，局领导班子及成员利用 2 天时间，再次开展了谈心交心活动，诚恳交换意见，形成了团结共勉、有利于开展批评和自我批评的良好氛围。

这次民主生活会从查找问题和分析问题的深度上说，是我局近年来最为深刻的一次，也是思想触动最大、收获最多的一次。班子成员按照“团结—批评—团结”的公式，以批评与自我批评为武器，敢于正视问题，敢于触及思想，分清思想是非，切实解决领导班子及成员思想和工作中存在的缺点和错误；自我批评有深度，问题找得比较准，能够开门见山，一开口就查找问题，分析不足，真正避免了把民主生活会开成谈具体工作的会，开成谈关联交易的会，开成谈客观因素的会，也防止开成相互肯定的会。班子成员普遍感到，这次民主生活会改变了多年来讲工作多、讲思想少，讲成绩多、讲问题少，讲好话多、讲批评意见少的状况，使大家受到了一次严肃认真、生动活泼的党内生活锻炼。既是一次严格的思想检查，又是一次全面的工作透视，真正讲出了团结，讲出了共识，讲出了方向，讲出了信心，讲出了干劲。民主生活会情况通报后，职工普遍反映，班子成员敢于这样检查自己，诚恳接受群众意见，是前所未有的。

（五）抓住突出问题研究和制订整改方案，落实整改措施

这次“三讲”学习教育活动过程中，领导班子及成员对于群众普遍反映的突出问题和领导班子及成员自我查找的问题，在制订整改方案和整改措施上，确定了整改的指导思想，即：以邓小平理论和江泽民同志“三个代表”重要思想为指导，认真贯彻中油党字［2001］27 号文件精神，坚持从勘探局实际出发，切实解决领导班子及成员中存在的影响当前改革、生存与发展的重大问题，以及职工群众普遍关注的突出问题，提高领导班子及成员的思想政治素质，做到思想上有明显提高，政治上有明显进步，作风上有明显转变，纪律上有明显增强，确保勘探局改革、生存与发展的顺利进行。明确了整改的基本原则和要求：一是认真贯彻落实集团公司关于加快鄂尔多斯盆地油气资源勘探开发部署的原则；二是有利于整体发展的原则；三是突出重点，求真务实的原

则；四是立足当前，有利长远的原则；五是第一责任人负总责的原则；六是充分发动和依靠职工群众的原则。注意把握了一下几点：一是抓住主要问题，集中力量进行整改，不求多而求准，避免分散力量；二是第一责任人负责制与分工负责制相结合，将整改责任明确落实到班子各个成员，全权负责到底；三是坚持边整边改，言必行，行必果；四是把所要整改的问题分类理清，梳成“辫子”，公之于众，发动和依靠群众帮助整改。特别是集团公司总经理马富才一行深入长庆调查研究、现场办公，就认真贯彻“三个代表”重要思想，加快鄂尔多斯盆地油气资源勘探开发和低产低效油气资源开发步伐，深化企业改革，搞好关联交易，实现长庆双方共同发展，关心职工生活等方面，多次作了极为重要的指示，使班子及成员受到了极大鼓舞和鞭策，进一步明确了整改的方向，更加坚定了搞好勘探局改革、生存与发展，实现“二次创业”目标的决心和信心。由于整改的方向和重点明确，方法也比较得当，整改措施反复讨论，逐条落实，有的很快转化为新的工作思路和部署。局党委办公室、党委组织部、机关党委根据“三讲”中基层的意见，及时制订了《关于进一步改进作风，强化服务，提高效率的意见》，经勘探局同意已批转下发；整合重组、结构调整和产权改革也正在抓紧制订指导意见和有关单位的具体实施方案。其他问题也都在积极准备方案。如：

在低产低效油气资源开发方面。按照集团公司的部署，抓紧搞好联合开发低产低效油田。近期与油田公司协商签订合作开发低产低效油气资源合同；完成低产低效油气资源开发公司的组建；尽快组织施工，2001 年底，力争完成 5—10 万吨的原油产能建设。中期逐步加大原油产建力度。远期到 2005 年，力争形成 100 万吨原油生产能力，成为勘探局重要的产业支柱和经济增长点。

在市场开发方面。坚定不移地实施市场开发和“走出去”战略。近期要进一步树立市场观念，牢固占领油田公司及周边市场；完善局处两级市场开发机构，充实市场开发人员，加强市场开发领导力量；加强政策研究和市场调研；制订和完善市场开发政策和策略。中期要建立健全市场开发网络体系；加快市场开发人才的培养和引进工作。远期要在两年左右的时间内，国内社会市场和国际市场收入达到全局收入的 10%左右；3—5 年达到 20%左右。

在集中时间和精力抓好勘探局领导班子及成员“三讲”学习教育的同时，局党委还对厂处单位和机关部门的“三讲”学习教育活动进行了统筹安排，主要从大的方面进行了组织领导和指导帮助。5 月 24 日，勘探局“三讲”学习教育活动动员会暨培训班结束后，各厂处单位党委普遍召开了党政领导联席会，学习传达局“三讲”学习教育活动动员会议精神，研究安排本单位“三讲”学习教育活动。在自学、通读必读篇目的基础上，以党委中心组成员为重点，坚持理论联系实际的学风，联系单位改革、生存与发展的实践，进行了广泛深入地学习和讨论。地球物探勘探处党委对领导的重要讲话、“三讲”学习的重点篇目、讨论的突出问题，排出了运行大表，每周五组织班子成员和机关干部开展学习，进行讨论。水电厂党委采取举办学习班、上专题党课等形式进行学习与讨论，用“三个代表”重要思想统一思想，转变作风。油建工程处党委中心组在学习中，围绕“如何通过‘三讲’提高素质，开创‘二次创业’新局面”进行了广泛讨论，并把学习资料分发到各项目组，明确了学习内容和要求。第二采油技术服务处、井下技术作业处、测井工程处等单位党委，在充分利用双休日和业余时间，组织班子及成员进行学习的同时，还把中心组学习扩大到机关科室长、基层大队党政主要领导。通过“三讲”学习教育活动，统一了思想，提高了认识，坚定了搞好改革、生存与发展的信心。各单位表示，要以这次“三讲”学习教育活动为契机，进一步贯彻落实勘探局“两条基本思路”、“四大发展战略”和“十二字经营理念”，认真解决好影响改革、生存与发展的主要问题，不断拓展生存与发展空间，努力提高企业核心竞争力。第三采油技术服务处在深入学习讨论的基础上，提出了“建一流班子，带一流队伍，用一流服务，创一流效益”的工作目标和措施。钻井工程总公司通过学习讨论，认真查找工作中的薄弱环节，坚持在解决实际问题上下功夫。针对机关一些人员思想不过硬、作风不扎实、纪律松懈等现象，开展了为期两个月的机关整顿活动，进一步改进了机关作风，增强了服务基层的意识。筑路工程总公司在学习讨论、提高思想认识的基础上，把开拓市场、加强管理作为突出问题来抓，确定了扭亏解困的经营目标，决心要把在咸阳中标的“世纪大道”工程，建成筑路的样板工程、希望工程，在陕甘宁创出长庆品牌。局机关党委把深入开展“三讲”学习教育活动与切实转变机关职能、改进机关作风结合起来，在机关各部门广泛开展了机关形象大讨论，形成了进一步改进作风，强化服务，提高效率的意见。

二、主要收获和体会

这次“三讲”学习教育活动时间相对集中，加之有集团公司指导检查组的及时指导和帮助，班子成员普遍感到受教育比较深，收获也比较大。主要有以下八个方面：

（一）进一步提高了对开展“三讲”学习教育活动重要性和必要性的认识

“三讲”教育前，有些同志对在企业开展“三讲”有一些思想障碍和顾虑。有的怕过多占用工作时间，影响勘探局的生产经营工作；有的怕人人过关，搞过了头，影响班子的团结；还有的怕花了时间和精力最后不解决实际问题。“三讲”开始以来，班子成员通过学文件、学理论，结合勘探局生存与发展中遇到的矛盾、问题和困难，理论联系实际，深入分析讨论，消除了这些模糊认识和担心顾虑，统一了思想，增强了对开展“三讲”学习教育活动重要性和必要性的认识，深深感到：开展“三讲”学习是把江总书记“三个代表”重要思想贯彻落实到勘探局各项工作中去的重要举措；是进一步加快勘探局改革和发展的客观要求；是实施“两条基本思路”、“四大发展战略”，实现勘探局“二次创业”目标的重要保证；是加强班子建设，提高班子成员思想政治素质的迫切需要。其根本目的在于促进企业的改革、生存与发展，这与领导班子和广大职工群众的愿望是完全一致的。通过这次“三讲”学习教育活动，领导班子的精神面貌有了新的变化，在事关改革、生存、发展和稳定的重大问题上有了新的认识和新的举措，企业的党群关系、干群关系有了新的改善，党组织的凝聚力和战斗力有了新的提高。

（二）进一步增强了贯彻江总书记“三个代表”重要思想，在政治上与集团公司保持一致的自觉性

这次“三讲”学习教育活动的根本目的，就是为了把“三个代表”的要求贯彻落实到勘探局各项工作中去，进一步推进勘探局改革、生存与发展。通过学习，班子及成员充分认识到，江总书记“三个代表”的重要思想，是对党的性质、宗旨和根本任务的新概括，是在新形势下推进国有企业改革与发展的根本指导思想。面对“大市场、低效益”的严峻现实和油田内外激烈的市场竞争，我们既有难得的发展机遇，又面临严峻的挑战。但是，无论今后发生多么大的变化，无论前进道路上有多么大的困难，只要我们领导班子坚持党的领导，走社会主义道路，政治上与集团公司保持一致，讲政治，讲大局，“两手抓，两手都要硬”，统一思想，坚定信心，把勘探局“争取有一个好收成，让职工过上好日子”的工作要求落实好，为广大职工群众办大事、办好事、办实事、多办事，就能更好地代表他们的根本利益，让职

工群众放心，让集团公司领导放心。

（三）进一步坚定了搞好勘探局改革、生存与发展的信心和决心

重组改制后，勘探局承继了企业长期以来积累的结构性矛盾突出、冗员多、竞争能力弱等矛盾和困难，集中表现在人均占有资产少，非生产性资产和无效资产多，设备新度系数低，参与市场竞争的关键设备少，社会负担重等方面。但在这种十分困难的情况下，经过努力，去年实现了 118 万元的利润，在 21 个方面取得了 48 项历史最高水平，初步积累了“求生存、图发展、闯市场、增效益”的基本经验。同时更新了部分关键设备，培训了职工队伍，开发了部分国内、国际市场，进行了改革改制和结构调整的有益探索。加之有集团公司的正确领导和大力支持，有集团公司加快鄂尔多斯盆地油气资源勘探开发部署和油田公司大发展的形势，有西部大开发的良好机遇，尤其是通过“三讲”学习教育活动，进一步提高了班子及成员的思想政治素质，精神面貌有了新的变化，内聚力和战斗力有了新的提高。特别是集团公司总经理马富才在长庆调查研究、现场办公时作的一系列重要指示，使班子及成员受到了极大的教育、鼓舞和鞭策，搞好勘探局改革、生存与发展的思路更加清晰，机遇和优势更加明显，信心和决心更加坚定，思想更加解放，精神更加振奋。只要抓住机遇，发挥优势，团结一致，开拓创新，勘探局是能够搞好的，“二次创业”的目标也一定能够实现。有些同志深有感触地说，通过学习，使自己开阔了视野，拓宽了思路，以前想问题办事情往往局限性很大，总是自己跟自己比，今天跟昨天比，自我感觉良好，现在看来标准太低。

（四）进一步明确了企业党组织建设的方向和重点，更加坚定了贯彻“从严治党”的自觉性

通过重新学习《中共中央关于国有企业改革和发展若干重大问题的决定》、《中共中央关于进一步加强和改进国有企业党的建设工作的通知》和中央领导同志的有关讲话等文件，更加深刻地认识到，任何时候、任何情况下，都要毫不动摇地坚持“两手抓、两手都要硬”和“从严治党”的方针，必须服从、服务于生产经营这个中心，坚持政治与经济的辩证统一，把管好企业的生产经营、市场开发、提高效益作为党组织的政治责任，充分发挥党组织在企业中的政治核心作用，为改革发展保驾护航。通过果断有效地研究处理事关企业改革改制、结构调整、关联交易、发展稳定的重大问题，来体现党对企业的政治领导。根据改革与发展的实际，积极探索改制企业党组织发挥作用的途径和办法，在制度和功能建设上进一步完善，形成一套科学的决策议事规范和监督运行机制，确保党组织更加有效地参与企业改革发展的重大问题及生产经营决策。

班子成员进一步清楚地认识到，局党委提出的把勤政廉政作为团结和带领职工克服困难，实现勘探局“二次创业”宏伟目标的一面旗帜，经过一年多的实践表明，是符合勘探局实际的。在过去革命战争和社会主义建设年代，勤政廉政是我们党团结全国各族人民战胜敌人，建设社会主义的法宝。在勘探局目前生存与发展十分困难的情况下，勤政廉政依然是团结和带领职工克服困难，开拓创新，实现集团公司关于加快鄂尔多斯盆地油气勘探开发重大部署和勘探局“二次创业”宏伟目标的一面旗帜。我们必须坚定不移地贯彻落实中纪委五次全会精神和集团公司、局党委关于廉洁自律的一系列规定，牢固树立正确的世界观、人生观和价值观，正确行使党和人民赋予的权力，时时、事事体现“三个代表”的重要思想，自觉接受职工群众的监督，经受住权力、金钱和美色的考验，以勤政廉政、求真务实的作风，把广大职工群众的积极性、主动性、创造性切实保护好、引导好、发挥好，努力把长庆的事情办好。

（五）进一步密切了党群关系和干群关系，班子思想作风发生了明显变化

“三讲”学习教育活动中，职工群众就影响勘探局改革、生存与发展的重大问题，提出了很多宝贵的建设性意见和建议，就普遍关注的突出问题畅所欲言，就解决这些矛盾和问题的思路、对策积极谏言献策。这对勘探局的发展思路和战略是十分有益的补充，使制定政策有了广泛的群众基础，也使班子成员进一步认识到，职工群众中蕴藏着无穷的智慧、积极性和创造力，因而对党的“从群众中来，到群众中去”的群众路线有了更深刻的理解，依靠职工群众办好企业的意识进一步增强，党群、干群关系进一步密切。只要我们做决策、办事情，充分考虑和反映广大职工群众的意愿，充分信任和依靠广大职工群众，就一定能够克服困难，化解矛盾，团结一致，全面推进勘探局的改革与发展大业。

（六）进一步明确了今后努力方向，班子的内聚力和战斗力有新的提高

班子成员通过自学和自我总结、集中学习和专题讨论，认识到了班子及个人存在的不足；通过征求群众意见，找到了班子及个人存在的问题，明确了努力的方向；通过班子成员互相交心谈心，增进了沟通、理解和友谊，加强了团结与配合；联系勘探局改革、生存与发展的客观实际，从政治和全局的高度进行了理性思考，认识到了班子及成员在思想、作风上的差距，理清了工作思路和需要整改的主要问题；结合民主集中制的贯彻情况，沟通了思想，提高并统一了认识，明确了相互之间的尊重是合作共事的基础，善于相互配合是班子成员应当具备的基本素质，也是在班子中形成核心和发挥好整体功能的必要条件。从而增进了团结，加强了协作配合和相互支持，增强了班子的内聚力和战斗力。

（七）对促进长庆双方共同发展是长庆人的共同利益有了更深层次的理解，相互支持、共同发展的目标更加明确

勘探局的生存与发展，离不开油田公司持续快速发展，勘探局生存与发展问题解决好了，会促进油田公司进一步发展。加快鄂尔多斯盆地油气资源勘探开发步伐，实现长庆双方共同发展、双赢互利，既是集团公司的既定方针和两个班子的共同心愿，也是马富才总经理一行，这次深入长庆调查研究、现场办公要解决的长庆双方共同发展的重大战略问题。“两和”则“两利”，“两利”则“两兴”，“两兴”则“互补”。与油田公司建立长期战略合作伙伴关系，是广大职工的心声，符合长庆双方的根本利益。同时，班子成员进一步明确，必须辩证地看待关联交易中的矛盾和困难，其中的确不乏有利因素，需要认真分析并切实发挥好。至于关联交易，确实是存续企业生存的基本条件，但它不可能解决我们所有的矛盾和问题，必须多分析自身的劣势并认真加以解决。在与油田公司建立双赢互利、共同发展战略合作伙伴进程中，首先要积极主动地多向油田公司各位领导，特别是多向胡文瑞同志汇报工作，争取油田公司的支持和帮助。认真贯彻落实双方制定的“五项基本原则”，积极协商处理好关联交易中的矛盾和问题，相互尊重，相互理解，加强沟通，在一如既往支持好油田公司发展的同时，着力解决好自身存在的影响发展的问题，努力发挥优势，包括潜在的优势和有利因素，不断壮大实力，就一定能克服前进道路上的一切困难，长庆双方共同发展的目标就一定能够实现，长期战略合作伙伴关系也一定能够建立起来。

（八）进一步振奋了精神，促进了生产经营工作的发展

这次“三讲”学习教育活动中，局党委、勘探局妥善处理“三讲”学习教育活动与生产经营工作的关系，在领导分工、力量搭配和时间安排上力求统筹兼顾，合理安排，保证了“三讲”学习教育活动与生产经营工作“两不

误、两促进”。5月份，物探完成二维地震工作量963剖面千米，1—5月份累计完成年计划的51%；钻井生产保持良好的势头，5月份开钻113口，完井104口，月进尺达21万多米，比去年同期净增44000多米，1—5月份已累计开钻336口，完井282口，钻井进尺为59万多米，已踏上了完成全年生产任务的步子；井下作业按照油田公司勘探开发部署调整队伍，保证钻井交一口，试油队伍上一个井场，到5月31日共完成试油、压裂513层（次），完井147口；测井生产安全平稳，前5个月共测完井329口，测三样226口井，射孔319口井。同时，市场开发呈现良好势头，特别是社会市场和国际市场的开拓取得了可喜的成绩，前5个月全局各单位经过不懈努力，已承揽并运作开工外部市场项目52个，共计对外承揽工作量12.9亿元，其中国内部分为2.5亿元，为去年全年对外工作量的80.77%，国际部分为10.4亿元，取得了历史性的突破。

回顾这次“三讲”学习教育活动，局领导班子及成员感触很深、教育很深，主要有以下五点体会：

第一，中央关于在国有大中型企业开展“三讲”学习教育活动这一重大举措，对促进勘探局寻求发展机遇、实现新发展具有十分重要的历史意义。“三讲”初期，领导班子及成员的认识并没有上升到应有的高度。通过学习中办发8号文件、中油党字27号文件、中央领导同志关于“三讲”学习教育的重要讲话和石油工业的重要指示，系统研读《国有企业“三讲”学习教育活动必读》等，从理论与实践的结合上，对许多重大问题有了新的认识，特别是理论素养以及从政治上观察思考和处理问题、驾驭全局的能力有了进一步提高。大家深切感受到，学与不学大不一样，集中学习与“零敲碎打”不一样。

随着“三讲”学习教育活动的逐步深入，“三讲”的成效更加明显地显现出来。尤其是通过自我总结、查找问题和整改，使班子及成员认识到并着手努力改正过去思想、作风、党风廉政等方面存在的差距和不足，工作方向和思路更加明确；领导班子及成员对于带领干部职工实现“二次创业”更加充满信心。

第二，要搞好“三讲”学习教育，必须把指导思想定位在贯彻“三个代表”重要思想、坚定搞好国有企业信心的高度，坚持始终突出这一主题。在整个“三讲”学习教育中，我们每一阶段都贯穿落实了“三个代表”重要思想、坚定搞好国有企业信心和决心这一主题。通过开展专题讨论，按照“三个代表”的要求，对照检查，自我总结，落实整改，进一步增强了贯彻“三个代表”思想的自觉性和搞好勘探局改革、生存与发展的信心和决心。领导班子及成员更加深刻地认识到：

一是要真正代表中国最先进生产力的发展要求，就必须坚持在解放思想、深化改革中解放和发展生产力，合理配置生产力诸要素，使其在提高企业核心竞争力中发挥出最大效能，增强在国内国际市场的竞争实力；要真正代表中国先进文化的前进方向，就必须始终坚持“两手抓、两手都要硬”的方针，培育能够充分展示企业优良传统和时代特点的企业文化，培养高素质的“四有”职工队伍；要真正代表最广大人民群众的根本利益，就必须坚持全心全意依靠工人阶级，立党为公，勤政廉政，讲学习，讲大局，在重大决策上寻求企业长远发展与职工群众根本利益的统一，既注重企业经济实力的不断增强，又努力解决职工群众普遍关心的突出问题。

二是企业作为市场条件下的经济组织，必须以实现利润最大化作为自身的根本出发点，但在从事经济活动、讲求经济效益的同时，一定要讲政治、讲大局，自觉为集团公司分忧，在重大原则问题上不偏离方向，始终与党中央、国务院和集团公司保持高度一致。

三是要坚定搞好存续企业的信心，就必须

坚定不移地贯彻落实集团公司关于加快鄂尔多斯盆地油气资源勘探开发的重大部署和勘探局“两条基本思路”、“四大发展战略”和“12字经营理念”，在努力提高工程技术服务核心业务竞争力的同时，以产权制度改革为重点，深化改革，持续重组，调整结构，优化配置，把握机遇，寻求发展，努力提高企业的整体素质和竞争力。

第三，发动群众广泛参与，是搞好“三讲”的有力保证。在这次“三讲”中，局党委一开始就作出郑重承诺，表示以诚恳的态度欢迎广大干部职工提意见，并就征求群众意见采取了多种措施。广大干部职工积极响应，以认真负责的态度和实事求是的精神，热情地给领导班子及成员提出了许多富有建设性的意见和建议，客观公正地评议了领导班子及每个成员的工作。在整改工作中，各部门、各单位积极配合，献计献策，热情谏言，用实际行动支持了勘探局的“三讲”整改工作。有的职工说，班子成员主动征求我们的意见，接受我们的批评和帮助，我们同局领导的距离拉近了。还有的职工说，过去征求意见都是背靠背，这次“三讲”面对面交心谈心，我们感到亲切。有的年轻干部说，参加工作以来还是第一次听上级领导这样不顾情面地检查自己，听后很受教育，上了一堂生动的党课。有的领导同志感慨地说，过去我们常常抱怨改革阻力来自职工，这次“三讲”才发现自己不对，职工群众是真正的英雄，他们中蕴藏着极大的智慧、积极性和创造力，实际上很多时候是我们落后于职工群众。

第四，抓住突出问题搞好整改，是“三讲”学习教育见到实效的根本目的。对领导班子及成员自我查找的问题和征求的群众意见，局党委进行了认真分析，认为这些意见和建议都很宝贵，都需要引起重视，但整改工作不能没有重点，也不可能面面俱到。因此，决定抓住影响勘探局改革、生存、发展与稳定，以及事关职工切身利益的几个关键性问题作为整改的重点。为了便于分工、落实责任，局党委将其具体分解为8个方面、19个问题，把每个问题的整改责任都落实到班子的每个成员。同时还结合实际尽可能地制订出近期、中期和远期的整改目标，排出时间进度。由于整改的方向和重点非常明确，从局党委到机关各部门，都集中力量，加紧整改，使整改各个环节的工作都比较落实。职工群众普遍反映，多次修改、数易其稿的整改方案，看得出有些措施是班子成员自己写的，很有个性特点，问题找得准、深刻，原因分析得切合实际，令人信服。整改的重点突出，目标和完成时间明确，措施得力可行。

第五，严格贯彻执行中油党字27号文件和集团公司党组《实施方案》的要求，认真听取指导检查组的意见，是搞好“三讲”的重要保证。中油党字27号文件和集团公司《实施方案》，对我局开展“三讲”学习教育活动指出了明确的指导思想、基本原则、方法步骤和有关政策要求，通过“三讲”的实践表明，完全符合企业实际。在实际运行中，我们认真学习，力求吃透精神，严格执行，并结合局领导班子及成员的实际，努力创造性地开展工作。

集团公司指导检查组的正确指导和悉心帮助，是我们“三讲”学习教育活动得以顺利进行，并较好达到预期目标的重要保证。指导检查组受集团公司党组委托，帮助我们把握方向、明确思路、寻求对策和保证活动质量，实地检查指导，使我们受益匪浅。以陈明、裴德海同志为组长的指导检查组，认真贯彻集团公司党组有关“三讲”的指示精神及规定的原则、方法和步骤，十分重视和善于调查研究，广泛深入地了解各方面情况，在指导“三讲”中注重结合实际启发引导；在学习教育活动的每个步骤和环节上，总是以认真负责的态度给予具体指导和帮助，紧贴勘探局实际，体现集团公司的指示和广大职工群众的愿望，严格把握政策，从严提出要求，和我们一起思考问题、研究措施，出主意，想办法，帮助解决遇到的实际问题，给予了宝贵的支持和富有成效的指导。

回顾一个多月的“三讲”学习教育活动，我们虽然取得了一定成效，总体上看基本符合中央和集团公司的要求，但也存在一些不足。主要是学习的深度还不够，虽然注重了理论思考，系统地通读了一些篇目，但在融会贯通和从理论高度分析问题等方面还有待进一步提高；在有的环节上还有些仓促，等等。这些不足，我们要在“三讲”结束后，继续完善和补充，使“三讲”学习教育活动收到应有的成效。

三、认真抓好整改工作，切实解决好“三讲”中查找出的突出问题，进一步巩固和发展“三讲”学习教育活动的成果

“讲学习、讲政治、讲正气”是领导班子和党员干部队伍思想政治建设的一项长期任务，必须形成制度、常抓不懈。为了巩固和发展这次“三讲”学习教育活动的成果，推动勘探局改革和发展再上新台阶。针对这次“三讲”学习教育活动中查找出来的问题，局党委、勘探局已经制订了整改方案，明确了整改措施、组织领导和计划安排，认真落实整改措施，切实解决好查找出的突出问题，巩固和发展“三讲”学习教育成果，努力达到这次“三讲”学习教育的预期目标。

局领导班子存在的影响勘探局改革、生存与发展，以及职工群众普遍关注的主要问题突出表现在以八个方面：

一是面对重组分开后的复杂情况和关联交易出现的矛盾和问题，在一段时间内对搞好勘探局改革与发展缺乏信心，有些问题甚至还存在着畏难和急躁情绪。

二是面对班子肩负的历史重任，内聚力需要进一步增强。

三是面对勘探局“二次创业”的宏伟目标，改革改制步伐较慢，结构性矛盾比较突出。

四是面对集团公司关于加快鄂尔多斯盆地油气勘探开发的重大举措和激烈的市场竞争，依靠科技进步和人才开发，提升勘探局核心竞争力的力度还需要进一步加大。

五是面对关联交易大市场低效益的矛盾，社会市场开发不适应形势需要。

六是面对生存与发展的严峻形势，寻求新的经济增长点的步伐还需要进一步加快。

七是面对建设一支高素质“四有”职工队伍的繁重任务，宣传思想教育和企业管理需要进一步加强。

八是面对日益增长的物质文化需求，解决职工群众普遍关注的突出问题还有一定差距。

对于这些突出问题，局党委、勘探局决心抓住不放，一抓到底，把整改措施一项一项地落实，把问题一个一个地解决好，不辜负集团公司党组和广大干部职工的热切期望。为确保整改工作达到预定目标，局党委首先明确了整改的指导思想、基本原则和要求。实行第一责任人负总责、其他成员分工负责制，明确责任部门，落实整改责任。以影响勘探局生存与发展的重大问题为重点，认真制订整改方案，对职工群众普遍关注的突出问题，凡能整改的立即整改，一时无法解决的，积极创造条件解决。对列为近期的整改措施，要在2—3个月内解决，对列为中期的整改措施，在半年到一年内解决，对属于远期的整改措施，争取在半年内完成调研论证，找到解决问题的途径和办法，力争在2—3年内较好解决。要发动和依靠职工群众搞整改。加强实施中的领导和监督，包括群众监督，避免走过场。

局党委将继续加强对整改工作的领导，搞好组织协调和督促检查。班子成员要按照运行安排，及时向局党委汇报进展情况，协调解决遇到的困难和问题；每个问题整改完结后，要向局党委作出书面报告，并以适当形式在一定范围内通报。班子成员个人整改情况，要作为民主生活会的重要内容，专题进行总结检查。局机关处室和厂处单位的“一把手”，要发挥好参谋、助手作用，积极主动地做好配合工作。局党委、勘探局郑重承诺：我们有决心、有信心整改好事关勘探局生存与发展的重大问题，解决好职工群众普遍关注的突出问题，做到职工满意、勘探局满意、集团公司满意。热切希望广大干部职工对勘探局领导班子及成员的整改工作继续积极给予监督，帮助局党委、勘探局在整改中巩固和发展“三讲”学习教育活动的成果，也衷心希望集团公司“三讲”学习教育活动领导小组办公室和指导检查组继续关注我们的整改工作。

中共长庆石油勘探局委员会关于“三讲”学习教育整改工作情况的报告

（长党发［2001］第84号）

集团公司党组暨“三讲”学习教育活动领导小组：

6月22日“三讲”学习集中教育活动结束后，我们根据“三讲”学习教育活动的总体部署和集团公司“三讲”指导检查组的要求，坚持把切实落实整改措施，作为“三讲”学习教育活动的出发点和落脚点，下大力气解决好影响企业改革、生存与发展的重大问题，以及职工群众普遍关心的突出问题，有力地促进了全局各项工作的稳步发展。现将有关情况报告如下。

一、认真学习贯彻江泽民总书记“七一”重要讲话和十五届六中全会精神，进一步增强班子及成员落实“三讲”要求的自觉性、坚定性和一贯性

局领导班子及成员坚持把实践“三个代表”贯穿于“三讲”教育整改的全过程，把解决班子及成员中存在的突出问题，特别是思想作风建设上的问题，作为“三讲”学习教育整改的关键和重点，把学习宣传、贯彻落实江总书记“七一”重要讲话和十五届六中全会精神的过程作为加强和推进班子思想作风建设，提高领导干部素质的过程，切实做到“四个结合”，即：把学习六中全会精神同学习江泽民同志“七一”重要讲话精神相结合；同落实勘探局“三讲”整改措施相结合；同贯彻集团公司党组关于加快鄂尔多斯盆地油气勘探开发步代的重要部署相结合；同完成全年各项生产经营任务和改革改制、结构调整相结合。

按照集团公司中油党字［2001］50号文件要求，我们把实践“三个代表”重要思想与落实“三讲”整改措施，加快长庆整体发展，实现“二次创业”目标紧密结合在一起。局处两级中心组成员在反复认真学习的基础上，还举办了40人参加的党委书记学习江泽民“七一”重要讲话研讨班。局党委书记、局长孙玉辰同志在学习班上作了《学习“三个代表”，推进“二次创业”，加快长庆整体发展》的主题报告，26个单位的党委书记通过学习，撰写了体会文章，交流了学习心得。局党委还组织力量，深入基层调研，结合勘探局实际，就落实“三个代表”重要思想，特别是对代表广大职工群众根本利益方面，提出的9个重点问题，认真加以研究，逐一进行落实。

党的十五届六中全会召开后，局党委立即下发了《关于认真学习贯彻党的十五届六中全会精神的通知》，就学习贯彻六中全会精神专门作了安排部署，要求全体党员干部认真学好《决定》，并严肃提出各级领导干部要严格以"八个坚持、八个反对"为标准，像搞"三讲"那样，逐条对照检查，规范行为。局党委中心组先后三次专题学习六中全会《决定》，党委书记、局长孙玉辰同志明确指出，"三讲"学习教育为我们加强和改进作风建设奠定了基础，深入学习贯彻六中全会精神，是加强和改进党的作风建设的进一步升华，班子每个成员都必须在"三讲"的基础上，认真对照检查自己，反省自己，不图形式，不走过场，主动看自己哪些方面坚持得好，哪些方面坚持得不好，要求自觉从严，从思想上深刻认识，在行动上与时俱进，有新的变化。在局党委中心组认真学习贯彻的基础上，制订了《关于学习贯彻〈中共中央关于加强和改进党的作风建设的决定〉的实施意见》，明确了我局加强和改进党的作风建设必须解决的四个突出问题：一是解放思想，实事求是，振奋精神，开拓创新的问题；二是密切联系群众，反对形式主义，坚定不移地维护和实现广大职工群众的根本利益的问题；三是坚持民主集中制原则，实行集体领导，推进决策科学化、民主化，提高决策水平与工作效率的问题；四是坚持勤政廉政，反对以权谋私，树立良好的公众形象，发扬艰苦奋斗精神，与广大职工真正同甘共苦的问题。

二、以党的十五届六中全会精神为指导，进一步加强党风廉政建设和领导班子建设

根据"三讲"学习教育整改方案的要求，局党委以加强党的作风建设为目标，建立健全了党风廉政建设责任制实施、考核、约束、督查、责任追究以及企业管理等18项制度，形成了"党委统一领导、党政齐抓共管、部门各负其责、依靠群众支持和参与"的党风廉政建设领导体制和工作机制，加大了对领导干部的监督力度。

全面实施责任履行工程，认真落实党风廉政建设责任制。坚持把落实党风廉政建设责任制与落实"三讲"学习教育整改措施结合起来，与领导班子和领导干部队伍建设结合起来，与加强企业内部管理结合起来。通过抓责任分解，建立责任网络；抓宣传教育，强化责任意识；抓督促检查，促进责任落实；抓奖惩兑现，严肃责任追究，形成了横向到边、纵向到底的责任体系，增强了领导干部落实党风廉政建设责任制的责任意识，做到了党风廉政建设责任制与生产经营、市场开发等工作一起部署、一起检查、一起考核，加大了落实党风廉政建设责任制的力度。

加强领导班子建设，充分发挥班子的整体功能。坚持把讲大局、讲政治、讲团结、讲统一作为班子建设的出发点和落脚点，把建立和完善领导班子议事规则和决策程序作为落实民主集中制的重要保障。今年以来，先后修订和完善了请示报告制度、要事督察制度、会议制度、干部警示制度、干部辞职制度、干部离任审计制度以及责任追究制度等21项行之有效的管理制度、决策制度和监督制度，形成了一整套切合实际、规范有序、权责分明、协作配合的工作运行机制，实现了班子工作的规范化、制度化和决策的民主化、科学化。今年以来，全局先后对255名科级干部进行了廉政谈话教育，对拟提任的50名处级干部、205名科级干部进行了公示，对15名离任的处级领导干部进行了离任审计。"三讲"以来，还强化了对生产经营活动的监督与审计，监察部门参与50万元以上的招投标活动、全程跟踪。1—10月份，全局纪检监察部门参与工程招投标101项，涉及金额6600万元，通过公开招标，节约300.7万元。竞价采购物资136批（次），节约资金4250.4万元，医药（器械）招标采购节约资金73.5万元。截至2001年10月底，全局累计完成审计项目48项，审计资金总额67亿元，共查出各类违规违纪问题2.27亿元，其中违纪0.266亿元。严肃责任追究，对2000年度考核不达标的1个厂处领导班子在进行经济处罚的同时，采取了组织措施，10名班子成员中有4人被免职。各厂处单位也加大了责任追究工作的力度，先后对15人进行了责任追究。

三、明确责任，分工负责，群策群力抓好整改措施的落实

局领导班子及成员站在政治和全局的高度，坚持把抓住重点问题、要害问题，特别是职工群众反映强烈、影响勘探局改革、生存与发展的几个突出问题，认真落实整改措施，纳入认真实践“三个代表”，积极推进“二次创业”，努力实现长庆整体发展的重要内容，作为衡量“三讲”学习教育活动是否见到实效，职工是否真正满意的一个重要标准，明确分工，落实责任，狠抓落实。先期在西安地区各单位及局机关副处级以上领导干部参加的“三讲”学习教育活动总结会上，对“三讲”学习教育活动进行了总结，提出了整改的具体要求，公布了整改方案。在分片传达马总一行来长庆现场办公一系列指示精神的同时，分别在陇东和宁夏地区，对勘探局开展“三讲”学习教育活动情况，以及整改方案进行了通报。局党委以长党发［2001］46号文件，专门印发了勘探局“三讲”学习教育活动情况总结、“三讲”学习教育整改方案以及孙玉辰同志和指导检查组陈明同志在“三讲”学习教育活动总结会议上的讲话，要求全局各级党政工团组织和广大职工在认真学习的同时，继续加强对勘探局“三讲”整改工作的监督，帮助局党委、勘探局在整改中巩固和发展“三讲”教育成果。

局党政班子成员，尤其是第一责任人非常重视“三讲”整改工作，多次在局务会、党政领导会、党委常委（扩大）会、生产例会上强调，通过“三讲”教育解决领导班子、领导干部在思想、工作、作风上存在的问题是一项长期的任务，这次“三讲”学习集中教育活动只是一个新的开端、新的起点，必须把“三个代表”重要思想的学习贯彻好，把“三讲”长期坚持下去，形成制度，常抓不懈，努力在整改措施的落实上下功夫，并要求在每周一局领导工作例会上通报“三讲”整改情况。7月9日，局“三讲”领导小组成员、办公室主任、党委常委、组织部部长张启英同志就落实整改措施的进展情况，向局党委常委会作了专题汇报。7月下旬，局党委、勘探局又责成有关部门对整改措施落实情况进行了“回查”，并委托局“三讲”领导小组副组长、党委副书记、纪委书记张继昌同志，就“三讲”整改进展情况，在8月2日全局电视电话会议上进行了通报，提出了整改的具体要求。班子其他成员也都十分重视抓好整改措施的落实，按照分管工作，结合整改问题，提出整改思路，与责任部门一起研究制订整改措施，督促责任部门，抓好措施落实。

局机关各有关责任部门，按照“三讲”整改方案和运行大表的时间安排和具体要求，针对“三讲”学习教育活动中，局领导班子及成员自我检查和群众反映比较集中的问题，结合部门实际，制订具体措施，抓好整改工作。局“三讲”办公室、机关党委还把勘探局“三讲”整改方案印发到机关各处室，编排出整改运行大表，定期督查整改，加强上下联系，及时掌握整改进展情况。

坚持走群众路线，实行领导与群众相结合，充分调动各方面的积极性，认真吸取干部职工的智慧，广泛宣传发动并全心全意依靠职工群众监督、帮促“三讲”整改工作，形成了领导干部高度重视，职工群众积极参与整改的良好氛围。广大干部职工对“三讲”整改工作积极配合，热情参与，献计献策，用实际行动支持了勘探局的整改工作。在诸如关联交易、结构调整、市场开发、低产低效油气资源开发和住房建设等方面提出了许多好的意见和建议。全局“三讲”整改进展顺利，发展健康。

接到集团公司“三讲”指导检查组《关于对“三讲”学习教育活动进行回访抽查的通知》后，局党委、勘探局十分重视，在组织班子成员认真学习研究的基础上，对迎接回访抽查工作进行了全面安排部署，并在全局生产例会上传达学习了《通知》精神。局“三讲”学习教育活动第一责任人孙玉辰同志明确提出，要以“三讲”回查为动力，切实抓好整改措施的落实，进一步巩固和发展“三讲”教育成果。通过回查，集团公司“三讲”教育回查组认为：“长庆局‘三讲’整改扎实有效，让人放心。在‘三讲’整改中抓发展、抓生产经营，思路对头，整体状态良好；在抓班子建设和作风转变方面成效显著，特别是坚持对甲方定期进行质量回访和党政班子扎实落实民主集中制，有力地促进了‘三讲’整改工作的发展；职工普遍关心的医疗保险、子女就业、住房等问题正在初步解决。”

四、求真务实，有序推进，“三讲”整改工作成效显著

这次“三讲”整改工作虽然时间不长，受教育却很深，整改进展顺利，基本踏上了整改的步子，效果也比较明显，达到了预期目的。主要有以下五个方面。

1. 进一步增强了学习贯彻江总书记“七一”重要讲话和十五届六中全会精神的坚定性和自觉性，领导班子及成员的作风建设进一步加强

“三讲”学习教育活动的根本目的，就是要把江总书记“三个代表”重要思想、“七一”重要讲话和十五届六中全会精神贯彻落实到勘探局各项工作中去，进一步推动勘探局改革、生存与发展。通过“三讲”整改工作，班子及成员进一步认识到，江总书记“七一”重要讲话和十五届六中全会精神，深刻、系统地阐述了“三个代表”重要思想的科学内涵，是对党的性质、宗旨和历史任务的新概括，是指导“三讲”整改工作的强大思想武器。而加强班子建设，转变领导作风，提高干部素质是一项长期的重要任务，前一段集中学习教育，对解决班子及成员中存在的影响勘探局改革、生存与发展的问题从认识上有了提高。要使“三讲”学习教育活动取得实效，就必须从着眼于班子及成员思想政治素质的进一步提高，把学习贯彻江总书记“三个代表”重要思想和十五届六中全会精神，作为进一步增强领导班子及成员讲学习、讲政治、讲正气的有效途径，采取有力措施，持之以恒，常抓不懈。通过学习贯彻江总书记“七一”重要讲话、十五届六中全会精神和马总来长庆现场办公的指示精神，使勘探局领导班子及成员发生了三个明显变化：一是对搞好未上市企业的信心更足了；二是领导班子的内聚力进一步增强了；三是对未上市企业发展的方向和目标更加明确了。阎三忠副总经理来长庆视察工作时高兴地说，我们对长庆有“三个放心”，即对长庆的发展放心，对长庆的稳定放心，对长庆的领导班子放心。

为切实加强和改进作风建设，局党政班子成员始终坚持每月抽出至少三分之一的时间，深入基层调查和了解生产经营、市场开发、科技进步等重点工作的进展情况，以及上级和勘探局大政方针的贯彻落实情况。党委书记、局长孙玉辰同志率先垂范、深入到陕北、宁夏、陇东及西安基地等局属20多个二级单位及机关部门调研。在基层调研时，发现局党委、勘探局的一些重大决策贯彻不力，信息不畅，机关为基层服务还不很到位，立即责成局党委办公室、组织部、机关党委就贯彻重大决策、机关作风等问题，兵分三路，深入局属陕、甘、宁三省区各单位，调查了解职工群众对局领导班子和机关作风建设的意见和建议，并就这些意见和建议分别向班子成员进行了反馈，特别是基层对机关作风建设提出的24条意见和建议，分别在局领导周例会和生产例会上进行了通报，提出了明确的整改要求。8月中下旬，

第一责任人带领班子其他3名成员远赴新疆，慰问了奋战在大漠戈壁的一线筑路施工队伍，走访了克拉玛依、塔里木、吐哈等油田领导，就互惠互利、加强合作等达成了多项共识和意向。党政领导班子其他8名成员也就工程技术服务质量回访、市场回访、改革改制及整体带资分流、生产经营运行、科技攻关，以及干部队伍和职工队伍建设等各自分管工作进行了专题调研，累计达20余人次、300多个工作日，达到了预期的目的。勘探局还转发了《关于进一步改进作风，强化服务，提高效率的意见》，并开展了机关形象的大讨论，进一步改进了机关作风。

通过深入基层调查研究，不仅提高了领导班子及成员的思想政治素质，而且进一步密切了党群关系和干群关系，看到了基层的活力，看到了市场的前景，坚定了信心，鼓舞了士气，有效地保证了全局各项工作的稳步推进。

2. 进一步坚定了发挥长庆整体优势，推进“二次创业”的信心和决心，领导班子的内聚力和战斗力有了新的增强

勘探局与油田公司是两个血脉相连的独立的利益主体，也是唯一存在着共同优势的两个利益主体。发挥长庆整体优势，加快鄂尔多斯盆地油气资源勘探开发步伐，谋求长庆双方共同发展，既是实现“三个代表”的客观要求，也是集团公司的既定方针和两个班子的共同心愿。“两和”则“两利”，“两利”则“两兴”。面对“大市场、低效益”的严峻现实和油田内外激烈的市场竞争，经过努力，去年在21个方面创造了48项历史最高水平，今年以来，又在18个方面取得了43项新成果，初步积累了“求生存、图发展、闯市场、增效益”的基本经验。同时更新了部分关键设备，培训了职工队伍，开发了部分国内、国际市场，进行了改革改制和结构调整的有益探索。加之有集团公司的正确领导和大力支持，有集团公司加快鄂尔多斯盆地油气资源勘探开发部署和油田公司大发展的形势，有西部大开发的良好机遇，特别是集团公司总经理马富才同志在长庆调查研究、现场办公时作的一系列重要指示，使班子及成员受到了极大的教育，坚定了信心，振奋了精神。

尤其是结合在“三讲”学习教育活动中，有些同志提出要加强班子决策前的沟通，加强班子成员之间的沟通等问题。如：“三讲”学习教育活动前，班子在实际工作中把理念的统一方式定位到决策程序上和贯彻落实的实践中，而没有定位到决策前，总认为会议上会沟通、实践中会统一的。尽管班子成员在实践中都能做到顾全大局，相互支持，但影响了“一班人”的主动性、积极性和班子整体功能的发挥。针对这些问题，局领导班子在不断完善领导班子工作制度、会议制度、决策制度、监督制度和必要的工作程序，进一步加强决策前相互沟通的基础上，从7月份开始，建立起了局领导工作周例会制度，坚持每周一上午9时定期召开在家的局长助理以上领导参加的例会，重大问题能集思广益，研究分析，沟通信息，班子内部民主气氛更加浓厚，成员之间相互尊重、相互理解、相互配合、相互支持，内聚力和战斗力进一步增强，形成了既有集中又有民主，既有纪律又有自由，既有统一意志又有个人心情舒畅的工作局面。实践证明，只要班子及成员理念统一，行动一致，团结一心，开拓进取，就一定能够搞好勘探局的改革、生存与发展，“二次创业”的目标也就一定能够实现。

3. 进一步推进了市场开发和“走出去”战略的实施，市场开拓工作取得了显著成绩

市场问题，是这次“三讲”学习教育活动中，职工群众普遍关注的突出问题之一。如何解决好市场问题，是勘探局生存与发展的基本矛盾和最大问题，也是关系勘探局能否生存、持续发展的重大问题。面对关联交易大市场、低效益，市场结构单一、风险大等诸多矛盾和困难，局领导班子及成员站在政治和全局的战

略高度，坚定不移地把实施市场开发战略作为勘探局“四大发展战略”之首，进一步树立市场观念，完善局处两级市场开发机构，充实市场开发人员，加强市场开发领导力量，加强政策研究和市场调研，制定和完善市场开发政策和策略，建立健全市场开发网络体系，紧紧抓住“西部大开发”、“西气东输”和集团公司加快鄂尔多斯盆地油气勘探开发步伐的难得机遇，在牢固占领油田公司及周边市场的同时，积极开拓国内、国际市场，不断拓宽生存发展空间，市场开发取得了历史性的突破。

国内社会市场开发取得新的突破。1—10月份，全局在国内社会市场运行项目144个，其中已签订合同、开工运作的项目120个，累计承揽工作量5.6亿元。已完成价值工作量3.99亿元，超过去年全年2.6亿元的53.5%。

国际市场开发实现了零的突破。已承揽1.18亿美元工作量，有三个项目已经运行：尼日利亚租赁钻机9月1日开钻，预计11月底即可完钻；厄瓜多尔石油工程服务项目，第一批人员已经出国，第一口井近日开钻；乌兹别克斯坦钻井施工项目合同已签，货物外运等前期准备工作正在抓紧进行。

4. 进一步促进了生产经营工作的稳步发展，企业改革改制、结构调整迈出了实质性步伐

重组改制后，勘探局承继了企业长期以来积累的结构性矛盾突出、冗员多、竞争能力弱等诸多矛盾和困难。这些问题直接影响和威胁着勘探局的生存与发展，只有坚持以市场为导向，以改革为动力，以管理为手段，以效益为目的，不断加大重组改制力度，积极进行资产结构、产业结构和队伍结构的调整，才能在市场中赢得主动，在激烈的竞争中站稳脚跟。我们先后对工程技术服务、生产服务、教育和机关等15个单位和部门进行整合重组，涉及的职工有15802人，占全局职工总数的42%；产值21.4亿元，占全局主营业收入的53.37%；总资产21.3亿元，占全局总资产的27.37%。目前，钻井工程总公司等单位已在社会市场开发、新产品制造、科技攻关、经济效益、职工培训等方面显示出整合重组的优势。

从今年1—10月的运行情况看，整合重组单位的生产经营成果显著，整合优势突出，效益明显。钻井进尺11月27日突破190万米，创长庆31年来钻井进尺历史最新纪录，18103队11月10日突破5万米，再创单队钻井进尺历史新高，钻井成本同比降低29.04元/米，实现内部利润2306.42万元，并取得10项新成果；机械制造总厂完成工业产值1.214亿元，同比增长40.66%，社会市场和配套出口销售1699万元，新产品产值3619.5万元，均创历史同期最高水平；工程技术研究工作得到进一步加强，初步形成以工程技术研究院为龙头，各工程技术服务、生产服务单位专业研究所（室）为辅助的科学研究体系，实现了科技攻关和技术管理的有机结合；建筑施工完成建安工作量4.9038亿元，同比增长57.44%，为年计划6.1亿元的80.39%。

资产结构进一步优化，与1999年底相比，人均固定资产净值提高8.76%，设备新度系数提高0.08，工程技术、生产服务板块资产比例分别提高2.97%和3.49%。

人员结构进一步改善，全局职工人数减少24.43%，原先冗员较多的机械制造总厂、运输处减员幅度分别达到39.07%和43.18%。

干部人事制度改革进展顺利。制订了局属改制企业人事管理制度改革试点工作方案及相关配套办法，出台了厂处级干部辞职制度、项目人事管理办法，以及专业技术人员管理改革意见和与之相配套的专业技术人员职务聘任、继续教育、激励和人才流动管理制度，初步形成了领导干部“能上能下”、职工“能进能出”、工资“能高能低”的管理机制，为建立现代企业制度奠定良好的基础，有效地促进全局人事管理制度改革向纵深发展。

生产经营工作运行良好。去年在21个方面创造了48项历史最高水平，今年1—10月份，我们又在18个方面，取得了43项新成果、新成绩。全局主营业务收入35.9亿元，实现利润7832万元，根据集团公司中油财字（2001）4号文件精神，全年预算利润指标为9522万元，如果钻井、井下发生的超大及特作工作量全额取得收入，年底可望实现预期的利润指标。

5. 进一步增强了努力实践“三个代表”、全心全意为人民服务的政治责任感和历史使命感，职工群众普遍关注的一些突出问题初步得到了解决或正在解决之中

全心全意为人民和职工谋利益，是“三个代表”的根本要求，也是我们一切工作的根本目的。“三讲”学习教育整改中，职工群众就如何解决影响勘探局改革、生存与发展的重大问题，提出了很多宝贵的建设性意见和建议。这对勘探局的发展思路和战略是十分有益的补充，使制定政策和落实整改措施有了广泛的群众基础，也使班子成员进一步认识到，要真正代表广大职工的根本利益，班子及成员必须做到：在指导思想上，必须坚持党的群众路线和群众观点，把维护最广大职工群众的根本利益作为出发点和落脚点；在决策的制订上，必须以大多数职工群众是否赞成、是否受益为依据，让他们及时得到应该得到的实惠；在工作安排上，必须以大多数职工群众的呼声和意愿为第一信号，把大多数职工群众关心的热点和生活中的难点作为工作的重点；在工作方法上，必须尊重职工群众的首创精神，善于集中群众的智慧和力量，最大限度地调动他们的积极性；在工作作风上，必须深入基层，深入群众，及时体察群众的疾苦，力戒形式主义、官僚主义，保持与职工群众的密切联系。只要我们做决策、办事情，充分考虑和反映广大职工群众的意愿，充分信任和依靠广大职工群众，就一定能够克服困难，化解矛盾，团结一致，全面推进勘探局的改革与发展大业。由于班子及成员高度重视，认识到位，措施得力，职工群众普遍关注的一些热点和难点问题开始得到初步解决。

截至2000年底，共建成西安、银川、三桥、咸阳、河庄坪、靖边、庆阳、礼泉等8大生活基地；共投资23.14亿元，建设住宅21018套，面积143.95万平方米。今年又加大了经济适用住房的建设力度，将2001年建房计划由4000套调整为5000套，建筑面积50.34万平方米，同比增长67.7%，是历史上建设规模最大的一年。

职工关心的补充养老保险和企业补充医疗保险方案已经行文执行。

职工子女就业问题也正在逐步解决，自去年7月以来，在全局多种经营系统新上的17个重点项目中，已安置转岗职工及职工子女879人，今年以来通过各种途径向外输送劳务54人。

低产低效油气资源合作开发工作开始出现转机，确定了第一批3口实施井及1口探井，预计11月底第一口井即可开钻。

五、加强领导，落实措施，进一步巩固和发展“三讲”教育成果

搞好“三讲”教育，提高认识是基础，坚定信心是关键，找准问题是前提，解决问题是根本，搞好“二次创业”、提高市场竞争力、求得生存与发展是目的。通过各方面的共同努力，我局“三讲”教育整改工作虽然取得了阶段性成果，但与集团公司党组的要求，与广大职工的期望还有一定差距。我们决心以学习贯彻江总书记“七一”重要讲话和十五届六中全会精神为契机，以这次“三讲”学习教育回访为动力，把贯彻集团公司关于加快长庆发展，与“三讲”整改有机结合起来；把发挥整体优势、谋求共同发展，实现双赢互利这一主线，与巩固“三讲”成果，搞好“二次创业”，加快长庆发展这一条主线有机结合起来，按照集

团公司的总体部署和整改方案的要求，突出抓好以下方面的工作。

1. 发挥整体优势，谋求共同发展

发挥整体优势是指发挥长庆的整体优势，这一优势是客观存在的，是不以个人意志为转移的。经过近两年关联交易的实践，大家逐渐认为共同发展是客观要求，“两和”则“两利”，“两利”则“两兴”。在关联交易条件下，如果不发挥长庆的整体优势，就会阻碍双方的发展，甚至会失去优势。我们要认真贯彻落实集团公司关于加快鄂尔多斯盆地油气勘探开发的重大部署，继续把关联交易当作特殊市场，作为生存与发展的基础来对待，进一步充分发挥有效协商机制的作用。要一如既往地认真落实双方相互支持发展的“双十二条”和共同制订的“五项基本原则”，在为油田公司提供优质服务的同时，要确保勘探局实现盈利，促进双方共同发展。

2. 加大改革改制力度，实现“二次创业”目标

我们将用3—5年时间，按照现代企业制度要求，初步建立起法人治理结构，使勘探局成为以生产经营为主，兼有资本经营的现代企业集团；主营业务收入在“十五”期间累计达到246亿元，争取提前一年（到2004年）实现真正意义上的持平有余（不再补贴三项费用）。到“十五”末，企业收入在集团公司保持第四位，力争第三位；物探、钻井、测井、井下作业、地面建设工程、加工制造等主体工程技术，形成先进适用的特色技术，总体上达到国内先进水平，部分领域达到国际先进水平。

3. 大力开拓市场，提高市场占有份额

继续把关联交易市场作为特殊市场去占领，不断提高工程技术服务的科技含量、服务质量，降低成本，牢固占领油田内部市场。2002年，油田公司初步安排的勘探开发规模为气田产能建设8—20亿立方米，油田产能建设150—180万吨，共需要钻井1500口，进尺300多万米，计划投资70—95亿元。我们在明年关联交易市场上要争取拿到85%以上的份额，使钻井工作量达到230万米以上；抓住实施“西部大开发”战略和“西气东输”工程的历史机遇，大力开拓社会市场，包括国际市场；以新疆、青海、内蒙、陕西、甘肃、宁夏的公路建设和长呼管道建设为主攻目标，争取更多的工作量；国际市场要在巩固西非、南美市场的基础上，开拓中亚市场，争取中东市场，力争再有1—2个钻井队走向国际市场。

4. 抓住发展机遇，提升核心竞争能力

坚定不移地实施“科技进步与人才开发”战略，总体跟进，重点突破，不断提高科技持续创新能力，实现技术跨越式发展，为勘探局结构调整、市场开发、实现持续稳步发展提供强大的技术支持；不断加大科研资金投入和技术更新力度，积极推进具有战略意义的石油勘探技术研究，集中力量在黄土塬直测线地震勘探、钻井工艺、泥浆体系、油气层判识和保护、地面工程施工技术等关键领域取得新的突破，努力形成具有长庆特色的有效改造低渗透油气藏的勘探开发工程技术，全面提升勘探局核心竞争力。

5. 进一步深化干部人事制度改革，建设一支高素质的经营管理队伍

以建立企业法人治理结构为目标，建立与现代企业制度相适应的经营管理人员分级分类管理体制；建立和完善企业经营管理人员选拔任用方式、企业管理人员的收入分配方式、企业经营管理人员的监督约束机制和企业人才开发培训制度，逐步形成具有长庆特色、充满生机与活力的选人用人新机制；按照干部队伍革命化、年轻化、知识化、专业化的方针和德才兼备的原则，努力建设一支高素质的、能够担当重任的、经得起市场风浪考验的经营管理队伍。

6. 切实加强和改进党的作风建设，全心全意为广大职工谋利益

全局各级领导干部想问题、办事情、搞改革、谋发展，都将一如既往地坚决贯彻“三个代表”重要思想，把广大职工群众的利益放在首位，全面加强和改进党的作风建设。我们将在已经举办了一期全局各单位党委书记学习江泽民总书记“七一”重要讲话学习班的基础上，在年内举办一期集中学习江泽民总书记“七一”重要讲话和党的十五届六中全会精神的学习班，对全局处以上领导干部分期分批进行轮训，把认真学习贯彻党的十五届六中全会精神同“三讲”整改结合起来，进一步解决好精神状态和求实、求是的作风问题，把“三讲”整改作为当前和今后一个时期的重要工作抓实、抓好，真正把“三个代表”的重要思想贯彻落实到各项实际工作中去，切实解决好职工群众普遍关心的突出问题，全面推进整改工作，把长庆局的工作做好，让集团公司党组放心。

7. 努力实践“三个代表”，认真做好“三篇文章”

我们要在巩固和发展已取得成果的基础上，2002 年计划做好三篇大文章。一是大力推进结构调整和三项制度的配套改革；二是进一步开拓关联交易市场和社会市场；三是积极推进企业文化建设，保持大局稳定。

总之，要把“三讲”整改的积极性，引导到谋求企业自身改革和发展上来。只有企业不断发展和壮大，诸多矛盾和困难才能迎刃而解；只有深化改革，才能促进企业的稳步发展。

以上报告如有不妥，请批评指正。

2001 年 12 月 11 日

长庆石油勘探局关于印发《整体带资分流改制工作的指导意见》的通知

（长局发［2001］第 191 号）

局属各单位：

《长庆石油勘探局关于整体带资分流改制工作的指导意见》已经局务会讨论通过，现印发给你们，望贯彻执行，以适应勘探局改革与发展的新形势，推动以整体带资分流为主要内容的产权制度改革的深入。

执行中有什么问题，及时向勘探局资本运营部反映。

2001 年 8 月 23 日

附：

长庆石油勘探局关于整体带资分流改制工作的指导意见

为进一步贯彻落实集团公司《关于加快产权制度改革的意见》（中油办字［2001］384 号）和

《〈关于加快产权制度改革的意见〉的补充规定》(中油资字[2001]34号)及《关于印发〈关于整体带资分流改制试点中有关问题处理的指导意见〉的通知》(中油资字[2001]281号)精神,特制订本指导意见。

一、必须全面准确地理解整体带资分流的实质和意义

集团公司确定把整体带资分流作为今年产权制度改革的重点。整体带资分流改制的实质是勘探局用出售存量资产的收入来支付职工有偿解除劳动合同的支出，是企业法人财产处置权和职工有偿解除劳动合同政策的有机结合，属企业的经营行为。

改制单位职工用购得的资产出资与其他出资人一起组建新企业，职工的身份发生了变化，企业的产权实现了多元化，使改制企业建立了新的机制，不是国有资产无偿量化。

整体带资分流与个体有偿解除劳动合同相比，有其自身的优点：一是拓宽了有偿解除劳动合同、分流人员的资金来源渠道，“以资抵现”；二是有利于建立新的运行机制，盘活存量资产，“人随资走”，实现了企业性质和职工身份的两个置换；三是有利于队伍的稳定，大多数职工改制后不失去就业岗位，又持有新公司的一定股份，增强了职工对企业的关切度，有利于企业自身发展。

整体带资分流改制是一项利国利民的好事，也是解决目前勘探局发展过程中诸多问题的一次难得机遇，它符合中央“有进有退、有所为有所不为”的改革精神，是勘探局进行结构调整、放开搞活、适应市场、增强活力的一项重要举措。勘探局已把“加快改革改制步伐”，作为“三讲”教育活动整改的一项重要内容，各单位、各部门必须高度重视，顺应形势，把握机遇，抓住长庆大发展、工作量相对饱满的改制有利时机，加快进度，加大力度，大胆实践，在试点中总结，在总结中完善，使整体带资分流工作健康、有序推进。

二、整体带资分流试点范围、改制形式和方式

(一) 整体带资分流试点范围

试点单位原则上是：

(1) 既能为油气生产服务，又能为社会服务，具有一定的发展潜力和开拓社会市场能力，改制后能够独立生存和发展的单位；

(2) 国家或上级因其业务具有独立性或因资质、等级原因要求成为独立法人的单位；

(3) 其他社会市场化程度较高、竞争性较强、适宜于融入社会的独立经营单位；

(4) 目前难以移交地方的医院等社会服务机构；

(5) 具备条件的多种经营企业。

在上述范围内，选择资产量和补偿金额大体相当、人员较多，职工改制积极性较高，又具有代表性和示范性的单位进行试点。

勘探局工程技术服务板块和控股的业务不实行整体带资分流。

(二) 整体带资分流改制形式和方式

按照建立现代企业制度的要求，改制的组织形式主要为有限责任公司和股份合作制。规模较大、条件具备的，也可改制为股份有限公司。

改制方式：

(1) 整体式改制。以二级单位或三级单位为单元，整体带资分流改制成一个独立的法人实体。

(2) 分拆式改制。将一个改制单位分拆成两个或两个以上的独立法人单位。

(3) 整合式改制。将两个或两个以上的单位，通过改制整合为一个独立的法人企业。

三、股权设置和法人治理结构

(一) 股权设置

改制单位的股权设置，可根据不同情况，设立国有股、职工个人股、法人股、外资股等股权形式。

1. 国有股

改制单位职工带资分流后剩余的国有净资产，可作为勘探局在改制单位的股权。

2. 职工个人股

改制单位职工按照勘探局规定的有偿解除劳动合同补偿标准，用获得的资产所认购的股权以及用现金购买的股权。

鼓励经营者持大股。经营者除持有带资分流补偿资产认购的股权外，比其他职工多持有的股权要用现金购买。经营者持股应为普通职工的2—10倍。经营者所持股份，在任职期内不能转让，岗位发生变化时，可以转让，但不能退股。

3. 法人股和外资股

改制企业可以吸纳其他法人股和外资股。

(二) 实行整体带资分流改制的单位，国有资本不控股

(1) 改制单位净资产不足以支付补偿金的，补足补偿金以后，勘探局原则上不再参股。

(2) 改制单位净资产足以支付职工补偿金的，勘探局不再注入新的资本金。

(3) 改制单位净资产超过补偿金的，勘探局可以参股，但不当大股东，不控股，参股比例原则上不超过25%。

(三) 建立有效的法人治理结构

(1) 新公司按照《公司法》规定，建立健全股东会、董事会、监事会和经理班子的法人治理结构，勘探局及各部门不干预新公司的生产经营活动。

(2)勘探局参股的公司,勘探局以出资额为限承担有限责任,通过股东会按股权比例行使表决权,只派股东代表,可担任董事、监事,但不出任法定代表人。勘探局股份为优先股的,只派代表参加监事会,不参加公司决策。

四、资产和债务处置

(一) 资产处置

(1) 实行整体带资分流的单位，应将国有资产全部纳入改制范围。确需剥离的，必须是改制单位的非经营性资产和待报废资产，并需报集团公司批准。经批准剥离的国有资产，由改制单位列出明细，经勘探局资产管理部门确认后，归勘探局所有，并享受其收益。

(2) 改制单位按照勘探局当年职工有偿解除劳动合同的标准,用评估确认后的国有净资产支付给有偿解除劳动合同的职工。根据集团公司规定，可视改制单位资产质量和未来盈利能力,给予10%—40%的一次性付款优惠。

(3) 凡评估确认后的净资产不足以支付职工有偿解除劳动合同补偿金的，不足部分可由改制单位以应付勘探局的负债和应付局内其他单位的负债转资，转资后仍不足的，可用现金补足。

(4) 凡评估确认后的净资产用以支付职工有偿解除劳动合同出现剩余时，既可作为国有股份参股，也可将剩余净资产优先出售给改制后的新公司或职工，还可采取资转债、资转租等方式进行处置。职工按带资分流补偿资产认购的股权以外再购买的股权，不再享受上述比例的优惠，对采取一次性付款的，可给予5%—10%的优惠。出售国有股权时，改制后新公司或职工不愿购买的，可以面向社会实行竞价销售。

(二) 债务处置

(1) 按照“债务随着资产和业务走”，凡是列入改制范围的资产和业务有关的债务必须一同列入改制范围，一般不得进行剥离，并要签订有关债务转移协议，取得债权人的认可。

(2) 区别不同债务情况，采取不同方式予以处置：

①改制单位直接从金融机构取得的借款，要全部列入改制范围。

②改制单位与局外往来形成的负债，要全部列入改制范围。

③改制单位从勘探局取得的借款，以及在经济业务往来中形成的应付勘探局的负债，要

列入改制范围。评估后的国有净资产，不足以抵补国有职工有偿解除劳动合同补偿金的，可按计算的差额，将相应借款或应付勘探局的负债转资。转资后所剩余的债务要全部列入改制范围。

④改制单位在应付勘探局借款和内部负债不足以抵补职工有偿解除劳动合同补偿金的，将其在局内与其他单位往来形成的负债，先转为对勘探局的负债，再做转资。转资后所剩余的债务要全部列入改制范围。

五、劳动关系和人员问题

（1）凡实行整体带资分流获得经济补偿的职工，一律与勘探局解除劳动关系，与改制后的新公司签订劳动合同，建立新的劳动关系。

（2）改制单位全体在册职工（含所属多种经营企业职工），不受年龄限制，应参与本单位整体带资分流改制。对不愿参加本单位改制的少数职工，一是距法定退休年龄五年之内的，符合内部退养条件的，可办理内部退养手续；二是由个人自愿申请，按照当年政策有偿解除劳动关系；三是可自行联系工作单位，调出勘探局；四是进入勘探局再就业服务中心或二级单位再就业服务管理部门，与再就业服务中心签订下岗失业人员基本生活保障协议，由中心按照国家、集团公司和三省区关于下岗失业人员规定管理；五是本人自愿以劳务输出形式在改制后的新公司工作的，可与新公司签订劳务合同，其人事关系由上一级人力资源开发中心代理，并签订人事代理协议。当劳务合同解除或期满，公司不再续签劳务合同时，进入再就业服务中心，终止人事代理协议，按下岗职工管理。

（3）对于已办理内部退养的职工，原则上终止原内部退养协议，参与单位整体带资分流改制。对不愿参加改制的内退职工，一是勘探局可按其工龄补偿资产给改制单位，由改制单位按原内退协议规定继续为内退职工支付生活和管理的全部费用，内退职工与勘探局解除劳动关系，与新公司签订劳动合同及内部退养协议书，内退职工只领取按协议规定的生活费用，不拥有资产；二是改制单位净资产大于补偿金的，勘探局将带资分流后的剩余净资产出租给改制企业，利用租赁收入支付内退人员的费用；三是对距法定退休年龄五年之内的内退职工，由改制单位的原上级单位管理并承担费用；四是由个人自愿申请，按照当年政策有偿解除劳动关系。

（4）改制单位原有离退休职工和遗属户，由勘探局负责统一管理，承担费用。改制单位原管理的属于向社会移交的中小学、职工医院，不参加所在单位的整体带资分流。

（5）凡实行整体带资分流的单位，需按照勘探局有偿解除劳动关系的审批程序，提出申请，上报花名册，并报集团公司批准。

（6）改制单位职工已获得经济补偿，在改制后新公司持有股份，享有股东权利，无论其是否被改制后新公司录用，勘探局将不再负责安置。

六、土地处置

（1）土地问题政策性强，在符合国家有关土地政策的前提下，改制单位可以本着有利于改制的原则，灵活选择土地处置方式。

（2）改制单位涉及的土地不符合国家授权经营方式处置规定的，应采取出让或租赁方式处置。由改制单位向勘探局缴纳土地平均取得和开发成本费用后，直接到当地土地行政主管部门办理有偿使用手续，并补缴土地出让金或土地租金，土地使用权归属改制后的新公司。

（3）改制单位涉及的土地符合按国家授权经营方式处置的，由勘探局报集团公司向国家申请授权经营，经批准后，由勘探局向改制后的新公司以作价出资（入股）或租赁方式配置土地，并依照国家有关规定办理土地使用权变更或它项权利登记手续。

（4）改制单位涉及的土地符合按保留划拨

方式处置的，可报经有批准权的土地行政主管部门批准，由改制单位向勘探局缴纳土地平均取得和开发成本费用后，继续以划拨方式使用。

七、整体带资分流运作程序

（一）改制准备阶段

1. 确定改制试点单位

根据整体带资分流改制范围及相关要求和原则，采取上下结合的方式，由二级单位提出申请，勘探局确定改制试点单位。

2. 改制试点单位编制改制初步方案

改制初步方案的编制内容及格式详见集团公司资本运营部“资字［2001］6号”《关于印发〈产权制度改革立项报告编制的基本要求〉和〈产权制度改革方案编制的基本要求〉及有关事项的通知》。

（二）改制立项报批阶段

二级单位将改制单位立项报告和改制初步方案上报勘探局。立项报告经局主管领导批转后，由资本运营部牵头，会同有关部门对改制初步方案进行审查。在审查合格的基础上，由资本运营部呈报局务会进行审查，讨论通过后，编制立项报告由勘探局上报集团公司产权制度改革领导小组审批。

立项报批阶段不进行改制动员和资产评估等实质性工作。

（三）改制方案编制和报批阶段

改制立项报告经集团公司审查批准后，由勘探局行文转发，改制单位根据批复意见，编制改制方案。主要工作有：

（1）组织开展财产清查，清理债权债务，编制财产清册，进行产权界定。

（2）按规定程序办理资产评估立项，由勘探局委托有执业资格的中介机构进行财务审计和资产评估，办理资产评估确认，拟定资产负债处置方案。

（3）拟定职工带资分流的补偿方案。

（4）确定股权设置，制订改制方案，草拟《公司章程》，建有持股组织的，还需草拟《职工持股管理办法》。

（5）改制方案提交职工大会或职工代表大会讨论通过。

改制方案的编制内容和格式详见集团公司资本运营部“资字［2001］6号”《关于印发〈产权制度改革立项报告编制的基本要求〉和〈产权制度改革方案编制的基本要求〉及有关事项的通知》。

二级单位将编制的改制方案上报勘探局，在局有关部门审查合格的基础上，由资本运营部呈报局务会，经讨论通过后，由勘探局行文上报集团公司审批。

（四）改制实施和总结阶段

改制方案经集团公司审查批复后，勘探局行文批转，改制单位进入实施阶段，主要工作有：

（1）召开职工大会或职工代表大会，宣布上级对改制方案的批复，对改制工作提出实施意见。

（2）进行人员安置，与职工办理有偿解除劳动关系手续，并依法公证。

（3）进行资产和债务处理、土地处置等工作。

（4）办理股东出资手续，召开股东会，建立法人治理结构，完成工商登记，成立新公司。

（5）新公司与整体带资分流职工签订新的劳动合同，建立新的劳动关系。

（6）做好职工社会保险、住房公积金及党、团和工会关系的接转工作。

新公司注册后，原单位的经营活动终止。改制后新公司按照清算结果，与原单位的债权和债务人签订债权债务转移协议。

改制结束后，改制单位应对改制工作进行全面总结，各种资料和法律文件完整保存，改制工作总结按要求报送集团公司产权制度改革领导小组办公室。

八、组织领导和工作职责

为推进整体带资分流改制工作，在勘探局改革改制领导小组领导下，成立改制工作组。

组　长：张继昌

副组长：刘自强　张芝兰

成　员：张启英　邓火孝　张宏鹏
张忠华　李庆宁　郭志刚
周红霞　袁培森　徐安国
张自刚　张智慧　高　鹏
张生春　刘维忠　戎玉瑛
于怀兴　李锡璋　徐　斌

资本运营部负责改制工作组日常工作。

为明确任务、落实责任、加强相互间的协调配合，推动整体带资分流改制工作平稳有序进行，局机关各部门的主要职责如下：

（一）资本运营部（多种经营处）

勘探局整体带资分流改制工作的归口管理部门；负责相关政策的制定和修订；负责统一对集团公司相关的业务联系和政策咨询；负责指导改制单位编制改制方案、牵头组织有关部门对改制方案的审查；会同财务资产处负责集体资产的评估立项、结果确认、产权分割及改制单位集体净资产处置方案的审核；负责向局领导或有关会议呈报改制方案；负责改制方案的对上请示和对下批复；负责组织和协调改制方案的实施。

（二）财务资产处

负责组织资产清查、产权界定工作；负责国有资产评估立项、确认报批和组织实施工作；负责资产负债处置和资产剥离的合规性审查；负责对一次性付款比例的测算及改制后的经济效益情况进行合理性审核；负责研究解决财务和资产方面的问题。

（三）人事劳资处

负责审核改制单位的人员状况；负责指导并审查改制单位职工安置方案；负责确定职工有偿解除劳动合同补偿标准和职工带资分流的补偿金额；负责办理劳动合同变更、解除和法律公证等事宜；负责勘探局参股公司股东代表、董事、监事的推荐工作。

（四）市场开发部

负责审核改制方案的合法性；对公司名称和组织形式进行审查；负责职工持股、工商登记和法人治理结构等有关法律问题的审查；指导、协助办理工商登记。

（五）土地管理办公室

负责审核土地处置方案；负责研究解决土地处置的政策性问题。

（六）审计处

负责对单位改制前的经营状况进行审计。

（七）社会保险中心

负责职工社会保险关系接续工作；负责研究解决社会保险方面的政策性问题。

（八）局工会

负责对改制工作民主程序的监督；负责指导职工持股工作。

九、相关政策和有关问题

（1）整体带资分流改制后，新公司具有独立的法人地位，对外独立承担民事责任，与勘探局及所属单位已无行政隶属关系，属无上级主管企业。勘探局持有股份的以出资额为限承担有限责任，其权益通过股东大会、董事会等法人治理结构依法行使，不直接干预新公司生产经营活动。

带资分流后的职工与勘探局解除劳动关系，是新公司的股东和员工，依法与其签订劳动合同和其他权益协议。

（2）整体带资分流补偿标准。按照职工实际工作年限，工龄每满一年给予勘探局上一年度2.5个月平均工资的标准水平折算，用国有资产补偿。集体工补偿标准，可参照上述原则，依据所在企业资产状况由改制单位或企业确定，经勘探局审批后，用集体资产予以补偿。对于评估后确认的集体净资产，先按勘探局规定进行资产分割，剩余部分可用于集体工补偿。

(3) 改制单位所用水、电及采暖价格，按届时收费标准收取。物业管理、水、电、气、暖及入托、就学和其他直接向个人收取的费用，按届时收费标准执行，原由单位承担的部分由改制后新公司承担。

(4) 改制单位职工基本养老保险关系转移到新公司及其参保社会保险经办机构进行接续；基本医疗保险个人账户余额转移到新公司进行接续，同时终止与勘探局医疗保险关系；接续方式及有关业务问题另行规定。新公司职工可以在勘探局房地产开发公司申请购买商品房，住房公积金移交新公司，由新公司接续，可由勘探局继续托管，签订代管协议。新公司职工技术职称评定及评审，既可参加地方评定、评审，也可由勘探局代评。

(5) 按照“同等优先”的原则，继续在市场份额、使用产品和劳务等方面，给予新公司支持和照顾。改制后新公司仍然享有与改制前相同的局内市场准入政策，需办理资质认证的，原则上按原渠道办理。新公司可继续按原渠道进行资金结算。

(6) 凡与勘探局有股权关系的，经勘探局同意，可以使用“长庆”字号。

(7) 新公司党、工、团关系应按属地管理原则，移交企业所在地有关部门管理，如改制企业要求由勘探局代管，勘探局有关部门应按有关规定暂为代管。

十、实施部署和工作要求

(一) 实施部署

勘探局整体带资分流改制工作坚持整体部署、逐步推开的原则，在先期试点取得经验的基础上，逐步在面上推开。

(1) 2001 年底前，在前期工作的基础上，集中力量抓好 1—3 个试点，探索路子、发现问题、总结经验、完善政策，力争取得点上的突破。

(2) 在试点的基础上，对勘探局内部适宜的单位，采取分类指导、逐步推开的办法，明确政策、严格程序、规范运作，力争使改制工作在面上推开。

(二) 工作要求

(1) 整体带资分流改制工作是一项新事物，涉及范围广、影响层次深，改制过程中会遇到各种矛盾和较难解决的问题，没有现成的经验可供借鉴，因此，各单位尤其是试点单位，主要领导要高度重视，切实抓好这项工作的组织运行。要认真学习研究政策，提高思想认识，增强改制的紧迫感和责任感，积极稳妥地推进改制工作。

(2) 加大宣传力度，做好改制过程中的思想政治工作，确保职工队伍的稳定。要采取各种有效方式，充分利用报纸、电视、广播、板报、简报等形式，加大改制宣传力度，增强职工的改制意识和承受能力，使职工理解改制、支持改制、主动参与改制。在改制过程中，要树立群众观点，尊重职工意愿，坚持一切从实际出发，特别是资产债务处置和优惠比例的确定，既要符合上级政策，又要坚持实事求是，达到改制政策与职工意愿的统一。在指导思想上要坚决克服那种通过改制“甩包袱”的错误想法，把道理讲明，把政策交清。要加强引导，使参与改制职工理解改制前后的变化，增强员工对新公司的关切度，使企业有一个更好、更快的发展。

(3) 规范运作。整体带资分流是一项政策性很强的工作，必须坚持按程序、按政策办事，切实依法维护出资人、债权人和职工的合法权益，规范改制行为。要合理评估和界定国有资产的价值，公正、合法、合理地进行产权变动，防止国有资产和集体资产流失。要坚持有情操作，充分保护职工的各项权益，制订好职工安置方案，办理好职工社会各项保险的接续工作。改制后的公司要树立独立自主的思想观念，树立危机感和风险意识，建立起新的运营机制，真正体现和发挥整体带资分流改制的作用，焕发改制的活力。

(4) 对改制企业按规范要求实施有效管理，实行内部登记制。勘探局继续创造条件，支持改制企业发展，对改制企业占有的内部市场，继续给予保护。勘探局根据在改制企业的股权比例，通过委派董事、监事参与企业经营决策和有效监督。对改制企业实行登记制度，凡与勘探局有关联关系的，如市场、产权、土地等，应到勘探局相关部门登记，以便及时掌握情况，协调解决问题，支持和帮助新公司更好发展。

(5) 局机关各部门要满腔热忱地支持整体带资分流工作，及时研究、解决改制过程中出现的问题，切实加强改制工作的日常指导，帮助改制单位协调好与地方政府部门的关系。按照“同等优先”的原则，处理好新公司市场、资质、原材料供应、资金结算等问题，为改制后新公司的发展创造良好的发展环境，使其能够尽快建立起新的机制，走出、走活、走好。

中共长庆石油勘探局委员会关于加强和改进党校（干校）工作的意见

（长党发［2002］第49号）

为了适应市场经济发展和实现“二次创业”宏伟目标对全局各级领导干部素质提出的新要求，进一步加强和改进党校（干校）工作，充分发挥党校（干校）在党员干部教育培训中的主渠道作用，提出以下意见：

一、站在政治和全局的高度，进一步增强做好党校（干校）工作的迫切性

长庆石油勘探局党校（干校）建校20多年来，在局党委、勘探局的领导下，紧密结合勘探局总体发展思路和工作要求，坚持以邓小平理论、江泽民“三个代表”重要思想为指针，以科学的理论、科学的思想、科学的观点、科学的方法为重点，深入探索研究适应油田改革发展的办学思路，培养了大批高素质的领导干部和理论骨干，有效地促进了企业生产经营建设，为长庆油田的不断发展壮大做出了积极的贡献。但随着中国石油的重组和勘探局改革、生存与发展形势的不断变化，企业党校（干校）的基本任务、培训内容、课程设置也发生了新的变化，在思想认识、教学体制、运行机制和办学方式等方面还不能完全适应形势发展的要求。为此，必须及时研究新情况，主动适应新形势，不断解决新问题，切实加强自身建设，充分发挥党校（干校）的作用。

当前，勘探局正处在改革的攻坚阶段和发展的关键时期。要适应新形势、新任务的要求，完成“二次创业”的艰巨任务，迫切需要建设一支政治强、业务精、懂经营、会管理，能够经受住各种风浪考验，始终走在时代前列，带领广大职工开拓市场、赢得竞争的高素质的领导干部队伍。党校（干校）作为培养教育干部，学习、研究、宣传马列主义、毛泽东思想、邓小平理论和江泽民“三个代表”重要思想的重要阵地和增强党性锻炼的熔炉，在提高领导干部队伍素质方面具有不可替代的重要作用。必须进一步明确，党校（干校）教育是全局各级党政领导干部培训轮训的主渠道。各级党组织要充分认识面向新世纪加强和改进党校（干校）工作的重要性和紧迫性。各分校，首先是勘探局党校（干校）要进一步提高政治责任感和历史使命感，切实加强和改进培训工作，卓有成效地肩负起光荣而艰巨的任务。

二、进一步明确党校（干校）的主要任务，切实担负起“三个阵地”、“一个熔炉”的历史责任

党校（干校）是在局党委、勘探局领导下培养党员领导干部、后备干部和宣传思想政治工作干部的学校。应根据形势发展的要求，合理调整党校布局，不断完善党校教育体系。在对现有厂处单位基层党校整合的基础上，积极创造条件，以局培训中心为依托，分别在陇东、西安、银川设立三个分校，充分发挥现有的教育资源，切实把党校（干校）办成培训和轮训厂处领导干部、科级干部，培养基层党务干部，学习、宣传、研究马列主义、毛泽东思想、邓小平理论和江泽民“三个代表”重要思想，传播代表先进生产力发展方向的管理理念和方法，传授市场经济和科技知识的重要阵地，成为干部增强党性锻炼和宏观决策、驾驭全局能力的熔炉。

新形势下，党校（干校）工作的指导思想是：以江泽民“三个代表”重要思想为指导，认真贯彻落实《中国共产党党校工作暂行条例》和《中共中央关于面向21世纪加强和改进党校工作的决定》精神，以干部需求为导向，以提高教学质量为中心，以强化科研为基础，以研究现实问题为重点，以改革创新为前提，以提升企业核心竞争力为目标，紧密联系勘探局改革、生存与发展的实践，坚持理论联系实际，不断建立和完善具有长庆特色的党校（干校）教学体制、科研体制、管理体制，更好地为勘探局培养德才兼备的人才服务，为加强和改进企业党的建设服务，为全面推进“二次创业”，促进长庆整体发展服务。

党校（干校）工作的主要任务是：紧密结合勘探局改革改制和生产经营实际，培训轮训各级党员领导干部、后备干部、党群干部、基层党支部书记和入党积极分子；围绕石油企业出现的新情况、新问题，有组织地开展调查研究和学术研讨；学习宣传马列主义、毛泽东思想、邓小平理论、江泽民“三个代表”重要思想及党的基本路线、方针和政策；协同组织、人事部门对学员在校期间进行考核考察。

三、坚持改革创新，切实做好党校（干校）各项工作

按照《中共中央关于面向21世纪加强和改进党校工作的决定》和建设高素质干部队伍的要求，进一步深化教学改革，加强师资队伍建设，不断提高培训轮训质量，努力开创党校（干校）工作的新局面。

深化教学改革，进一步提高领导干部的理论素养和政策水平。要通过办好主体班次、召开座谈会和理论研讨会等多种形式，重点抓好领导干部“理论基础”、“全局眼光”、“战略思维”和“党性修养”四个层面的培训轮训。要切实抓好教学方法的创新，加强研讨和交流，实现以教为主导和以学为主体的统一，提高各级领导干部运用马克思主义理论观察解决问题的能力，用科学的理论和方法指导工作实践。要大兴调查研究之风，密切关注和紧紧把握企业改革发展形势的变化，对涉及全局性、战略性和前瞻性的重大问题进行深入研讨，积极探索加强和改进党的建设，充分发挥企业党组织政治核心作用的新方法、新途径。

按照“加强领导、强化培训、严格管理、注重实效”的方针，建立充满生机与活力的竞争和激励机制，下大力气加强师资队伍建设。在充分发挥现有师资力量的基础上，聘任一些学术水平较高，学术成果突出，在全局教育和理论战线有一定影响的中青年教师，并为他们的成长和深造提供必要的条件。也可根据教学实际，选聘一些党政领导干部担任党校（干校）的兼职教师，充分发挥他们了解全局、掌握政策、熟悉情况、能够从理论和实际结合上阐述问题的优势，以增强党校（干校）的教学效果。同时，根据教学需要，还可聘请省、自治区委党校、知名院校的专家、教授和学者作为党校的兼职教师，切实提高办学水平。

坚持从严治校的方针，形成良好的教风、学风和校风。要严格对教职工的教育与管理，使每个教职工自觉做到忠诚于党的教育事业，教风严谨，敬业爱岗，教书育人，为人师表。要严格教学组织管理，通过建立一套科学的办学质量评估指标和评估体系，严肃教学纪律，把好教学质量关。要加强学员管理，根据不同对象和学习班次，制订相应的考试、考查制度和考核标准，使每个学员在接受日常的管理和监督中，不断加强党性锻炼，提高党性修养。

当前要重点加强对“企业党组织如何发挥政治核心作用”和“新形势下如何做好有效的企业思想政治工作”的探讨和研究。今年下半年，要着重举办好党的十六大精神学习班，深刻学习领会党的十六大精神，统一思想，提高认识和工作水平。同时，要组织好企业党组织如何发挥政治核心作用的理论研讨，进一步促进全局党建工作上台阶、上水平。

四、加强党委对党校（干校）工作的领导

切实加强和改进党委对党校（干校）工作的领导，是办好党校（干校）的根本保证。局党校（干校）办事机构设在培训中心，部门实行合署办公，各分校隶属局党校统一管理。要重点抓好办学方向、学风建设、领导班子建设、教师队伍建设和学员选调，并组织协调党委和行政有关部门从人力、物力、财力等各方面支持党校工作。

靠前办学，为基层服务。要按照干部管理权限和范围，制定领导干部、科级干部和党务干部、基层党支部书记、入党积极分子培训轮训规划，并组织实施，落实到人。现职处级领导干部，必须定期到党校（干校）进行培训轮训，处级后备干部、科级干部和党务干部也应及时安排到党校（干校）接受系统的培训。认真执行培训轮训与考核使用相结合的原则，加强党校（干校）与组织人事部门的密切配合，切实做好领导干部学习期间表现的考核工作。

局党校（干校）要加强对各分校的业务指导，帮助提高教学水平，发挥党校系统的整体效能。各分校也要根据厂处单位党委的工作需要，结合生产经营实际和党员干部队伍现状，制订切实可行的措施，深入基层举办各种形式的培训班，切实抓好科级干部、支部书记、党员和入党积极分子的培训轮训工作，进一步提高干部和党员队伍的整体素质。

2002 年 8 月 8 日

长庆石油勘探局关于印发《引进人才有关问题指导意见》的通知

（长局发［2002］第 81 号）

局属各单位、机关各处室：

近年来，围绕勘探局科技进步和人才开发战略，局机关有关部门和各单位在引进人才上做了大量的工作，但是也出现了一些新情况、新问题。为了保证引进人才工作健康发展，为勘探局“二次创业”提供人才保障和智力支持，在已有的勘探局引进人才有关政策、规定的基础上，特制订了《长庆石油勘探局引进人才有关问题指导意见》，现印发给你们。望结合实际，积极探索，并参照本《指导意见》，切实做好人才引进工作。同时，请将有益的意见或建议，及时向人力资源开发服务中心反馈。

2002 年 5 月 27 日

附：

长庆石油勘探局引进人才有关问题指导意见

第一条 为推进勘探局用人制度的改革和引进人才方式的多元化，努力营造与现代企业制度相适应的人才环境，为实现勘探局“二次创业”和持续发展战略目标提供人才保障和智力支持，制订本指导意见。

第二条 引进人才工作由勘探局人事劳资处负责，局人力资源开发服务中心（以下简称“人力中心”）按照勘探局引进人才政策和人才引进计划，具体组织实施；用人单位负责引进人才的使用与管理。

第三条 引进人才遵循的原则：

（一）多种用人形式相结合的原则。

（二）充分利用市场机制，“不求所有，不求所在，但求所用”的原则。

（三）引进人才与现有人才开发并重的原则。

（四）急需的高层次人才为主的原则。

（五）待遇、责任相一致的原则。

第四条 引进人才的对象：

（一）重大科技成果或专利技术的人才。

（二）懂技术、善经营管理的复合型人才。

（三）紧缺专业的大学本科及以上学历毕业生。

（四）勘探局及各单位重点工作急需的专业人才。

（五）能够给用人单位带来显著经济效益，具有特殊技能的人才。

第五条 引进人才的渠道：

（一）向社会，通过人才市场招聘。

（二）发布需求信息，通过网络招聘。

（三）面向各高等院校招聘。

（四）通过博士后科技工作站引进。

（五）专家举荐、知情人推荐等其他渠道。

第六条 引进人才的方式：

（一）聘用：对局属用人单位为完成科研、生产项目或某项特定工作任务需引进的人才，可由用人单位聘用，签订《聘用协议》和相关配套协议，聘用期限根据科研项目或工作任务确定（含应届高校毕业生）。

（二）录用：对部分应届大学本科及以上毕业生，经勘探局与毕业生本人协商，可按新增职工录用，签订《劳动合同》，按规定就业。

（三）借聘：局属用人单位需要从油田以外单位借聘人才，可与原本人所在单位协商一致，签订《借聘协议》；人力中心负责审核并办理借聘手续；借聘单位与引进人才签订《聘用协议》和相关协议。

（四）调入：经勘探局研究同意，对个别急需的高层次人才按新增职工办理调入。

第七条 引进人才的主要程序：

（一）应届高校毕业生引进程序：

1．二级单位每年 8 月 15 日前将下年度高校毕业生需求计划报人力中心，人力中心和人事劳资处编制勘探局引进高校毕业生年度计划；

2. 人力中心负责组团参加各院校或社会人才市场举办的毕业生就业洽谈活动，代表勘探局与毕业生签订就业协议；

3. 勘探局举办毕业生就业“双选”会，毕业生与用人单位在局内人才市场“双向选择”，毕业生还可自主选择按社会人事代理或企业新增人员的不同方式，与用人单位签订《聘用协议》或《劳动合同》。

（二）人才聘用和调入程序：

1. 用人单位根据企业发展和生产经营工作需要，填写《引进人才申请表》报人力中心，由人力中心或经人力中心同意由单位通过社会人才市场或其他渠道进行公开招聘；

2. 由人力中心和用人单位共同组织有关专家和有关业务部门组成考核组，对引进人才进行考试、考察，确定人选；

3. 对调入人才须经人事劳资处研究，局主管领导同意，用人单位与其签订《劳动合同》；

4. 对聘用人才由人力中心实行人事代理，用人单位与其签订《聘用协议》。

第八条 引进人才的薪酬待遇：

（一）以聘用方式引进的人才，按照“市场化、显性化、货币化”的原则，实行不分工资单元的月薪或年薪制，人事劳资处参照市场人才价格发布标准，供用人单位参照，与引进人才协商确定。

实行年薪制的薪酬一般由基本年薪、责任目标年薪和奖励年薪三部分组成。责任目标年薪和奖励年薪根据工作目标完成情况定期考核兑现。年度业绩考核优秀者，可按约定薪酬标准的5%—10%于下年增资。

（二）以录用或调入方式引进的人才，参照勘探局基本工资制度执行。可结合用人单位实际，采取按岗位定酬、按任务定酬、按业绩定酬等灵活多样的薪酬分配方式。

（三）以借聘方式引进的人才，由用人单位与借聘单位协商确定有关借聘费用。

第九条 引进人才的社会保险：

（一）以聘用方式引进的人才，其薪酬标准中包含企业缴纳的养老、医疗、失业等保险费，其中初次就业的，由用人单位为其建立相关的社会保险关系并代扣代缴社会保险费；二次及二次以上就业的，应将社会保险关系转入现工作所在地的人才交流机构代扣代缴，转移有困难的，可暂向原参保的社会保险机构缴纳。

（二）以录用或调入方式引进的人才，由勘探局社会保险经办机构按国家和勘探局有关规定，为其建立养老、医疗、失业等社会保险，并享受相应的待遇。

（三）以借聘方式引进的人才，其养老、医疗、失业等社会保险费由原单位和个人按比例在社会保险关系所在地分别缴纳。

第十条 引进人才的住房待遇：

（一）以聘用方式引进的人才，可在勘探局生活基地范围内租用住房。房租除西安、银川由两地用人单位和本人协商确定外，其他地方由用人单位负责缴纳；在勘探局连续工作三年以上的引进人才，可在勘探局生活基地范围内购买住房，执行勘探局同等条件下的售房政策。

（二）以录用或调入方式引进的人才，执行长庆石油勘探局当期售房政策。

第十一条 对引进的硕士及以上研究生和急需的特殊人才，其配偶可进入长庆人才分市场，在同等条件下优先选择就业岗位。

第十二条 根据本人意愿和陕西省有关规定，引进人才户口由人力中心负责落在西安。

第十三条 引进人才的使用和培养：

（一）用人单位要给引进人才安排专业对口的工作岗位，并与引进人才签订《职务说明书》、《工作任务书》以及必要的《知识产权书》等配套的专项协议，明确岗位职责和工作目标，提供工作条件，充分发挥其作用。

（二）用人单位要给引进人才提供必要的学习和培训机会。

（三）在技术创新、科研攻关等方面成绩突出或做出特殊贡献的引进人才，可按照《长庆局优秀科技人才奖实施办法》等规定予以奖励。

（四）注重解决引进人才专业技术职务的评聘问题。对工作表现突出的硕士及以上研究生，用人单位可直接聘任为中级专业技术职务，并报请局人事劳资处批准；聘任副高级和正高级专业技术职务，由勘探局审查聘任。

（五）对引进人才实行试用期制度。由用人单位按《劳动法》规定，与本人具体协商。其中聘用期 2 年以上的试用期不超过 6 个月；1 到 2 年的试用期不超过 3 个月；6 个月到 1 年的试用期不超过 1 个月；6 个月以内的不超过 15 天。

第十四条 用人单位与引进人才变更、续签或解除《聘用协议》，应提前 10 天以书面形式通知人力中心。

第十五条 对以聘用方式引进的人才，由长庆分部为其提供档案管理、专业技术职务资格评定、代缴社会保险等人事代理服务。

第十六条 本指导意见适用于勘探局所属各单位。

第十七条 本指导意见由局人力中心负责解释。

第十八条 本指导意见自印发之日起施行。

中共长庆石油勘探局委员会关于加强和改进共青团工作和青年工作的意见

（长党发［2003］第 17 号）

为了进一步加强和改进共青团工作和青年工作，充分发挥广大团员青年在企业生产经营各项工作中的生力军和突击队作用，建立青年成长成才的长效机制，经研究，特制订如下意见。

一、各级党组织要站在推进勘探局“二次创业”和可持续发展的高度，切实加强和改进共青团工作和青年工作

（1）加强和改进共青团工作和青年工作的指导思想是：认真学习贯彻党的十六大精神，以“三个代表”重要思想为指导，以“二次创业”为动力，以培养“四有”新人为目标，坚持服务改革发展稳定大局、服务企业中心工作、服务青年成长成才，坚持党建带团建的原则，与时俱进，开拓创新，不断探索新形势下做好共青团工作和青年工作的新思路、新举措，努力开创全局共青团工作和青年工作的新局面。

（2）充分认识广大团员青年是企业改革发展稳定的重要力量，是实现“二次创业”的生力军和突击队。目前，全局共有二级单位团委、直属团总支（团支部）28 个，团支部 474 个；35 岁以下青工 24470 人（含劳务合同工），占在岗职工总数的 69.9%（生产一线青工比例超过 80%，部分野外施工队达到了 100%），团员 9008 人。对此，各级党组织要进一步认识到，加强和改进共青团工作和青年工作，对加强职工队伍建设，促进企业文化建设，提高企业管理水平，增强企业竞争力，促进企业可持续发展，具有十分重要的现实意义。

各级党组织要站在勘探局“二次创业”和可持续发展的高度，切实加强对共青团工作和青年工作的领导，充分发挥团组织团结、教育、带领青年的作用，培养和造就一批高素质的青年职工队伍，并为他们在企业各项工作中施展才华、建功立业积极创造条件。

（3）加强和改进共青团工作和青年工作要遵循以下原则：以党建带团建的原则；开展活动要切合实际及青年特点、务求实效的原则；与时俱进，具体工作方式、方法继承与创新的原则。

二、以改革、创新的精神，进一步发挥“大政工”体系的优势，切实把加强和改进共青团工作和青年工作作为思想政治工作、企业文化建设的重要内容

（1）各级组织要重视共青团工作和青年工作，加强对共青团工作和青年工作的领导。要把共青团工作和青年工作列入党委的重要议事日程，按照党组织的统一工作部署，结合本单位工作实际和青年特点，制订工作方针和总体目标。各单位党委应每半年专项研究一次共青团工作和青年工作或听取共青团组织的工作汇报。经常检查、考核共青团工作和青年工作，并将团组织开展工作情况列入年度党组织工作考核的内容。

（2）各单位要进一步建立和完善“大政工”体系，把加强和改进共青团工作和青年工作作为思想政治工作和企业文化建设的重要内容，积极为共青团组织开展工作创造必要的条件。

各级宣传部门、新闻单位要加大对共青团工作和青年工作的宣传力度，会同团组织办好青少年栏目，广泛宣传青少年中的先进典型、先进事迹。

各级工会组织所属的公共娱乐、文化活动场所要在条件允许的情况下，为青少年有组织的开展活动提供方便。

各级组织人事部门要为“双推优”、团干部培训，以及青年技术工人、青年人才培养等方面创造条件。

各级科技、安全等部门要会同团组织抓好团员青年“QC”、“五小”等创新、创效活动，并在成果转化、青年成长成才上提供支持。

各级教育部门要会同团组织抓好学校团组织和少先队组织的建设。

各级武装、公安保卫部门要会同共青团组织加强对青年的法律知识、国防意识和公德意识等方面的教育，努力营造青年健康成长的良好氛围。从而自上而下地形成共青团工作和青年工作党、政、工、团齐抓共管的良好局面。

（3）要适应新形势、新任务、新目标，搭建共青团工作和青年工作的平台。要支持共青团组织紧跟时代步伐，不断拓展共青团工作和青年工作的领域，利用网络等工具，搭建共青团工作和青年工作信息、青年人力资源开发等工作平台，为青年成长成才创造有利条件。

要适应市场经济发展的需要，指导共青团积极探索在建立现代企业制度进程中团组织建设的新方法。对于团员少或没有团员的单位、改制企业、新成立单位、新型经济组织或相对集中的生活小区，可以成立联合支部、团工委或相应的青年工作组织，保证共青团工作和青年工作的正常开展。

（4）各单位对共青团的活动经费应予以足额保证。各二级单位共青团的活动经费，以本单位35岁以下青年总数为基数，每年按人均50元确定。如上述经费仍不敷需要，各单位应酌情予以补助。团组织和财务部门要建立严格的经费管理制度，保证团的活动经费不被挪作他用。

三、自觉接受党的领导，充分发挥共青团的助手和后备军作用，以及党联系青年群众的桥梁纽带作用

（1）各级共青团组织要带领团员青年围绕

企业生产经营中心工作，发挥生力军和突击队作用。要充分发挥共青团组织团结、凝聚、引导青年的重要作用，组织广大团员青年深入开展“青年突击队”、“青年文明号”、“青年志愿者”、“青年创新创效”等活动，积极引导广大团员青年岗位成才、岗位奉献。

（2）要切实抓好青少年思想教育。共青团组织要坚持用“三个代表”重要思想和党的基本路线、基本纲领武装团员，教育青年；要广泛、深入地开展“形势、目标、责任”主题教育；进行爱国主义、集体主义、社会主义和艰苦创业精神的教育；加强对青年的市场意识、竞争意识、服务意识的教育；深入开展民主法制、“三禁一反”和维护社会稳定的教育；积极进行社会公德、职业道德、家庭美德教育；引导广大青少年树立正确的世界观、人生观、价值观，并锻炼成为有理想、有道德、有文化、有纪律的一代新人。

（3）共青团组织要发挥联系青年的桥梁和纽带作用，反映青年的要求和呼声，为勘探局制定政策提供依据。同时，做好上级的各项政策的释疑解惑工作，有针对性地做好一人一事的解释工作；要重视生产一线青年职工的工作、文化生活、婚姻恋爱等问题，指导并切实解决好青年职工在工作、学习、生活中出现的各种困难和问题；要关注残疾青年、特困生等青少年中的弱势群体；要做好后进、失足青少年的帮教、转化工作；要听取并采纳有关青年方面的合理、合法的意见和建议，共同维护企业职工队伍及大局的稳定。

（4）共青团组织要在青年职工工作技能和综合素质提升、提高企业竞争力上发挥作用。各级党政工组织要指导团组织积极开展“青年岗位能手”、“导师带徒”、“技术比武”、“岗位练兵”等活动，在青年职工队伍特别是劳务合同工队伍的工作技能提升上发挥作用；要指导团组织不但在青年职工队伍中培养操作技能方面的岗位能手，而且还要通过各种切实有效的活动，为勘探局培养出更多的专业技术人才、经营管理人才和高级技工。

（5）要正确把握青年青春期心理特征，结合实际，分层次、多形式地开展适合青年特点的群众性教育活动，有条件的单位要开设“青年热线”、“青年驿站”等服务项目，为青年提供青春期心理咨询活动，正确引导青年立足本职岗位，发挥聪明才智，实现人生价值。

（6）共青团组织要运用多种形式大张旗鼓地选树表彰生产经营、市场开发、科技进步、改革改制、自学成才等方面的青年典型，并完善和规范奖励机制，不断激发广大青年的工作和学习热情。

（7）共青团组织要通过积极有效的手段和方式建立多种活动阵地，并结合实际和青年特点，开展小型多样、灵活分散、务实有效的文体娱乐活动，丰富青年的业余文化生活。

四、进一步加强团组织建设，不断增强团组织的凝聚力和战斗力

（1）要重视和加强共青团的组织建设。各单位在设置共青团的组织机构、配备共青团干部时，可本着“宜专则专、宜兼则兼”的原则。青工人数在1000人以上的单位，要至少配备1名专职共青团干部；青工人数在1000人以下的单位，可配备兼职共青团干部，但要尽量避免共青团干部兼职过多，使其有更多的精力投入到共青团的工作中。

（2）加强共青团干部队伍建设。各级党组织要把思想好、能力强、素质高、作风正的年轻干部选拔到共青团的领导岗位上来。要抓好共青团的后备干部队伍建设，保证共青团工作的连续性和稳定性；要不断加大共青团干部培训工作力度，以培养复合型后备人才为目标，有计划地安排共青团干部到不同岗位挂职锻炼，使共青团干部在实践中锻炼成长；要重视共青团干部的转岗工作，按照有关规定，对到（超）龄的各级共青团干部，应根据工作需要及时安排转岗，对优秀共青团干部应根据工作需要提拔使用。

(3) 各级党组织要指导共青团组织加强团员队伍建设，扩大组织覆盖面，将工作对象延伸到所有35岁以下青年中。要切实把劳务合同工中的团员纳入到团员管理的范畴；要积极探索做好待业青年团员工作的有效形式；要在提高团员素质和加强对适龄青年的教育培养上下功夫，强化团员意识，发挥好团员的模范带头作用。

(4) 各级团组织要积极开展"双推优"工作，努力创新"双推优"的方法和途径，不断向党政部门推荐优秀青年人才。各级党组织要指导共青团组织做好推荐的衔接工作，使"双推优"工作推有途径、纳有人才。

2003年5月30日

中共长庆石油勘探局委员会关于贯彻落实《中共中央关于在全党兴起学习贯彻"三个代表"重要思想新高潮的通知》的实施意见

（长党发［2003］第28号）

局属各单位党委、局机关党委：

为深入贯彻落实《中共中央关于在全党兴起学习贯彻"三个代表"重要思想新高潮的通知》精神，按照集团公司党组的部署和要求，结合勘探局实际，现提出以下实施意见。

一、重要意义

(1) 党的十六大把"三个代表"重要思想同马克思列宁主义、毛泽东思想和邓小平理论一道，确定为党必须长期坚持的指导思想，实现了我们党指导思想的又一次与时俱进，这是一个历史性决策，也是一个历史性贡献。"三个代表"重要思想反映了我国最广大人民的共同意愿，体现了当今世界和中国发展的时代精神，显示了马克思主义科学理论的强大力量，是全国人民在新世纪新阶段继续团结奋斗的共同思想基础，是继往开来、与时俱进，实现全面建设小康社会宏伟目标的根本指针，也是指导勘探局加快发展的强大思想武器。

(2) 全面贯彻落实"三个代表"重要思想，关系党和国家工作的全局，关系实现全面建设小康社会的宏伟目标，关系中华民族的伟大复兴，关系中国特色社会主义事业的长远发展，也关系勘探局改革发展目标的实现。各级党组织、全体共产党员一定要从这样的高度出发，不断增强学习贯彻"三个代表"重要思想的自觉性和坚定性，按照中央的要求，迅速兴起学习贯彻"三个代表"重要思想新高潮，切实在对"三个代表"重要思想的时代背景、实践基础、科学内涵、精神实质和历史地位的认识上达到新的高度，在认真贯彻"三个代表"重要思想的根本要求、始终做到"三个代表"上取得新的成效，解放思想、实事求是、与时俱进、同心同德，为把勘探局建设成为多元发展的现代企业集团而奋斗。

二、基本要求

(1) 在深刻领会"三个代表"重要思想的基本精神上下功夫，把思想进一步统一到"三个代表"重要思想和十六大精神上来，把智慧和力量进一步凝聚到实现勘探局发展目标上来。“三个代表”重要思想内涵丰富、博大精深，是一个系统的科学理论。要按照中央《通知》提出的“九个深刻领会”的要求，组织好党员干部的学习，深刻领会其基本精神。要围绕全面建设小康社会的目标和勘探局建设多元发展的现代企业集团的奋斗目标，结合本单位、本部门的实际，认真总结过去，审视现在，谋划未来，提出具体发展目标，形成发展思路，制订发展措施，推动各项工作取得新进展，打开新局面。

（2）要进一步树立与时俱进、开拓创新的良好精神状态。二次创业不“创新”没有出路，“改革”“创新”不解放思想不行。市场观念相对滞后，仍然是阻碍我们发展的桎梏。传统的旧体制、旧机制已经阻碍了企业的发展。对这一点务必要有深刻的认识与反思。各级党组织的重要任务、当务之急是带头解放思想。“改”与“创”有风险、有阻力，但四平八稳失掉发展的机遇，就背离了“三个代表”重要思想的精髓。各级领导干部要带头改善心智模式，培养耐心力、亲和力和融合力，始终把“镜子”对准自己查找思想观念和精神状态上存在的差距，振奋精神，开阔视野，着眼新的实际，总结新的经验，探索新的路子，使各项工作体现时代性，把握规律性，富于创造性，努力做到发展要有新思路，改革要有新突破，开放要有新局面，各项工作要有新举措。要坚持实事求是，一切从实际出发的科学态度，讲科学，鼓实劲，求实效。

（3）要着力解决勘探局和本单位本部门影响发展的突出矛盾和问题，促进改革发展和稳定。针对存在的问题，深入调查研究，集中民意，集思广益，提出解决问题的措施和办法。要牢固树立发展是执政兴国第一要务的思想，结合勘探局及本单位实际，科学合理地调整产业结构、产品结构、产权结构和组织结构、队伍结构等，优化各类资源的配置，实现良性循环条件下有效益的发展；更充分地利用国内外“两种资源、两种市场”，在巩固长庆及周边市场的同时，力争社会市场、国际市场份额不断提高；确立劳动、资本、技术和管理等生产要素按贡献参与分配的原则，完善按劳分配为主体、多种分配方式并存的分配制度等。通过解决突出矛盾和问题，推进企业深化改革，实现以经济建设为中心、经济政治文化相协调的发展，促进人与自然、能源与环境相和谐的可持续发展。

（4）要坚持立党为公、执政为民，以最广大人民群众的根本利益为根本出发点和落脚点。群众利益无小事，凡涉及职工群众生产生活和切身利益的事，都要摆到头等位置。制订和实施深化改革、促进发展、保持稳定的各项方针政策，都要把实现好、维护好、发展好广大职工群众的根本利益作为依据，统筹兼顾，妥善调整处理好各方面的利益关系。要把职工群众的健康和生命安全放在第一位，始终关注职工群众的安危冷暖，关心困难职工的生活，切实把立党为公、执政为民具体地、深入地落实到各项工作中去。

（5）要按照“两个务必”和“八个坚持，八个反对”的要求，紧密围绕企业改革发展稳定工作，切实加强企业党的建设，把党的建设融入生产、经营工作的全过程。要把兴起学习贯彻“三个代表”重要思想新高潮与加强企业党组织自身建设结合起来，在认真学习、提高认识的基础上，按照关键在坚持与时俱进，核心在坚持党的先进性，本质在坚持执政为民这个根本要求，着眼于使各级党组织真正成为学习贯彻“三个代表”重要思想的组织者、推动者和实践者，使广大党员真正成为实践“三个代表”重要思想的模范。认真查找党员干部在思想观念上和精神状态上存在的差距，查找和解决影响发挥企业党委政治核心作用、基层党组织战斗堡垒作用和党员先锋模范作用的主要问题，查找和解决影响党群、干群关系的突出问题，使群众切实感受到党风和干部作风有明显改进,使党组织的创造力、凝聚力和战斗力得到明显增强。

三、主要措施

（1）兴起学习贯彻“三个代表”重要思想新高潮，必须采取切实措施，改进学习方法，创新学习手段，突出重点，区分层次，加强指导，务求实效。

（2）兴起学习贯彻“三个代表”重要思想新高潮，领导机关和领导干部是关键，要学在前面，用在前面，做持久学、深入学的表率，成为学以致用、用有所成的模范，要坚持以领导干部为重点，推动全体党员和干部职工的学习贯彻。各单位党委中心组要坚持学习制度，制定学习计划，提出明确要求。在今年第三、第四季度，局党委和各单位党委中心组要组织认真研读十六大报告和党章，认真研读江泽民同志《论“三个代表”》、《论党的建设》和《江泽民论有中国特色社会主义（专题摘编）》等一系列重要著作，把《“三个代表”重要思想学习纲要》作为重要辅助教材。同时认真学习《中共中央在全党兴起学习贯彻“三个代表”重要思想新高潮的通知》、《胡锦涛同志在“三个代表”重要思想理论研讨会上的重要讲话》，结合局党委的要求，既从整体上深刻领会“三个代表”重要思想，又分专题结合实际深入开展研讨。勘探局将在8月份举办学习贯彻“三个代表”重要思想研讨班。各单位要充分发挥党校的作用，通过举办各种形式的研讨班、培训班、学习班把科级以上党员干部轮训一遍。

（3）各级领导干部要带头大力弘扬理论联系实际的马克思主义学风，全面系统地学习贯彻“三个代表”重要思想，深刻领会其科学内涵和精神实质，着力掌握其科学态度和创新精神，努力提高马克思主义水平，加强党的执政能力的建设，不断增强科学判断形势、驾驭市场经济，应对复杂局面、依法治企和总揽全局的能力。要坚持改造客观世界和改造主观世界相结合，既要用“三个代表”重要思想来指导工作，推动生产经营实践，又要用“三个代表”重要思想来武装头脑，指导自我修养。在学习贯彻“三个代表”重要思想过程中，各级党员领导干部都要紧密联系自己的思想实际，坚定共产党人的理想信念，提高思想政治水平，加强道德品质修养，牢固树立正确的世界观、人生观、价值观，解决好权力观、地位观、利益观，真正做到在改造客观世界的同时改造主观世界，用改造主观世界的成效来推进客观世界的改造。

（4）各级党员领导干部必须贴近实际、贴近生活、贴近群众，使“三个代表”重要思想真正落实到基层。勘探局“二次创业”的目标完全符合“三个代表”重要思想的要求，是全局广大职工群众的共同愿望。各级领导干部要紧紧围绕实现这一共同愿望，同基层广大干部职工一起，抓紧研究解决改革发展稳定中的重大问题，研究解决群众生产生活中的迫切问题，研究解决企业党的建设中存在的突出问题，真正把“三个代表”重要思想落实到各项工作中去，推动“三个代表”重要思想在基层的贯彻落实。

（5）切实抓好广大党员的学习贯彻。各单位党委对广大党员的学习要作出具体计划，配齐学习材料，今年三四季度要组织好集中学习，安排好个人自学。要认真执行“三会一课”制度，坚持和健全基层党组织的学习制度，采取各种途径和方法，组织好广大党员的学习。在重点抓好在岗党员学习的同时，要注意从实际出发，妥善安排好离退休人员及其他不在岗职工中党员的学习，努力扩大学习贯彻“三个代表”重要思想的覆盖面。

（6）开好专题组织生活会。各基层党组织要按照学习计划的安排，及时召开一次专题组织生活会，以“三个代表”重要思想为武器，找准、抓住党员干部思想和工作中存在的突出问题，认真开展批评和自我批评，克服缺点，共同提高。党员领导干部要以贯彻落实“三个代表”重要思想为主题，开好民主生活会，同时要按照有关规定自觉参加所在党支部的组织生活，带头对照检查，主动进行批评和自我批评。

（7）要同目前集团公司、勘探局开展的“形势、目标、责任”主题教育和活动结合起来，建立学习型班子，带出学习型队伍，创建学习型企业。这是勘探局深入贯彻党的十六大精神，贯彻落实“三个代表”重要思想，谋求企业可持续发展的重要举措。各级党委一定要紧密结合生产经营的实际，创造性地开展工作，要围绕勘探局重点工程、重点项目建设，开展“创纪录、上水平”、“闯市场、增效益”、“安康杯”等劳动竞赛和群众性的科技创新工程，确保各项生产经营指标的顺利实现。

（8）要认真贯彻《集团公司企业文化建设纲要》，大力加强企业文化建设。局党委将要颁布的《长庆石油勘探局企业文化建设纲要（试行）》，对勘探局的企业精神、企业理念及规范使用统一的标识都作出明确的规定。深入贯彻《纲要》，大力加强企业文化建设，是勘探局进一步贯彻落实“三个代表”重要思想的重要举措。各单位要认真贯彻，切实加强企业文化建设，全面推进社会主义精神文明建设，努力实现勘探局及本单位的可持续发展。

（9）要用“三个代表”重要思想教育广大职工群众，特别是青年职工。充分发挥报刊、广播电视、互联网等大众传媒的作用，通过组织报告会、读书会、讨论会、演讲会、知识竞赛等活动，推动职工群众的学习。要找准学习贯彻“三个代表”重要思想与职工群众生产生活的结合点，开展形式多样的教育活动，使基层的学习、宣传活动生动活泼，打动人心，入脑入耳，确保广大职工群众，尤其是青年职工都能够受到深刻的教育。

四、组织领导

（1）各单位党委要高度重视，加强领导，把贯彻落实好中央《通知》精神，兴起学习贯彻“三个代表”重要思想新高潮作为首要政治任务，列入重要议事日程，切实抓紧抓好。要按照中央部署、集团公司和局党委的实施意见，结合本单位实际，细化具体方案。建立起主要领导负总责，分管领导亲自抓，有关部门具体落实的责任制。

（2）为了加强对贯彻落实中央《通知》精神的领导，按照集团公司的部署和要求，勘探局成立学习贯彻“三个代表”重要思想领导小组。局党委书记、局长孙玉辰同志任组长，局党委副书记、纪委书记张继昌同志，局党委常委、副局长杨庆理同志，局党委常委、工会主席蒲建中同志任副组长，局有关部门主要负责同志参加。领导小组办公室下设学习组织组，由局党委组织部（人事劳资处）、政治思想工作部牵头负责；学习宣传组，由局党委宣传部牵头负责；学习督察组，由局纪委、局党委组织部（人事劳资处）牵头负责。领导小组主要负责制订勘探局学习贯彻“三个代表”重要思想的实施意见、措施方案，指导各单位和局机关的学习贯彻，督察各单位学习贯彻情况。各单位可参照此模式，建立起必要的组织机构，切实加强对学习贯彻“三个代表”重要思想的组织领导。

（3）及时总结推广学习贯彻“三个代表”重要思想的经验和典型。宣传通过学习贯彻“三个代表”重要思想，在解决实际问题方面取得的新成效、新进展；宣传实践“三个代表”重要思想的先进单位和个人的先进事迹，以先进典型推动工作落实。

（4）加强对学习贯彻“三个代表”重要思想的督察和指导，做到有部署、有检查、有总结，发现问题及时解决。学习贯彻“三个代表”重要思想，要实事求是，讲求实效，力戒形式主义、官僚主义。勘探局将于今年年底采取适当方式对各单位学习贯彻情况进行检查。检查贯彻落实的标准主要是：广大党员干部、特别是党员领导干部是否在对“三个代表”重要思想基本精神的认识上达到新的高度；是否结合本单位实际，在提出具体奋斗目标，形成发展思路，制订发展措施，以及推动各项工作上取得新进展；是否联系思想、工作实际，在找准问题，认真解决问题，加强领导班子建设、作风建设、基层党组织建设和职工队伍建设上取得新成效。

（5）各单位党委要按照中央《通知》和本实施意见，结合实际，做出具体安排，认真组织实施。学习贯彻中的重要情况及时向勘探局学习贯彻“三个代表”重要思想领导小组报告。

2003年5月30日

中共长庆石油勘探局委员会、长庆石油勘探局关于进一步做好就业和再就业工作的意见

（长党发［2003］第34号）

为积极配合地方政府做好就业和再就业工作，促进企业改革发展，推进“二次创业”，确保企业和社会稳定，根据全国、所在省（区）和集团公司再就业工作会议精神，结合勘探局实际，现就进一步做好我局就业和再就业工作提出如下意见：

一、从实践“三个代表”重要思想的高度，深刻认识做好就业和再就业工作的重要性、紧迫性和长期性

增加就业，改善民生，是党中央、国务院从战略全局上做出的一项重大决策，也是关系到企业改革发展稳定大局的一项重大任务。局党委、勘探局一直十分重视就业和再就业工作，稳步推进产业结构调整，深化劳动用工制度改革，积极发展第三产业，加大专业技能培训力度，加强就业指导和服务，积极搭建面向社会就业的平台，千方百计解决好就业和再就业问题，有力地保证和促进了全局各项生产经营目标的实现。但是必须清醒地看到，油田矿区多年沉积下来的就业和再就业矛盾仍然比较突出：一是随着存续企业持续整合重组和改革改制，现有岗位人员结构性富余、劳动效率低、社会负担重等矛盾不断地显现出来；二是大量内部退养、有偿解除劳动关系人员长期滞留在工矿区，就业愿望较大；三是职工子女要求在油田就业的愿望比较强烈，就业和再就业压力大；四是油田矿区大部分地处偏远和经济不发达地区，吸纳就业的能力十分有限，客观上增加了就业和再就业工作的难度。因此，各单位一定要站在全局和战略的高度，把思想认识进一步统一到中央的决策部署和方针政策上来，进一步增强政治责任感和历史使命感，从维护勘探局改革发展稳定的大局出发，按照集团公司以及各级地方党委和政府的统一部署，采取积极有效措施，真正把促进就业和再就业工作作为一项长期而紧迫的重大政治任务，坚持不懈地抓紧抓好。

二、紧密结合企业实际，认真贯彻就业和再就业工作的指导方针、政策措施和基本要求

就业是民生之本，是职工群众改善生活的基本前提和基本途径。千方百计做好就业和再就业工作，是实践“三个代表”重要思想的具体体现。各单位要紧密结合实际，全面贯彻做好就业和再就业工作的指导方针与政策措施，遵循市场经济规律，坚持“劳动者自主就业、

市场调节就业、政府促进就业”的方针，以增加就业岗位为目标，以落实再就业政策为主线，以强化再就业服务为手段，以加大资金投入为保障，以帮助困难人员就业为重点，认真履行企业应尽的社会责任，妥善处理好企业改革发展与做好再就业工作的关系，努力做到“四个坚持”：

（1）坚持以改革发展促进就业和再就业。要把发展作为解决就业和再就业问题的根本途径，在按照勘探局《十五规划》的总体部署，不断加快产业结构调整，做专做强主营业务的同时，积极扶植发展多元化产业，特别是鼓励发展投资少、市场前景广阔的劳动密集型产业，有计划地安排接续产业，实现发展与就业的良性互动。持续推进企业改革改制、结构调整和转岗分流，不断创造新的就业条件和岗位，在深化改革中解决好就业和再就业工作中遇到的问题，以加快企业发展，促进就业和再就业工作。

（2）坚持以市场为导向的就业和再就业机制。要建立以劳动者自主就业为主导、以市场调节就业为基础、以政府促进就业为动力的就业机制，充分发挥市场在劳动力资源配置中的基础性作用，切实转变过去那种大包大揽的就业安置方式和用人观念，坚持以生产发展需求为前提，通过劳动力市场自主择业、自主创业，实现就业和再就业。

（3）坚持以培训促进就业和再就业。要充分利用勘探局的教育培训资源，以劳动力市场需求为导向，发挥再就业服务中心的中介作用，按照市场化运作的方式，积极组织下岗失业人员进行实用性、针对性、有效性强的专业技能培训，提高他们的就业能力、创造能力和适应职业变化能力，确保实现稳定就业。

（4）坚持引导和鼓励个人自主创业。要大力宣传国家有关扶持再就业的各项政策，引导失业人员转变择业观念，自强自立，依靠自身力量努力实现自主创业。按照勘探局统一安排，积极与地方政府沟通联系，为失业人员再就业牵线搭桥，创造有利条件和良好环境。

三、采取切实有效措施，在企业深化改革、加快发展中积极推进就业和再就业工作

改革和发展是解决就业和再就业的根本出路。当前要充分利用国家实施西部大开发的有利时机和深化国有企业改革的各项政策规定，进一步加快勘探局的改革发展步伐，为推进就业和再就业工作提供广阔的空间。

（1）继续突出做强、做优工程技术服务，进一步细化管理，挖掘新的就业潜力。按照企业产业定位的改革思路，对主要工程技术服务单位，要从健全管理体系入手，按照“五定”工作要求，合理设置，确保充实，特别对一线生产队伍及石油工程主体工种操作人员，在保证正常生产用工的同时，按照培训储备一批、补充接替一批的原则，及时补充人员，确保生产经营的正常运行和人才的新老接替。同时，各单位还要大力开展劳动用工检查，清理各种用工岗位，清退不合法用工人员，腾出岗位安置下岗失业人员。

（2）紧密围绕油气主业发展新的产业，不断创造新的就业岗位。在低产低效油田开发、油气集输、管道运行维护等与油气主业关联紧密的项目上，要积极进行调研论证和投入开发，提高存续企业的整体实力，使其成为分流和安置企业富余人员及失业人员的一条有效途径。

（3）稳步推进企业改革改制，积极探索既能促进企业发展、又能有效分流安置富余人员的现实途径。要加快主辅分离、辅业改制步伐，加大所有制结构调整，构建产权清晰的独立法人实体，真正实现自主经营、独立核算、激活企业发展潜力。对已整体分流改制的单位，要帮助解决生产发展和市场开发中的难题，促进其持续健康发展，增强吸纳失业人员再就业的能力。

（4）积极扶持发展第三产业，不断扩大再

就业渠道。要抓住勘探局调整矿区结构，加快基地建设的契机，根据市场需求，积极拓展商贸、餐饮等服务业，重点开发社区生活服务、物业管理、公共管理及清洁、绿化、社区保安、公共设施维护等公益性岗位，引导失业人员大力发展家政服务、大众保健、文化娱乐、托老托幼等服务项目。同时，要加快现有工矿区向社区化管理的转变，健全社区功能，完善服务体系，不断扩大再就业渠道。

四、通过灵活多样的形式，大力开展就业和再就业扶持与援助

当前和今后一个时期，各单位要紧紧抓住机遇，切实利用好国家和各地出台的有关政策，通过灵活多样的形式积极开展就业和再就业扶持、援助和服务工作，为就业和再就业创造有利的条件，尽可能多的帮助下岗失业人员实现就业和再就业。

(1) 充分利用国家有关扶持再就业的各项优惠政策。各单位要坚持从实际出发，认真研究并充分利用国家扶植再就业的各项政策，包括税费减免、小额贷款、就业援助、就业服务、财政投入、社会保障等政策，帮助和指导失业人员用好这些政策。同时，要加强与当地政府的沟通和协调，促进各项政策的贯彻落实。力争在国家政策的扶持下，尽可能多地帮助失业人员实现再就业。

(2) 积极有效地做好就业和再就业培训与服务工作。各单位要充分利用现有的教育培训资源，坚持以市场需求为导向，以提高劳动技能、扩大就业面为目的，重点突出适应社会就业需求的职业技能培训，如烹饪、美容美发、保安、家政服务、电器修理、汽车修理、宾馆及餐饮培训等，增强失业人员面向社会就业的能力。同时，各单位要以人才劳动力服务中心为主，工会、共青团等群众组织密切协助，在政策许可的前提下，积极协助做好下岗失业人员的求职登记、就业指导、职业介绍、档案管理、技能培训、保险接续、信息咨询等服务工作，特别是要做好“4050”人员（女40岁以上、男50岁以上）的就业援助工作，依托社区组织，开展帮扶、送温暖等活动，力所能及地帮助他们解决生活中的实际困难，使他们实现多渠道就业。

(3) 积极探索跨单位、跨地区的劳务输出。充分发挥经陕、甘、宁三省区有关部门批准成立的勘探局再就业服务中心履行政府赋予的社会人才劳动力市场的职能，紧密配合地方政府，不断拓宽就业渠道，广开就业门路，加强就业信息交流，通过市场化运作方式，加强劳务输出。

(4) 积极鼓励富余职工和失业人员自谋职业和自主创业。支持、鼓励富余职工和下岗失业人员通过租赁、承包、转让等方式进行创业和经营。鼓励失业人员和待业青年通过非全日制、非固定单位、临时性、季节性、弹性工作等多种方式实现就业和再就业。

(5) 巩固“两个确保”，完善社会保障体系。要在继续巩固“两个确保”、搞好“三条保障线”相衔接的同时，努力扩大各项社会保障覆盖面。要完善下岗失业人员社会保险关系接续办法，真正做到应保尽保，不使一人落到空挡。要加快建立和完善油田社会救助体系，努力帮助下岗失业人员解决好医疗、住房、子女入学、冬季取暖、水电煤气等实际困难。

五、切实加强组织领导，狠抓就业和再就业各项工作落实

做好就业和再就业工作，事关全局职工家属的切身利益，事关勘探局改革发展稳定的大局，事关全面推进“二次创业”，建设现代企业集团的进程。既是各级党委和政府的主要职责，也是我们存续企业应尽的社会职责。既是重大的经济问题，也是重大的政治问题。各单位一定要从坚持立党为公、执政为民的战略高度，进一步加强领导，通过完善领导体制、工作机制，确保就业和再就业各项工作的落实。

(1) 加强组织领导，建立健全就业和再就业工作责任制。各级党组织和领导干部要切实负起就业和再就业的重大责任，把就业和再就业作为“一把手”工程，党政主要领导要亲自抓、负总责。党政班子成员要定期研究就业和再就业工作，认真解决影响本单位就业和再就业的突出问题，切实做到责任、政策、资金、措施四到位。各单位都要把就业和再就业工作列入重要议事日程，认真研究政策，协调各方关系，完善各项措施，加强督促检查。

（2）加强协作配合，努力形成齐抓共管的局面。就业和再就业工作涉及方方面面，牵动千家万户，是一项复杂的社会系统工程，必须动员各方面共同参与。各级人事劳资、社会保障、计划财务、工会宣传等部门都要以大局为重，把促进就业和再就业作为应尽的职责，按照各自分工，切实履行职责，加强协调服务，形成统一领导、分工协作、部门联动、齐抓共管的工作格局，为促进就业和再就业政策的落实创造良好条件。

（3）加大宣传力度，为促进下岗失业人员再就业营造良好的舆论氛围。各级领导干部一定要怀着对职工群众的深厚感情，深入基层宣传促进就业和再就业的政策和自强自立、自主创业的先进典型，了解他们的愿望和要求，满腔热情地帮助他们解决实现就业和再就业中存在的实际困难。同时要加强思想政治工作，充分发挥基层党组织的作用，尤其要引导下岗失业人员进一步解放思想，积极转变就业观念，摈弃只有正规就业、端“铁饭碗”才算就业的传统观念，从过去单纯依靠组织安排就业，非油田企业不就业、不愿异地就业等转向根据劳动力市场需求和自身条件、能力，双向选择，自主择业，努力实现多渠道、多层次、多领域就业。

（4）加大工作力度，积极探索市场经济条件下扩大就业的新路子。各单位要采取有效措施，集中精力抓关键，全力以赴抓落实，注意保持政策的严肃性和统一性，真正把就业和再就业工作落到实处。要重视调查研究，总结推广经验，坚持与时俱进的精神，不断研究就业和再就业工作中的新情况和新问题，探求解决问题的新思路和新办法，创造性地开展工作，为全面推进勘探局改革发展，确保“二次创业”宏伟目标的顺利实现创造良好的环境。

2003 年 9 月 4 日

长庆石油勘探局关于主辅分离辅业改制分流工作的若干意见

（长局发［2003］第 60 号）

为全面贯彻落实集团公司《关于贯彻落实〈关于国有大中型企业主辅分离辅业改制分流安置富余人员的实施办法〉的实施意见》（中油资字［2003］75 号，以下简称《实施意见》）精神，充分利用政策机遇，抓住当前有利时机，加快推进主辅分离辅业改制分流工作，结合勘探局实际，提出以下安排意见。

一、总体思路和基本原则

（一）总体思路

以党的十六大精神和“三个代表”重要思想为指针，按照集团公司统一部署，以勘探局整体发展思路和产业定位为依据，加快主辅分离步伐，精干主体，优化结构，建立和完善适应市场经济要求的运营机制；深化改革、加快调整，在明晰产权、合理设置股权的基础上，抓好以整体带资分流改制为重点的辅业改制分流工作，推进全局公司制改造进程；利用“三类资产”，妥善分流安置富余人员，全面放开搞活非主营业务，转换经营机制，提高核心竞争力，促进勘探局“二次创业”目标的实现。

（二）基本原则

（1）整体设计、分步实施、实事求是、因企施策。

（2）有利于勘探局整体发展、有利于改制企业增强活力、有利于职工队伍稳定。

（3）实施改制分流与结构调整、改制重组和做强主业相结合，促进勘探局产业结构、资产结构、组织结构、队伍结构的优化。

（4）依法办事、规范操作、尊重职工意愿，处理好国家、企业、职工三者利益关系。

（5）充分利用鼓励扶持政策，立足企业持续发展，加快主辅分离，推进辅业改制分流，促使辅业单位尽快成为面向市场、独立核算、自负盈亏的经济实体。

二、改制分流范围

（一）“三类资产”范围

根据勘探局整体发展思路和产业定位，以精干主业、减员增效、安置富余人员为目标，合理确定纳入改制分流的“三类资产”范围。

（1）非主业资产，指按照勘探局产业定位要求，不作为主营业务发展，能够融入社会的业务资产，主要包括：

一是物业管理等生活后勤服务类业务的资产，主要是：独立的社区生活供水、供电、供暖、供气、房屋维修改造、托儿所、幼儿园、绿化、环卫、液化气站等。

二是社会服务类业务的资产，主要是：商业贸易、餐饮服务、宾馆、招待所、疗养院、驻外机构、不能移交地方的医疗单位等。

三是非主营业务资产以及社会市场竞争激烈的其他资产，主要是：机修、运输、通信、工程监理、工程监督、建材加工、印刷、农业及农副产品加工以及资产规模小、产品社会化程度高、需要放开搞活的其他零星资产等。

四是与主业不会形成同业竞争的多种经营单位的资产。

（2）闲置资产，指主业中闲置一年以上，改制后与主业不会形成同业竞争的资产。

（3）关闭破产企业的有效资产，指主业中关闭或停产一年以上，有一定获利能力，改制后与主业不会形成同业竞争的有效资产。

（二）当前改制分流重点

（1）国家政策和集团公司明确要求按公司制进行独立法人注册的单位。

（2）机修、运输、施工、加工等单位以及其他非主营业务单位，或虽属主营业务板块，但符合主辅分离要求、适宜改制的内部单位。

（3）物业管理系统中，适合企业化经营或相对独立经营的单位，探索按社会化服务、市场化运作的物业管理新模式。

（4）整合教育资源、医疗卫生资源；对宾馆、疗养院、驻外机构、旅游等业务进行业务整合重组，条件成熟时，实施改制分流。

（5）多种经营企业。

三、改制分流目标

（1）总体目标。力争2005年底完成主辅分离辅业改制分流工作。

（2）主辅分离目标。利用一年时间完成主业与辅业、生产服务与社会服务的分离，做到业务、资产、人员、管理四分开。分开后的辅业单位都要独立核算，实行企业化经营、市场化运作、社会化服务。

（3）改制分流目标。2003年底基本完成多种经营企业公司制改造。2004年底基本完成机修、运输、工程监理、工程监督、印刷、加工等市场竞争激烈、社会依托条件好的单位的改制分流工作。其他单位原则上在2005年底完成改制分流工作。改制分流单位要通过产权重组，依据《公司法》和自身发展定位，改制成为具有“四自”行为的多元投资主体和独立法人实体。

四、改制分流主要形式

（一）整体带资分流改制（非国有法人控股改制分流）

对具备一定市场生存能力、符合整体带资分流改制条件的单位，按照《长庆石油勘探局整体带资分流改制的指导意见》（长局发［2001］195号）的政策和规定，可直接改制为非国有法人控股的法人实体，勘探局与改制企业职工依法解除劳动合同，并支付经济补偿，实现“两个置换”。职工以所得经济补偿转为改制后新公司的等价股权或债权，并由改制后新公司与职工重新签订三年以上期限的劳动合同。整体带资分流改制企业，勘探局参股比例原则上不超过25%。

（二）国有法人控股改制分流

对暂时不具备整体带资分流改制条件的单位，可改制成勘探局控股、公司员工及其他法人参股的股份制公司，勘探局依法与职工变更劳动合同，用工主体变更为改制后的新公司，改制前后职工的工作年限合并计算，原国有企业职工身份不变，不给予经济补偿。

（三）内部独立核算

对暂不具备改制分流条件的物业管理、暂时无法移交的企业办社会单位以及社会依托条件差、不具备融入社会能力的其他业务和单位（如宾馆、招待所、疗养院、驻外机构等），先实行内部整合、独立核算、模拟法人或按分公司管理，建立起市场运行机制，待条件成熟后再实施改制分流。同时积极探索由各受益方共建共管的社区管理模式。

（四）其他改制形式

（1）租赁式。可由单位职工共同出资，也可通过吸收其他法人或自然人入股的形式，组建新公司，租赁原单位国有资产经营，实现管理体制和经营机制的转换。

（2）“三新”式。凡新建项目或新办实体，按照建立现代企业制度的要求，实行新项目、新体制、新机制，组建实体，理顺产权、劳动关系。

五、相关政策

根据勘探局深化改革的总体要求和未来发展定位，勘探局支持和鼓励具备条件的单位改制成为独立的法人实体。对于既能面向油田市场、又能面向社会市场，具有生存发展能力的单位，要加快改制步伐，成为市场竞争主体。

符合条件的改制分流单位，除享受国家给予的三年内免征企业所得税等一系列优惠政策外，根据集团公司《实施意见》，结合勘探局实际，对不同改制分流方式采取不同的政策支持，鼓励多渠道引入外部投资主体，实现产权主体多元化，重点鼓励实行整体带资分流改制，具体优惠政策是：

（一）整体带资分流改制的优惠政策

（1）资金支持政策。改制单位评估后净资产不足以支付职工有偿解除劳动合同补偿金的，改制单位可以将应付勘探局的负债和应付其他内部单位的负债进行转资，转资后仍不足的，由勘探局用现金补足。

（2）资产处置优惠政策。

一是除参加改制职工用有偿解除劳动合同补偿金购买改制单位资产享受10%—40%的一次性付款优惠外，参加改制职工、高级管理人员或新公司用现金购买改制单位资产，采取一次性付款的，可按资产评估值给予5%—10%的优惠，也可实行分期付款，签订分期付款协议，付款期限不能超过2年，首付款不低于51%，付清欠款前，购买方不能自行进行产权处置。

二是改制单位剩余净资产可由新公司先租后转让，由租赁双方约定，待租赁费总额达到租赁期开始时的租赁资产评估值时，资产所有权转为租赁方所有，租赁期限原则上不超过五年。

三是改制单位剩余净资产采取资转债的，勘探局与新公司签订资转债协议，资金占用费参照同期银行贷款利率约定，三年内减半收取资金占用费。

四是改制单位不参加改制的内退人员、工伤人员、离退休人员、抚恤对象等按内退协议和国家有关政策执行，在自愿的基础上，可由勘探局或原主管单位负责管理和支付费用，也可委托新公司管理和支付费用。由新公司管理和承担费用的，可将本应由勘探局或二级单位负担的未来全部合理费用据实从国有净资产中划出，留给新公司专门用于支付上述人员费用，该部分资产可按整体带资分流改制一次性付款优惠比例给予优惠。勘探局与新公司和由新公司管理和承担费用的内退人员、离退休人员、工伤人员、抚恤对象等要依法签订协议，明确各方的权利义务，切实维护各方权益。

（3）补贴政策。

对改制前单位实行补亏或价格、费用补贴的，勘探局与新公司签订协议，在一定时期内适当给予补贴。在未达到市场价格前，可按市场价格给予补贴，逐年递减，推动价格市场化；实行市场价格仍然亏损的，可适当给予补贴，补贴金额不超过改制前一年补贴总额扣除价格到位因素后的差额，逐年递减。补贴期限自新公司登记成立之日起至2005年12月31日止。

（4）市场扶持政策。

为减少或避免同业竞争，改制单位的原上一级单位五年内不再新（增）建与改制单位同类业务，改制后新公司要按照合理的价格提供符合要求的产品或服务。改制后新公司与勘探局内部市场、原料供应、公用工程、提供劳务等原有渠道和市场在三年内维持不变，勘探局及相关单位协助改制后新公司做好油田公司原有市场的落实。改制后新公司在执行勘探局现行用工政策和市场管理规定的前提下，仍可享受改制前相同的内部市场准入政策。进入勘探局产品采购网络的企业，需接受勘探局产业政策、内部市场管理、质量检验与监督等方面的制约。

（5）其他优惠政策。

一是勘探局可与改制后新公司签订结算协议，明确双方的权利义务和货款结算条件，视同内部单位结算，不得无故拖欠货（劳务）款。

二是进入改制后新公司的原勘探局职工，物业管理费收费方式、标准等与勘探局的物业管理改革保持同步。

（二）国有法人控股改制分流的政策

（1）鼓励多渠道引入外部投资主体，包括吸收国内外社会法人、自然人、改制单位职工出资等，实现产权主体多元化。对参加改制职工用现金购买改制单位资产出资的，可根据资产质量状况给予5%—10%的一次性付款优惠。

（2）对改制前单位实行补亏或价格、费用补贴的，按上述补贴政策办理。

（三）内部独立核算单位的政策

对没有实施改制分流的辅业单位，实行内部独立核算、内部模拟法人或按分公司运行，逐年减少补贴，在“十五”期内，全部实现自主经营、自负盈亏。

（四）其他改制形式的政策

凡属改制企业，在市场准入、资金结算、物业管理、矿区购房等方面，均按相关政策给予改制企业方便和优惠。

改制企业内部资金结算、内部借款，按勘探局相关政策，予以支持和办理。

以上政策是对勘探局原有产权制度改革政策的补充、完善，原有政策与上述政策不一致的，以本《若干意见》为准。

六、工作安排和要求

（一）根据勘探局发展思路和产业定位，切实编制好主辅分离辅业改制分流总体方案

主辅分离辅业改制政策性强、涉及面广，又有明确时间要求，各单位、各部门必须统一

思想、提高认识、明确要求，尤其是要做好总体方案的编制工作。根据国家有关部门要求，国家三部委对总体方案的联合批复意见是未来改制单位享受三年免征企业所得税的依据之一，必须引起我们的足够重视。一是要明确主辅分离辅业改制分流的总体思路和原则，确定主业和辅业的具体业务范围；二是要确定改制分流人员的范围，主要包括：纳入改制分流范围单位的人员、已进入再就业中心的人员、在“五定”基础上测算的主业需精简分流的富余人员；三是要明确改制分流方式，对各业务单位改制分流的可行性进行研究，确定改制分流具体方式。在此基础上，制订年度工作计划和组织保证措施，编制好主辅分离辅业改制分流总体方案。

为加强对此项工作的组织领导，勘探局成立主辅分离辅业改制分流总体方案编制工作小组。其组成人员如下：

组　长：刘自强

副组长：徐安国　刘维忠　赵清显

成　员：马兆云　田小宁　沈仲鸣

张国伟　赵亚新

日常业务由资本运营部负责。局机关相关部门要密切配合、分工负责，共同做好总体方案的编制工作。教育处、卫生处、公用事业处分别负责提出教育、卫生、公用事业系统主辅分离、整合资源方案；人事劳资处、规划计划处负责提出主辅分离、人员分流方案；资本运营部根据“两个分离”要求，制定2003年改制计划，并做好方案审查、报批及组织实施。各相关部门方案需4月15日前完成，资本运营部在此基础上制订总体方案，4月底经勘探局研究后，按要求上报集团公司。

各单位要按照勘探局统一部署，认真学习研究政策，提高对搞好此项工作的认识，紧密结合自身实际，积极推进改制工作。4月20日前，各单位将改制计划上报资本运营部。

（二）加强组织领导，加大主辅分离改制分流实施力度

一是在已有工作的基础上，搞好主业单位与辅业单位的分离工作，对分离的各业务单位实行独立核算，建立经济责任制，按照市场运行规则，理顺与原单位的经济关系，实现自主经营、自负盈亏，为改制分流打好基础。

二是加大力度，有计划、分步骤地推进改制分流工作，对具备一定市场生存能力、职工整体带资分流改制积极性较高的单位，要着力推进整体带资分流改制；对暂不具备条件的单位，可先采取国有法人控股的方式改制分流，待条件成熟后再实行整体带资分流改制。积极探索适应市场经济要求和企业自身实际的改制形式，切实抓好总体方案的组织实施和推进落实。多种经营企业要加快推进主辅分离和公司制改造工作。

三是要做好选配改制单位领导班子工作，充分发挥改制带头人的作用，培育改制典型，发挥示范效应，增强职工参加改制的信心，引导职工积极参加改制。

四是对确定的改制分流单位，要按照集团公司、勘探局产权制度改革审批程序，申报立项，组织实施。

五是无论采取何种方式改制，都要进行财产清查，进行产权界定，并由勘探局财务资产处委托有相应执业资格的资产评估机构进行资产评估。

（三）抓住政策机遇，用足用好政策

这次主辅分离辅业改制分流工作政策性强，优惠条件多，各单位要加强与地方政府的协调工作，及时做好与地方政府的沟通衔接，取得地方政府的理解和支持，落实好改制分流单位三年免征企业所得税等优惠政策。对整体带资分流改制单位，及时做好党工团组织、职工各项社会保险关系的移交和接续等工作。

局机关有关部门要按照分工，及时做好地方政府有关部门的沟通协调，帮助改制单位搞好各项社会保险的接续，落实国家鼓励改制分

流的优惠政策。

（四）规范运作，按程序办事，着力促进企业经营机制转换

主辅分离辅业改制分流工作政策性强，涉及国家、企业及职工各方利益，要按照“公开、公平、公正”的原则，规范运作，严格按照集团公司、勘探局规定的程序办事，切实做好资产债务处置、人员和劳动关系处理、土地处置等工作，维护国家、企业、职工和债权人权益，增强政策观念，防止国有资产流失。改制方案以及集体资产量化配送方案等，需经改制企业职工大会讨论通过，未经职工大会讨论通过，不得组织实施。要注意完善法律手续，妥善处理好工作过程中的法律关系问题。要理顺改制企业和勘探局的各种关系，规范各自行为，保护改制成果。

要积极做好引入社会投资者工作，实现产权主体多元化，着力促进企业机制转换。健全完善新公司法人治理结构，构建起责权统一、运转协调、有效制衡的公司法人治理结构，健全公司各项管理制度和议事规则，加大“三项制度”改革力度，彻底转换经营机制，实现放开搞活、促进发展的目标。

（五）加强宣传教育和思想政治工作，调动职工改制积极性

要加大宣传力度，有的放矢地做好思想政治工作。把主辅分离辅业改制分流的必要性、紧迫性和重大意义向职工群众讲透，把国家、集团公司、勘探局的相关优惠扶持政策宣传好，把改制过程中的热点、难点和疑点问题解释好，及时掌握思想动态，耐心细致地做好解疑释惑工作，使大家理解改制、支持改制，并积极参与改制。通过改体制、转机制，促进企业发展，确保主辅分离辅业改制分流工作的平稳运行和职工队伍的稳定。

2003 年 4 月 7 日

长庆石油勘探局关于进一步加强经济研究工作的实施意见

（长局发［2003］第 112 号）

为了加快建立开放的经济研究体系，全面提升经济研究水平，更好地为企业经营管理和科学决策提供支撑服务，根据集团公司《关于整合集团公司研究资源建立统一的经济研究工作体系的意见》（中油研字［2003］264 号）精神，结合勘探局实际情况，制订如下实施意见。

一、目前经济研究工作中的主要问题

重组改制以来，我局经济研究工作在局党委、勘探局的高度重视和关怀指导下，紧紧围绕企业生存与发展的实际，广泛组织开展多项经济研究，取得了较为显著的成效。同时，也显现出一些突出问题，直接影响到经济研究工作向纵深发展，主要表现在三个方面：

1. 两级研究网络尚未健全

目前的研究工作主要集中在勘探局层面，以专职研究部门和各业务处室为主，基层单位多为零星研究，上下结合、良性互动的两级研究网络还未建立健全，整体研究实力亟待进一步提高。同时，经济研究主要是从各部门自身业务的角度展开，跨部门、跨系统的研究格局还未形成。

2. 研究运行机制不畅

在探索新的经济研究管理模式过程中，由于采取的是混合管理方式，加之相应的管理制度还不完善，存在着研究管理范围交叉重复、管理职责不明晰等现象，致使经济研究工作在组织、协调、管理及指导服务等方面运行不畅。

3. 研究广度和深度不够

由于研究力量较为薄弱且分散，没有形成整体优势，主动的、开创性的研究氛围尚未形成。同时，由于研究队伍的整体素质还不能适应新形势的需要，影响到经济研究工作领域的拓宽及层次的提高。

二、勘探局经济研究工作的指导思想与基本定位

1. 指导思想

经济研究工作是企业决策支持系统的主要组成部分，担负着为领导决策提供服务和支持的重要职责。为此，我局当前和今后一个时期的经济研究工作，就是在集团公司全面建设跨国企业集团战略目标的总体框架下，从实际出发，有效利用经济研究的各种资源，尽快建立起勘探局开放的经济研究工作体系，围绕全局深化改革、谋求发展、实践“二次创业”的主线，全方位、多角度研究企业可持续发展、公司制改造、强化资本运营、提升核心竞争力、人才开发评价体系及建立学习型企业等深层次问题，力争取得突破性成果，为企业决策提供有力支撑。

2. 基本定位

集团公司对企业经济研究机构的明确定位是：为决策服务的智囊团、参谋部，在整个决策支持系统中处于举足轻重的地位，承担着服务于决策和推进决策工作向科学化、民主化方向发展的责任。同时，提出了“当大参谋、出大主意、有大作为”的工作要求。

因此，勘探局经济研究工作的基本定位是：发挥整体优势，避免分散重复，上下结合，良性互动，成为勘探局决策支持系统的重要组成部分，最终真正发展成为企业的“内部董事会”、资深者的俱乐部、领导者智慧的天堂、改善心智模式的参谋部、考核监督部。

服务于决策的职能和作用主要从战略研究、政策服务和信息咨询三个层面展开，具体是深化对勘探局长远发展的战略研究，加强战略管理，提供战略决策支持；细化对勘探局改革和发展中热点、难点问题的研究，提供政策及理论依据；加强对企业经营管理及改革改制等方面的信息交流与咨询，充分发挥服务功能。

三、加快建立和完善经济研究工作网络体系

经济研究工作是软科学研究的重点和主要组成部分，加强经济研究工作是企业建立科学、规范、高效决策机制的必然要求。因此，必须按照集团公司“聚精会神搞建设，一心一意谋发展”的总体要求，加快构建勘探局的经济研究工作网络体系。

1. 具体目标

优化配置经济研究资源，发挥整体功能，积极组织、指导和协调各部门、各单位开展研究工作，争取用2—3年的时间，建成较为完善的开放式经济研究模式，形成勘探局强有力的决策支持体系。

2. 实施原则

一是坚持从实际出发，有步骤持续推进的原则；

二是坚持以课题为纽带，整合研究力量，激发整体优势的原则；

三是坚持打破封闭运行状态，鼓励跨行业、跨系统研究的原则。

3. 主要措施

(1) 整合两级研究资源，丰富完善勘探局内部研究网络。横向上，分别以西安、银川、延安、庆阳为区域中心，以各区域内某一个生产单位为龙头，进行区域性研究资源的统一协调组织及管理；在具体研究上推行项目联合开发，充分发挥研究资源的共享效应。纵向上，在建设两级研究网络的同时，将研究“触角”向三级单位延伸。鼓励各基层单位自行开展研究，同时，勘探局业务负责部门主要抓好研究课题的平衡与协调，避免重复研究，造成研究资源的浪费，并及时提供指导与帮助。

(2) 充分发挥博士后工作站的职能。一是吸纳高层次的人才参与企业研究；二是积极适应环境与形势的变化，集中精力研究勘探局改革发展中带有全局性、战略性、前瞻性的重大问题，力争多出好成果，出大成果。

(3) 搭建多层次的研究平台。在已与多所高等院校建立合作关系的基础上，进一步拓宽合作研究的范围，搭建起企业与市场“稳定而规范”的研究桥梁。主要是选择具有一定研究实力的高层次院校、社会研究机构及油田单位，与勘探局共同组建“联合研究机构”，广泛吸纳油田内外的研究人员、学院教授以及社会知名学者、企业家等。其主要职能是：围绕企业经营管理及深化改革过程中的突出问题，重点开展企业发展战略、策略研究，为决策层提供不间断的理论支持和咨询服务；利用研究平台的信息优势，为企业提供全方位的、快捷、准确的信息服务；根据企业发展需要，定期举办高层次学术交流、论坛，为各级管理者学习借鉴先进理论提供有效的服务；组织相应的研究培训，提升研究队伍学习能力，为建立学习型企业提供强大的动力。

(4) 借助集团公司完善发展研究网的契机，加快建设我局发展研究网站，以实现勘探局内部以及与集团公司、兄弟油田研究资源的有效链接，推动我局经济研究工作迈上新台阶。

(5) 勘探局经济研究网络的重要活动，在发展研究部的统一协调下进行，特别是搞好网络建设，以及与内外部研究单位定期联系等。

四、强化经济研究科学管理及成果推广应用

1. 尽快建立起科学的经济研究管理模式

(1) 实行归口管理。发展研究部作为勘探局经济研究工作的统一归口管理部门，负责经济研究课题的日常管理工作，并根据勘探局整体发展的需要，对经济研究工作进行统筹规划和指导。同时，加强与相关部门的协作配合，共同推动勘探局经济研究工作的开展。

(2) 推行分类分级管理。根据经济研究课题的性质，分三类逐级进行管理。

一是涉及勘探局全局和长远发展的综合性、前瞻性、战略性重大经济研究课题，以及集团公司下达的重大经济研究课题，经勘探局科委审核批准后，列入勘探局软科学研究课题立项计划，由勘探局统一组织力量，发展研究部牵头，进行统一立项、统一管理。并由发展研究部报集团公司经济研究课题管理办公室备案。

二是关于勘探局各专业领域的专项经济研究课题，由发展研究部审核，组织立项论证，提出立项意见，经科委批准后列入勘探局软科学研究课题立项计划，一般由提出课题的部门牵头，组织相关部门和单位开展研究。

这两类研究课题纳入勘探局年度经济研究计划，遵循经费跟着项目走的原则，研究经费由勘探局统一拨付。

三是基层单位层面上涉及改革发展和生产经营等方面的重大研究课题，由各单位组织立项和研究，报勘探局发展研究部备案。属于相同领域的经济研究课题，应加强合作，共同出资，联合研究。

(3) 突出抓好过程管理。研究课题委托单位（甲方）要加强课题研究的过程管理，特别是对全局性重大经济课题研究的全过程，发展研究部、科技发展处都要参与并抓好监督管理。

课题研究年度计划下达后，如集团公司政

策与形势任务发生变化，勘探局发展研究部可对年度计划做出必要调整。对已签订合同并开始实施的项目，也可以进行相应调整。

列入勘探局年度经济研究计划的课题成果，以及机关有关处室、基层单位申请需要由勘探局评审的经济研究课题成果，均由发展研究部作出安排，在科委办公室的授权下组织进行评审。

(4)实行研究经费专项管理。为确保经济研究工作的顺利开展，勘探局应在整个科研经费中安排一定比例的资金，专项用于以经济研究为重点的软科学研究工作，并根据立项情况按预算管理办法掌握和使用。

2. 努力促进研究成果的推广应用与转化

经济研究不同于自然科学研究及应用技术研究，其成果的经济效益往往不能简单地作定量评价，但重大经济研究成果一旦被决策层采纳，用以指导企业的改革发展和经营生产活动后，会产生重大和长远的影响。因此，必须高度重视经济研究成果这一智力财富和资源的推广运用。发展研究部要积极会同成果完成部门，采取有力措施，促进研究成果及时进入决策程序。

(1)发展研究部要根据实际情况，会同科委办公室定期研究成果推广应用计划。对列入推广应用计划的，采取成果发布会或成果应用建议书等形式，广泛宣传，帮助其扩大影响。

(2)加强经济研究成果汇编等基础性工作，及时汇集研究资源，提高成果的利用效率。

(3)加强研究成果的转化工作，有重点、分层次形成推动和指导工作的方案或意见。

(4)制定相应的鼓励政策，激发成果研究单位及运用单位的主动性与创造性。

五、高度重视课题库、成果库及专家库建设

勘探局建立起课题库、成果库和专家库，对于规范经济研究组织管理，促进研究资源物尽其用，实现研究成果共享具有重大现实意义。发展研究部应认真负责地抓好三个库的建立和管理。

建立课题库，可以避免重复研究，有效集中力量，实现研究工作的动态管理和规范运作。因此，勘探局及各基层单位所有立项的研究课题，均要进入课题库，进行统一管理，提高资源利用效率。

建立成果库，是经济研究工作的重要环节。旨在勘探局系统内形成一个经济研究成果交流管理服务平台，实现信息迅速传递及研究成果最大范围的共享。对经过评审鉴定的各类课题研究成果，及时由课题库转入成果库，通过积极引导和推动，加快促进研究成果的推广和应用。

建立专家库，是尽快提升研究水平的重要条件与现实途径。主要是将勘探局内具有较高研究水平和影响力的专家，以及合作院校(社会研究机构)的有关专家、教授、学者，纳入发展研究部管理库区，形成丰富的储备资源。同时，通过勘探局发展研究网与集团公司专家库进行有效链接。根据不同的研究项目，随时选择恰当的合作对象，充分发挥内外部专家在经济研究中的主导作用。

六、进一步加强经济研究机构与队伍建设

1. 增强专职研究机构的服务功能

(1)补充较高层次的人员，广泛开展政策咨询服务。

(2)增加业务含量，深入进行调查研究工作，及时了解经营管理及政策出台等方面的现状和问题，为决策层提供客观准确的各类情况。

(3)提高研究信息的服务档次，充实专业人员，组织开展企业信息采编工作，定期收集整理国际、国内工程技术服务及油田企业的经济信息、管理经验及改革启示等内容，形成具有鲜明观点和参考价值的内部资料，真正为决策层发挥参考作用。

2. 理顺基层研究机构

突出经济研究工作在基层单位的战略地位，进一步明确专(兼)职研究部门及人员，并建立健全相应的工作制度，形成与发展研究部的

定期联系和沟通机制,主动开展各项研究与信息交流,为勘探局两级研究网络的畅通运行,提供强有力的支持。

3. 全面强化研究队伍的培训与激励

强化学历培训,努力改善知识结构,尽快增强研究人员的自身素质;加大专业知识的培训力度,主要是运用多种方式并积极创造条件,重点提升研究人员掌握政策理论水平、经济法律知识、及理解和运用各项制度的能力,全面促进研究队伍整体素质的提高;充分利用勘探局创建学习型企业的契机,积极引导和推动经济研究部门形成主动学习和超前学习的浓厚氛围,承担并发挥学习先导小组的示范作用。

同时,加快建立有利于出成果、出人才的用人机制和激励机制,营造企业全员、全方位研究的良好环境,促进内部研究人才的加快成长,为企业培养自己的经济研究专家队伍打下坚实的基础。

2003 年 7 月 10 日

长庆石油勘探局关于印发《深化专业技术人员管理制度改革实施意见》的通知

(长局发[2003]第 162 号)

局属各单位(局改制企业)、机关各处室:

根据中国石油天然气集团公司工资分配制度改革的总体部署,局党委、勘探局研究制订了与之相配套的《深化专业技术人员管理制度改革的实施意见》,现印发给你们,请结合本单位实际,认真贯彻落实。

2003 年 9 月 23 日

附:

深化专业技术人员管理制度改革实施意见

根据《中国石油天然气集团公司关于深化专业技术人员管理制度改革的指导意见》精神,结合勘探局实际,制订本实施意见。

一、指导思想、总体目标和工作思路

(1)指导思想:坚持以党的十六大精神和“三个代表”重要思想为指导,以专业技术职务评聘制度改革为重点,建立与现代企业制度要求相适应的专业技术人员管理制度,努力营造人尽其才、才尽其用和优秀人才脱颖而出的良好环境,充分调动广大专业技术人员的积极性和创造性,为实现勘探局“二次创业”的战略目标提供人才和智力支持。

(2)总体目标:专业技术人员管理实行“评聘分开”,建立岗位管理制度,努力建设一支以专业技术专家为核心,以各级学术技术带头人为中坚,规模适度、结构合理、能力较强、水平较高的专业技术人员队伍。

(3)工作思路:按照专业技术职业资格管理

与岗位聘任管理两条线运作。完善资格考试、专家评审、考评结合、直接认定和社会评审等多种方式相互补充的专业技术职业资格评价制度。实行专业技术人员岗位管理制度,根据岗位规范和管理权限对专业技术人员进行分类分级管理,实现“按需设岗、按岗聘用、竞争择优、薪随岗变”。

二、建立专业技术人员岗位管理制度

(1)分类分级管理。专业技术岗位分为工程、会经统审、医疗卫生、教师、新闻(档案)和农林牧六类,每类岗位按其工作职责分为四至五个级别。勘探局负责对全局一级岗位的设置、聘任、考核等管理工作,以及二级岗位数量的核定工作。各单位负责本单位技术二级及以下岗位的设置、聘任、考核等管理工作。

(2)专业技术岗位设置。专业技术岗位与管理岗位、操作岗位分设,局处两级机关原则上不设专业技术岗位。各单位要注意优化组织结构和专业结构,综合考虑工作性质、责任大小和难易程度等因素,本着“按需设岗、精干高效、结构优化、简洁规范”的原则设置专业技术岗位,并制订相应的岗位规范。

(3)专业技术岗位聘任。按照“谁用人、谁聘任、谁管理、谁考核”和“公开平等、竞争择优、易岗易薪”的原则,把用人自主权和专业技术人员的择业自主权相结合,实现人员与岗位的最佳配置。

(4)专业技术岗位聘任程序是:公布岗位、个人申报、资格审查、考核和竞聘、领导提名和聘任上岗。

(5)岗位薪酬。专业技术岗位实行岗位等级工资制,专业技术人员上岗后可享受岗位工资和津贴,经考核合格后享受业绩奖金,聘任到专业技术专家岗位上的人员享受专家津贴。根据本人的条件、工作岗位以及企业效益等情况,经个人与企业协商,也可实行参照市场劳动力价位、以合同形式确定的协议工资制度。

(6)专业技术岗位的考核评价。以岗位分析为基础,依据聘任协议,采取定性与定量相结合的方式,建立分类分级考核指标体系,对受聘人员实施绩效考核。考核结果作为奖惩、续聘、解聘、培训的主要依据,并与岗位待遇挂钩。

(7)对低聘人员的政策。对未能竞聘上相应专业技术岗位的专业技术人员,可根据本人意愿,安排在下一级岗位,也可参与其他专业技术和操作岗位的竞聘。

三、完善专业技术职业资格制度

(1)专业技术职业资格管理。专业技术职业资格包括专业技术职务任职资格、各种社会执业资格及集团公司内部评审的执业资格。在全局范围内实行专业技术人员持资格证书上岗制度,专业技术职业资格是上岗受聘的必要条件,不与薪酬和其他待遇挂钩。

(2)专业技术职业资格的取得。集团公司内部评审的专业技术职业资格,由集团公司、勘探局统一组成的评审组织评审;集团公司批准进行社会化评审的专业技术职业资格,由勘探局统一推荐,委托社会评审组织评审。国家已经开考的各类专业技术职业资格,则通过全国专业技术职业资格考试取得。

(3)鼓励职工取得多种职业资格。在取得职业资格上要打破干部和工人的身份界限,允许符合集团公司专业技术资格评审参评条件的职工申报中、初级专业技术职务资格,或根据工作需要考取国家专业技术职业资格证书。鼓励符合集团公司或地方政府部门职业技能鉴定有关条件的专业技术人员考取操作人员职业资格。

勘探局控股企业原则上参照本办法执行,具体实施意见由本企业研究制订,经勘探局批准后实施。勘探局参股企业可参照本办法执行,也可由本企业自行研究制订。

本实施意见由局人事劳资处(党委组织部)负责组织实施和解释,自下发之日起实行。

长庆石油勘探局领导讲话

2000 年

孙玉辰同志在 2000 年宣传工作会议上的讲话

（2000 年 1 月 14 日）

刚才文瑞同志对宣传思想工作、青年工作所取得的成绩、所做的工作给予了充分的肯定。我听了以后，和在座的一样，受到了很好的教育。局主要领导对这一路工作能充分理解，从深层次上来认识和支持，这是非常难得的。

过去一年，同志们在宣传思想战线上取得了突出的成绩。我们代表局党委、勘探局、油田公司和油田公司党委感谢大家，来看看大家。刚才文瑞同志讲得非常好，站在咱们这一条战线上来研究文瑞同志的讲话，有很多是鼓励的，今后的工作仍然需要努力。昨天，我看了看郭部长的主题工作报告，这个报告是张书记、包书记和宣传部、团委的同志一块研究的，今后的工作要以胡局长的讲话为准，以主题报告为准，大家认真贯彻执行。

今后核心和非核心从事宣传工作的同志在一块研究工作可能比其他部门的同志要多一些。按照领导分工，由继昌同志、方钧同志负责这一路工作，他们将来和大家研究具体工作会多一些。这么多年，同志们对我主管的工作给予了各方面的支持，我非常感谢大家。今后我和文瑞同志将会更加支持和关心这条战线上的工作，这一点请大家相信。

下面，我讲三个问题。

一、过去一年取得的主要成绩

在去年这个不平凡的一年里，我们的工作能做到这种程度是非常不容易的，我觉得有 10 条成绩。

第一条，二级单位配齐书记。在重组过程中，文瑞同志提出各单位要配齐书记。在这种形势下，能思考到这种程度，而且行政一把手首先提出这个问题，不能简单地理解为文瑞同志是“一把手抓两手”，是“支持我们这条战线的工作”，这样认识不全面。应该怎么认识这个问题？一个企业的领导人，只有自身的素质和对国情厂情的认识以及他自己的使命感、责任感，才能提出这个问题。

第二条，部分单位党委书记兼任第一副厂长。在过渡时期，怎么样才能把工作搞平稳？怎么样才能使党委书记有发言余地？文瑞同志刚才讲了，让一些单位的书记兼任第一副厂长。这里面有一个战略问题，还有一个胆略问题。

第三条，行政一把手亲自抓企业文化。刚才，文瑞同志谈了对广告牌的认识，我看这不光是个广告牌问题，这是国有大中型企业、特大型企业的形象问题。说起长庆艺术团，挂了多少年没有说撤，也没有说散，反正没有给它合法的地位。去年重组过程中，在这个非常时期，文瑞同志拍板说：“给编制，给定员，解决费用问题。”

第四条，胡文瑞同志亲自抓报纸、电视工作。冒着雨，他和我到宣传部去，给宣传部的同志开会。几次把宣传部部长、副部长和报社的同志叫到办公室。我的看法,这也不只是抓一个宣传部门、抓一个报纸的问题,而是这个阵地究竟由谁来管,这个阵地究竟由谁来占领的问题。一些人犯糊涂,不要这个阵地。我们是共产党领导的,为什么自己的舆论阵地就不要了呢?

第五条,胡文瑞同志亲自拿出两笔奖金奖励宣传部。虽然数量非常有限,但对我们宣传战线同志们来说是一个很大的鼓励。体现了局主要领导对宣传思想工作的重视和对宣传战线的同志们工作的肯定。

第六条,坚决支持中心组的学习。再忙,他也亲自参加;有些内容他都要亲自策划。

第七条,亲自找有关的厂长谈话,单兵教练,要他们支持宣传思想工作。

第八条,带头抓廉政建设,亲自找一些领导谈话,也是单兵教练。

第九条,尽可能给宣传部门,给青年团的工作创造一些有利条件。去年,为了稳定陇东矿区,把采油二厂的电视台变成长庆二台,除了采油二厂自己花了几十万元外,局里行政上也拿了一些钱进行投资。

第十条,把报纸从组织机构上得到了加强。

同时,政策法规的研究提到了非常重要的议事日程,甚至提出了重大的事情不经过专题调研不决策。

上面 10 条归纳为一条,就是局党委、勘探局确确实实是重视精神文明建设,确实采取了一定的措施来加强思想政治工作。如果说我们有成绩的话,最主要的是"一把手抓两手"起了重要作用。我们在抓思想政治工作、精神文明建设时,包括我在内,都应该向文瑞同志学习;应该从深层次上来学习研究,而不应该是简单的模仿。

二、采取强有力的措施,加强精神文明建设

今年,加强宣传思想工作、精神文明建设工作、党群工作、青年工作,要采取下列措施:

第一,切实加强党对宣传工作的领导。我们对过去的精神文明建设指导委员会,从机构上、人员上、职能上进行了重新定位。要通过这一组织形式,把两边的宣传思想工作、党群工作、青年工作,很好地协调起来、领导起来。我们过去搞得很好,现在不能因为机构分开了,在这方面有所削弱。对于油田公司,该建立的党团组织应该很快地建立起来。在精神文明建设协调小组的领导下,两边有分有合地去落实。核算体系、生产建设、项目管理按外国公司的一些做法可以干,但宣传思想工作、青年工作就应该保持和发扬我们好的做法。

第二,最近,局党委研究、制订了 10 条具体政策和转变机关职能的若干规定。其中有一条,局组织部今后将考核二级单位的党政主要领导和后备干部,考核的重点和过去不太一样了。考核内容主要有两条,一条是考核他是不是一把手抓两手,如果这个班子或领导干部能两手抓、两手都能硬,其他事情都会好办。第二条,考核效益。有效益的考核效益指标,没有效益的考核工作任务指标,其他的内容简化。这就是从政策上、管理上来保证我们的企业是真正的中国特色。

第三,要大力加强因特网的管理。1999 年,资金十分紧张,但在网络建设方面,我们至少花了 600 万元。今年存续业务这边资金不管多么紧张,还将拿出一定的资金加强网络建设,把我们局里信息高速公路干线接通,这将会大大地降低管理成本。现在小车满天飞,本来可以在网上办的事情仍要派车下去,原因是大伙还没有把它学会,再就是我们的网络还不健全。去年,我们在这些方面有所进步,长庆石油报电子版上了网,器材处、长庆一中、长庆二中、通信处上了网,但网上的管理难度也加大了。要大力加强网络建设,加强网上的硬件、软件建设,为我们宣传工作开辟网上领域和渠道。在座的同志要大力学习、掌握,另外要大力加强管理。

第四，要认真学习贯彻江泽民同志近期对宣传思想工作的重要指示，认真做好重组改制当中的思想政治工作。最近两边的党委、局务会议都对一些重要的政策作了一些研究，并对企业生存和发展要坚持什么样的基本思路，要坚持什么样的发展战略，要执行什么样的政策，都作出了决定。这都是宣传工作、精神文明建设、思想政治教育、青年工作的重点内容，是指导我们工作的纲。

第五，宣传、党群工作要加强，职能要转变。这就是我们经常讲的宣传思想工作一方面要加强，一方面要改进。同志们要很好地研究大政工在职能上如何适应当前的形势，必须认真地研究。机构上不在于精简几个人，有些部门不可能设那么多人，该减的就减，该增的就增，该合的就合，该分的就分，要从实际出发，重在职能转变，重在队伍素质的提高，重在人才的选拔。大家不要担心，再穷也不能砍这一块。但是人不能太多，基层的文化科也就是两三个人，所以工作上该合起来干的就一起干，该转的就转，重在人员素质的提高。局机关每年 1/3 的人员要在全局范围内公开招聘。现有的岗位人员也一块参加招聘，招聘上的就继续干，干不了的就转岗，要么就暂时待业。对宣传部门的同志，也要实事求是地提出这个要求，这样做的目的不在于增减几个定员，而在于职能的转变、素质的提高。这条措施，会保证我们这条战线更有生命力。在职称评定方面，要继续照顾大政工战线一些老同志的特殊情况，这些年我们一直这么做，对调动积极性起了很好的作用。在我们这边，学历层次相对低一点，这些年采取了一定的照顾，大家也很感激。另外应该加大“破格”的力度，不能搞唯学历论，不再搞自欺欺人的东西。真正把在这条战线上做出突出贡献的、有创新能力的同志破格，不要限制破格的比例。当然，具体问题可以具体研究，但指导思想必须是唯才是用，唯贤是用。

第六，我们在工资、奖金待遇上，要确实保证大政工和其他的同志一视同仁。实际上过去在有的情况下，还有所照顾。当然，当中还牵涉一个大的政策，存续公司党委研究，将来对局处两级干部的一次性待遇放开、放活，永久性待遇淡化、弱化。这条请大家放心，只要在这条战线上积极地去努力，去创新，适应新的形势，待遇不会比别人低。

第七，必须发挥我们的整体优势，做好宣传思想工作和精神文明建设。发挥整体优势，除了在制度建设上有所保证之外，还必须建立完善大政工格局。

三、今年的工作任务和要求

总的任务，就是贯彻江泽民总书记的批示，抓住一个主题，不管是宣传思想工作、精神文明建设还是青年工作，都要围绕建设一个“四有”队伍这个主题；突出一个中心，就是服务、服从于企业的生存和发展；坚持科学民主，学习过去我们不懂的知识，学习先进经验。

具体要求：

第一，我们同邪教“法轮功”的斗争并没有结束，在去年三大政治斗争中，我们这条战线发挥了很好的作用。今后一个时期，同“法轮功”的斗争一定不能轻视，思想一定不能麻痹。

第二，在关联交易宣传过程中，一定要配合上市大局的要求。

第三，重组是一个相当长的过程，我们遇到了很多不熟悉的东西，一定要“坚持学习、学习、再学习，协商、协商、再协商”这样一个大的原则。

第四，越是困难的时候、群众彷徨的时候，领导干部越要振奋精神，带头加强廉政建设。存续企业面临的形势是严峻的，应该唱国际歌，进行二次创业。在这样的形势下，廉政、勤政就是团结群众的一面旗帜，有它特殊的含义和意义，要加强这方面的宣传，宣传好的经验和典型。

第五，领导干部要带头做好宣传工作，带头支持青年工作。青年是我们长庆的未来，这绝不是个口号，我们长庆50年的发展史，苦累脏险的活、冲锋陷阵的始终是青年，突击队都是青年组成的，他们最有生命力、最有创造力、最有活力，领导要给予他们支持，要给他们搭台子，让他们唱戏。领导要带头做宣传工作，这样才能把大政工的格局不断地完善。

过去按照党委的分工，我一个人和大家吆喝，去年胡文瑞同志带头吆喝，今后我们俩齐头并进地和大家搞好这些工作。不管是胡文瑞同志，还是油田公司的其他领导、油田公司宣传部门提出的要求，存续企业同志都必须认真地贯彻执行。

孙玉辰同志在钻井三处工作会议上的讲话

（2000年2月19日）

今天，我和赵业荣总工程师及局机关的同志参加了钻井三处两个非常重要的会议，确实使我受到了非常深刻的教育。可以说，钻三一年一度的春节之后的启动工作准备得相当充分，到目前为止，给我的印象是，该说的都说到了，该预想到的大的问题都讲到了。我相信，只要在座的各位认真落实，今年一定会打一个漂亮仗。

往年局里没有下这么大的决心搞开工前动员，这次重组之后，我跟在家的局领导和常委们商量，今年有很多不同于往年的地方，还是各位领导深入到基层来，一向大家学习，二向同志们交代一些新的认识、新的形势和任务，三向钻井战线的同志们出征前壮行。陈国法副局长到钻二，我和赵业荣总工程师及其他同志们到钻一、钻三。本来我不需要讲任何问题，再讲都是多余的。蒲建中处长的两次讲话，老郑的工作部署可以说都讲到了，讲得非常好。中途休息的时候我想还是讲几句，我们之所以这么重视，到这儿来跟大家见个面，说良心话，是来感谢的，给你们助威的；说实在话，也还有很多担心的地方，因为我们在座的都是带兵的人，那么带兵的人就应随时注意形势的变化，同样的任务，形势变了，就不能按照过去的思路、过去的办法来指挥战斗。所以，我们在这一点上有所担心。

最后，我再强调几件事，几个领导都讲了，担心什么？最担心的是大家对关联交易的认识还不到位、学习还不到位，可能在今年工作当中，会出现一些不必要的麻烦。特别是机关管理部门和井队长，你们一定要注意，到底发生了哪些根本性变化？关联交易具体到在座的各位，你们应该注意什么？今年打井和去年打井有哪些实质性变化？这个一定要很清楚。我认为重组改制后，今年带队伍打井和去年带队伍还到那个地方打井大不一样。去年，是在局内计划经济下的内部市场上干活，今年你是在关联交易市场上服务，就差那么几个字，如不注意，就碰到了非常不适应的麻烦。去年的价格是局内价格，今年的价格是关联交易的价格，但它还不是市场价格。要是市场价格就好办了，没那么多麻烦事，由计划价格过渡到关联交易价格，再过几年才能过渡到市场价格。关联交易价格既不同于市场价格，也不同于计划价格，我们现在用的是关联交易价格，难就难在这里。咱们局在没有分开以前，内部利润通过经济杠杆进行转移，叫你亏你就亏，叫你盈你就盈，叫你平你就平。所以说，我们局连续七年压缩钻井成本，节衣缩食买大件，咱们有了发展，文教卫生等三项费用转移到每吨油气当中，转移了 85 元。现在分开之后，就出现了问题，这些费用要自己承担。过去干活是局里定价，你们干得好，局里可以多给点钱。现在就不行了，除了按规定干活以外，还有一个额外的任务，必须要处理好关联交易当中的问题。如果处理不好，你会生气的，钱可能不少给你，但有很多事情很麻烦、很恼火，一定要有思想准备。我的看法是，今年可能要乱一年，在双方认真探索的过程中，到年底应该有一个比较好的结果，到明年大体上可以正常运行。局党委分析形势，将利用 2—3 年的时间，理顺关联交易，并给存续企业一个自由的发展空间。脱胎换骨后，把我们都推向了市场，双方都无经验，有很多不适应，千万不要指责对方，关联交易有什么联系，有什么不同，还都不清楚。关联交易价格和市场价格有一个不同点，是通过转移价格来解决历史遗留问题，不是所有双方形成的交易都是关联交易，它至少应该有三条。因为，我们过去 30 年是一家，分开后还有血肉联系，而这两家又同属一个上级领导，才构成了关联交易，如不构成关联交易，也上不了市。当前有两项任务：第一条是确保规范运作，保大局上市；第二条是确保存续业务平稳过渡，二者缺一不可。关联交易首先不是打破供求关系，也不是打破需求总量，而是先打破计划经济下生产调度指挥生产的模式，运用关联交易指挥生产。以后供求关系和需求总量有可能打破，我希望早点打破。所以说，关联交易中要很好的考虑一些问题，关联交易的原则是：协商、协商、再协商，学习、学习、再学习。遇到各种矛盾，你们包括处领导，要认真处理求解、谅解。和油田公司打交道，要虚心学习，虚心听取对方的意见，只要不失掉大原则，就按对方意见办。

第二个问题是，钻井三处的市场定位一定要很好地研究，定位不好会造成非常大的损失。从目前来看，局里的想法是，以天然气中深井和油井来定位钻三的市场；钻一定位到 2000 米以下浅油层，包括它出国也是选择 1500 米以下的井。第二个要定位的是进入国际市场的人才储备，非核心业务穷在人上，而不是穷在钱上，要统一认识，从现在开始，要下决心培养人才，要通过各种途径培养配套人才。陕 141 井区的反承包，70D 钻机 6 月份一开钻，蒲处长本人要花相当一部分精力下去，通过实战来培养人员，包括操作人员、工程技术人员、管理人员、经济类人员，半年后来我办公室汇报。各行各业要培养一批人才，爱惜自己的人才，保护自己的人才。事在人为，要抓住关键性问题。钻三能否带头，进行国际市场技术人才的储备，钻井队长、技术员应该担起这个责任，眼光要放远一点，心胸要更开阔一点。人才储备要从最基本的地方抓起，要把 HSE 管理作为一个系统工程，要刻样板。参与国际合作，我们还有很多不适应，思想作风上的磨合要真刀实枪地训练，基本素质要提高，一定要树立良好的作风和形象，给钻三人、长庆人争光。所有参加合作的人，要培养科学严谨、热情虚心、文明礼貌的良好素质和作风，包括每一个操作工，都要严格训练，提高认识，要以最少的投入换来效益。

关于多种经营问题，也要认真研究，要在新机制、产权重组改制上下功夫，靠目前的办法是不行的，意图是上有效益的项目，让职工通过合法的途径多得一点，也可以通过职工持股会等形式来完成，将来光靠养老金还不行。要将多种经营搞成开放型的，不应该围绕沙窝窝转，可以通过多种形式跟外部人员联合，要请进来，走出去，组织系统应该是开放的，源泉也是开放的。

重组后，存续业务的困难，难在我们的市场存在潜在危险，观念还不适应，当前作为一般工人能安全生产、完成任务就可以了，各级干部要多想一些问题，特别是各级领导干部，越是在困难的时候，要同职工同甘共苦、同舟共济、同心同德，钻三如果能带个好头，就一定能取得好的成绩。

孙玉辰同志在长庆石油勘探局纪委全委（扩大）会议上的讲话

（2000年3月21日）

同志们：

这次勘探局纪委全委（扩大）会议，是在勘探局改革重组后召开的一次重要会议。会议传达贯彻了中纪委四次全会和中央企业工委会议精神，以及集团公司纪检监察工作会议精神，回顾总结去年的工作，研究部署了今年的工作。刚才张继昌同志的讲话很好，我完全赞同。下面，我就有关问题再强调一下。

一、认清形势，明确思路，把党风廉政建设和反腐败斗争作为新时期党的建设的重要组成部分，狠抓落实

近年来，国有企业的改革始终是党中央、国务院十分关注的重大问题，改革的力度越来越大。尤其是去年以来，我们石油企业经历了前所未有的改革重组，发生了重大变化，这是历史发展的大趋势。在不断推进改革的过程中，党中央、国务院十分重视加强和改善党对国有企业的领导，把国有企业党的建设、党风廉政建设纳入全党工作和反腐败斗争的总体部署。党的十五大和十五届四中全会，明确要求国有企业党的建设、党风廉政建设要“坚持党的领导，发挥国有企业党组织的政治核心作用”，要求“逐步建立完善企业监督制约机制，使企业消极腐败现象蔓延的势头得到有效遏制”。中纪委四次全会上，江泽民总书记从推进新时期党的建设这一伟大工程的战略高度，提出了从严治党的要求。同时，按照中央的部署，中纪委将国有企业的党风廉政建设作为今年工作的一个重点。中央为了加强和改善党对国有企业的领导，充分发挥企业党组织的政治核心作用，成立了中央企业工委，并召开了中央企业工委成立后的第一次工作会议。中央企业工委作为党中央的派出机关，主要任务有三项：一是做好企业党的工作；二是加强对企业领导班子的管理；三是负责国务院稽查特派员的管理工作。这是国有企业领导体制和管理制度的一项重要改革，是坚持党管干部原则、改进管理方法的一项重要措施，将对国有企业的改革和发展，发挥重要的组织保证作用。上述宏观形势充分体现了中央对国有企业党的工作的高度重视，也说明了越是在目前改革力度加大的形势下，越是要发挥国有企业党组织应有的政治核心地位和作用。这使我们深切感受到加强企业党的建设、党风廉政建设和反腐败斗争任务之艰巨。

从我们勘探局面临的形势和任务看，实现企业改革重组和生产经营目标，更需要坚强的政治保证和廉政环境。重组后，主辅业彻底分开，我们面临许多新的困难和新的矛盾。最主要的也是我在几次会议上讲到的，就是目前我们仍然是大市场，低效益。

第一点，从目前情况看，有工作量，但是，也只是个吃饭经济。到现在为止，我们按照有关政策的要求对1998年的成本进行还原净化，还有二亿四的缺口。也就是说，油田公司从上面得到的操作费，勘探开发成本与我们这面计算的还有二亿四的缺口。所以说各家订的都是开口合同，这是一个矛盾。

我们局大市场是相对而言的，相对那些没有活干的存续企业讲的。根据长庆油田特点，如果我们把价提得很高，油田公司就没有效益，没有效益，上面就不投资，若不投资我们就没有活干。面对这样一个现实，我们必须有一个充分的认识。我们现在好在还有活干。包括大庆局存续业务，16 万多人，现在工作量也不饱满。最近大庆局常务副局长带了庞大的代表团，到我们这里来，借开发大西北找活干。我们通报了情况后，大庆的同志讲，长庆的形势还是不错的。

今年，我们与油田公司的关联交易可能达到 33 亿，下半年很可能增加工作量，但是，干下来没有多少效益，还是个吃饭经济。春节前在工作会议上就讲了这个问题，以便使我们的各级干部对此有一个清醒的认识。

第二点，我们的设备状况特别差，这是历史原因造成的，给我们存续业务留下的资产，人平均水平远远低于 CNPC，原因是我们这边没有值钱的东西。我们连续七年降成本，三年叫大家零利润运行，节衣缩食买大件。我们买了很多大件，三年我们花了一百零几个亿，搞了 300 万吨产能建设；花了 15 个亿搞了炼化改造；花了 6 个亿，进行了基地调整；然后保了大家的工资。但是，三年提了将近 40 亿的折旧，存续业务这一部分真正买大件花了二亿五。分开以后，没有竞争能力。这个问题在重组过程中，是各家都存在的一个问题。这些问题和矛盾对长庆来讲是比较突出的。

第三点，就是我们的职工观念到目前还没有转变过来，有些滞后。上午，我们开了一个小型的技术座谈会，请中原局唐教授给大家作了技术报告。在会上，我对大家讲，借鉴中原油田的经验，其中很重要的就是尽快促使我们职工观念的转变。中原油田早期思想观念的转变带来了目前的经济效益。他们那里有一个二级单位的党委书记，退休以后，自己上街卖小吃。他们那里一些 40 几岁，50 几岁的专家教授退休后去开饭馆，好像是习以为常的事情。那么在我们长庆这里就做不到这一点。这次来我们局的还有一个是从洛川技校调过去的老师，他在会上讲，我看到这几年长庆发展确实不错，为长庆的发展而高兴。他说，我当时调动是想找个好单位，结果工资、待遇都没上去。我对他讲，你不应该后悔，你待遇虽然没上去，但你的财富都在你脑子里，你现在的思想观念，市场意识比我们进步得多。他很赞同我的观点。另外，部分职工有畏难情绪。这种思想状态很不适应新体制下的运行，对开拓市场也非常不利。

作为勘探局各级党委、纪委，在研究当前工作的时候，不能离开这样一个大的环境。克服当前的各种困难，既需要勘探局上上下下的共同努力，也需要有一个坚强的组织保证；既要有一个和谐的改革改制的氛围；还得要有一个良好的廉政环境。因此，我们各级党组织和纪检监察部门，要站在党的事业和勘探局生存发展的战略高度，统一思想，提高认识，全面落实党的建设、廉政建设和反腐败各项任务，推动勘探局两个文明建设同步发展。

我想再强调一点，就是企业党风廉政建设要围绕企业管理来进行。企业管理不单是解决效益，效率和安全等方面的问题，还必须考虑廉政问题。从这个角度来考查，把廉政建设作为企业管理的一部分。也就是说，要把党风廉政建设的要求渗透到我们企业的各项规章制度，各项基础工作当中去。各个业务部门有责任、有义务，从抓管理角度入手，防止一些不廉洁问题的发生。要依靠群众，搞好我们企业的党风廉政建设。要进一步实行民主评议领导干部和厂务公开。去年重组以后，我们加大了厂务公开的力度。今年要搞得更好、更有效。

另外，各级党政组织，特别是主要领导要切实加强党对党风廉政建设和反腐败工作的领导，把党风廉政建设和反腐败斗争纳入到党的建设中统一部署，抓好落实。勘探局党委和厂处单位党委，每年至少要专门听取一、两次党风廉政建设和反腐败工作汇报。党政一把手要经常过问和支持这方面的工作，特别是支持查办大要案。典型的大要案要亲自包案。在查处涉及领导干部的违纪违法案件时，要帮助纪检监察部门排除阻力，保证严肃执纪。纪委书记要集中精力，协助党委抓好党风廉政建设和反腐败工作。要做到思想到位，责任到位，工作到位。

对这个问题，我曾经思考过这么件事，党风廉政建设问题是执政党在国际上普遍碰到的一个问题。这次国民党在台湾下台，除了李登辉在台湾闹台独、闹分裂，他们自己党内搞分裂不得人心之外，也有一个廉政问题。现在国民党员集中起来示威，要求李登辉下台，他答应在今年9月份下台，国民党员还不干，要求他马上下台。由此可见一个政党如果失去民心，那确实是党败如山倒。所以说，党风廉政建设确实关系到党和国家的生死存亡。

二、抓住关键，突出重点，切实加强各级领导班子建设和领导干部的管理

1. 进一步加强领导班子建设

江泽民总书记在中纪委四次全会讲话中深刻指出："把从严治理领导班子和领导干部这个关键抓好了、抓住了，才能在下级、在基层、在群众中有说服力，才能把从严治党的各项工作做好。"这一精辟论述抓住了从严治党的要害。重组过程中，我们提出，领导班子、领导干部廉政勤政是当前团结带领群众克服困难的旗帜。去年11月15日在大会表态发言中和在今年元月9日党委扩大会议上，我又把这个问题作为正式题目，提出来了。我们还就领导班子建设、领导干部考核，研究制订了一系列制度和办法，如《关于重申加强党风廉政建设和领导干部管理的有关规定》、《领导干部警示制度》、《领导干部戒勉制度》等。局属单位的领导班子总体上是好的，是不错的，绝大多数单位的领导班子团结协作，有开拓进取精神，管理负责，工作是到位的。但是，离群众和上级对我们的要求，实事求是的讲，还有一定的差距。也应清楚看到从政治业务素质、经营管理水平讲，不适应新的市场经济形势的情况是存在的；一些领导干部个人公众形象并不好，群众是有反映的。今年春节，三令五申讲，还有人向上拜年。过年见面应该讲客气话，到家里应该说拜年话，但是违犯局里规定和个别谈话精神，我就没有客气。当然大多数班子能按照我们的要求向下拜年。现在看来，重组以后向上拜年得到了有效控制，收到了比较好的效果。但是，不敢说一点问题也没有。这就必须针对领导班子建设中存在的突出问题，采取切实有效的措施，逐步加以解决。在班子建设方面，关键是选拔配备好党政主要领导；作为局里这一级，对班子考核，主要考核班子工作业绩，"抓两手"的业绩和党风廉政建设的情况。我们必须从组织措施上到位才行。同时强调，领导班子建设必须加强民主集中制，完善科学、民主决策，适当分散主要负责人个人的权力；我看分散主要领导的权力还有一个过程。一是主要负责人对这个问题的认识到不到位，还有一个是副职适不适应。你要天天等主要负责人来给你安排工作，算盘子不拨就不转，那当然不行。适当分散主要负责人的权力，虽然强调了集体决策的权力，但并不是减轻了主要领导的责任，主要领导的主要责任必须得负。

积极发现、培养后备领导干部，突出年轻干部政治素质的提高。最近我们连续发现，年轻干部业务上成长起来比较快，政治上却很不成熟。有时候，特别是关键时候他就给你出问题。他甚至为一间房子，一点个人问题，为一件不必要的小事情就控制不了自己。这是一个政治素质问题。勤政廉政问题对一个年轻干部来讲，是过好政治关的一个非常重要的方面。要扩大公开招聘范围，探索和借鉴干部任前公示制度，把好“入口关”，确保班子成员整体素质和功能。

2. 对领导干部要严格管理，严格监督

对于领导干部的要求，党章中有明确规定，中央、集团公司、勘探局都有具体要求。中纪委四次全会对国有企业领导干部提出了廉洁“五项规定”。中央企业工委工作会议上，又对企业领导干部和经营管理者的素质提出了三条要求。可以说，规定和要求够多的了，关键是要通过教育、管理、监督来落实这些规定和要求。

在教育方面，要坚持组织教育与领导干部自我教育相结合。组织教育要经常化、制度化，讲求实效，党委组织部门、纪检监察部门都要根据自己工作的特点抓好对领导干部的教育。作为领导干部来讲，更要坚持学习，自己教育自己。如果不能自我教育，自我提高，不能明辨哪些事能做，哪些事不能做，那他迟早会被淘汰。

在领导干部管理方面，我们已经出台了一些制度，现在主要是认真抓落实。今后还要加大对领导干部选拔任用严格把关的力度，全面贯彻“四化”方针和德才兼备原则。坚持任人唯贤，反对任人唯亲；坚持群众公认原则，做到多数人不赞成不提名，未经组织人事部门认真考察的不讨论，集体讨论时多数人不同意任用的不通过。要积极探索实施干部任前公示制度，建立健全用人失察追究责任制度。对不按政策规定和程序办事造成失误的，严肃追究责任；对在干部任用上搞以权谋私、权钱交易等违纪违法行为的，坚决查处。加强对领导干部的管理，既是党的建设、班子建设的重要内容，也是党风廉政建设的一个重要方面。今年在领导干部廉洁自律方面，重点是贯彻落实中纪委四次全会提出的企业领导干部廉洁自律“五条规定”和中央关于厉行节约、反对奢侈浪费的“八条规定”。我们必须按照这些规定不折不扣地努力去做好。面对我局目前的困难处境，贯彻这些规定有很强的针对性。客观地讲，落实这些规定在我们的部分领导干部中还有一定的距离，影响党群、干群关系，影响职工群众积极性。各级领导班子，每个领导干部都要高度重视，认识到位，首先要把比较明显的公款高消费不正之风刹住。我们确实有些人，出差有自己的宾馆、招待所不住，非要到外面去住。最近局里发了一个文件，规定出差必须住自己的招待所。试想，在当前困难和复杂情况下，如果领导干部忙于应酬，大手大脚接待，公款吃喝玩乐，群众能拥护我们吗？这个问题在我们局里有反映，包括兄弟单位，熟悉的同志都给我们建议说，你书记不吃高蛋白的，不等于你下面的人不吃，你下面的那些人一桌饭上万块钱，这个问题是很严重的。所以说，我们就规定，在外面吃饭一次性超过多少钱就必须经批准。严格把关，严格审批。我们要把这个关口分几层把，第一是主管领导把，第二是业务部门把，第三是主要领导把。我们对这个问题要内外有别，确实因工作需要，接待兄弟单位，按程序审批。不这样怎么能带领广大职工迎难而上，渡过难关，谋求企业的生存和发展？这是体现我们领导干部的党性、党风、党纪的严肃问题，一定要认真加以解决，一定要与职工群众同甘共苦，树立良好的公众形象。

监督是对权力的监督，对领导的监督。监督要和教育、管理结合起来，今年要重点监督好企业领导干部廉洁自律“五条规定”及反对奢侈浪费“八项规定”的落实。要加强主动监督和事前防范，把监督的关口前移；要下功夫改进监督工作，努力做到领导干部的权力行使到哪里，党组织的监督就实行到哪里。对领导干部工作时间内的表现要监督，对八小时工作时间以外的活动也要注意；要注意发挥同级班子成员之间的监督作用，也要发挥好组织部门、纪检监察部门、职工群众、新闻舆论等各部门、各方面的监督作用。要解决好监督者和被监督者的思想认识问题，真正做到被监督者愿意接受监督，监督者敢于大胆监督，使监督工作有效开展。一个人，一个组织敢于实行有效的自我监督，说明政治上的成熟和自胜能力。我同意张继昌同志的讲话，对一些事情要公开，我看要公正地处理事情，你就不要怕公开。凡是怕公开的那些东西，除保密性很强的一些工作以外，你不公开就是你那里边可能有鬼。我提倡搞一个公开栏，甚至把一些群众意见都可以公开，起码是警钟长鸣。什么事情公开就好办了，有些事情你越不公开，越在那里包，越传越失真。我们今年对领导干部的警示制度也是立足于公开，因为不可能什么事都查你，而且也没有必要啥都查你。但是有些问题利用这样一个警示的办法，给你敲一敲警钟，打个招呼，给你打完招呼，你就应该有则改之，无则加勉。但你必须给我们要有一个具体的意见，不管从哪方面来的意见，你都应该提出哪个是真，怎么改正；你要说不是事实，我们也相信你，但以后出了问题你要负全部责任。还有一个就是所有的公开警示，要在适当的范围公开，不是偷偷的警示，我们给你下警示那就有一套程序，你就要公开。当然，公开，你不要把任何事情说的绝对化了。我觉得在很大程度上，对班子建设要公开，廉政建设要公开。我们过去搞计划经济搞惯了，你应该相信群众，人家有鉴别能力。

三、振奋精神，扎实工作，不断提高纪检监察工作水平

过去一年，勘探局重组改制工作取得重大进展，生产经营和各方面工作取得新的成绩，经济效益创历史最好水平。全局纪检监察部门紧紧围绕勘探局中心任务，不断加大工作力度，积极推进党风廉政建设和反腐败斗争，有效地促进了生产经营任务的完成，保证了企业重组改制的顺利进行，纪检监察各项任务得到认真落实，取得了较好成果。党风廉政责任制在全局全面实行，领导干部廉洁自律工作取得新进展，领导干部勤政廉政民主测评平均优良率为92.8%，比上年明显提高；查案工作保持良好势头，全年查办案件48件，其中大案9件。通过查案挽回经济损失703万多元；效能监察取得明显突破，查出账外资金2525.59万元，清理局内逾期未还借款2128.5万元，收回局外欠款3488.02万元，挽回经济损失304.98万元，协助有关部门建立完善制度259项。这些工作，与在座的齐心协力、认认真真的工作是分不开的。勘探局应该感谢你们，局领导应该感谢你们，广大的干部，职工应该感谢你们。经过你们的工作，党风廉政教育工作得到深化，监督的领域、范围有了拓展，厂务公开制度得到全面推行，纠风工作进一步深入。这些成绩的取得，充分证明了纪检监察这支队伍是好的，政治上是强的，工作是得力的。广大纪检监察干部不畏艰难，为我局党风廉政建设和反腐败斗争做出了重要贡献。事实证明，纪检监察工作也能出效益，既有经济效益，更有社会效益。在新的历史时期，我们应当更加重视纪检监察职能的发挥，把工作做得更好。

1. 党政组织要高度重视，认真抓好纪检监察队伍建设

江泽民总书记指出："在地方各级机构改革中，纪检监察机关只能加强，不能削弱。"马富才总经理讲："在重组改制中，纪检监察工作只能加强，不能削弱，这是中央的要求，也是集团公司发展的内在需要。各企事业单位要按照这一要求，设置纪检监察机构，配备与工作量相适应的纪检监察干部。"这个问题一定要认真落实。因此，局属各单位党政组织，特别是党政主要领导要按照中央和集团公司的要求，把加强纪检监察队伍建设当作加强党的建设，推动反腐败斗争的重要工作抓好。首先

要完善纪检监察机构，在改革重组中，大的单位、原来设有纪检监察机构的，继续保留，配备与工作量相适应的人员。如果要撤销原有纪检监察机构，必须经局纪委审查报局党委同意。未设纪检监察机构的单位，要配备好专职或兼职的纪检监察干部，以保证工作正常开展。要注意改善队伍的知识结构，补充一些熟悉经济、法律、财会和审计知识的同志到纪检监察队伍中来。同时注意加强纪检监察干部交流，使队伍增加活力。要加强领导，支持纪检监察部门工作，解决工作中的实际困难，改善工作条件。

2. 纪检监察干部要加强自身的学习，适应新形势，不断改进工作方式方法，提高工作水平

我们的纪检监察干部自身素质是不错的。你们苦没有少吃，你们干的都是得罪人的事情，你们的报酬没有比别人多拿，甚至相对有些岗位少拿了不少。我觉得大家不要有什么遗憾，我们就应该这样。

现在有一个问题需要研究，就是存续业务要靠政策来养人。对存续业务来讲，对有关的政策要逐渐放开，放活，有些力度要很大。现在局党委、勘探局提出了十个方面的政策，正研究一些实施办法。这里面确实有一个问题，放开搞活并不是什么新的提法，但是过去我们一放就乱，一乱就收。我想我们这次要研究这个事，特别是作为我们纪检监察这一方面，放是要放开，怎么样监督，我看是不是要你们提前介入。既要放还要管得住。我们商量，下一步，我们纪委就抓你违法违纪的事情。其他的一些事情，属于各个专业部门管的，先由专业部门按照程序先搞好。所以说，我们面对新形势、新任务，面对反腐败斗争的复杂形势，纪检监察队伍在思想、工作和作风等方面，都还存在不完全适应和需要认真解决的问题。怎么样能够使我们的工作促进改制，促进改革，促进发展，这个问题不是我们今天在这里一说就能解决的。所以说我们必须研究这个问题，随着企业改革的深化，企业生产经营涉及的领域、活动的方式都将发生重大变化，随之而来的是人们的思想观念、行为的变化，违法违纪活动也将呈现更加复杂多变的特点。这些都需要我们了解和熟悉，需要我们刻苦学习，不断充实，更新知识，以适应形势。全体纪检监察干部，务必要认清自己的历史使命，加强政治和业务学习，提高自身素质。不仅自己要廉洁奉公，一身正气，而且要以大无畏精神，认真履行职责，敢于坚持原则，敢于同邪恶势力作斗争。局、处两级纪检监察部门，要善于调查研究，深入研究党风廉政建设和反腐败斗争的特点和规律，不断总结经验教训，树立创新意识，努力探索新形势下开展工作的方式方法，踏上时代的步伐，提高工作水平。要始终坚持服务大局的原则，紧紧围绕企业生产经营，提高企业经济效益这个中心和目标开展工作，认识和处理问题，使纪检监察和我们企业的经营管理更好地结合起来，推动和促进勘探局党风廉政建设和反腐败斗争的深入开展，为企业的发展和进步做出新的贡献。

孙玉辰同志在采油一处调研时的讲话

（2000 年 8 月 30 日）

利用这么点宝贵的时间，把调研组的意见和大伙儿交换一下，尽管也是一面之词，但是

毕竟能给你们思考一厂、一处的问题提供一些信息。

我讲五个方面的问题。第一，关于一厂、一处今年以来的基本工作形势。我听了以后是比较满意的，有些问题在我预料之中，有些是出乎预料的，我觉得集中表现在四个方面。

第一个方面，关联交易基本上达到了CNPC年初提出的两个基本目的。这也是我们勘探局和油田公司提出的两个基本目的，也就是当前关联交易一定要达到规范运作和平稳过渡的两个目的。年初提出规范运作、确保上市，当然上市已经不存在问题。在这里特别是作为采油一厂的厂长，尽管他还兼一处处长，但是如果对这个问题不和书记很好地研究，很好地结合一厂的情况来处理，要想实现这两个基本目的也是不那么很容易。正月十二日，钻井单位马上开工，我们是给他们送行的，我年初到陕西、宁夏、陇东那边转了一回，但由于当时特殊原因，我从你们这里路过，但没到你们这里来，给你们欠了账。正月十五、十六看花灯的时间，我专门听取了两个厂领导的汇报，把我和胡局长对关联交易一些大的思路都给他们四位主要领导和全体班子认真交了底。而你这里我是欠了账的，我这是第一次来。为什么说你们搞到这个程度是出乎我的预料，详细情况不说了，只能说我的提纲。我觉得你们经过双方认真结合一厂和一处的情况搞的关联交易符合CNPC的要求，符合勘探局的要求，符合油田公司要求。能做到这点，不客气地说，到现在，CNPC阎总前几天下来，只给长庆和辽河有类似的评价。希望你们以后要认真珍惜取得的成果，好好地总结一下前8个月关于关联交易的工作，通过自己的实践上升为理论，很好地研究。从一开始就说，关联交易不是那么简单，叫做“学习、学习、再学习，协商、协商、再协商”。这个问题如果处理得不好，我下面讲的四个方面很可能都会受到影响。

第二方面，采油一厂今年强化成本过程控制，确保各项业绩指标的完成，强化原油生产的组织，保证了产量目标的实现，努力实现老油井的长期稳产，科学高效地组织产能建设等工作，搞得是不错的。油田公司通过考核奖励你们，我觉得是应该的。

第三方面，存续业务对市场的分析认识在不断加深，对外部市场（社会市场）的开拓，有了较好的势头。我觉得班子对市场的认识比较深刻，这就对今后存续业务的发展铺平了路子。如果到现在我们还进不了市场的门，这就是麻烦事。关于搞好关联交易的工作，我下面要专门谈，我觉得这项工作确实是不错的，从你们汇报里边说的也是不错的。当然存续业务取得这些进步，也与李逵同志直接干这些事情，同郭树森同志研究这些事情是分不开的。

第四方面，你们在稳定大局方面做出了非常好的成绩。首先对油田内外的综合治理工作抓得非常有效，我建议包书记、张书记在今年年底综合治理会上很好的总结一下。二是你们集中了比较敏感的三个问题，对三个教育抓得比较深入，包括最近搞的有关四个政策的贯彻落实。三是你们始终注意在思想政治工作方面抓积极的因素，树立了多层面的先进个人和先进单位，李永宏也好，高金刚也好，康广寅也好，曹青海、张世甫也好，这些典型树得非常及时，希望你们还要多树。四是对职工比较关心的问题，包括住房问题、待遇问题和其他一些问题，做了大量的宣传教育，取得了很好的效果。五是对出现的一些不稳定因素，广大职工有一个明确的是非观念。两边的经营理念，符合一厂和一处的实际。如果一个单位的领导糊涂，光知道干活，那只是一城一池的得失。如果经营理念立不起来，想要进行大战略上思考，争取战略上的主动是不可能的。当前有一个协商的手段，能够把一厂、一处的关联交易搞好；将来还要考虑有一个经济的纽带、经济的手段，真正建立战略伙伴关系。同时，要着手解决企业当中最主要的矛盾——结构性的矛盾，搞持续性重组。理解这点非常重要。所以在临潼给大伙讲课的时候，我是这样认识经营理念的，这不是我从哪抄来的，也可能这里面有些说法不科学。我觉得有三句话。第一句，人与人之间的差异在于对自己在自然界的位置认识和理解的正确与否，你说人和人到底有什么位置的不同，不管是男人、女人，大人、小孩，如果他对自己在自然界的位置认识不对，处理不好，我看他什么事都不行。所谓成熟也恐怕就在这一点上成熟。第二句话，一个企业如同一个人一样，必须有自己的理念，如果一个企业理不出自己的一个理念，人家讲开拓市场，你也讲开拓市场，人家讲艰苦奋斗，你也讲艰苦奋斗，人家讲拼搏进取，你也讲拼搏进取，我看那叫喊口号，不是制订自己真正的经营理念。经营理念不正确，那职工队伍跟我们活受罪。第三句话，企业要发展，必须正确认识和处理它在市场和社会中的位置。刚才你们说你们的经营理念符合实际，我认为这个问题用不着争论，叫实践来检验。当然那次讲课我到最后还有三句结束话，也是围绕理念说的。

第二，我就想还要专门讲关联交易问题。第一个问题，我觉得关联交易是一种特殊的市场交易。不是单纯的市场交易，也不是过去计划经济条件下的计划经济。为啥说是特殊的市场交易，结合我局的实际来看，至少有四个方面：第一个方面，关于关联交易价格，关联交易不是市场价格，你要招标，那就不是关联交易价格。关联交易价格是什么呢？现在咱们局甚至是 CNPC 制订的关联交易价格，是各单位历史成本还原净化之后，还要加一部分协议进来，不光是加了 3% 的利润，还要加转移费。这还不够，还要加很多的协议。你就想想你们一处自己思考处理了好多问题，要不是协议的话解决不了，关联交易价格就是那么一还原、一净化加 3%就解决了。有些人开始把这个问题想得很简单，好像以为我这个事情只要一定，就解决了。我从一开始就不这样认为，这个价格政策是不是非常合理，关键是光净化还原还不行，还得加自己单位的好多协议价格。第二运行方式特殊。是合同制约加协商，有些人认为只要两边把合同一订，按合同办就行了，我认为不行。不管是局和局之间还是处与处之间，什么板块之间，就是这么简单一订合同想，就那么弄，我看这事谁都会搞。关联交易不是咱中国发明，也不是 CNPC 的发明，自从历史上产生了交易、市场交易，到现在国际上跨国公司交易还是关联交易，不上市公司也照常进行关联交易。下一步存续业务之间要很好地研究我们自己的关联交易。现在，大伙还没提到位置上，还没有开始认识到这一点，我们只是说的存续业务和上市公司的之间的关联交易。这个问题光靠合同不行，还得要加协商，运行方面合同制约加协商。第三个特殊，那就是仲裁的方式也不同。按理说双方主要订的是经济合同，由经济合同法来仲裁。现在的运行方式主要是靠协商，而不是靠法律。它逐渐向市场过渡，逐渐地加大法律仲裁的程度。现在如果一厂、一处动不动打官司，靠法院来解决问题，那你们就不要干活了。第四个特殊就是运行模式。运行模式各局不一样，各个厂不一样，这要靠双方共同去摸索。所以，我们在去年年底和今年年初在工作会议上，把关联交易定位成一种特殊的市场交易，它是有根据的。我和胡局长对这个问题说老实话，坐在一起就谈，也学习有关资料，不是随便就那么一想，就唱了一个调子。你唱这个调有啥用，你唱得对还是不对，过两个月就把你这个调子推得一干二净。回过头来看这七个月，你们的运行是不是一种非常特殊的市场交易，既然是一个非常特殊的市场交易，就要用一种特殊的法则来解决；既然是一种市场交易，就不能靠用行政办法来解决。市场的问题和矛盾就要用市场的法则来解决，那么特殊的市场问题就要用特殊市场的法则来解决。特殊在什么地方？特殊在协商两个字上，你看这四个问题，离开协商就寸步难行。关联交易的第二问题就是关于目标设计。近期目标就是在关联交易条件下探索有效的协商机制，通过有效的协商达到刚才说的两个目的：规范运作，平稳过渡。中远期的目标是在市场条件下要建立战略伙伴关系，那不是在关联交易条件下搞协商，而是在市场条件下建立战略伙伴关系。我觉得你们两边班子思考得非常好，思路、理念非常正确。经营理念是无穷财富，是无形的财富，我们当前设计这样一个关联交易的近期目标，就是要建立有效的协调机制，勘探局和油田公司有一个协调领导小组，下面有 12 个专业的协调小组。有些人开始还动不动要撑着，你在哪撑，你撑什么硬，给谁撑硬，想用行政命令的手段来解决关联交易当中的问题，我看不行。我跟胡局长和大家一样，也在逐步地交涉。但是从一开始我们还没有糊涂到那个程度，起码我们俩认识到了现在毕竟是两个利益主体，再靠什么行政命令的办法来解决出现的矛盾，那是绝对不奏效的。那怎么样才能奏效？当然关联交易不是通过你们处里协商、局里协商就能解决所有的矛盾，你们不能用也不要有这种强制性。我们可以通过有效的协商起码可以化解矛盾，可以推迟矛盾，有些大量的问题可以大胆地解决它。建立这个目标的设计，从去年年底就开始讲，到现在我们认为思考是对的，符合长庆局的基本情况，实际上也是这么慢慢运作的。咱们今天还在学习，再看一段时间，在这个新事物面前，态度都要老实一点。去年和张书记、胡局长在庆阳开会，我特别强调了两点，一是干部素质问题，再一个是在新事物面前当一个老实人的问题。不会不要紧，咱们边学边摸索，错了要改，要允许我们改。

关联交易第三个问题，对存续业务来讲，还掩盖了三个矛盾。作为领导干部有市场观念滞后的矛盾，这是非常可怕的一个问题。到现在有的领导甚至不把关联交易市场看作市场，还认为人家就应该照顾我们，就应该给我们，给少的话就不高兴，不是自己真正地学点知识。第二个掩盖的矛盾是结构性的矛盾。把存续业务放到市场当中去衡量，它有结构性矛盾，这是最主要的。但是现在关联交易工作量饱满，存在这些结构性矛盾，不利用这样一个有利的时机赶快进行结构性矛盾的调整，等着关联交易市场大大萎缩的时候再进行调整，要比现在困难得多。我看一处也是如此，大队这一级单位可以说在观念上步入了市场，按市场规律办事我看是刚开始，甚至有些还没有入门。这次在临潼我们调查了 18 个单位，发现这个问题很突出，张书记建议办学习班首先办主要领导学习班，请行家讲了市场的问题。张书记把陇东调研报告讲了一讲，又让我准备了一个材料讲了一个多小时。我在这个问题上画了两幅画，想讽刺一下这些人，这才引起了大伙的思考。现在看来厂长、书记们还稍微有点触动，在给我汇报的时候，高谈市场两个字，我到基层看你落实不落实，回过头还找你处长、书记的责任。过去古人形容两种人，一种叫履虎尾，第二种叫做履薄冰。问题不在于踩在老虎尾巴上而在于盲目，而这个人呢已经踩到老虎尾巴上，还不知道旁边有老虎。第二个人本来已经踏在薄冰上了，快沉下去了，他还以为是履平路。我们现在就唤不醒一些人，这两次调研，费尽口舌讲得最多想解决领导层的这个问题，解决市场观念问题。第三个掩盖的就是大市场、低效益的矛盾。咱们局大市场、低效益是个大问题。我把钻井、物探、测井、试油压裂、CNPC 有关的资料进行了对比，咱们老是不理解，整个存续业务的队伍富余 1/3、1/4 这么多，怎么日子也过得去，年终工资也发上了。其中有一个原因，他动用了 3/4 的人力与物力、财力，总收入结果很差。物探如此，钻井也是如此，试油压裂都是如此。我把这些资料一展示出来，大伙都会发愣，说是我们连续 7 年降低成本，连续 3 年施工作业零利润运行，我们现在所有的成本，在 CNPC 当中，青海和大庆我们没法比，大庆和我们不是一个档次的，现在还弄不清个别的六项综合比较时，青海比我们还低；包括钻井综合成本，包括勘探开发综合成本，万吨产能建设成本，个别的比吉林油田多一点，统统在 13 个油气田当中，我们基本都处于最低线。所以说，今年单从关联交易的量来说不算少，四川那么大个局，20 万米的进尺，我们今年 160 万米的进尺，我们的关联交易光服务总量技术服务的板块，将近 23.9 亿元，再加上其他，将近 34.9 亿元。那么 30 多亿元的关联交易量，包了贡华章公式讲的 3% 的利润，包了咱们的转移费用，其他的包不了。这土地费用包不了，土地费用今年成本还原当中将近差了 4 千万元。你们也出现这个问题，这个问题也没能解决，也不是你们两个商量商量就能解决的。1998 年成本还原时候，每年调资的时候都有工资调配，将近 4 千万元，没有包进去。分开以后，这边交两亿多元所得税，所得税你那边可抵扣，但所得税附加的话虽然文件上声称仍然由那边解决，但是也涵盖不了，还有 1.2 千万元解决不了。1998 年，光有气探井价格，后来为了保胡局长那边压缩的工作量，尽可能地保，还是保不过来，真正的开发井的价格是倒算回去，并不说真正还原回去。这种矛盾、问题，在存续业务中解决。今年从正月十六就动员，天寒地冻去干活，合同没有订必须保大局，不能讲价钱。我说合同开头，是从咱重要的问题——在价格上的问题上开头，结果咱们从初一忙到三十晚上，也不过是市场经济问题。存续业务没有竞争力，这边定盘子定一盈一平，本身定盘子定的这边一年就是 3 亿的折旧费，再没有别的，所以大家想咱们局油气产量这么多，给咱们职工解决住房问题，一年建房的配套费，两边政策都允许，拿出个 8 千万元来，没有任何问题。现在可好，胡局长落实了 1700 万元，咱们这边没法落实。这是个大市场、低效益的基本矛盾的问题，特别是对存续业务的领导干部来说，我觉得还在睡觉，你这样能行吗？第三个关联交易的问题就是捆绑问题。特别是三个采油厂这样的捆绑形式，和助剂厂、油气销售公司还不一样，你们叫做捆绑式前进、规范和运作。当前仍然需要解决两个矛盾和问题：第一个问题，必须要通过今年要完成一个任务，形成合理的历史成本，你们在这方面做了非常好的工作。但是，也不是说这个问题全都解决了。如果说现在没有捆绑的价格，或者虽然在捆绑价格上不合理，说老实话如果这个矛盾解决不了，自求平衡就解决不了。今天我到特车大队讨论这个问题，你说你要 6 毛多到 4 毛多，就是照顾你去年的价格还不行，还得要切一块补进去，才能扯平。这个切法外部来审计的话就不行，他说你是利润的转移，你们把今年的修井价格提高了，咱们自己的内部审计来了要审检你的工作量，这个都好解决。我们在陇东发现这个问题，找了采油二厂领导商量就解决了这个问题。现在就来研究，有些价格比实际必须捆绑在关联交易间，只能说你捆绑的价格是高了还是低了，绝不会明显看出是利润转移，这才能行。类似的问题你们动动自己的脑筋，本来二招现在就是存续业务，你们现在也没有建新房子，你现在就想建 10 个房间，一间房子一年 10 万元钱，就是一百万块钱，那是我办公需要，将来这审计的时候，只能说你应该压缩成本，他绝不会说你这是捆绑的事。但是你要在今天把一个普通车型的价格捆绑到 8 毛多、9 毛多，那么延安市附近的社会价格只有 3 毛多、4 毛多，那一看你就是有意识地利润转移，你就捆绑着也不行。年底都能凑合过去，但是遗留的问题，只能自求平衡。叫你们自求平衡，只不过你平衡不了，你说现在国家有很好的政策，那么咱们交的利润多，给咱们长庆返得也多，不管存续还是油田公司，只要有这个政策，咱不担心这事，绝不压低成本，交得越多，返回得越多，还是还原了。CNPC 代表国家控了 90% 的股，代表国家也不是代表你长庆油田，代表你勘探局，也不是说代表 CNPC150 万名职工，不能这么简单地理解，所以这个圈画不圆。有关方面正在研究，能不能让大伙都持一点股，所有的上市股份公司的、不是股份公司的职工包括你退休的职工能不能都持点股，哪怕持一股。这个矛盾从去年都讲了，利益平衡了，至少分三个层次，第一，局里一级；第二，局里和 CNPC 的一级；第三个国家和 CNPC 的一级。咱从年初开始讲到现在，当时确定的是集中精力解决好局与局之间的利益平衡，咱管不了，咱先把重组方案到现在运行把自己的事办好。早在去年制订重组方案的时候，就明确了这个事情。哪个层次解决不好，这个利益矛盾都无法回避，但是我也相信这三个层次最终能解决。现在还没完全解决，咱们一个低渗油气田上缴的利润，比新疆还要多，在 13 个油气田中我们是老四。过去 CNPC 对超利润这部分通过其他形式多少给返回来，现在不搞自求平衡，我们就犯了傻，所以刚才这个问题，仍需我们在实践当中摸索解决。我和胡局长态度很明确，年初的时候就跟胡局长讲，我不定盈亏，我定平。为啥？胡局长开始让我盈一点。去年模拟核算是盈的，为什么不能盈？我说我希望盈，今年要盈的话形成新的合理的历史成本，明年负担就轻，但是我不能这样做。人家把长庆局堪称四个摇钱树之一，上市以后，咱们不给多做贡献能行吗？咱们 9 月、10 月份再对账，如果你那边出现的亏损，包不住利润指标，我说我少发工资也包。今年如果不把我们利润基数再提这么高，那明年咋办？油田公司咋办？过去咱们成本之所以在 CNPC 13 个油气田当中偏低，第一个原因实际是企业存续业务这边的利益。第二，原因是科技进步，像安塞模式，要不然我们的低渗透油还比他们的还高，利益不是天上掉下来的，大家都要平心静气来分析这个问题。你们对解决这个问题奠定了一定的基础，但是还不一定能保证解决，看明年是啥政策。如果今年捆绑是捆绑，平衡是平衡，没有捆绑到价格上，捆绑的价格不合理，如果外部来审计你还是过不了关，你这边还得吐出来，那边还得亏。捆绑的目的是要促进我们独立发展，不要因为捆绑束缚我们的手脚。我不完全站到存续业务这方面来讲，因为要是站偏了，大家能不能接受你的观点那是次要的，关键是经不起实践的考验。片面地强调存续业务的利益，片面强调油田公司的利益，实践证明是不行的。目前这样的体制本身就符合市场的要求。现在关键是对市场的研究和分析，看你下得功夫如何，看你到底解决市场矛盾，先解决啥后解决啥，到底能不能解决问题。这是个实践的问题，我建议你们要很好地研究这个问题。我公开讲你今天要把闯市场、三产的效益搞平衡行不行？既然局里让你们搞平衡，如果调动不起闯市场的积极性，那就达不到平衡过渡四字目的。你达到这个目的，他在外面拼死拼活，他挣得钱越多，都填了你这面的空洞。我给马效忠、张栋杰两次谈这个问题，今天我直言不讳给你们谈这个问题，不信咱走着瞧，自求平衡不能把两边的手脚都捆住。第五个关联交易的问题，要搞好当前的关联交易必须有一个内动力。这个内动力在我们局 2003 年到 2005 年的发展目标，从一开始胡文瑞 2003 年到 2005 年，我们油气当量上 1000 万，乃至到 1400 万吨，是长庆人共同的利益、共同的责任。如果说我们到现在各算各的小账，没有一个内在的联系，关联交易还是搞不好。那么，要保这个大局，存续业务制订两条发展思路，第一条就是要坚持围绕主业发展而发展，必须先活心脏后养肌肤。我们制订重组方案的时候，干部问题只要那边需要，要谁给谁。

剩下的存续企业不是难么，难的话咱们慢慢整理。必须有一个共同的目标把大家联系起来，如果没有这个共同的目标，各算各的账，那不是越算越远么？人如果涉及到利益的整体，亲兄弟怎么了？因为分家那么点资产翻了脸一辈子不认亲兄弟的不是多着么。老人在的时候，两个人如果都孝敬老人，这还是一个共同的利益，还有个纽带。如果老人不在的时候，两个人和社会上的人一样，所以教育我们必须保大局来搞好关联交易。在保大局的过程中又要处理好眼前利益和长远利益的关系。如果眼前利益和长远利益发生了矛盾怎么办？必须保长远利益，牺牲眼前利益。在年初临潼工作会议上我就讲，什么东西都纳入关联交易，弄不成事情。像“保卫油田，守土有责”，这种问题能用关联交易价格决定么，如果我打一架你给我多少钱，死了一个人，你给我买一个什么样的棺材，如果不满足这个条件我就不帮你，这样能行么？采油二厂今年成立巡护大队，120 个人的定员，忙起来时不够用，闲起来时没活干。动员电视台那些女同志，到采气厂她都不去，懒到这种程度，现在把她放到巡护大队去，晚上不能回去休息，在路边挖一个小窑洞住着，可怜不可怜，我们看着都要掉泪了。直到我们上次在那开会的时候，马效忠一算账，亏得多了。我对马效忠说，在这个问题上完全用关联交易价格是不行的。再比如说我们的外部关系，目前处在这么一个复杂的社会环境里，如果你搞你的，我搞我的，非任人宰割不可。所以我们一个口径对外，现在两边都调动起积极性来对付这个问题，对外关系要一致，要联合。和其他油田比有一个特殊的问题，就是勘探开发都是滚动的，而且实物工作量和价值工作量统计了五年三分之一，所以我叫王道富再统计统计，他统计了三年，说要占到二分之一。不管是三分之一还是二分之一，那么就不可能把这个方案一定就从年初定到年尾，就不可能不进行大的方案的调整。过去我们一遍遍调整是局长一句话，你不调整没关系，卖了钱回来亏损了我给你补一块，现在不行了。一个井场要打三口井，我打了一口井就要搬家，那损失谁给？年初工作会议上，我就给存续企业处室长们讲，人想的是合同一规范，你给我钱就行了，没那回事情。咱们都在企业二三十年了谁不知道么，我说那都是骗人的。再比如说人员的交流，我们两边能用关联交易的价格来解决么，能用关联交易的原则来解决么，解决不了这个问题。再说我们思想政治工作逐步建设，能各搞各的么，有些问题能分开搞，有些能分得开么？在眼前利益和长远利益发生矛盾的时候，存续要毫不含糊地舍掉眼前利益。我们这样做的目的，就是为今后建立战略伙伴关系打下基础。如果没有这样的基础的话，能建立什么样的战略伙伴关系？两个利益主体花钱到市场上买不来的东西太多了，关联交易对于咱们存续业务讲，侧重点不一样。这几点我是针对咱们这边讲的，我希望你们对于这个方面的问题要研究一下。

第三，关于稳定的问题。要想稳定，不管是存续业务还是股份公司，必须解决发展问题，领导千万不能糊涂。说老实话，胡局长没有把主要精力放在关联交易上，我也没有把主要精力天天放在关联交易上，重要问题我跟胡局长商议过，如果我们两个也一分一厘地斤斤计较，发展问题根本解决不了。把油田公司的那一块都全部给我，也仅仅是几千万的问题，算得再清楚也不过是几千万。过了春节七个月，胡局长开了七次会，抓的全是勘探开发上的大事，包括探井的部署会、讨论会，全是抓具体的。到现在为止，陇东上到 200 万吨，物质基础比上年要扎实得多。采油三厂利用三到五年时间上到 200 万吨，物质基础也比较落实。我说天然气的问题，是缓不得急不得，如果慢了，完不成储量，已经向世界公布了，到那时候，拿不出气来拿咱们是问，是政治问题，砸了 CNPC 的锅。但是也急不得，你急的话，找那么多储量出来，下游市场根本落实不了，你再花那么多钱，120 个亿，回报率肯定不高。但是油的问题是搞出来就能得利的事情，所以要加大搞油的力度。稳定问题首先要解决发展问题，关联交易算得差不多了，两家能过去就行了，大伙要一门心思放在发展问题上。上午你们两个领导汇报的，能不能从102万吨搞到150万吨，你们的物质基础，听起来没有那两个单位那么扎实。采油三厂挂起图来，这块储量这么多，那块储量那么多，采二那天我们一块分析了一天，我想你们这里可能由于时间关系没讲到，但是储量问题一定要搞清楚。如果今年是102万吨，明年是100万吨，后年是98万吨，那就麻烦了。存续企业一定要思考市场的问题，包括油田公司方面也要重新思考发展问题。要稳定，必须从解决发展问题入手。这次在陇东调研，就是处理了少数人上街上访的问题。这些问题给我们一个思考，那就是看来这个毛病出在班子身上，有些小字报就是在支部书记、主任办公室里写出来的。上街游行的那个横幅，有些人事先就知道，到现在还陆陆续续给我们写不署名的信，说某某人某某人在某些会议上煽动群众。小字报也写着什么内退政策不优惠，什么买断政策不优惠，我认为现在结合我们局的情况已经够优惠的了。前几天我们到宝鸡去看，他们还没搞，定出来初步意见是70%—75%，不能高于这个。有些人在那吓唬，我看如果不是私心太严重的话，就是别有用心。主要问题是什么呢？我觉得，我们少数人确确实实值得警惕，他们是给我们长庆局发展的大好形势有意识的抹黑，有些政策你认为即使不优惠，对执行者来说是弹性的，你认为优惠你就办，认为不优惠的话你自愿，也不用游行去，用不着采取这一套。所以说班子建设问题，我们不能不思考，不能不研究。我想强调这么几个要求。第一个要求是我们一定要讲政治。领导在政治问题上如果含糊的话，那问题就不好办了。你口口声声说你是代表广大职工的利益，如果对政策都不认真研究，哪一个政策是代表哪一部分群众的利益，是处理哪一部分和哪一部分职工利益的矛盾，你都不知道，怎么能口口声声代表广大职工群众的利益？我曾问过，内退政策是处理哪一部分和哪一部分职工的利益，政策的改革开始，都是在进行利益矛盾的调整，到底这是处理哪一个，他答不上。咱们内退政策和前几年执行的提前退休政策不一样，现在是处理了内退的人和上班的人这两部分的之间的利益矛盾，不管是给你发70%还是发80%，这都要上班的人挣回来以后给你发。发多少你说有什么客观标准，他答不上来。标准有两条，第一条是要分析这个文件。第二条要看上班的人能不能给你挣回来，如果能挣回来给你发80%是客观标准，如果挣不回来发70%也是客观标准。机械厂是亏损大户，目前内退下来380人，还剩下700多人，其中，还包括100多名大夫和教师，等于还有600多人。他们那和咱们这不一样，他们那是要计算工时的，那么这个车间有一半人内退，上班的人问，他们那个80%加不加到我们这个成本当中？车间主任说应该加到你们这个成本当中，这些工人一算，过去干500个工时可以拿到基本工资，现在要干700个工时才能拿到基本工资。那么内退的人反过来想想，他们能背的起这个80%么。上个月天那么热，门锁着不能加班，双休日职工自己要加班去，你说什么叫高了，什么叫低了，我们有些领导干部，对政策不好好学习，讲“三个代表”我看是口头上的。这个内退政策是平衡哪一部分和哪一部分之间的矛盾，起码平衡了长庆局和CNPC之间的一部分利益矛盾。因为买断这部分人的资金，我还能要到二分之一到三分之一。有些人我要说，人要老实点，别太张狂，别到群众当中闹宣传去，要真正代表群众的利益就要在你的职权范围内老老实实地为群众办点实事。正职有你正职的职权，副职有你副职的职权，你与其嘴上喊个没完，还不如在职权范围内给大家老老实实办点实事。像你们这边，去年给活动中心上投资，给招待所投资，给中心花园投资，这也是老老实实地给大伙办事。领导不能代表群众当中消极落后的情绪。我经常讲，年轻干部在业务上成熟起来比较容易，但是在政治上成熟起来确实有个过程。我劝在座的年轻干部，咱们共勉，特别是领导干部在大是大非面前一定要旗帜鲜明，否则就闹翻天了。这次胡局长、张书记晚上 11 点开始做工作，开完紧急会，已经到第二天凌晨 5 点钟，这才做完。如果领导一开始就这么做工作，就不至于出这个事情，在大是大非面前旗帜不鲜明，甚至闹不好还有些煽动，一个领导干部大大小小有一点权力，如果一个领导到群众情绪当中寻找市场的话，那么这个领导就当得太可怜了。不但没有任何必要，我觉得当官当到这个份上，把自己的不满情绪跑到群众当中去迎合一下，这个官当得没意思。包括关联交易，我一开始就说，领导干部不管来自哪个方面的声音，必须自己脑子清醒，认真分析一下，对与不对的不能都迎合上去，去迎合群众。班子建设当中要讲学习，讲学习党的方针政策，与党中央保持一致，学习 CNPC、油田公司、勘探局的文件，和这些文件要保持一致。要很好地学习市场问题，包括油田公司、包括采油一处，如果我们不很好地研究市场问题，我们会比别人低一层。要很好地了解市场问题，并不是说油田公司那边不需要研究，反正我就是大操作车间，完成几个业绩考核指标就行了，我看不是。同志们，我们不是讲要代表先进生产力吗，怎么样代表？当前讲这个问题主要是对存续业务讲的，我们不能口头上讲代表先进生产力。中心组学习时，一个一个说得好听得很，对市场问题舍不得下功夫。胡文瑞同志从重组一开始就要求，要讲大局，讲素质，讲感情。当前我觉得维护稳定是个大局，要切实加强勤政廉政建设，加强当前思想政治工作。今天听了你们的工作汇报我很高兴，讲稳定一定要顾全大局，这是大目标。当前一定要从抓班子入手，当然别的地方我觉得都应该抓，现在首先解决大局。集团公司，包括人教局都谈这个问题，谈一个非常明确的观点，重组过程当中，这是我们遇到的一个前所未有的新事物面前，到这么复杂的矛盾面前，对干部是一种特殊的考验，对干部素质是一个特殊的训练，所以我觉得包括张书记、邓助理讲，现在你们这两个班子有这么好的势头，希望你们能够保持下去。当然稳定中还需要抓很多问题，包括学习问题，其他问题我不说了。

第四个问题是关于调整结构性矛盾的问题。现在结构性的矛盾对存续业务来讲，显得非常重要。市场结构应该说基本上是关联交易市场，我们在这一点上是 CNPC 平均水平，我们图的是 7.4% 的社会市场。就是老邓这一块，三产的，我看大不了。按我们拿到的资料，CNPC 存续业务这一块社会市场平均占到了 16%以上。关联交易处理好是个好事，处理不好就是个坏事。我们的资产结构更复杂，存续业务这方面，不光是人均资产率，在 CNPC 平均值当中要低得多。CNPC 存续业务人均资产是 27.48 万元，长庆局是 15.31 万元，咱们要比他们低 44 个百分点，不是低一点的问题。但是我觉得资产低一点没办法，纵向的矛盾更大。勘探局 25 个二级单位，人均资产在前 8 位占了咱们资产总值的 24.14%，占全局资产的三分之一，产值只有 4.4 亿元，产值只占全局的 9.2%。重组的时候说过，咱们这边没有值钱的东西，连续 9 年压成本买了几个大件。先是花了 107 亿元搞了 300 万吨的产能建设，花了 19 个亿搞了将近 2 亿吨的储量，15 个亿进行了炼化改造，花了 6 个多亿进行了基地的调整，同时咱们两边的工资今年有了大幅度的调整，确实干了几个大件。统计了重组前的三年折旧 39 亿元到 40 亿元。咱们去年、今年存续业务这么困难，还得拿 3 个亿买大件，3 年当中 40 个亿才花了 3 亿，资产结构是非常不合理的。33%的总资产，产值不到 10%。更可笑的是除了 8 家单位盈利，其他都是亏损的。资产结构这个矛盾是个麻烦事，存续业务这方面更麻烦，咱们存续企业公用服务、社会服务共 8947 个人，占全局总数的 24.33%，公用服务、社会服务这块资产 10 亿元，占总资产的 17.4%，它的产值只有 1.48 亿元，占全局总收入的 3.53%。社会服务人员人均收入是 2.57 万元，加上 CNPC 这块的话，平均 3 万 4 千多元。就是这么一块块分析，我从物探分析到钻井，从测井分析到试油压裂，这个矛盾都很明显，是结构不合理。第三个是产权结构，基本上是个单一的产权结构。所以说这是结构性的矛盾，如果不认真地调整，就不可能占领市场。有一个非常大的战略目标，就是要很快地趁着现在长庆油田呈发展的趋势，加快结构调整。尽管我们是大市场，低效益，但是还有个关联交易市场。采油一厂、采油三厂要很快进行结构性矛盾的调整，或者是进行产业结构、市场结构的调整。资产结构的调整一定要进行产权结构的调整，要用产权结构的调整与产品市场结构的调整来带动人员结构的调整。不调整结构没有出路，特别是作为一处来讲，要很好地抓住结构矛盾的调整。这个问题也不是那么简单，你们也不要认为产权结构一调整就保证不亏损，但是这是我们目前必须解决的一个棘手的、重要的问题，这个矛盾解决得不好，那市场问题也解决不好。

最后一个问题，我想说一个实实在在的话，就是下一步希望我们采油一厂和采油一处能够在当前比较大的自求平衡环境下认真研究建立战略伙伴关系。虽然把关联交易的近期目标和远期目标作为两项目标来思考，但是它不是决然能分开的。另外还有一个协调的机制来解决关联交易的一些问题，确实要考虑用经济的杠杆、经济手段来建立我们战略伙伴的关系。现在我给你们提供一个概括的信息，那就是在这个问题上，采油三厂也在积极地思考，而且他们很可能有些地方已经思考得比较具体。这个问题我觉得至关重要的是，你们也要很好地研究一个存续企业的政策，要把现在的政策用活用到位，对于我们存续业务的干部，必须学习跟国际接轨，他们的一些考核指标和一些政策，包括国际惯例要很好地学习，要更好地学习，更好地研究。有没有文章可做，可以说不仅有，而且大到资产的重组，小到工作上的结合，我觉得太多了。今天我们到了特车大队调研，特车大队有些资产闲着没用，有些资产现在不够用。目前比较受欢迎的是帮助采油一厂一些巡井的、巡逻的吉普车，但是他们不够用，我们关联交易有市场，那就采取两个办法，一个是一处去买，一厂用，还有一个办法是一厂和一处都可以用，这种有效益的市场为什么不让职工共同占有？我仅是举了一个简单的例子，这个问题咱们今天不能深谈，但是不谈我们又错过了这个机会。捆绑单位也好，其他单位也好，能捆绑解决矛盾，完成目前的两个任务，我们就应该给他们记功。这个问题是在特殊时期解决特殊矛盾，就应该给他们记功。但是光解决目前的矛盾还不行，我们必须为建立长期的市场条件下这样一个战略同盟，战略伙伴关系打下基础。你们这种办法在实践当中不断地完善，你们就让特车大队这 42 个人就把这块井看好，把这个指标定好，调动他们的积极性，这有利于人员的调整，很值得你们在实践当中不断地完善。还有你就干脆把工资带到一厂一发算了。这几天你们在器材方面研究这个问题，我跟胡局长不可能管理得这么细，也不该管理得这么细。我觉得这两方面处理得是好的，不但现在处理得好，将来也处理得好，关键是事在人为嘛。你们的一些做法给了我们很多启示，对我们本身也是一个经验教训。说实话我们也装了一脑子让他们去实践的东西，回过头来还是那一句话，不管是姓孙的说的还是姓张的说的，你们都要结合实际去创新。在当前这种情况下，现在当领导和过去当领导绝对不一样的，计划经济培训了一批上边怎么说下边怎么干的干部，你再不要去创新了。现在的组织部长对下面的要求不是这样的，你必须把来自各方面的信息认真地分析，结合你自己的实际。胡文瑞同志说实事求是，现在让你自求平衡，规范运作。我们就在这种大的政策昭示下，我们想得还好，做得还到位。我坚信这一条，咱们搞这个重组方案，问起来说可以，但是不要再宣传，中央来了三次调研组，长庆搞得多好，你们不要宣传。今年集团公司马总来，下月初谈这方面的情况。说老实话，我跟胡文瑞从内心很不愿意谈，现在两边才商议商议，谈谈也可以。为啥呢，这只是一个精神，大家有一个老实的态度，也许今天我们说这个说法是对的，明天精神变了研究新的情况突击要改，所以说要正确地理解，科学的理念。它应该是一个开放的市场，不是一个封闭式的，要不断地修正不断地完善。一个企业有了一个正确的理念，就站立在胜利的基石上。我结束就用三句话，但是这三句话是我讲课时讲过的，还是要解决我们的理念问题，一个人要不解决自己和外界的本质的不同，说句难听的话，他的脑袋是长在别人身上的，那是个行尸，那是个走肉么。我们的领导尤其要解决我们的理念问题，减少自己认识上的误区。特别是领导的责任这么重，如果他操心鸡毛蒜皮的小事，我觉得没多大意思，年老的同志快退休了没多大意思，年轻的同志你风华正茂你不学点正事，搞那一套事你会后悔的。今天讲这么多，咱们要当好老实人，大家一尝试，我讲的这些话有些对有些不对，我希望听到这种评论，别老是见了面“好好好，是是是”，实际上也不可能是这样的。希望通过你们给我们的老同志尤其是离退休的同志一定要问好，真心实意地谢谢他们。

孙玉辰同志在70118钻井队视察时的讲话

（2000年11月1日）

同志们：

今天，我和张书记、赵总、杨助理来到70118队钻井施工现场，代表勘探局、也代表胡文瑞总经理来看望大家。

70118钻井队受雇于壳牌公司进行钻井工程作业，这在长庆钻井历史上是一场革命。我代表勘探局领导检阅我们这支钻井铁军，向大家表示亲切的慰问和崇高的致意！

这支队伍是在特殊时期担负特殊任务的队伍，其意义在于：

第一，今天的井场，是100%的市场，能站稳井场，就能站稳市场；能赢得井场，就能赢得市场；能进壳牌市场的大门，就能进世界市场的大门。

第二，今天的队伍，是在市场中拼搏的队伍，符合国际通用标准—HSE管理标准的队伍、设备及文化，是进入国际市场的前提和入场券。

第三，今天让外国知名公司了解长庆，了解长庆钻井，就是长庆明天生存发展的基础。

自7月18日以来，经过105天的奋战，成功地钻探了长1井，长2井也进展顺利，得到了壳牌公司的充分肯定。

你们发扬团队精神，代表长庆做了令人高兴的答案。赢得了市场，而且是国际市场；提高了队伍的整体素质，而且在艰苦的磨合中逐步与 HSE 的标准接轨，让壳牌了解了长庆，了解了钻三，了解了 70118，而且为今后走向国际市场打下了好的基础。

我们可以自信地说：我局已经有了一支能够胜任国际合作的队伍。

在这里，我们感谢壳牌公司现场工程监督的通力合作及真诚指导；

感谢钻井三处蒲建中处长对此项工程的有力组织和领导；

感谢全体操作人员的辛勤努力；

感谢国际合作部各位领导和专家的支持。

但我们也必须清醒地看到，我们的进步还只能是初步的，我们的教训也不少。

我们这次第二项任务是：虚心征求甲方意见。我们一定要认真学习壳牌公司先进的技术和先进的管理经验，以优质的工程技术服务满足甲方的需要。我们要认真总结自己的经验，以利发扬光大。

我们这次来的第三项重要的任务是：向大家来学习。要把你们的经验，变成大家的经验，使长庆与国际市场的合作更广泛，更有效。

最后，祝大家学习好、工作好、身体好，与壳牌公司合作好。

孙玉辰同志在钻井改革座谈会开始时的讲话

（2000 年 11 月 30 日）

今天的座谈会要涉及一些改革、改制等深层次的问题。既然是个讨论会，就要有一个宽松的氛围、平实的风格。这是座谈成功的条件，也是有利于新生事物成长的前提。座谈会允许畅所欲言，应该是我们的一次思想大解放。

一、推行一种理念

这次座谈会应该是一次尝试，一次特殊的座谈会。特殊并不是指讨论的议题，也不是指参加讨论的人员、时间、地点；特殊之处应在于通过讨论，推行一种全新的理念，即：创新、开放、简捷、明确、责任、自信；从而实现“为基层服务的工程、为市场服务的工程”的目标。这是一项新的工程。

我们就是要从讨论钻井系统的改革方案开始，推行这一理念。钻井改革，既要改观念，又要改思想，没有思想保证，效益不会提高。

要实现“新人新事新观念，新人新事新效益”，就必须克服官僚主义。克服官僚主义必须从管理者自身做起，要从我们自己的管理程序上做起，从自己管理的单位做起，包括对自己的要求。克服官僚主义不仅与制度没有多少必然的联系，而且与年龄也没有什么必然联系，与权力的大小也没有必然的联系。有些人年纪不大，但官僚思想相当严重；有些同志权力不大，但在他的管理范围和程序上，不断地向官僚主义发起挑战，使他所管理的单位不断出现新的面貌。

所以，我倡导这个座谈会不仅仅要讨论方案，更重要的是要讨论我们的思想观念和工作作风。

二、关于“创新、开放、简捷、明确、责任、自信”

下面主要就这 12 个字，谈谈我个人的看法：

（1）创新。市场要求理念创新、观念更

新。没有创新能力的管理者，肯定是被淘汰的对象。市场要求制度创新，要求产品创新等等。特别是制度创新，必须以理念创新、观念创新为前提，甚至可以说，产品的创新也必须以制度创新和理念创新作保证。制度如果不创新，老一套往往会未老先衰。市场中不存在老制度，只存在过时的制度。如果我们的管理者不是每天都在思考着创新，每年拿不出创新的制度，我认为这就是无力创新的管理者，必将会被无情地淘汰出局。我建议，今年考核干部一定要有创新分值，正职有正职的职责，副职有副职的职责，每个管理者陈述其在自己的职权范围内的创新业绩。而问题是我们天天被老观念、老理念、老制度、老产品所淹没，人们对这种东西见惯不怪。如果触及到了本单位和本人利益，就发牢骚，说怪话；如果触及不了，大家就听之任之，习以为常。所以，管理者的素质评价中，一定要有创新能力这一条。新的领导集团中，必须把那些有创新能力的人推到前台去。

（2）开放。市场本身就是一个开放系统，而开放最本质的特征是求新。只有开放，才能不断地在新的起点上为我所用。开放最显著的特点就是，凡是人类文明与进步的成果都应当共享。一个管理者，如果不是每时每刻心里都装着“两本账”：一本“差距账”，一本是学习先进的“典型典范账”，那他肯定是一个官僚。那么，我们这个新班子中的每一个管理者都应当是一个学习先进的“追星族”。开放对管理者而言，就是始终装着“两本账”：一本是“差距账”，应该经常检讨和寻找自己的差距；另外应该装着一本“典范账”，应该想哪一个目标应该是学习的对象。考核干部如果他说不出两本账来，他必然是一个“混饭吃”的官僚；他建立的系统是一个闭塞的系统，他在开放系统当中是一个“绊脚石”。将来，部门之间、单位之间、我们企业和社会企业之间，应该是时时互通有无的，应该是每天取长补短的。如果你管理的处室或单位，总是以老大自居，老是看着别人不行，那肯定是个官僚机构，与市场机制格格不入。

（3）简捷。我认为，真理往往是非常简单的，生活本身就是集中精力，瞄准一个非常简单的目标，用一种非常简捷的形式，追求一个非常简单的目标。只有简单才便于量化和把握。善于化繁为简的人，才是一个有智慧的人。只有足够的简单，才能调动起一切积极因素。但是，简单不等于简捷。简单的事情往往能人为地复杂化，简单的目标往往被官僚搞繁杂。在市场经济中，官僚会穿上带空调的内衣，而忘记了寒暑。他对市场的反应根本不敏感，他这一层官僚机构对市场上真正有用的东西、真正应该敏感的东西并不敏感。为什么？就因为他穿上了带空调的内衣，对他来说，四季如春，季节的变换对他无动于衷。这种官僚给别人一年穿一套衣服，四季不分。市场经济对最有活力的基层要求的是一种简捷。说到简捷，并不容易，小时候数学学不好，现在想来，关键是没有真正掌握简捷的智慧，即不善于把最繁杂的问题化简，用最便捷的方法进行求解。反思过去，推广到现在的管理中来，大家应该从中得到启示。一个学生如果能把繁杂简单化，那他就是一个有智慧的学生。市场经济要求我们以智取胜，靠速率争取时间，所以，所有事情都应该简捷化。将来在公司当中要推行一种简捷模式，看谁想出的点子最简捷，最便于基层操作人员掌握，实现高速度、高效益。官僚不会简捷，这是我经过一段时间思考得出的结论，不一定深刻，但是我进行深刻思考得来的。鱼钻不出人编织的网，光看到这一点还不行，还应该看到，人也钻不出自己编织的网；人若钻不出自己编织的网，那和钻不出网的鱼一样，我认为必死无疑。网眼大，必然是大鱼死，小鱼活；机构如果庞杂，其结果肯定是“大鱼不活，小鱼不死”。所以，官僚就是专门编织这种“网”的“死人”。他编织的网连他自己也挣脱不开。但是，先死的不是他，所以他会不停地编织。官僚主义者是喘气的死人，正因为要让自己喘气，就拼命地把机构做大，把网加密加厚。我们在座的自觉不自觉地都在做这种工作。清除官僚主义，难就难在要亲手撕破自己编的网。

(4) 明确。准确是明确的前提，不准确就谈不上明确；明确是信息完整的“保护神”，明确才能在时空上统一，明确才能有效率。今后要建立一套管理层和最基层职工沟通信息的制度，要把民议、述职、奖惩搞得更有效，使领导者对基层、对群众、对操作者反映的问题有一个非常明确的态度。如有必要，对群众提出的问题，领导应该当场答复，不回答“是”，就回答“非”，不允许含糊其辞。各级管理部门传达指示，必须简捷明确。现在的文件、要求为什么到不了基层？即使到了基层也变了样，为什么不能层层落实？把指示传达到基层，再反馈回来，不变样的几乎没有。所以，必须要求指令传达准确无误、明确无误。

(5) 责任。我认为责任是人格内在素质的体现，责任是人类社会区别于动物世界的本质特征，责任是管理者最基本的素质；没有责任心的人，按理说应与管理业务无缘。责任应和权利联系在一起，对于这些认识，大家基本是一致的。问题不仅仅要寻求责任与权利的平衡点，更重要的是当责和权错位的时候，要做到责任优先。在新的机构中，从总裁到执行人员，寻求在新制度下责与权的平衡点，但仅做到这一点还不够，必须要做到当失衡错位的时候，能够完全做到责任优先。一个人或一个机构，对社会不负责任，那必然会被社会淘汰。我们共产党讲全心全意为人民服务，是在总结人类社会进步的本质特征的前提下得出的，它是我们的宗旨。在市场经济中，往往责任和权利错位，又不能做到责任优先，所以才出现了这种假冒伪劣充斥市场的现象。在基层搞许多形式主义的东西，沽名钓誉，当危机到自身利益的时候，往往为了自己利益，损害他人利益；失去了职业道德，即使有一千条责任制度，照样可以不落实。所以，必须培养一种内在的素质。

(6) 自信。有人说市场是冒险家的乐土。到目前，我还没有切身感受。但有一条应该是肯定的，那就是市场的大门首先向自信者打开；缺乏自信的管理者，必然要毁掉一个企业或一个组织；一个没有自信的队伍中，肯定隐藏着一个或几个没有自信的官僚。据说生长人参的地方，周围的花草一定长得很茂盛。只有自信的管理者，才能带出自信的队伍。我们现在是有很多困难，有大批的人向往社会，有大批的人“买断”。“买断”从一开始，我就认为是对企业丧失信心的表现。我们是不得已而为之。在这种情况下，要让我们的队伍建立起自信来，那么，我们在座的领导者们应该怎样想？我认为，想多重要就有多重要，想多危险都不过分。相反，怨天尤人的人，肯定是不自信的人。古人说“知人者智，自知者明；胜人者立，胜己者强”。最重要的是“胜己者强”，战胜自己才是真正的强人。在市场经济中，经营者应该把自己树为头号敌人，遇到困难就怨天尤人，而不是设法超越自己，这是真正的不自信者，也就不是真正能成就事业的人；要成就事业，首先应该是一个自信者。

综上所述，我们从设计目标、设置机构上，都必须体现为基层服务、为市场服务这个理念，并在实践中不断完善。

以上 12 个字，如果作为一种理念，应该是全员的、全方位的；而推行的首要目标是管理层，而不是职工。

三、关于名称和机构设置

(1) 关于名称。既然是全资公司，就应该是长庆石油勘探局钻井集团公司。它之所以是“集团”并不是三个钻井处机构的简单合并，而是说这个“集团”中有若干个相对独立的公司。

（2）关于机构设置。机构设置应该尽可能地体现简捷、效率，但一些必要的部门也是非设不可的，比如人事教育部，应该把人事和教育合在一起；计划财务部、市场开发部、生产运行部、思想政治工作部、工程技术服务部、行政管理部、工会这都是应该有的。第二次机构改革要立足于市场需要，根据市场变化适时调整。比如可以考虑要不要成立公用事业集团公司、机修公司、三产公司、物资供应公司等等。根据我们的市场横跨三省区这一特点，应设置三个或四个精干有效的钻井前指。

四、新成立的公司近期的工作目标

第一个目标是推行“为基层服务，为市场服务”的工程。这个工程没有三五年的工夫是不够的，要和传统的管理理念作斗争；

第二个是设备更新目标；

第三个是技术精度目标；

第四个是市场开发目标；

第五个是人员培训目标；

第六个是思想政治工作目标等等。

上述目标都应该认真、明确地提出来。

产值到年底必须上升到 CNPC 的综合指标。现在进尺为 2.1 万米，和 CNPC 的综合指标已经差了一截。我们不要求上升很快，3—5 年内能否上升到 2.5—3 万米/年进尺？每年打上 100—140 万米进尺，收入能不能达到 15—20 亿元？内部利润能否达到 1—1.2 亿左右、养活 1 万人？我们的社会市场能不能占到 1/4，平均工资能不能达到 3—3.5 万元？技术进步将来会带动机关机构改革，所有钻井工程服务方面的科研机构，应该直接参与到公司当中去。人员培训能不能达到四个一百的目标，即培养 100 名合格的队长，100 名合格的工程师，100 名合格的司钻，100 名新型的机关管理人员。100 名合格的队长当中，有 50 名可以当钻井监督；100 名工程师中，应有 50 名兼职工程师。“以人为本”思想政治工作应该得到加强，重在建立队伍的自信心，培养职工的创新精神、责任意识，给队伍建设提出新的明确的目标。

五、配好正职

要授予正职几项非常重要的权力，要和他的职责结合起来。

（1）机构设置权。我们要求机构设置尽可能精简，如果机构设置很庞杂，就可以撤他的职，换他的人，但这个权利必须交给他。

（2）关键岗位工资制度分配权。在工资总额不超的前提下，关键岗位采取什么样的工资分配制度，由公司自己决定。

（3）行政副职配备权。新公司中，行政副职确实要做到能上能下。

以上这些是我作为座谈会主持人的发言。这是一次开放型的座谈会，希望大家放下包袱，畅所欲言，率先做到我所倡导的“12”个字。

孙玉辰同志在机械厂秦腔演唱会上的讲话

（2000 年 12 月 4 日）

上次来，听了你们的演唱，除了感谢大家外，我说了两句话。第一句话是秦腔、眉户一句听不懂，今天还是一句也听不懂，但是看着你们高兴我也高兴；第二句话我说你们是聪明人。

今天光说你们是聪明人还不行，我又有了

一个新的感受，你们还真正是生活的强者。为啥又多了一层体会，因为最近我有机会看了河南电视台办的节目《梨园春》。实际除了打字幕外，河南豫剧我也听不懂，有些参与者使我很受感动。什么参与者呢？下岗职工。我一看打出的字幕，下岗的职工有男的，也有女的；有老的，也有少的；有原来的机关干部，也有一般的职工。他们千里迢迢到《梨园春》现场去打擂台，我当时看了心里头有一种说不出来的滋味，为啥呢？因为我看到“下岗职工”几个字，心里就怪电视台，为啥把“下岗”两个字打上。我仔细一想人家肯定有它的道理，因为既是剧情没有对我产生教育，但“下岗”两个字对我产生了教育。剧情我没有看明白，但“下岗”两个字我看清楚了。

一个下岗的职工他为啥要到那去打擂台，我就老想这个问题。今天在座的自乐班人员中恐怕有过去早一点退休的，也可能有这次内退的，也可能有个别是这次买断的。特别是买断的，今天也来参与，这比“下岗”两个字对我的教育还深。我觉得小到家庭，大到国家，中到我们局、厂，都有一本难念的经，我们怎么样对待这个困难，我看你们采取的办法好，这种办法就是用一种乐观的态度来对待它。

前年咱们是石油系统南北大重组，紧接着CNPC大重组，现在是内部再重组，到现在一年多了，头绪还没有完全理清楚。今年下半年，就面临着没有上市的存续企业内部的重组。在这样一种形势下，老一点的职工有点不理解，甚至有点怨气，我觉得都在情理当中。我们过去没有经历过这种事，大伙心里头老觉得我们过去石油大企业，石油大家庭，温暖如春，团结如一人，现在怎么一会是南北公司，一会又是上市的，还有一部分没有上市的，还有动员买断，还有要下岗，再加上政策不连续等等。

特别是这次买断，上回我在庆阳就利用吃饭的机会，听到一些职工为了交买断书，就一家子讨论，儿女讨论，同事们之间讨论。上班时两个值班的干脆睡在一张床上，继续讨论，也不睡觉了。一会把书交上去了，一会又抽回来，最后讨论来讨论去，还是下决心买。等把钱领回来了，自己哭，一家子哭。这还不算，每天早上五点钟起床，到他那个工作岗位偷偷转一圈，好像没有着落。我当时听了以后就问，在座的谁已经写了买断申请了，谁已经拿了钱了。他们说，我们几人。我说，今天晚上咱不说这些不高兴的事，我请你们吃饭，只要你们愿意现在退回申请，就把申请给你们退回去。

所以说，在这样一种情况下，我们基层的工人，他有这样那样的想法和看法，都在情理当中。这里头有一个问题，有一个实理，大家必须弄清楚。哪一个实理？就是如何对待重组的形势，尽管翻来覆去地想，都在情理当中，但是在情理中悟不出一个实理来，就解决不了实际问题。

我为啥说你们是强者呢？你们并不是没有遇到这些问题，你们肯定遇到过。但是你们对待现实的精神面貌，我觉得是对的。要是你们没有一个正确的态度，今天敲上梆子也忘了词，张不开口了，你哪有心思唱秦腔，所以说你们是强者。

咱们存续公司剩了106万人，最近初步登记买断的超过了20万人，那就是5个人当中有一个买断的。我说30年河东，30年河西，咱们想一想，1970年咱们长庆油田是大批的招工，1971年23000复员转业军人的大批到来，呼啦呼啦地拥进6万人。30年以后大伙又恋恋不舍地离开这里，又回农村，回老家。我说三十年河东，三十年河西是不是这个理。

你们回去给咱的老同志讲，给咱们买断了的同志讲，给咱们离岗的同志讲，从去年开始我就公开讲，长庆局不消极地减人，要用政策来养人，到现在我讲这话还算数。今年不管是内退也好，买断也好，从CNPC到长庆局都有一个自愿的原则；还有一个我们不是动员，非得要造成一个形势逼着一些老同志买断，我们不这么干。我们在基层已经转了两圈了，多少了解老同志们的心情。现在出台的买断政策，在咱们石油系统确确实实是比较优越的，特别是对30年工龄的老同志来说，更是如此，这是肯定的。你们不要听那些其他来路的小道消息，我们局现在搞这件事是比较晚的一家，我们采取的政策肯定是相对优越的，这是第一。

第二，这个政策虽然明年很可能延续，但是条件肯定有些地方不会延续，为啥呢？咱们局拿出来的这一块，今年是硬着头皮拿的，就这样2.8亿元钱都要让上班的还三年账才能还清。明年要再继续搞，上班的这些人拿不出来，起码咱们局里这一块就要断了。CNPC规定的给我们批的3200块钱那很有可能实行，但是局里没有力量，这就说明一个啥问题呢？说明现在的政策要想和过去计划经济条件下，一定十年不变是不可能的。市场只要变，政策就得变，只要市场变，所有人的待遇都得变。大家要适应这个形势。这个形势不光是长庆局，也不光是石油系统，全国如此。今天有这么个政策，你认为合适，你就办。吃亏你别后悔，沾光你也不要乐呵！

现在咱们两个机械厂要成立一个总机厂，按理说成立这个总机厂，目前应该说是水到渠成的事，也应该说形势看好。合起来以后，更有利于两个机厂优势的发挥。但是，就这样一个比较好的举措，大伙对这个问题的理解上都有个过程。为啥呢？现在人们心里比较恐慌，好事也慌，糟糕的事也慌。为啥慌呢？就是一会这么重组，一会那么重组，大伙对前景看不远，对眼前的事也估计不准，所以发慌。这是在情理当中。现在的人要适应这一条，现在的政策包括工资待遇不可能一成不变。所以对待这样一个非常具体的问题，不管是在职的，还是离岗的职工，都得有一个比较实在的态度来对待。

我看采取你们这个办法好，这是个比较聪明的办法，比较实在的办法。人不可能当一辈子官，都要当老百姓的。我退了到你们这个位置，我一定向你们学习，一定采取你们这个态度。到我退休政策变的肯定比现成还厉害，到那时我不理解的事更多，你们给我做出了榜样。但是作为我们在职时，请各位相信有一条，我们不能把老百姓忘掉。每次我到你们这来听戏，有两个目的，一个是我也休息一下，另一个目的是我确实要找老同志们谈一谈。请买断的同志也相信，长庆局不允许各二级单位做那些无情无义的事情，孩子的招工问题、子女的就业问题、住房问题，该怎么对待现在还是怎么对待。这些老同志，把青春都献给了长庆，来的时候是二十几岁的小伙子，现在都是五六十岁的老同志了，他们把最美好的青春贡献给了长庆。现在给他们十来万块钱把这一段情意都没有了，不会这么做的，谁要这么做，天理不容。

今天光说你们聪明还不行，我还说你们是强者，我们将来都应该向你们学习。作为老同志来说，只要你身体好，组织起来干一些力所能及的工作，增加一部分收入，我高兴。在职的同志们负担更重了一些，我们应该搞内部重组，提高效益，把市场开拓得更加广阔，多挣点钱来养活咱们这些老同志。我相信两个机械厂重组以后，市场应该比现在还好。机械厂今年已经提前一个月产值超亿元完成了任务，二机厂今年形势也看好。两个机械厂不是在两个箭头向下时合并的，是在两个箭头都向上时合并的。这一条你们应该有信心。

我们要少吵吵，多干点实事，就是要按照市场的要求解决两个问题，一个是认识问题，第二个解决咱们的实力问题，竞争能力问题。长庆的前景看好，如果咱们44000人，有4000人发不出工资，我今天想在这听也听不进去。困难确实有，咱们碰到了前所未有的困难，但是只要我们共同努力，度过这个难关，前景就看好，起码包括离岗的、离休退休的人，一些基本待遇不能降低。所以局里的事你们也得多批评，多帮助，我们做的不周到的也得多谅解，多帮助支持。

张继昌同志在长庆石油勘探局党委书记工作座谈会上的讲话

（2000 年 11 月 8 日）

同志们：

近日，在与孙玉辰局长一起到陇东部分单位调研时，发现一些单位在减员增效工作中存在一些问题：一是由于人事劳资部门把关不严，审查不细，导致在办理有偿解除劳动关系手续的过程中，有异地安置要求的 1056 名职工的申请已经被批准，并上报了集团公司。二是有的单位在有偿解除劳动关系的申请尚未得到批准，各方面手续都还没有办的情况下，仓促通知本人离岗。这些问题影响了职工的情绪，出现了不稳定的苗头。还有不少单位因忙于重组改制而放松了管理，出现了很多操作不规范的现象。

在调研中，也充分肯定了采油二处、石油学校、庆阳总校等单位在贯彻勘探局临潼领导干部会议精神及减员增效工作中的一些好的做法和经验。

于是，孙局长决定紧急召开这次党委书记工作座谈会。会议的主要目的是交流好的做法和经验，集中分析、研究减员增效工作中存在的问题，采取有力措施，认真做好减员增效工作，确保深化改革的顺利进行，确保全局职工队伍的稳定，通过加大管理工作力度，确保今年生产经营目标的实现。

人事劳资处处长、组织部部长张启英同志通报了最近我局减员增效工作的基本情况。

第二采油技术服务处、石油学校、庆阳总校等 3 个单位作了重点发言。尽管他们的做法不完全相同，但有一个共同的特点就是：他们对减员增效工作非常重视，把有偿解除劳动关系及内部退养职工的管理纳入思想政治工作的范畴，做深入细致的调查摸底工作，有针对性地进行教育，确保了职工队伍的稳定。他们的思路和做法值得学习、借鉴。

目前，我局有偿解除劳动合同的职工 6354 人，内退职工 4725 人，两者相加 11079 人，占全局职工总数的近 25.7%。做好这部分人员的思想政治工作和切实加强企业内部管理是当前各级党政组织面临的一项十分重要的任务，事关全局队伍稳定，事关重组改制、深化改革的顺利进行。因此，特别强调五个问题：

一、各单位要立即着手，组织人员对有偿解除劳动关系的工作进行一次认真复查，按照勘探局统一政策执行，有针对性地做好有异地安置要求的职工的思想工作

（1）在有偿解除劳动关系的申请表中，部分职工提出了异地安置的要求。对这个问题，勘探局曾两次召开办公会进行研究，最后统一了政策，即：对有异地安置要求的职工，暂不办理有偿解除劳动关系手续。这个要求是很具体、很清楚、很明确的。

（2）与此同时，局机关有关部门又把这个问题向集团公司人事劳资部作了专门汇报，得到的答复是：按照国家有关文件精神，在职职工办理有偿解除劳动关系后所发的补偿金，已含有安置费，因而不能另设一笔资金。据了解，其他油田也没有相关政策出台。对有偿解除劳动关系的人员的异地安置问题，勘探局曾经做过认真的讨论。由于有偿解除劳动关系人数的大幅度上升，勘探局没有能力再解决这部分人员的异地安置问题。另外，对达到法定年龄、办理正式退休手续的人员，异地安置政策已经停止。所以，对有偿解除劳动关系人员不执行异地安置政策。

（3）由于局机关有关职能部门工作失误，衔接不紧，把关不严，审查不细，使1056名有异地安置要求职工的申请得到了批准，给减员增效工作带来不利。这个责任不在下面，更不在职工群众，要实事求是地向职工群众讲明情况。

（4）组织人员尽快进行复查，对有异地安置要求的职工要清理登记，专门造册，弄清楚基本情况。在此基础上，各单位党政领导要分工负责，迅速开展工作，亲自登门，做好深入细致的思想工作，讲明原因，讲清政策，让职工重新选择。

（5）针对不同情况区别对待，做好善后工作。对于以异地安置为先决条件的职工，已经办了手续的，可以交回补偿金，撤销公证，重新办理手续，重新安排工作；对于虽有异地安置要求，但满足不了要求，还继续坚持有偿解除劳动关系的职工，可以讲明政策，让职工重新选择，如果继续选择有偿解除劳动关系的，可以补填申请表，撤销异地安置要求。

这是一件政策性强、牵扯面广、深入细致的工作，各单位领导一定要高度重视，限期做好。

二、各单位要把有偿解除劳动关系的有关政策、面临的形势，实事求是地向职工讲明白，进行政策交底

（1）在重组改制后，为了存续企业的生存与发展，集团公司出台了有偿解除劳动关系的政策，想了许多办法，做了许多努力。按照《劳动法》的有关规定，企业员工在与企业协商有偿解除劳动关系时，企业支付的补偿金每年不超过1个月的平均工资；集团公司提出1个月再加1.5个月。这个标准，远远高于其他行业和地区。

（2）勘探局为这项政策的出台，花了很大心思，想了许多办法，甚至是冒了风险的。勘探局的政策优惠之处体现在三个差价中：一是集团公司核定的两个半月平均工资基数是3100元，通过做工作，提高到3230元，勘探局核定到3500元；二是在此基础上，每人每年增加1000元贷款；三是平均工资就高不就低。为了这三个差价，勘探局在重组改制后资金十分紧张的情况下，还要拿出2.812亿元来补贴，这是十分不容易的。

（3）对于老职工来说，有偿解除劳动关系的优惠很实在，体现在三个方面：一是无论与国内其他行业，甚至是石油行业内部相比，勘探局制订的“买断”价格都是比较高的；二是理顺了社会养老保险关系，只要职工愿意继续交纳养老保险，局保险中心负责托管，到了法定退休年龄，还可以同其他人一起按月从社会上领取养老保险金；三是在物业管理上给予优惠。勘探局已经决定对有偿解除劳动关系的职工，将物业管理中的“大头”——取暖费，暂时不交。

（4）按照国家有关规定，勘探局积极与地方社会保险部门联系，争取了一笔失业保险金。勘探局最近还要对有偿解除劳动关系的职工发放失业救济金。标准是每满一年工龄，每月130元，按工龄累加计算，最多不超过24个月。原来设想一次性发放，但由于有偿解除劳动关系的职工总数增至6000多人，资金一时到不了位，设想采取按季或半年一次的办法发放。这是勘探局积极争取的又一项优惠政策。

（5）整个石油系统有偿解除劳动关系工作进展很快，集团公司一次性从财政部拿到120

亿元补偿金，目前已基本发放完。为了使我局上报的第二批、第三批有偿解除劳动关系的职工补偿金能够落实，先后派出三批人员到北京催办，11 月 7 日张芝兰总会计师又带人到北京去做工作。

(6) 从目前的形势看，集团公司有偿解除劳动关系这个政策，能不能持续下去，能持续多久，是不是“买断”价格还维持目前这么个标准，现在都是未知数。但根据各方面情况分析，形势不容乐观。这个问题请大家深思。

三、要充分认识做好有偿解除劳动关系及内退职工思想政治工作的必要性、重要性，切不可麻痹大意，掉以轻心

(1) 有偿解除劳动关系的职工大多数是老职工，他们经历过长庆 30 年石油会战，为长庆的发展流过汗，出过力，做出了很大的贡献。而且，这次也是为企业深化改革做出了贡献。他们参加工作到油田，从青春年少一步步干到今天，从情感上讲，他们对长庆、对企业有一种难以割舍的依恋之情。许多人做出这个决定时，都是反复再三，填表时手都在颤抖；有的职工在办理完手续后，甚至泪流满面，人哭一场；有的同志说，我们与企业解除的是劳动关系，“买断”的是工龄，但与石油企业、与工作单位的情感“买不断”。这种心情，这种情感，都是真实的，是完全可以理解的。我们各级党组织在这个时候，有责任、也有义务主动关心他们，帮助他们调整好心态和情绪，使他们在人生的重大选择面前，顺利地渡过这个难关，重新开始新的生活。

(2) 有偿解除劳动关系的职工虽然与企业解除了劳动关系，但是他们绝大多数依然居住在长庆各个生活区内，大的生活环境没有变，他们与企业依然保持着千丝万缕的联系。但是，由于他们的生活方式变了，与企业的交往联系少了，对企业的事情了解的不够全面准确，加之，由于居住条件相对集中，构成了一个特殊的群体，一有风吹草动，就会议论纷纷，集结成群，形成不稳定因素。对此，各级领导、各级组织千万不能掉以轻心。

(3) 有偿解除劳动关系的职工中有些人因为各方面的原因，可能会在社会上做出一些违法违纪的事情。由于他依然居住在局内各个生活区，所以还算是油田居民，在综合治理工作中各单位还负有不可推卸的责任。

(4) 有偿解除劳动关系的职工，目前正忙于办理各种手续，没有时间和精力对未来做更多的、切合实际的估算，等过了一段时间后，这个矛盾便会逐渐暴露出来。从掌握的资料看，这部分职工中完全丧失劳动能力的仅是少数，大多数人还有就业的愿望，况且其中有相当一部分人子女就业少，家庭负担重。而油田各单位大都处于边远地区，市场经济不发达，社会吸纳就业能力很弱；加上石油企业多年在计划经济模式下运作，职工观念陈旧，自我谋生的意识差，能力更差。因此，一旦在职职工生活福利有所改善，或者物价上涨，牵涉到他们的切身利益时，这些人就会产生情绪波动甚至逆反心理。

通过具体分析，我们至少要统一两方面的认识：

一是“买而不断”的现象是客观存在的，不是个人主观意志所能控制的。我们希望通过有偿解除劳动关系，使这部分职工与企业的关系像国外公司那样，一走了事。但现实并不是这样，我们必须理智地、清醒地承认这个现实。

二是做好这部分人的稳定工作，是企业生存与发展的基础。减员增效工作，是把“双刃剑”，使用得当，会使企业减少冗员，减轻包袱，轻装上阵，求得发展。但是，使用不当，随时都会引发矛盾，造成不稳定局面。而处理这些问题，不仅要耗费大量的时间和精力，更重要的是，会使在职人员情绪产生连锁反应，造成队伍不稳。如果出现这种情况，即使有再好的市场、再好的项目也无济于事。

所以，各级领导要充分认识做好有偿解除劳动关系职工的思想工作的必要性、重要性，要端正态度，丢掉幻想，实事求是，从大局出发，确保队伍稳定，确保一方平安。

四、各级党组织要采取强有力措施，切实做好有偿解除劳动关系职工的思想政治工作，做好队伍稳定工作

（1）切实加强领导，实行主要领导分工负责制。这次会议之后，各单位党委要认真坐下来分析形势，统一认识，理清思路，针对本单位的实际情况，研究部署工作，制订出切实可行的具体措施，实行主要领导分工负责制，哪个单位出了问题，就要追究哪个单位领导的责任。各单位党政一把手，要直接对局党委、勘探局负责，以高度的政治敏感和责任心，切实做好工作，确保一方平安。

（2）要组织有关部门人员，深入细致地做好调查摸底工作。像石油学校那样，把工作具体做到每一个人头。目前，由于减员增效工作进展很快，许多相关工作没有跟上，一些具体情况掌握不细不实，基础资料统计分析不够，而许多领导对这方面的基本情况知之甚少，这是不行的。要尽快组织人员开展调查摸底，做到四个清楚：一是对本单位有偿解除劳动关系的职工的综合数据清楚，有个基本的分析，从而了解和掌握工作的难点及重点；二是对本单位有偿解除劳动关系职工的现状，特别是心理承受能力清楚，帮助他们很好进行心理调整，度过人生的重大转折期；三是对本单位有偿解除劳动关系职工的下步设想和打算清楚，区分不同情况，给予帮助和支持；四是对本单位有偿解除劳动关系职工生活状况、居住地址及与企业定点联络的方式清楚，把他们纳入到可控制的范围之中。这些具体要求，各单位一定要认真落实，局党委组织部、人事劳资处要加强监督检查，发现问题坚决纠正。

（3）要把做好有偿解除劳动关系职工的思想工作，纳入各单位思想政治工作的范畴，认真研究，切实抓紧抓好。有偿解除劳动关系的职工从真正意义上讲，已经与企业这个大的团体脱离了关系，成了社会上的“自然人”。对这部分人的工作，既是我们当前工作中面临的一个重点，又是一个全新的课题，要探索新的方法，新的手段，新的途径。

我先提几点意见，启发一下思路，大家可以在实践中进行深入探索：

一是在目前刚刚办理手续或将要办理手续这么个关键时期，针对职工心理变化大、缺乏归属感、生活习惯变化大等现实状况，各单位要组织召开一些小型多样的座谈会，有针对性地做好引导、教育工作，有条件的还可举办一些知识讲座，使他们逐渐缓解心理压力，转换、调整好心态，开始新的生活。

二是各单位要办好广播、电视、宣传栏。通过各种途径，使有偿解除劳动关系的职工能及时了解企业的生产与经营形势，了解发展前景，形成积极向上的氛围。

三是落实与企业的联系方式。办好党组织关系的接转，各单位的小区文化建设要积极吸纳这部分人参加，开展丰富多彩、健康向上的文化、体育活动，陶冶情操。

四是做好一人一事的思想工作。这部分人的思想工作原则上由离职前所在的基层单位兼管。基层单位领导要及时掌握思想动向，随时做好化解矛盾、理顺情绪的工作，把各种不稳定因素消灭在萌芽状态。千万不能等问题成了堆再去解决，那样做更容易被动。

五是逢年过节要对这部分人进行慰问。印些慰问信，发个贺年卡，买点小纪念品等，花钱不一定很多，但工作要做细，要“送温暖”，不能凉了他们的心。今年尤其要注意这一点。

六是挑选一些思想素质好、有影响力、有威望的人作为思想政治工作的“联络员”，定期开个小会，互通情况。

上面提到的具体做法，只是抛砖引玉，希望各单位在实践中拓宽视野，大胆探索，我们将及时总结推广，切实把这项工作落实好。

(4) 要从长计议，在力所能及的范围内，帮助有偿解除劳动关系的职工解决好谋生问题。这是个很复杂、很难做的工作，但是还要想办法努力去做。原因有两条：一是坐吃山空终究不是长久之计，一旦形势有变化，钱花完了，他还会有麻烦；二是无所事事，生活面越来越窄，封闭式的生存状态会使有些人的情绪走向极端，容易引发各种矛盾和问题。所以，在企业力所能及的范围内，要想办法帮助他们解决自谋生路的问题。

在这方面，石油学校做了一些探索。他们把一些经营网点优惠租赁给有偿解除劳动关系的职工经营，反映很好，调动了两个积极性。二机厂领导经过研究后有了一个很好的思路，即：对有偿解除劳动关系的职工，在他们拿到补偿金后，厂里派人为他们筹划，从领到的经济补偿金中拿出一部分买大病医疗保险；一部分留做教育基金或生活费；拿出一部分资金集资，由富有经验的人挑头，组织起来办小企业，厂里把一些闲置低效资产租给或作价后卖给他们，让他们自谋出路，自我发展。还有些单位主动为有偿解除劳动关系的职工出谋划策，提供市场信息，进行技能培训等，这些做法都很好，应该大力提倡。

各单位可以根据本单位的实际情况，因地制宜，采取措施，逐步落实。但绝不能消极地、简单地一推了之，这样做不仅于情于理说不通，而且对企业深化改革、长远发展也不利。

(5) 认真研究解决好有偿解除劳动关系和内退职工离岗后，生产和经营中出现的新情况、新问题，确保全年各项生产任务的完成和经营指标的实现。

这次减员增效工作从整个石油系统看，我们的力度不算大。大庆 20 多万人，“买断” 7 万余人，占 30%；华北 8 万多人，“买断” 3 万余人，占 37%；吉林 5 万人，“买断” 1 万人，占 20%；我们的比例大约在 15%。我们的实际情况是生产任务相对饱满，原先人员富余的矛盾不像其他油田那样特别突出。

但从全局来分析，有的单位“买断”加退养人员比例很大，接近 50%。运输处“买断”1068 人，内退 93 人，占 46%；二机厂“买断”426 人，内退 49 人，占 49.8%；机械厂“买断”354 人，内退 47 人，占 37%。

从整体情况看，这些人离岗后，对减轻企业负担将是十分有利的。但最近一个时期出现的有些问题要引起各单位领导注意：一是大量人员离岗，造成一些岗位缺员；二是一些单位技术水平高的生产骨干离岗，造成产品质量下滑，职工队伍整体技术素质降低；三是对在职人员产生冲击。

因此，各单位要抓紧做好以下几项具体工作：

一是无论干部岗位、还是工人岗位，缺员的要尽快配齐。人员紧张，要结合机构调整进行。单位、岗位该撤销的撤销，该合并的合并。提倡一人多岗、一岗多能。

二是加强技术培训，确定关键岗位，制定培训计划，通过各种措施，使现有职工技术素质大大提升一步。有些身怀绝技的老职工，可以返聘回来当教练，要确保关联交易市场和社会市场的需要。没有高技术素质的队伍，有了市场也保不住、占不牢。

三是认真进行岗位责任制检查考核，规范操作规程，把正常的生产、工作秩序建立起来，保证安全生产。不能少部分人办手续大部分人乱糟糟，三五成群，议论纷纷，甚至连工作也无心去干。

四是振奋精神，正面引导，鼓舞士气，弘扬正气。各单位要结合年终总结评比，大力表彰先进，树立典型。

五、以市场为导向，以 HSE 管理为载体，以提高经济效益为目的，加强内部管理，增强企业竞争力

重组改制以后，由于工作头绪多，特别是

深化改革、稳定队伍等工作比较紧迫、比较突出，因而在一定程度上使企业内部管理工作有所放松。现在存续企业最大的问题是市场问题。我们必须从开拓和占领市场这个新的角度，去检查和审视企业内部管理工作。管理不到位，队伍素质不高，即使有了市场，也保不住、占不牢。

这次去70118钻井队现场学习、观摩，体会很深。壳牌公司拓展中国市场，凭借的不仅仅是其强大的经济实力，更重要的是凭借一流的管理水平和一流的人才。在一年来闯市场的实践中，我们也有正反两方面的实例，应该使各级领导清楚地意识到，要以市场为导向，从企业生存与发展的高度来抓好企业的内部管理工作。

(1) 突出管理在企业各项工作的主导地位。明年的市场形势很严峻，关联交易市场将开放50%，社会市场份额少。所以，必须从开拓和占领市场的高度，认真研究管理工作。针对目前管理中出现的“低标准、老毛病、坏作风”等问题，局党委、勘探局明年将在整体工作部署中，突出管理的主导作用，研究一个以“市场、管理、效益”为主要内容的主题活动，目的就是要提高企业的管理水平和整体实力，从而在激烈的市场竞争中，能够稳住关联交易市场，开拓社会市场，进军国际市场。

(2) 要研究加强内部管理的具体措施，抓好落实。我们在管理上有许多规章制度是“写在纸上、贴在墙上、说在嘴上”，形式主义、走过场、“一阵风”过去就完了。

去壳牌学习一个最大感受就是：重承诺、守信用，说到的，必须做到；执行规范标准，严格到近乎苛刻的程度。这就是我们的差距所在。壳牌公司的这些做法，对我们有很强的冲击力，启迪也很深。

各单位在抓管理中要突出抓好四个环节：

一是结合重组改制后存续企业面临的新情况、新问题，认真开展整章建制工作，使其更具规范性、实用性、操作性。

二是抓好全员培训，真正让职工知道该干什么、怎么去干、最终应该达到什么样的标准和要求。

三是加大监督力度，严格奖惩措施，结合新的用人制度，引入竞争机制，优胜劣汰。

四是狠抓落实。管理是个系统工作，是一个循序渐进、日积月累、由量变到质变的过程。各单位都要防止“一阵风”、形式主义的老毛病，要一个阶段提出一个目标，一项项抓落实；要从小处着手，小题大做；要抓反复、反复抓，逐步提升管理水平。

(3) 以HSE管理为载体。HSE是国际通行的管理标准，它不简单是健康、安全、环保这几个概念，而是有其深刻的内涵。它融企业理念、企业文化、行为规范、作业标准、工作程序等内容于一体，核心是以人为本。通过周密的计划，严格的标准，严密的程序，规范的运作，通过调动、提高保护人的积极性，来落实责任。在国际市场，HSE管理已经成为工程技术服务企业进入市场的一张通行证，否则，就丧失了进入市场的资格。

股份公司已经开始全面推行HSE管理。作为提供工程技术服务的存续企业，如果不加大推行HSE管理的力度，就达不到甲方的要求，最终就会丢失市场。

各单位要结合本行业、本企业的特点，以HSE管理为载体，融优良作风、传统文化、企业理念、队伍建设为一体，探索管理创新的路子。

(4) 加大培训力度。企业的竞争、市场的竞争，归根到底是人才的竞争。针对存续企业的实际，当前，要特别注意培训各层次、各专业会操作、懂技术、善管理的复合型人才。

（局党委办公室于2000年11月13日以长党办发［2000］第12号文印发）

滕玉林同志在长庆石油勘探局“十五”计划工作座谈会议上的讲话

（2000年6月30日）

同志们：

根据局党委、勘探局的安排，今天在这里召开全局“十五”计划工作座谈会，研究部署“十五”计划编制工作。会前，规划计划处会同有关处室做了大量的基础工作，初步摸清了各个单位的基本情况，并经过反复讨论，提出了改革与发展的基本思路和对策，所有这些都为编制全局“十五”计划打下了一定的基础。对此，李庆宁同志还要作专题报告。下面，我就“十五”计划的编制讲三个方面的具体意见。

一、深刻认识编制“十五”计划的目的和重要性

大家都还清楚的记得，去年的今天——1999年6月30日是我局重组改制、核心业务与非核心业务分开分立的财务基准日。从此以后，长庆石油勘探局作为存续企业，其身份地位、业务范围、内外部环境条件、与油气主业的关系、资源配置方式以及经营机制等都发生了深刻的变化，生存和发展面临着各种矛盾和困难的严峻挑战。今后五年，是存续企业到底将向何处去的关键时期。能否经过五年的努力，使存续企业摆脱困境，平稳过渡，在新的千年、新的世纪来临之际获得一个良好的开端，实现新的发展，是摆在我们各级领导干部、各级经营管理人员面前的一个重大而严肃的现实课题，也是我们编制“十五”计划要解决的根本问题。

1．编制“十五”计划，关乎存续企业未来的生存和发展，也关系到油田公司的规范运作

凡事预则立，不预则废。编制和实施“十五”计划，就是要在深入分析和准确预测勘探局内外部环境及其变化趋势的基础上，确立起符合客观实际的发展思路和发展战略，充分利用外部各种机遇和有利条件，充分挖掘内部各种潜力和优势，通过切实可行的发展计划和行动步骤，沿着既定的发展方向达成各项战略目标，有效解决困扰存续企业生存和发展的深层次矛盾和问题，实现可持续发展。因此，我们必须站到存续企业生存和发展的高度来认识编制“十五”计划的重要性，通过“十五”计划的编制，切实规划好企业求生存、求发展的具体蓝图。

同时，在目前股份公司刚开始按照国际规范运作，新旧体制交替、新老制度磨合、各种矛盾和问题错综复杂的情况下，存续企业“十五”计划编制得好与坏，不仅直接关系着存续企业深化改革和稳定发展，而且也直接影响到股份公司生产业务的发展和股票的市场表现。因此，我们还必须从讲政治、讲大局的高度，深刻认识编制好“十五”计划在这一特殊时期的特殊重要意义。

2．编制好“十五”计划，有助于积极争取集团公司投资政策的扶持

今年，集团公司进一步强化了计划项目的立项管理，出台了鼓励投资、限制投资、禁止投资的项目范围规定。如果有市场前景好、经济效益佳、集团公司鼓励投资的项目，就可以争取到资金或政策的扶持，勘探局对这类项目也会实行倾斜政策。因此，各单位一定要利用好编制“十五”计划的机会，结合本单位实际，提出和论证一批有前途的、切实可行的项

目，为未来几年的产业结构调整和发展争取有利条件。否则，时不我待，过了“这个村”就不一定还有“这个店”。

3. 编制好“十五”计划，有助于增强职工队伍的信心和凝聚力

编制一个好的、可行的“十五”计划，不仅对我们未来几年的工作具有重要的指导意义，在当前还有其一定的现实意义。毋庸讳言，目前存续部分职工队伍由于看不清光明的前途，对未来普遍感到担忧，存在着较为严重的潜在不稳定因素。所以，我们还要通过编制“十五”计划，让勘探局的广大职工，切实看到企业未来的前途和希望，增强克服当前困难的信心和勇气，团结一致，同心同德，共创存续企业的新局面。

二、编制“十五”计划，需要把握好“五个重点”，处理好“四个方面的重大关系”

1. 需要把握好五个重点

一是把握好经济结构调整。要根据国家经济结构调整和产业发展的政策及其走向，按照“有所为有所不为”和“抓大放小”的原则，择优扶强，着力于调整优化产业结构、产品结构、资产结构和队伍结构，重新塑造新的支柱产业和主营业务，培育新的经济增长点，逐步形成新的、适应市场经济要求的产业格局；着力于控制和压缩总量，提高现有资产的运行质量和效益。

“十五”期间将重点调整和改造工程技术服务、生产技术服务和加工制造业，优化资产，精干队伍，提高服务质量和市场竞争能力；放开搞活生活服务和多种经营业务，面向社会，面向市场，自求发展，自求平衡。力争用3—5年时间，通过结构调整，实现结构优化和产业升级。

另外，我们还必须看到，随着知识经济、网络经济等所谓“第四产业”的到来，世界经济正在经历着新一轮的更加深刻的革命。同时，我国加入WTO在即，国内市场将与国际市场全面接轨。在这个全球经济一体化的大背景下，还必须加快利用新技术改造传统石油产业，特别是工程技术服务产业，加快其与新经济、新技术融合发展的步伐，加快国际化进程。

二是把握好管理创新和制度创新。实施持续重组，推进存续企业改革，尽快建立现代企业制度，转换经营机制，是解决存续企业生存和发展深层次矛盾的根本途径。按照集团公司的要求：

在深化产权制度改革方面，“十五”期间，要加快实现从单一国有资产经营向投资主体多元化方向转变，所有新建项目都将实行多元投资主体。同时，要通过组建由企业、职工、集团公司共同持股的股份公司，使增量投资与搞活企业紧密结合起来。

在加快公司制改造方面，力争用3—5年时间，将绝大多数存续企业改制为有限责任公司或股份有限公司，建立起规范的法人治理结构。同时，选择一批条件成熟的改制企业，拿出一批好的项目，择优上市，形成新的经济增长点。

在放开搞活中小企业方面，对中小企业，特别是多种经营企业，采取联合、兼并、股份合作制改造、拍卖、租赁、承包经营和出售等多种形式放开搞活，最终实现与存续企业分开分离。

在分离企业办社会职能方面，要加快步伐，抓住改革的有利时机，按照分类指导、分步实施的原则，在2003年以前，逐步将企业办的中小学、医院等公益型机构、后勤服务型机构从企业主体中分离出来，使其成为面向社会、有偿服务、独立核算、自负盈亏的独立实体。

三是把握好市场导向。首先，必须牢固占领关联交易业务市场。这是勘探局安身立命之本。一定要进一步强化生产过程的组织运行和管理，进一步提高工作水平，以一流的质量、

优质的服务、可靠的信誉和合理的价格，确保在内部市场的占有份额。

其次，积极开拓国内市场和国际市场。从全局整体利益出发，调配一流的设备和最好的施工队伍，积极占领鄂尔多斯盆地周边市场和对外合作反承包市场，努力争取在其他国内市场和国际市场上拥有一席之地。特别是工程技术服务和加工制造企业，要抓住西部大开发的历史机遇，大力开拓相关市场、周边市场和潜在市场，努力向关联性强的领域渗透。

另外，各个单位还可根据自身的特点，充分挖掘现有的优势，开辟和拓展新的相关业务市场。

四是把握好技术进步，构筑核心竞争力。在突出主营业务，重新塑造存续部分支柱产业的基础上，把培育存续部分中的核心业务—工程技术服务的市场竞争力作为战略重点，尽快形成存续部分的核心竞争力，确立竞争优势，增强企业在内外市场上的生存竞争能力、盈利能力和自我发展能力。同时，由于技术服务市场的竞争主要是工艺、技术上的竞争，因此，必须大力推进科技进步，积极引进国内外的先进适用技术，研究发展适合长庆特点的专有工艺和技术，尽快确立和形成技术优势，构筑竞争力的核心。

五是把握好投资决策。一项正确的投资决策可以为企业的将来带来良好的发展效益，但是，如果投资决策失当，那么，今天的投资就是明天亏损的开始。因此，一定要严把投资决策关。要进一步加强项目前期工作，规范立项审批程序。在此重申：凡新上项目，不论项目隶属关系是主业还是多种经营，不论是法人还是非法人单位，也不论资金来源，立项审批均需报勘探局批准，严禁以任何借口搞资金体外循环，搞计划外工程。尤其要防止盲目铺新摊子，搞新的重复建设。所有投资项目的取舍，一律以投资回报率为依据，效益好就上，没有效益或效益一般就坚决不上。

2. 需要处理好四个重大关系

一是处理好局部与整体的关系。勘探局的整体发展不是各单位的简单相加，同样，勘探局的“十五”计划也不是各单位计划的简单汇总，必须考虑各种经济资源的约束，分清主次，分清轻重缓急，搞好综合平衡，谋求整体发展利益的最大化。因此，一方面，各个单位要通过改革和调整求发展，尽快提高“四自”能力；另一方面，各个单位的发展，又要符合、服从于勘探局和集团公司整体发展的大局。尤其在重组改制过渡期内，发挥勘探局的整体优势是非常必要的。

在制定“十五”计划时，各个单位的领导和计划编制人员都要有大局意识，要牢固树立勘探局、集团公司始终是一个整体，存续部分和油田公司必须相互依存、共同发展的战略思想，正确处理局部利益与整体利益的关系。

二是处理好“长”与“短”的关系。首先要处理好短期利益与长远利益的关系，实现两者的完整统一。如果把握不住现在的效益，发展就没有现实基础；如果不筹划好将来的效益，只顾眼前，就是短期行为，就不能实现可持续发展的长远目标。要树立长远发展的观念，坚决破除急功近利，只顾眼前，不顾长远，只谋一地一己之利的狭隘意识。尤其是我们存续企业，积累能力有限，生存和发展前景不容乐观，如果不能未雨绸缪，而是把短期的那点效益“吃干榨尽”或是都用到干一些“锦上添花”的事情上去，那么将来生存与发展发生困难时，谁又会来“雪中送炭”呢？

在平衡短期利益和长远利益的问题上，我们存续企业的各级领导，一定要进一步树立长远观念和忧患意识，为企业长远的生存和发展着想，既要承担好自己任期内的目标责任，还要承担起对企业、对职工的历史责任。在政策和条件允许的情况下，尽量积蓄一定的实力，在本单位内部择优扶强，培育主营业务和核心竞争力，确立竞争优势，以保证在今后更加复杂困难的局面下，求得企业的生存和可持续发展。

其次，要搞好计划编制上的“长短结合”。搞好中长期计划与年度计划的衔接，增强中长期计划对年度计划的指导力和约束力。

三是处理好“内”与“外”的关系。企业的发展战略可以概括为两类：一类是内部交易型战略，即：使用自己的产品和服务去占领外部市场，求得企业的发展；另一类是外部交易型战略，即直接用资产、资本去参与、控制不属于企业自身的业务或拓展未来业务。前一类是常规性的发展战略，比较稳妥，是一种量的积累过程；后一类则是非常规性发展战略，有一定风险，但选准了则有可能带来质的突破。

为抓住西部大开发和我国即将加入 WTO 的历史机遇，我们还要在充分论证的基础上，积极稳妥地采用跨区域、跨领域的联合、合作、合并等多种方式，以及产权市场、资本市场运作等途径，重新构筑新的经济版图，或者使已有的某些业务获得再生、在原有基础上做大、做强。

四是处理好改革、发展和稳定的关系。稳定工作是过渡时期的首要工作。目前，在稳定的大局面下，也还存在着不少潜在的不稳定因素。特别是重组改制，客观地讲，对存续企业利益造成了冲击，也对存续企业职工队伍的思想观念造成了冲击。部分职工由于思想准备不足，又看不到存续企业的前途，形成了心态上的极大失衡。对这种负面效应，任何单位的领导都不可轻视，如果在某些问题上处理不好，就可能成为导火索，形成局部问题，从而导致矛盾的激化、不稳定的出现。没有稳定，改革和发展就无从谈起。因此，要在确保职工队伍稳定的前提下，积极稳妥地推进企业的改革和发展，真正做到以稳定保改革、保发展，以改革和发展促稳定。

三、对“十五”计划编制工作的几点要求

在目前新旧体制交替、新老制度磨合的特殊时期和特殊环境下，编制勘探局（存续部分）的“十五”计划，存在着许多不确定因素。一是部分政策并不明确，或者说还达不到可操作的条件；二是市场因素不确定。关联交易工作量和价格不好确定，社会市场的开拓更是难以预测；三是油价变化对存续企业能产生影响；四是存续企业内部改革的进度和实际效果难以估计。因此，“十五”计划的编制是一项十分艰巨而又复杂的工作，对此，我们必须有足够的认识。

关于“十五”计划的编制，我强调以下几点要求。

1. 各级领导要高度重视，切实加强组织领导工作

勘探局已决定成立以孙局长为组长，我和张总、张助理、邓助理为副组长，机关有关处室负责人参加的“十五”计划编制领导小组。各单位也要组建相应的领导机构，切实做到组织落实、人员落实、经费落实，一把手要亲自抓，计划部门要集中力量组织编制，相关部门要大力支持和配合，务必确保计划编制工作按时、按质完成。

2. 要以严肃认真的态度，搞好调查研究工作

一是要摸清家底，做到心中有数。各个单位的情况都比较复杂，业务覆盖面宽，过去又没有单独按业务类别编制过计划，普遍存在缺乏历史资料，缺乏科学适用的定额、缺乏计划指标体系等问题。所以，各单位必须从调查研究做起，摸清家底，吃透问题，确保“十五”计划编制建立在可靠的基础之上。

二是要搞好市场调查和市场预测。这项工作以前搞得少，是开展计划编制工作的薄弱环节。大家一定要借这次机会，组织好市场调查和市场分析，获得可信度高的市场数据和资料。对市场情况不明的项目，坚决不能纳入发展计划。

3. 计划编制一定要切合实际，突出重点，确保计划的指导性和可操作性

一是要以市场为导向，以经济效益为中心，择优选择投资项目，坚决杜绝重复建设项目和经济效益差的项目。

二是项目和业务计划的提出，要以投资回报率、市场占有率和实现利润为根本依据，工作量指标、其他经济指标和技术进步指标都要服从于效益指标。

三是要保证编制的计划能够落到实处，并能对企业的经济结构调整和经济效益提高起到很好的指导作用。

4. 计划编制要突出本单位、本专业的特色，要体现自强自立的精神，依靠自己的力量，走自己的发展道路

要结合市场机遇和有利条件，注意发挥本单位、本专业的独特优势，形成有自己特色的发展计划。同时，要坚决摒弃“等、靠、要”的思想，努力依靠本单位自己的力量求发展。

5. 要注意搞好各方面的协作，上下结合、内外结合，博采众家之长

“十五”计划的编制是一项浩繁的系统工程，必须实行目标管理，分专业、分层次多方面组织力量进行编制，广泛吸取各方面的意见。在编制过程中涉及的、对“十五”期间企业发展有重大影响的专题，可以采取内外结合的方式进行研究。对此，科技处要积极予以支持。

还必须强调的是，“十五”计划的编制，要注意利用先进的技术经济手段，如投入产出技术、规划评审技术、风险模拟和评估技术等，提高其科学性和准确性。对最终确定的全局“十五”计划盘子，计划和财务部门还要共同编制一个粗略的滚动预算进行跟踪检验，并测试其成长性、盈利性、效率性和安全性，测试各种不稳定因素的影响和风险影响。

6. 加快工作进度，确保按期完成

根据规划计划处的安排，8月15日以前，相关各处室要提交“十五”计划专题研究成果资料，各二级单位要报送本单位计划初稿。时间很紧迫，会后要立即组织人员，认真落实，务必确保计划编制工作的质量，并按期完成。

同志们！“十五”计划编制工作既重要又紧迫，我相信，只要我们共同努力，集中精力，充分利用两个半月的时间，我们一定可以绘制出勘探局未来五年的发展蓝图；我更相信，用五年的时间，我们一定能够把这张蓝图变成现实。愿我们的明天更美好！

（局办公室于2000年7月5日以长办发［2000］第21号文印发）

陈国法同志在长庆石油勘探局安全、环境与健康工作会议上的讲话

（2000年5月19日）

同志们：

这次会议是勘探局分开、分立后召开的第一次安全、环境与健康工作会议。杨庆理局长助理的工作报告，传达了集团公司安全环境与健康工作会议及勘探局4月27日局务会议精神，总结了今年前5个月的工作，重点部署了

下一步的工作任务，提出的工作目标切合实际，措施非常具体，我完全同意。这也是勘探局4月27日专题研究的一些精神，希望大家要按照杨助理讲的精神去认真贯彻。会上，物探处、钻井三处、油建工程处等单位就HSE管理体系建设谈了各自的做法和体会，这对于各单位实施HSE管理具有很好的借鉴意义。

下面，我讲几点意见。

一、认清形势，提高对做好安全、环境和健康工作重要性的认识

党中央和国务院领导高度重视安全生产和环境保护工作。江泽民总书记、朱镕基总理等中央领导同志就安全环保工作作过多次批示。最近，江总书记针对江西省萍乡市“三无”爆竹厂发生的特大烟花爆竹爆炸，造成33人死亡、12人受伤的特大伤亡事故作了重要批示。其内容是：“这样的事故已发生多次了，我们也作过多次批示，但同类事故仍不断发生，令人十分痛心。我相信有关部门也一定已有规定，问题是没有得到认真的落实，值得有关部门深思。这是一项系统工程，从安全生产规范到营业执照管理；从产品质量标准到防爆防火的安全教育，无一不值得我们很好总结教训。通过这件事，也要看到反腐败是很具体的，在社会主义市场经济的条件下，不能允许只要有钱赚，就可以危机人民的生命安全。”4月7日，党中央、国务院针对全国安全生产形势严峻的情况，及时召开了“加强安全生产，防范安全事故”电视电话会议，吴邦国副总理作了重要讲话，会议要求立即开展安全生产大检查。集团公司领导对安全生产和环境保护也非常重视。今年以来，不仅召开了安全、环境和健康工作会议，而且在多次会议上均有重要指示。勘探局对安全生产也非常重视，专门召开安全生产局务会议，分析形势，制订目标，研究措施。

今年是勘探局分开、分立后正式运行的第一年，安全、环保工作将面临一系列新的问题。尤其是重组改制后，安全、环保的管理主体、资源配置和任务要求都发生了变化。勘探局管理着各种施工队伍，野外条件恶劣、作业流动性强、市场竞争激烈，井喷、交通事故、工伤事故、环境污染、职业危害发生率高。特别是重组改制后，一些安全、环保机构、人员发生了变化，部分管理制度相应调整，如果检查不及时，监督不到位，极易发生事故。因此，今年我局的安全、环保形势依然严峻。

同时，各级干部要充分认识到在新形势下，安全、环保工作是事关企业形象的大事，事关稳定的大事，事关勘探局生存与发展的大事。各级领导一定要认清形势，明确任务，从勘探局整体利益出发，着力解决好安全环保工作中的深层次问题，真正把安全放在“第一”的位置，把环境作为“基本国策”，把健康当作“人命关天”的大事，树立新观念，探索新思路，制订新措施，使全局安全、环保和健康工作迈出新的步伐。

二、充分认识HSE工作的重要性，加快HSE管理体系建设的步伐

HSE是实施科学管理、建立现代企业制度的重要内容之一，是具有石油技术服务企业特色的系统管理工程，是推行勘探局“两条基本思路、四大发展战略”的客观需要，是内练素质、外树形象的重要手段。我局部分施工单位经过三年的探索，取得了一些成功的经验。但是，HSE作为一种新的科学管理体系，很多单位还存在着对HSE认识不深、理解不透、重视不够、投入不多等问题。因此，各单位要严格按照勘探局总体部署，大力加强HSE管理体系建设，全面完成各项工作目标。

1. 切实提高对HSE重要性的认识

从今后的发展趋势看，HSE管理必将成为石油技术服务企业进入国内外市场的入场券。目前，国内外石油市场竞争日趋激烈，这不仅是设备、技术水平的竞争，更重要的是管理水平的竞争。所以，HSE管理系不是搞不搞的问题，而是如何进一步规范，进一步深化的问题。目前，油田公司与壳牌公司合作开发长庆北部气田（陕 141 井区），壳牌公司在选择承包商时提出的重要条件之一，就是要按照国际标准实行 HSE 管理体系。各级领导必须转变观念，积极学习，强化培训，不断增强 HSE 理念，逐步提高全员 HSE 素质。不能说 HSE 只是针对物探处、油建处、钻井处搞的，试油就不用搞，只能说试油搞得还不够认真。三个采油技术服务处对修井作业这一块，可能 HSE 管理体系还没有建立起来，或者贯彻得没有今天介绍经验的三个单位好，你们要好好研究 HSE。运输处也要好好研究 HSE，后勤服务系统也要建立 HSE 管理体系。勘探局准备抓一两个点，组织搞一些规范，在各单位建立 HSE 管理体系文件的基础上，归纳整理一个完整的方案。

2．建立健全 HSE 组织领导机构

在组织机构和人员配备上，各单位要成立 HSE 管理委员会（或领导小组），任命管理者代表，抽调年富力强、业务素质高的人员负责这方面工作。各单位领导要承包本单位 HSE 样板队的建设工作，为推进 HSE 管理体系建设工作树立榜样。同时，要加大资金投入力度，确保这项工作的顺利进行。

3．加强 HSE 宣传、培训教育工作

充分利用广播、电视、报刊等各种舆论工具，宣传 HSE 知识。要采取举办培训班、播放录像、进行 HSE 知识竞赛和公开演讲，以及 HSE 专题展览等群众喜闻乐见的形式，有组织、有计划地开展 HSE 教育培训，普及 HSE 常识，营造浓厚的 HSE 氛围。要重点突出对各级领导、管理人员的培训，培养一批集团公司级注册审核员和勘探局内部审核员。要加强 HSE 监督员、风险评价人员的培训，提高他们的业务素质。

4．硬件投入到位

在 HSE 体系建设进程中，各单位要深刻认识到，只有采用先进的生产设备和工艺技术，才能实现本质安全，环境保护与治理才有保障，才能使 HSE 的危害与风险管理真正落到实处。因此，各单位一定要加大硬件的投入，加快设备更新。根据生产实际情况，配备机械化、自动化程度高，性能安全可靠的设备，以满足新形势下的要求。

三、采取有效措施，彻底扭转交通安全管理的被动局面

勘探局在多次会议上，对交通安全工作均提出过明确要求。但是，今年以来交通事故仍较频繁。1—4 月份，全局共发生各类交通事故 7 起，死亡 12 人，重伤 8 人。对此各级领导要引起高度重视，要从认识上认真查找原因，从管理上查找漏洞和薄弱环节，从制度和措施的落实上查找不到位之处。要对交通安全工作认真剖析研究，真正制订出切实可行的防范措施。切实转变观念，积极探索新的管理思路和管理方法。

1．完善交通安全管理体系，从深层次解决交通安全管理问题

进一步贯彻落实集团公司、勘探局安全生产紧急电视电话会议精神，从“讲政治、保稳定、促发展”的政治高度认识交通安全工作，做到思想、组织、措施“三落实”。

在交通安全上，这次会议要达成共识。即坚决杜绝特大交通事故，减少一般死亡事故。特大事故对人印象太深，刺激太重，影响太大。因此，各单位要立军令状，努力做到这一点．

各有车单位要研究不同车型的管理体制和运行机制，积极开展 HSE 管理体系创建活动，改变旧的管理模式中不科学的做法，完善不规范行为，理顺管理程序，严格管理制度。

2．要对驾驶员队伍进行一次清理整顿

原来认为“安全系数比较高”的老司机，由于开车速度快，驾龄时间长，年龄比较大，反应速度比较慢，可能成为发生恶性事故的关

键人物。从最近几次特大事故看，都是这样。采油一厂“4·24”事故，肇事者是几十年驾龄的老司机，运输处“7·31”事故肇事司机也有几十年驾龄。因此，要从驾驶技能、安全意识、生理、年龄、驾龄、平时开车表现等方面对驾驶员进行清理，针对驾驶员的不同状况，安排驾驶不同的车型。选择大客车驾驶员要慎之又慎，加强考核，一旦发现不合格者，要及时更换。强化对驾驶员的技术培训，要特别注重职业道德教育和遵章守纪教育。对于培训教育不合格的驾驶员，一律不准上岗，不适合驾驶员岗位工作的人员，要改换工种。

3. 要依法治理交通安全

少数驾驶员和车管干部法制观念淡薄，是引发交通事故的一个重要因素。因此，不仅要加强安全法制教育，而且要不断完善各项规章制度。加大对事故责任者的处理力度，该依法查办的依法查办，该待岗的待岗，该调换工种的坚决调换，决不能避重就轻，姑息养奸。要加大事故经济损失的赔偿力度，彻底改变挣钱是司机自己的，发生事故赔钱是企业的现状。

四、认真做好环境保护和职业卫生工作

环境保护是我国的基本国策。今年是国家要求实现“一控双达标”（即污染物排放总量控制，工业企业达标排放和城镇大气环境质量与地表水环境质量达标。）的最后一年，钻井、井下等施工作业要实现全面达标，任务相当艰巨。因此，各单位要进一步提高认识，统一思想，要将污染物达标治理和清洁文明生产作为生产中的大事来抓。要做到治理技术落实，治理方案明确，治理资金到位。今年，勘探局将严格按照《环境保护目标责任制管理考核办法》，对各单位进行考核兑现。

认真抓好职业卫生基础工作。局卫生防疫系统和各单位要从建立健全职业安全卫生基础资料入手，弄清全局尘毒危害现状，加大有毒有害场所治理和监控力度，不断提高监测率，从根本上解决尘毒危害。要加强对从事有毒有害人员的健康监护，提高职业性体检的覆盖率。要把从事有毒有害作业人员享受的待遇落实到位。要加强科学研究，在实践中强化职业卫生专业人员训练，提高他们的专业技术水平。凡是有毒有害影响职工身心健康的作业场所，各单位都要制定目标和计划，分期分批地进行治理。对一些一时不能治理的场所，要经常检查，落实防范措施。

五、要不断加强安全环保工作的基础管理和队伍建设

九届人大三次会议上朱镕基总理的《政府工作报告》中强调，今年是管理年，要“严”字当头，要“高度重视和切实加强安全生产，及时消除事故隐患。”“继续实施可持续发展战略，切实搞好生态环境保护和建设”。要达到这一目标，就需要我们不断加强安全环保工作的管理和队伍建设。

1. 继续加强班组安全“三标”建设

事故一般出现在基层，安全环保和健康管理的重点，自然就应该放到基层。分析我局今年以来出现的事故，有许多是置安全、环保规章制度于不顾，违章指挥、违章操作、冒险蛮干，以及隐患排除不及时造成的。因此今年要下功夫加强基层管理。加强基层管理要从班组入手，继续深化班组安全“三标”建设，不断提高班组长的素质，不断提高生产班组的达标率和复查合格率。要大力开展创“零事故班组（队）”活动，使全局的“零事故班组（队）”达到98%以上。

2. 突出搞好风险管理

钻井、井下作业、修井、油气田建设中，事故潜在因素较多。要制定风险管理办法，实行《开工许可证》制度，明确风险管理实施程序，使作业人员提高危害识别能力，把施工作业前的安全措施审查报批工作落到实处。

3. 切实加强安全、环境和健康管理队伍建设

安全、环境和健康管理队伍的素质，决定

着安全生产、环境保护和职业卫生监督管理水平的高低。近几年，勘探局在安全、环境和健康管理队伍建设上采取了很多措施，取得了一定成绩，但是，还不能完全满足工作要求。因此，各单位一定要按照“安全部门一定要配备工作责任心强、懂生产技术、会安全管理、年富力强的干部”的要求，进一步加强安全、环境和健康管理队伍建设。定期培训，提高他们的业务素质。

安全、环境和健康管理机构要相对独立。要确保安全、环境和健康管理队伍人心不散、工作不断、力度不减。最近勘探局决定，抽调一些工程技术人员，组建现场 HSE 监督队伍，并赋予相应的职责和权力。目的就是充实和加强现有的管理队伍。希望有关部门和单位尽快落实。作为从事 HSE 的人员，要不断地学习，不断地提高自己的业务知识和技术水平，把安全、环境与健康工作做得让领导、群众都满意。

六、几点具体要求

1. 认真做好施工队伍作业现场低压供配电装置的改造

我局大部分钻井队、试油（气）队、修井队等施工队伍作业现场供配电系统是塑壳式刀闸，铝芯线，防爆性差，事故隐患突出。在集团公司近几年组织的安全生产检查中，发现作业现场的事故隐患有 40% 是安全用电问题。因此，各单位要下大力气对作业现场的供配电装置进行改造。今年，在这一问题上要有所突破。

2. 加强钻井队井口工具的机械化和自动化

各钻井队每年因井口操作不当引发的事故时有发生，其主要原因是，井口操作劳动强度大，不安全因素多。因此，各钻井单位要大力推广应用电子防碰天车、气动上扣器、液压大钳等，以逐步实现井口工具的机械化和自动化。

3. 加强井架检测

要坚持定期对井架进行检测，确定其最大负荷，确保施工安全。同时，对超过钻机额定负荷的施工，要认真分析，采取有效措施，增强钻机性能，在保证万无一失的情况下，方可施工。否则，不得施工。

4. 加强井控设计和防喷装置的使用及管理

全力防止井喷，杜绝井喷失控是钻井、井下作业、修井作业首要解决的问题。虽然，我局大部分油气田属低渗透、特低渗透，但是，随着气田的大规模开发，承担气田勘探开发工作的钻井队、试油（气）队、修井队不断增加。因此，防止井喷是今后钻井、井下等施工作业的一项重要任务。各有关单位要从井控设计入手，合理配置钻井液，优化井身结构，选择适宜的套管和井控装置。对井控装置要指定专人负责，成立井控领导小组，组织职工定期演练，有关部门要定期检查，不断提高预防井喷事故的能力。

5. 加大安全生产的资金投入

近期，勘探局拨出一定的资金，专门用于安全技术改造，提高设备的本质安全。勘探局下拨的安技措施费用，原则上是根据项目的大小，按照 1:1 或 1:2 的比例投入。各单位在管好、用好这笔资金的同时，根据实际情况，也要积极筹集资金用于安全技术改造。

同志们，今年勘探局重组改制和生产经营任务十分繁重，各级安全、环境和健康工作战线的同志们，一定要自觉加强理论学习，适应新形势，研究新问题，探索新方法，努力做好本职工作，全面完成各项奋斗目标，努力开创我局安全、环境和健康工作新局面，为我局持续稳定发展做出新的贡献。

（局办公室于 2000 年 5 月 29 日以长局办发［2000］第 17 号文印发）

王树荣同志在长庆油田 2000年职工住房建设座谈会上的讲话

（2000 年 4 月 11 日）

我们这次用了一天的时间，召开了长庆油田2000年住房建设座谈会。上午听取徐斌同志和周仁荣同志传达的有关2000年住房建设的工作安排和配套政策的具体意见，张元忠局长助理就我们整个油田住房建设分五个方面，作了重要讲话，讲得比较全面，既讲了我们所取得的成绩，也讲了我们目前所面临的具体问题，还讲了我们采取的一些政策和措施，并提出了具体的要求，之后，我们分三个片进行了讨论。我看了各个组讨论的具体情况，讨论得比较认真，提出了很多很好的意见和建议，这些为我们进一步修改、完善这些文件，奠定了很好的群众基础。

刚才包方钧同志从四个方面，提出了具体的要求，提出了如何把“好事办好，实事办实”，提出了怎样量力而行，怎样用好政策的问题，对下一步搞好我们的住房建设具有重要的指导意义。

会议虽然只有一天时间，但开得紧张、热烈，达到了预期目的。为什么这次会议不叫工作会，而叫座谈会，主要是在大的原则基本已确定的基础上，进一步广泛听取各方面的意见，进一步地修改、完善，从而使我们这些涉及到千家万户，涉及到每个职工切身利益的举措被广大的职工、家属理解和支持，真正达到把“好事办好，实事办实”。下去以后，大家要认真地领会这些材料和文件，对张元忠同志的报告、包方钧同志的讲话，要认真地贯彻。下面，我再强调几个方面的意见：

·个是我们这次下发的文件都是经过勘探局、油田公司认真研究、反复讨论后初步形成的，是经过勘探局和油田公司两个主要领导亲自审定的，当然还需要征求大家的意见。

重组改制后，我们在住房建设问题上面临一些新的情况，刚才包方钧同志在讲话中回顾了油田职工住房建设经历的几个阶段，无论新老职工都应该回顾一下，都会深有体会的。可以说，我们职工住房发展变化的历程，也是我国改革开放取得成绩的历程，更是长庆油田30年不断发展壮大的历程，也是职工住房变化、生活改善的一个缩影。

从职工住房政策来看，我们也发生了一系列的变化，过去在80年代以前，我们的住房基本上是无偿的，当然那时条件比较艰苦，地窝子、干打垒、帐篷，那时能住一间砖房就确实不错了，但基本上只是一间房，谈不上有卫生间一类的设施；到80年代中期开始，逐步实行了福利性分房，职工虽然要交一部分款，但实际上带有很大的福利性；从现在开始进入了住房的第三个阶段，就是从福利分房进入到住房货币化分配。

这是我们整个住房政策的变化，这些变化是国家从计划经济向市场经济过渡的一个必然结果，所以我们要教育我们的职工认清形势，提高认识，转变观念，这个政策能不能得到职工的理解和支持，加强这方面的教育是非常必要的。

我们要认清什么样的形势，就是张元忠同志在报告中所讲到的五个方面，从我们的计划管理、投资主体以及价格、货币分房等等。过去整个住房建设是国家投资，我们每年在计划盘子里都有矿区建设投资这一块，重组改制后，随着国家政策的变化，已经没有这个盘子了。国务院关于加快城镇住房制度改革和建设步伐的一个核心内容就是停止福利分房，实行货币化分配，这也是房改政策的核心内容。我们必须把这些政策原原本本地告诉职工，让职工认识到当前我们的住房制度面临着什么样的形势，都有哪些变化，教育我们的职工，要转变住房消费观念。因为企业要建立现代企业制度就必然要解体“小而全、大而全”的模式，不再承担诸如解决职工住房、子女就业、离退休职工的养老等问题的职责。这些要逐步转向社会，这是必然的发展趋势。要认清当前的形势，提高广大职工的认识，转变我们职工在住房分配上的观念，这一点是非常重要的。

第二点，今年勘探局在研究2000年工作时，一直把职工住房建设作为一个非常重要的议题。这是重组改制以后，全局性的第一个大型会议，充分体现了油田公司、勘探局领导对2000年职工住房建设问题的高度重视。

根据今年国家的有关政策和集团公司的有关规定，针对油田重组改制以后，职工住房建设面临的新问题和职工对住房需求的新情况，勘探局今年的第一次常委（扩大）会议，就把住房列为讨论的主要议题，勘探局在3月10日的办公会议上，又把房产公司所提交的《关于2000年职工住房建设安排》及有关政策文件作为会议的重要议题进行讨论；这些文件在提交油田公司后，油田公司领导也进行了认真的研究，胡总经理和孙局长亲自主持召开了协调领导小组会议，用一天时间专题听取汇报，进行专门的研究，并作出了一系列的重要指示，同时提出要把今年的职工住房建设当作一项重要的工作来抓好，切实想尽一切办法加快职工住房建设的步伐。

油田主要领导都提出，即使在公益金不落实的情况下，我们也要想尽一切办法，给予一定的优惠政策。这说明两位主要领导对我们全局职工的住房建设是非常关心的。孙局长并且讲到，如果我们的职工在油田辛辛苦苦干了几十年，为长庆的发展做出了重要的贡献，最后我们连一套住房都不能给予解决，我们将愧对职工。同时还确定了这么几条原则：一是要以稳定为前提，不要引发新的矛盾；二是经济适用住房解决的重点是无房户。因为历史的原因还有很多欠账，职工住房还有很多的矛盾，但当前最突出的问题是无房户的问题。尽管有些同志住房面积还小一点，配套设施还不完善，楼层太高、地理位置也不太好，这是个事实，但比起无房户来，这些矛盾都是次要的。正是设身处地地考虑到无房户对住房的迫切要求，所以把解决无房户的问题，作为这次建房的重点，是符合职工的要求的，也能够被大家理解和接受；三是我们要降低造价，要做到功能齐全、美观实用。几个组的讨论中，突出的问题无非有三个方面，一个是价格问题，一个是加快建设速度问题，一个是地域问题。价格是很突出的一个问题，我们除了要做好对职工的宣传工作之外，施工单位、房产公司、项目组要把怎样降低造价、达到美观实用当作自己应尽的职责。四是两位领导都反复重申了稳定和发展陇东的有关政策，并提出要按照需要在陇东建房。五是今后前线职工必须保证在前线生产单位。这是由我们生产的特点所决定的，所以今年我们在吴旗、顺宁桥等地建设双职工公寓，就是为了保证前线职工既能够夫妻团聚，又能够安心在前线工作。当前线职工到了一定的年龄后，再逐步进入正式的住房。这包括许多具体政策，包括在前线指挥带兵的领导，这些政策都是勘探局要进一步重申的。现在这个问题很突出，我们必须保证生产的需要，首先要有盈利，有盈利才能有公益金，才能有配套费，所以生产是第一位的。大家在讨论中提出的一些想法，都是可以理解的，但是作为油田主要领导，首先考虑的必须是长庆的持续发展，必须是长庆的经济实力，必须考虑我们的生产需要。希望参加这次会议的同志能把这次会议的精神，特别是两位主要领导对今年住房工作的指示精神认真贯彻落实。

第三点，我们要采取积极有效的措施，认真贯彻执行好勘探局有关房改政策。

这里很重要的问题，就是宣传工作。现在职工有很多疑虑，有几个大的反差。一个是新旧政策的反差。今年经济适用住房的价格和去年福利性分房的价格相比，翻了近一番；一个是我们同周围单位的反差。银川、西安的职工都谈到我们和管道的房价为什么差别这么大；还有一个是同地方政策的反差。集团公司还没有住房补贴的政策，地方政府公务员享有住房补贴政策，地方的房价有“安居工程”的房价，国家有很多的政策扶持，和我们的经济适用住房还有很多差别。有差异就容易产生矛盾，我们房改办公室要根据职工当前讨论的实际问题，根据我们制定的具体政策编一些宣传的小册子，不外乎就是我们今年住房的基本原则，今年住房安排的具体意见，特别是国家、集团公司住房的有关政策。我们的政策是建立在这些政策基础之上的，这样职工才相信；另外长庆为考虑职工困难都采取了哪些优惠政策，利用对比的方法，哪些减免，都减免多少，进行广泛的宣传。这是保证政策贯彻执行，保证职工理解和支持，保证职工队伍稳定的重要一环，房产公司要做这方面的工作，在座的同志也要通过你们对政策的理解，变成自己的语言进行宣传和贯彻，这方面非常重要，一定要把宣传工作跟上。

第四点意见，我们一定要以大局为重，要确保职工队伍的稳定。

今年职工住房建设的启动工作涉及到住房的登记、公积金贷款的发放等一系列政策，拿无房户登记来说，它实际上涉及到一系列的优惠政策，哪些人可以贷款，哪些人可以享受50%的优惠，哪些人能享受100%的优惠。这些问题的公正、公平至关重要，所以，这项工作首先要按厂务公开的要求，必须做到公开，只有公开了，才能减少矛盾，才能真正接受群众的监督，让职工心理平衡，绝不能出任何差错或纰漏，一定要做到公开、公平、公正。其次要用好政策，如包方钧同志所讲，房产公司能不能认真研究一下我们所在的三省区住房方面的政策，要考虑和三省区的政策相一致，我们处在老少边穷地区，还有少数民族地区，而且是野外作业单位，在这些方面有没有一些具体的优惠政策，要把三省区的政策积极地向集团公司反映，取得集团公司的支持，尽可能地争取到更多的优惠政策；要认真研究怎样才能通过用好政策，把我们的房价适当地降下来。另一方面，要求所有施工单位、项目组要精打细算、严格施工、科学管理、杜绝浪费、杜绝漏洞，把我们的施工成本降下来，双管齐下。如果我们今年能够把成本价格降下来，这将是房产公司和项目组的最大功绩。我觉得还是有潜力的，管理出效益，要把价格问题放在争取政策最重要的位置，这也是职工最关心的问题。一定要用好政策，政策就是效益。我经常听到职工反映，为什么我们的房价比地方高，对这个问题，我们一定要掌握好尺度。我们不能和安居工程相比，也不能和邻近的兄弟单位相比，比如不能和管道局、和长宁公司相比，他们单位小，一建几百户，我们一建就是几千户、上万户，他们一人补一万，200人也就补200万；我们每人补助100元，就需要近600万，我们有近六万职工，我们拿出600万也只相当于人家补助的百分之一。和地方相比，我也看了，职工也有意见，要求项目组讲清楚，为什么我们要比地方高，差别在什么地方。在宁夏单位讨论会上，顾金国同志讲了几个为什么，比如我们的钢筋质量、我们的防水层、墙面油漆质量都高于地方，所以我们的价格高。这都要给职工讲清楚，在这方面，我们还可以给职工做做工作。反过来我们的房产公司、项目组你要考虑如何降低你的造价，这个工作要两方面都要做。第三，我们今天印发的有关文件都是经过勘探局、油田公司领导双方认真研究、讨论了的，经过两位主要领导一致同意的，当然有些东西还要征求大家的意见，进行修改，但总体上的政策是不会有大的变化了。过去由于各种原因，我们在住房问题上遗留问题较多，矛盾较大，但我们这几年确实为改善职工住房条件付出了巨大的努力，张元忠同志在报告中也讲了，7年用了20个亿，建了15000多套住房，搞了八大基地，我们的住房条件和职工生活条件都有了很大的改善，这是事实。但是也确实还有许多无房户，还有很多职工住在条件较差、面积不太大、设施不太配套的房子里，这也是事实；但从油田目前的经济实力来讲，我们只能解决最突出的问题，矛盾只能一个一个地、逐步地解决。指望一朝一夕全部解决，是不可能的，也是不现实的。所以要教育职工，我们承认确实存在很多矛盾，但要逐步地解决，我们今年重点解决的无房户问题，是我们当前最突出的矛盾。同时还要兼顾解决一些其他的次要矛盾。再者，我们必须加强组织纪律观念，整个油田是一盘棋，整个住房建设必须统一计划、统一建设、统一实施、统一管理、统一分配、统一政策，各单位绝不能自行其是，不然就成了一盘散沙。对有些特殊的问题需要解决的，必须通过有关部门向主管部门汇报，经过油田主管领导研究批准后，才能进行实施。未征得同意，任何单位不得自行其是。第四要顾全大局，我们有一个全局观念，必须坚持孙玉辰同志提出的“先活心脏，后养肌肤”的原则。只有我们油田发展了，只有油田公司创造了效益，我们才有了公益金，才有了住房建设的配套资金，它是一个整体，所以必须要顾全大局，要有全局观念。我想这项工作必须强调这么几点。

另外，对大家讨论的怎么贯彻和执行的问题，要明确一点，就是大的政策框架已经确定，不会再有大的变化，大家可以按照这个基本的文件精神，对职工进行宣传，按房地产开发公司要求进行登记，有些具体问题，我们可以提交有关部门继续研究，向主要领导汇报，将来以正式的文件下发给大家，现在先进行传达，特别是陇东50年代参加工作的、离退休科级干部在西安购房的问题传达一定要采取慎重态度。对部分二级单位提出的，关于调动二级单位在资金方面参与的积极性，配套费能不能由二级单位出一点，加快建设步伐，扩大建设规模的问题，要回去研究一下。过去说人民城市人民建，我们住房建设也得发挥几个积极性，充分调动油田的、单位的和职工的积极性，共同实现一个目标——加快住房建设步伐。

住房建设涉及到我们每个职工的切身利益，最重要的是要有住房，这确实是在为职工办好事、办实事。让我们上下一心，把好事办好，实事办实，通过我们卓有成效的工作，使我们2000年的建房工作全面顺利地开展，让职工安心，领导放心，确保长庆油田的持续、稳定和快速发展。

赵业荣同志在电视电话会议上的讲话

（2000年4月3日）

同志们：

今天是勘探局与油田公司联合召开的今年第一个电视电话会议，也是在勘探局生产顺利启动并逐步加速的关键时刻召开的。

根据会议安排，我主要讲两个方面的内容：一是勘探局一季度生产情况小结，二是4

月份生产安排及近期工作要求。

一、一季度生产建设工作简要总结

一季度以来，全局广大职工认真贯彻落实集团公司和勘探局2000年工作会议精神，团结一心、努力工作、攻坚啃硬、拼搏进取，克服了生产启动时间早、天气寒冷、困难多、矛盾复杂等困难，各项生产建设取得了良好的成绩，为完成全年生产经营目标奠定了良好的基础。

(一) 一季度生产任务完成情况

(1)钻井生产：动用钻机60台，开钻133口，完井84口，进尺21.39万米。其中：

钻井一处开钻36口，完井26口，进尺3.95万米；

钻井二处开钻65口，完井42口，进尺10.23万米；

钻井三处开钻32口，完井16口，进尺7.21万米。

(2)井下作业：运行试油(气)动力33台，累计完成试油(气)压裂137层次，累计交井49口。其中：油田产建井29口，油探井12口，气田产建井1口，气探井7口。

(3)采油技术服务：三个采油技术服务处共完成油井措施83口，维修检泵1735口。其中：

采油一处措施7口，维修检泵482口；

采油二处措施43口，维修检泵789口；

采油三处措施33口，维修检泵464口。

(4)原油生产：14个采油作业区一季度累计采油12.52万吨。其中：

钻井一处靖东作业区47118吨；

钻井二处八珠作业区2661吨；

钻井三处定边作业区25666吨；

运输处演武作业区4694吨；

物探处靖中作业区20802吨；

井下作业处谭南作业区3530吨；

驿马技校镇北作业区2779吨；

农工商沙涧作业区1036吨；

机械厂塞147试采区63吨；

二机厂白于山试采区503吨；

石油学校固城川试采区115吨；

公用公司大路沟试采区533吨；

测井处狼儿沟试采区123吨；

长实集团15585吨。

(5)物探地震：9个地震队已全部开工，共完成二维地震1270剖面千米。

(6)油田建设：气田南－5、中－7、北－2、中－14新建集气站工程已开工，26座集气站扩建工程各项开工准备工作已基本就绪；管线绝缘完成30.03千米；靖—咸输油管线工程前期准备工作已全面展开；涩—宁—兰输气管线中标乌兰—茶卡段ϕ660毫米管道50千米，现正进行项目工程合同的签订和施工前期准备工作。

(7)水电生产：电力春检工作正在按计划进行，目前已完成35千伏线路14条、199.445千米，6—10千伏线路25条，284.97千米；变电所4座(悦乐变、马岭变、阜城变、南一变)。

(8)测井生产：共测完井90口，三样73口，射孔103口，吸水剖面15口。

(9)筑路生产：筑路公司西安绕城和咸宁项目共完成土方工作量的83.2%；气田中14和南5集气站道路工程完成路基开挖土方量3300立方米；中标洛洪二级公路改建工程六合同段(工作量约857万元)。

(10)运输生产：货物周转3067万吨千米；钻井搬迁大搬19队次，小搬14队次；原油拉运5.67万吨；长材拉运9.2万米。

(二)一季度生产工作主要特点

生产启动工作不仅是一季度生产的重中之重，而且对全年生产建设的顺利进行起着至关重要的作用。加之，今年是分开分立后，勘探局与油田公司分开运行的第一年。因此，勘探局对生产启动工作非常重视。从生产组织的龙头抓起，对井队的收假、每口井的就位时间、开钻条件、井场备用等各方面做了详细安排。通过各级领导和广大职工的共同努力，切实做到了启动平稳、组织有序、工作积极、注重效益、克服困难、团结协作、顾全大局,继续保持和发扬了长庆作风和精神。尤其是三个钻井处在气井钻机占21台的情况下,钻井生产与去年同期相比,进尺多完成12万米,主要经济技术指标全面提高。其中气井平均机械钻速提高了3%,生产时效达到了94.24%。

1.全面贯彻落实勘探局2000年工作会议和生产启动会议精神,深入开展形势任务教育

各单位先后召开干部会、职工大会、井队长专题会、表彰暨启动动员大会等会议,在总结经验、理清思路的基础上,通过讲、摆、评等多种形式,深入分析本单位的优势与困难,研究确定全年工作原则、奋斗目标,明确本单位全年经营目标和改革重点。同时在职工中大力开展形势任务的宣传教育,以长庆两条发展思路、四大发展战略为指针,统一思想、统一认识、统一步伐,提高了职工思想认识水平,拉动了观念转变。各单位在队伍启动时,进行了形式多样,隆重热烈的队伍出工欢送仪式,有效地激发了广大职工的生产热情,广大职工以高度的主人翁责任感,积极投身于生产建设,保证了生产的顺利进行。

2.领导高度重视,深入基层帮促

生产启动伊始,孙局长等局领导在陕西、宁夏、陇东分片召开生产启动工作会,从安全生产、队伍整训、技术保证等各方面进行安排部署,提出了明确要求。同时,各二级单位领导在抓好队伍部署,生产安排的同时,深入生产一线,指导帮促,使生产启动工作的各项要求落到了实处。

3.认真检查统筹安排,确保启动工作顺利进行

各施工单位严格按照“平稳启动、逐步加速、确保安全、服从效益”的原则,充分利用队伍冬休及生产启动前的有利时机,对冬修设备进行了全面检查;严格开工前的队伍整训工作;做好启动前的土地征借、器材物资储备、设计方案交底和政策修订等各项准备工作;各单位按照勘探局统一安排部署,切实做到了“五个到位”,即:人员到位、思想到位、工作到位、责任到位、领导到位。

在生产启动过程中,各单位针对职工经过一段时间的休息,出现的思想松懈、技术生疏等情况,组织了帮促工作组、启动验收、生产协调等工作组,深入现场,进行设备安全检查、技术措施落实,杜绝了设备“松、旷、差、缺、跑、冒、滴、漏”等情况的发生。坚持实行开工前安全检查制度和开工令制度,由主管领导签发开工令,合格一个开工一个,不合格的一律不准开工,并限期整改。这些措施的落实,为全年生产开好头、起好步奠定了基础。使全局生产启动伊始,就踏上了全年生产计划的步伐。

4.全员市场意识、全局意识、服务意识明显增强

一是无论在生产组织,还是在生产运行过程中,各施工单位均以大局为重,严格坚持关联交易原则,积极与甲方联系、沟通,按甲方需要,合理安排施工队伍。尤其是在局内、局外工程发生冲突时,从大局出发,以保油田生产为中心,从设备、技术、队伍上充分予以保证。

二是工程技术服务质量不断提高。生产启动以来,各施工单位牢固树立以质量求生存、以质量求发展的理念,狠抓质量不放松。各级领导纷纷深入一线检查落实质量、技术、安全措施。一季度,全局未发生一起井下工程事故和质量事故,钻井井身质量合格率100%,定向井中靶率100%,取心收获率99.64%,试油气质量合格率100%,压裂酸化一次合格率100%,试油气资料一级品率达82%,均达到较高水平。

三是加大了外部市场的开拓力度。油建处领导思想重视,行动积极,承揽到涩—宁—兰管道建设50千米的工作量;反承包市场开拓取得一定进展,壳牌长北项目反承包钻井工程已达成协议,固井工程中标,压裂和测井工程正在组织投标;与此同时,也开始积极参与国外工程技术服务的市场开拓。

在一季度的各项生产工作中，得到了油田公司各级领导和职工的大力支持。在此，我代表勘探局表示衷心的感谢！

（三）目前生产中存在的主要问题

（1）土地征借困难。现在，地方政府部门以长庆局不是项目投资单位为由，要求在办理土地征借手续时，提供计划任务书、委托书、合同书，使土地征借难度进一步加大。

（2）所发可实施坐标相对不足。目前各单位共收到可实施坐标397口（已完井62口），加之地方对部分井位不予批办，造成可进行钻前施工的井位不足，无法为井队提供足够的后备井场。尤其是第三轮气井井位衔接，还没有一口井得到落实。

二、四月份全局生产计划及近期工作要求

二季度是生产的黄金季节，钻井、井下、测井、物探等施工单位要采取有效措施，在保证安全、质量、效益的前提下，加快生产建设步伐，动员职工大干二季度，努力实现钻井进尺70万米的“双过半”奋斗目标。

（一）四月份生产任务指标

（1）钻井生产：钻井100口，进尺15万米。其中：

钻井一处28口，3.2万米；

钻井二处48口，7.0万米；

钻井三处24口，4.8万米；

上半年可完井420口，进尺70万米，预计到11月底可以完成全年钻井任务。

（2）井下作业：计划完井100口，试油压裂完成170层次。

（3）物探地震：计划完成1700剖面千米

（4）采油服务：计划完措施作业44口，维修检泵535口。其中：

计划完井100口，试油压裂完成

计划完成1700剖面千米。计划完成措施作业44口，维修检?

采油一处：措施作业10口，维修检泵140口；

采油二处：措施作业20口，维修检泵260口；

采油三处：措施作业14口，维修检泵135口。

（5）水电生产：水电厂计划供电4100万千瓦/时，自发电1140万千瓦/时，供水量90万立方米。

采油三处计划供电1450万千瓦/时，供水26万立方米。

（6）运输生产：计划原油拉运1.96万吨。其中：

悦联站—炼化总厂1.8万吨；

其他0.16万吨。

（二）对近期工作的几点要求

各单位要进一步贯彻勘探局“两条基本思路”和“四大发展战略”，认真执行勘探局制订的支持油田公司发展的十二条意见，保证油气主业的发展。同时，各单位要不断加强管理及安全、质量、生产组织、关联交易等各项工作，高质量、高效益地完成油气勘探开发建设各项施工任务。

1. 强化企业管理，提高整体素质

管理是企业永恒的主题。生产要上去，必须先抓基础和基层管理。要质量、要效益，就必须以管理为基础。所以在二季度各单位要把管理作为重点工作来抓。

一是抓好基础管理。一季度以来，个别单位基础管理相对放松。从目前情况看，现场管理有滑坡现象。所以，各单位要加强现场管理，继续坚持好的传统做法，抓好标准化施工；深入开展“三标”建设，严格操作规程，严格施工标准，严禁一切违章行为。

二是要加强在用设备管理，提高设备利用率。不断加强现场设备管理力度，认真做好设备的维护与保养，不断提高设备利用率和完好率；进一步挖掘设备潜力，充分利用闲置设备，最大限度地发挥设备效能。同时，严禁各单位以任何理由和借口，未经勘探局审批购置各种车辆。

三是要加强生产技术管理。各单位要不断提高生产技术管理水平，充分发挥现有科技人才作用；大力推广新技术、新工艺在生产中的应用，通过加强技术管理，降低作业成本；实施科技兴企，勘探局今年对科研项目实行项目负责制和合同管理。各项科研项目的实施，必须同生产紧密结合起来，要出成果、见效益，以效益评价效果。努力形成科研、实验、推广、生产一体化的科研新机制。

四是加快实施与推广 HSE 管理体系。坚持“先软件、后硬件，先试点、后推广，先培训、后实施、先施工单位、后其他单位”的原则，初步建立起局级 HSE 管理体系总体框架。主要施工单位都要重点装备和建设 3—5 个能在国内外市场竞标的 HSE 示范基层队；所有基层单位都要严格按照 HSE 管理体系要求运行；筑路、修井作业、机电讯、检维修服务单位，要在试点的基础上，初步建立 HSE 管理体系。同时，各单位要认真贯彻集团公司“HSE 管理体系年”活动，强化培训，落实责任，从严考核，树立典型，以点带面，切实提高 HSE 管理水平，促进企业整体管理上台阶，全面提高企业的规范操作和参与国际、国内竞争的能力。

2. 一如既往地抓好安全生产和环境保护工作

安全生产是衡量一个单位管理水平的重要指标，是一个单位的队伍素质、整体施工能力的综合反映，也是确保内部稳定的重要基础工作之一。各级领导要始终把安全工作放在首位，狠抓安全措施的落实。

(1)抓好生产安全工作，坚决防止各类事故的发生。二季度各施工单位进入生产全面加速阶段，在保持高速运行的同时，绝不能放松安全管理，我们已经有过这方面的教训，对此要引起高度重视。要进一步完善各基层队专职安全员制度，充分发挥专职安全员的职能，强化现场管理，认真落实岗位责任制，严格操作规程，坚决杜绝违章蛮干，把各类事故降低到最小程度。尤其是在钻井施工中，要严格泥浆管理、钻具管理。目前，气井已全面进入完井阶段，施工单位要加强井控管理，严格执行井控座岗、防喷演习、井控验收等九项制度，不符合规范和标准的，不能打开目的层。

(2)抓好交通安全。在年初工作会议上，勘探局对交通安全工作提出了明确要求，但是，近期事故仍较频繁。一季度全局共发生重大交通事故 3 起，死亡 7 人，重伤 5 人，对此各级领导要引起高度重视。要从认识上认真查找原因，从管理上查找漏洞和薄弱环节，从制度和措施的落实上查找不到位之处，要对交通安全工作认真剖析研究，真正制订出切实可行的防范措施。

一是进一步贯彻落实集团公司、勘探局安全生产紧急电视电话会议精神，从“讲政治、保稳定、促发展”的政治高度认识交通安全工作，做到思想、组织、措施“三落实”。

二是加强对驾驶员队伍的培训教育，特别是职业道德教育和遵章守纪教育。对于培训教育不合格的驾驶员，一律不准上岗，不适合驾驶员岗位工作的人员，要改换工种。

三是在全局恢复执行《特别检查证》制度，全局副处级以上领导干部、局处两级安全管理人员持检查证，有权查处各类交通违章行为。同时，要认真抓好以治快、反违章为重点的交通安全综合整治工作。

(3)切实抓好环保达标工作。2000 年是勘探局环保达标工作关键年，“一控双达标”(一控：污染物排放总量控制；双达标：工业污染源达标，城镇大气环境质量与地表水环境质量达标)等“九五”环保目标都要在年内实现，特别是今年环保达标排放，如果处理不好，将因环境治理问题而影响企业的生存和发展。所以，各单位第一责任人要像抓安全一样抓环保工作，力争实现杜绝重大环境污染事故；可控废气和工业污水达标率达到 95%；工业固体废物处理率达到90%;井下作业无污染率达到98%;污染物排放总量控制在1995年水平的环保工作目标,初步建立适应集团公司现代企业制度的环境管理体系。各单位近期要认真开展一次环保工作自查活动,检查环保隐患,列出治理项目,制订严格措施,限期全部整改。

3. 继续抓紧关联交易的谈判

各施工单位要严格遵守关联交易总协议的各项原则,结合长庆实际,本着互让互谅、互惠互利、实事求是、尊重历史的原则,积极与油田公司有关部门就各项施工合同或协议进行接触、协商。

各单位要正确处理好与项目组的关系,从维护整体利益出发,加强协商,主动听取对方的意见,在勘探局授权范围内,积极有效地协商解决相关问题;尽快规范各部门、各单位在关联交易中的运作方式、方法和原则,建立具有长庆特色的关联交易关系。

各单位通过关联交易要更加严格要求自己,提出更高标准。不管价格如何确定,都必须严格控制成本。各单位必须加强成本管理,不断强化成本意识。要自觉地将生产活动与成本、收益挂钩,及时分析,找出问题,严格控制。通过倒推成本,对可控部分要逐项分解,坚持严控制、严考核、硬兑现,最大限度地降低生产成本。同时,要积极开拓外部市场,筑路处尤其要加大市场开发力度,要选择重点项目重点突破,要在管理、组织和市场开拓手段方法上下功夫,力争在二季度有所突破。

4. 加强生产环节的组织协调

(1)加强土地手续办理工作,正确处理好外部关系。各施工单位要积极协助油田公司有关部门和项目组,协调处理好新征借土地的有关事宜。勘探局和油田公司在处理与地方政府及各部门的关系时,要捆在一起,一致对外。始终坚持"保卫油田、保护市场、守土有责"的工作原则,提高对环境的应变能力,维护大局利益。

(2)抓紧器材物资的准备工作。加强器材采购管理,严格按集团公司、勘探局二级采购网运行,杜绝自行采购和变相采购;器材处要及时掌握全局生产动态和物价信息,及时调整采购计划,保持合理库存;在保证质量的前提下,优先采购局内单位产品。

(3)强化内部市场建设。局内市场实行"统一管理、统一协调、统一定价、统一结算"的管理制度。统一管理、统一协调"就是指全局要统一技术质量标准;在队伍部署、工作量分配上要由勘探局统一协调安排;在对外关系上要统一口径一致对外。"统一定价、统一结算"就是指施工价格必须严格执行关联交易所确定的价格;各单位要做好关联交易实物工作量的核算,由勘探局统一与油田公司进行资金结算。从而逐步建立起统一有序、规范高效的内部市场。

(4)加强对壳牌公司反承包工程的管理。凡向壳牌公司提供服务的单位,不论工作量大小,都要高度重视,不断提高施工水平。工程技术处、市场开发处、质量安全环保处对参与服务单位的队伍要从技术、岗位职责、操作能力等方面进行全面检查。

(5)钻井队伍的安排要坚持优先上探井和评价井的原则;坚持地面服从地下的原则;坚持丛式井井场多布井少占土地的原则。

(6)加强采油作业区管理。目前,各采油作业区采油工艺不配套,特别是注采工艺不配套。在这种情况下,各作业区要不断加强管理,认真研究油藏地质情况,强化技术措施,力争配套完善注采系统,以有限的操作费和有限的措施费多生产原油。

5. 完善质量标准体系,不断提高施工量

(1)监督、监理公司和技术检测中心要认真落实质量监督工作,严格履行监督职能,力争做到旁站全过程的监督、检查,充分发挥专业队伍作用。

(2)工程技术所和工程技术处要把国家、行业和企业的专业技术标准整理下发各单位,并督促其严格执行。对极少数尚无标准的项目,要按照制标程序抓紧制定企业标准,不断完善工程技术标准体系。

(3)钻井生产要在加快速度的同时,把质量、效益、安全放在首位,抓好钻井井身质量、固井质量。监督公司要跟踪钻井全过程,把好钻井质量监督关。

(4)地面建设施工要强化全过程质量管理,监理公司和质检部门要及时组织工程质量检查,确保施工质量,依靠质量赢得信誉。

6. 严格投资管理和项目建设程序

今年投资计划管理方式发生了很大变化,根据集团公司《关于推进存续企业改革与发展的若干政策意见》,勘探局今年基本建设项目和投资计划,将视项目论证、审批和投资落实情况分批、滚动下达。

今年,勘探局自筹资金来源严重不足,只有3亿元折旧资金可用于投资。在这种情况下,必须严格投资和项目建设管理程序,以经济效益为中心,明确重点投资方向,坚决防止重复建设。充分体现"控制总量、调整结构、扶优扶强"。

要抓紧建设已经确定的项目。去年已经开工的庆城第三供热站、井下处供热站要抓紧施工,今年入冬前必须建成投运。

机械厂、二机厂、油建处等单位的天然气设备制造、抽油机减速器生产扩建、固控产品生产、直焊缝油管生产、三类压力容器制造设施改造、移动式大口径天然气管道绝缘防腐生产线,以及西安基地长庆购物广场等项目,要尽快组织完成可行性研究,局主管部门准备从4月上旬开始组织审查。

同志们,目前全局各项生产已进入加速运行阶段,今后一段时间是生产的大好季节,各单位要在服从效益的前提下,加快生产步伐;各级领导要深入基层,深入现场,解决前线职工生产生活中的实际问题,让职工有一个良好的工作和生活环境,以振奋精神、再接再厉,开创勘探局各项工作的新局面!

(局办公室于2000年4月4日以长局办发[2000]第11号文印发)

邓火孝同志在多种经营改制座谈会上的讲话

(2000年9月14日)

同志们:

借这个机会,我讲几点意见,主要是对当前形势的看法和自己搞多种经营三年多时间对一些问题的思考,也是这几天在临潼参加勘探局组织的学习传达集团公司领导干部会议文件精神的一点认识和体会,与大家共同交流。

一、对今天会议的总体认识

今天的会开得很好,各单位、主管领导很重视,也都到了,局相关处室也很支持,会议达到了交流情况、统一思想、提高认识的目的。我觉得主要体现了三点:第一,细心听了各单位的汇报,感到各家在抓多种经营工作、抓改革改制方面做了许多努力,想了不少办法,与年初相比,认识水平大不一样。当然,我们不能满足于这一点。面对目前从计划经济向市场经济过渡这个局面,我们搞多种经营的同志可能研究得还不是很透彻,但大家正在做这方面的工作,把握住了这个方向性的东西。第二,这次会议开得很及时、很必要,大家交流了改制试点工作情况。通过大家的努力,试点工作已运行半年多时间了,“有钱难买回头看”,今天大家把好的做法、经验带来相互交流,取长补短,也把问题带来一起分析研究,是一次共同学习、提高的好机会。更重要的是,这次会议正赶上勘探局传达学习集团公司领导干部会议文件精神,使大家很快学到了新精神、领悟了新要求,这对我们下步的工作具有很重要的指导意义。第三,提出了不少好的建议和意见。如项目、方案审批时间太长;有偿解除劳动合同与物业管理的关系问题;职工持股会问题,等等。有些问题我都没有很好地想过,但要特别强调的是,职工入股是有风险的,入股是投资行为,不是集资行为,与买股票本质上是一回事,不可能包盈包赚。要对职工进行投资风险教育,让大家搞清入股的性质,坚持自愿,“职工的钱不好用”。这一点一定要讲清,既要对职工负责,又不能有任何承诺。另外,还有集体资产界定与量化问题,职工人数总量控制与按照市场要求外聘人员问题,等等,刚才张生春同志作了部分解答,多种经营处会后要理出主要问题,能把握住的可以答复,把握不住的进一步咨询了解,深入研究。部分同志还提出外出考察学习问题,我觉得这个建议很好。多种经营处可以策划一下,这既是学习提高的需要,也是“借力”的需要。现在的环境下,我们确实需要通过学习外部的做法和经验来推动工作,但关键是要选好点、组织好。据我了解,大庆、辽河、大港搞得比较好。外出学习一是要能学到东西;二是又不能影响工作。这次会议唯一感到不足的是时间太短,交流探讨还不够,多种经营处会后要整理一个情况汇报,既能从中归纳出今后应当侧重的方面,以利于指导工作,又要能给局领导提供一些有价值的情况和建议,以便研究解决。

二、贯彻落实集团公司领导干部会议精神,必须认真组织学习文件和讲话内容,吃透精神实质

要通过学习,抓住改制的核心,突破改制的禁区,“改到深处是产权”。具体讲要注意抓住三个方面:

第一,充分认识加快产权制度改革的极端重要性。由于历史原因,多种经营在产权方面存在的各种各样的问题太多,对此我们绝对不能低估。1983年起步时谁能想到要按企业办、按新机制办?不就是为安置几个职工家属办了个劳动站、劳动公司吗?这个问题千万不要忌讳,不要回避。我干多种经营三年多,体会最深、记忆最深刻的一句古诗是:“剪不断,理还乱”。对于这些问题,要历史地客观地看待,我们也没有理由埋怨谁。当时谁也不可能想到现在会提出产权、体制、机制问题,但现在如果再不下气力解决这些问题,至少会带来两个弊端:一是纠纷与官司肯定会接连不断。谁小看这一点,谁就要吃亏。庆达科工贸公司之所以搞得比较成功就是开始组建时产权清晰,合理又合法,效益很不错。相反,长实集团建安公司的官司就令人深思、发人深省,就是由于当初把扶持、借贷、投入三种关系混为一谈,被个别人钻了空子。我们还有许多这种无严格意义上资本投入的企业,怎么办?法律面前情感没有用,要的是证据。二是多种经营就谈不上发展,也搞不下去。今年,勘探局特别重视两件事:扭亏和摸清。结果扭了半天,企业亏损的原因出在产权不清上,亏了是企业的、盈了是“唐僧肉”,查时是盈的,用时就没有;你埋伏,他挪用,最后全没有了。再说摸清,我们老老实实做了好长时间工作,结果是今天清了,明天又不清了,今天拿过来,明天又拿过去,谁也搞不清楚到底怎么算。下一步要大力发展多种经营,为勘探局分流安置养活1万人。这个思路肯定是对的,但按企业、按市场经济规则来要求和分析,就必须有相应的政策才行。管企业与管下属单位是两回事,这在今后会越来越明显地表现出来。有些搞多种经营的同志就感慨:发展越快,负担越重。如果一看企业盈利了,就再给几十个人让你安置,除了行政命令什么政策也不给,这样下去企业就不会有发展的积极性。

第二，不抓产权制度改革，改革就无法深化。咱们可以思考两个问题：(1) 农村改革为啥能成功，国企改革搞了 16 年为什么深入不下去？我认为结论只有一个，借用了农村改革的形式——承包，没有抓也不敢抓产权这个核心问题。搞成了的几个（像宜宾经验）也是偷偷摸摸关起门来搞的。(2) 对这次石油行业重组的思考。这次重组上市并不是集团公司、石油职工掏不起那 10% 的钱，而是因为香港人和外国人掺了 10% 的股，产权结构、体制变了。只有改变体制，才能拉动方方面面的变革，去适应市场经济的需要，这才是重组的实质意义所在。

第三，要对影响多种经营改革的实质性问题进行全面深刻的思考。这里有三个问题需要大家进一步认识。首先，如何看待多种经营的历史和现实问题？我认为：多种经营所面临的问题确实很多，但看问题一定要客观辨证，不能把凡是与计划经济、传统干法不一样的都看成不正规、看成是问题。对此，去年我在北京召开的集团公司多种经营座谈会上发言，归纳了 6 条：分不开、长不大、理不顺、活不了、进不去、避不了，并一一做了分析（略）。当前这些问题怎么解决、谁能解决？其次，认真学习是关键，学习就是要把我们的思想认识统一到集团公司文件和领导讲话的精神上去，不要反过来把文件和讲话精神千方百计取舍到我们的传统思维定式上去。有个笑话讲，南方人与北方人学文件不一样，北方人注意看哪几条不准干，南方人专门盯有哪几条能干。孙局长在最近的调研中反复讲，观念滞后是个要命的东西，观念滞后就要学习，当老实人。这话确实讲出了问题的要害。老是用旧观念取舍新东西、新事物，肯定不行，我们吃亏也就吃在这里。前面的改制为什么很难？我觉得问题主要出在认识、出在缺乏改制的动力和配套政策上。改制是一场资产革命，涉及到方方面面的利害关系，不慎重、不反复研究是不行的。所以今年我们几个政策性文件十易其稿才出台，我觉得有这些“政策储备”也是成绩。对改制我最担心出现两种情况：一是盲目求快，可能要带出许多问题，我们也不好承受。但上面早就讲过，可以大胆探索，错了再改回来；二是拖到后面，坐最后一班车。这更可怕，不仅错过了机会，还可能要受批评。再次，这次产权制度改革和四个方面的政策，为我们解决历史问题提供了机会。一是提供了清理历史旧债的机会，就看你怎么做工作。过去已经错过了几次机会，包括清产核资，许多单位没有抓住。这次再不利用，问题就给勘探局、给多种经营企业留下了，那时再谈如何生存有什么意义。二是为落实股权、股本金提供了机会。由于历史原因，投入、借贷、扶持三种资金关系混在一起，多数多种经营企业起家时没有严格意义上的资本投入，或者只给了一些淘汰报废的设备、厂房。作为企业，没有资本金投入造成了许多问题，所以这次一定要解决资本虚置或缺位的问题。三是提供了放开搞活的机会。产权制度不改革，如何放开搞活？现在机会来了。四是为多种经营结构调整提供了机会。由于时间关系这里只能点到为止。

三、认认真真做好我们的基础工作，是实事求是解决问题的关键

这次产权制度改革也好，其他方面的改革也好，必须坚持实事求是，必须认真扎实地做好基础工作。这里有三点：第一，光喊实事求是不行，要认真学习，勤于思考，多做工作。昨天我在临潼学习班上发言说多种经营的历史问题很多，事情十分复杂，要想解决问题，首先应当多了解多种经营的历史与现状。如果不了解历史与现状，实际上是解决不了矛盾与问题的。用计划经济的办法解决市场经济的问题，我认为是走回头路。如现在能不能让多种经营“一分了之”、“一走了之”？我觉得从某种意义上讲，这是个要命的问题，在目前的情况下，多种经营失去依托，就无异于让长庆局失去关联交易一样，多数以上的企业非垮不可。垮了不是哪一个人的问题，是近万名职工和职工子女的生存问题。“整体带资分流的企业，必须是能够活下去的企业”，所以基础工作之一，就是必须在对现状与市场的分析中，正确认识自己，找准基本的定位才行。第二，要下决心搞清历史问题。各家一定要搞清资产状况、劳资状况、债权债务状况和现有的市场状况，希望各家主管领导下决心组织，一件一件搞清楚，不清楚就没办法实事求是。第三，搞清了还不够，还得一件一件整理资料，取得依据，拿出解决的办法。资产界定不是想当然，必须要有依据。像油建长建公司、马家滩炼厂银马公司资产性质问题，全系统 23 个（可能不止）企业无实收资本问题，没有资料依据就不好确定。只有把原来资料还原，把相关的文件、政策搞清，才好解决。

四、一定要认真把握政策，用好、用活、用足政策

第一，把握政策首先要把住两头。一是不能让国有、集体资产流失，不能违背政策法规，这个界限一定要把握住；二是要坚持对长庆局负责、对我们的职工负责，只强调一头不是实事求是。

第二，研究和贯彻实施集团公司四个文件，应当全面准确。我理解，有这么几个难点：

一是带资问题。这次重点提倡的是整体带资分流，但往下研究问题就出来了。首先，带谁的资？有些同志说不是有集体资产吗？可以带集体资产，如果不够再补上差额就行。我认为这种观点不妥，文件明明白白说可以用国有资产补偿国有职工，为什么不用这条政策，非要用长庆局自己的那点资产？其次，带资的标准。文件讲“按集团公司确定的有偿解除劳动合同的标准”，这个“标准”是 3230 元/年的资产，而原来的个人买断是 4500 元/年，并且是现金。这就带出了政策的连续和平衡问题。另外，文件也讲到了“10%—40%的一次性付款优惠”、“适当放宽等政策，如果这些政策不体现，人员分流就会出问题。

二是集体资产量化问题。这个问题十分复杂，文件讲可以“对全体职工量化”，咱们是企业套企业，到底指哪个企业的“全体职工”？大家讨论时觉得问题比较多。这也涉及到平衡问题，譬如像我这个工龄，按带资分流有个十几万，如果集体资产再量化个十几万，行吗？有些同志说不行就按勘探局、二级单位、改制企业各占 10%、20%、70%的比例量化集体资产，这又要引出两个问题：(1) 为什么要这样量化，依据在哪里，谁来代表（主体资格)？(2) 反过来又产生新的不平衡。有些二级单位就讲，企业是我扶持大的，70%界定给改制企业，比例有些太高。还有其他方面的一些平衡问题。所以要认真思考这些办法会带来多少操作中的问题，对这些问题不要急于解答，要多思考，可以看看别人怎么做，学习中石化在重组中的做法，吃不准就先不要动。

三是关系问题。现在有一种说法，带资分流以后就不是长庆局的了。我觉得这个说法既对又不对，长庆局最后的模式很可能就是一个地区性的集团公司，下面有若干个控股和参股的有限公司。对此，孙局长讲，关系问题，要通过对长庆局定位的办法去解决，还说产权制度改革有两层……另外，我们对职工变更劳动合同或者解除劳动关系的问题也不要看得有那么严重，与长庆局签订劳动合同就是长庆局的职工。下一步你和哪个企业签订劳动合同，肯定就是哪个企业的职工。现在必须研究带资分流企业如何存活下去，带资分流后多种经营能不能按照局领导的要求发展成为长庆局一个支柱之一。要把这两个问题解决好，不是简单地一分就可以了之的事。

四是投资问题。开始认为是管理权限问题，深入下去才认识到实质是产权、责任、效益问题。所以，必须坚持有效益就干，没有效益就不干；坚持谁决策谁负责。特别是用职工的钱去投资，出了问题可能就给职工交代不了。由此说到多种经营处的工作，大家都讲要加大管理力度，但一定要明确，管企业与管单位是两种体制、两码事。如果还用过去管单位的办法，一是企业权限内的事情肯定管不住，二是有了问题可就要推到你身上来了。对于这些难点问题，孙局长有两句话相当深刻："不同层面的矛盾一定要用不同的办法去平衡。如买断是平衡勘探局与集团公司之间的矛盾，内退是平衡上班职工与不上班职工之间的矛盾"，"如果我们再睡不醒，到头来就可能是替别人做嫁衣裳"。

五是对吃不准、认识不到位，或者上面不同意，或者下面不愿意，或者职工通不过的问题，千万不要急躁，不要随意拍脑袋。等待也是一种办法，但要在等待中做工作。我主张学习中石化在重组中的做法，你先走我后面跟，你的好经验好做法我都学，你的失误和不妥我都避开。现在大庆、辽河在产权制度改革方面走在前面，我们多借鉴有益无害。所以，只有结合实际创造性地开展工作，才有可能解决改革中遇到的问题，比如我们长庆的"捆绑式"前进、规范化运作就是一种很好的探索与创造。

五、一定要抓好改革方案的整体设计

抓好方案的整体设计非常重要，需要做很多工作。实践证明，盲目地搞改革改制，后果太可怕了。为此，首先必须对企业的现状、对其所处的市场环境进行分析，找准每个企业的定位，在此基础上，才能确定哪些应当维持、哪些需要发展、哪些应当处置。我在长实集团讲，各直属企业的改革方案一定要从发现、分析、思考本企业不适应市场的弊端与问题入手，不能为改革而改革。一句话，就是要以市场为导向，搞好结构调整。第二，具体做法上，改革无模式，只能结合实际，因企施策，千万不能没有整体设计，改到哪里算哪里。第三，根据我们的实际，改制方案还必须认真考虑改制的善后工作，认真解决好各种历史问题。

六、要善于把握机会，根据时机分步实施

对于改制工作，孙局长讲了基本设想：今年的重点是把文件、政策研究透彻，把情况摸清，搞好方案，做好策划，明年全面推开。但我们的试点不能等，要"磨刀砍柴两不误"。这里为什么要讲分步实施？主要是我们的认识、环境的变化、职工的承受能力等都有个过程。任何事物的发展变化都有一个阶段性的问题。特别是在当前这个特殊的交替过渡时期，有些事情还可能在变化之中，工作不可能一步到位，必须分步进行。如我们今年出台的几个文件，当时看是超前的，现在与集团公司文件相对照，就需要进一步修改完善。

七、当前改革改制需要强调的几个问题

第一，必须抓好学习、研究和教育。这次孙局长在宁夏、陕西调研时，多次向基层的同志提问：为什么要改制？大多数领导和职工答不上来，我在场感到很不是滋味。看来局里的文件根本没有传达贯彻到职工中去。如果现在还是这样，既不掌握政策又不吃透情况，改制工作肯定搞不成。所以，我认为从上到下一定要明确四个问题：为什么改、改什么、怎么改、改革的动力从哪里来。为什么改？说法、调子有很多，但实质只有一条：就是为了寻求长庆局与长庆职工的生存之策、出路所在。所以孙局长一再强调，关键是解决好结构调整、解决好市场问题。现在如果不抓住有关联交易、有活干、有饭吃的机会改制，以后这些条件没有了想改也就来不及了。改什么？就是从分析研究不适应市场的问题与弊端入手，以市场为导向，调整结构、改革体制、搞活机制。绝对不要为改制而改制。怎么改？没有固定模式，学习政策、研究法律、分析市场、找准定位、因企施策，怎么有利怎么来。动力从哪里来？这就要研究上面是个啥意图，中间是个啥情绪，职工有个啥顾虑，操作者是个啥心态，绝对不要回避问题。改革是利益调整，是需要付出成本、付出代价的。改革的原则：“不给农民带来利益，得不到农民的支持农村改革就不会成功”，我们的改革一定要为职工着想，再困难也不能把职工“装进去”。

第二，为什么要挑好的企业先改？这个问题牵扯很多。首先，改制需要一定的基本成熟的条件。其次，改制初期需要有试点的示范效应，改一个成一个才能带动整体。其三，也是适应从计划经济向市场经济思维方式转变的需要。计划经济讲扶贫扶困，市场经济讲扶优扶强、优胜劣汰，能做大就做大，该萎缩就萎缩。再想一想实际情况，道理就更深刻了，我局多种经营单位之间大与小、优与劣，“两头冒尖”的趋势现在已经很明显，对此大家都不要回避。这就像一家有老、中、青三个女人，如果先嫁老的，等老的嫁出去了，后面的中年女人变成老女人、年轻女人变成中年女人了。相反，先嫁年轻的，可能还会要点钱、得点嫁妆，后面的两个也就好嫁了。

第三，为什么要强调按程序规范运作？答案是三句话。第一句，从总体上达到合法有效；第二句，再不能干自己整自己的事了，过去违反程序办事已经把我们整得够惨的了，到现在还理不顺；第三句，市场经济是法制经济，现在有些事也许还能变通，问题是以后怎么办？法制经济“讲证据不讲情理”。这也是今年我们规范有限公司、股份合作制企业的意义所在。如果不规范，盈了就是他的，亏了就是你的。关于这些问题，集团公司文件规定得很清楚，如劳动关系变更、资产报批、产权转移以及民主表决等法律程序与要求，大家千万不要把它当形式、当作废纸，一旦出现纠纷和官司，找不到这张“废纸”就交不了差，事情就这样简单。

第四，关于改革改制的风险问题。

首先要认识到，改革不仅有风险，而且还可能带来负面效应。这话我不展开讲。这次重组分开就给两方面都带来了许多问题，原因就是从原来一个整体分工变成了两个利益主体。以后出现多个企业、多个主体情况就会更复杂，所以孙局长讲下一步还得认真研究勘探局内部的关联交易问题。但有一点一定要看到，四万人全躺在长庆局的怀抱里是生存不下去的，如果都想办法自强、自立，长庆局就能新生、就能做得更大。

其次，面对风险如何办？(1) 一切从实际出发，积极探索、搞好试点，不要“刮风”、不要搞“一刀切”。不管要求多急，都要坚持实事求是。多干少争论，说不清的事就想办法搞清楚，就像采二双力公司试行年薪制一样，干成功是最好的说明。(2) 多学习、思考、多借鉴。石油系统改革走在前头的、搞得好的有不少，可以吸收消化，为我所用。(3) 学会变通，只干不说，但不要去“踩红线”、“闯红灯”。对处在探索过程中、还没有被实践所证明的做法不要多说，也不要宣传。(4) 只要是为长庆局、为长庆职工着想，就不要“前怕狼后怕虎”，“心底无私天地宽”。对于这次改制，有的同志说是一次机会，有的说是“最后的晚餐”，我倒觉得，这就像上面给你画了一个直径一米的圆，如果自己硬要把它缩小到半米，那就是自己错失机会的行为。

八、需要强调的几个具体事情

(1) 勘探局要求我们结合学习贯彻集团公司领导干部会议文件精神，搞一个深化多种经营改革的意见，请多种经营处张生春副处长组织研究。

(2) 张芝兰总会计师在这次临潼学习班上安排，由多种经营处拿出下步规范多种经营系统财务和资金管理的具体办法，要抓紧研究制定。顺便讲一下结算与管理费问题，我已几次向大家作过说明，张总也作过解释，结算问题确实不是出在一个环节上。管理费问题正在研究，基本设想是逐步以经济手段（关系）代替行政手段。

（3）关于今年的生产经营情况。总的情况不错，与去年同比箭头朝上、有增长，但单位之间差距较大，有的特别好，有的特别差。同样的历史、同样的困难，两极分化十分明显，希望各家领导务必给予重视。我认为，重视、支持和抓好多种经营，就是真正地、实实在在地对长庆局、对职工负责任。

（4）应当明确，积极认真地解决各种历史遗留问题、规范运行、调整结构，这些工作与加快改革发展是一致的。也就是说，“擦屁股”与加快发展并不矛盾，不解决拖后腿的问题，就没有办法往前走，走快了还可能跌个“鼻青脸肿”。有能力往前走，没有能力断后不算有本事。

（局办公室于2000年9月25日以长局办发［2000］第23号文印发）

2001 年

孙玉辰同志在钻井工程总公司成立大会上的讲话

（2001 年 1 月 8 日）

各位领导、同志们：

新世纪伊始，我们在这里举行一个庄严而简朴的大会，正式宣布钻井工程总公司的成立。它标志着勘探局内部整合重组进入了实质性阶段，标志着贯彻勘探局“以市场为导向，加强内部管理”的发展思路进入了一个新的阶段。下面，我讲三个问题。

一、长庆钻井队伍是一支久经考验的过硬队伍，为长庆油气勘探开发做出了卓越贡献

30 多年来，长庆钻井这面永不褪色的旗帜，在鄂尔多斯盆地上空高高飘扬。在这块热土上，这支英雄的队伍艰苦奋斗，顽强拼搏，共钻井 9985 口，进尺 1644.52 万米，等于钻穿 1858 座珠穆朗玛峰。

我们这支光荣的、英雄的队伍，不管走到哪里，总以长庆而自豪，总为长庆而争光。培养锻炼了一大批先进的集体，涌现出了以王化兰、王瑛等为代表的一大批闻名全国的先进模范人物，总结出了一套队伍建设的成功经验；掌握了一套在复杂地质条件下进行钻井作业的工艺技术和配套技术；在实践中探索了深化改革、加强企业管理的经验。

重组改制后，钻井系统的广大职工更加自觉地承担起勘探局面临的困难，2000 年，创造了钻井速度、钻井工艺、钻井质量、生产时效、钻井效益等多方面的新成绩。在此，我代表局党委、勘探局向在座的各位钻井系统的领导和钻井战线上的广大职工、干部表示最崇高的敬意。

二、抓住时机，搞好钻井系统的整合重组，势在必行

钻井是油气勘探的龙头。重组后，钻井在地区服务公司的龙头地位更加突出。2000 年钻井收入 18.9 亿元，占全局主营业务收入的 45.2%；“十五”期间，预计全局主营业务收入累计为 209.8 亿元，钻井很可能达到 96.7 亿元，占 46.1%。钻井市场的开拓、钻井技术的发展可以带动井筒作业服务市场及运输、器材物资、生活供应等其他方面的发展，这是毫无疑问的。

我们必须清醒地看到，钻井市场当前面临着严重的挑战。

从目前实际情况看，国内钻井市场萎缩，队伍严重过剩。全国现有钻井队 574 个，年动用队数 430 个，仅占整个队伍的 75%。根据集团公司“十五”规划，五年内钻井队伍将要削减四分之一。我局今年动用钻井队 62 个，但根据“十五”的钻井工作量，关联交易市场测算，有 40 个左右的钻井队就可以满足需要。

今年根据上级要求，关联交易市场今年开放 50%，在 2—3 年内要全部开放。如果我们的体制、机制和技术力量不能适应市场的变化，不能大幅度地降低成本，不在体量上做大，技术服务上做专，机制上搞活，就必将在市场的竞争中被淘汰，看着别人在自己的家门口抢饭吃而无能为力。同时，国内外钻井市场实行分段招标，为钻井队伍的专业化整合提出了客观上的要求；对长庆钻井来讲，我们有一个非常独特的优势，那就是长庆油气发展的大好形势为我局钻井队伍的整合重组提供了难得的机遇。机不可失，时不再来。如果不抓住这个机遇，基本完成整合重组，我们就会犯历史性的错误。因此，钻井系统整合重组，可谓箭在弦上，不可不发，不可迟发。

局党委、勘探局在思考和决策钻井系统的改革、改制问题上采取了慎重的态度。

钻井系统的整合重组，去年初就在开始调研。

三个钻井处在内部整合上做了大量有效的工作，为钻井工程总公司的成立奠定了基础。

在反复讨论，多方论证的基础上，征求了各方面的意见，提出了三套方案，为局党委、勘探局的决策提供了很好的参考意见。

去年，集团公司领导干部会议以后，我们加快了钻井系统整合重组的步伐。

10月14日，勘探局临潼工作会议提出了钻井系统改革改制的初步框架。

会后，主管领导组织有关方面的人员专题讨论了钻井系统的改革问题。

11月3日，集中钻井系统领导同志在靖边专题讨论了钻井系统改革的大体思路。

11月30日，又在西安专门安排了3天时间，对钻井系统的改革进行了专题研讨，初步确定了钻井系统改革的理念问题。

12月2日，局党政领导专题听取了研讨情况的汇报，对钻井系统的改革提出了许多有益的意见和建议。

12月15日，局务会决定成立钻井工程总公司筹备领导小组。

12月18日，局务会讨论通过了《钻井系统整合重组实施意见》。

12月20，在庆阳召开了钻井系统领导干部会议。

2001年1月5日，局党政领导联席会议决定成立钻井工程总公司。

从上述时间表上可以看出，钻井工程总公司的成立是局党委、勘探局认真贯彻集团公司领导干部会议精神，审时度势，做出的一项重大战略决策。

30多年来，三个钻井工程处都形成了自己的相对优势，但同时在当前市场经济条件下也显现出相对劣势。钻井工程总公司的成立，可以尽可能的扬长避短，发挥各自的管理优势、技术优势和地域优势、市场优势，减少重复建设，增加效益。

一是有利于精干钻井施工队伍，把地区服务公司的主业做专、做强，特别是我们的队伍要面向社会市场，这种整合重组显得更加重要。

二是有利于发挥技术、装备、人才的整体优势，把有限的资金、装备和人才，集中起来，形成拳头，提高钻井队伍的知名度和竞争力。

三是有利于规范关联交易市场，有效地占领、服务和开拓两个市场。

四是有利于克服不必要的交叉作业，建立反映灵活，机动性强的钻井服务体系，提高效率和效益。

五是有利于改善钻井队伍的生产和生活条件，集中财力、物力为职工办大事。

二、钻井工程总公司要担负起艰苦奋斗、二次创业的历史使命

钻井总公司的成立不是一般形式上的机构合并，而是要为建立现代企业制度，更好地满足市场需要而迈出的坚实的第一步。

下一步，钻井系统的专业化整合和内部改革改制的任务还十分繁重。

刚才，杨再生同志谈到一些初步的打算，我觉得还是非常好的。他们已经看到了当前的艰巨任务。

万事开头难。钻井总公司要担负起艰苦奋斗、二次创业的历史使命，还需要做好以下几个方面的工作：

(1)要保持和发扬长庆人特别是长庆钻井人30多年来形成的艰苦奋斗的优良传统。

过去，我们靠艰苦奋斗从无到有，从小到

大;在新的历史时期,更需要艰苦奋斗;生存需要艰苦奋斗,发展更需要艰苦奋斗。如果我们有些同志不现实的都想到西安来,这种想法不一定都是消极的,但距现实比较远。现在钻井机关330人,以后在机关办公的也就150人,更主要的,我们的队伍长年在山沟作业,如果我们的干部都想到西安来,我看一是离现实比较远,而且是思想准备不足。所以,会上要讲清楚,我们的干部要和广大职工同甘共苦。

(2)二次创业,把钻井工程总公司建设成具有一定竞争势力的国际化钻井服务公司。

如果说一次创业,是在计划经济条件下,从无到有,从小到大,完成了“量”的积累;那么我们现在讲的二次创业,将要在市场经济条件下,完成现代企业制度的建立和增量、质量的提升。

(3)不断创新。江泽民同志深刻指出,创新是一个民族的灵魂。国无创新无发展,企业无创新难生存。在钻井工程总公司成立之前,我们在研讨会时提出要理念创新,树立起“创新、开放、简捷、明确、责任、自信”的经营理念。二是要技术创新,密切跟踪世界先进钻井技术,加大技术改造力度,逐步掌握技术制高点,更好地为关联交易市场和社会市场服务。三是要机制创新,逐步建立起法人治理结构,形成自己的投资决策中心和利润中心,这一点可以说上下都准备不足。四是管理创新。吸收世界先进的管理经验,大力推行HSE管理,从一开始就站在国际大公司的起点上,不断提高员工的素质。

(4)稳定大局。钻井系统的整合重组,事关全局的稳定,事关钻井队伍的生存与发展。必须坚决保证钻井系统整合重组工作平稳有序的进行,保持钻井队伍稳定、生产经营工作稳定、大局稳定。这一点根本在于各级领导干部的政治觉悟和大局意识,在于各级领导干部的模范带头作用。

各级领导干部,特别是原三个钻井处领导班子成员,要站在党性和党的政策的高度,讲学习、讲政治、讲正气,坚定不移地把整合重组搞好,同局党委、勘探局的决策保持一致。

机关干部要顾全大局,要遵守政治纪律、组织纪律、财经纪律,保证资产完整,避免国有资产和集体资产的流失。要严防借整合重组之机,突击花钱,乱发钱物。

整合重组工作关系到职工的切身利益,职工对此有一个认同和适应的过程。各级党团组织都要加强思想政治工作,确保职工队伍的稳定。

对于极少数不讲纪律、不顾大局、不听招呼的人员,要立即停职并严肃查处。因政策宣传不到位,造成队伍不稳定、影响生产经营工作、国有及集体资产流失的,要首先追究领导干部的责任。

油田公司给予了我们有力的支持,胡文瑞同志亲自指示包书记(包方钧)、老喻(喻昌荣)及这么多的助理、处室长参加今天的成立大会,就是想把这件大事齐心协力地办好。勘探局内部机构的撤并不知搞了多少次,这次采取了与以往不同的方式,我想有三个不同:

一是观念更新,用了非常多的时间,大家统一认识,更新观念。

二是采取了有步骤的过渡形式,成立了“钻井工程总公司筹备领导小组”。

三是深入的、广泛的听取了各方面的意见,很多以前未想到的问题得到了补充。三个钻井处都想着在合并之前,进行必要的整合,就是考虑到过程比较长,采取了积极的态度,各级干部都按照要求,有效的工作。这里要强调机关各处室要积极、主动、有效地搞好服务工作,少说“不”字,多说“行”字,给予充分的支持。改革不可能实现两个百分之百,一是不可能百分之百地成功,二是不可能得到百分之百的支持。如果有什么问题,要主动的调查研究,给予帮助。

(5)做好生产启动和各项准备工作。钻井工程总公司领导班子要集中精力筹划今年的生产准备和关联交易市场的研究,特别是开放的50%市场的争取工作;要着手安排到国外打井队伍的人员、设备的准备工作。

(6)要在“钻井工程总公司筹备领导小组”的领导下，健全、完善钻井工程总公司党群组织设置和各级班子的组建工作，逐步使钻井工程总公司迅速地职能健全，从“钻井工程总公司筹备领导小组”过渡到钻井工程总公司。

(7)做好2000年的决算、考核和奖惩兑现工作。

(8)着手做好2001年的财务预算、投资计划和“十五”规划的编制。

总之，当前要特别注意艰苦奋斗、二次创业、不断创业、稳定大局。不创新就没有动力，不创新就没有出路。我们也相信，钻井工程总公司在勘探局党委、勘探局的领导下，在油田公司的大力支持下，一定能顺利起航。最后，为油田公司领导参加会议和在以后工作中将给予我们的帮助，再一次表示感谢。

孙玉辰同志在2001年宣传思想工作会议上的讲话

(2001年2月11日)

同志们：

在新春佳节刚刚过去的时候，全局宣传思想战线上的同志们，相聚在塞外江南，畅谈和总结不平凡的2000年，研讨新世纪思想政治工作的运筹谋略，策划新一年宣传工作和企业文化建设的具体措施，具有十分重要的意义。

借此机会，我代表局党委、勘探局向关心支持我局思想政治工作的集团公司政治思想工作部的领导和同志们表示衷心感谢，向全局思想政治工作战线上的同志们表示诚挚的问候，向这次会议表彰的先进集体和先进个人表示热烈的祝贺。

下面，我讲三个问题。

一、宣传思想政治工作在全局两个文明建设中发挥了重要作用，做出了突出贡献

过去的一年，是我局重组改制、分开运行的头一年。

一年来，我们在集团公司的正确领导和油田公司的大力支持下，依靠各级领导干部和广大职工的共同努力，经受住了种种错综复杂情况的严峻考验，保持了队伍和大局的稳定，两个文明建设取得了丰硕成果。主要是，地震、钻井、试油压裂、测井等创历史最高水平，采油技术服务、采油作业区原油生产、建筑施工、供水供电、机械制造、通信、运输、社会服务等完成和超额完成了年度计划，多数超过去年水平。科技创新在黄土塬直测线勘探技术、欠平衡钻井技术、二氧化碳压裂、小井眼钻井技术、成像测井处理与解释技术、新型复合射孔、新产品开发等8个方面取得了突破。市场开发取得了实质性进展，多种经营有了新的发展，改革迈出了坚实的步伐，安全生产呈平稳态势。经过全局努力，实现利润16万元，职工收入增加，生活环境有了明显改善。

上述成果来之不易，凝结着全局职工的汗水和心血，也浸透着宣传思想战线同志们的辛勤与努力。

特别是过去一年里，宣传思想战线以转变观念为先导，围绕勘探局改革、发展和稳定大局，唱响主旋律，打好主动仗，努力营造健康向上的舆论环境和丰富多彩的文化生活，在推动全局两个文明建设中发挥了实实在在的作用。

一是集中宣传勘探局“两条基本思路”、“四大发展战略”，工作到位，效果明显。前年底，重组分开运行后，我们集中时间，集中精力研究了存续企业的生存与发展，确定了“两条基本思路”、“四大发展战略”。一年来，宣传思想工作紧紧围绕局党委、勘探局这一部署，做了大量卓有成效的工作。报纸、电视集中篇幅、集中版面，进行了多种形式的宣传；多媒体的制作和演示，各种类型学习班的宣讲和讲授；市场开发、科技创新等专题汇报使局党委、勘探局的部署深入人心。以市场为导向促进企业内部管理，实施四大战略，提升企业整体实力和市场竞争力见到明显效果。

二是紧紧跟踪市场开发特别是社会市场开发的步伐，推动职工思想观念发生了深刻的变化。从世界著名壳牌公司钻井、井下作业反承包市场的开辟到参加国际石油、化工科技装备展览会；从参与涩宁兰输气管线的铺设、管线清扫到西安第一口地热井的钻探成功；从采油二处修井一公司在陕北社会修井市场荣获“神州大修打捞王”称号到采油一处奔赴大港油田修井。市场开发到哪里，宣传思想政治工作就做到哪里；报纸、电视跟踪采访；专题、专访，深度报道；不少单位在艰苦的施工现场与家人之间架起了电视沟通的桥梁。多种媒体的宣传，启迪心灵，感人至深；扎实有效的宣传思想工作，在职工中引起了强烈反响，推动广大职工特别是各级领导干部认可市场，研究市场，适应市场。从开始的怨天尤人，到主动地去找市场，为市场服务，市场观念逐步确立，引起的变化确实很大。

三是把镜头对准基层，对准一线，树立和宣传典型，引导职工求生存、图发展、闯市场、增效益，为增强存续企业的凝聚力、吸引力发挥了重要作用。从年初开始筹划，到四次下基层调研，总结了油气综合服务处、采油三处、采油二处卫生所、修井二公司、采油三处运输大队、公用事业处靖边物业管理站、70118钻井队等先进典型。两次召开现场会，大力推广；结合半年和全年工作总结，表彰奖励了一大批先进集体和先进个人。围绕先进典型的宣传，一些单位为劳模拍摄专题片，每人谱写一首歌曲。局工会组织劳动模范，一些单位组织做出突出贡献的职工到新马泰旅游。多种形式的活动，鼓舞了士气，凝聚了人心，消除了重组留在广大职工心中的忧虑和不安，增强了广大职工图生存，求发展的勇气和信心。不少人上书局党委、勘探局，对全局的改革、发展出谋划策，许多已经离退休的老干部、老工程技术人员、老工人主动上门，向局领导请缨，要为存续企业的“二次创业”做贡献，广大职工在困难面前表现出从未有过的主动性和创造性。

四是实施企业形象工程，在企业文化建设、产品宣传方面取得了明显进步，在国内外展示了长庆工程技术服务的业绩和实力。过去一年，宣传思想政治工作一个明显的变化是，把侧重点放在了企业形象的宣传上。大型广告牌的制作和展示，产品目录的编制和印发，企业画册的精心设计，长期不善于宣传自己的石油人，有了自己的广告策划，纷纷向政府机构、国内外企业、各种朋友赠送介绍工程技术服务实力的宣传材料，就连沙漠、山沟深处的交通路口，也可见到石油工程技术服务的广告宣传。尽管这方面还有许多不尽如人意之处，但毕竟有了一个好的开头。

五是坚持正确的舆论导向，开展扎实有效的宣传思想工作，在稳定职工队伍方面发挥了其他战线无法取代的重要作用。去年我们与兄弟单位的存续企业一样，遇到了相同的矛盾和问题，之所以能够保持一方平稳，一个重要的原因是我们有一支素质较高、听从指挥、坚强有力的宣传和思想政治工作者队伍。通过扎实有效的工作，比较稳妥地解决了一系列很棘手又可能一触即发的问题。比如年初一开思，我们就遇到了合同未签，能否顺利开工的问题，紧接着又遇到了因住房制度改革引发的四起职工联名写信问题,"7·24"部分单位职工集体上访问题、解除劳动关系后要求异地安置问题、"法轮功"练习者进京问题等等。这些问题能及时解决并保持了职工队伍的稳定,主要原因是局党委、勘探局大局意识明确,政治敏锐性强,采取措施及时得当。局领导在事件的萌芽状态就向有关领导打招呼,针对上述问题,先后分别四次召开党委书记座谈会和工作会议,提出明确要求,采取了有效措施,并及时沟通情况,得到了油田公司领导的大力支持。在这些大是大非面前,宣传思想政治工作坚持正确的舆论导向,做好一人一事的耐心疏导,对相关领导进行批评警示等发挥了其他战线无法取代的作用。

实践证明,我局宣传思想政治工作者队伍是一支政治强、业务熟、纪律严、作风正,可以依赖的过硬队伍,局党委、勘探局对大家的工作是满意的。

二、明确定位,把握方向,动员全局职工为实现勘探局"二次创业"的宏伟目标而奋斗

经过30多年的发展,长庆油田取得了令世人瞩目的成绩。在新旧世纪的交汇点上,企业的重组改制,使存续企业面临着二次创业的严峻挑战。宣传思想政治工作要适应这种历史性的转变,动员全局职工为实现勘探局"二次创业"的宏伟目标而奋斗。

如果说第一次创业是在计划经济条件下,完成了"量"的积累,原油年产量达到430多万吨,找到了闻名世界的长庆大气田,建成了设施配套的石油天然气生产生活基地。那么第二次创业是在市场经济条件下,实现企业综合实力、竞争能力"质"的提升,达到企业实力、经济效益等新一轮"量"的增加。

我局"二次创业"的目标是,贯彻实施两条基本思路和四大发展战略,用三到五年时间,择优做强工程技术服务业;优化加工制造业;改造提高生产服务业;培育一批新的经济增长点,大力发展多种经营;拓展海外业务,打向国际市场。使勘探局发展为集团公司授权的资产经营和生产经营的现代企业集团。

"二次创业"最本质的特征是:把"井场"变成了"市场",逐步实现思想观念、经营理念、管理方式、行为模式的根本转变,达到体制创新、机制创新、技术创新、产品创新的目标。

根据集团公司工作会议精神和以上构思,我局2001年的主要任务如下。

(一)搞好市场开发,确保油气勘探重点工程的完成

解决存续企业面临的所有矛盾和问题,关键在发展,而发展的关键在于我们能不能抓住市场。今后相当长一段时间内,关联交易市场仍然是我们生存和发展的基础,占领这一市场是市场开发的重点。2001年,关联交易市场总的工作量要超过去年,新建原油生产能力100万吨,新建天然气生产能力2亿立方米,钻井进尺157.7万米,二维地震7800剖面千米。最近股份公司要求油田公司新建原油生产能力增加50万吨,新建天然气生产能力增加12亿立方米,预计钻井和地震工作量有可能还要有较大幅度的增加。但是,我们必须看到,由于历史成本低,即使工作量饱满,也只能是吃饭经济,加之今年关联交易市场将开放50%。因此,在关联交易市场上,我们要突出解决一个"怕"字,树立一个"争"字,靠优质服务、靠技术上的绝活、靠质量去争取关联交易市场的市场份额,做到服务价格化,招标规范化,结算程序化。

油气勘探开发建设是长庆3—5年实现1200—1700万吨油气当量目标的基础工程,也是保证"西气东输"工程顺利启动和实施的重点工程,我们要把这些重点工程作为工作的重中之重,做到启动生产优先、队伍安排优先,物资保障优先,现场服务优先,下大力气抓紧抓好。同时,要组织得力队伍大力开拓社会市场,有效地占领油田周边和西部市场,力争有1—2个地震队、2—3个钻井队、1个测井队进入国际市场。全年社会市场收入争取达到4亿元。

(二)加强内部管理,实现全面盈利的经营

目标

追求效益是企业生命所在。过去一年，我局工程技术服务、生产服务主要指标均比1999年有大幅度的增长，地震、钻井、井下作业、测井4项实物工作量创造了历史最高水平。但是，由于历史成本低，关联交易价格难以到位，成本缺口大的矛盾无法解决，初步决算仅实现了16万元的利润。2001年集团公司考核我局的经营指标为5880万元，根据有偿解除劳动关系资金到位情况，年终利润指标要达到1.4亿元。

实现上述目标，我们将面临着关联交易价格、工作量和自用成品油、土地涨价等风险，经营形势较之去年更加严峻。必须采取多种不同对策，一个一个环节守住把牢，实现全面盈利。一是要力争关联交易工作达到90%以上；二是要对经营进行动态控制，工程技术服务要大幅度盈利；捆绑单位和生产服务单位要消灭亏损，实现盈利；困难企业要努力实现持平目标；费用单位要严格控制，不能超支，有条件的单位要实现自负盈亏。三是要加强企业内部管理，强化效能监察，防止效益流失。四是要推广应用新技术、新工艺，依靠科技降低成本，向科学管理要效益。五是加强合同管理、预算管理、成本管理、物资管理、质量管理和投资管理，做到既要干好活，又要挣上钱，多收入，少流失。

（三）深化企业改革，积极稳步地推进结构调整

按照建立现代企业制度“产权清晰，责权明确，政企分开，管理科学”的要求，逐步实现局、处两级的职能转变。有效地发展工程技术服务业，提升技术服务板块的竞争力，稳定发展生产服务业，壮大多元经济板块的实力，逐步使公用事业、生产服务板块融入社会。逐步建立起适应市场要求的体制和机制。

积极进行队伍结构调整，2001年要大力推进整体带资分流，控制、调整和压缩专业队伍。职工人数在2000年的基础上力争减员20%。全民单位劳务合同工在2000年的基础上压缩20%。

要积极创造条件，使设计院、长实集团、房地产开发公司按照法人治理结构试运行，总结经验，探索路子；加快钻井工程总公司内部专业整合的步子；在装备、技术上进一步加强施工队伍建设，以油建处、筑路总公司为龙头，整合重组为建筑施工企业集团；器材供应要在搞好“一对一”服务的基础上，本着优势互补、资源共享、方便生产、方便群众、利于发展的原则，整合重组为勘探局所属的器材经销集团；将房地产、物业管理、生活服务等组建为产业集团公司；成立教育中心、医疗卫生管理中心、统一管理普通教育和医疗卫生工作。

（四）推行三项制度改革的试点工作

深入贯彻集团公司关于深化人事劳资制度改革的有关精神，积极进行干部人事制度改革、劳动用工制度改革和工资分配制度改革的试点工作。建立起员工能进能出，干部能上能下，收入能高能低的新的用人机制和激励机制。

干部人事制度改革要以建立和完善领导班子和领导干部选拔任用、科学管理、有效激励、严格监督机制为重点，以适应改革改制、增强企业活力，提高经济效益和市场竞争力为目的，把组织选配和引入市场机制公开竞聘结合起来，把党管干部的原则和董事会依法选择经营管理者以及经营管理者依法行使用人权结合起来，完善管理体制，健全管理制度，改进管理方法，把领导班子建设成为适应现代企业制度，具有领导现代企业能力，能够有效地开拓市场，政治上强、开拓创新、团结协作、勤政廉洁的领导集体。

劳动用工制度改革要以产权制度的改革为突破口，以强化劳动合同管理为重点，以减少冗员、调整优化队伍结构为目标，坚持人才资源的整体开发和市场化配置，形成与市场经济体制、现代企业制度和勘探局改革发展相适应的，员工能上能下、能进能出、有效激励、严格监督、竞争择优、充满生机和活力的企业用人新机制。

进一步深化工资分配制度改革，调整工资

结构和分配方式。在现行岗位技能工资制的基础上，通过调整不同类型、不同岗位人员的工资关系，使工资分配进一步向责任重、贡献大的岗位人员倾斜；通过调整工资结构，简化工资单元，加大岗位要素和绩效工资在工资结构中的比重。积极探索年薪制和要素参与分配的新模式，不断健全和完善配套的激励、约束机制。

(五)加强思想政治工作，保持大局稳定

保持稳定是各级党政领导班子的重大责任，主要领导是维护稳定的第一责任人。要把能否维护稳定作为检验领导干部是否贯彻“三个代表”思想的重要标准，层层落实维护稳定的领导责任制。

要加强党的基层建设，发挥党员带头作用和党支部的战斗堡垒作用。要加强民主管理，实行厂务公开；坚持正确的舆论导向，大张旗鼓宣传正面典型，调动一切积极因素，形成健康向上的思想氛围。

要广泛深入地进行形势任务教育，引导广大干部职工进一步解放思想，转变观念，正确对待自身利益的调整，积极参与和支持改革。要用改革的成果和发展的宏图，鼓舞人心，振奋士气，把思想政治工作做到生产经营和改革的全过程。力求做到思想政治工作与企业的发展目标相结合，与企业的绩效相结合，与加强企业管理相结合，与解决职工的实际问题相结合，着力建立一套有利于加强和改进思想政治工作的激励约束机制、责任追究机制和政工干部交流机制，深入探索新形势下做好思想政治工作的新路子和新方法。

要注意四个关节点：一是慎对敏感点，凡涉及职工切身利益的改革方案的宣传和实施，一定要慎重对待；二是矫正失衡点，及时调整职工思想情绪，使职工正确对待自身利益的调整，增强心理承受力；三是化解矛盾点，对存在的矛盾和问题，不能绕道走，讲明政策，理顺情绪，及时化解矛盾；四是控制“易燃点”，对待敏感问题，认真调查，正确处理，化解“助燃”因素。

要继续深入开展同“法轮功”邪教组织的斗争，深入揭露“法轮功”的邪恶本质，进一步做好“法轮功”练习者的教育转化工作，夺取这场斗争的彻底胜利。

保持稳定要按照“谁主管谁负责”的原则，从上到下层层落实维护稳定的领导责任制。政策问题对维护稳定至关重要，制定和执行政策一定要慎之又慎。

要切实重视和加强信访工作，及时妥善地处理好各类信访问题，把不稳定因素尽可能化解在萌芽之中。

(六)积极创造条件，不断改善职工的生活条件

改善职工生活条件，是企业增强职工爱厂、敬业精神，提高职工工作热情，充分发挥职工积极性、创造性的有效途径之一。要在提高效益的基础上，使职工的货币收入逐年有所增加，加快住房建设步伐，重点解决无房户问题，继续实施“送温暖”工程，帮助职工解决生活上的实际问题。

三、面向市场，深入一线，把宣传思想政治工作做深、做细、做扎实

(一)认真学习江泽民同志在全国宣传部长会议上的讲话精神、全国宣传部长会议精神和集团公司工作会议精神，把握当前宣传思想工作重点

(1)努力研究好、宣传好、贯彻好江泽民同志“三个代表”的重要思想，使广大党员和领导干部自觉地以“三个代表”的要求指导自己的思想和行动，不断增强各级领导班子和广大党员拒腐防变和抵御风险的能力。

(2)宣传和弘扬“五种”精神，即宣传和弘扬解放思想、实事求是的精神；宣传和弘扬紧跟时代、勇于创新的精神；宣传和弘扬知难而进、一往无前的精神；宣传和弘扬艰苦奋斗、务求实效的精神；宣传和弘扬淡泊名利、无私奉献的精神。

(3)按照中央要求，今年，宣传思想工作要打好新世纪宣传思想工作第一仗，形成三个热

潮。即突出发展的主题,集中宣传五中全会和“十五计划纲要”,形成改革开放和现代化建设的热潮;抓住纪念建党 80 周年的有利时机,形成爱党、爱国、爱社会主义的热潮;积极建立与发展社会主义市场经济相适应的思想道德体系,依法治国与以德治国相结合,形成思想道德教育的热潮。

(4)以国有企业开展“三讲”教育为契机,大力加强企业领导班子建设,重点抓好七件事:一是全面提高领导班子的理论水平和政治素质;二是加大培养和选拔优秀年轻干部的力度;三是积极推进企业干部交流;四是及时做好企业领导班子调整工作;五是加快企业人事制度改革工作;六是进一步健全民主集中制;七是加强企业领导人员的监督。

(5)正确处理改革、发展、稳定的关系,确保改革和发展的顺利进行。要进一步加强精神文明建设和思想政治工作,继续深入开展“三创一争”活动,使精神文明建设保持“两个走在前列”。要切实加强机关建设,转变机关工作作风。

(二)宣传思想工作要在第二次创业中找准结合点和切入点,不断提高宣传思想工作的针对性

(1)要构筑宣传思想工作的工作体系,搞好三个层面的业务,即抓领导班子,通过理论教育,转变思想观念,提高领导干部的思想理论水平和决策能力;抓好精神文明建设的系统工程,提高职工队伍的思想、道德、文化、技术素质;搞好企业市场运作的宣传,重点做好新设备、新技术、新产品、新业绩的宣传及企业经营理念和质量承诺的宣传。

(2)理顺渠道,形成宣传思想工作的新格局。

要逐步建立四种机制:一是领导责任追究机制,各单位党委书记要切实负起宣传思想工作第一责任人的责任。二是激励约束机制,制定并实施精神文明建设和思想政治工作考核办法,把思想政治工作目标和生产经营指标放在同等地位进行考核。三是宣传思想工作创新机制,努力探索新形势下做好思想政治工作的新路子和新方法。四是政工干部培训交流机制。

(三)要坚持以“市场为导向,以改革为动力,以管理为重点,以效益为目的”,抓好四个重点

1. 市场

要继续解决好领导干部和职工的市场观念问题,把关联交易市场当作一种特殊的市场来研究,教育各级干部职工树立大局意识,发挥整体优势,实现共同发展。发挥精神文明建设协调领导小组的作用,解决好关联交易过程中出现的各种矛盾。“一对一”服务单位,要结合工作实际,开展各种形式的优质服务、质量承诺活动,靠优质服务全力占领关联交易开放部分的市场份额。

要协同组织部门、教育培训部门办好领导干部市场经济理论学习班和中层管理干部市场经济理论学习班。对参与社会市场的施工队伍进行统一“包装”,建立具有长庆特色的企业文化。重点要做好油建兰成渝成品油管道工程、新疆筑路工程、油气技术综合服务处外资建筑工程等闯社会市场重点项目的宣传。配合产品外销工作,做好长庆“拳头”产品的宣传,树立品牌意识。

要总结、宣传钻井、井下等施工单位与壳牌合作项目,积极探索参与国际市场施工队伍的宣传思想工作方式方法。针对尼日利亚、柬埔寨、厄瓜多尔和中东、东南亚等国家和地区的已达成合作意向的项目配合招投标,做好企业实力、企业形象的宣传工作。打破封闭的模式,利用各种媒体和途径,参与市场有关政策的研究,市场信息的收集、整理、分析工作。

2. 改革

宣传思想工作要为改革鼓劲加油,为改革提供强大思想武器和精神动力。要引导职工进一步解放思想,转变观念,支持改革。教育职工逐步确立“创新、开放、简捷、明确、责任、自信”的企业经营理念。要盯住改革改制的重点单位和热点问题,加大改革改制的宣传力度。产权

结构调整要重点盯住设计院改制和几个大队级单位的改制，总结经验；产业结构的调整要关注与勘探局开发低产低效区块的有关项目；产品结构的调整要重点抓住机械制造总厂。

3. 管理

要配合投资决策管理、资金管理和成本管理等工作，抓好勘探局各项管理制度的宣传。建立对关联交易市场甲方的质量回访制度和逐级对回访工作的考核制度，把回访工作的考核纳入对各单位的年度考核中。大力开展“HSE”管理年的宣传活动，加强企业基础工作，与国际先进管理接轨。继续深入开展加强基础建设，狠反“低、老、坏”的竞赛活动，提高管理水平。

4. 效益

今年要围绕效益要做好四个方面的工作：一是要围绕各项经营指标，引导职工坚持效益第一的思想；二是宣传好科技增效，继续关注欠平衡钻井、二氧化碳泡沫压裂等科技的攻关，重点要总结宣传黄土塬直测线地震勘探技术、小井眼钻井技术、成像测井处理与解释技术、新产品开发方面的新进展、新经验；配合勘探局科技工作，搞好优秀技术干部形象工程宣传；三是要配合对多种经营系统经营状况调查，做好亏损企业扭亏增盈工作的宣传、组织对新增经济增长点的宣传报道；四是要宣传好实施低成本战略，开展群众性创优增效活动。

（四）要用马克思主义和唯物主义世界观占领思想文化阵地，要用健康向上文明活动吸引职工，丰富职工精神文化生活

要有针对性地、分层次地开展各种活动。各级党委要在党员干部中开展科技兴企教育活动；离退休管理部门要在离退休职工中开展“爱厂兴厂”，为振兴长庆献计献策活动；公用事业部门要抓好职工家属、解除劳动关系但仍在油田矿区居住部分同志的遵规守法教育活动；教育部门和青年团组织要按照教育部、共青团的部署，广泛开展“校园拒绝邪教”活动；工会组织要积极办好“文化广场”、“自乐班”，开展健康文明的文体活动。

同志们，宣传思想战线是十分重要的战线，宣传思想工作部门是十分重要的部门，广大宣传思想工作者长年紧张工作，非常辛苦，各级领导特别是党政主要领导要从政治上、工作上、生活上关心和爱护这支队伍，为他们发挥聪明才智创造条件，使他们更好地为市场开发、为长庆的“二次创业”服务。我也衷心希望宣传思想战线的同志们在新的一年团结一致，奋发进取，不断创新，努力工作，把我局宣传思想工作提高到一个新的水平。

孙玉辰同志在钻井工程总公司第二工程项目部为出工队伍送行时的讲话

（2001 年 2 月 18 日）

同志们：

今天是个好日子——雨水。钻井工程总公司生产全面启动。今天又是个喜日子——勘探局的领导分赴陇东、宁夏、甘泉等钻井项目部给出征的将士壮行。借此机会，我向大家报告三个好消息：

第一，去年长庆人在油气勘探方面取得了大丰收。仅一年探明天然气储量超过4000亿立方米，它比我们前10年的总和还多，为西气东输打下了坚实的基础，为我们准备了市场；

第二，勘探局在去年十分艰难的情况下，4万职工团结奋斗，转变观念，勇闯市场，不仅全面完成了各项计划指标，而且在21个方面取得了48项历史最高水平。

第三，我们钻井系统顺利完成初步整合重组，在钻井速度、质量等八项综合指标也创出了历史最高水平，这些成绩的取得，说明我们这支队伍是一支能征善战的队伍，我们长庆这面钻井大旗，是一面耀眼的大旗。今天，我们这支铁军士气高昂、满面春风、整装待发。请允许我代表局党委、勘探局对大家去年用血汗换来的丰硕成果表示衷心地祝贺。对钻井战线上的劳模、先进单位、先进个人表示衷心的祝贺！对钻井战线上的离退休老同志表示亲切的问候和新春祝福。

根据今年的市场预测，钻井技术服务市场量大事急，竞争十分激烈。但我们的办法总比困难多。

首先，我们有一支好队伍，能提供优质服务，适应关联交易市场和社会市场的需要，能够占领和站稳市场。

第二，我们整合重组后的钻井工程总公司，更能发挥队伍、技术、管理等方面的整体优势，提高竞争力，主动地开拓、占领市场。

第三，我们钻井总公司新领导班子，是群众可以信赖的班子，是能实现理念创新、深化改革、强化管理、注重实效、开拓进取的班子。

第四，有局党委、勘探局的正确领导和油田公司的支持。

所以，我们可以满怀信心地说，今年全局一定能够胜利完成2001年工作会议确定的八项重点工作目标，钻井系统一定能再打一场攻坚仗、漂亮仗，全局和钻井战线今年一定有个好收成，让我们大家有个好心情，过上好日子。

钻井工程总公司一定要带领万名职工办好三件事：

第一，继续深化改革，持续重组，更好地发挥整体优势。

第二，把今年的重点勘探开发项目服务工作，安全优质、漂亮地做好、干好。

第三，要把基地的生活服务搞好，使将士在前线没有后顾之忧。

钻井战线的干部要发扬好的传统，艰苦奋斗、"二次创业"、同甘共苦、勤政廉政。

进城先让离退休职工进城；

花钱先给一老一少花；

红花先给英模戴；

好饭先给前线的职工吃。

局长的笑脸是你们给的。你们高兴我高兴，你们幸福我幸福，你们主动全局主动，你们丰收全局丰收。

我祝愿钻井将士，今日出征，一路春风，安全优质，马到成功。

孙玉辰同志给长庆"169"用户手册作的序言

（2001年3月20日）

21世纪是信息化的世纪。

信息网络化迅速发展的浪潮正以排山倒海

之势荡涤着地球的每一个角落和每一个行业，对世界政治、经济、军事、科技、文化等领域产生着深刻的影响。全球数以万计的计算机网络公司、100多万个网站、1亿台主机把5亿左右的用户联系在了一起。地球变小了，人们的眼界变宽了。“世界就在你的指尖”，只要鼠标轻轻一点，便可了解世界各地的信息，与您远在天边的朋友聊天，在网上购物、看病、求助、炒股、点播视频碟片和音乐。网络技术正在迅速地改变着人们的生活方式和生活质量。

随着网络技术的发展，科学研究、技术应用、商务运作也在内容和形式上发生着深刻的变化。网上发布广告、推销产品、搞科研、做实验等信息技术的利用，促进了资源共享，提高了工作效率。同时，信息网络技术也引起了石油勘探开发和工程技术服务行业的革新。地质学家、地球物理学家可以通过远程控制进行深度成像，可以真正共享知识、交流信息、协同工作。

长庆信息台的建立树起了长庆油田迈向信息高速公路的旗帜，为长庆人提供了一个广阔的大舞台。众多的企业员工可以通过网络实现办公自动化，实现资料数据共享，实现与广袤世界信息的融合，正在演奏着一曲追赶信息化浪潮、振兴长庆的乐章。长庆信息台第一期工程完成仅仅不到半年就发展了近2000多个用户，连接了20几个集团用户，近2000台主机，发展势头喜人。

长庆通信公司为了普及计算机网络知识，正确引导人们上网，从实际出发组织编写了这本《长庆169用户手册》。意在宣传、普及和推广网络知识，具有较强的知识性和实用性。它深入浅出地引导大家跨进Internet广阔天地，驶入信息高速公路；它图文并茂地介绍了“长庆169”各栏目的内容，协助您在网上漫游并与整个世界连通，长庆信息网知识的普及将会提高您的工作效率，给您的生活带来无限的乐趣。

一个以网络为特征的信息化时代已经来临，长庆信息网就在您的身边。它虽然还像孩子一样才刚刚学会走路，但从现在起一定会给您提供越来越多、越来越好的服务。

孙玉辰同志在长庆石油勘探局财产清查工作会议上的讲话

（2001年4月28日）

同志们：

今天，勘探局召开财产清查工作会议，参加这次会议的有勘探局财产清查领导小组成员、二级单位主管经营工作的领导、总会计师、财务科长，都是勘探局理财的能手。借此机会，我讲两个问题：

一、关于财产清查工作

重组改制以来，存续企业的组织结构、人员状况、经营环境特别是产权关系都发生了深刻变化。为了进一步摸清企业财务状况，加快经济结构调整，深化改革，推进现代企业制度的建立，集团公司决定对所属企业进行一次财产清查。这是一项非常及时和非常重要的工作，对我们推进产权制度改革，搞好资产经营，提高经济效益和竞争力具有现实和深远的意义。

（1）摸清家底，分析资产现状。

重组改制后，我局的经营状况、产权关系、资产负债都发生了重大变化。截至2000年底，全局固定资产净值30.67亿元，人均净资产量低于CNPC存续企业平均值，同时资产的结构性矛盾也非常突出。

一是资产的新旧结构不合理。全局资产的平均新度系数为0.68,但用于生产经营的核心资产新度系数偏低,石油专用设备类新度系数只有0.49,施工设备类新度系数为0.57,而房屋类达到了0.85。

二是低效、无效资产比重过大。我局生产用固定资产为23.55亿元,占总资产的76.77%,而非经营性资产7.13亿元,占到了23.23%。以筑路为例,近亿元资产,低效占40%。

三是资产分布不合理。钻井、井下、物探、测井、油建、筑路等工程技术服务行业的净资产为8.01亿元,占全部生产用资产的34.01%,而2000年的收入却占全局总收入的70.24%;生产服务单位净资产13.06亿元,占55.46%,其收入只占全部收入的24.54%。

(2)分析矛盾,调整资产结构,提高资产经营能力。

目前,我局资产构成的主要矛盾是资产的结构性矛盾。结构性矛盾反映出全局资源配置不合理,这种矛盾是计划经济体制下长期沉淀、在市场中显性化了。因此,调整资产结构,是我局深化改革、加快发展的重要内容。我们要通过财产清查,加快资产结构调整,使现有的资产盘活,增强资产的竞争力和产出效益;更主要的,要在今后新的资产形成过程中,按市场的机制进行配置。其中包括:正确处理经营性资产和非经营性资产的比例(学校、医疗、物业);也包括改善国有资产产权结构单一的状况,逐步实现产权结构多元化,实现多种经济成分。

(3)搞好产权界定,为深化产权制度改革奠定基础。

我们必须加大整体转制、带资分流、资产剥离的力度,通过企业组织结构的战略性改组来实现各种经济资源的布局调整,建立新型的经营管理机制。我们要通过财产清查,核实资产总量,摸清资产质量,做好产权界定和闲置资产的处置工作,为深化产权制度改革奠定基础。

财产清查工作的要求:

(1)加强领导,健全机构,搞好清查。

财产清查是一项全局性的重点工作,各单位必须高度重视。要有一名领导专门负责,抽调财务、计划、机动、房产、工艺技术等部门的人员组成专门的机构,明确目标和责任,对本单位所有的资产进行一次彻底的清查。各单位、各部门要加强联系,主动协调,互相配合,把这次财产清查搞好。

(2)明确政策,严格程序,把好质量关。

财产清查是一项政策性很强的工作,尤其是产权界定和资产(包括)资金核实,涉及到国有资产的界定和处置问题。各单位要认真按照有关规定,做好产权界定工作,防止国有资产"合法"流失。各单位申请报废资产,必须有严格的审批程序,必须经过技术部门鉴定。

财产清查的质量很重要。各单位要扎扎实实工作,不留死角,不走过场。

(3)真正做到账物相符、账卡相符。加强学习研究,当好参谋管好家。

一是要把财产清查和本单位的经营管理结合起来。通过清查,把闲置的资产利用起来,把分布不合理的资产进行调剂使用,把能耗高、状况差、不需用的资产通过合法渠道进行报废处理。

二是要把财产清查和加强企业管理结合起来。通过清查,找出管理中的漏洞和薄弱环节,制订和完善有关制度,提高整体管理水平。

二、关于2001年经营工作

重组分开、分立后,由于连续数年压缩成本、施工服务单位零利润运行,使工程技术服务各项取费标准低于兄弟油田。尽管这几年工作量相对饱满,我们仍然是个吃饭经济,去年21个方面48项创造历史最高水平,全局奋力拼搏一年,仅勉强持平。

1.2001年经营形势

困难增加,保三争一。即:保发工资、保长

工资、保计划投资、争有积累。

(1)2001 年,集团公司下达的利润指标较高。

根据集团公司中油财字[2001]4 号文件精神,集团公司以有偿解除劳动合同人员补偿金的投入时间,对利润指标进行调整。根据测算,勘探局 2001 年的利润将为 11261 万元。

(2)各项费用涨一块。

由于涨价因素,土地、钻前土石方、成品油、钢材、电以及三项费用缺口较大。

(3)工作量较 2000 年要少一块。

按目前拿到的工作量来讲,地震比去年少 15%;去年二维地震 8799 剖面千米、三维地震 155 平方千米;今年二维地震 7530 剖面千米、三维地震 200 平方千米。

钻井工作量要少 3%—5%。油田公司全年部署井位 1323 口,进尺 229.148 万米,目前拿到的井位 1082 口,加上新增的 30 口油气探井共 1112 口井,进尺大约 191.5 万米。去年虽然打了 145 万米进尺,但由于天然气井多,折合进尺达到 204.5 万米。今年气井折合后的进尺最多为 198 万米,工作量要比去年低。

(4)关联交易价格要扣一块。

关联交易价格要扣除 3901 万元;30%议标价格在关联交易价格基础上下浮 10%,相同工作量,效益要少一块。

(5)特殊作业无法取得收入。

油田公司已声明 2001 年关联交易价格要以 2000 年价格为基础,这就意味着 2001 年特殊作业有可能不能全部取得收入。

上述因素,构成了 2001 年经营形势非常严峻,必须引起各级领导的高度重视。

2. 精打细算,严格把关,确保经营目标的实现

市场经济必须讲效益,干活必须先算账,无论油田公司,还是社会市场,必须优质服务,才能赢得市场,赢得优价。

由于今年是双赢,因此对各单位要下死决心,确保勘探局总体目标的实现:

(1)各级领导,特别是二级单位的党政一把手、主管经营的领导一定要树立全局观念,认清全局经营形势的严峻性,制订切实可性的措施,一个环节一个环节地落实,确保盈利目标。

(2)千方百计的降低成本费用。采取一切措施,加强内部管理,挖潜增效,杜绝一切漏洞,压缩非生产性支出。

(3)积极开拓社会市场,努力增加收入。不能再等、靠、要,要积极消化各种增长因素。勘探局对完成指标的前提下增收部分给予一定的奖励。

(4)已下达实施预算的单位,必须严格按实施预算运行,严格预算的严肃性;未下达预算的单位,也必须严格控制成本费用的支出。坚决杜绝敞口预算的实施。坚决克服生产经营两张皮的现象。

(5)工程技术单位在具体谈关联交易价格时,原则性问题一定要坚持,比如特殊作业问题,但也不能满天要价;议标价格要坚持在关联交易价格的基础上下降不能超过 1%。

(6)捆绑单位买断和内退的效益一定要上缴勘探局,这一点必须明确。

(7)加大企业内部的改制改革工作。各单位不许利用改制改革转移收入或增加勘探局的负担,必须体现改制改革的效益。

(8)各单位必须以市场为导向,实行有效的动态成本控制,形成生产、成本、市场三位一体的成本控制体系。要严格经济责任制考核,今年的考核以报表数据严格硬考核、严兑现。

同志们,尽管我们面前的困难很大,问题很多,但我们有天时、地利、人和的优势,有去年一年积累的成功经验,有一支作风好、技术精、能吃苦的职工队伍,办法总比困难多。只要我们团结一致,尽责尽职,各级领导顾全大局,全体职工努力拼搏,就一定能够实现今年的经营目标。

孙玉辰同志在庆“五一”劳模先进联谊会上的讲话

（2001 年 4 月 30 日）

同志们：

为庆祝“五一”国际劳动节，我们隆重召开劳模先进联谊会。今天，陕西省总工会卢主席以及王部长在百忙之中参加我们的会议，并做了重要讲话，体现了省总对我局的关怀和支持，我们表示热烈的欢迎和感谢！

刚刚载誉归来的“全国五一劳动奖章”获得者和 2000 年度“工人明星”是全局职工的优秀代表和骄傲。物探处钱汉林同志、机械制造总厂方建国同志、钻井工程总公司李延新同志的先进模范事迹对大家是个很好的教育与鞭策。

在此，我代表局党委、勘探局向全局各条战线的劳动模范和先进工作者致以崇高的敬意！向全局广大职工家属及与会各位领导、各位代表致以节日的祝贺和亲切的慰问！

劳动最光荣，劳动最伟大，劳动创造一切物质文明和精神文明。几十年来，经过几代长庆人的艰苦奋斗，顽强拼搏，在鄂尔多斯盆地成功地勘探开发了长庆大气田和年产 500 多万吨的油田，建起了具有一定规模的现代化的生产、科技和生活基地，为我国石油天然气工业的发展做出了突出贡献，一大批品德高尚、成绩显著、贡献突出的模范先进人物也在建设长庆的过程中成长壮大。

2000 年，在局党委、勘探局的正确领导下，全局广大职工认真贯彻勘探局“两条基本思路”、“四大发展战略”，在十分困难的情况下，取得了 21 个方面 48 项历史最高水平，圆满完成了各项生产任务，主营业务收入 40.04 亿元。全局有 4 名同志获得了“全国五一劳动奖章”，涌现出 20 名劳动模范，87 名先进生产（工作）者，62 名工人明星，22 名技术状元、技术标兵、技术能手。他们是我们长庆人的杰出代表，他们高度的主人翁责任感和艰苦创业、忘我劳动、无私奉献、开拓进取的精神，集中反映了长庆人的风貌，展示出长庆的队伍是一支好队伍，是一支有希望的队伍。

当前，全局正在为实现“二次创业”的战略目标而努力奋斗。要创业，要办好企业，离不开全心全意依靠工人阶级，我们要引导好、保护好、发挥好广大职工的积极性，发挥劳模先进的骨干和带头作用，学习和弘扬劳模的先进思想和崇高精神，在全局广大职工中深入开展学习劳模、赶超先进的活动，努力营造劳动伟大、劳模光荣的良好氛围，形成尊敬劳模、爱护劳模、学习劳模、争当劳模的良好风尚。

各级领导和组织要关心劳模先进的工作、学习和生活，充分发挥他们的模范带头作用。模范先进人物也一定要更加珍惜自己的荣誉，始终保持谦虚谨慎、戒骄戒躁的优良作风，与广大职工一道在“二次创业”中做出更大的贡献。

同志们，年初工作会议上我就说过，希望今年有个好收成，职工过上好日子。我相信，只要我们按照已确立的总体工作要求，按照“创新、开放、简捷、明确、责任、自信”的经营管理理念，同心同德，艰苦奋斗，我们的目标就一定能够达到！

孙玉辰同志在2001年安全生产电视电话会上的讲话

(2001年4月29日)

关于今年以来全局安全生产形势,总体上是比较平稳的,发展趋势基本良好,但也存在一定的问题,这些问题应引起各级领导干部的高度重视,在今后的工作中认真研究解决。关于下一步安全工作,戴能尚同志已作了安排,我完全同意,下面我再强调几点:

一、充分认识安全生产工作的重要性,切实加强领导,落实各级安全生产责任制

安全生产是直接关系职工群众生命安全和根本利益的大事,也是关系到企业改革发展和社会稳定的大事。党中央、国务院高度重视安全生产工作。最近几年,江泽民总书记对安全生产曾做过多次批示:“隐患险于明火,防范胜于救灾,责任重于泰山”、“这样的事故已发生了多次了,我们也做过多次批示,但同类事故仍不断发生,令人十分痛心。我相信有关部门也一定已有规定,问题是没有得到认真落实,值得有关部门深思。这是一项系统工程,从安全生产规范到营业执照管理,从产品质量标准到防火防爆的安全教育,无一不值得我们很好总结教训。通过这件事,也要看到反腐败是很具体的,在社会主义市场经济条件下,不能只允许只要有钱赚,就可以危及人民的生命安全。”在今年的全国社会治安工作会议上,朱镕基总理说,要有效防范安全事故的发生,关键是要真正落实领导干部的责任制。而要使领导干部的责任制落到实处,就必须健全和完善法制,通过法制手段,严格实行领导干部行政责任追究制度。今后,对任何地方发生特大安全事故,都要严格按国务院制定的《关于特大安全事故行政责任追究的规定》执行。只有这样,才能从制度、机制上防范安全事故的发生,有力地保护人民群众生命财产安全和维护社会稳定。因此,我们一定要联系实际,认真学习江泽民总书记、朱镕基总理的重要讲话,深刻领会党中央和国务院关于加强安全生产工作的一系列指示精神,把安全生产工作提到企业生存发展和改革稳定的高度来认识,把安全生产工作纳入到目前的“三讲”教育活动,切实抓紧抓好。

落实安全生产责任制,首先要落实领导干部的安全生产责任制。尤其是各级党政一把手的安全生产责任制。各级党政一把手安全生产第一责任者,对安全生产负总责。要做到亲自调查研究,亲自安排部署,亲自督促检查,确保思想到位、责任到位,工作到位。要按照勘探局生产经营指标考核实施细则的要求,对各级领导班子的安全业绩进行考核,严格奖惩。对发生重大恶性、特大安全事故,或者安全事故频繁、考核不达标的单位,在查清原因的基础上,不仅要追究直接责任者,还要追究领导者、审批者的责任。今后,按照国务院要求,对重特大安全事故,要实行行政责任追究制。凡因失职、渎职造成的严重事故,勘探局要严肃处理,决不姑息迁就。

落实安全生产责任制,要认真贯彻安全生产“三全”管理实施办法,坚持领导干部承包重点要害部位制度。勘探局和各单位都要定期通报局、厂(处)领导干部承包进点情况,并进行严格的考核。

落实安全生产责任制,要认真执行集团公司在企业设置安全总监的决定。实行行政正职负全责,安全总监负监责的安全责任制体系,将管理和监督分为两条线,统一在企业行政一把手的领导下,建立全新的监督约束机制,加强异体监督,确保安全生产。

二、积极探索市场经济条件下的安全管理新方法、新技术,加快 HSE 管理体系建设步伐

企业改革的逐步深入和市场的开拓,企业外部环境和内部经济运行方式发生了巨大变化,作为企业管理的重要组成部分——安全管理也必须变化,才能与之相适应。各单位、各部门要努力探索市场经济条件下的安全管理新方法、新技术,建立适应长庆实际的安全管理新模式。当前要重点建设好 HSE 管理体系。我们要实现市场开发战略,占领国内外市场,没有 HSE 不行。几年来的管理实践,特别是参与反承包市场取得的可喜成绩和宝贵经验证明,推行 HSE 管理体系已不是搞不搞的问题,而是如何进一步规范、进一步加快、进一步深化的问题。

加快 HSE 管理体系建设步伐,首先,要有一个长远的规划。勘探局最近下发了《HSE 管理体系建设五年规划》和《2001 年度 HSE 管理体系建设计划》,各单位、各部门要认真贯彻执行,并结合本单位、本部门的实际,制订自己的规划。

其次,要培养一支 HSE 管理骨干队伍,其中包括 HSE 现场监督队伍和 HSE 内审员队伍。要采取请进来、送出去的办法,选拔一批安全环保人员和工程技术人员,进行 HSE 培训。各级领导干部要把 HSE 作为企业文化的重要组成部分,自觉的学习、掌握 HSE 管理知识,带头树立 HSE 管理理念,学会运用 HSE 体系管理的方法,把本单位、本部门的 HSE 管理体系建设好、实施好。今后,凡是勘探局组织的干部培训,都要设立 HSE 课程,把 HSE 工作的阅历和业绩作为选聘后备干部的重要内容之一。

再次要实施 HSE 体系创新和技术创新工程。HSE 体系创新是要进一步健全现代企业 HSE 管理制度,深化和完善 HSE 管理的文件体系,监督体系和信息发布体系,实现 HSE 管理与国际接轨。要以独立作业单位为单位,从基层队 HSE 建设抓起,以风险管理为突破口,大力推行 HSE“两书一表”(项目 HSE 作业计划书、岗位 HSE 作业指导书、HSE 现场检查表)工作。HSE 技术创新要进一步加快施工作业队伍 HSE 设备更新程度,优化勘探局 HSE 技术支持体系,研究开发和推广应用适应长庆实际的 HSE 风险识别和评价技术、安全检测检验技术、重大隐患和尘毒治理技术、个人防护技术、防火防爆技术等。

第四,要以 HSE 管理体系建设为母体,实现与传统文化的嫁接,提高企业管理人员素质,提高企业整体管理水平。

三、大力开展安全生产宣传教育,提高全体职工安全素质

安全生产宣传教育工作是一项长期战略,必须常抓不懈。要动员各方面的力量,努力营造人人关注安全、关爱生命的舆论氛围。

要以“三个代表”重要思想为指导,深入宣传贯彻江泽民总书记和党中央、国务院关于安全生产的一系列重要指示,强化“安全第一,预防为主”的思想,使之家喻户晓,深入人心。要从讲政治、促发展、保稳定的高度,认清强化安全生产管理和安全监察工作的重大意义,正确把握和处理好安全与生产、安全与改革、安全与效益、安全与稳定的关系。

要结合勘探局实际,大力宣传安全生产管理规定和安全生产操作规程。要重点加强对各单位负责人的安全培训,特别是近几年提拔起来的各级党政正职、主管安全工作的副职和多种经营企业的厂长、经理进行安全生产法律法规教育。针对一些人安全法制观念淡薄、忽视安全管理的实际状况,要采取集中培训、考核等形式,强化法律法规的学习。

要坚持开展历史形成的有效的安全宣传教育活动。如:三级安全教育、特种作业人员持证上岗培训、基层班前安全讲话和安全生产周、安全生产月、百日安全无事故活动等。

各级党委宣传部门要把安全生产宣传教育

工作纳入议事日程,指导协调各方面力量,共同做好安全生产宣传教育工作。要把握正面宣传教育为主的原则,大力宣传安全生产工作的先进典型。各级安全主管部门要主动与新闻单位加强联系,定期或不定期向新闻单位通报安全生产工作情况、重大事故抢险救灾情况和事故责任查处情况,支持新闻单位做好安全生产的宣传报道工作。要保证安全生产宣传教育工作的必要投入,开展生动的宣传教育活动。

四、狠抓高风险生产作业和危险部位的安全管理,坚决杜绝重特大事故的发生

我局事故多发区域主要是交通运输和工程技术施工作业。

对交通运输安全管理,要采取综合治理的对策。一是要抓驾驶员的安全管理。各级安全部门要严格驾驶员的培训、实习、上岗管理。今后,凡是没有经过勘探局注册,并发放准驾证或聘用证的驾驶员,驾驶局内车辆的,发现一个要严肃查处一个,是领导批准的,要追究领导责任。二是抓车辆的户籍和性能状况管理。安全部门和机动部门要联合组织对各单位车辆进行一次清理。对近几年通过挂靠、承包、租赁、出租和买断经营的车辆,该转户的转户,该清门徽的清门徽,决不能把利益留给个人或社会,而把风险留给企业。对车况性能不好、属强制报废的车辆要坚决报废。对“三超”车辆要拿出治理措施。三是要加强路面动态监控。坚持开展路查路检活动。

对工程技术施工作业的安全管理,要加强现场监督和实施作业许可制度。要在钻井、物探、试油压裂、测井、修井、基建工程等重大危险施工项目中实施现场安全监督,实行内部相对独立的第三方异体监督制度。要抓好施工作业现场的安全监督管理,自觉接受建设单位(业主)的安全监督,协调好内部管理,防止出现漏洞,以及职责不清和扯皮现象。过去行之有效的安全管理方法仍要继续坚持,如创建“三标”、“一岗一责制”、“班组安全活动”、“安全检查制度”等,将其有效地融入管理体系运行当中。要坚持查处“三违现象”,及时解决生产过程中的安全问题。要着手建立一套工作许可体系,该工作许可体系编制,应满足特定工作场所的要求和涵盖所有的活动,保证操作者和其他人,从施工开始到结束一直得到保护。对要害部位、关键装置、重要施工环节,要按应急计划要求,编制应急预案。

孙玉辰同志在长庆石油勘探局“三讲”学习教育培训班上的讲话

(2001 年 5 月 22 日)

同志们:

为了进一步推动国有企业的改革和发展,中央决定今年在全国国有大中型企业领导班子及成员中,分期分批开展“三讲”学习教育活动,并于 3 月 9 日专门召开了全国国有大中型企业“三讲”学习教育工作会议。石油天然气集团公司于 3 月 16 日召开了“三讲”学习教育活动电视电话动员会,5 月 19 日召开了总结会,对取得的阶段性成果进行了总结。其间,又连续举办了几期领导干部学习班。

按照石油天然气集团公司党组《关于开展“三讲”学习教育活动的实施方案》的整体安排,勘探局从现在开始,将集中一个月的时间,在全局处级以上领导班子及成员中开展以“讲学习、讲政治、讲正气”为主要内容的学习教育活动。目的是提高领导班子“三讲”的自觉性，把领导班子建设提高到一个新水平。

我们办这个学习班的目的一方面是大家静下心来认真学习有关文件，另一方面是进一步研究如何能够实施我们的“两条基本思路”和“四大发展战略”。今天，我想把参加学习的一点体会和大家一起交流一下。我想谈四个方面的情况：

一、开展“三讲”学习教育活动的重要性

开展“三讲”学习教育活动是党中央的重大举措。

1995年，江泽民同志就明确的提出，领导干部一定要“讲学习、讲政治、讲正气”。

1998年底，中央决定用两年左右的时间，集中在县级以上党政领导班子和领导干部当中，开展以“三讲”为主要内容的党性、党风教育，从整体上提高领导的素质，增强党的凝聚力、战斗力，加强党和人民群众的联系，坚持党的基本路线、基本理论、基本纲领、基本方针不动摇，确保改革开放和现代化建设顺利进行。

今年，中央对在国有大中型企业领导班子及成员中进行“三讲”学习教育活动作了专门部署，目的是想通过开展“三讲”学习教育活动，切实解决企业领导班子及成员中存在的突出问题，把江泽民同志“三个代表”重要思想贯彻落实到国有企业各项工作中去。结合我局的实际，要收到以下五个方面的实效。

一是统一思想认识，增强搞好勘探局改革与发展的信心，使领导班子的精神面貌有新变化。

二是积极推进改革，增强开拓创新意识，使勘探局在提高市场竞争力上有新的举措。

三是坚持党性原则，加强组织纪律性，使领导班子成员的大局意识和全局观念得到明显增强。

四是认真转变作风，增强勤政廉政意识，使党群、干群关系有新的改善。

五是加强党的建设、领导班子建设和思想政治工作，使党组织的凝聚力和战斗力有新的提高。

在国有大中型企业领导班子及成员中开展以“三讲”为主要内容的学习教育活动，是事关国有企业改革、发展、稳定的一件大事。我对“三讲”学习认识主要有以下几点：

首先，加强党政领导干部的思想政治素质教育，是坚持党的基本路线，领导好社会主义现代化建设事业的需要。党政干部的素质如何，决定着中国特色社会主义事业的兴衰成败，特别是思想政治素质从根本上决定着干部的人生追求、奋斗目标和价值取向，是各级领导干部能否领导好改革开放和经济建设的基础和支撑。每个领导干部只有自觉地加强理论学习，重视世界观改造，不断提高政治素质，把自己人生价值的实现同国家的富强、民族的振兴、人民的幸福紧密结合在一起，才能自觉地贯彻执行党的基本路线，激发高度的政治责任感和奋发进取的精神，以高尚的人格力量产生的凝聚力和感召力，带领人民群众顽强拼搏，实现跨世纪的宏伟发展蓝图。

其次，加强党政领导干部的思想政治教育，是改革开放、发展社会主义市场经济的需要。改革开放是一次新的革命，是建设有中国特色社会主义的强大动力。20年来的改革开放和社会主义市场经济的发展，不仅搞活了经济，推动了生产力的巨大发展和社会的全面进步，而且给党的思想政治建设注入了新的活力，促进了人们思想认识的提高，极大地调动了人民的积极性。但是，市场经济是一把“双刃剑”，在发挥巨大正面效应的同时，还存在着负面效应。我们党内有一些干部，甚至是受党教育多年，曾经是很好的同志，在市场经济的大潮中放松了警惕，忽视了思想改造，在腐朽思想侵蚀下追逐名利，追求享受，弄虚作假，有的甚至在“糖衣炮弹”的进攻下败下阵来，堕落成可耻的蛀虫和罪犯。因此，在改革开放和发展社会主义市场经济的条件下，加强全党的思想政治教育，提高党员干部特别是党政领导干部思想政治素质，在思想上筑牢拒腐防变的精神堤防是极为重要的。

第三，加强党政领导干部的思想政治素质教育，是我们必须继承党的优良传统。我们党从建党之日起，就始终十分重视党员干部特别是党政领导干部的思想政治教育，要求每一个党员、干部，在改造客观世界的同时，努力改造自己的主观世界，做合格的共产党员。

早在1929年12月红四军党的第九次代表大会上，毛泽东同志针对党内存在的各种错误思想，就尖锐地指出："当前红军党内最迫切的问题，要算是教育的问题。"

1937年5月在延安召开的党的全国代表大会上，毛泽东代表党中央指出："指导伟大的革命，要有伟大的党，要有许多最好的干部。"

刘少奇同志在《论共产党员的修养》中科学而精辟地论证了共产党员进行党性修养的重要性，指出："我们应该把自己看作是需要而且可能改造的……如果不这样做，我们就不能进步，就不能实现改造社会的任务。"

党的十一届三中全会以来，邓小平同志从保持国家长治久安的高度，强调了培养、选拔干部的极端重要性。1979年7月，他就明确指出："中国的稳定，四个现代化的实现，要有正确的组织路线来保证，要有真正坚持马克思列宁主义、毛泽东思想和党性强的人来接班才能保证。"

1995年，江泽民同志明确提出，领导干部一定要"讲学习、讲政治、讲正气"。

去年年初，江泽民同志又根据新时期党的建设面对的新形势和新任务，提出了"三个代表"的重要思想，使"三讲"教育的目标更加明确，内容更加丰富，也极大地推动了"三讲"教育的深入开展。他强调指出，要把中国的事情办好，关键取决于我们党，取决于党的思想、作风、组织、纪律状况和战斗力，以及我们干部的领导水平。只要我们始终成为中国先进社会生产力的发展要求，中国先进文化的前进方向，中国最广大人民利益的忠实代表，我们党就能永远立于不败之地，永远得到全国各族人民的衷心拥护，并带领人民不断地前进。在新的历史条件下，我们党如何更好地做好"三个代表"，要在"三讲"教育中紧密结合国内外形势的变化和改革发展的实际，进行深入细致的思考和研究。作为我们企业党的领导干部，在工作当中如何来体现"三个代表"，有许多理论上的问题和实践上的问题，都需要认真的结合我们改革过程当中的一些问题来认真的研究和思考。

"三个代表"的重要思想是对党的性质、宗旨和根本任务的新概括，是对马克思主义建党学说的新发展，是对党组织和广大党员的一个新要求，是立党之本、执政之基、力量之源，也是在新形势下推动国有企业改革和发展的根本指导思想。"三个代表"的重要思想是指导"三讲"教育的强大思想武器，深入扎实地开展"三讲"教育，也是贯彻"三个代表"重要思想的有效途径。党中央决定从现在开始，要用一年左右的时间在国有大中型企业领导班子及成员当中分批开展"三讲"教育活动，就是要把"三个代表"的重要思想和党的十五届四中全会和五中全会的精神进一步贯彻落实到企业的改革和发展的各项工作中去，全面提高企业领导班子和成员的整体素质，特别是思想政治素质和生产经营管理水平，加快国有大中型企业改革和发展的步伐，促进企业两个文明建设的协调发展，密切企业党群、干群关系，确保我们党在国有企业始终代表中国先进生产力的发展要求，始终代表中国先进文化的前进方向，始终代表中国最广大人民群众的根本利益。

二、开展"三讲"学习教育活动，进一步增强企业发展的信心和责任感

开展"三讲"学习教育活动，进一步增强企业发展的信心和责任感，是我们的基本目的之一。

我们应该看到，在当前市场经济条件下，国有企业过去多年沉淀下来的深层次矛盾凸显出来。特别是石油企业重组分开之后，存续企业的生存和发展面临前所未有的困难。在这种情况下，我们的领导同志对搞好存续企业缺乏信心和责任感，不只是一个经济问题，也是一个政治问题。因为只有坚定信心，才能够带领广大职工群众创造出一条新的路子。

十几年国企改革，步履艰难，但总有很多宝贵经验可以借鉴，而且也看到了希望。

去年我国国有企业一共实现利润达到了2392亿元，比上一年度增长了1.3倍，全国的财政收入比上一年增加了1936亿元，其中国有企业的贡献就达到了50%以上。当然现在社会上也有一种议论，说国有企业2300多个亿，主要靠石油石化涨价增加了利润，因为石油、石化和海洋三家加起来900多个亿，占了国有企业利润的46%。去年确确实实由于油价的上涨，利润增加了一大块，特别像中油股份公司，去年600亿的利润，其中由于油价上涨，占了总利润的一半还要多一点。但是作为全国来说，由于油价的上涨，其他企业的负担、成本也增加了一块，在消化了由于油价上涨增加的成本以后，其他各个企业的利润总数也是大幅度增长的。所以从这点看，去年整个国有企业的经营状况有了大幅度的改善。

从我局的情况来看，重组改制分开分立后，我们认真贯彻执行党中央、国务院的重大决策和集团公司的总体部署，坚持实事求是，从大局出发，从长庆的总体利益出发，转变思想观念，以市场为导向，以改革为动力，以管理为手段，以调整结构为重点，以效益为目的，企业在各方面都取得了较好成绩。特别是2000年，我们按照集团公司的总体要求，认真贯彻落实局党委、勘探局制订的各项政策措施，经过全局职工的艰苦努力，实现了“一盈一平”的目标，取得了21个方面48项历史最高水平。8项钻井综合指标创历史最高水平；地震施工创历史最高水平；试油压裂和测井再创历史最高水平；多种经营有了新的发展；科技创新见到明显成效，物探、钻井、测井、井下等战线形成了一批自己独有的“技术绝活”。

在国际市场开发方面，先后组织了柬埔寨、尼日利亚、厄瓜多尔等国家的投标工作，与一些国际知名公司建立了业务联系，疏通了市场信息渠道，为今后的市场开发奠定了基础。今年在厄瓜多尔承揽到1.1亿美元(相当10亿人民币)的工作量，一部钻机租赁到尼日利亚，还有其他一些项目正在运行中。

在企业改革改制方面，两个系统、6个单位进行了重组和改制，社会服务系统也加大了改革力度，还有干部人事制度改革、产权制度改革等等，都迈出了可喜的步子。

钻井工程总公司改变了机构重叠、资源浪费的现状，截至5月18日，钻井开井284口，完井236口，进尺49.96万米，同比增长10.2%。从5月4日开始，日进尺达到7000米以上，已踏上年进尺180万米的步子。而运输成本却减少80万元，管子公司流动资金占用减少700万元。

机械制造总厂整合重组后，优势互补，资源共享，市场开发、新产品开发见到明显效果。截至5月10日，签订合同额已达到7100万元，占年产值的71%。

勘察设计研究院改制为勘探局控股的有限责任公司，已显示出机制的灵活性。他们走出长庆这个“小圈子”，参与西气东输工程管道线路勘察投标，已承揽391千米的任务。在陕西、海南、青海等地承揽社会市场工作量305万元；主动到油田公司征求意见，提供服务，受到业主欢迎。

事实说明我们正在逐步推进的深化改革、持续重组是正确的，也是成功的。在结构调整方面，有了实质性的进展。如资产结构，在总公司的支持下，核销了7亿元的资产，报废了3.6亿元的无效资产，增加了5亿元的优良资产；人员结构进展较快,提前三年达到预期目标;关联交易逐步得到理顺。

从长庆的生存发展来看,虽然目前还存在许多困难和问题。但这是前进中的困难,发展中的问题,我们的发展有很多有利条件,面临的机遇也很多。

一是有集团公司的正确领导和大力支持。去年9月召开的集团公司领导干部会议,专门研究了存续企业的生存与发展问题,出台了一些好的政策和切实可行的措施。

二是发展的机遇难得。鄂尔多斯盆地有丰富的油气资源,2000年年产油气当量已达到672.6万吨;预计到2003年,油气年产当量将达到1200万吨;到2005年,油气年产能力(当量)将达到1700万吨。丰富的资源和巨大的发展潜力,为以油气工程技术为主导产业的勘探局服务企业提供了广阔的市场和基本生存空间。每年的投资约在50亿元左右,基本上保持了目前的市场规模。

西部大开发战略和西气东输工程的实施,为勘探局提供了广阔的社会市场。去年我们在西气东输工程、西部油气田市场承揽工作量3.1亿元,今年又有新的突破。如果我们跟踪10%的项目,中标率达到10%—15%,长庆每年可拿到2—3亿元的工作量。

三是我们有了明确的奋斗目标和发展战略、经营理念。目前,勘探局初步形成了适应市场需求的工程技术服务、生产生活服务、多种经营体系。

经过重组整合,工程技术服务板块实现了资金、技术、人员等生产要素的合理配置,提高了市场竞争实力。

三个采油服务处、水电厂等"一对一"服务单位,通过"捆绑"运行等,初步与油田公司建立了战略伙伴关系。

多种经营、生活服务系统的体制和机制进一步转化,拓宽了服务领域,已迈向了社会化服务的步伐。

勘探局决策中心、指挥中心、信息中心、经营中心、生活基地逐步向城市转移,正在建设的银川河东、西安泾河两个工业园区,以及驻外办事机构作用的充分发挥,形成了以西部中心城市为依托,面向全国市场的格局。

技术储备为提高勘探局核心竞争力提供了条件。2000年以来,在科技进步方面实现了"八个突破",同时购置了70D、SN388地震仪、2000型压裂机组、5700成像测井等先进设备,在占领关联交易市场、开拓社会市场和国际市场方面发挥着重要作用,为进一步开拓市场奠定了良好的基础。

勘探局加大人才开发力度,建立以学科带头人为主的科研队伍和开放的、与社会人才市场接轨的长庆人才市场;出台了一系列吸引人才、鼓励成才的制度和措施;设立1000万元科技奖励基金,激励专业人才成长。

四是有一支能闯天下的职工队伍。长庆有一个坚强有力的思想上比较成熟的领导班子,有一支思想作风过硬、敢拼能干的职工队伍。勘探局这一届领导班子保持了思想上、政治上、决策上比较成熟的连续性,是一个求真务实的班子,制定的"两条基本思路"、"四大发展战略"、"十二字企业理念",通过实践来看,是完全正确的,是符合长庆发展实际的。我们的职工队伍经过几十年勘探开发会战,形成了敢干敢拼、勇于实践的优良传统和作风,是一支善打硬仗、恶仗、胜仗的职工队伍。

所有这些,为勘探局"二次创业"提供了难得的机遇和有利条件,只要紧紧抓住机遇,发挥自身优势,必然能创造新的更大的成就。

党的十五届五中全会明确提出要把发展作为主题,把结构调整作为主线,把改革开放和科技进步作为动力,把提高人民生活水平作为根本的出发点。这是企业开展"三讲"应当把握的基础和根本。目前,我们进入了改革的攻坚阶段,发展的关键时期,任务繁重而艰辛,特别是随着经济全球化步伐的加快和我国即将加入世贸组织，我们深深地感到在今后发展的道路上既有困难、又有机遇，还面临着严峻的挑战，也确实具有很多风险。这就看我们能不能面对这些挑战，经受这些考验，能不能不断地勇于创新和实践，使我们立于不败之地。企业的生存与发展在很大程度上取决于我们各级领导班子，取决于我们的整体素质，取决于我们的精神状态。

我相信，只要我们坚定信心，振奋精神，团结一致，群策群力，以饱满的工作热情和精神状态，投身到改革发展中去，就一定能开创长庆改革和发展的新局面。

三、进一步坚定不移地贯彻落实“两条基本思路”、“四大发展战略”，树立新的经营理念

当前，搞好“三讲”教育，就是要进一步贯彻落实勘探局的“两条基本思路”和“四大发展战略”，不断解决生存与发展的问题，搞好“二次创业”，拓展企业生存与发展的空间，不断提高企业核心竞争力。

勘探局第一次创业指的是1970年以来，兰州军区按照国务院、中央军委[1970]81号文件，组织的声势浩大的石油会战。5万多名石油职工在非常艰苦的条件下，自力更生，顽强拼搏，经过30年艰苦卓绝的奋斗，到1999年，累计建成原油生产能力817.9万吨，天然气生产能力24.9亿立方米，原油一次加工能力340万吨，二次加工能力126万吨；原油产量达到430万吨，天然气产量12亿立方米；找到了闻名世界的长庆大气田，初步建成了设施配套、功能齐全的石油生产生活基地。

“二次创业”，是以2000年以来的脱胎换骨的重组改制为起点，以建立现代企业制度、健全法人治理结构为目标，以市场为导向，以产权制度改革为纽带，以解决结构性矛盾为重点，对局属企业全面进行公司制改造，使勘探局成为以资产经营为主，兼有资本经营和生产经营的现代企业集团。

“二次创业”的目标是：立足陕甘宁，走向全世界，用三到五年时间，建立以油气工程技术服务为核心业务的现代企业集团，实现长庆的第二次腾飞。

进行“二次创业”，对解决企业历史遗留问题和存续企业面临的生存困难，谋求更大的发展具有不同寻常的重要意义。

1. 进行“二次创业”必须从调整结构入手，提高企业核心竞争力，使勘探局更有效地参与市场竞争

随着关联交易市场的逐步放开和中国加入WTO的步伐加快，作为地区性的服务公司，在完全进入市场以后，在鄂尔多斯盆地，勘探局将面临着来自国内和国外两个方面的竞争压力。特别是随着国内石油市场的全方位、多层次、宽领域的对外开放，现有的市场格局终将被打破，国外石油公司凭借资金、市场、技术等方面的优势，将会直接进入长庆油田市场，竞争将会更加激烈，企业生产经营将更加困难。从长远看，油田内部的区域市场保护迟早要取消，油气工程技术服务市场最终是开放的市场。如果不进行“二次创业”，提高企业竞争能力，存续企业很有可能在鄂尔多斯盆地没有立足之地，更不要说开拓社会市场和国际市场了。要通过“二次创业”，将勘探局打造为具有强有力竞争能力和抗御风险能力的技术服务公司，不仅能最大限度地占领长庆油田市场份额，开拓社会市场，更为重要的是进入国际市场，利用国际资本和资源，实现更大地发展。

提高核心竞争能力，要通过深化改革、结构调整，把专业队伍做专做强，提高竞争能力。但长期遗留下来的结构性矛盾依然是制约我们提高市场竞争能力的桎梏。

从资产结构来看：重组后，存续企业固定资产原值50.48亿元，其中，房屋建筑物和其他不能增值的固定资产共24亿元，占47.7%；石油专用设备、施工设备等能增值的固定资产仅有26.4亿元，人均不到6万元，有效资产少，无效资产多。2000年，工程技术服务板块总资产和

固定资产净值只占26%,全局39个核算单位,人均固定资产前十位的单位中,没有一个是工程技术服务单位,资产结构不合理。

从人员结构来看:内退和有偿解除劳动合同后,全局人员减少24.75%,但主要集中在生产服务板块和困难企业。技术服务板块由于工作量相对饱满,掩盖着人员结构不合理的矛盾,减员幅度低于全局平均水平。2000年末41254人,人均产值9.64万元/(人·年),与集团公司和存续企业相比基本持平。但人均工业生产率仅为2.5万元/(人·年),企业收入增加值部分的构成不合理。大市场、低效益的问题仍然存在。

从产业结构看:技术服务板块内部整合重组任务还很重。要以提高整体竞争力为目标,调减总量,加快更新,提高技术,适度集中,进军国际市场;生产服务要发展一批高新技术产品和企业,产品结构向"专、精、特、新"发展;生产服务板块对企业的依赖性还比较大,内部改制还没有走出实质性的步子,要进一步加大改革、改制的步子,在降低运行费用上下功夫,走自负盈亏,自我发展的路子。

提高核心竞争能力,就要按照市场的要求,更新部分关键装备,增强企业实力。随着市场规范化运作,对施工企业资质要求越来越高,装备是目前影响企业资质的硬件条件,显得越来越重要。重组前,我们连续7年压缩成本搞勘探,设备投入方面欠账较多。针对这一问题,2000年,我们投入3.2亿元,更新、改造了8台钻机,购置了5700数控测井仪,更新了筑路、油建部分施工设备,使以物探、钻井为龙头的油田工程技术服务队伍装备水平得到提高。近两年,存续企业设备投入超过了前5年甚至前10年的投入。我们要通过"二次创业",花大气力把装备搞上去,下决心淘汰一批陈旧落后的设备,集中资金重点对物探、钻井、测井、油建等一系列的关键技术装备更新改造,着力武装一批能打入国际市场的队伍,使我局主要工程技术服务装备水平进入集团公司前列。

提高企业核心竞争能力,必须依靠科技创新。2000年以来,在科技进步方面实现了"八个突破":

(1)黄土塬地震勘探形成了三大技术系列、十项关键技术,其中黄土塬直测线地震勘探技术取得重大突破。

(2)天然气欠平衡钻井取得成功。填补了国内空白。

(3)二氧化碳压裂效果显著。

(4)小井眼钻井试验取得新进展。

(5)成像测井处理与解释技术在油气田运用取得重要成果。在国内处于领先水平。

(6)钻井液试验有了新的突破。研制出"低固相油溶暂堵"型完井液。

(7)新型复合射孔技术研究取得较好成果。研制了系列复合射孔枪具、减震装置和复合药剂配方。

(8)新产品开发获得重要成果。

进行"二次创业",需要进一步实施勘探局的科技创新战略,以"产业升级、开拓市场、降低成本"为目标,搞好统筹规划、组织协调和力量整合,进一步完善勘探局的科技创新体系,不断开拓新的领域。

提高企业核心竞争能力,要不断提高企业管理水平。近两年,由于忙于重组,基层管理有所放松,"低、老、坏"有所抬头,资金管理、成本管理、质量安全管理等还不适应市场的发展。要进一步加强投资管理、成本管理、资金管理、物资管理、质量管理和监督管理。要把"三老四严"、"岗位责任制"、"三标建设"等传统管理与HSE管理体系对接,实现与传统企业文化的嫁接,以效率、效益为目的,实现管理人员素质的提高。

2. 进行"二次创业",要大力实施多元化发展战略,形成新的经济增长点

多元化发展战略,是局党委、勘探局根据石油企业重组改制后,在对内、外部环境进行认真

分析研究的基础上，着眼于勘探局未来的生存与发展，而提出的一项带有全局性、长远性的战略性选择。

2000年，我局坚持“改制、扭亏、规范、发展”为主线，转变观念，加强管理，规范多种经营企业，下发了《关于规范多种经营系统有限责任公司、股份合作制企业的通知》，抽出专人进行调查，理清家底，明晰产权，规范运作，积极进行产权制度改革试点。其次培育新的经济增长点，全局在全国中心城市建成的第一座经营性高层建筑——长庆实业大厦隆重开业；在勘探局的统一规划协调下，积极筹建银川河东、西安泾河两个“长庆工业园”。泾河工业园已审批11个项目入园建设；银川河东工业园也确定了一批有较好市场前景的开发项目；全局多种经营系统正式批复立项21个项目，有14个项目列入“十五”期间的重点项目。

加大新产品开发力度，全局有29个企业成立了新产品开发机构，全年共开发297种、463个不同规格、型号的产品，是多年来开发力度最大的一年。在2000年石油物资交易会上，8家企业发布了20多种新产品，引起社会的广泛关注。2000年，在一部分多种经营企业经营效果随油田公司另列的情况下，剔除油价上涨和重复计算等因素后，多种经营系统实现生产经营总值16.6亿元，为年计划的118.6%；实现销售收入16亿元，比上年增长6%；实现利润总额4400万元，比上年增长6.3%。

走多元化发展之路，才能提高企业经济实力，化解企业经营风险。实施多元化发展战略，要坚持把发展作为主题，要强调速度与效益相统一，在提高效益的前提下，实现较快的发展，有市场、有效益的发展才是真正的发展。当前，重点要做好以下几项工作：

一是按照现代企业制度的要求，规范运作，筹措资金，优化开发方案，搞好低效油田开发，力争原油产能建设达到10—15万吨，形成勘探局新的经济增长点。

二是必须从企业长远发展的高度，有远见卓识，科学地、实事求是地分析市场，积极寻找商机，形成一批有市场、有效益的发展项目，使其成为我们新的经济增长点。当前特别要充分利用基地处在城市的区位优势，搞好银川河东、西安泾河两个工业园区建设，以期形成长庆多元开发、面向社会市场的窗口，进行结构调整和长远发展的支撑点，内外市场的对接点，安置分流职工的集中点。

三是多种经营系统要充分利用西部大开发机遇，面向社会，开发新项目，争取更多的社会市场份额。2001年社会市场销售率争取达到32%以上，产品社会市场销售额突破3000万元，争取达到3500万元。医院、教育培训要选点试验，进行改组改制，面向社会市场，靠发展社会服务来求生存、图发展。

物业管理要切实做到社会化服务，市场化运作，降低管理成本，提高效率和效益。房地产开发要按照市场化的要求，高质量、高效益、高速度地开发建设石油小区，为职工提供更多经济适用型的住房。

四是以长实集团为龙头，对现有多种经营企业进行公司制改造，加大产权制度改革力度，对依附于勘探局的一些中小企业，特别是原来对主业依赖程度很大的多种经营企业要彻底地放开，进行整体带资分流。把企业改制、盘活存量、带资分流结合起来，妥善安置这部分职工、搞活企业，促进管理体制和经营机制的创新，提高自我发展能力。整体带资分流要先试点、后推广，本着对职工负责的态度，把试点对象放在可以融入社会、放开搞活有发展前途的单位。企业的产权结构、治理结构、公司的章程、资产债务的处置等严格按程序办。集中精力搞好一些重点、骨干多种经营企业，提升其竞争能力，不断增加多种经营产业在全局产业中的比重，与工程技术服务板块、生产服务、加工制造、社会服务等几大板块形成勘探局的产业支柱。

3.进行“二次创业”，必须加大人才开发力

度,建设一支高素质的人才队伍

市场竞争归根结底是人才的竞争。对于存续企业来说,一方面是冗员多,负担重,另一方面是高素质、高层次的技术、管理、市场开发等方面的人才较少,不能满足生存与发展的需要。今后几年,全局人才队伍建设,要继续深化三项制度改革,加快转换企业内部的经营机制,做到干部能上能下,人员能进能出,工资能高能低,使队伍结构合理、精干;必须紧密围绕勘探局的总体工作目标,根据队伍建设和技术创新的需要,加快人才引进的步伐;切实加强年轻领导干部人才的选拔培养;进一步完善专业技术职称评聘制度;建立形式多样的培训新机制。要着重在以下几个方面作出努力:

一是加快引进高层次专业技术和管理人才的步伐。今年引进若干名博士生,20名左右的硕士生;3—5年内引进150名左右工程技术服务主体专业和MBA专业的硕士生,10名左右博士生。

二是加强学术技术带头人队伍建设。今年选拔100名左右局处两级学术技术带头人;今后3—5年内形成150—200人的学术技术带头人队伍。

三是继续加强高层次经营管理人才的培养。3—5年内通过MBA系统培训的高层次管理人才要达到150人左右。

四是加大有技术专长人才的选拔培养力度。今年选拔10名左右的高级技师;3—5年内选拔80名左右的高级技师。

五是加快外向型人才的培养。今年选拔和培养20名左右符合对外合作工作要求、具有相应技术、管理和外语能力的作业(施工)队长,10名左右对外合作项目经理;3—5年后作业(施工)队长和对外合作项目经理要分别达到50人左右和30人左右。

六是加快年轻财会人员轮岗锻炼。今后3—5年培养出符合现代企业财务要求、具有涉外财务工作能力的二级单位总会计师和副总会计师20名左右,今年选拔培养5—10人。

七是建立一支与企业思想政治工作和生产经营紧密结合的企业文化工作骨干队伍。今年选拔培养30人左右,3—5年达到100人左右。

4. 进行“二次创业”,必须发挥整体优势,搞好关联交易,这是个发展战略问题。

要从“三讲”、“三个代表”的理论高度来对待关联交易。2003—2005年实现油气产量(当量)1200—1700万吨的宏伟目标,是长庆人的共同利益、共同责任,也是勘探局生存与发展的基础。关联交易是特殊的“关联交易”市场,我局制定了相关目标、要求和部署,取得了良好的效果。

实践证明,这些要求、目标和部署,是符合实际的。在油田公司的大力支持下,我们妥善处理了协议签订、工程招投标、资金结算、捆绑运行、规范操作和作业区的移交等复杂重大问题,维护了长庆的整体利益,也为今后的共同发展打下了基础。

关联交易有一个不断磨合的过程,也有一个不断学习、总结和规范的过程。关联交易中的问题,要用发展的眼光看待和处理。在具体操作中,我们开展了“三大讲”:讲大局、讲素质、讲感情。碰到矛盾和问题落实两句话:学习、学习、再学习(求解),协商、协商、再协商(谅解)。探索一个有效的协商机制,成立了关联交易协调委员会,下设12个协调小组。制定了相互支持对方发展的“双十二条”措施。最近,关联双方结合油田实际,提出了勘探局、油田公司在当前和今后一个时期工作中应共同把握好的“五个原则”,对进一步规范关联交易,具有重要的指导意义和很强的操作性。

这五条原则是:

(1)保持稳定是共同发展的前提;

(2)共同发展是长庆人共同奋斗的目标;

(3)保证油田公司业绩指标是双方共同的责任;

(4)保证勘探局基本生存和发展的条件是

双方共同的使命；

(5)规范关联交易是双方共同的任务和责任。

四、以“三个代表”重要思想为指导，切实加强党的建设和各级领导班子建设，维护企业改革、发展和稳定大局

党的十五大以来，勘探局各级党组织和广大党员干部按照党中央确定的新时期党建工作的指导思想、原则和总体目标，结合勘探局实际，恪尽职守、辛勤工作、开拓进取、竭诚奉献，为在新形势下加强和改进企业党的建设，保证和促进勘探局的改革与发展做出了积极的贡献，特别是在重组改制过程中，各级领导班子、领导干部始终坚持和局党委、勘探局保持一致，讲大局，讲整体利益，从企业生存发展的高度出发，不断提高解决复杂问题的能力，带领职工锐意进取，及时化解改革当中出现的矛盾和问题，保证了勘探局总体目标的实现。

实践证明，我们各级党组织和各级领导班子是坚强有力、勇于进取、勤政廉政的，这是主流。但是也要清醒地看到，勘探局领导班子及成员中，也还存在一些问题。一是思想观念还相对滞后，精神状态还需振奋；二是对改革改制、关联交易中出现的重大、复杂问题，还缺乏经验，有些地方还程度不同地存在着畏难和急躁情绪；三是民主与集中的关系处理的还不十分好，党政班子的内聚力还需要加强。在基层党的建设和领导班子建设中，有些组织凝聚力不强，战斗力不强，与新形势、新任务不适应；有些班子驾驭全局、处理复杂矛盾和问题的能力不够强；有的不团结；有的政治素质不高、信念不坚定，缺乏应有的政治敏锐性和政治鉴别力；有的缺乏事业心、责任感；也有的作风飘浮等等。这些问题的存在，原因是多方面的，从党建工作本身来检查，反映了我们对新时期党的建设存在的问题认识不足，对新情况、新问题研究不深，对党员干部的教育管理还存在不少薄弱的环节。

开展“三讲”教育，很重要的一条，就是要按照“三个代表”思想要求和集团公司部署，把党的思想建设、组织建设、作风建设进一步搞好，努力把各级党组织和领导班子建设的更加有战斗力，促进勘探局改革和发展目标的实现。这里我想强调几点：

一是切实加强理论学习，搞好党的思想建设，提高领导干部的政治素质。“三讲”第一个就是讲学习，同志们在繁忙的工作当中必须挤时间学习，在某一个阶段集中学，利用各种学习的机会静下心来钻进去学，通过学习加强对理论的认识，通过学习结合实际提高我们的水平。我们可以看到中央近几年不断加大反腐败的力度后，高层领导暴露出不少的问题。从高层领导所暴露出的问题来反思，领导干部很重要的就是要牢固树立正确的世界观、人生观和价值观。特别是世界观的改造是一个长期的过程，是一辈子的事情，它没有阶段性。一个人不管职务有多高、经验有多丰富，贡献有多大，如果放松了世界观的改造，最终就会背离党的宗旨，脱离人民群众，在金钱美色面前打败仗，甚至断送自己的政治生命。我们之所以能走到领导岗位，是党的培养、人民群众的信任，也是自身的努力。不要因为放松学习、放松改造，在金钱美色面前断送自己。

随着改革开放的发展，领导工作正在逐步从传统化走向现代化，从区域化走向国际化，从经验领导转向科学领导。许多方面的具体工作，也将越来越多的参照国际形势、国际环境、国际市场、国际惯例来决策和实施。领导工作的范围已经大大拓宽，区域性、封闭型的领导方式逐渐被现代化、开放式、国际型的领导方式所代替。密切注视国际战略格局和国内形势的发展变化，经常在脑子里思考一些带全局性的重大问题，是增强战略意识的首要环节。作为一名领导，如果目光短浅，急功近利，缺乏深谋远虑，那就不算是一个合格的负责任的领导。每个领导干部的任职时间都是有限的，但我们的事业是无限的。一个有战略眼光的领导者，特别是一个单位的主要领导，既要对当前负责，又要对长远负责。要做到这一点，就必须不断地学习，革心洗脑，扩大视野，及时调整领导内容，更新领导方法，提高领导水平。

强调要加强学习，就是要坚持好《中心组学习制度》，认真学习马列主义、毛泽东思想、邓小平理论，学习江总书记的"三个代表"的重要思想，学习党的方针政策，同时要加强对社会主义市场经济知识、专业知识的学习，否则也驾驭不了企业，我要特别强调必须结合企业的改革、发展，学习财务、金融、法律、营销、贸易等各方面的知识。

二是切实加强党的组织建设，充分发挥党组织的政治核心作用。我这里主要强调要从组织上、制度上规范党组织参与企业重大决策的途径和方法，保证党组织在企业中发挥政治核心作用、发挥保证作用。要进一步建立健全党的各级组织，新成立的单位都要建立健全党的组织。

三是切实加强党的作风建设，增强党的凝聚力和战斗力。党的作风是党的性质和宗旨的体现。保持和发挥党的优良作风，是我们党所以长盛不衰的一个关键。中央工作会上，把党的作风建设提高到事关党的生死存亡的高度来认识。我们石油系统有一个光荣传统和优良的作风，特别是多年我们形成的大庆精神、铁人精神、三老四严的作风是我们的宝贵精神财富，在当前形势下领导干部一定要保持艰苦奋斗本色，不能因为经济条件好了，工作环境改善了，就忘了我们的根本。

对于加强党的作风建设，一个很重要的内容，就是加强党风廉政建设。中纪委五次全会上，总书记精辟论述了人心向背，决定政党、政权兴亡的历史规律，强调要始终保持和人民群众血肉联系的政治高度来看待反腐败斗争。在座的都是各单位的党政"一把手"，只有我们自身过硬，率先垂范，以身作则，领导班子才会有凝聚力，干部队伍才会有战斗力，对职工群众才会有感召力，职工群众才会爆发巨大的创造力，企业也会呈现勃勃向上的生机与活力。反之，如果我们自我放纵，滥用职权，违法乱纪，就有可能会带坏一个班子，毁掉一批干部，葬送一个企业，因此，我们必须要加强学习、加强自身修养，严格要求自己，要按照江泽民总书记"三个代表"思想要求，坚持落实好《局党委、勘探局关于加强党风廉政建设、局处两级领导干部廉洁自律的十二条规定》、《局党委、勘探局关于进一步强化监督约束机制的若干规定》、《局党委、勘探局关于进一步加强对各级领导干部严格管理的暂行规定》、《长庆石油勘探局党风廉政责任制》、《领导干部逐级谈话制度》、《干部诫勉制度》等各项规章制度，对手中的权力使用要把好三个关口，一是制度约束关口，特别是企业重大决策问题上必须要有一套制度，不能一个人说了算；二是监督关口；三是要把好自律关口。

四是要坚持做好稳定工作。稳定是改革和发展的前提，也是我们当前讲政治的具体体现。随着改革的不断深化，各种利益关系的进一步调整，一些深层次矛盾逐渐暴露出来，如果处理不好，就会影响改革、发展、稳定的大局。我们务必加以重视，认真对待。各单位特别是党政"一把手"，一定要从讲政治、讲大局的高度，把稳定工作放在极其重要的位置，作为头等大事抓好。要加强宣传教育，有针对性地做好职工群众的思想政治工作。要反复宣传改革的重要性和必要性，宣传勘探局的工作思路和重大部署，主动做好释疑解惑、理顺情绪、统一认识、凝聚人心的工作。各级领导干部要经常深入基层，深入实际，了解真实情况，排查矛盾纠纷。

要注意把解决思想问题与解决实际问题结合起来，切实关心职工切身利益。要注意把教育引导职工与切实服务职工结合起来，注意倾听职工群众的呼声，关心职工的疾苦，真心诚意地为职工群众解决实际问题。

要牢固树立群众观念，增强全心全意依靠

工人阶级、全心全意为人民服务的意识；要通过厂务公开、政务公开、充分发挥职工代表大会的职能；凡是已经建立的职工持股会，要严格按照法律程序，让职工持股会依法参与企业经营决策；在干部的选拔任用当中，实行民主推荐、任前公示等一系列有效管理方法，让职工群众参与企业管理、参与到企业管理的过程中来，充分依靠职工群众维护社会稳定。

做好稳定工作，还要注意政策，认真做好配套政策的改革。在建立和完善社会保障制度方面，我们要积极按社会改革进程推进改革，包括职工基本养老保险制度、失业保险制度、医疗保险制度，也要根据条件建立补充养老和医疗保险，有条件时可以参加商业保险。

要继续深入开展与“法轮功”邪教组织的斗争，充分认识这场斗争的严肃性、长期性和极端重要性。对顽固不化带头组织者，必须加大打击力度。对一般可以转化的要继续做好转化工作，确保一方平安。

同志们，我们一定按照集团公司和局党委、勘探局的统一部署和要求，积极、认真、扎实、高质量、高标准地搞好“三讲”教育，通过“三讲”进一步认清形势，把握大局，明确责任，理清改革和发展思路，促进各项工作上一个新的台阶。我也希望通过这次“三讲”成为我们一个新的起点，能够使我们的工作有一个新的起色。

孙玉辰同志在欢送赴尼日利亚钻井队伍时的讲话

（2001 年 5 月 26 日）

虽然是租赁钻机，但是也要有一个名字，2001 年 5 月 26 日出发，就叫 70126 队吧。来给你们送行，我只讲三句话：

走出国门，不忘家人。希望你们远在异乡，经常给家人报个平安。

吃了洋饭，不忘家贫。我们来给你们壮行，是要叫你们创业，去闯条生存的路子。

志在四方，回报家门。这个回报，并不是说非叫你们挣大钱去，而是说我们这个市场是没有国界的，但是我们必须要给中国人争口气，给长庆石油勘探局争口气。

孙玉辰同志“三讲”学习心得

（2001 年 5 月 27 日）

第一部分 开展“三讲”的重要性

一、当前形势和任务迫切需要搞好“三讲”

当前，就全国而言，“国有企业的体制转换和结构调整进入了攻坚阶段，一些深层次的矛盾和问题集中暴露出来。”

“使国有企业形成适应市场经济要求的管理体制和经营机制”。

“建立和完善现代企业制度要确保出资人到位，对国有大中型企业实行规范的公司制改革。公司制是现代企业制度的一种有效组织形式。公司法人治理结构是公司制的核心”。

“面向市场着力转换企业经营机制”。

“加强企业战略研究”。

“健全和完善各项规章制度。”

“狠抓管理薄弱环节。重点搞好成本管理、资金管理、质量管理。”

就集团公司而言,重组上市之后,正在着力做好:

突出主营业务的成长性,推进未上市企业的公司制改革,一些管理体制和长期沉淀下来的结构性矛盾也同样暴露出来。管理体制既包括母子公司的管理体制,也包括股份公司总分公司体制下集权分散的关系;还包括对未上市企业的管理等。结构性的矛盾,既包括股份公司产业、产品、市场结构,还包括未上市企业的资产、人员、产业、市场结构等。

对我们勘探局来讲:

正进入了体制转换和结构调整的试验阶段和内部专业整合重组阶段。

长期计划经济条件下形成的观念和管理程式、管理制度、工作作风和观念滞后;长庆近10年中形成的企业内部人为的低成本(无发展后劲);资产、市场、产品、产业等结构性的矛盾(无竞争力)等与当前的体制转换、结构调整,发生了激烈痛苦的碰撞,造成非常不利的条件。

好在我们整体在这种碰撞和不利条件面前,使长庆人在一度急躁、忧虑之后,逐渐冷静下来、理智起来、振作起来。

从2000年下半年开始,大家回头看自己,也抬头看别人,觉得光急躁不顶用,光埋怨不顶事,开始用大局意识来理解重组,用理智去适应重组:

由不理解到逐步理解;

由不自愿到勉强接受现实;

由丧失信心到恢复了信心和勇气。

但,这种理解,这种接受,这种信心和勇气,还是初步的、有条件的,甚至是不稳固的。

在这种情况下,班子及成员能静下心来,学文件,学理论,广泛听取来自各方面的声音,着重研究一下,生存发展的突出矛盾和职工普遍关注的问题太重要了、太及时了、太有意义了。

二、影响勘探局生存发展的重要问题

找准影响勘探局生存与发展的重要问题并得以解决,是“三讲”教育活动的基本目的之一,也是衡量“三讲”是否取得成效的重要标志。

根据不求“多”,力争“准”的要求,我想从主观与客观两个方面分析一下,供大家参考:

(1)主观方面:还基本上不适应市场的要求。作为勘探局和班子成员,我们讲生存和发展有一个基本的前提,就是在市场中生存和发展,我们的观念还基本上不适应市场的要求。

(2)客观方面:市场运作不规范。两方面加起来若用一句话表述,即:由于我们至今基本上还不适应运作尚不规范的市场。因而直接影响到勘探局的生存与发展。

重组之后,勘探局留下的只是一具被抽掉筋骨和血脉的躯壳。

而且,这个在计划经济条件下发育成的躯壳,又被一下子推到市场中去生存,不适应是必然的。

第一,观念不适应。总习惯用计划经济条件下的行政计划手段解决市场问题。

第二,包袱沉重,竞争能力弱。包括账面上的有效资产、无效资产在内,不足50亿元的资产要养活43000多人。

第三,资产结构非常不合理。非经营性、非盈利性的资产占了56%。真正有竞争力的关键设备几乎没有。

第四,关联交易价格基数太低,内部大市场低效益的残酷现实短期内难以改变。

第五,产业、产品、产权、市场及人员组织结构性的矛盾,使企业缺乏生存的活力和竞争的能力。等等。

要使这样的躯壳很快适应市场的需要,不动大手术不行,不进行脱胎换骨地改造不行。

从客观上分析，重组后碰到市场运作不规范的三大矛盾：

(1)以1998年的成本作为关联交易的价格基数，从根本上制约了勘探局的生存与发展。因为这个基数，在未重组时是人为地规定的一个“零利润”运行的成本基数。只不过当时很多矛盾可以在另外的渠道予以补偿。如设备购置、大修理项目、文教卫生、职工福利等。

现在这种补偿切断了，1998年的成本基数成了孤立无援的危险生存的定量口粮。虽然其他未上市企业都普遍存在这个问题，但长庆尤甚，对比数据表可以反映出来，去年的实践也反映出来。

(2)勘探局目前赖以生存的基本市场是油田公司的市场。

油田公司的市场定位是直接影响勘探局生存发展的晴雨表。

这个定位包括两个大的方面：

一是发展快一点还是慢一点还是保持适度发展问题。

发展慢了会因工作量不足而影响勘探局的生存。

发展快了会有工作量，甚至干不完，但大量的社会队伍进来，一旦三五年吃光啃净，勘探局会立即陷入被动，甚至出现大起大落。

所以，在满足股份公司整体加快要求的前提下，适度发展是上策。

二是降低勘探开发成本，提高投资回报率的途径问题。

如果主要靠降低施工作业单位的价格来实现这一目的，将会使勘探局的生存与发展雪上加霜。

(3)集团公司对在3—5年内全部放开关联交易市场的目的、手段及政策需要重新考虑。

如果为了规范给股民看，还有更简捷的办法。

如果为了降低未上市企业施工成本，也还是有更好的方法研究。

如果为了利用社会上的施工企业参与未上市企业的竞争，也需要权衡利弊，完善配套相应政策。

这三个客观上的矛盾，既不符合国际惯例，也不符合重组后的实际。但作为勘探局是不能左右其发展的。

我们唯一的做法是去“适应”它。

早适应早主动，不适应就不能生存与发展。

三、对策

(1)必须坚定不移地瞄准“二次创业”的目标，统一班子对贯彻实施“两条基本思路、四大发展战略”的认识。

抓住有利时机，横下一条心，进行结构调整。

(2)必须实事求是地分析生存与发展的有利条件和存在的矛盾、困难。抓住机遇，坚定信心调动一班人的积极性，把人气搞旺、正气搞盛。

(3)发挥长庆的整体优势，在市场条件下建立战略伙伴关系。

当前要解决好几个问题：

一是在贯彻五项原则上进一步细化好。

①施工作业成本双赢的原则。不能靠扩大工作量维持勘探局吃饭经济，毫无积累；同时搞得油田公司增储上产资金短缺。

②避免无序同业竞争的原则。开发低效油块必须双方以产权为纽带，规范运作，互利互惠。凡是勘探局能提供的服务，包括人力、土地资源，油田公司不再单独开发。服务的价格进一步理顺，为充分利用和开发长庆的资源形成好的机制。

③有效协商的原则。在目前关联交易主要是依靠协商运行的情况下，对于重要的、特别是直接关系到职工切身利益的问题，不能因为各个层面上的不同意见而久拖不决。要在一定的限期内进入最高层协商，或向双方上级有关部门请示备案。

如施工质量标准问题、结算程序问题、重组

时遗留资产、人员的处理问题等。

④规范运作的原则。主要通过协商尽快制定政策,解决面上的问题。

⑤保卫油田,守土有则的原则。

⑥干部交流的原则。

⑦双方保持大局稳定的原则。

二是妥善处理去年关联交易中暴露出来的矛盾。

①各区块、井型井身质量和固井质量问题。

②井下油气层改造工艺质量标准问题。

③进一步划清非关联交易的范围及服务价格问题。

④联合、联谊活动的经费及组织协调问题。

⑤成本新增因素:土地、材料、油料、人工成本等。

三是落实联合开发低效油田的问题。

四是进一步发挥好各个协调小组的作用。除及时协调的内容外。

①每月各小组开一次协调会,并形成纪要,必须遵守。

②主要领导每季听取一次双方的汇报。

③每周书面通报关联交易的情况。

(4)勘探局加强对关联交易的领导。

第一,根据需要,充实关联交易的工作人员。

第二,每月通报一次关联交易的情况,研究关联交易的重要问题。

第三,有计划地进行质量回访。

第二部分 对工作中存在问题的初步思考

一、关于"关联交易"工作

从整体上看,关联交易双方经过一年多的实践,虽然磨合很艰难,有时甚至很痛苦,但由于双方都能从实际出发,所确定的近、中期目标及指导原则是符合长庆实际的,效果也是好的。

就存在的问题看,这次学习班中大家分了三个层面:

一是集团公司大政策还不完善,给关联交易带来了基层无法解决的矛盾,如成本新增因素自行消化问题等,这可以专题报告 CNPC;

二是属于油田公司依靠关联交易降低成本引发的矛盾。这已在双方征求意见,初步进行了沟通,下来还要双方从发挥整体优势出发,进一步研究;

三是属于勘探局自身工作的问题。比如能不能把关联交易作为一个特殊的市场去努力适应的问题等等。

我今天要讲的,不属于上述这些范围,主要反省我自己在关联交易中存在的问题。

(1)调动大家积极性,集中大家智慧解决难题不够。

在制订关联交易总协议和分项协议中,由于没有经验,各为其主,所有参与的人包括领导,很伤脑筋,甚至伤了感情。

我从去年 5 月份以后,有意识地缩小了参与的人员,主要由财务部门进行价格对接;7 月份之后,特别是 10 月份之后,存在的结算问题,作业区移交问题、关联交易总费用中扣除油田公司管理费等三、四个比较棘手的问题,直接揽到了上层协商。

这样做有利有弊,利则少伤感情,不利是我们基层缺少了协商的压力和主动性,更主要的是,如果高层定下来,在基层落实梗阻,反而久拖不决,更伤感情。

(2)动态总成本控制不够。

与上述问题有关的,局里(上层)把总费用双方协商下来后,油田公司项目组并不承担总费用的控制,超过关联交易价格之外的工作量他不负经济责任;而我们施工作业一方虽然有个总成本的概念和控制,但错误地认为,只要甲方认可的超工作量最终会给钱的。这样一来加之双方没有及时采取果断有效的措施,基层多干了活,不但没有得到更多的实惠,反而倒贴成本。我觉得,从大的方面分析,之所以出现这个问题是去年油田公司的整体投入与实际工作量不符。从管理上讲，我们除了缺乏经验外，动态的总成本控制体系和机制没有建立起来。

(3)我们对关联交易的认识和实际工作的错位。

现在看来，对关联交易的认识和分析，没出现大的指导思想上的失误。但双方在工作中还有许多不到的地方。

就我而言，我总觉得我们还没有真正把关联交易当作特殊的市场来步步落实，事事落实。我们虽然承认：

关联交易的价格是历史成本还原 + 3 而不是 + 2；

关联交易的仲裁主要不是法律而是协商；

关联交易的形式主要靠双方摸索。

这些特殊性，就决定了当前必然靠一种有效的“协商”机制来运作。这些分析是对的。但作为服务的乙方，要保证协商有效，必须首先把关联交易市场当市场对待才行。要摆正投资者与施工作业者的关系。要靠我们自己优质的服务、有竞争力的价格去占领关联交易市场。我们在自胜自强方面，虽然从去年 7 月份以后结合整顿“低、老、坏”，加强内部管理是有进步的，但从人们观念讲、从主动开拓市场上讲，还有很大的差距。

因而，我们各种层面主动地协商、沟通甚至采取有效的措施，打破僵局，推动双方顺利前进就显得十分被动。

总之，这次学习中，大家对这些问题的理解确实大大前进了一步。至于个别同志认为过去我们在关联交易过程中没有保护好职工的利益，甚至认为失掉原则，我们可以从积极的意义上去认识：属于大政策的原因，要实事求是的反映；属于我们工作环节上的原因要改正。有一点要给大家讲清楚，勘探局在价格利益上是有原则的，油田公司在最后决算上也是实事求是的。

二、关于民主集中制

从总体上讲，我们这个班子，是个政治上较成熟的班子，为贯彻好民主集中制奠定了基础。

从班子历史沿革看，长期以来取得了这方面的好经验，好传统。

从贯彻民主集中制的实践看，重大决策，不论是企业思路、战略的制订，还是重组方案、关联交易协商的制订，重组改制方案的制订、重大人事事项的任免及年度预决算方案、经营承包政策的实施都经过认真的讨论和严格的组织秩序。但不少同志直截了当地给我反映，必须加强原则，班子形不成强有力的核心。

自去年年底到今年年初民主生活会，我初步思考过这个问题，这次学习，又给了我深入思考的机会。我总的感到，大家的这些意见非常好。因为影响企业生存发展的不仅仅是企业在市场中的科学定位，还必须有一个强有力的决策层和执行层。

(1)及时沟通不够。

去年，我们在十分困难的情况下，按照年初制订的两条基本思路、四大发展战略，果断地决策了这件事：

一是关联交易必须建立“协商”机制；

二是必须“先活心脏，后养肌肤”；

三是必须着手对老基地逐步进行战略调整；

四是必须对钻井系统进行整合；

五是必须通过调研，以下促上。

实事求是地说，班子的新老成员，对这些重大问题的认识虽然有个过程，但对我所提出的这个思考，给予了理智的支持。在工作中给予了积极的配合。我们内心里是明了的，是十分感谢的。

但在决策这些事情之前，大家对某些重大问题的认识是有很多疑虑的，甚至是不同意见的。这个我也心里有数。

回想起来，在大家处于疑虑和反向思考阶段，及时、反复、有效地沟通，是必不可少的，因为这些问题不仅重要，而且在去年那种认为未上市企业能不能活下去、会不会大乱起来都是未知数的情况下,决策这些风险很大的事情,大家有不同意见和疑虑是非常自然的。

从班长来讲,在这种特殊情况下,多和不同的意见沟通不仅有好处,而且将给决定的贯彻实施铺平了道路。

直到去年年底,今年年初,在决策钻井系统整合时,我比较注重了这些问题。先由主管领导与基层商讨,然后我和继昌同志带领基层领导边调研边商讨,最后用三天时间坐下来研讨,还怕影响生产启动又过渡性地成立了整合领导小组等等。程序多是多了点,但毕竟沟通得及时、充分,事情办得就顺当了点。

我想,今年的几件大事,会办得更心齐、力齐。

(2)注重理念上的统一不够。

我不是不重视理念,而是认为班子成员之间最难得不是工作上的配合而是理念上的统一。理念上一致了,即使是工作配合上有误差,也只是暂时的、局部的。而理念不一致,即使工作上配合还可以,那也是被动的、暂时的。

这次学习中,大家认为班子成员之间主要还不是工作上的不协调,而是理念上的不够统一。这个批评,是深刻而中肯的。

出现这些问题,主要责任在我。

第一,党政一身兼,有利有弊,其中有一条弊端就是不利于在工作指导思想上相辅相成。班子成员只注意了工作上配合,而对理念上的统一则认为必要性不大或认为统一不统一只要工作配合好就行了。

第二,我在实际工作中把理念的统一方式定位到实践中,而没定位到会议或个别沟通上。认为实践中会统一的,如果实践中不成功,改正实践就行了。这种定位,对理念上的统一特别是讨论决定方案之后是出现了空挡。

(3)没有充分发展监督机制的监督作用。

(4)分工协调不够。

特别是去年,行政上长期只有两名副局长,把很多担子直接压给了助理。他们也非常辛苦,但毕竟协调的范围受到局限,很多工作出现过漏洞。

三、关于深化改革问题

存续企业要能继续存在,必须进行脱胎换骨的改造。这是不以人们意志为转移的。

目前,全局深化改革的总体目标还是明确的。有时改革、改制也初见成效。

但从整体把握上还存在六个方面的问题:

一是结构性矛盾的调整还缺乏实施计划。

像产权结构,仅是基层试验阶段(包括设计院改制),全局下决心在哪个板块上再突破,近期没定方案。

二是专业性的重组整合,提出了工作目标,至今没有组织专门力量去实施。如石校、技校的问题,油建、筑路的问题等。

三是带资分流还没有新的举措。

四是费用单位改革的力度不大。

五是三项制度改革等配套政策改革还满足不了形势发展的要求。

六是机关改革滞后,特别是职能转变还有相当的差距。

四、关于对职工关心的突出问题的思考

职工普遍关注的问题,即使不属于影响勘探局生存发展的大问题,如处理不好,也是不稳定的重要因素。

从已征集到的、放在明处的,职工反应突出的问题主要有三类:

一类是与油田公司相比较,个人收入政策上心理上不平衡。

另一类是涉及职工切身利益的住房、社会保险等实际问题和困难。

第三类是对存续企业生存缺乏信心。

(至于对班子成员个人在纪律作风等方面反映强烈的问题结合“三讲”教育也要得以改正)。

我总体上认为,目前职工普遍关心的问题,是要认真分析研究,认真解决的。

除了属于上级政策性的问题外,属于我们

工作中应该解决的主要有三点：

(1)必须妥善解决无房户职工的住房问题。

由于我们前几年动员大家节衣缩食，集中精力建设好几个基地，但无房户太多；

由于矿区建设新老基地反差很大，造成了心理上的不平衡；

住房政策上的断档不连续，使无房户积气成怨；

特别是陇东老职工，退休之后在靠近大中城市购房更为迫切。

我们在处理这些矛盾时，出现了两个不足：

一是下决心利用市场杠杆调节不足；

二是新基地的运作速度不快。

(2)必须加快经济实用商品房开发的力度。

只愁配套资金没有着落，耽误些时间。

房地产机构建立得不及时。

(3)基地新开发项目的速度不快，主要是缺乏统一的认识和强有力的组织协调。

五、关于对生产经营工作的思考

(1)资本经营：还是以前计划经济条件下的方法。

(2)亏损大户：扭亏的力度不够。

(3)开发新的项目：没有大的新开发项目。

孙玉辰同志在长庆石油勘探局领导班子及成员“三讲”学习教育活动总结会议上的讲话

(2001年6月22日)

同志们：

勘探局领导班子及成员的“三讲”学习教育活动，从5月22日正式开始，按照中办发[2001]8号文件精神和中油党字[2001]27号文件的要求，在集团公司指导检查组的指导帮助下，经过大家的共同努力，较好地完成了各阶段的工作任务，基本达到了预期的目的，今天就要结束了。

现在，我代表局党委、勘探局，对这次“三讲”学习教育活动情况作一总结，并对下一步工作讲几点意见和要求。

一、我局开展“三讲”学习教育活动的基本情况

3月中旬接到集团公司党组27号文件后，局党委把搞好“三讲”学习教育作为事关我局改革、生存、发展和稳定的大事来对待，把它作为落实“十五”规划，实现“二次创业”的具体内容来安排，因而收到了较好的效果。

1. 加强组织领导，精心部署安排

局党委按照27号文件关于“统一部署，分步实施，有序推进，确保质量”的要求，对开展“三讲”学习教育活动作了统一部署。

成立了“三讲”学习教育活动领导小组。制定了《长庆石油勘探局“三讲”学习教育活动实施方案》，编制了工作流程图、时间进度表和活动安排明细表。先后两次专程赴京征求意见，并认真进行了修改和完善。5名局领导分三期参加了集团公司举办的“三讲”学习班。并于4月16日至19日由组织、纪检、宣传、工会、机关党委等部门分片征求意见，先期查找影响企业改革、生存和发展的重大问题，以及职工群众普遍关注的突出问题。同时，对局机关和各厂处单位的“三讲”学习教育活动也相应作出了具体安排。经过一个多月的充分准备，5月22日勘探局召开了“三讲”学习教育活动动员会议。

2. 抓好理论学习，提高思想认识

局领导班子及成员抓住这次宝贵的学习机会，静下心来聚精会神地认真读书，集中研究关系领导班子建设和勘探局生存与发展的大事，边学习、边思考、边提高。

一是通读与精读相结合，在系统学习与重点研读上下功夫。大家对《国有企业“三讲”学习教育活动必读》篇目进行了通读。特别是系统学习了江总书记五次在国有企业改革和发展座谈会上的重要讲话，以及中央领导同志关于发展石油石化工业的一系列重要指示，撰写了大量的学习笔记和心得体会。据统计，局领导利用“五一”、双休日和业余时间坚持自学，平均每人达5天以上，阅读的理论文章平均都在30篇以上。

二是自学与集中研讨相结合，在理论与实践的结合上下功夫。在指导检查组的指导帮助下，5月25日和27日，局领导班子成员集中2天时间，进一步提高对开展“三讲”学习教育活动重要性和必要性的认识。并对影响勘探局改革、生存与发展的重大问题，以及职工群众普遍关注的突出问题，进行了专题讨论。既务虚，又务实，进一步提高了从政治高度思考问题和解决问题的能力。

三是班子成员带头学与培训基层主要负责人相结合，在提高思想政治素质上下功夫。为了搞好“三讲”，局党委举办了“三讲”学习教育培训班，对43个厂处单位的党政“一把手”，以及局机关部门的主要负责同志共100多人进行了集中培训。党委书记孙玉辰作了题为《深入开展“三讲”学习教育活动，全面实施整体发展战略》的党课教育。还特别邀请集团公司发展研究部主任严绪朝同志作了《关于集团公司当前宏观层面上的几个重大问题》的报告，组织观看了国家经贸委企业改革司司长邵宁关于《国企改革与大型企业集团运作》的报告录像，并组织了专题研讨。

3. 广泛发动职工群众，诚心诚意征求意见

局党委在“三讲”学习教育动员会上公开承诺：诚恳希望广大干部职工积极参与民主评议，多提批评意见，只要是有利于勘探局生存、改革与发展的意见或建议，都会被重视和采纳。在“三讲”学习教育的每个阶段，局党委都始终坚持了这种鲜明的态度和立场，真心依靠干部群众帮助班子及成员搞“三讲”。通过发放书面征求意见调查表、设立征求意见箱、开设热线电话、召开座谈会、民主评议、个别谈话等形式，广泛征求各个层面的意见和建议，包括油田公司的意见和建议。集团公司“三讲”指导检查组采取多种形式，帮助征求意见。累计发出和回收各类征求意见问卷调查表162份；召开局领导干部、离退休老干部、局机关部门负责人、职工代表等各类座谈会、民主评议会7次，形成汇总材料11份、7万余字。

经过认真分析、汇总整理，勘探局共征求到各类意见可归纳为8类19个方面。这不仅为局党委自身查摆问题提供了重要依据，也使局领导班子成员受到了一次深刻的群众观点和群众路线的教育。

4. 找准突出问题，严肃认真地开展批评与自我批评

局领导班子及成员通过学习文件，在广泛征求意见的基础上，按照自重、自省、自警、自励的要求，结合近三年来的思想、工作和廉洁自律等方面的情况，进行了认真、冷静地反思。同时，也对重组改制后党政领导班子所做的主要工作作了实事求是的总结。

通过认真反思，仔细查找问题，深入分析原因，总结经验教训，形成了班子及成员个人总结材料。在这些材料中，既对照检查、找出问题，又分析根源、提出了整改意见。

局“三讲”办公室组织部分机关处室长、厂处单位主要领导、职工代表和离退休老干部共50人，分5个小组从三个方面对领导班子及成员的“三讲”学习教育总结进行了认真的民主评

议，在评议中对勘探局领导班子及成员的工作给予了客观评价，并结合企业深化改革、生存与发展的实际，提出了宝贵的意见和建议。在集团公司指导检查组的具体指导帮助下，又反复进行了修改，使自我总结基本达到了自己满意、群众满意、上级满意。

6月8日，召开了勘探局领导班子“三讲”学习教育专题民主生活会。由于会前做了较充分的准备，“班长”与成员、成员与成员之间广泛开展了谈心交心，反馈了各方面的意见，使这次民主生活会在查找问题和分析问题上，是我局近年来较为全面深刻的一次。

5. 抓住突出问题研究和制订整改方案，落实整改措施

在这次“三讲”学习教育活动过程中，领导班子及成员针对反映的突出问题和自我查找的问题，集体研究制订整改方案和整改措施，确定了整改的指导思想，明确了整改的重点和工作要求。

一是要抓住主要问题，集中力量进行整改，不求多而求准、求深；二是要第一责任人负责与成员分工负责相结合；三是要坚持边整边改；四是要公开整改方案，发动和依靠群众帮助整改；五是要制定出整改的近、中、远期目标。

各厂处单位和机关处室的“三讲”学习教育活动也搞得各有特点，各单位普遍召开了党政领导联席会，学习传达局“三讲”学习教育活动动员会议精神。有的在通读必读篇目的基础上，联系本单位改革、生存与发展的实际，进行了广泛深入地学习讨论。钻井工程总公司在学习讨论中，针对整合重组后机关作风纪律问题，开展了为期两个月的机关整顿活动，进一步改进了机关作风，增强了服务基层的意识。局机关把深入开展“三讲”学习教育活动与切实转变机关职能、改进机关作风结合起来，广泛开展了机关形象大讨论，形成了《关于进一步改进作风，强化服务，提高效率的意见》，并印发全局试行。

二、“三讲”学习教育活动的主要收获和体会

1. 进一步提高了对开展“三讲”学习教育活动重要性和必要性的认识

通过学习教育，班子成员深深感到，开展“三讲”学习教育确实是把“三个代表”重要思想贯彻落实到勘探局各项工作中去的重要举措；是进一步加快改革和发展的客观要求；是实施“两条基本思路”、“四大发展战略”，实现勘探局“二次创业”目标的重要保证；是加强班子建设，提高班子成员思想政治素质的迫切需要。学和不学大不一样。

2. 进一步增强了贯彻“三个代表”重要思想，在政治上与党中央、集团公司保持一致的自觉性

通过学习教育，大家充分认识到，江总书记“三个代表”的重要思想，是对党的性质、宗旨和根本任务的最新概括，是在新形势下推进国有企业改革与发展的根本指导思想。面对长庆油气发展的大好形势，马总最近对加快鄂尔多斯盆地的油气勘探开发提出了宏伟而艰巨的任务。虽然我们面临着“大市场、低效益”和缺乏竞争力等诸多困难，只要我们坚持党的正确领导，在政治上、行动上与党中央保持一致，与集团公司保持一致，就一定会把生存与发展问题解决好。

3. 进一步坚定了搞好勘探局改革、生存与发展的信心和决心

重组改制后，勘探局面临着管理体制和经营机制上脱胎换骨的改造。在十分困难的情况下，我们进行了举步维艰的拼搏与探索。经过全局广大职工的共同努力，去年在21个方面取得了48项历史最高水平。同时更新了部分关键设备，培训了职工队伍，开发了国内、国际市场，在部分单位进行了改革改制的试点。调整了部分资产结构和人员结构。大家逐步恢复了生存的信心，坚定了“二次创业”的决心。通过“三讲”学习教育活动，进一步提高了班子及成

员的思想政治素质,精神面貌有了新的变化,内聚力和战斗力有了新的提高。特别是马总来长庆现场办公,更加坚定了存续企业发展的信心。班子成员普遍感到,只要抓住机遇,发挥优势,团结一致,开拓创新,勘探局“二次创业”的目标就一定能够实现。

4. 进一步明确了企业党组织建设的任务,提高了“两手抓、两手都要硬”和从严治党的自觉性

通过重新学习《中共中央关于国有企业改革和发展若干重大问题的决定》、《中共中央关于进一步加强和改进国有企业党的建设工作的通知》等文件,更加深刻地认识到,任何时候、任何情况下,都必须坚持“两手抓、两手都要硬”和“从严治党”的方针,必须坚持政治与经济的辩证统一,充分发挥党组织在企业中的政治核心作用,必须坚持局党委提出的把勤政廉政作为团结和带领职工克服困难,实现“二次创业”宏伟目标的一面旗帜。我们还必须坚定不移地贯彻落实中纪委五次全会精神和集团公司、局党委关于廉洁自律的一系列规定,牢固树立正确的世界观、人生观和价值观,从源头上铲除产生腐败的根源。做到时时、事事体现“三个代表”的重要思想,自觉接受职工群众的监督,经受住权力、金钱和美色的考验,勤政廉政、求真务实,把广大职工群众的积极性、主动性、创造性保护好、引导好、发挥好,努力把长庆的事情办好。

5. 进一步找到了差距,班子的内聚力和战斗力有新的提高

班子成员通过集中学习,专题讨论,认识到了班子及个人存在的不足;通过征求群众意见,找到了班子及个人存在的问题,明确了努力的方向;通过班子成员互相交心谈心,增进了沟通、理解和友谊;联系勘探局改革、生存与发展的客观实际,从政治和全局的高度进行了理性思考,认识到了班子及成员在思想、作风上的差距;结合召开民主生活会,沟通了思想,统一了认识。大家进一步体会到,相互尊重信任是发挥好班子整体功能的基础;善于相互配合是班子成员应当具备的基本素质;“班长”加强决策前的思想沟通和调研是保证正确决策和决策后顺利实施的重要环节。从而增进了团结,加强了协作配合,增强了班子的内聚力和战斗力。

6. 进一步认识到,发挥好长庆的整体优势,是实现共同发展的根本所在

“三讲”学习中,大家普遍感到,勘探局的生存与发展,离不开油田公司持续发展,勘探局生存与发展问题解决了,会促进油田公司的进一步发展。双赢互利、共同发展是集团公司的既定方针,也是马富才等领导同志这次来长庆最关心的问题之一。“三讲”中大家讲得好,“两和”则“两利”,“两利”则“两兴”。与油田公司建立长期战略合作伙伴关系,符合长庆双方的根本利益。当前,要认真搞好关联交易,做到规范运作,协商解决出现的矛盾和困难。我们要把它作为特殊的市场认真研究,贯彻好双方商定的五项基本工作原则。在工作中,我们要积极主动地多向油田公司各位领导特别是文瑞同志汇报工作,争取油田公司的支持和帮助。相互尊重,增进了解。要用市场的法则、战略伙伴的态度,处理好投资者与施工作业者的关系。只要不断克服我们自身的不足,去适应新体制、新机制的需要,就一定能发挥好长庆的整体优势,达到“双兴双利”的目的。

7. 进一步振奋了精神,促进了生产经营工作的发展

这次“三讲”学习教育活动中,局党委、勘探局妥善处理“三讲”学习教育活动与生产经营工作的关系,在领导分工和时间安排上力求统筹兼顾,保证了“三讲”学习教育活动与生产经营工作“两不误、两促进”。

“三讲”期间,物探、钻井、井下作业、测井等工程技术服务单位确保油田公司勘探开发方案的实施,积极调整队伍部署,现已踏上了完成全年生产任务的步子。同时,市场开发呈现出良好势头,特别是社会市场和国际市场开发取得

了可喜的成绩,实现了新的、历史性的突破。机关注意转变职能,虚心向基层学习,热情为基层服务,工作作风有了很大改进。

通过这次"三讲"学习教育活动,领导班子的精神面貌也有了新的变化,在事关改革、生存、发展和稳定的重大问题上,进一步统一了认识,党群关系、干群关系有了新的改善,党组织的凝聚力和战斗力有了新的提高。

通过这次"三讲"学习教育活动,班子成员也进一步体会到:这次"三讲"学习教育活动,对促进勘探局的发展具有十分重要的现实意义和历史意义,对于坚定信心起到了鼓舞和鞭策作用,对下一步抓住主要问题搞好整改起到了推动作用。

在这里,我们要特别感谢集团公司指导检查组的正确指导和诚挚帮助。以陈明、裴德海同志为组长的指导检查组,认真贯彻集团公司党组关于"三讲"的指示精神和有关规定,十分重视和善于调查研究,在每个环节上,都以认真负责、实事求是的态度给予具体指导和帮助。严格把握政策,从严提出要求,研究解决实际问题。因此,如果说"三讲"学习教育有成绩的话,确实是他们帮助指导的结果。

我们的"三讲"虽然取得了一定成绩,总体上也基本符合中央和集团公司的要求,但也存在很多不足。主要是学习的深度还不够,从理论高度分析问题、解决问题的能力有待进一步提高;班子成员之间在开展批评方面还不深;有的整改措施还不够具体等。

三、全面贯彻落实马富才总经理一行来长庆现场办公的一系列指示精神,认真搞好整改工作,巩固和发展"三讲"学习教育成果

这次"三讲"学习教育活动,虽然作为阶段性的工作基本结束了,但"讲学习、讲政治、讲正气"是领导班子和党员干部队伍思想政治建设的一项长期任务,必须形成制度、常抓不懈。为了巩固和发展这次"三讲"学习教育活动的成果,推动勘探局改革和发展再上新台阶,我再讲三点意见。

1. 认真抓好整改工作

针对"三讲"学习教育活动中查找出来的问题,局党委、勘探局已经制订了整改方案和整改措施。现在的关键是要抓好落实,不落实就等于没搞"三讲"。

经过初步分析归纳,局领导班子存在的影响勘探局改革、生存与发展的主要问题,以及职工群众普遍关注的突出问题可概括为 8 个方面:

一是去年面对重组分开后的复杂情况和关联交易出现的矛盾及问题,在一段时间内对搞好勘探局改革与发展缺乏信心,在有些问题上甚至还存在着畏难、急躁情绪;关联交易协商机制还不完善;

二是领导班子的内聚力需要进一步增强;

三是面对勘探局"二次创业"的宏伟目标,改革改制的步伐较慢;

四是面对集团公司关于加快鄂尔多斯盆地油气勘探开发的重大举措和激烈的市场竞争,依靠科技进步和人才开发,提升勘探局核心竞争力的力度还需要进一步加大;

五是面对关联交易大市场、低效益的矛盾,社会市场开发还不能适应形势的需要;

六是面对生存与发展的严峻形势,寻求新的经济增长点的步伐还需要进一步加快;

七是面对当前的形势,从建设一支高素质"四有"职工队伍出发,还要大力加强对职工的宣传、教育和引导;

八是面对体制、机制和资金渠道发生的重大变化,在解决职工群众普遍关注的突出问题上还有很大差距。

对于这些突出问题,我们必须抓住不放,一抓到底,要使整改措施一项一项地落实,问题一个一个地解决好,决不辜负集团公司党组和广大干部职工的热切期望。为确保整改工作达到预期目标,整个整改工作实行第一责任人负责制。党委书记为第一责任人;对各有关问题的整改,实行分工负责制,班子成员及有关部门具体抓好本系统的整改。同时,确定了近期、中期和远期整改目标。属于近期整改的问题,争取在2—3个月内研究解决;属于中期整改的问题,争取在半年至一年内解决;属于远期目标的,争取在半年内完成调研、论证,提出整改的办法,2—3年内得到较好解决。对群众关心的问题,要尽快拿出切实可行的解决办法,抓紧实施。关于整改方案,张书记还要作具体安排和说明。

局党委将继续加强对整改工作的领导,搞好组织协调和督促检查。班子成员要按照整改运行大表,及时向局党委汇报进展情况,每个问题整改完结后,要向局党委作出书面报告,并在一定范围内通报。班子成员个人整改情况,要作为民主生活会的重要内容,专题进行总结检查。要公开整改内容,随时通报整改情况,请基层监督搞好整改工作。要把整改工作作为班子建设和各项工作的重要内容和推动力。

在这里,我代表局党委、勘探局和班子成员又一次郑重承诺:我们有决心、有信心、有能力搞好整改工作,做到职工满意、集团公司满意。也希望广大干部职工对勘探局领导班子及成员的整改工作给予严格的监督和积极的帮助。同时,希望集团公司"三讲"指导检查组继续关心、帮助我们搞好整改工作。

2. 继续抓好政治理论学习,进一步提高领导班子及成员的综合素质

我们要在这次"三讲"学习教育活动取得初步成果的基础上,继续按照江总书记提出的"学习、学习、再学习,实践、实践、再实践"的要求,继续认真学习好政治理论和科学管理知识,努力做到理论与实践相结合,不断提高驾驭复杂局面的能力。

一是进一步完善学习制度,改进学习方法。要坚持中心组学习制度。坚持集中学习与个人自学相结合,上面学习与下面学习相结合;阅读思考与专题讨论相结合,学习理论与调查研究相结合。利用学习的机会,加强与基层干部和职工的交流、沟通,增强工作的预见性和指导性,提高学习质量和学习效果。

二是注重学习的系统性。对政治理论的学习、研读和思考,要在全面系统、完整准确地掌握和理解上下功夫。要通过自修、参加培训班和研讨会等多种途径,加强对金融、财务、资本经营、法律、营销、科技、信息等现代管理知识的学习,不断提高自身的综合素质。各级领导干部要在学习和实践中,客观分析企业改革和发展的形势,提出解决问题的对策和方案。

三是各级党组织要以"三讲"为基础,继续抓好政治理论学习,加强领导班子建设和基层党组织建设,增强各级领导的政治意识、大局意识、责任意识和党性观念,从制度上完善和保证基层党组织的政治核心作用的发挥。进一步加强班子的思想、作风和组织建设,不断增强领导班子的内聚力和战斗力。

3. 以"三讲"为动力,切实抓好当前改革、发展和稳定工作,确保全年生产经营目标的顺利完成

为加快鄂尔多斯盆地油气勘探开发步伐,最近,集团公司总经理马富才,副总经理、股份公司总裁黄炎,股份公司副总裁罗英俊一行,深入到苏里格、乌审旗、安塞、靖安、陇东等油气田视察,看望了钻井、井下、采油等24个基层队(站)、近千名岗位职工以及28个厂处单位的领导干部,极大地鼓舞了广大职工群众的士气,振奋了各级领导干部的精神。同时,也为我们的"三讲"学习教育活动增添了新的内容,注入了新的活力。

需要强调的是,马富才总经理来长庆视察期间,发表了许多重要讲话,我们还要专门研究和贯彻。

集团公司党组经反复讨论,初步确定2005年要在鄂尔多斯盆地,形成1200万吨原油生产能力,天然气年产争取达到100亿立方米。这是集团公司的重大战略部署,也是长庆人奋斗

的共同目标,我们必须很好地发挥长庆的整体优势,千方百计保证这个大目标的实现。

其间,马总谈论最多的三个话题:一是“十五”期间鄂尔多斯盆地油气勘探开发的宏伟目标;二是发挥长庆的整体优势,要在油气大发展的同时,必须实现双赢;三是职工生活问题,以及关联交易、联合开发低产低效油气资源、基地建设等问题。

根据集团公司领导的重要指示精神,结合“三讲”教育活动征求的意见,领导班子及成员一致认为:“十五”期间,要紧紧抓住集团公司加快鄂尔多斯盆地油气勘探开发的大好机遇,进一步认清形势,统一认识,坚定信心;发挥整体优势,搞好关联交易;深化改革改制,加快结构调整;依靠科技和人才开发,提升竞争实力;大力开拓市场,积极实施“走出去”战略;以产权为纽带,加快低产低效油气资源开发;加强企业管理,建设“四有”职工队伍。在谋求加快发展,增强企业整体实力的同时,努力为职工群众办好事,办实事,办大事。

今年以来,我局生产经营、改革改制进展平稳有序,职工队伍和大局保持稳定,总的形势是好的。下半年,我们要突出抓好几个方面的环节:

一是依靠科研攻关和人才开发,提升企业核心竞争实力。我们要加大科研投入,搞好人才开发,形成具有长庆特色的工程技术,全面提升勘探局核心竞争力。物探、钻井、测井、井下作业、油气田地面建设、水电、机加工及各项服务工作,要发展自己的特色技术;钻井工程总公司等单位要加强基层的科研力量,在钻井工艺、泥浆液研究、小井眼、水平井等方面取得新的进展;加大设备更新的力度,以适应市场竞争的需要。

二是抓紧搞好联合开发低效油田,使其尽快成为勘探局重要的产业支柱和新的经济增长点。关于联合开发低效油田的问题,集团公司非常重视。这次集团公司、股份公司领导来长庆视察工作时,对这个问题专门作了重要指示。我们要抓紧时间,积极与集团公司、股份公司有关部门联系,加快进度,尽快进入合作开发的操作阶段。2001 年,力争完成 5—10 万吨的油田产能建设;到 2005 年,力争形成 100 万吨原油生产能力,不辜负集团公司领导对我们的期望。万事开头难,只要开了头,难事也不难了。

三是加强领导,精心组织,扩大市场占有份额。我们必须适应市场开放的需要,继续把关联交易市场作为特殊市场去开拓。着眼于依靠科技、人才开发和内部整合重组,不断提高工程技术服务质量,降低成本,牢固占领油田内部市场;继续加强对国际市场和国内社会市场开发的领导,逐步调整市场结构。

四是抓住时机,加大改革力度。在结构调整方面,工程技术服务要按照“缩减总量、优化存量、控制增量、提高质量”的原则,加快内部整合重组;对油建、筑路以及油田建设施工队伍要抓紧进行整合;推进三产企业的公司制改造。要召开专题会议专题研究带资分流的问题。要加大三项制度改革的力度,以适应市场的要求。在调整资产结构方面,要结合近期开展的资产清查工作,淘汰一批落后设备,加快设备更新。按照“做强不做大”的原则,重点装备一批在国内外市场竞争中具有明显优势的工程技术服务队伍;调整产权结构,积极探索企业改制与分流职工相结合的有效形式;完善改制企业法人治理结构。

五是确保大局稳定。继续搞好关联交易,保持规范运作和平稳过渡。关联交易市场是存续企业的生存市场,搞好关联交易是稳定大局最关键的环节,也是这次“三讲”中议论最多的问题之一。我们要在总结去年关联交易的成功经验的同时,重视并解决好已暴露出来的问题,坚持和细化双方提出的“五项工作原则”,建立更为有效的协商运行机制。

要继续抓好班子建设。要把勤政、廉政作为重要的考核内容,真正使各级领导班子成为带领职工“二次创业”的领导核心。要加强思想政治工作，充分发挥“大政工”的优势，坚持每季度召开一次书记办公会，每两周召开一次政工例会。要针对职工的思想动态，找出倾向性的问题，制订预防措施，化解矛盾，理顺情绪。各单位“一把手”是做好稳定工作的第一责任人。对于有偿解除劳动关系、待岗、集体工和上访人员，要耐心做好疏导工作，把不稳定因素消灭在萌芽状态，避免集体上访事件的发生。同时，大力宣传先进典型，弘扬正气。当前，要充分利用电视、报纸、广播等，重点加强对集团公司关于加快鄂尔多斯盆地油气勘探开发重大部署、马总一行来长庆视察工作时所作的重要指示的宣传教育工作，加强对改革改制、关联交易、结构调整、长庆双方共同发展和“二次创业”的宣传教育，使广大职工进一步认清形势，积极投身和支持改革，使我局的精神文明建设走在所在省区的前列。

六是严格管理，强化监督，确保生产经营平稳运行。我们必须理智地去对待“大市场、低效益”。要积极实施合理的低成本战略，加强经营管理，严格控制成本，努力探索符合市场经济条件下从事生产经营的新的机制和考核办法。近期要在钻井工程总公司等单位试点，建立市场开发、生产运行、成本核算“三位一体”的动态的成本控制体系。组织力量对亏损大户进行专门分析，提出扭亏意见。成立资本运营部，加强对股权、集体资产的管理。要加强对生产现场管理、成本管理、资金管理、质量安全环保管理。

要大力开展增收节支，增产增效活动。

要高度重视安全生产工作。1—5月份，安全生产形势基本平稳，各项控制指标同比有大幅度的下降，但安全形势不容乐观。下半年，要按4月27日社会治安综合治理暨安全生产电视电话会议的要求，抓好安全管理，严肃查纠违章，努力消除重大事故隐患，确保安全生产。

同志们，我们要通过这次“三讲”学习教育活动，全面推进勘探局的改革、生存、发展和稳定工作，为实现勘探局“二次创业”宏伟目标提供坚实的思想政治保证。

这次会议后，以陈明、裴德海同志为组长的指导检查组就要离开我局了。在整个“三讲”活动中，指导检查组的良好的工作作风、丰富的工作经验以及对我们的精心指导帮助，将激励着我们不断进步，让我们再一次以热烈的掌声对他们表示衷心的感谢。同时，我们也真诚地希望陈明、裴德海等同志今后更加关心和支持我们的工作。

孙玉辰同志在长庆石油勘探局财务资产工作会议上的讲话

（2001年6月29日）

同志们：

这次财务资产工作会议是勘探局召开的一次非常重要的专业会议。

会议期间，张芝兰总会计师对工作提出了要求，张忠华处长作了工作报告。这些，我都同意，各单位要认真贯彻落实。

会议还交流了经验，重新学习了《会计法》，表彰奖励了财务资产系统先进集体和先进工作者。会议开得很好。

在此，我代表局党委、勘探局对大家的辛勤劳动，表示衷心的感谢！向先进集体和先进个人表示热烈的祝贺！

2000年，是我局发展历史上极不平凡的一年。在非常困难的情况下，我们取得了21个方面48项历史最高水平，实现了预期的经营目标。这些成绩的取得，是勘探局广大干部职工共同努力的结果，也是财务资产系统同志们努力工作的结果。

具体讲，全局财务资产工作取得了突出的成绩。

一是成本控制较好，确保了全局预算目标的实现。

二是财务资产部门依托大城市的金融信贷优势和结算优势，强化了资金管理，在关联交易结算不畅的情况下，想方设法筹措资金，确保了生产经营的正常进行。

三是资产结构调整取得明显成效。积极筹措资金2.6亿元，确保了关键设备的及时更新；积极争取政策，报废资产3.69亿元，其中固定资产2.77亿元；冲减住房周转金7.1亿元，使资产结构得到初步改善。

四是保证了有偿解除劳动关系所需资金，使这项工作进展顺利。各二级单位，严把政策关，做到专款专用，保证了补偿金的及时兑付，确保了大局的稳定。

五是加强了税收政策研究，增加企业效益。进口物资减免税5160万元，减免1999年以前年度矿补费533.6万元，利用科技推广税收优惠政策减免企业所得税1876万元，为实现全局经营目标做出了贡献。

下面，我就勘探局当前的形势和财务资产管理工作，讲以下几点意见，供大家学习讨论和工作中研究参考。

一、认清当前形势，抓住历史机遇，为发挥长庆整体优势，谋求共同发展，搞好财务资产管理工作

马总等集团公司领导在长庆现场办公期间，反复强调要发挥长庆整体优势，谋求共同发展。我们必须从战略的高度深刻理解这一重要指示，从整体部署和工作安排上切实落实好这一重要指示。

当前，最重要的必须解决好三个方面的问题：

一是思想上要充分认识到：长庆的整体优势是客观存在，发挥长庆的整体优势也是客观要求。

长庆的油气资源丰富，具备持续增储上产条件；

集团公司决定加快长庆发展，加大投资规模，将形成巨大的市场；

长庆的企业文化底蕴深厚，无形资产价值千金；

长庆人团结奋斗，几代人血脉相连；

长庆人最了解长庆、热爱长庆，在开发、建设上，有自己的人才和科技优势；

长庆的地理位置具有“两优”，既有西部资源优势，又有东部市场优势；

长庆的资源开发利用具有“两近”，即长庆可以在西部开发、西气东输中占有得天独厚的近水楼台。

同时，也必须认识到，在鄂尔多斯盆地油气资源勘探开发市场中，已存在着多个利益主体，唯有长庆石油勘探局和长庆油田公司是血脉相连的独立的利益主体，也是唯一存在着共同优势的两个利益主体。

在关联交易条件下，如果不承认、不发挥长庆的整体优势，就会阻碍双方的发展，甚至会出现混乱；在市场条件下，如果不承认、不发挥长庆的整体优势，就会影响双方的发展，甚至失去优势。

所以，发挥长庆的整体优势是客观需要、人心所向。只有发挥长庆整体优势，才能谋求共同发展。

二是发挥长庆整体优势的指导思想必须端正、统一。

发挥长庆整体优势是领导者的历史使命，是所有长庆人的共同责任。

发挥长庆整体优势的目的是为了双方更快、更健康的发展，而不是束缚双方的手脚走回头路。

发挥长庆整体优势的当务之急是搞好关联交易。

发挥长庆整体优势最终的表现形式是在市场条件下建立起战略同盟。

三是发挥长庆整体优势的目标、措施必须具体、可行。

市场开放规范运作,招标投标同等优先;

小区建设统一规划,统一管理;

保卫油田人人有责;

双方互帮互保,完成业绩指标,自求平衡;

共同开发低产低效油田,调整产业结构,使职工得到实惠;

形成特色技术,效益优先,互惠互利,共同发展;

建立战略同盟,形成利益共同体。

对于发挥长庆整体优势,谋求共同发展问题,财务资产管理部门和广大财会人员,要实事求是、顾全大局,努力做发挥整体优势的实践者。同时,作为企业经营工作的"参谋部"、"管理部"、"调控部",要从战略上做好三件事:

一是在市场经济条件下,作为勘探局这样一个以从事生产经营为主的大型企业,要进行经营机制的转变、改革和创新。

二是抓住发展机遇,以财务管理、资金调控、政策导向为手段,服从和服务于结构的调整。包括资产结构、产权结构、人员结构、产业结构和市场结构的调整。

三是一头"放",一头"收",全盘实盈。有效益的项目不能说没有钱,叫做放;不讲效益的不给分文,叫做收;藏富于民,全局盈利。

二、明确发展目标,适应市场需要,不断促进财务资产管理机制的根本转变

我局"二次创业"的总体目标是,按照"产权清晰、责权明确、政企分开、管理科学"的现代企业制度要求,要用3—5年时间,初步建立起法人治理结构,使勘探局逐步成为既从事生产经营又从事资本经营的企业集团。

我们的基本任务是,逐步深化产权、产业制度的改革,坚持"做强不做大"的原则,大力发展工程技术服务主导产业;按"新、高、精、专"的要求,改造提升生产服务产业;放开搞活,壮大多元化经济的实力;加快联合开发低产低效油气资源的步伐,形成勘探局重要的支柱产业和新的经济增长点。

实现上述目标和任务,勘探局现有所属单位的管理体制和经营机制将会发生很大的变化。这必然涉及到财务资产管理体制、运行机制等方面的根本性的转变。我们必须适应和实现这种转变。

一是要从记账核算型向决策参谋型转变。在市场经济条件下,企业重大决策对企业的兴衰举足轻重。一个正确的决策,可能会使一个濒临倒闭的企业起死回生;否则也可能会使一个蒸蒸日上的企业遭受重大损失。而决策的正确与否,有很多主客观因素,其中之一就是企业财务提供的决策依据。

比如,目前作为以工程技术服务和生产服务为主导产业的勘探局,地震、钻井、井下作业、测井以及工程施工等盈亏平衡点是多少产值工作量?我们的人员和设备等资源应该怎样组合才能达到效益最大化?特别是在"大市场、低效益"的现实状况下,我们必须贯彻质量效益型经营战略,才能走出当前"大市场,低效益"的怪圈。

筑路工程总公司1999年之所以亏损,其中一个重要原因就是基层提供的决策信息有误,年底了,还预测全年不会亏损。

去年全局超作、特作工作量1.2亿元,最终没取得收益,除没有经验外,也与动态成本控制体系不健全有关。

在市场经济条件下,每个工程,每项投标,甚至购置每台设备,事前都要进行效益评价,事后要进行效益分析。而这些工作,没有财务人员的参与是不可能完成的。

可见,企业财务人员仅仅满足于传统的记账和核算,已远远不能适应形势发展的需要,大量的、更迫切、更重要的是需要财务资产部门提供决策的依据和执行预算过程中的动态控制。因此,全局财务资产管理人员的素质和部门的职能必须实现由记账核算型向决策参谋型转变。

二是要从资产经营型向资本经营型转变。我局是经集团公司授权的以从事生产经营为主,兼有资本经营的全资企业。但从经营机制上讲,基本上沿用计划经济条件下形成的以资产经营为主的旧机制。按照“二次创业”的既定目标,我们非国有经济要壮大,现在的“三产”要进行公司制改造;生产服务和筑路油建板块要逐步改制,国有资产的管理形式要向股权管理转变;既是要做强、做专的技术服务板块,其资产的管理也要逐步由直接管理向间接管理转变。(也可能发展到以股权管理为主。)所以,我们当前要学会“两手”,而且两手都要硬。既要学会在市场条件下的资产经营,以适应生产经营的需要;同时还要学会资本经营,以适应产权结构调整的需要。

三是要从业务管理型向指导服务型转变。财务资产工作贯穿于企业经营活动的全过程,对企业的生产经营影响重大。在勘探局求生存、求发展的进程中,财务资产部门在加强管理职能的同时,要加快向服务职能转变。当前也要做好三件事:

第一件事,为改革改制开绿灯、出主意、想办法;

第二件事,适应法人治理结构条件下财务资产管理的需要;

第三件事,主动为市场服务。

上级机关不仅要照章依法管理好下级业务部门的工作,而且要为基层服务;各级财务资产管理工作都要为改革改制服务,为科研攻关服务,为开发新的经济增长点服务,为开拓国内国际市场服务。

财务资产部门要在市场中经营好资本,主动、大胆地向好的项目投资。如果你没有主动优选项目,而且有了好项目,你还说没有钱,那就不是一个好会计师、好财务管理人员。

四是要从执行型向执行监督型转变。财务资产部门是企业财务管理的“参谋部”、“管理部”,既是执行者,同时又是监督者。在新的形势下,财务资产部门的监督职能显得越来越重要。财务监督与审计监督,都要向事前监督转变。在职能上,既有对财务人员的监督,又有对企业领导者的监督。特别是对领导者的监督,要仗义执言,凡是不符合国家法律法规的,一定要坚决顶住。

三、严格控制成本,确保全面实现 2001 年的经营目标

集团公司年初下达我局的主要经营指标是:实现利润 5880 万元。其中:导向投资要求回报 1063 万元,“买断”工龄应增加的效益 4817 万元。随着买断资金的到位,效益考核指标还可能增加要实现这一目标,有很多有利条件,也存在很多困难。要充分发挥有利条件,千方百计克服困难,确保今年经营目标的实现。

1. 实现经营目标的有利条件和存在的问题

首先,根据长庆油田公司 2001 年勘探开发计划,预计今年钻井 1293 口,总进尺 221—250 万米。

预计我局能承揽钻井 1026 口,进尺 185 万米;测井 3600 井次;试油压裂 2500 层次以上(实物工作量比 2000 年增长 30%左右)。

这样,预计今年我局井筒技术服务的工作量是比较充裕的。

这是经营管理最有利的条件之一。

其次,由于买断和内退,人员结构逐步优化,人工成本可减少上亿元。

第三,各单位的内部整合重组与改制,运行平稳,效率提高,可降低一部分成本。

第四,市场观念增强,市场开发的力度加大,效益明显优于同期。如筑路、机械厂等。

第五,关联交易暴露出来的问题逐步得到

解决。

第六,各级财务部门加大了管理力度和职能的转变,资产结构初步得到改善,增产节约、增收节支、成本和费用控制较好。

但是,经营管理也存在着诸多困难。

(1)由于关联交易价格基数低,使勘探局无法摆脱“大市场、低效益”的局面。

重组分开前,连续数年压缩成本,使关联交易成本费用的基数偏低,特别是天然气开发井成本基数低,去年打了28.3万米,亏损3250万元。今年开放50%的市场,价格再压降,预计总收入减少4—6亿元。

(2)成本新增因素多。

预计今年成本增长因素近2亿元。其中:

①预计全年自用成品油涨价,增加成本5000万元左右。

②延安地区提高了石油钻前工程定额,据测算,将使钻井成本净增加1000万元。

③石油专用管材平均涨价350元/吨,普通钢材平均涨价300元/吨,全年预计增加成本2280万元。

④陇东、银南两地区外购电价调涨,全年预计涨价1070万元。

⑤2001年净增折旧2100万元。

⑥新增复转军人和大中专学生增加工资及附加、新增劳务合同工的养老及医疗保险,计1743万元。

⑦工资增长10%,预计增加6740万元。

扣除减少因素后,今年预计成本仍净增8900多万元。

2. 实现经营目标的措施及工作要求

为了解决实现经营目标的困难,我们采取的措施主要有:

(1)大力开拓市场。

确保钻井进尺达到185万米,总进尺比去年增长28%。在国际市场上,尼日利亚钻机租赁项目的设备及服务人员已安全抵达;厄瓜多尔项目已全面启动。

(2)平衡价格政策。

经与油田公司协商,同意在“同等优先”的原则下,将技术要求高、施工难度大的工作量,以及滚动勘探开发的骨架井优先安排给我局。招投标价格下浮比例与扣减费用额统筹兼顾。

(3)努力降低成本,建立“三位一体”成本控制体系。

钻井总公司正在探索“三位一体”成本控制体系,已取得了明显的效果,上半年预计可实现内部利润2000多万元。各单位都要严格控制成本,坚决做到盈利企业必须提高盈利,亏损企业要消灭亏损,费用补贴单位要减少补贴10%—20%。

(4)加强预算的动态管理,确保全局利润目标的实现。

预算要随着经营环境和市场的变化及时调整,不断加大预算的调控力度。由于关联交易许多难以确定的因素,过去一次预算管全年的办法已不能适应形势的要求,我们必须建立在价格、工作量等因素不断变化的情况下动态预算控制新机制、新体系,勘探局将建立季度经营分析会制度,定期分析经营形势,针对存在问题,及时防范,确保全局利润目标的实现。

(5)加强内部资金管理和外部项目、股权的管理。

长期计划经济条件下形成的企业财务管理工作,在市场条件下,有很多方面不适应:

①重资金总量筹集,轻筹资结构优化;

②重生产成本管理,轻资金成本控制;

③重当期收益,轻远期风险控制;

④重事后总结,轻事前预防;

⑤重企业内部管理,轻财务形象管理(指财务状况和经营成果在市场上的具体表现)。

因此,必须强化资金管理,优化资金配置,控制财务风险,树立良好的财务形象。要加强对海外项目的财务管理和股权的管理,确保投资效益,杜绝漏洞。

⑥搞好财产清查工作,调整资产结构。

集团公司组织开展的财产清查工作，对存续企业的生存与发展具有重要意义。各单位都要切实加强对财产清查工作的组织领导，明确责任和要求，全力以赴搞好这项工作；要通过清查，摸清我局资产、负债和权益情况，重点查清尚未处理的资产损失、潜亏挂账、不良资产和闲置资产等情况；要通过资产清查、产权界定、资产核实、产权登记等程序，全面完成财产清查工作，为勘探局进一步持续重组、推进产权制度改革打好基础。

⑦积极搞好整体带资分流的准备工作。

集团公司实施的整体带资分流，是将评估确认后的部分资产，按集团公司规定的有偿解除劳动关系的经济补偿标准，有偿转让给改制单位的全体职工，作为解除劳动关系的补偿。职工同时与原企业解除劳动关系。其实质是集团公司用出售存量资产的收入来支付职工有偿解除劳动合同的费用。最近，集团公司已出台《关于整体带资分流改制中有关问题处理的指导意见》，我们要召开专门会议贯彻落实。

⑧坚定信心，鼓舞斗志，全面完成今年的各项工作目标。

截至6月底，钻井进尺预计可达到80.6万米，比去年同期提高18%；井下作业、油建、筑路、水电、机械加工等生产技术服务工作量和质量都较去年同期有明显提高；学校、医院以及办事机构等单位都完成了计划目标；三产发展速度加快，改革、改制的形势也很好。

经过各单位和广大职工的努力，上半年，预计可实现主营业务收入15.26亿元，比去年同期的14.09亿元提高了11%。

这为实现今年经营目标打下了好的基础。只要大家认真贯彻好这次工作会议精神，完成全年经营目标是有信心的。

四、加强业务培训，提高财务资产管理人员综合素质，建设一支思想过硬、业务过硬的财务资产管理队伍

我局财务资产管理队伍从整体上看是比较好的，业务上也是强的。但面对市场经济，还存在一些不适应的地方，某些方面还存在一些问题，需要进一步加强财务资产管理队伍建设。

这方面，张芝兰总会计师和张忠华处长已讲了非常好的意见，我不多讲。我只要求各级领导要充分认识在市场经济条件下，人才开发包括财务管理人才开发的重要性。我们要培养一大批适应国内外市场需要的财会人才。要关心他们的工作、学习、生活和成长，创造条件提高他们的思想素质和业务素质。

各级领导要带头遵守财务制度，全力支持财务资产管理工作。

财务资产管理人员也要自胜自强，正确行使职权，做党和企业信得过的合格的财会人员。

（局办公室于2001年7月3日以长局办发[2001]第36号文印发）

孙玉辰同志在工程监督公司成立时的讲话

（2001年7月18日）

（1）适应市场问题要研究一下，现在的市场、将来的市场都要分析，从理念上，服务范围上、运作上都要做好准备。将来油田公司可能要聘请你，勘探局可能也要聘请你。

油田公司和勘探局都会创造条件，让你们尽快的发展起来，所以，你们要按照法人治理结构运作，否则，可能不行。

(2)公司一成立，目标就要定高。我建议，从你们现在办公的小楼开始，就要有所标志，要推出经营观念以及外部的形象。工作作风，工作的统一标志等，都要规范起来，像以前，想哪干哪不行。工作标准有法的依法，没有法律的依照企业的规章。

(3)我相信，勘探局、油田公司以及各项目组，都会支持你们的工作，有什么困难、问题，要认真的请示、汇报，包括给胡局长汇报。

(4)今年要解决去年扯皮的问题，主要是价格问题。不能总是干了活，挣不到钱。亏损勘探局不会给你补，倒不是补不起，而是不能补。当然，价格也不能一次到位，要根据市场情况，逐步到位。

孙玉辰同志在长庆石油勘探局市场开发工作会议上的讲话

（2001 年 8 月 28 日）

这是勘探局第一次专门研究市场开发的会议，是落实局党委、勘探局市场开发战略、进一步巩固“三讲”成果，落实“三讲”整改措施的会议，也是进一步贯彻落实马总、黄总一行来长庆现场办公一系列重要指示的会议。会议做了认真的准备工作，而且会议气氛热烈。由于 1—8 月份全局在贯彻年初工作精神进展比较顺利，也为开好这次会议提供了条件。滕玉林副局长总结全局市场开发的经验，分析了市场形势，提出了目前工作中存在的问题，对当前的工作提出了 12 项要求。会议还就有关政策进行了讨论，讨论意见汇总后经局务会讨论后可以试行。

这次会议的目的就是总结工作、分析形势、制订政策、明确任务，经过大家的努力，基本达到了目的。这次会议不同于前两年站在计划经济圈子里来讨论市场问题，但也不是市场开发成果展示会、汇报会、交流会，我们现在还没有到那个高度。这次会议之所以达到了预期目的，是因为会议很重要，规格也不低，确定会议的目标比较实事求是。这次会议就是继续吹吹哨子，放放信号弹，使大家在市场问题上再统一认识、提高认识。当然也要认真回顾我们自己的经历，也是给一些单位敲敲警钟，今年年底或明年年初还要召开全局性的市场工作会。

市场工作是一项系统工程，不仅包括市场战略研究、市场营销、市场策划，还应该包括产品开发、成本控制、人才培训等等。利用这个机会讲一讲各二级单位主要领导同志应怎样加强对市场工作的领导。

第一，需要认真地负起三项历史责任。

一是逐步实现思想观念的转变；

二是逐步实现机关职能的转变；

三是逐步实现管理体制和经营机制的转变。

这三项历史责任就是从市场经济向市场经济转变的重要任务，虽然我们在座的碰上了这样一件新事、难事，当然也是好事，这是我们在座的领导不能回避的历史责任。我说逐步实现是一个时间问题，给我们有效的时间并不长，至多 3—5 年或更短，这是我们“二次创业”的出发点和归宿点，是必须下大决心解决的一个难题，要渡过的一个难关。

现在看干部不仅要看他今天怎么说，更看他的路子对不对；不仅要看他当前能不能活过去，更要看 3—5 年后能不能活得好；不仅要看现在给职工发多少奖金，还要看 3—5 年后能不能使职工个人有效资产的比例有所提高。

我觉得各二级单位的党政主要领导，不论现在年纪多大，在考验历史责任时，上级也好，老百姓也好，现在也好，将来也好，从这个意义上来讲，市场问题是我们企业发展战略的核心，这个问题是其他副职不能代行其事的问题。

要趁开市场工作会之机，都应该反思，想了多少、学了多少，干了多少，干了多深。仔细想想这两年在这些问题上想了多少，想了多深，下一步准备干多少。现在关系还不大，还来得及。落实“三个代表”重要思想，在这一点上必须要有自信心，我们试验了一年半了，应该有这份自信心，应该勇于承担这样一个历史责任，这种自信并非盲目，这一年半的实践，如果还不能建立起自信心来，很可能就会出现问题。

我们必须创新，自信心的表现最重要的是工作创新，如果说工作没有创新就不能找到突破口。说你建立起信心，我也不信。不创新就不能实现三个转变的任务，政策创新、机制创新都必须以市场为导向进行。要创新就有风险，明知赔本的买卖，我们肯定不去做；但是明知会赚钱的买卖，谁不做呢？问题的症结，就是要第一步负起三个转变的历史责任。实践已经告诉我们，不实现这三项转变，就是关联交易这个特殊的市场我们也进不去。而市场是我们企业生存发展的唯一空间。我们这个企业，要么死在市场之外，要么就在市场上生存下去，而且还能发展。当然，实现了三个转变也不能保证企业都生存。但对我们目前来说，不进入市场就是死路一条，死对企业价值来说是等值的；但对领导来说价值是不一样的。一个兵是战死，还是病死，对我们一个领导干部来说落实“三个代表”思想，在目前企业这样一个关键时刻，是应该战死也不能等死。等死是历史不能原谅我们的，我们自己也不能原谅自己。

所以上半年总结会上我说过两句话，“我们有些同志，有些单位干部改劲不足，干劲不大。”我希望大家都用这样一个标准来衡量我、要求我，衡量局领导班子，用这样一个标准共勉。

第二，要科学分析市场现状。

对长庆局来讲，目前市场广阔，机遇难得；两个市场，一个为主；开始重组时，一个滞后，一个不适应的矛盾正在转变，这三点是我对我们市场的一个基本看法。

所谓市场广阔，机遇难得。油田公司今后2—3年内，每年投资50—90亿，国际市场由于长期在高价位运行，钻井、物探前景看好；两西工程为我们提供了广阔商机，油田周边市场也给发展提供了空间，再加上重组之后给存续企业带来的额外的商机，就是可以利用西安、银川等大中城市来拓展市场。

这样的机遇确实是千载难逢，但有这样的机遇，但机遇并不等于市场，商机也并不等于市场。实际上，一年多来，我们已经丢了不少市场。这个问题我想提醒主要领导一天24小时忙得不可开交，到年底也可能有个好收成，职工过上好日子。但在广阔市场当中，应给企业创造更多积累，在此问题上，大家要很好想一想我们在这一方面的文章做得如何。

采油三处为什么会有40%多的市场份额来自社会，局里也并没有特殊政策，他们的经验我不完全同意，说是信息收集工作做得好，我认为不是，关键是他们对市场的认识更深、更接近市场本质。他们能通过很小的渠道就了解到涩—宁—兰有市场，派出精兵强将干得非常艰苦，赚了几十万。为啥别人不知道。有些我们不该丢掉的市场丢掉了，这个问题应该值得注意。

两个市场，一个为主，除了长庆建工、机械总厂以外，大部分二级单位的市场，油田市场是一个主导市场，是一个生存市场。那么社会市场和油田内部市场，应该说长庆油田市场是主导市场。这一点不要以为油田内部市场就一定是我们的市场。直到现在，我们对市场的研究不够，科学分析还不够，比较盲目，弄不好就会丢掉我们的优势，丢掉我们的主导市场，到那时候可能你会第二轮的怨天尤人，像刚重组时那样怨天尤人。这两个市场，从市场结构上来讲，勘探局将由单一的关联交易市场向两个市场转变，这是毫无疑问的，那么关联交易市场的性质要由关联将市场条件下的战略伙伴上转变。那么，我们勘探局二级单位之间也有一个转变，由行政协调向关联交易转变，进而向战略同盟转变，所以之间要有一些协议，避免一些无序竞争，我看那是一个良心措施，和现在 CNPC 搞得协议是一样的。作为勘探局单位要发挥整体优势，你要是不顾大局，那是绝对不允许的，会采取强有力的行政措施来干预。从市场角度讲，这不解决多少问题。所以两个市场，一个为主，里面还存在着三个转变，这个大家思想一定要清楚，这样的话，在决策时就可以超前一点，大胆一点。

重组时存在“一明一暗”两个矛盾。明的我们缺乏竞争力，暗的我们观念滞后。经过一年半，思想滞后、观念滞后的矛盾有所转变。这个滞后不是天生的，这个要在实践中来改变。

一年半当中二级单位确实积累了丰富的实践经验。油建处的做法值得深思，一是把陕京项目成了陕京大学；局里也曾把 70118 队当作大学来看待，这个态度比较实际一些，我们从计划当中向市场经济过渡时，缺乏对市场的认识并不可怕，怕的是不觉悟，不学习，不实践。二是用开放、融合的气氛来对待市场，与管道二公司的合作很成功，通过开放市场得到了延伸。所以油建处起码今年在内部市场上未与兄弟单位争饭吃，还有老大哥的风范，还给其他单位提供方便搞产建。

原来的筑路公司有经验也有教训，他们有一条强调市场开放的责任，我看是非常有效的，符合实际。

机械制造总厂就是用质量和低成本来占领市场，已经显现出这方面的优势。

物探处坚定不移地进行人才开发、科技兴处；钻井总公司、机械总厂、钻采院等单位以市场为导向，进行初步的内部整合重组，都见到实际效果，基本经验是按市场法则来运作，说明人们的观念在变，我们从上到下，市场开放机制得到加强，领导得到了加强。

目前，局关键设备有了较好改善，人才培训不断取得进步，政策也在逐步完善，局基本思路以市场为导向在干部群众中逐步深入人心。

分析这个东西不是分析给老百姓听，也不是为了给上级汇报的，本单位的情况和全局大的形势与这个大的形势是否吻合，分析这个问题最重要的是建立起信心。所以说 12 字当中，解决这个自信问题是对存续企业，特别是对主要领导同志最为重要。自信分三个层次，第一个层次是盲目自信，盲目自信是不可取的，但这比一开始就没有自信的领导干部要好，盲目自信并不可取，往往是虎头蛇尾，独断专行。第二个层次是领导怎么说，我就怎么干，想办法把它干好，这样的领导在市场当中绝对是无能的。第三个层次是能战胜自己的缺陷和错误，能够取得自胜。在市场老把别人当成头号敌人不对，要把自己当成头号敌人。我们有这样的市场、有这样的机会，有了将近两年的实践。昨天讨论时我就说，回想起来，在市场问题上，作为勘探局领导班子能对得起大家，对得起职工，一开始就不太盲目，就比较清醒。也不是说一开始就有到位的认识。正因为我们在这个问题上不太盲目，所以在这个问题上我们没有出现太大的失误，也正因为如此，我们的自信不是真的。长庆局之所以能够在比较困难的情况下，大胆地推进一些大的改革，是因为我们对此问题的一些基本分析比较符合长庆的一些实际情况。所以我们要认真地分析当前的市场形势，总结我们这一年多走过的路，目的是要很好地规划眼前自己的路子，坚定信心，坚定不移地担负起历史责任。

第三，市场开发工作中要注意三个环节，渡过三个难关。

即，要设法渡过关联交易市场当中的无序竞争关；渡过国际市场开发中的人才关；渡过市场，包括关联交易市场和社会市场、国际市场开发中的责任关。

关联交易市场是一个比较特殊的市场，我们一开始的认识是对的，不管开放多少，关联交易市场开放都要经过一个无序阶段，会出现低价竞争、合同履约率低、合同仲裁无效等现象。这个过程我们经历了一年多没有结束，去年暴露出来的六个方面的主要问题正在逐渐解决，而新的矛盾还要出现，这是不以人的意志为转移的。从一年半以来关联交易发展趋势来讲，从集团公司现在出台的政策以及其他局的实践来看，关联交易双方最终是要在市场条件下结成具有战略伙伴关系的利益共同体，这也是不以人的意志为转移的。

去年双方走过了的，现在双方回头，这种情况我看，人们不要超载这两个不以人的意志为转移。所以我们的工作目标就是要发挥长庆整体优势，积极推进利益共同体的建立。当前在关联交易市场要逐渐完善利益协商机制，并逐步发挥作用。

今年的情况与去年不一样，很可能还要持续上一两年，对待新出现乱，不能烦乱，我们的对策应该是要以企业的历史渊源和感情纽带去联系市场，以优质服务去服务适应市场，以我们自己成功的和失败的实际市场运作的事实来认识和引导市场。

同时，为了适应这个乱，必须以两个市场来适应，不能在一棵树上吊死。

国际市场的开拓难度在人才上，设备、资质不到位好办，我们从去年到现在将近两年实践难在人上，和壳牌的实践难在人才上。我们开发国际市场目的是投石问路、保本经营、培养人才、国际接轨，我们有些同志，去年就把丑话说在前面，上国际市场我们是空白，我们不能直接从事这方面工作的同志提更多的要求，因为我们不出去，2—3 年之内也不会因为失掉国际市场活不下去。把丑话讲在前面，就是说有点失误，大家都不要大惊小怪。国际市场，为什么要提国际接轨。我有这样的看法，勘探局主体以井筒作业为主的技术服务企业，而最终能否继续存在决定于市场接轨，集团公司不可能 13 个局 3—5 年后仍有那么多测井、物探、井下作业公司，如果是这样在国际上也没有竞争能力，下一步我们若不早与国际接轨，就会名存实亡。从一开始我就讲，若能脱离长庆，成为一个国际知名技术服务公司的子公司。

就眼前来讲，没有油田市场作为依托，这个乱劲调整不过来，若等市场到油田市场萎缩之后，再进入社会市场难度更大。

国际市场大家想着在局目前现在的情况下，要想自动闯一条路子，没有好的眼光，没有非常强的历史责任感，做不到。关于责任问题，无论哪一个市场，都要过好一个责任关，市场中的投入和管理都要解决一个责任问题，管理机制、经营机制要往责、权、利一致的方向转。

会议上大家对政策提出了很多好的修改意见，不管这些政策如何，都是一个抛砖之举，真正实施的都要在实践中自我完善，这个责任很重要。

我们提责任很早了，但是用市场机制来控制责任，我们还必须要认真学习才行，这是一个没有解决的新课题。

第四，贯彻这次会议精神，滕局长的 12 项要求，在一些关键问题上，领导要联系实际。

(1)主要领导都要重新认识自我，重新定位自我，重新设计自我。我们依德治厂、依法治厂，我不说大家都知道。但勇于创新是这三个重新的关键，稳健是在革新当中能够避免减少损失，而不是保守不前。现在，如果要抓机遇不抓改革创新这个环节，就没有抓住。在这个问题上，主要领导年龄跨度也比较大，但都应该好好重新认识自己，要重新设计自己。

(2)要制订本单位的市场开发战略。

(3)要培育市场环境。

(4)要培训人才，资质就位，包括硬件。

市场战略是我局四大战略之首，其他三大

战略都必须以此为导向,在很多方面要为市场战略服务,多元发展主要是调整市场结构、人员结构,但多元经济要发展必须认真贯彻市场,人才科技战略是直接为市场发展提供支持保证的一个战略,既然如此,市场战略就是企业的一个发展计划和规划,起码包括产品开发计划及效益指标,我们的服务也是一种产品,设备购置计划,人才培训计划,配套的相关政策。不能笼统地谈这些,要结合本单位的实际,是如何与在目标相关联的。

有所为有所不为,你不要什么都搞,培育市场的环境这是最重要的,也是我们目前最缺乏的,市场本身就是一个开放系统,所以我们提开放,开放不是为了说给别人听,真正从思考、研究问题就按市场法则来运作是很容易学的。二级单位的一些实践是很成功的,开放是针对我们思考问题还不开放,还闭门造车、封闭运行才提的,思想开放尤其如此。

我们失掉了很多的合作的机会和融合的机会。主要领导一定要负起创新的责任,创新就是实事求是,敢为人先是一种自信,但不是创新,创新就是在于求,就是结合自己的实际情况,能够把党的方针政策、局的要求结合自己的实际贯彻下去。

关联交易市场的开放,低价中标,在社会市场上也存在,关联交易市场怎样应对,光是堵不行,这是万不得已的方法。

油田公司发展很快,快意味着什么,积极的方面意味着很多;但是如果发展得越快,要是我们不研究,也意味我们丢掉的机会越多。所以说,我们也得很好研究,我们能不能叫职工买设备进入市场呢?这次我们到新疆去,新疆的运输市场运力紧张,但是如果还按原来的方式由局投资买车,效益可能不是很好,好也到不了职工头上。

所以要主动引进竞争机制,主动地参与竞争才行。

建立市场环境我建议大家要学会以虚攻实,他山之石可以攻玉,正如大家在讨论和发言中谈到的,要广泛地建立市场网络,要利用虚拟的机构、资产、资质来赚钱,要利用社会上的资源来占领我们自己的市场。当然培育市场环境,必须要深化三项制度改革,要积极创造条件学大庆,要公开选拔副局长以及处长,要不拘一格,要破年龄、学历、资历的框子,人搞不活,其他的活不了。我们要尝试多种分配形式,包括实行年薪制。现在一说扩大市场份额,就是要调人。机关要转变职能,要放掉很多管不了、管不好的事情。人手不够时要认真分析一下,是什么原因。人员机关将来要精,素质要高,用人不算人工成本不行。我们准备很快研究,到西安机关来工作,就要实行人才托管的办法。

到明年再出现一些不规范的动作,上级对你的原谅的程度就不一样了,大伙还是头脑冷静些好。

孙玉辰同志在《长庆石油勘探局生存与发展战略研究》课题汇报会上的讲话

(2001年11月13日)

11月13日下午,在长实集团三楼,《长庆局生存与发展战略研究》课题组,由徐安国主任、赵守国教授等4人,向孙玉辰局长、张继昌副书记及蒲建中主席作了专题汇报,局领导分别作了重要指示。

孙玉辰同志提出如下意见和建议:

一、前言部分

企业要发展,没有软科学研究很困难。问题是要找一个结合点,如果得到勘探局决策层的认可,就会变成措施进行推动。因此,要上下共同找这个结合点。

研究问题,应该单刀直入,长庆局下步要生存发展,到底首先要解决什么样的问题?分析解决这个问题,要考虑哪些方面的关键因素?然后,可以分几个板块,明确应该在一个什么样的情况下,分别做哪些工作?

我的看法,目前的长庆局,在CNPC具有代表性。长庆局目前的问题如果能解决的好,对CNPC有指导性,再放大说,对国企改革起码在思考上具有一定指导意义。

我们脑子里有框框,计划经济、传统观念太多。在这个问题上,我们把自己当成了头号的敌人,要革自己的命。

这个文章(报告)能否全部或局部的被勘探局认同和推行,我觉得无关紧要,而是通过这个机会,让社会学者参与研究企业。面对这么庞大的系统,我们对自己和社会上的人都不能迷信。我相信,只有你们的才智变成了长庆的一部分,才真正的具有生命力。

二、几点意见

(1)从宏观上讲,北方公司如果13个局都想着用3—5年时间,建立一个与国际市场抗衡的子公司,有没有必要?那么,长庆局在这13个局当中,有没有可能?

远的不说,3—5年的基本目标是什么?是把集团公司这么一个基本框架、结构立起来,还是管理体制的转变?现在的企业同过去的企业不完全一样,与壳牌也不一样,不可能规划的太长远,现有的体制、机制说远了不可能。所以说,要明确长庆局的基本目标和基本定位,至于分几个板块无关紧要,关键是3—5年的基本目标,必须要有分年度实施的办法。

现在的勘探局,我觉得要在3—5年内初步建立起法人治理结构,按这一步运行有两种办法:一种是先在内部进行整合重组,而且也不一定都搞完,有些可以进行公司制试点。将来各二级单位的基本模式,如设计院是控股的,长实集团很可能搞成参股的。另外,钻井及其他几个系统,可能搞成全资的,或者先搞成全资的,再进一步公司制改造,基本上按照板块、业务类型,对二级单位能改的改。然后,勘探局的机制由现在的"工厂制",再成立董事会,向公司化过渡;另一种办法,是从上往下改,上面先动。这两条路都能走通,但利弊还没有详细考虑。

所以说,3—5年之内,搞成这么一个框架,而不是搞成一个翻牌公司,真正从管理机制上,基本按公司法运作,这是能办到的。对这样一个近期目标,怎样设计更好?

我们也想用"三项制度"改革,虽然是一个配套制度,但它的意义重大,可以延伸到公司制改造中。

(2)对于优势和劣势的分析。把握得较准确,大的方面没有太多意见,但是,还有一些什么样的不利因素需要克服,运用行政的、经济和法律的手段。对于有利因素怎样挖掘、发挥。

现在的企业,有一种计划经济体制遗留下来的非常难克服的顽症,包括我们决策层和中层,纸上谈兵可以,而在真正采取强有力的具体决策方面,下不了决心,各方面不敢破,而且越到上一级越严重。为什么形成这种矛盾?因为在过去计划经济条件下,就培养了人们的一种"统一",为了"统一"大家必须学。现在也要求统一,但内涵和方式都不一样,现在要求在市场当中,而且市场行为和过去"统一"的办法不一样了。过去党委有党委的纪律,行政有行政的纪律,强调若干个程序;过去走也好,不走也好,大家不愁没饭吃,只不过是低水平的"吃饭"。现在人们不觉悟这个问题,还有相当一部分同志研究、思考问题、决策问题习惯过去那套办法。不是首先研究是不是市场的需要，如果是市场需要，为啥对计划经济体制遗留下来的规章制度、思想观念、决策程序不能打破？赶快到市场当中定位、就位，而不是研究现有的文件能不能就位，如果现有文件都能就位的话，那我们干什么去？我们现在是久闻其臭不知其臭，因为这几年基本上有饭吃，人们没有受到市场的冲击和教育。

我们现在决策问题，打个比方：一边是计划经济，一边是市场经济，谁都知道目标，问题是中间缺少一个桥，建不成一个高速公路。每个企业情况都不一样，在从这个目标到那个目标的过程中，都形成了自己的靠岸办法，长庆也不例外。

你们一到长庆来，看到人们晚上没事乱扯闲聊，不很好地学习，建不起学习的企业风气。我在 1973 年第一次到上海，晚上别人都在学习，而我们这边的人正在讨论国家的大是大非这些没有用的东西。我认为上海人就过的好，他们务正事。但是，越落后的地方，人们越觉得自己满足。

观念滞后，主要是决策层观念滞后，局领导也是逐渐在认识这个问题。石油系统的“老大自居”害了几代人。我们围绕市场想事办事是比较少的，差别是在“市场”两个字上。问题是怎样治这个病？首先要解决各级决策层的素质问题。这两年虽然穷，到国外考察我是开绿灯，我认为不是我们的人不行，而是环境闭塞等造成的，要把思想壁垒推倒。如果《报告》成形，请严绪朝主任提意见，可在局中心组学习，还可以扩大范围，对干部进行教育，不能只作为一个论文，起码应该成为一种教材。

《报告》分量不够的地方，是对现有的思想观念、制度等批判力度不够，还没有我们自己批判的深刻；机构设置问题，要推行一个目标，首先要解决人的问题，组织结构怎样保证？一点可以肯定，现在局机关这么多部门、人员，效率不会很高，原因是生产管理环节没有下移，为做好明年的工作，我已经在找有些部门谈话。

事业部也是过渡性的，值得很好的研究，机关部门多，分的又细，但服务并不好；我们现在进入市场一半，一只脚才踏进去，谈机构设置并不是很难的问题，打个比喻：是做羊皮筏子过河。从今年下半年开始已经强化了这方面工作，但与适应市场形势的需要还不够。机构设置的研究，要考虑各方面的关系。

(3)短期内，作为长庆局与 CNPC 的关系——母子公司关系，在 3—5 年内不会做大的调整，最多是中间加一层——事业部。给我局定位可能还是以生产经营为主的利润中心，一部分是投资决策中心。

国家在石油单位改革试点，还没有完全建立起法人治理结构，但从我们自己运行了一年的时间看，搞一个集团公司和按现在这样运行，还不一样。我们基层认为应该推进法人治理结构步伐。

《报告》还有一个没有涉及到的问题，不是单纯地、笼统地与油田公司、与过去比较优势、劣势。而是勘探局在目前的这种条件下，必须要在经营机制上转变。打个不恰当的比喻，必须要藏富于民。应该给各二级单位更多、更活的政策，不能越穷越勒下边的裤腰带，关键是怎么样能做到？没有进行深入讨论。

谁都知道活力在基层，越是困难企业，越应该从基层激发活力。决策层的问题是要解决，但采取的是水涨船高的办法，闭门造车是解决不了的。我们怎样让基层有活力？现在局对下考核的办法、资产经营承包办法，和计划经济条件下没有本质的区别。哪些还能用，哪些应该摒弃？目前主要是经营队伍的素质不适应，还是和过去的管法一样。财务上的会计都是红管家，一是有法，二是还没有学会怎样激发下面的活力。计划经济下就是需要这样的人，现在不行，这些只是市场要求其中的一小部分。

我们说 CNPC 不给我们放权，投资没有办法搞，基层看我们也是同样的，怎么解决基层活力问题。全局 41 个企业，每个企业规模都不小，像钻井总公司本身就是一个航空母舰，我们现在还按一个处级单位、二级单位来管，能行吗？谁当处长都不行，怎样激活。所以，要研究怎样“藏富于民”。

(4)社会服务这一块比较复杂。有些是采取“一对一”的服务办法，社会市场进不来。这一部分又分成了 3 个板块：一是教育板块；二是医疗卫生板块；三是“一对一”服务板块。有些服务性很强，一部分采取关联价格或者费用转移的办法，作为存续企业，还想让政策多延续一段，但是靠不住。

现在有的机遇要抓住，就是对存续企业工业、生产基地的战略再调整，其他油田都已经出现这个问题。表面上看现在是“大兴土木”，但实际上是战略的调整，工业基地的调整也结合在一起，西安、银川下手比较早，必须抓住机遇。安定人心是眼前的，主要考虑的是，生产基地怎样依托大城市，如果还在山沟里是不行的。我们更看重眼前和今后的结合，但现在的问题是，交又交不出去，目前怎么办？在这方面如果一含糊，受害的还是职工。如果教师队伍的人心散了，我们的孩子就要受苦。

这几个地方再细化一下，牵扯到研究基础上的实施方案问题，能具体的具体，起码要为制订方案提供理论上的支持。

今后再开企业行政上的一些会，传统的内容都要更新，包括大型的工作会、表彰会，都要与专家的研究工作结合起来，再不能还是以前的老办法，也要让与会的代表很好的研究企业的大事、科学的事，不要盲目思考，要理智地思考。

建议：把结论写出来，对结论的分析、数据拿出来，有关实施方案能具体也可以。大型企业在市场中的决策，靠一个人不可能，必须是专家型的，不一定是班子成员，但班子的决策思想、思维方式必须是专家型的，要借别人的脑袋来决策自己的事。我为什么很重视这个事，不是着眼于这个，而是从现在开始，能不能走出这么一条路子，使我们的决策与专家型的思考、理智的思考结合起来。也许讨论中激烈的碰撞和不协调就是闪光点，应该说，我们在一些基本问题的认识上，是比较接近的。

三、几点补充意见

(1)关于企业理念问题。先解决它首先包含什么样的内容，达到什么样的目的，再研究和借鉴别人。我认为，能否扩充一点，把企业发展战略、整体发展方向和目标以及发展过程中应该激发人们的号召力凝聚到一起。现在之所以把“两条基本思路”、“四大发展战略”和“12 字”都作为企业理念，而不是把“12 字”当成经营理念。这么做，生怕把它当成了一种口号，而不能真正地从内心激发人们的内在力。如果达不到目的，不如多说两句。过去的企业理念在当时的情况下对凝聚人心非常有用，但能否拓宽涵盖面，与现在的市场经济贴近。找一个观点，与当前发展环境相吻合，但也不是一成不变的，要不断发展，不断更新。应该从更加科学、通用的角度，明确企业理念和企业文化建设、企业发展战略是什么关系，和我们 3—5 年的最终目标是什么关系。我不主张提一种通用的口号。

(2)“四大战略”有所丰富，可以在今年年底工作会前研究考虑；“两条基本思路”的内容已经有所变化，这么大的企业，必须要有一面旗帜。

(3)目前的关联交易市场到底特殊在几个方面，怎样发挥整体优势，求得双方发展，可以作为一个问题加以研究。

张继昌同志在长庆石油勘探局纪委第五次全委会暨2001年纪检监察工作会议上的讲话

（2001年3月9日）

同志们：

这次会议很重要，既是局纪委第五次全委会议，又是全局纪检监察工作会议，会上传达学习了江泽民总书记在中纪委五次全会上的重要讲话，中纪委、中央企业纪工委、甘肃、陕西两省和集团公司有关会议精神，回顾总结了去年的工作，表彰奖励了2000年全局纪检监察、效能监察工作先进集体和先进个人，对全局今年党风廉政建设和反腐败工作作了具体部署。会议开得很成功。

过去的一年，是全局重组改制、分开运行的第一年，是我局历史上真正脱胎换骨、转换机制、转变观念最深刻、最广泛的一年，也是我们开始“二次创业”的一年。全局纪检监察部门在落实党风廉政建设和反腐败任务方面，做了大量的工作，取得了一些成绩，有些方面还探索了一些比较好的做法和经验。比如说，在管事上，把廉政勤政作为团结和带领职工群众克服困难的旗帜，坚持把领导班子党风廉政建设与开拓市场、加强管理和提高效益相结合，实行了“六个统一”。促进了纪检监察重点工作的全面落实，加强了领导班子廉政勤政建设；在管人和管权上，以各级领导干部为重点，开展了廉洁自律规范教育和警示教育，推行了领导干部任前公示制和廉政谈话制度，加强了日常监督检查，促进了领导干部廉洁自律。年终考核中，职工群众对厂处级领导干部廉政形象测评优良率达到了90.96%；在管钱上，全局实行了会计结算中心制度，部分单位试行了会计委派制度，加大了资金监管的力度。对大额度资金的使用坚持广泛调研、重点论证。对大宗物资设备的采购和工程项目建设，实行公开竞价和招投标制度。全年公开竞价采购物资设备160余次，节约资金约3000多万元，取得了较好的经济效益和社会效益。成绩的取得，是大家共同努力的结果。在此，我代表局党委、勘探局和局纪委向辛勤战斗在纪检监察战线上的全体工作人员表示亲切的慰问和衷心的感谢，并向获奖的先进集体和先进个人表示热烈的祝贺。

今年是新世纪的第一年，是国家“十五”计划的开局年，也是勘探局求生存、图发展、闯市场、增效益，实现进一步发展的重要一年。在新世纪开好头，起好步，做好全局党风廉政建设和反腐败工作，保证勘探局大目标的实现，至关重要。关于今年的工作，安武林同志代表局纪委常委会已经作了报告，下面我着重就学习贯彻上级有关会议精神，抓好今年全局党风廉政建设和反腐败工作，再强调几个问题。

一、正确分析和认识反腐败斗争形势，进一步增强搞好全局党风廉政建设和反腐败工作的责任感和紧迫感

党的十四大以来，以江泽民同志为核心的党中央坚持以邓小平理论为指导，紧紧围绕经济建设中心，从改革发展的大局出发，采取了一系列重大措施，推动了反腐败斗争的不断深入开展。反腐败正在逐步从侧重查办惩处走上标本兼治、加大治本力度的轨道，平稳、健康地向深入推进，各项工作取得了比较明显的阶段性成效。但是，我们必须清醒地看到，反腐败斗争形势依然严峻，有些腐败现象蔓延的势头还没有得到有效遏制，有些不正之风比较严重，干部群众仍不满意，反腐败工作离党和人民的要求

还有较大差距,任务还相当艰巨繁重。

从我局目前的实际情况看,一些消极腐败问题和不廉洁行为还比较突出。一是违反财经纪律和失职的案件居高不下。去年全局纪检监察系统立案查处的17起案件中,违反财经纪律和失职造成经济损失大案7件,占查案总数的41%。二是个别单位执行工作程序和议事规则不够严格。对干部使用、人员调整、大额度资金使用等重大问题和事项的决策有时不提交有关会议讨论。三是有的领导干部执行廉洁自律制度不严格。少数处级干部在维修项目和物资采购上指定工队、厂家;一些领导干部艰苦奋斗的观念淡漠,贪图享乐,大手大脚,铺张浪费,个人形象不好;有的领导干部联系群众不紧密,对群众疾苦不闻不问,事不关己,高高挂起。四是违纪违法者作案的手段更加诡秘、隐蔽。你有什么政策,他就有什么对策,增加了工作的难度。

消极腐败现象出现的原因是多方面的。从思想根源上看,封建主义、官僚主义思想残余依然有某些存在的条件,一旦遇到适当的气候,就会沉渣泛起;从所有制上看,市场机制还不完善,利益主体的多元化很容易产生不正当竞争,使滋生腐败的因素增多;从干部素质上看,一些党员干部经不住改革开放的考验,人生观、价值观发生扭曲,拜金主义、享乐主义容易诱发腐败;从法规制度上看,在新旧交替过程中,法规制度不配套、不完善,致使一些腐败分子有机可乘。

除了以上客观原因外,从主观上检查,我们工作中还存在不少问题和差距。一是部分领导干部认为抓经济建设是硬任务,抓党风廉政建设和反腐败斗争是软任务;认为抓反腐败是纪检监察机关的事,与自己关系不大;认为抓反腐败工作多了会影响自己的政绩等。二是有些具体工作落实不够到位。主要是反腐败领导体制在一些单位和部门还未真正形成,一些党政主要领导口头讲重要性的多,真正抓落实的少;一些单位和部门的党组织对党员干部尤其是领导干部疏于管理,疏于监督;一些单位和部门管理制度不健全,尤其是已有的规章制度落实不到位,管理工作薄弱,漏洞较多;党风廉政建设责任制在一些单位和部门还没有真正落实,没有把落实党风廉政建设责任制同企业的内部管理制度有机结合;抓基层单位有一定办法,抓领导班子成员自身缺乏措施;有的部门分工负责制形同虚设,有的定期研究和定期报告制度不落实,责任追究还未形成气候。三是从我们纪委特别是局纪委的工作来讲,对新形势下反腐败斗争的特点和规律研究不够,及时向局党委提出切实有效的治理对策不多;在新形势下,找准纪检监察工作与企业生存发展的最佳结合点的办法不多。所有这些,影响了全局党风廉政建设和反腐败工作的协调发展,务必引起我们的高度重视。

怎样看待反腐败形势,不仅是一个工作估价问题,也是一个重大的政治问题。分析反腐败斗争形势,既要看到腐败问题的严重性,又要充分肯定党员干部队伍的主流是好的;既要看到反腐败斗争的长期性,又要充分肯定这些年来反腐败斗争取得的明显成效;既要看到反腐败斗争的艰巨性,更要看到深入开展这场斗争的有利条件。只要我们在困难面前增强勇气,坚定信心,齐抓共管,努力工作,反腐败斗争就一定会取得新的更大的胜利。各单位和各级领导干部要以江泽民总书记“三个代表”的重要思想为指导,认真学习中央、省区和集团公司领导的讲话精神,进一步认清形势,明确任务,围绕市场、改革、管理和效益四个环节,牢固树立为企业生产经营服务的指导思想,把保证和促进全局经济建设和各项工作开展作为党风廉政建设的出发点,做到有机结合,互相促进。将预防腐败现象寓于各项重要政策和措施之中,研究部署各项工作,制定各项政策和制度,都要把反腐倡廉考虑进去,做到未雨绸缪,预防在先。努力使全局党风廉政建设工作成为促进先进生产力发展的重要力量;成为促进先进企业文化发展的重要力量;各级领导干部要时刻把党和职工的利益放在心上,努力维护最广大职工群众利益。做到生产经营工作发展到哪里,党风廉政建设工作就深入到哪里;“创新、开放、简捷、明确、责任、自信”的企业理念就体现到哪里;严于律己、严肃执纪、实行民主管理、接受职工监督、维护职工合法权益的工作就实践到哪里,为全局的改革、发展和稳定提供坚强的政治保证。

二、加强领导,明确责任,全面落实纪检监察重点工作

1. 继续深化党风廉政建设责任制

党风廉政建设责任制是促进全党抓反腐败、开创纪检监察工作新局面的关键。今年,要把落实责任制作为一项政治纪律,促使各级领导干部切实担负起反腐败的领导责任。一是各单位党政主要领导作为本单位党风廉政建设第一责任人,对领导班子负直接领导责任,必须结合本单位实际,周密部署,精心组织实施。既要管好自己,又要管好班子,更要做好表率,管好分管单位和部门的党风廉政建设。二是要抓好配套制度建设。为责任制的落实提供明确、规范、具体的制度依据。要进一步发挥局处两级职能部门在党风廉政建设中的作用,把党风廉政的具体任务分级、分口、分项,细化、量化到机关各职能部门,明确牵头部门、参与部门、责任岗位和责任人,真正使各级领导干部和机关职能部门有责任、有压力。三是严格责任追究。今年要在继续抓好中央纪委第四次全会上提出的责任追究四个重点的同时,还要认真执行以下规定:领导干部对自己职责范围内的反腐败工作敷衍塞责,不抓不管,以致屡屡发生大案要案,造成恶劣影响的;选拔任用领导干部违反有关政策和规定,用人失察的,必须追究有关领导干部的责任。要注意把对违纪违法者本人的处理与对负有领导责任的领导干部的追究区别开来。既要按照党纪政纪严肃处理案件本身涉及的党员干部,又要按照责任追究的规定严肃追究有关领导干部的责任,并且要追究到位,该怎么处理就怎么处理,要切实纠正以对违纪违法者本身的处理代替责任追究的问题。要把责任追究与落实党风廉政建设责任制的宣传教育结合起来,运用责任追究的典型案例,充分发挥其教育、警示和威慑作用,使各级领导干部普遍树立起在党风廉政建设方面不尽职责就要受到追究的责任意识和危机意识,推动责任制的深化。

2. 进一步加大查办案件工作的力度

查办案件工作是衡量反腐败斗争是否深入、有效的一个重要标志。不查办案件,教育就没有说服力,监督就没有威慑力,廉洁自律就没有推动力,治本抓源头也就没有号召力。要坚持把办案工作摆在突出位置,加大办案力度,多办案,办大案。一是要突出办案重点。要把办案的重点放在领导干部在企业改制、产权变动过程中私分、侵吞、转移国有资产,个人擅自决定重大事项给国家、企业造成严重损失,以及借产权制度改革和公司化改制之机,以权谋私、贪污挪用、索贿受贿及玩忽职守、决策失误造成重大责任事故的案件上来,不断扩大办案成果。二是要努力拓宽案源。纪检监察部门不能坐等案源,既要依靠群众信访举报,又要通过抓领导干部廉洁自律、效能监察、专项清理、任期经济责任审计和党风廉政建设责任追究等工作,揭露和查处违纪违法案件。三是要狠抓办案质量。目前各单位办案力量相对薄弱。但越是人手紧张,越要重视办案质量。既要千方百计把问题查清楚、查彻底,又要严格按照规定的程序办案,尤其要强化案件审理工作,做到事实清楚、证据确凿、定性准确、处理恰当、手续完备。对有些案件事实认定和定性量纪上一时拿不准的,要及时请示。注意纠正和克服失之于宽、失之于软以及用厂规厂纪、经济处罚代替党纪政纪处理的问题。四是要强化办案责任。重点落实领导班子特别是党政“一把手”的包案责任。凡是上级纪检监察机关批办、转办的信访案件,各单位纪检监察部门都必须认真调查,限期报告结果。对那些在违纪问题面前遮遮掩掩,粉饰太平，报喜不报忧；或者瞻前顾后，怕得罪人，甚至麻木不仁、漠然置之的单位或领导干部，一经查处，要严肃处理。

3. 深入开展企业效能监察工作

根据集团公司的统一安排，结合我局内部重组总体目标的实现，今年全局效能监察安排了两项内容：一是继续深入开展国有资产管理效能监察；二是对工程项目和物资（包括药品和医疗器械）采购的招投标情况进行一次专项执法监察。各单位要在认真总结已有工作经验的基础上，进一步完善措施，抓深入、抓成效，继续开展国有资产效能监察。重点对国有资产中土地、公用建筑设施的管理使用，对外投资的资产及产权、股权管理等情况进行效能监察。要深入基层，发现问题，解剖问题，堵塞管理漏洞，提出加强和改进工作的建议，促进国有资产的保值增值。要对去年在国有资产效能监察中发现的问题和各单位整改的情况进行一次"再回头"式的检查和了解，敦促整改不到位的单位加以完善。要加大对物资采购（包括药品和医疗器械）、工程项目招投标情况的检查力度，检查标的是否合理，看是否从企业实际出发，符合企业利益；检查程序是否合法，看是否符合国家有关法律关于发标、开标、评标和定标的规定；检查合同履行情况和履行结果，看是否存在履行合同不全面、不彻底的情况或者有违纪违法的问题。执法监察中，对发现的有问题而不查不纠的单位要严肃追究有关领导的责任，对好的做法和经验，要在全局予以总结推广。同时各单位也要选好突破口，找准着力点，抓住工作重点、经营管理的弱点、群众反映的"热点"和久拖未决的难点选题立项，开展自立项目效能监察。

三、加强监督检查，从改革机制体制制度入手，从源头上预防和治理腐败，促进领导干部廉洁自律

反腐败抓源头是一项长期、艰巨的任务。近年来的实践使我们认识到：抓好反腐败的源头工作，必须实行党政统一领导，部门各负其责，纪检监察机关组织协调的领导格局；坚持统筹安排、统一部署，突出重点、整体推进的工作思路；从管理好人、约束好权、控制好钱三个方面入手，坚持以改革为主线，以各项制度为载体，以落实党风廉政建设责任制为保证的综合治理原则。今年要重点做好以下工作：

要加强对干部选拔使用工作的监督。要管好权和钱，必须先管住人。中共甘肃省委书记宋照肃日前在一次会议上说，今后有三类干部不能再用或重用，对于在一个单位工作多年，面貌长期没有变化或少有变化的，不能再重用；对人民群众没有感情的，不能再用；不廉洁的不能用。这很值得我们学习和贯彻。各级纪检监察部门要积极配合组织、人事部门认真落实《党政领导干部选拔任用工作暂行条例》及勘探局结合实际制定的有关配套制度，加强对领导干部的严格监督、严格管理。继续推行竞争上岗、任前公示、轮岗交流等办法，完善干部选任工作。对多数群众不赞成的，不能提拔任用；对在年终考核中综合评定为基本胜任以下的厂处级领导干部，要予以就地免职或降职使用。对新提拔的处、科级领导干部，上任前必须进行党风党纪专题教育和廉政谈话。今年勘探局将制定出台《关于加强干部监督工作有关问题的意见》，用科学、规范的制度约束领导干部的行为，树立领导干部"公正、廉洁、求实、奉献"的公众形象。

要提高厂务公开工作的水平，扩展厂务公开的内容，加强对企业生产经营活动的监督。江泽民总书记在近期的一次讲话中尖锐地指出：作为执政党的党员，如果心里没有人民群众，那就是忘本，如果对人民群众的疾苦漠不关心，那就是变质，如果滥用权力欺压群众，那就是背叛。对此必须引起我们的高度重视。厂务公开、民主管理是全局各级领导班子和领导干部联系群众、团结群众、服务群众的桥梁和纽带，是单位、部门、干部和职工参与生产经营活动监督的有效途径。要进一步把厂务公开向财务管理、资金使用、资产保值增值、物资采购、产品销售、新产品开发、投资决策等经营管理领域延伸，凡是可以用市场机制处理的问题，比如工程项目建设、大宗物资采购(包括药品和医疗器械采购)等，都要通过公开招标投标等市场手段来运作，纪检监察部门要实行全程监督，注意发现和纠正违纪问题和不正之风。要实行财务公开，加大对资金的监管力度，严格资金管理和审批使用，定期通报财务状况和生产经营情况，有条件的单位，都要实行会计委派制度。要规范公开的程序，提高公开事项的监督效果。通过监督小组、评议小组等，一项一项的公开、一项一项的监督、一项一项的落实。厂务公开工作做的怎么样，要以职工群众满意不满意为标准，不能想公开什么就公开什么，想公开到什么程度就公开到什么程度，图形式，走过场。要切实解决企业经营管理和党风廉政建设方面存在的突出问题，化解矛盾点，控制易燃点，光大闪光点，促进企业的改革、发展、稳定。

要认真落实党风廉政建设制度，健全完善监督约束机制。一是要认真落实领导干部廉洁自律制度，中纪委五次全会上对领导干部廉洁自律提出了六项新的规定，除了领导干部家庭财产报告制度在省级领导干部中首先实行以外，其他五项规定都要在包括县处级以内的领导干部中实行。各单位要把这五项新规定的落实与中纪委四次全会上提出的“五项规定”的落实结合起来一并贯彻执行。日前，中央纪委监察部还做出了《关于中央纪委第四次全会重申和提出的国有企业领导干部廉洁自律有关规定的解释》，为我们抓好落实提供了有力的政策依据。对以前执行较好的一些领导干部廉洁自律制度，要继续做好深化工作。二是各级领导班子必须严格实行民主集中制，加强班子内部的监督。《党章》规定民主集中制是党的组织原则，《宪法》规定民主集中制是我们国家的根本组织制度。全局各级领导干部必须坚决执行这一制度，任何人都不能超越或凌驾于组织之上。任何一级领导干部个人都不能擅自决定企业大额度资金运作、生产经营和企业改革的重大决策、重要的人事任免等事项。做到不经过广泛论证不决策，不经过集体讨论不决策，大多数群众不满意不决策。既就是在一把手职权范围内可以决定或拍板的事，也要把班子成员和干部群众正确的意见集中起来，择善而行。《解释》对大额度资金、重大决策和重要人事任免等事项涉及的内容都做出了具体规定，各单位要对照执行。三是要按期开好领导干部廉洁自律专题民主生活会，不断提高民主生活会质量。必须保证民主生活会主题突出，程序规范、方法正确，措施有效。决不能把民主生活会开成工作总结会或工作安排会。更不能只谈成绩，不找差距，不开展批评和自我批评，只求一团和气。作为开好民主生活会的第一责任人，各单位党委书记要切实负起领导责任，党委书记履行责任不到位或未履行的，要追究其责任。四是要进一步建立健全监督约束机制。一方面，要在不断实践的过程中，对正在执行的制度进行修订和完善，以适应全局重组改制、深化改革的需要。另一方面，要结合实践尽快制定监督部门参与物资公开竞价采购和建设工程招投标工作的相关制度，使监督部门有章可循，有纪可依。从而做到执纪必严、违纪必究。

要探索监督途径，研究监督方法。在这个问题上，可以说工作无越位，监督无禁区，探索无止境。监督是一项系统工程，抓监督决不能习惯于开会发文件，以会议落实会议，以文件落实文件，而是要扑下身子，真抓实干。各单位要从改革和强化管理入手，积极探索监督途径，研究监督方法。纪检监察部门要切实履行监督职能，制定监督检查计划，强化监督检查措施，真正做到监督到位。要把领导干部廉洁自律、落实党风廉政建设责任制、治本抓源头及开展纪检监察重点工作的情况结合起来，把党内监督、群众监督、财务监督、审计监督和经济核算等监督手段结合起来，以日常巡视和跟踪检查为主要方式，加强对各单位执行党的路线、方针、政策，执行民主集中制原则，执行局党委、勘探局重大决策、中心工作、重点工作及各项规章制度情况的监督检查。对实施监督不力的单位和领导干部，要按照党风廉政建设责任制的规定严肃追究责任。

要抓好党风廉政教育工作。切实加强党性党风党纪教育，不断增强党员干部的拒腐防变能力，在思想上筑起反腐倡廉、拒腐防变的堤防，是从源头上预防和治理腐败现象的一项极端重要的工作。要建立主管领导负责，有关部门参与的党风廉政教育领导体制和工作机制。中央决定，今年在国有大中型企业领导班子中全面开展“三讲”教育，这是建党八十周年、新世纪开局之年全党的大事，是加强国有企业党的建设和领导班子建设的一项重大举措。局纪委、局党委组织部和宣传部，要协同配合，把“三讲”教育和党风廉政教育结合起来，纳入党建工作总体部署规划运作。要明确教育对象、突出教育重点、采取多种形式，增强教育的针对性和实用性。要把各级领导干部，特别是厂处级以上领导干部作为教育的重点对象。“是非明于学习，名节源于党性，腐败止于正气”。要把党纪政纪教育、反面典型警示教育和正面典型示范教育结合起来，采取个人自学和集体讨论相结合，传统教育手段和现代化教育手段相结合的方式，重点围绕“参加革命为什么？现在当干部做什么？将来身后应该留点什么”？这几个问题深入思考、讨论，真正在思想上搞清楚，树立正确的世界观、人生观、价值观。不允许存在以任何理由游离于廉政教育和学习之外的特殊领导干部。同时，要大力宣传我局反腐败的形势和成果，宣传廉洁奉公、勤政为民的先进典型，鼓舞人，教育人，引导人。

治标和治本，是反腐败斗争相辅相成，互相促进的两个方面。治标能为治本创造条件；治本能巩固和发展治标的成果，从根本上解决腐败问题。各单位在贯彻落实的过程中，要正确处理治本与治标的关系，正确处理改革体制、机制、制度与加强党风廉政教育的关系，正确处理反腐败抓源头与促进改革发展的关系。要发扬积极、主动、开拓、进取的精神，针对腐败现象易发多发的部位和环节，提出从源头上预防和治理的措施，统一思想，提高认识，突出重点，抓住关键，加强领导，明确责任，切实从源头上预防和治理腐败现象，进而达到加强全局党风廉政建设，促进领导干部廉洁自律的目的。

四、抓好全局纪检监察机关和队伍建设

从我局纪检监察队伍的现状看，还存在一些不容忽视的问题，有的单位因改革、改制的需要将纪检监察部门与其他部门合并后，职能有所削弱；一些单位纪检监察部门履行职能不充分，创新意识不强，工作缺乏力度。这些问题必须引起各单位党政领导班子特别是主要领导同志的高度重视。全局纪检监察干部要深入学习和实践江泽民总书记“三个代表”的重要思想，按照“三讲”的要求，转变观念，树立大局意识和服务意识，加强纪律建设，加强调查研究，在服务中强化监督，在监督中优化服务，把“三个代表”作为检验和衡量纪检监察工作的标准，不断增强忠诚纪检监察事业、坚持不懈反腐败的自觉性和坚定性，不断提高新形势下开展纪检监察工作的能力。各单位纪检监察机构和人员的设置，必须事先征求局纪委的意见并经同意后实施。实行改制的企业，纪检监察部门的负责人要依法进入董事会或监事会。要逐步做到纪委书记由同级党委副书记担任。重组后虽然机构变了，体制变了，人员变了，但必须保证纪检监察工作要有人干，纪检监察工作的重要性不能变，纪检监察部门的职能作用不能变，纪检监察队伍的好作风不能丢，要求全局广大纪检监察干部要以乐于奉献的精神，安于清贫的操守，敢于碰硬的勇气，狠抓落实的行动，不断推进党风廉政建设和反腐败斗争的深入开展。

同志们：

今年是我局重组改制、深化改革的重要一年，面临的任务十分艰巨，面临的形势也非常严峻。各单位党委、纪委要按照这次会议的安排部署,认真进行研究,结合各自的实际,进一步采取扎实、具体、过硬的措施,全面落实"三大任务"和"五项工程",集中精力抓重点、抓落实、抓实效,确保今年党风廉政建设和反腐败斗争各项任务的全面落实。

杨庆理同志在长庆石油勘探局2001年安全环境与健康工作会议上的讲话

(2001年7月10日)

同志们:

这次HSE工作会议是勘探局重组改制、分开分立、独立运行、HSE管理手册正式发布后的第一次安全环境与健康工作会议。今天的会议非常重要。这次会议准备了很长时间,4月份集团公司HSE工作会议后,我们就开始准备这个会议。局主要领导对开好这次会议也非常重视。在勘探局HSE管理委员会上,专门对这个会议的内容和议程进行了讨论。去年,孙局长专门带领有关人员到壳牌作业区的施工现场考察学习、视察工作,对HSE工作作了重要指示。今天的会议,孙局长原准备亲自参加,因有重要工作不能到会,但对开好这次会议专门提出了要求。上午,地球物理勘探处、钻井工程总公司、测井工程处、机械制造总厂等单位就HSE管理体系建设谈了各自的做法和体会。物探处介绍了风险预测和风险评估、事故预防;钻井总公司介绍了等级队达标检查;测井处介绍了全面配备安装安全防护设施、实施员工卡管理制度;油建处介绍了配齐野外施工项目专职HSE人员,严格落实HSE制度,搞好风险预测及预防;第二采油技术服务处介绍了加大宣传教育力度,以点带面推广试点经验,促进HSE工作;机械制造总厂介绍了发挥整合优势,强化内部管理,探索落实ISO14000国际标准体系;水电厂在材料里介绍了加大HSE工作投入,认真分析风险削减措施等经验。这些对各单位实施HSE管理都具有很好的借鉴意义。戴能尚同志的工作报告,总结了今年上半年的工作,通报并评价了主要生产服务单位HSE的工作进度,分析了当前形势,部署了下一步的工作任务,提出的工作目标切合实际,措施非常具体,下半年工作讲得细,讲得很好,我完全同意。希望大家会后认真贯彻。下面,我讲几点意见:

一、提高认识,全面落实各级领导安全环境与健康责任制

党中央、国务院高度重视安全环境和健康工作。在4月3日中央召开的社会治安工作会议上,朱镕基总理强调指出,要有效防范安全事故的发生,关键是要真正落实领导干部的责任制。要通过法制手段,严格实行领导干部行政责任追究制。从制度、机制上防范安全事故的发生,有力地保护人民群众生命财产安全和维护社会稳定。集团公司领导对安全生产和环境保护工作也非常重视。今年以来,集团公司不仅召开了安全、环境和健康工作会议,而且集团公司领导多次在会议上均有重要指示。勘探局上半年也多次召开安委会、安全形势分析会,制订目标,研究措施。

当前全局上下正在深入学习江泽民总书记在庆祝建党八十周年大会上的重要讲话,巩固"三讲"活动的阶段性成果,深入领会"三个代

表"的科学内涵。而"三个代表"最根本的出发点,就是要代表最广大人民群众的根本利益。反映在安全环境和健康管理工作中,就是要在搞好生产经营的同时,向职工负责,向社会负责,使广大职工、家属和我们的后代有一个安稳、健康的工作环境和生存环境。如果抓不好安全环境和健康工作,发生重大的安全事故,出现恶性的环境污染事件,不仅会影响我们的生产经营和经济效益,而且会损害勘探局的内、外形象。因此,我们各级领导干部都要以认真实践"三个代表"的重要思想,牢记自己身上的责任和使命,从"讲政治,保稳定,促发展"高度,以对国家、对企业、对职工群众高度负责的精神,正确处理安全与生产、环保与发展的关系,把涉及"人命关天"的安全大事和"荫及子孙"的环保工程,时时刻刻放在心上,扎扎实实干好工作。

分析我们近几年对各单位的安全环保年度考核结果,就可以看出,年度考核不达标的单位,领导责任肯定落实不好;接二连三发生事故的单位,在认识上肯定有问题。勘探局的"十二字"经营理念就有"责任"二字,体现在安全环境和健康工作上,就是如何落实领导责任制。测井工程处提出领导干部的"四个亲自",我看就是落实领导责任的有效办法之一。

在今后一段时间,各单位要认真贯彻落实《国务院关于特大安全事故行政责任追究的规定》和《企业安全生产责任制管理规定》(讨论稿)精神。刚才大家一起学习了《企业安全生产责任制管理规定》(讨论稿)。众所周知,陕西省由于发生了三起特大安全事故,省长为此受到处分。因此,以后对于事故责任的追究是硬碰硬的。而且不光是对公务员的追究,对于企业的追究,可能比公务员还要重一点。因为企业是事故直接发生的单位。从这一点来看,安全生产已经和我们每个人的利益紧密结合到一起。根据这个文件上的划分,主要领导负主要的领导责任,分管领导负直接领导责任,而部门领导负监督责任,相关的部门领导都给出了如何处理的办法,说得比较细,虽然这个办法现在还没有正式公布。但是我们从现在起就应当把这件事当作大事来抓。切实落实领导干部安全环保责任制,坚持从严管理,真抓实干,积极消除事故隐患,绝不能犯官僚主义,搞形式主义,麻木不仁,玩忽职守。事故责任追究制度,也把各岗位上的负责人与事故紧密联系在一起,太平官再也当不成了,叫冤枉也没有用,只有通过扎实的工作,才能坚决遏制重特大事故的发生,确保为勘探局的改革和生产发展创造一个良好的环境。

当前,正值生产黄金季节,尽管今年上半年全局 HSE 工作取得了一定成果,但也要看到还存在不少问题。从整体上讲,有些单位工作确实不尽如人意,部分单位领导干部对 HSE 工作的认识还不高,没有正确地处理好安全环保与生产发展的关系,仍然是"说起来重要,忙起来不要",这种状况必须加以纠正。特别是勘探局重组改制、结构调整、减员增效等政策的实施,关联企业、同类企业职工之间收入差距的拉大,触及职工利益,引起职工队伍思想波动;随着市场的逐步放开和竞争加剧,各项秩序还不规范,有可能因利益驱动出现急功近利现象,这些都将给安全环保工作带来不利的影响。我们各级领导干部一定要增强工作的紧迫感、责任感,把安全环境和健康工作抓紧抓实。在这里,我再次强调,无论深化改革多么艰巨,生产经营任务多么繁重,安全第一的思想不能变,环保国策的地位不能变,健康至上的承诺不能变。各单位党政一把手要亲自抓、负总责,要做到亲自调查研究,亲自安排部署,亲自督促检查,确保认识到位、责任到位、工作到位。年底,勘探局将按照《2001 年度生产经营指标考核实施细则》的要求,坚持严考核,硬兑现;对发生重特大安全环境事故的单位,在查清原因的基础上,不仅要查处直接责任者,还要按照国家对特大安全事故行政责任追究有关制度以及勘探局重大责任事故引咎辞职制度追究领导者的责任,决不姑息迁就。有的单位主管领导作风不扎实,任凭你喊破嗓子,他就是有个老主意,你再着急,他不紧不慢,不认真履行安全责任,在其位却不谋其事,到实在过不去时,才敷衍一下,对这种人国家已有制度要追究,勘探局也已有引咎辞职制度,不处理不行。

二、规划“十五”,全面实施 HSE 管理体系、HSE 管理人才和 HSE 技术创新三大工程

“十五”是勘探局发展的关键时期,随着我国加入世贸组织和实施“走出去”的战略,我们既要面对进入国际石油市场,恪守更加严格的技术标准的考验,同时还要面对国内市场开放,参与更加激烈的市场竞争的压力和挑战。如何在市场中求生存,在竞争中谋发展,是摆在大家面前的共同课题。而 HSE 作为实施科学管理、建立现代企业制度的重要内容之一,是具有石油技术服务企业特色的系统管理工程,也是推行勘探局“两条基本思路、四大发展战略”的客观需要,是内练素质、外树形象的重要手段,是降成本、增效益的科学管理方法。因此,我们要把安全环境和健康管理工作放到战略高度来考虑,大力加强 HSE 管理体系建设,实施科学管理,增强勘探局在国内外市场竞争能力。在 HSE 管理工作中,我们必须立足于体制创新和科技创新,大力推行与国际接轨的 HSE 管理体系,这不仅是市场准入与市场竞争的基本要求,也是勘探局可持续发展的战略要求。

实施“HSE 管理体系、HSE 管理人才、HSE 技术创新”三大工程,是勘探局在“十五”期间的重要战略部署之一。构筑 HSE 管理体系工程就是要进一步建立和完善符合长庆发展的健康、安全与环境管理体系、监督体系和信息发布体系,实现 HSE 管理与国际石油公司的接轨,力争使 HSE 控制指标达到或接近国际石油系统先进水平。实施 HSE 管理人才工程是要进一步建立和完善 HSE 培养和继续教育体系,以提高全员素质为目的,努力营造 HSE 人才脱颖而出的竞争机制,建立两个具有先进水平的 HSE 培训中心,建设好“两支队伍”(HSE 监督员队伍和 HSE 内审员队伍),培养 50 名 HSE 管理体系建设骨干人员和 30 名适应国际石油市场 HSE 管理专门人才。开展 HSE 技术创新工程就是要以生产过程为对象,通过运用现代科学技术和方法,不断加快工程施工队伍硬件建设步伐,确保 80% 的施工队伍达到进入国内外市场的条件;加快新技术、新工艺、新材料的应用,通过技术创新实现健康、安全与环境管理的持续改进;努力消除隐患、防范事故,大力开发石油清洁生产和安全保障急救设备,改善生产作业环境,提高劳动生产率。

为确保“十五”期间勘探局 HSE 管理体系三大工程的顺利开展,使我局的 HSE 管理水平和企业整体竞争能力达到和接近国际石油公司先进水平,这就要求我们:

一是要转变观念,统一认识。在国际石油公司管理中,HSE 是企业文化、发展战略的重要组成部分。我局在“十五”期间要“走出去”,没有 HSE 这个通行证不行;我们要最大限度地占领内部市场、开拓国内其他行业工程服务市场,没有 HSE 也不行。在市场环境日趋复杂、市场竞争日益激烈的今天,我们一定要转变观念,树立“安全防范就是稳定和效益”的预防思想,不要搞“亡羊补牢”的事后管理;树立“环境保护就是发展和效益”的战略思想,不要搞“杀鸡取卵”的短期行为;树立“健康管理就是资本和效益”的资源意识,不要搞“舍本求末”的功利主义。“以人为本”和“风险管理”是 HSE 的两个基本要素;消除隐患,防范事故,改善生产作业环境,提高劳动生产率是 HSE 的最终目的。近几年来,我们在国内反承包、国外的苏丹项目、及西气东输等工程项目中所取得的可喜成绩和宝贵经验证明,勘探局推行 HSE 管理体系已不是搞不搞的问题,而是如何进一步规范、进一步加快、进一步深化的问题。各单位在勘探局的统一部署下,要不断加快 HSE 管理体系的建设步伐,要把 HSE 管理体系三大工程作为关系到企业生存和发展的大事来抓。特别是各级领导干部,要自觉学习、掌握HSE管理知识,带头树立HSE管理理念,学会运用HSE体系管理的方法,把本企业的HSE管理体系建设好、实施好。今后,凡是勘探局组织的干部培训,都要设立HSE课程,把安全环境和健康工作的阅历和业绩作为选聘后备干部的重要内容之一。

二是要立足创新,规范运作。HSE是一项集企业管理、企业文化、企业形象和科学技术于一身的系统工程,是市场经济的产物。创新是推动这一工程健康发展的源泉和动力。勘探局的经营理念中,首要的就是“创新”二字。所以,我们一定要以创新、科学、求实的精神,实实在在、脚踏实地地开展工作,要注重实效,不能把HSE停留在口头上、文件上,仅仅满足于表面上的热热闹闹。目前,我们有些单位已发布了体系文件,有些单位已经完成了“两书一表”,还有的单位正在完善基础资料。前段时间,我们到油气田施工区域转了一圈,一方面征求甲方意见,搞用户回访、另一方面对我们的队伍进行了一次检查。检查过程中发现,HSE在基层只能说是刚刚起步,搞得好一些的单位在戴处长总结报告里面已经提到了。油建处正在施工的第二净化厂到榆林的Φ660管线,HSE就搞得非常正规,从基础资料到具体操作,严格按照HSE管理标准进行。物探处、测井、井下处HSE文件也已发到基层,正在学习、使用阶段,其他单位在现场还没有看到。我们有些单位的领导对HSE工作开始是认识不足,后来是准备不足。我们在去年年底要求各单位要抓好“两书一表”的文件起草工作,有些单位在去年年底以前没有搞好,到今年一季度仍然没有搞好,表现出认识不到位、对工作不重视。HSE这项工作在我们勘探局只能算起步阶段。其实,HSE工作,根据我的理解,是把我们原来行之有效的管理方法,用HSE这种程序装进去,对每个环节的具体操作,也就是按照我们原来的岗位规范、技术标准、操作规程去规范指导。HSE管理制度是从国外引进来的,是壳牌等国外大石油公司统一实行起来的。我们把这个文件好好研究后,认为与我们原来的管理制度非常相近,无非是他们把我们这些管理制度科学地规范了一下,系统地整理了一下。就是干某个具体操作项目之前,你应该考虑一下周围的环境,有没有危险的因素,对不同的情况,不同的环境要作出评价;然后考虑一下风险削减措施,具体操作当中应达到什么标准,这不就是我们的岗位规范吗?要从素质上衡量,达到什么技术标准,这不是我们原来的岗位技术规范吗?先后步骤,那就是我们原来的岗位责任制。当然,把这些程序系统的执行起来,完全地让职工自觉行动起来,按照HSE规范来做,还要一个过程,所以我们做好HSE工作要有持久战的准备。要实实在在抓好HSE管理体系的技术创新、管理创新,真正的把责任落实到人,切实地把安全环境事故控制下来。在大力推行HSE管理体系的同时,也要不断探索企业质量、安全、环境与健康一体化管理的新思路,妥善处理好与ISO9000、ISO14000标准体系的对接,融合现有成功的管理经验,在结合中创新,在实践中发展。

开展HSE体系认证是检验HSE体系建设的重要标志。“十五”期间,要使勘探局HSE管理体系得到全面实施,50%的施工作业队伍要通过集团公司内部HSE认证,进入国际石油市场施工的作业队伍,80%要通过ISO14001环境管理体系认证。从今年起,就要开展HSE认证工作,地球物理勘探处、钻井总公司、井下技术作业处、测井工程处、油建工程处、水电厂和第二采油技术服务处要走在前列;勘探局也将力争在2002年底通过集团公司HSE认证,其他主要二级单位要力争在2003年通过HSE认证。大家不要因为时间放得长,就不抓紧落实。这个工作确实是个长期艰苦的工作,现在咱们开始编体系文件,就已经感觉出来了,大港油田抽了400多人,整整搞了两年,才把这套体系文件编完,并在基层单位宣贯完,就这样还没达到让基层操作工人都知道。所以这项工作,要打持久战。当然近期的突击战该抓紧的还得抓紧。

三、脚踏实地,不断加强安全环境和健康基础工作

1. 切实加强安全环境和健康队伍建设工作

安全、环境与健康管理队伍的素质决定安全生产、环境保护与职业卫生监督管理水平的高低。近几年,勘探局在安全、环境与健康管理队伍建设上采取了很多措施,取得了一定成绩。但是,还不能满足工作要求,目前全局各基层单位的所有环保人员全部都是兼职,一些安全环保部门人员长期不到位,个别单位至今连 HSE 管理委员会还没有成立等,这些问题的存在,给 HSE 体系建设带来了不利影响。因此各单位一定要按照马富才总经理指出的"安全部门一定要配备工作责任心强、懂生产技术、会安全管理、年富力强的干部"的要求,进一步加强安全、环境与健康管理队伍建设,定期培训,提高他们的业务素质。安全、环境与健康管理机构要相对独立,切不可归入生产运行部门或经营部门。关于人员和部门设置问题,集团公司是有要求的,对于主要生产单位,包括工程技术单位和较大的后勤单位,需要设置的专职人员必须到位。在这个问题上,各单位该加强的要加强,该落实的要落实。有的单位对安全部门没有单设,在这个问题上,大家要有正确的认识,现在安全管理从上到下越来越严,管理者要负的责任越来越重,企业发展的趋势,对安全生产提出的要求也越来越高。在这种情况下,如果削弱安全管理,就无法保证安全生产。所以安全工作在人员和部门设置上要有充分保证。要确保安全、环境与健康管理队伍人心不散、工作不断、力度不减。

勘探局 HSE 管理委员会已决定,在局属主要生产单位设立安全总监、副总监,其他单位设立兼职总监,各单位要抓紧运行,此项工作要求在 8 月底前完成。钻井工程总公司要加快 HSE 监督公司的组建进度,物探、井下、测井、油建等单位,要结合实际设立专业 HSE 监督站,挂靠本单位安全环保部门。新疆局钻井公司去年把监督公司挂在公司,实践了一年,今年独立了出去,这样能作为无关联关系的第三方,彻底地做到第三方监督。我们目前刚开始实行,先用挂靠的办法开始,先挂靠到各单位,安全环保部门先管上,起码不要基层管理,也可以理解为狭义的第三方监督,按 HSE 规范要求,实行内部相对独立的第三方异体监督制度。各单位都要加大 HSE 监督队伍的管理力度,充分发挥现场监督人员的作用,钻井、井下等单位应设立环保专职岗位。同时,要加大对 HSE 体系审核人员、现场监督人员和风险管理人员的培训力度,力争 2002 年持证率达到 50%以上。

2. 切实加强 HSE 风险管理

开展和推行 HSE 风险管理是建立和推进 HSE 管理体系的需要,是 HSE 管理的目的所在,也是区别于 ISO9000 的重要标志。风险管理涉及风险识别、风险评估、风险控制、风险恢复和风险应急等一系列环节。上午,物探处就这个问题进行了交流,他们在风险管理上做了一些有益的探索,从全局看,风险管理仍是个薄弱环节。HSE 管理的成效关键就要看 HSE 风险管理的水平高低。因为 HSE 管理最终的目的是为了预防事故。对此,我们还缺乏深刻的认识,尤其在风险的识别评价上,对 HSE 体系缺项漏项较多,全面性、系统性不够;对生产工艺流程等硬件的评价较多,对管理体系、操作行为等软件的评价不够;对静态的风险评价较多,对动态评价不够。所以,今后要把风险管理作为我们推进 HSE 管理的关键内容来抓。

3. 全面推行"两书一表"制度

"两书一表"(HSE 项目计划书、HSE 作业指导书、HSE 现场检查表)制度是 HSE 管理在基层作业现场的具体体现,不论是领导承诺、大的方针目标,还是程序文件、风险管理,最终都要通过"两书一表"来落实。所以,在施工作业队伍中要强制推行"两书一表"。各单位在编制"两书一表"时,既要统一标准,又要结合项目的不同环境特点和作业区域的变化,做到规范性、有效性、方便性和持续性相统一,力戒形式主义、官样文章,更不能刮"一阵风",应付检查。要将"两书一表"与"三标"、"三不伤害"等被实践证明是有效的传统管理方法相融合,不能搞绣花枕头、多头管理的花架子。

4. 重视HSE硬件建设,加大HSE资金投入力度

持续加大HSE资金投入是保障HSE健康持久发展的基本条件,这不仅是社会发展与市场竞争的需要,也是职工对生产、生活环境改善的必然要求。安全生产方面的投入重点要放在事故隐患的治理、安全新技术与安全新产品的开发推广应用上;环境方面的投入要重点放在污染源的治理上,要重视和研究流动源污染达标排放;职业健康方面的投入要放在有毒有害场所的治理上,确保职工的身心健康。再不能走"无钱治理,无耐被罚"的老路。

在HSE建设的资金投向上,要适当加大科技创新的投入比例,科技管理部门和安全环保及职业卫生部门要有计划地选择一批对安全生产、环境保护和职业卫生有重大影响的课题项目,积极开展科研攻关,积极推广应用新技术、新工艺,加快HSE信息网络建设步伐。

四、当前需要重视的几个问题

1. 要坚决杜绝重特大安全环境事故的发生

切实治理好安全隐患,确保污染物稳定达标排放,防止重特大安全环境事故发生,历来是安全生产和环境保护工作的主要任务。各单位要对勘探局正在开展的"加快HSE体系建设,争创三无一达标"竞赛活动进行有效组织,要充分发动群众,认真查找隐患,努力消除隐患。作业施工现场是隐患查找的重点,环境敏感区内施工、作业,易燃易爆场所和化学危险品存放地是隐患控制的重点,对于发现的重大安全环境隐患问题,要追源头、抓整改。对一些存在重大隐患又一时无力解决的问题,要采取果断措施,该停产的就停产,该整顿的就整顿,决不允许重特大安全环境事故的发生。

同时在勘探局持续重组改制、减员增效的过程中,职工思想情绪波动,给安全生产可能带来一定的负面影响。这就要求各级领导和有关部门要深入职工群众当中,做耐心细致的思想工作,确保职工队伍的稳定,一旦发现异常情况,要立即采取措施,防止事态的扩大。重点要害部位要确保万无一失,严防政治性的破坏。

2. 积极探索多元经济格局下的安全环保监督管理模式

勘探局持续重组和产权制度的改革,内部资产结构出现了多样化。除全资子公司外,还有控股公司、参股公司、合资合作、租赁承包、放开经营等多种经济组织形式。对此,要利用勘探局正在进行的清产核资机会,分清类型,研究制订切实可行的监管措施。除全资、控股单位必须纳入勘探局HSE管理体系外,其他单位可以采取委派监督、协议或合同、移交社会等多种形式来管理。最终的一种是移交社会,整个分离出去,把管理权交出去。但对地方政府追究责任能够追究到企业的单位,企业必须履行其管理职责。要防止在改革过程中的管理"真空"现象,严防"效益外放、责任自留"的现象发生。这个事情,戴处长在报告里已经提到,而且批评得很严厉,现在有些单位,在这种事上想不通。虽然经济效益是我们企业生存的基础,但我们不能以牺牲安全职责和安全管理责任为代价,去追求效益。不管用什么办法承包,不管聘用什么人员,在管理上必须纳入到保证安全上来,如果在安全上没有保证,经济效益好也不行,我们更不能为了低效益,不要企业的荣誉。从大的方面来说,这也是局部利益和全局利益,近期利益和远期利益的矛盾。

3. 坚持交通安全管理常抓不懈

尽管今年以来全局的交通安全形势比较稳

定，但交通安全仍然是我局安全生产的重点和难点，仍然不能掉以轻心。

(1)要探索新的交通安全管理模式。面对油田内部运输市场萎缩，社会市场饱和，拖累大、包袱重、成本高，设备老化，运营环境复杂等重重困难，以及我局交通运输的经营方式、运行环境、任务特点、服务对象和驾驶员的思想状况中出现的新问题，各单位要以全新的视觉去审视，创立新型交通安全管理模式，做到有的放矢。在这一方面，物探处、水电厂、采油二处先行了一步，作了一些有益的尝试，使交通安全责任得到了较好的落实，各单位应很好的借鉴。

(2)明确责任，严格管理。针对车辆对外运营，租赁承包转让等多种营运形式和驾驶员当中存在职业、非职业、待业青年、外雇驾驶员并存，以及行车中的人员风险、财务风险、资产风险比较突出的情况。各单位要在加大安全教育的同时，牢固树立法律意识和风险意识，通过法律程序，签订责权利明确的交通安全责任合同，明确责、权、利，完善行车区域的审批程序，限制不同行车路段的最高时速，严格“两证”管理制度，严格车辆调派程序。

(3)大力开展反违章降车速活动。分析以往发生过的事故原因，90%以上是由各类违章所致。所以要对症下药，利用多种媒体等现代化手段，提高宣传教育的有效性，强化出车前风险意识教育。同时要利用正在开展的全国道路交通秩序整治机会，加大路面动态监控频率，严查超速行驶、无证驾驶、抢超抢会、酒后驾车等违章现象，对查出的各类交通违章行为要按规定从重从快处理。

另外要强调两点：一是私自办照和自费办照人员不准开局内车辆；二是不准租车办公事。今后凡发现这两种情况都要严肃处理，且追究该单位领导责任。

4. 认真做好环境保护和职业卫生工作

在强化管理的基础上，要逐步理顺环境成本，将环境成本作为一项重要成本构成在施工作业中予以体现，以解决治理资金来源问题。开展钻井废弃液处理技术的现场试验和应用，做好井场污染防治，防止污染事故的发生。钻井、井下作业单位要加强井场管理，在水源保护区及其他特殊敏感区域内要落实污染防治措施，泥浆池、污水池的位置选择要考虑到预防地基坍塌，避免施工作业液体流出，造成污染。推行清洁生产，运用新技术、新工艺，减少污染，节能降耗，努力实现环境保护从末端治理向生产全过程控制的转变。

职业卫生与健康管理是 HSE 管理“以人为本”的重要体现，也是人们生存的基本需要。我局的职业卫生工作基础相对薄弱，各单位要从建立职业安全卫生综合数据入手，弄清全局尘毒危害现状，加大有毒有害场所治理和监控力度，不断提高场所监测率，从根本上解决尘毒危害。要加强从事有毒有害人员的健康监护，提高职业性体检的覆盖率。要加强科学研究，不断强化职业卫生专业人员训练，提高专业技术水平。职业卫生还有一个问题，目前对我们的炊事员，不管是职工，还是外雇的人员，每年的体检都必须严格按规定执行。现在长庆油田所在的区域，肝炎很多，其他传染病也陆续发现。我们一些集体食堂，不管是野外的、还是基地的，有的炊事员是肝炎病毒携带者，甚至有些还在传染期，就是因为没有其他炊事员来顶替，这个人就撤不下来，这很危险。同时也说明，在职业卫生管理上，我们工作没有到位。企业职工的最大利益是身体健康，对于一个人来说，最幸福的也是身体健康。我们作为管理者，就要对职工负责。在这件事上，一定要严格落实，切实抓好。

另外，讲一下今天参加会议的情况。今天的会议，有几个单位的主管领导没有来。这几个单位是公用事业处、工程技术研究院、通信处、疗养院。勘探局一年开一次安全工作会，少数单位主管领导还不来。这个事今天当着大家的面说清楚，开会是有任务的，开会不是顶差，开会要把会议精神带回去，会议精神要贯彻，要把本单位的这项工作搞好，这会不是可开可不开！我们这一次会议，紧扣今年安全生产工作主题，并对每个单位安全、HSE工作作出了评价，对于下半年工作作出了具体安排。在大会上交流的各个单位确实也有很多值得我们大家学习的地方，这是多好的机会！在会议期间，除了11份经验交流材料，会议室后面还有许多单位的工作成果展览，这些很值得我们学习。前面提到的四个单位，回去以后尽快向单位领导汇报，分管领导不在，向主要领导汇报，说勘探局在大会上给你们四个单位提出了批评，给你们主管领导提出了批评。你们四个单位的主管领导必须抽个时间，到质量安全环保处补课，时间自己联系，10天以内必须完成，质量安全环保处要把这个事盯住。在今后的安全生产检查和HSE检查中，要把这几个单位作为重点，除了普通性检查以外，要重点抽查，要钉是钉，铆是铆，硬硬邦邦地查，要严格要求，对越是自认为没有问题的单位，越不能放过，下来戴处长要抓紧落实。

同志们，勘探局今年的重组改制和生产任务十分繁重，希望大家振奋精神，按照勘探局“创新、开放、简捷、明确、责任、自信”的经营理念和全年工作部署，开拓创新、锐意进取，切实提高对安全生产、环境保护和健康工作重要性、紧迫性的认识，从讲政治、保稳定、促发展的高度出发，适应新形势、研究新问题、探索新方法，努力开创我局安全环境与健康工作的新局面，为我局持续稳定发展作出新的贡献。

最后，我代表局党委、勘探局，向奋战在安全环境和健康工作战线上的同志们表示亲切的慰问和衷心的感谢！

（局办公室于2001年7月16日以长局办发[2001]第37号文印发）

滕玉林同志在长庆石油勘探局市场开发工作会议上的讲话

（2001年8月27日）

同志们：

这次会议是重组改制、分立运行后，面对新的形势，勘探局组织召开的第一个关于市场开发工作的专门会议，具有十分重要的意义。勘探局所有在家的领导都参加了这次会议，一方面说明了局党委、勘探局对市场开发工作十分重视，另一方面也充分表明了局领导对搞好市场开发工作的信心和决心。

这次会议旨在通过总结今年以来市场开发工作取得的成绩，查找存在的问题，交流各单位市场开发工作的经验，讨论制订加快市场开发进程的有关政策措施，安排部署下一步的重点工作，达到更加稳固地占领长庆油田市场，积极开拓外部市场和国际市场，居安思危、树立大市场开发观念，促进全局市场开发工作健康、有序开展。我相信，通过这次会议，一定会对我们进一步贯彻落实勘探局“两条基本思路”和“四大发展战略”，搞好市场开发工作，不断拓展企业生存发展空间，努力实现“二次创业”宏伟目标，产生巨大的推动作用。

下面，我就今年以来全局市场开发工作进展情况和今后一个时期的重点工作，讲几点意见。

一、今年以来市场开发工作回顾

今年以来,全局上下以集团公司和勘探局工作会议精神为指针,认真贯彻“创新、开放、简捷、明确、责任、自信”的企业理念,努力强化市场意识,继续稳固地占领长庆油田市场,积极开拓外部市场,在扩大市场份额、拓展生存和发展空间、增强发展后劲等方面开展了一系列工作,取得了一定的成绩,为勘探局市场开发战略的全面实施奠定了基础。

(一) 承揽市场工作量情况

1. 承揽长庆油田关联交易和议标市场工作量情况(目标)

钻井 185 万米;

测井测试 3100 井次;

试油压裂 2200 层次;

井下作业 7000 井次;

二维地震 7400 剖面千米;

三维地震 200 剖面千米;

录井 35 口;

供水 1425 万立方米;

供电 63900 万千瓦·时。

2. 承揽外部市场工作量 52016.78 万元(不包括 2000 年跨年工作量 5979.50)

(1)长庆油田开放市场:17724.73 万元,占 34.08%。其中:

工程技术服务 1399.00 万元;

产能建设 5052.53 万元;

管道施工 568.00 万元;

筑路工程 39.00 万元;

生产服务 2024.04 万元;

产品销售 3479.91 万元;

技术服务 1225.39 万元;

劳务输出 3936.86 万元。

(2)石油系统:14068.30 万元,占 27.04%。其中:

工程技术服务 292.50 万元;

管道施工 2881.20 万元;

筑路工程 8500.00 万元;

生产服务 78.43 万元;

产品销售 1489.17 万元;

技术服务 827.00 万元。

(3)社会市场:20223.75 万元,占 38.88%。其中:

工程技术服务 1238.72 万元;

产能建设 300.00 万元;

管道施工 400.00 万元;

筑路工程 13430.46 万元;

生产服务 822.65 万元;

产品销售 1908.70 万元;

技术服务 729.50 万元;

劳务输出 756.00 万元;

其他 637.72 万元。

3. 承揽国际市场工作量 65202.00 万元人民币

其中:尼日利亚 4373 万元,占 7%;

厄瓜多尔 57475 万元,占 88%;

乌兹别克斯坦 3486 万元,占 5%。

(二) 市场工作量完成情况

1. 完成长庆油田市场工作量情况(1—7月)

其中:钻井 102.7 万米,完成 55.52%;

测井测试 2061 井次,完成 66.48%;

试油压裂 989 层次,完成 44.95%;

井下作业 4138 井次,完成 59.11%;

二维地震 5533 剖面千米,完成 74.77%;

三维地震 158 剖面千米,完成 79%;

录井 30 口,完成 85.71%;

供水 804 万立方米,完成 56.42%;

供电 38742 万千瓦·时,完成 60.63%;

油田施工 19648 万元。

2. 完成外部市场工作量 31330.79 万元(1—8 月)

其中:工程技术服务 2738.62 万元;

产能建设 3372.20 万元;

管道建设 1944 万元;

筑路工程 13138.7 万元;

生产服务 2471.32 万元；

产品销售 5479.63 万元；

技术服务 1200 万元；

其他 986.32 万元。

（三）今年以来市场开发所做的主要工作

1. 健全机构，充实人员，初步建立了全局市场开发网络体系

今年 4 月，勘探局根据市场开发工作的需要，依照业务范围和管理职责的不同，分别成立了市场开发部和国际市场开发部。7 月，为了加强关联交易工作，又在规划计划处的基础上成立了关联交易处（与规划计划处合署办公，两块牌子一套人马）。在勘探局党政主要领导的亲自关心和有关单位的大力支持下，三个部门的人员得到了充实，并已正常开展工作。与此同时，全局大部分二级单位也相继成立了市场开发专门机构，抽调专门人员开展工作。全局范围的市场开发网络体系基本形成，为全面开展工作奠定了基础。

2. 认真进行市场分析，努力巩固长庆油田市场

今年年初，根据中国石油天然气集团公司的统一规划和要求，长庆油田市场划分为 50% 的关联交易市场、30% 的议标市场和 20% 的开放市场。这使得我们的关联交易工作量大幅度减少，内部市场呈现多元化趋势，市场竞争形势骤然严峻。在此情况下，勘探局根据生存和发展的实际需要，经过认真、细致的研究分析，确定将长庆油田市场定位为我们的基础市场和主导市场，确立了与长庆油田公司建立长期战略伙伴关系的工作目标。并针对去年工作中存在的问题，结合今年实际，认真对如何更加稳固地占领长庆油田市场进行了安排部署。制订了加强协商、多渠道建立与长庆油田公司沟通机制；更新设备、提高技术，全力保证油田公司业绩指标；提高服务质量，强化质量回访等工作方针。通过多方努力，与长庆油田公司达成了《关于当前和今后一个时期工作中应当共同把握好的五个原则》、《关联交易有关问题协商会议纪要》、《2001 年地面建设施工有关问题协商会议纪要》等协议文件，进一步巩固了双方业已存在的合作关系。通过全局上下不懈的努力，预计全年实际价值工作量可达到长庆油田市场的 90% 以上。

3. 积极开展市场调研，努力开拓外部市场

在巩固长庆油田市场的同时，全局上下居安思危，主动出击，在开展市场调研，开拓外部市场和国际市场方面开展了一系列卓有成效的工作。

一是局领导班子高度重视市场开发工作，多次专题研究市场开发的策略、目标、市场定位等问题，并把市场开发战略作为勘探局“四大发展战略”之首，从方针、政策上保证了市场开发工作的顺利进行，对全局的市场开发工作起到了积极的引导和推动作用。

二是从勘探局主要领导到主管领导、协管领导，都以开发市场为己任，及时沟通，积极配合，亲自出面协调关系，尽全力帮助有关单位承揽外部市场工作量，解决了许多二级单位无法解决的问题。为了沟通信息，建立广泛的市场联系，8 月 12 日到 22 日，局长、党委书记孙玉辰亲自带领局领导班子 3 名成员和机关有关部门负责人历时 10 天，对新疆市场进行了调研和开发，取得了喜人的成果。

特别是老领导王树荣同志，离职不离岗，一心扑在市场开发上，四处奔波，为我局开拓外部市场付出了极大努力。

三是各单位结合实际充分发挥自身优势，在确保局内市场份额的前提下积极闯市场，求发展。4 月 20 日至 4 月 30 日，根据孙局长和主管领导的安排，市场开发部组织有关单位的领导和人员，随同勘探局副总工程师杨洪志，对吐哈油田和青海油田的地震、测井、试油压裂、机械产品、运输等各类市场状况进行了调研。签订了油气井增产技术合作等书面协议 5 份。同时，还加强了我局同西部油田的联系，增进了感

情,为我局今后开拓和占领西部油田市场开了个好头。

原筑路工程总公司把市场开发作为今年工作的头等大事来抓,领导班子对各个目标市场实行分片承包,责任到人,领导带头跑市场,建立了各个目标市场的市场信息网络,与业主单位沟通了感情,加强了联系。截至今年7月,已运行外部工作量1.95亿元,对全局外部市场工作量的增长起到了拉动作用。

机械制造总厂制订了全年内部产品外销目标,并实行目标市场领导分工责任制。机械产品销售在西部油田市场取得了可喜的成绩,首次突破千万元大关。

原油建工程处认真总结过去市场开发的经验,提出了“三个联合”和“三个延伸”的市场开发战略,三个联合,即:与管道二公司联合开拓长输管道建设市场,与物探局联合开拓国外市场,与石油六公司联合开拓炼化市场。三个延伸,即:实现油建施工领域向长输管道、炼化建设和城市燃气工程延伸。为实现优势互补,强强联合,进一步开拓市场,提供了新的思路。

物探处依靠科技进步闯市场,建立了以“三大系列10项技术”为代表的地震勘探技术体系,上半年在通过议标取得了油田公司绝大部分工作量的同时,还在青海油田通过议标方式取得4口VSP测井工程技术服务项目。

水电厂在关联交易工作量比较饱满的情况下,居安思危,不等不靠,充分发挥自身优势,把市场开发的重点放在一些新项目的承揽上,2001年已承揽到华池—元城的35千伏线路20千米以及西峰城市电网改造工程等近1600万元的工作量。

油气技术综合服务处领导班子在面临整体工作量低于往年的严峻形势下,积极、多方位地跑市场,千方百计寻找工作量,使今年工作由被动变为主动。

西安长庆科技工程有限公司在全面完成油田公司2001年产能建设勘察设计工作量的前提下,在激烈的市场竞争面前知难而进,市场范围延伸到了陕西、宁夏、内蒙、青海等地。上半年承揽社会项目合同金额1200万元,比去年同期增长35%。

三个采油技术服务处在“捆绑”经营、经营形势不容乐观的情况下,不等不靠,想尽各种办法开拓外部市场,见到了一定成效。

钻井、井下、测井等单位在全力保证长庆油田市场的前提下,积极开拓国内外市场,也都取得了一定的成绩。

4. 加强市场信息网络体系建设,构筑了通畅的市场信息收集渠道

建立市场信息网络的问题,勘探局多次提出了明确的要求。上半年,全局市场开发部门把信息网络的建立作为市场开发的重点工作之一来抓。到目前,全局各单位与勘探局之间,勘探局与油田公司之间,勘探局与西部油田之间的市场信息网络体系已粗具雏形。

一是通过统一组织或由二级单位自行调研开发的方式,收集、了解各油田的市场信息,并与各油田的有关人员达成了互相提供市场信息的共识。

二是市场开发部在统一汇总、分析、筛选各单位所反馈信息的基础上,及时向局有关领导和基层单位发布市场信息。

5. 积极开拓国际市场,对外合作取得了突破性的进展

国际市场开发部成立伊始,就把工作目标紧紧盯在国际工程技术服务市场,并与集团公司中油国际工程有限公司建立了较好的合作关系。到目前为止,已在厄瓜多尔的AP油田承揽到钻井、地震、测井等工作量57475万人民币;在尼日利亚国家石油公司承揽到4373万人民币的钻机租赁合同;与此同时,钻井总公司在乌兹别克斯坦承揽到了3486万人民币的钻井工程合同。以上工作的开展,为我局走出国门,打入国际市场开辟了“滩头阵地”。

6. 加强业务培训,提高了市场开发人员的

业务素质

从去年开始,勘探局就分期分批抽调全局各单位的工作骨干,组织了外语学习班,为开发国际市场做好了人才储备。从今年5月份开始,又组织局属有关单位市场开发人员参加了市场营销、招投标、合同法等方面的学习。通过学习和培训,全局市场开发人员的理论水平和业务技能有了较大提高,保证了市场开发工作的正常开展。

(四) 市场开发工作存在的主要问题

1. 部分单位思想观念滞后,对市场研究不够

重组改制后,勘探局成为主要向油田公司和外部市场提供工程技术服务、生产服务、产品销售、物业服务以及开展多种经营业务来获取收入的地区性石油综合服务企业,市场成为我们生存和发展的基础。

但是部分单位由于思想观念的滞后,对我们所面临形势的严峻性认识不足,缺乏认真细致地对市场的复杂性和特殊性进行认真的研究分析,对结合自身的特点确立相应的市场定位、市场目标研究不够。一是有的单位对关联交易市场开放力度的加大认识不足,仅满足于眼前饱满的关联交易工作量,对如何巩固现有的市场份额缺乏危机感,对开发外部市场缺乏紧迫感,甚至连送上门的外部工作量都不愿去干;二是有的单位仍然在用计划经济的思维方式看待面临的新形势,对如何在市场条件下搞好关联交易研究不够、运作不力。尤其是个别单位在工作量已经出现不足的情况下,不去主动地寻求市场、开拓市场,等、靠、要思想严重,还在一心等待上面解决问题。

2. 对市场开发的总体思路、具体策略缺乏系统研究,措施不完善

市场开发是一项周期长、见效慢的系统工程,需要在明确市场定位的基础上,结合自身特点制订整体的工作思路、工作策略和具体的配套措施。但有的单位对自身市场定位研究不够、定位不十分明确,对市场开发缺乏统一的部署和安排。具体表现一是工作没有头绪、打乱仗,口口声声说要开发市场,可是找不准切入点,不知道具体要开发哪一类市场,如何开发市场。二是有的单位虽然制订了一些工作目标和工作制度,但缺乏相应的配套措施,工作的连续性不够,进展不明显。主要表现在部分单位虽然认识到了巩固关联交易市场的重要性,也制订了诸如提高服务质量、进行质量回访等工作制度,但实际工作中仍然存在执行不力的情况。

3. 在开拓和占领外部市场方面,统一协调不够,存在无序竞争现象

由于勘探局内部存在产业结构布局不合理,全局的市场开发工作缺乏整体的协调机制等因素,目前,在我局的部分业务板块存在内部无序竞争现象。局内单位之间不能做到资源共享、优势互补、联合作战,习惯于单打独斗,孤军奋战。有的单位甚至为了本单位的利益,与局内兄弟单位之间相互诋毁、拆台,搞无序竞争,违背了基本的市场准则,搅乱了正常的市场秩序,其结果是"鹬蚌相争,渔人得利",造成人、财、物等资源的浪费,损害了勘探局的整体利益。

4. 部分单位对企业形象的重要性认识不足,影响后续市场的开发

部分单位对企业形象在市场开发工作中的重要性认识不足,没有把企业形象建设贯穿于市场开发工作的全过程。在实际运作中,个别单位对外部关系协调不力,不注意加强施工管理和经营管理,个别项目出现施工质量问题和项目亏损,给业主造成极不好的印象。这样,不但影响了长庆局的整体形象,而且影响了其他后续市场工作量的承揽,导致市场部分丢失。

5. 施工设备陈旧老化,施工作业力量结构不合理,在一定程度上影响了市场竞争力

从目前的情况来看,全局普遍存在着设备老化、新度系数偏低等方面的问题,尤其是地面基本建设队伍力量分散,形不成市场上的竞争

合力。有的项目千辛万苦承揽到手后,却因为上述的问题,要么边干边维修设备,延误工期,要么承揽到工作量后由于力量不相配,而无法完成。

6. 部分施工队伍过于强调经济效益,对施工资质、施工业绩缺乏重视

经济效益、施工业绩、施工资质三者之间具有相互支持、相互促进的关系,缺一不可。良好的施工业绩可以取得高级别的施工资质,高级别的施工资质可以承揽到高效益的市场工作量,高效益的市场工作量又可以支撑企业取得更好的施工业绩。

但个别单位在外部市场缺乏长远眼光,过于强调承揽经济效益好的项目,认识不到业绩工程项目的重要性。使得企业缺乏符合要求的施工业绩,给提高资质带来困难。没有相应的资质上的提高,又会给今后占领市场、取得更多工作量、增加企业收入造成不利的影响。

二、我局面临的市场前景和下一步工作安排

(一) 面临的市场前景的分析

1. 长庆油田

(1)按目前初步规划,到2005年,鄂尔多斯盆地原油要达到1200万吨,天然气要达到100亿立方米。勘探开发总投资319亿元,年均63.8亿元。可以为我们提供较为充足的市场工作量。

(2)"十五"期间,在保证目前探明储量的基础上,油田公司将不在增加探明储量。同时,油田公司将进一步优化开发部署、改进施工措施,提高单井产量,减少钻井口数。这在一定程度上又会对我们承揽市场工作量产生不良影响。

2. 西部大开发和"西气东输"

8—10年内,陕、甘、宁、新四省、自治区公路建设投资可达2000亿元以上,年均200亿元以上。基础设施建设规模的扩大,可以为我局筑路施工、建材等单位提供大量的市场机会。

"西气东输"工程总投资1200亿元以上,有望在年内开工建设。经过努力,我局的油气田地面建设、道路修筑、勘察设计等单位可以承揽到相当数量的工作量。

3. 西部油田大开发

根据集团公司的勘探开发规划,我们临近的塔里木、青海、新疆、吐哈等油田也成为了股份公司重点勘探开发区域,这也为我们的工程技术服务单位走向西部油田市场提供了用武之地。

(二)下一步主要工作

1. 加强对市场特殊性和复杂性的认识,明确市场定位

我局处在特定的地域环境,面临的市场具有一定的特殊性和复杂性。我们既要巩固关联交易市场,又要千方百计占领油田开放部分市场,以保证勘探局的生存基础;还要开拓国内、国际市场,以拓宽我局的生存空间。

目前,长庆油田市场是保证我们生存和发展的基本市场和主体市场;社会市场是我们拓宽发展空间、加快发展速度的支撑点,若干年后会成为我们的战略接替市场;随着我国加入WTO的日益临近,开发国际市场是我们迎接经济全球化挑战、实现国际化经营的重要举措,是我们的后备市场和调剂市场。这是我们的基本市场定位。同时也应当认识到:

第一,长庆油田市场近年正处于大发展的时期,可以给钻井、测井、井下作业等单位提供比较充足的工作量,我们的目标是千方百计不使长庆油田市场的份额减少。另一方面,作为单一的油田市场,工作量有周期性波动的特性。随着时间的推移和油田公司勘探开发部署的调整,一是1—2年后,物探、油建等单位的工作量将会大幅度减少;二是3—5年后,钻井、测井、井下等单位的工作量同样存在逐步萎缩的可能。如果我们对此趋势缺乏足够的认识和准备,一旦长庆油田市场出现较大的异常变化,将使我们的生产、经营工作陷入被动局面。

第二,外部市场虽然有广阔的前景,但经济

效益相对较低，市场分布零散，不具有持续性，总体不稳定，开发和占领的难度较大。

第三，国际市场是我们的新兴市场，工作量比较集中，往往适合我们进行整体开发，如果承揽到，可以在一定年限内保证我们有一个稳定的市场。但一来由于我们的实际经验、实力、技术、装备、人才等因素的限制，获得较大较好工程项目的难度较大。二来由于不确定因素过多，市场风险较大。

因此，各单位应当充分认识到市场的特殊性和复杂性，结合本单位的实际，认真细致地进行市场分析和研究，确定自己的市场定位。一是目前在长庆油田市场工作量饱满的单位，除了应当继续巩固这一市场，还应当未雨绸缪，树立危机感。二是目前或者今后市场工作量不足的单位，应当树立紧迫感，立即开展工作，多方寻找市场，积极开拓外部和国际市场。

2. 加强市场开发队伍建设，充实人员，提高素质

一是有对外服务能力的二级单位都应当建立市场开发机构，牵头进行市场开发和市场调研。

二是要积极探索用人方面的新机制和行之有效的新办法，真正把那些素质高、作风硬、有吃苦精神、能为大家谋利益的人员选拔到市场开发工作岗位上来。各单位设立的市场开发机构，原则上不受定员限制，可根据业务的需要随时增加定员。

三是要抽出专门的时间，采用“请进来、送出去”等方法，下大力气对全局市场开发人员进行系统的市场营销和经济、法律等方面的业务培训，切实提高市场开发人员的整体素质。

3. 建立完善的市场开发网络，加强市场信息收集反馈工作

一是要各级市场开发机构都要做好市场开发信息的收集、整理、汇总、上报工作，及时做好各种报表的填写和归口管理工作。

二是要在相关行业或单位聘请若干兼职市场信息员，对其提供的有价值的信息，给予相应的报酬。

三是驻外办事机构应当增加市场信息收集职能，设立专门的市场信息收集岗位，并将此职能纳入其工作考核之中。

四是针对石油企业相对较封闭的特点，局处两级市场开发部门应加强协调，密切配合，广泛有序地开展多层次的市场调研和重点开发活动，主动出击，多方寻找合作伙伴。

4. 找准市场切入点，以优质的服务、良好的信誉巩固、开拓和占领市场

一是要在认真分析市场状况的基础上，结合单位的实际，扬长避短，找准进入市场的切入点，充分发挥自己的优势，占领和巩固市场。

二是在市场开发中要努力寻求甲乙双方的最佳结合点，以实现双赢互利为目标，与业主建立稳固的战略合作伙伴关系。

三是要建立权责明确的质量责任制，加大质量责任的考核力度，坚决杜绝因质量问题影响长庆施工企业声誉的情况发生。

四是加强质量回访工作。各单位要定期不定期的进行质量回访，保证对施工质量进行持续和有效的管理，以良好的质量稳固地占领市场。

5. 预防风险，把效益观念贯穿于市场开发工作的全过程

一是在市场的开发上，要科学合理地做好前期论证和调研工作。切忌胸中无数盲目蛮干，防止给企业造成不应有的损失和浪费。

二是在具体工程项目上，一定要搞好预算和项目实施过程中的管理工作，防止出现亏损。

6. 结合产业结构调整，规范市场竞争秩序，发挥整体竞争优势

一是要按照勘探局深化改革的总体思路，尽快对全局的产业结构、产品结构和产权结构进行整顿，对局内施工队伍进行专业化的整合重组。最终实现主营业务竞争实力整体增强，非主营业务有序退出，融入社会市场的目的。

二是要制订相应的规章制度，彻底整顿内

部市场竞争秩序。对于挂靠在油田单位,以长庆的名义在油田内外揽活的个体公司和社会公司要进行彻底清理。对于擅自冒用长庆名义承揽工程、推销产品,损害长庆局信誉的单位和个人,要坚决利用行政、经济、法律等手段进行斗争,以切实维护长庆局的合法权益。

三是为了维护长庆局的整体利益,规范局内各单位的市场竞争行为,本着统一协调、行为自律、有序竞争的原则,成立内部承包商协会,以大带小,以强带弱,以高带低,规模大、施工能力强、资质高的单位要发挥龙头作用,带动规模小、实力弱、资质低的单位联合开发市场,实现优势互补,增强整体竞争力。

7. 制订相关政策措施,促进市场开发工作向纵深发展

一是局市场开发部要会同有关部门,研究制定有关市场开发的激励政策。在局相关政策正式出台以后,各单位要结合本单位的实际,研究制定出本单位的具体政策,以达到通过政策来激励全体职工的市场开发热情、调动各个方面积极性的目的。

二是要建立市场开发目标责任制,明确各单位开发市场的目标任务,实行工效挂钩,按期考核兑现,以调动勘探局和二级单位两个方面的积极性,用政策拉动全局市场开发工作深入开展。

8. 要从全局和长远着眼,坚定不移地实施"走出去"战略,搞好国际市场开发和合作

一是国际市场开发部要积极和集团公司中油国际工程有限公司搞好合作。同时,要多方位寻找国外有经济实力的合作伙伴,拓宽市场占有面。

二是要积极适应国际市场的规则,积极探索国际项目运作的程序,少走弯路,少交学费。

三是在确保效益持平的前提下,要加大施工队伍素质的培养和提高力度,努力建设一支作风硬、技术精、管理规范、装备精良、熟悉国际施工作业规范和标准的施工队伍,为下一步大规模拓展国际合作业务,做好技术、装备、人员及经验上的储备。

9. 加强合同管理,防范市场风险

合同是市场开发前期工作的落脚点,工程项目的数量、质量、双方的权利义务、违约责任等都要通过合同来体现。在目前我国市场经济环境不十分规范的情况下,我们尤其应当重视合同的洽谈、审查、审批、签订、履行、结算、存档等基础工作,最大限度地预防纠纷。

具体到市场开发工作,我们要把对外施工合同、对外销售合同、对外经济技术合作合同的管理当作一项重要工作来抓。

一是坚持合同会审制度,搞好项目的前期论证。坚决杜绝一个部门甚至一个人单独签订合同的现象。

二是要坚持审查审批制度,严把签约审查关。坚决杜绝同没有履约能力的当事人签订合同,坚决杜绝事后合同。

三是要严格委托代理制度。坚决杜绝未经授权、授权不明或超越代理权限,以及私自订立合同的行为。

四是要坚持"预防为主、诉讼为辅、重在管理"的原则,实行全过程的动态跟踪管理制度,使合同管理真正成为堵塞漏洞、预防纠纷、维护企业合法权益的一道重要防线。

10. 加大施工设备的更新力度,增强企业的市场竞争力

一是要加大设备更新改造和技术升级的力度,以改变目前我局施工队伍技术装备整体滞后的局面,增强企业的市场竞争力。

二是要在控制总量、提高素质的前提下,按照"择优扶强,效益优先"的原则,有计划、有重点地进行。

11. 拓宽市场开发渠道,取得更大的经济效益

一是要认真研究集团公司的政策,争取用好、用活、用足,要用这些政策来拉动我局的市场开发工作。

二是要充分利用好导向资金,在充分论证,做好市场前期调研的前提下,争取上一些高新产业项目。

三是在搞好工程技术服务、生产技术服务、道路施工、建筑安装等工作量承揽的同时,要重点抓好产品市场的开发,要把我局的机械产品、化工产品等各类产品推销出去,打向外油田市场、社会市场、国际市场(重点是中亚市场)。

12. 加强企业形象宣传,努力提升我局的知名度和企业信誉

我们要巩固长庆市场、开拓社会市场乃至国际市场,寻求企业更大的发展空间,就必须重视企业形象的宣传。为此,我们要利用一切手段加大企业形象的宣传力度,把长庆的品牌树立起来,把长庆的知名度提升起来,使长庆的精神、长庆的理念、长庆的行为作风为社会所认知,促进市场开发工作的顺利进行,确保长庆的持续稳定发展。

一是必须有一个整体的部署和安排,有一个长远的规划目标。局企业文化处、市场开发部、长庆报社、电视台、通信公司等单位要互相配合,分阶段、分步骤地实施这项工作。

二是在条件允许的情况下,通信公司应对长庆信息网进行改版,加大信息量,增加对企业形象、特色技术、经营范围等的宣传,争取与国内大型网站链接,以发挥电子媒体的应有的作用。

三是抓好9月份“2001年上海国际石油石化展”的参展工作,向国内外充分展示我局的企业实力和竞争优势。这次展览规模之大,参加单位之多都是空前的。局市场开发部要认真的组织,各相关单位要密切配合,各参展单位要精心安排,要把这次活动搞成功,使这次展览真正起到宣传长庆精神,展示长庆实力的作用。

同志们,随着市场开发工作的全面展开,今后的任务会越来越重,工作头绪会越来越多。我们要以江泽民总书记“七一”重要讲话精神为指针,认真贯彻局党委、勘探局的总体工作部署和孙局长关于市场开发工作的一系列重要指示,广泛动员全体职工,开拓创新,锐意进取,进一步搞好市场开发工作,以优异的成绩确保勘探局全年生产经营任务的顺利完成。

(局办公室于2001年9月12日以长局办发[2001]第47号文印发)

刘自强同志在长庆石油勘探局“三位一体”成本动态控制体系推广会上的讲话

(2001年9月27日)

同志们:

这次“三位一体”成本动态控制体系推广会,是孙局长亲自策划、勘探局研究决定召开的。把市场开发、生产运行、财务管理作为一个整体、一个系统去研究、来探讨,就全局来讲,这还是第一次。这也说明在重组改制后的新形势下,我们对市场开发、生产运行、财务管理三者之间的内在联系以及市场、成本、效益的认识更深刻了、更理性了。

刚才,局长助理、钻井工程总公司杨再生总经理、副总经理潘应元分别介绍了他们建立“三位一体”成本动态控制体系的动因、背景、实施方法、具体措施和已经取得的效果。为建立和实施“三位一体”成本动态控制体系,孙局长曾多次深入到钻井工程总公司调研、指导,指路子、教方法、提要求,并提出要组织召开专门会

议，推广“三位一体”体系。这次会议之前，我和张芝兰总会计师先后两次听取了“三位一体”成本动态控制体系的建立及实施情况的介绍，今天又认真听了一次，又有新的收获。感到钻井工程总公司为适应市场竞争和提高效益的需要，在市场开发、生产运行、财务管理三者的有机结合上，进行了积极有效的尝试和探索，取得了具有时代特点的新鲜经验。这次会议时间虽然很短，但研究探讨的问题很实际、很有针对性，我相信，通过这次会议的召开，必将推动“三位一体”工作的深入，促进全局整体管理水平的提高。

下面，结合这次推广会的议题，讲几点意见。

一、“三位一体”成本动态控制体系的建立和实施，体现了市场导向、效益优先的原则，是适应市场竞争的必然选择，具有很强的针对性和可操作性

钻井工程总公司介绍经验时已经讲过，“三位一体”成本动态控制体系的提出和建立是有其现实背景的。原三个钻井处重组整合成立钻井工程总公司后，管理幅度明显加大、管理链条也随之延长。如何尽快建立起具有长庆钻井特色、适应市场要求的经营管理体系，充分显现整合优势，钻井工程总公司在明确总体发展思路的同时，坚持重组整合与强化管理同步运行的原则，在管理体制和经营机制上进行了大胆探索，“三位一体”就是机制转换和强化管理的集中体现。我们经常讲创新，什么是创新？“三位一体”就是创新，是体制上的创新，管理上的创新。创新并不意味着要标新立异，而是要结合实际，去积极有效地解决问题。

钻井工程总公司“三位一体”体系新在哪里？有哪些特点？或者说给我们有哪些启发，我认为是“1231”，即：坚持了“一个中心”，做到了“两个结合”，实现了“三个转变”，达到了“一个目的”。

坚持了“一个中心”，就是“三位一体”体现了现代企业管理中以财务管理为中心的思想。大家知道，财务管理是经营管理的一个重要组成部分，是利用价值形式对企业生产经营活动进行的综合管理。随着市场经济的发展和完善，尤其是企业管理体制的变革和经营管理的深化，财务管理在企业管理中的地位日益提高。宝钢人提出“要建立现代化企业的管理制度，就必须建立以财务管理为中心的管理制度”，这就更不难理解财务管理在企业生产经营中的重要作用。市场经济，说白了就是“算账经济”，不仅要有市场观念，还要有效益观念，也就是说要使投入企业的经营资本能最大程度地得到增值。我们的市场开发、生产组织以及企业的其他经营活动，都需要资金的运动来推动，财务管理理应贯穿于生产经营的全过程，“三位一体”就集中体现了财务管理这个中心。

做到了“两个结合”，就是生产与经营的结合、过程与目标的结合。市场开发实际上就是项目选择、就是投资决策，这就必须依靠财务管理做支撑，要考虑投资规模、投资方向、投资方式、投资效益、及投资风险，同时还要考虑生产技术、市场、资源、人才等因素，并建立投资回报机制，确保投资取得预期的回报。企业的目标是什么？是生存、发展、获利。我们要的市场，是有效益的市场，财务管理的同步运行，就能够使我们对要占领的市场是“陷阱”，还是“馅饼”，有一个正确的判断，为决策提供可靠的依据，同时也能够为今后的生产组织中如何提高资金运营效益，如何控制成本打下基础。原来觉得只要有市场有活我就干，但有时是“事与愿违”，大家想一想，去年有些单位搞市场开发不就存在“得不偿失”的问题。搞市场开发的主要目的是挣钱，挣钱就要算账，是“陷阱”，还是“馅饼”，单靠市场开发或者生产运行一个部门，是没有办法看清楚的，这就需要财务部门介入。孙局长在重大决策方面，都要求财务部门参与，包括国外市场的开发等等。“三位一体”把市场开发、生产运行、财务管理很好地融为一体，把过程控制与最终目标有机结合,比较好地解决了三者“各吹各的号、各唱各的调”的问题,不仅符合现代管理潮流,而且也是企业生存和发展的必然选择。

实现了“三个转变”,就是实现从“广种薄收”的粗放型向“精耕细作”的集约型、从事后考核向事前预测和事中控制、从静态核算向动态管理的转变。从目前情况看,长庆油田正处于大发展时期,钻井工作量饱满,但“大市场、低效益”、“大市场、无效益”的矛盾依然存在,我们都寄希望于价格的提高或到位,但这只是一厢情愿的事。长庆油田所在的鄂尔多斯盆地的地质状况本身就比较“贫”,如果投入和产出的回报率达不到的话,股份公司就压缩投资,油田公司肯定就降成本,这不就是矛盾吗? 1998年我们实行“零利润”、“过紧日子”,价格压得确实比较低,现在想把它抬起来,也非常困难。怎么办?钻井工程总公司“眼睛向外找市场、眼睛向内挖潜力”,依靠科学的决策、周密的组织、严格的管理,使企业的理财观念开始朝着以经济效益为中心,自我发展、自主理财的方向转变。他们把传统的以钻井工作量定收入、以收入定成本和利润,转变为以目标利润为管理主线,通过目标利润倒推工作量和成本费用指标,把财务管理贯穿于从投入到产出的生产经营全过程,实现了对企业生产经营活动的有效管理与控制。在市场开发和投资决策过程中,坚持“量入为出、量力而行、效益优先”的原则;在生产组织及经营管理过程中,注重事前预测和事中控制,以市场开发为先导,以钻井工作量为保障,落实钻井工程收入,细化各项成本费用,建立分配、执行、控制、考核的运行机制,从而使每个生产管理环节和每个人都紧紧围绕目标利润和可控成本,各负其责,各司其职,确保目标的实现;在资金的使用上,开始树立了投资要有回报的意识,不仅注重市场的扩张,同时更加注重效益的增长,使企业的一切经营和管理活动,都紧紧围绕目标利润展开,由防守型的管理变成了进攻型的经营。

达到了“一个目的”,就是提高效益和竞争力。手段是为目的服务的,“三位一体”的实施,终极目标还是提高经济效益和提高竞争力。从钻井工程总公司今年以来经营指标的完成情况和市场占有情况,就很能说明这个问题。

二、要正视我们面临的压力和诸多不利因素,积极有效地开发市场,坚持有效益地发展

重组分开后,勘探局也随之由商品生产型企业转变为劳务服务型企业,从自身情况讲,面临着底子薄、资产差、负担重、人员多等矛盾和问题,而且来自勘探局外部的压力和诸多不利因素更不应当低估。

一是来自油田公司。关联交易市场是我们的主战场。油田公司的市场、油价、政策变化都会对勘探局产生直接的影响。按照上市时的承诺和追求股东收益最大化的原则,为提高投资效益,油田公司必然要加大实施低成本战略的力度,进行精细管理,这是经济规律,是不以人的意志为转移的,而这些措施的力度就是对勘探局影响的程度。也就是说,在今后勘探局生存和发展的过程中,我们不仅要面临如何占领市场的考验,还要面临着巨大的成本压力,这种压力随着时间的推移,会越来越大。

二是来自社会。勘探局要寻求更大的发展空间,必然要面向社会、面向国际,还要适度发展非油经济,但真正有市场、有效益的项目很难寻找。西安泾河、宁夏河东两个工业园区建设发愁的不是资金,也不是技术和人才,发愁的是没有好项目。在国家宏观经济总体过剩、石油行业施工队伍整体富余的情况下,今后我们开发新项目,对外提供劳务、提供产品,不但有很大难度,而且还可能冒很大风险。

三是来自市场。随着关联交易市场逐步放开,区域市场的无序竞争逐步加剧,“与狼共舞”的局面已见雏形,包袱沉重的存续企业明显感到市场压力越来越大。这方面钻井工程总公司体会最深,辽河的、华北的、大庆的,甚至一些个体的队伍都有。此外社会市场的不规范、不平等还将长期存在,加之我们闯社会市场的经验和能力尚显不足,这些都会影响和制约着勘探局的生存和发展。

面对这些压力和诸多不利因素,怨天尤人无济于事,只有积极应对,才能化被动为主动,化不利为有利,把市场开发好,把成本控制好,达到降低风险、提高效益的目的。

重组分立后,勘探局最明显的标志就是全面走向市场。大家都知道,去年和今年的两次工作会上,讲得最多的就是市场,就是效益,就是成本。“有市场则兴、无市场则衰”,已成为上下一致的共识。但如何处理好内外部市场关系,必须引起我们足够的重视,“内求立足、外谋发展”应该成为解决勘探局生存和发展问题的一条基本原则。

内求立足。油田内部市场是勘探局生长的土壤、生存的基础、发展的根基,也是优势所在,必须积极有效地占领。油田内部市场,尤其是关联交易市场,是勘探局的主要经济来源,也是最直接、最易见效的一块,我们应充分利用自身的技术、装备、人才和地缘、亲缘优势,最大可能地赢得油区市场,在为油田公司实现宏伟目标做出贡献的同时,实现自身的经营目标。我们说主观上为油田公司大发展做贡献,客观上也要生存,也要发展。无论市场开放到什么程度,我们都要依靠自身的优势,千方百计、坚定不移地占领这块市场。当然,孙局长早就讲过“关联交易市场也是一种市场,只不过是一种特殊的市场”,既然是市场,我们就必须遵循市场规则和经济规律,规范运作,最终达到“双赢互利、共同发展”的目的。“三位一体”也正是体现了这一实质内容。

“三位一体”成本动态控制体系还专门把关联交易当作市场来运作,其他单位应当值得借鉴,不要认为这是内在的市场,反正我给你服务了,最后你总得给我钱呀,其实今非昔比了。重组前,你干了活,不行的话,到局里决算的时候,还能够强制性给你划上一块、补上一块,这都是有可能的,或者到项目组要上一点,这也是可能的。现在情况完全不同了,“亲兄弟算明账”,按照“三位一体”的要求,先把账算好,算清楚,然后再开始施工,先算后干,这就是内求立足。

外谋发展。勘探局生存和发展离不开油田内部市场做支撑,这是毫无疑问的,但“坐稳屁股,是为了打出拳头”,要谋求更大的发展,关键还是要开拓外部市场。经济学家常讲“鸡蛋不能全部放在一个篮子”,市场结构单一,也是制约勘探局整体发展的重要因素。长庆油田大发展,给我们创造了难得的发展机遇,是我们的优势,但对于勘探局这样一个多行业、多门类的集团型大型企业,仅靠油田内部市场还是不够的,必须“未雨绸缪”,实施“走出去”战略,努力打造新的优势,形成新的发展强势。这里要指出的是,开拓外部市场毕竟不是一件容易的事,环境的复杂、竞争的残酷、市场的无情,都加大了决策、管理以及经营的风险,既要积极,又不能“病急乱投医”,就是说好像饥不择食,必须把市场开发建立在科学论证和经济分析的基础上,积极有效地开发市场。

三、坚持以效益为中心,全面实施合理的低成本战略,挖潜增效,增收节支

市场经济有一句至理名言,“市场决定价格、价格决定成本”,这足以说明成本的重要。市场价格我们不能控制,但成本我们却可以控制。经常讲要提高竞争力,但关键还是看成本,工程技术服务更应如此。计划经济从成本出发定价格,市场经济是从价格出发定成本。成本降不下来,竞争力就不可能提高,效益就上不去。聪明的邯钢人悟出了这个看似平常而又重要的道理,采取的就是从价格定成本的“减法”策略,创造实施了“成本倒推法”,极大地增强了企业竞争力。这个道理实际上大家都知道,可是没有去运作它,没有把它坚持下来。坚持以效益为中心,实行全方位、全过程、全员成本管理，严格控制成本是市场经济条件下企业生存和发展的必然选择。

当前在抓成本控制方面应重点抓好以下几项工作：

一是深化目标成本管理，健全以责任制为主体的成本管理机制。“三位一体”的核心是成本控制，关键是过程管理，目标是效益最大化。各单位要结合自己的实际，制订科学、合理、先进的目标成本，要自上而下建立健全对成本和费用控制的全员责任体系，建立和完善成本和费用的全过程控制体系，以及严格的考核体系，真正把控制成本的责任、目标和奖罚落实到每个环节、每个岗位，做到纵向到底、横向到边。各级行政“一把手”是成本控制的第一责任人，并依此确定各层次的成本控制责任人，从而形成成本控制层层负责、双向控制、相互制约的“责任体系”。成本控制只说一说是不行的，一定要严考核、硬兑现。再好的办法、再好的规章、再好的思路，如果没有人去执行它，就形同虚设，废纸一张，从成本角度讲，还加大了成本。再好的办法，你“一把手”不重视不行。钻井工程总公司就是杨助理抓“三位一体”的实施，在局里孙局长是亲自抓成本，而且抓的非常紧，并不断思索怎么样控制成本，怎么样有效地控制成本。“三位一体”就是孙局长在调研的基础上，提出并倡导的。

二是强化预算管理，充分发挥好预算管理在控制成本、提高效益中的作用。预算管理是被实践所证明了的一种行之有效的管理模式。近年来我局通过实施预算管理，在控制投资和成本、费用支出，增强自我约束能力，提高经济效益等方面发挥了积极作用，收到了很好的效果。但从各单位的实施情况看，也存在着预算执行与编制“两张皮”、执行过程控制不严、预算刚性考核不够等问题。强化预算管理，首先，要提高认识，真正把预算管理作为企业发展的自身要求，把预算的编制过程作为企业制订经营决策的过程。充分认识到企业决胜于市场，市场决胜于管理，推行预算管理有利于企业内部加强管理、提高效益。其次，要拓宽预算管理的覆盖面，严格执行预算。“凡事预则立、不预则废”，各单位的各种收入、支出、对外投资以及各种债务的借贷和偿还，都必须纳入预算，逐步实行全面预算管理。强化一切资金收支活动的管理和监控，严格按预算组织收入和控制支出。在时间上，各单位要将年度预算指标分解到月度控制，加强对过程的控制，以月度预算确保年度预算的实现。第三，要建立弹性预算。预算的编制要以科学合理的预测为基础，为确保单位总体效益如期实现，当市场和外部环境发生重大变化时，必须适当调整预算，建立弹性预算管理机制。

三是要牢固树立投资回报观念，提高决策效益，从源头控制成本。降低成本，要从源头管住成本，要慎重进行投资决策，牢固树立“今天的投资就是明天的成本”、“科学的决策是最大的效益”的观念，保证投资效益最大化。坚持投资跟着项目走，项目跟着效益走的投资管理办法，认认真真地做好项目的可行性分析，而不是“可批性”分析，坚持在论证、立项、审批、施工等环节上落实责任，杜绝任何重复、无效、低效的投入。今年勘探局在投资体制上要进行重大变革，原来的投资体制实际上就是要项目、争项目，要设备、要钱，不讲或者说很少讲回报怎么样。一方面我们的无效资产、闲置资产比较多，另一方面有些单位还在不断地要投资，当然，要回去以后绝大部分是投入到生产中去了，还有一部分要回去以后根本就没有用。这次我们通过资产清查确实也发现这个问题，有些设备甚至都没开封？为了上项目、争投资，把“可行性”研究，变成了“可批性”研究。投资要有回报，不管是什么项目，有了投资，除了应上缴的折旧从成本里走以外，不同的项目要有不同的回报，要签订回报承诺责任书，达到了这一条，你就把钱拿走，而且采取自愿。投资体制变了以后，到明年你买测井设备也好，买井下设备也好，你回报率是多少，你给填上就行了，这与单位的经济效益、承包指标是两个概念。每个单位上项目、买设备的时候，要先算账，把钱要回来，投入以后，它的回报能增加多少，这个必须算明，你不算清楚最后你就划不来了。这里必须强调，新的投入必须成为新的经济增长点，必须为企业带来新的发展，而不能仅仅成为企业日后的“固定费用”，变成企业的“包袱”，只有抓住、抓好“投入”这个源头，才有可能实现低成本运行。

四是坚持定期经济活动分析制度，加强成本动态管理。要像钻井工程总公司那样，建立成本动态分析、预测和考核体系，明确各自责任，定期开展经济分析，并辅之以单项分析、专题分析，及时掌握成本升降趋势，发现并适时纠正成本管理和控制过程中所出现的偏差，将成本由静态核算转变为动态管理。要继续推行成本一票否决制度，建立奖惩机制。要树立“以人为本”的思想，把降低成本由过去的以物为主，转向以人为主，使职工切实在降低成本中有家可当、有财可理、有事可做。事实证明，成本管理紧一紧就是效益，松一松就是很大的流失，创收是积累财富，严格控制成本也是积累财富。尤其是当前社会市场竞争激烈，工程中标价格较低的情况下，要用市场中标价倒算目标成本，分解各种费用指标，落实成本责任，层层把关控制。对为打进市场而低价中标的预亏项目，努力做到减亏、保本。

五是依靠管理的加强，推动成本的降低和效益的提高。效益是企业一切活动的出发点和归宿点，当前降低成本、提高效益，必须紧紧依靠管理工作的加强。管理是企业的永恒主题，是实施低成本战略的最重要措施。重组改制后，无论从我们目前面临的严峻形势看，还是从企业发展的前途和命运看，都要求我们在加强企业管理上下一番苦功夫，紧紧围绕降成本、降费用，对管理工作一严再严，坚持过紧日子一紧再紧，各项投资要慎之又慎，各项费用要精打细算。成本是反映企业整体水平的综合指标，没有一个成本管理不好的企业会兴旺发达，也没有一个兴旺发达的企业会管不好成本。加强管理要突出降低成本这个核心，“三位一体”突出就是这个核心。海尔集团总裁张瑞敏讲过“管理工作的本质不在于知而在于行”，你说的多没有用，关键在于做。成本管理是一项系统工程，需要做的工作很多，但目前最为突出并需要我们认真加以解决的问题是成本的规范和硬约束问题，首先降低的是思想成本。“成本是个筐，什么都往里装”，这在原来计划经济条件下是有的，现在恐怕不行了，有些东西装不进去了。现在调工资也好，提高福利也好，都要看成本能不能消化，成本消化不了，你就塞不进去了，就要倒挂账了，甚至会出现亏损，所以我们思想上的成本要降低。随意把成本的外延扩大，这是计划经济条件下形成的一种不良的成本观念和做法，这样做的结果，不仅导致了经济核算混乱和成本失真，而且助长了企业大手大脚的习惯。控制成本要改变“归罪于外”的思想，积极采取革命性的措施，坚持“严、细、实”，努力减少和避免管理过程中的“跑、冒、滴、漏”，向无效管理宣战。当前各单位还要认真分析研究市场、价格、质量、成本的关系，积极寻找甲乙双方均满意、自身效益最好的最佳结合点，减少无效作业。还要讲一下，质量和成本是挂钩的，提高质量是要有成本的，关键是要保证质量。保证质量应该是合理、科学的提法，有多少钱买多少货，花什么样的价钱买什么样的货，优质服务就是优质优价，这是市场经济规则。我们应该好好研究一下，特别是在科研技术力量有限、科研资金有限的时候，要搞一些自己特色的东西，形成自己的特色优势。通过科研人员的辛勤劳动和智慧，把投入降下来，把成本降下来，这也是提高经济效益的一种有效途径。

四、以创建“精品工程”为载体，推动“三位一体”的深入开展

盐不能直接食用，要溶于水，水就是载体。“三位一体”的载体是什么？对工程技术服务单位来讲，就是创建“精品工程”，这应当成为施工单位的共同追求。“精品工程”是全面推进企业管理进步的一个有效载体，只有抓住了载体，才能把各方面的管理集中到“精品工程”上，最终又体现在效益上，真正把企业管理—精品工程—经济效益紧紧地连在一起。“精品工程”的灵魂在于精，它要改变的就是粗，它是企业在经营管理上的一种较高层次上的追求。

我们讲的“精品工程”不仅仅是工程质量上的事情，在施工过程当中我们的“精细管理”也是这种“精”，“精”的反面就是“粗”。在市场经济条件下，每一个施工企业都必须苦练内功，多出精品，走进市场。对于施工企业最愁的就是没活干，但是有了以后怎么干，这同样是面临的一个非常重要的问题。我认为市场经济条件下至少解决三个问题，一是干什么的问题；第二个是怎么干的问题；第三个是怎么赚钱的问题。现在来看，应该把怎么能赚钱排在第二位。怎么能赚钱，咱就怎么干。

面对市场的激烈竞争，我们只能以优质的产品和优质的工程来赢得用户的信赖，同样也只有做出精品，实现高速、优质、低消耗，施工企业才能在有限的工作量上实现自身利益的最大化。“精品工程”实质就是在确保质量、达到用户满意的前提下，将成本费用控制到最小限度，进而产生最佳经济效益的成本控制工程。这也正体现了“三位一体”管理所追求的目标。

创“精品工程”，体现了对某些传统管理理念的突破。一是体现在经营成果上。从以往主要靠量的堆积转移到质的提高，使企业开始由“广种薄收”的粗放管理走向以效益为中心的减量增效、增量更增效的内涵发展的轨道。二是体现在经营理念上。在努力满足甲方利益的同时必须追求自身利益，把自身利益建立为甲方提供优质工程的基础上。树立“精品”意识及“伙伴”意识，不树立“精品”意识，就不会有创“精品”的行动；不树立“伙伴”意识，就达不到互利双赢、共同发展的目的。我们和甲方就是这个状况，我们要创“精品”，但还要有“伙伴意识”，我们自己要有钱赚，不能甲方说什么，就听什么，那种不计成本不断把质量标准往上提的做法，也不符合市场经济规律。所以我觉得我们“脸要笑、情要真、脑要活、腿要勤、钱要挣”，挣钱是目的。三是体现在经营过程上。从以往分散抓、抓单项的“单打一”转到以“精品工程”为目标，成本、质量、技术、安全，多位一体，全方位抓管理上来，以“精品工程”带动各项管理，以各项管理确保“精品工程”。精心决策、精心设计、精心组织施工，精打细算各种成本支出，力求在每一个单项工程中都获得最理想的效益。实现干一项工程、赢一块效益、争一方信誉、占一片市场。四是体现在“以人为本”上。改变传统管理中“见物不见人”的做法，突出“以人为本”，在提高人的素质上下功夫，使全体职工不仅要有精品意识、精品欲望，而且要在经营管理和施工技术上逐步形成精品能力，使“精品工程”能够真正落实到各个环节和岗位。

各单位在推行、实施“三位一体”管理体系过程中，要把创“精品工程”放在更加突出的位置，“精品工程”就是我们的“生存工程”、“希望工程”。

同志们：这次“三位一体”成本动态控制体系推广会，交流了经验，研究了问题，启发了思路，明确了目标，增强了信心。希望各单位在认真学习钻井工程总公司试点经验的基础上，结合本单位的实际，提出实施“三位一体”管理的措施和办法，创造性地搞好本单位工作，不断提高管理水平，为勘探局的生存和发展再做新贡献。

（局办公室于2001年10月29日以长局办发[2001]第51号文印发）

蒲建中同志在共青团长庆石油勘探局第八次代表大会上的讲话

（2001 年 11 月 27 日）

各位代表、同志们、青年朋友们：

共青团长庆石油勘探局第八次代表大会今天隆重开幕了。首先，我代表局党委、勘探局向大会的胜利召开表示热烈的祝贺！向前来参加会议的陕西团省委的领导表示热烈的欢迎！向一贯重视、关心我局青年工作的各级组织、各级领导表示衷心的感谢！向全体代表并通过你们向奋战在全局各条战线、各个岗位上的团员青年们致以亲切的问候！

这次共青团长庆局第八次代表大会，是在全局广大干部职工深入学习贯彻党的十五届六中全会精神，以实际行动开展“二次创业”的关键时刻召开的，这是我局重组改制以后召开的首次团员代表大会，是全局团员青年政治生活中的一件大事。它将对加强全局团的建设，团结带领团员青年为实现“二次创业”目标建功立业起到极大的推动作用。

近年来，国企改革逐步深入。1999 年石油企业的重组改制，是一次脱胎换骨的历史性变革。面对未上市企业生存与发展的严峻挑战，全局广大职工认真学习贯彻“三个代表”的重要思想，以“两条基本思路”、“四大发展战略”和“创新、开放、简捷、明确、责任、自信”的企业理念为指针，转变观念，抓住机遇，调整结构，开拓市场，取得了值得自豪与瞩目的业绩。2000 年，作为分开分立、独立运作的第一年，勘探局在 21 个方面创造了 48 项历史最高水平。今年以来，全局生产经营工作稳步发展，市场开发取得了新的突破，结构调整也见到了明显成效，可望超额实现预期的内部利润指标。这些成绩的取得，是全局广大职工艰苦奋斗、勇闯市场、开拓创新、奋力拼搏的结果，是我们不断进行理念创新、体制创新、机制创新和科技创新的结果。与各级团组织和广大团员青年的辛勤努力也是分不开的。

广大团员青年已经成为全局双文明建设的一支生力军和突击队。1997 年局第七次团代会以来，在上级团组织和局党委的领导下，全局共青团工作坚持服务改革稳定大局、服务企业中心工作，服务青年成长成才的思路，在改革中创新，在创新中发展，各项工作取得了优异成绩。

以“三个代表”重要思想为指导，以理想信念教育为主要内容的团员青年思想教育工作进一步加强。有 1956 名优秀共青团员加入了党组织；各级团组织推荐 400 多名优秀共青团干部和优秀青年走上了见习基层队副职的岗位，其中 368 名已经被正式聘任。

以“改革、市场、管理、效益”为中心，团员青年的生力军和突击队作用得到了充分发挥。涌现出获得“全国青年文明号”称号的钻井工程总公司 30533 钻井队，在“陕京、苏丹、涩宁兰”等管线建设工程中攻坚啃硬的建设工程总公司青年突击队，被誉为西北“打捞王”的第二采油技术服务处特修二公司外围作业队青年突击队等先进青年集体。

以技术创新、管理创新、营销创新、服务创新为主要内容，团员青年的创新创效活动富有成效。有 3 项成果被集团公司确定为“首批青年创新创效示范项目”，涌现出“全国青年岗位能手”2 名、省部级“青年岗位能手”63 名。

以“争创红旗团支部，争做优秀共青团员”为主题，团组织的自身建设进一步加强。有 7 个基层团委被评为省级“五四红旗团委”，9 个基层团支部被评为省级“五四红旗团支部”，13名共青团员被评为省级“优秀共青团员”。我局《从制度建设入手，努力提高党建带团建工作水平》的团建工作经验在中共陕西省委组织部、陕西团省委联合召开的“基层党建带团建”工作会议上进行了交流。

局团委被共青团中央授予“全国五四红旗团委”荣誉称号，被共青团陕西省委授予“陕西省五四红旗团委标兵”称号。

实践证明，我局各级团组织是团结向上，朝气蓬勃、富有战斗力的，广大团干部的素质是好的，局第七届团委会的工作是富有成效的。你们的工作得到了上级团组织和局党委、勘探局的肯定，赢得了广大职工尤其是青年职工的信赖与承认。

这次大会将全面总结局第七届团委会的工作，审议制订今后一个时期全局共青团工作任务，选举产生共青团长庆局第八届委员会，动员广大团员青年为实现“二次创业”奋斗目标而努力。

下面我着重就全局共青团组织以“三个代表”思想为指导，学习贯彻党的十五届六中全会精神，做好明年和今后一个时期的工作，讲几点意见。

一、以“三个代表”重要思想为指导，切实把握时代和青年思想的脉搏，加强思想政治工作，提高全局团员青年的思想政治素质

改革开放带来了经济的快速发展和社会的巨大进步。随着中国加入WTO，我国的经济管理体制和市场格局将会发生重大变化，相应地也会引起青年思想观念的深刻变化。总得看，全局青年的思想状况是积极向上的，在全局各项事业中发挥了重要作用。但也要清醒地看到，随着改革开放的深入和社会主义市场经济的发展，社会经济成分、组织形式、就业方式、利益关系和分配方式日益多样化，新事物新问题层出不穷，一些青年产生了这样那样、或轻或重的思想困惑和模糊认识。要保证青年的健康成长，培养青年人才，就必须加强青年思想政治工作。

各级团组织要以江泽民总书记“三个代表”的重要思想为指导，切实担负起教育青年的政治责任，进一步增强青年思想政治工作的针对性和实效性。

在工作内容上，要把学习贯彻江泽民总书记“三个代表”的重要思想和党的十五届六中全会精神作为重要内容。在密切联系青年和共青团工作的实际，组织团员青年认真学习党的十五届六中全会精神，领会科学内涵，吃透精神实质的基础上，积极开展理想信念、形势任务、公民道德、法制纪律教育，把上级的方针政策和局党委、勘探局的部署加以具体化，既立足当前，又着眼长远，增强工作的预见性，把握工作的主动性。要引导和组织青年认真学习上级和局党委、勘探局文件，领会精神实质，把思想认识进一步统一到中央的路线、方针、政策上来，统一到集团公司面向新世纪做出的重大部署上来，统一到局党委、勘探局提出的各项工作任务上来。

在工作对象上，要重点加强对新入厂青工、待业青年、后进青年的思想工作。要坚持对新入厂青工进行岗前教育，使他们尽快实现理性知识与感性知识的转化，尽快提高适应全局改革发展的能力；要摸清全局待业青年的底数，掌握他们的思想动态，帮助他们开阔视野，破除“没有单位不就业”的旧观念，树立“行行可就业”的新观念，保持待业青年队伍的稳定；要发挥团组织的优势，与党组织、公安保卫、社区、家庭齐抓共管，综合治理，做好后进青年的转化工作。从而把不同层次青年的主动性和积极性都调动起来，为全局的改革发展做贡献。

在工作手段上，要把传统教育手段和现代化教育手段结合起来，贴近时代、贴近生活、贴近青年。要把正确思想的灌输与积极的启发引导结合起来，把解决青年的思想问题和解决他们的实际问题结合起来，把宣传先进典型的感人事迹同促进后进的转变结合起来，运用青年易于接受的方式方法，采取青年喜闻乐见的形式和载体，特别注意发挥互联网等现代传媒在青年思想教育中的重要作用，努力建设思想政治工作的新阵地。要在长庆局域网上办好共青团自己的网页，用丰富的内容吸引青年，有正面的宣传教育青年，使互联网成为广大青年获取知识信息的一个新窗口，成为他们接受思想教育的一个新途径。同时，要针对网上信息庞杂多样的情况，防止和控制网上的负面宣传，努力消除不良信息对青年的影响。

在工作标准上，要始终把是否“有理想、有道德、有文化、有纪律”作为衡量团员青年思想素质的准则。要按照《公民道德建设纲要》的具体要求，把“爱国守法、明礼诚信、团结友善、勤俭自强、敬业奉献”作为工作的基本规范，在青年文明号、青年志愿者，青年文明社区活动及丰富多彩的青年文化活动中充分体现社会公德、职业道德、家庭美德的内容，教育青年学会做人，学会学习，学会做事，学会协作，学会生存，树立良好的职业观念、职业态度、职业技能、职业纪律和职业作风，做到学习科学文化与加强思想修养的统一，学习书本知识与投身社会实践的统一，实现自身价值与服务企业的统一，树立远大理想与艰苦奋斗的统一。

在工作目标上，要把进一步解决好团员青年的精神状态和求实、求是的作风问题，团结带领广大团员青年为“二次创业”建功立业作为工作的出发点。要坚持用“三个代表”的重要思想武装全团，教育青年。在理论与实践的结合上，帮助青年认清社会发展的规律，牢固树立爱国主义、集体主义和社会主义的思想，树立正确的世界观、人生观和价值观，坚决同“法轮功”邪教组织和一切伪科学、反科学的现象作斗争。既要教育青年，又要关心青年、帮助青年，通过解决与青年切身利益密切相关的思想困惑，引导青年了解全局改革和发展的方向，正确认识和处理深化改革过程中的利益矛盾，保证企业改革发展的顺利进行。

二、以企业生产经营工作为中心，围绕“二次创业”的重大部署，充分发挥团员青年的生力军和突击队作用

目前，集团公司交给我局“平稳过渡”的任务已经基本完成，实现勘探局“自我发展”的新任务已经提到了议事日程。今后几年，我局将加大改革改制力度，要用3—5年时间，按照现代企业制度要求，初步建立起法人治理结构，使勘探局成为以生产经营为主，兼有资本经营的现代企业集团；主营业务收入在“十五”期间累计达到246亿元，利润累计达到7.5亿元，到“十五”末，企业收入在集团公司保持第四位，力争第三位；物探、钻井、测井、井下作业、地面建设工程、加工制造等主营业务，要形成先进适用的特色技术，总体上达到国内先进水平，部分领域达到国际先进水平。全局要继续把关联交易市场作为特殊市场去占领，同时，要抓住“两西”工程的历史机遇，大力开拓社会市场；还要在巩固西非、南美市场的基础上，开拓中亚市场，争取中东市场，力争再有1—2个钻井队走向国际市场。

新世纪、新形势、新任务，为广大团员青年提供了建功立业的广阔舞台，也对共青团工作和青年工作提出了新的更高的要求，各级团组织必须最大限度地把广大青年动员和组织起来，充分发挥青年的生力军和突击队作用，为完成“二次创业”目标提出的各项任务做出新的更大的贡献。

要引导和帮助广大青年弘扬创业精神，投身创业实践。实现“二次创业”目标，是一个艰苦奋斗的过程，迫切需要青年增强创业精神，提高创业能力。全局重组改制、深化改革的深入和生产经营工作的发展，为青年提供了处处可创业、行行能创业的良好环境。共青团组织要努力挖掘青年的创业潜能，凝聚青年的创业热情，帮助青年破除“铁饭碗、铁交椅、铁工资”的旧观念，提倡“以竞争求生存，以创业促发展”的新观念。要引导青年养成不怕困难、不畏挫折、艰苦奋斗的意志和品质，积极倡导勤奋学习、勇于实践的风气，开展青工岗位练兵、青年岗位能手竞赛和青工技术比武活动，帮助青年提高劳动技能和专业技能，打好创业的基础。

要引导和帮助广大青年增强创新意识、提高创新能力。江总书记多次强调，“创新是一个民族的灵魂，是一个国家兴旺发达的不竭动力”，并希望全党和全社会大力发扬实事求是、探索求知、崇尚真理和勇于创新的精神。青年人朝气蓬勃，思维活跃，最具创造活力，是创新的希望所在。团组织要把青年的创新热情保护好、引导好、发挥好，为推进体制创新、管理创新、科技创新贡献聪明才智。要引导青年以创新的精神，积极参与全局各项改革，为建立和完善企业管理新体制、新机制献计献策。要引导青年立足本职岗位，把创新的要求和创新的精神体现到各项具体工作中去，把创新的热情和科学求实的态度结合起来，重点突破，不断提高科技持续创新能力，集中力量在黄土塬直测线地震勘探、钻井工艺、泥浆体系、油气层判识和保护、地面工程施工技术等关键领域进行科研攻关，为努力形成具有长庆特色的有效改造低渗透油气藏的勘探开发工程技术，全面提升勘探局核心竞争力做出团员青年应有的贡献。

要引导和帮助青年树立效益意识，提高创新创效能力。创新是提高企业核心竞争力的根本途径，效益是企业的生命，是衡量企业核心竞争力是否提高的重要指标。追求效益的最大化，是企业永恒不变的目标。团组织要从调研出发，充分发挥组织优势、调动、运用社会和企业内的有效资源和力量创新创效，既要注重经济效益，又要兼顾社会效益，还要重视人才效益。要加强组织领导，初步建立创新创效的工作机制，制订较为健全的管理、考评、奖励制度；要营造良好的创新创效氛围，使创新创效的理念深入人心；要围绕中心，突出重点，依托“五小”等传统工作项目和青年 QC 攻关小组等载体，开展一系列创新创效实践活动；要注重典型带动，推广在管理、服务、技术、营销方面取得突出效益的成功经验，大力表彰创新创效的先进典型，从而不断提高企业的经济运行质量和效益。

要引导和帮助青年树立成才意识，促进青年人才的成长。人才是企业最重要的战略资源，是决定企业兴衰存亡的关键。实现“二次创业”的目标，必须把培养、吸引和用好人才作为一项重大的战略任务来抓，努力造就一支规模宏大、门类齐全、结构合理、整体实力强的人才队伍。特别是要把培养青年人才放到更加突出的位置。我局正在逐步形成具有长庆特色、充满生机与活力的选人用人新机制。共青团要根据全局实施的“科技进步与人才开发”战略，自觉担负起向党政组织推荐优秀人才的职责，进一步加大工作力度，努力培养一支能够担当全局生产经营建设重任的青年人才大军。既要帮助青年人才提高业务素质，丰富实践经验，又要帮助他们提高政治素质，实现全面发展；既要发挥组织优势，积极举荐青年人才，为他们的进步牵线搭桥，又要努力营造有利于人才健康成长、施展才干的良好环境。要根据不同层次青年的实际情况，有针对性地采取措施，通过开展形式多样、丰富多彩的活动，使全局广大青年的整体素质有新的提高。

三、按照“三个代表”的要求，以党建带团建，大力加强团组织的自身建设

党的十五届六中全会精神对于加强和改进团的作风建设具有极其重要的意义。共青团是党领导的先进青年的群众组织，是做青年群众工作的，更要把作风建设放在突出的位置。

在经济成分和经济利益多样化，社会生活方式多样化，社会组织形式多样化、就业岗位和就业方式多样化的情况下，青年工作发生了很大变化。从我局的情况来看，目前存在着团员的组成结构多样化，职工团员与合同制工人中的团员及待业青年团员、学生团员共同组成了团员队伍;基层专职团干相对减少,团干兼职已成为企业改革的需要;团的工作内容不断拓展,组织依托、工作手段、服务方式等呈多样化。要不断增强团组织的吸引力、凝聚力和战斗力,就必须按照“三个代表”的要求,深刻认识新形势下加强和改进团的作风建设的极端重要性和紧迫性,进一步提高加强和改进团的作风建设的自觉性,做好团的各项工作。

要加强团干部队伍建设。勤奋学习是团干部提高素质的基础。不学习就无法跟上时代潮流,不学习就无法发现前瞻性的问题,不学习就无法在新的时代背景之下抓住机遇。团干部要珍惜团的工作岗位,确立正确的学习目的和目标,努力学习政治理论和专业技术,提高自身综合素质。团组织要加大团干部的培训力度,大力提高团干部的业务、技术、文化素质。党委组织部门要在团干部的培养、锻炼、选拔、任用方面加大力度,选拔一批高素质、热爱共青团工作的优秀青年充实到团干部队伍中去,切实把团干部队伍建设好。

要研究创新团的工作。新形势下,团组织如何更好地发挥作用,吸引和凝聚青年担负起全局改革发展的重任,是摆在共青团组织面前的重大课题。各级团组织既要立足当前,认真研究全局青年的新特点新变化,研究共青团工作面临的新情况、新问题,积极探索做好工作的新途径新方法;又要把握未来青年发展的趋势和共青团工作的走向,增强工作的预见性,把握工作的主动权,不断开创共青团工作的新局面。要努力创新工作方法,更新工作内容,扩大工作范围,牢牢抓住发展机遇,紧紧围绕企业和青年的需求,广泛开展青年成长成才教育和“青”字号活动,在服务青年和服务企业中促进团组织的发展壮大。

要进一步加强团委班子建设。各级团组织必须在思想上、政治上、行动上同以江泽民同志为核心的党中央保持一致,发扬“党有号召、团有行动”的优良传统,做党的坚强助手。要把团委班子建设成为坚决贯彻党的路线、方针、政策的坚强有力的集体,建设成为坚决落实局党委、勘探局重大决策、中心工作,重点工作的与时俱进,求实创新的集体。要大力加强团支部班子建设,按期进行团支部改选,把优秀青年充实到团支部班子中去,切实提高团支部的战斗力。

要发挥团组织培养教育青年的作用,为党组织输送新鲜血液。团组织要充分认识推优入党工作对于培养和造就跨世纪青年人才、加强团组织自身建设的重要意义,主动地、创造性地开展工作。要重点推荐优秀团干部、优秀青年入党,逐步提高团干部党员的比例。要坚持执行推优工作应该履行的程序,积极培养、严格考察、民主推荐、热情帮助,努力把团的优秀分子推荐到党组织,不断促进推优工作的深入开展。

各级党组织要加强对共青团工作的领导。关注未来,就要关注青年,我局各级党组织历来都把青年作为未来发展的希望。党组织一定要站在党的事业和国家前途命运的战略高度,从促进全局改革、发展、稳定的目标出发,更加重视青年和青年工作,切实加强对共青团工作的领导,鼓励团组织积极探索、大胆创新、发挥作用,并帮助他们解决工作中遇到的困难和问题。要关心团干部的成长,多为他们创造学习、锻炼的机会。各部门也要关心、支持共青团工作,为共青团工作的开展和青少年的健康成长创造良好的社会环境。

各位代表,青年朋友们,一个充满生机与活力的长庆石油勘探局,正以新的姿态向着新的目标跨越。全局党政组织寄希望于你们,全局广大职工寄希望于你们,希望你们努力开好这次大会,在新一届团委会的领导下,团结一致,勇于开拓,与时俱进,求实创新,为实现我局“二次创业”的宏伟目标建功立业!

预祝大会圆满成功!

赵业荣同志在长庆石油勘探局2001年科技工作会议上的工作报告

（2001年2月22日）

同志们:

今年是“十五”计划的第一年,也是改革重组后勘探局生存发展至关重要的一年。在新形势下,我们召开这次勘探局科技工作会议。会议的主要议题是:贯彻落实勘探局“科技进步和人才开发战略”,总结工作,交流经验,表彰先进,安排部署今后一个时期勘探局的科技工作。会议的宗旨是:提高认识,转变观念,逐步实现科技管理由计划经济向市场经济管理方式的转变,加大科技人员对技术成果的所有权益,推动科技成果商品化,以此激励和调动广大科技人员的积极性、创造性,大力实施技术创新,推动勘探局的技术进步和持续稳定发展。这是一次非常重要的会议,对我们适应新的形势,迎接新的挑战,大力推进科技进步,促进勘探局的持续稳定发展具有重要的作用和意义。下面,我代表勘探局科学技术委员会向大会作科技工作报告。

一、“九五”科技工作的回顾

“九五”期间,勘探局认真贯彻落实“经济建设必须依靠科学技术,科学技术必须面向经济建设”的科技发展方针和科技兴业战略,以油气增储上产提高经济效益为中心,以油气勘探开发技术进步为重点,大力组织科研攻关和技术开发,积极推广应用新理论、新工艺、新技术,为促进长庆油田的科技进步,增强技术实力,确保油气储量、产量的大幅度增长,实现长庆油田的发展目标作出了重要贡献。

(一)科技发展工作取得了丰硕成果和显著的效益

勘探局重视科研攻关工作。“九五”期间共安排科技项目366项,完成了337项,项目实施完成率达到了92%。共取得和奖励科技成果598项。其中,获得国家科技成果奖3项:一等奖2项,三等奖1项;获总公司科技成果奖32项:一等奖6项,二等奖10项,三等奖16项。这些科技成果,总体上反映了我局的科技工作水平和成就。一些成果达到了国际先进水平或处于国内领先地位,突出的有“黄土塬区高分辨率地震勘探技术”、“低孔低渗天然气储层测井解释技术”、“天然气欠平衡钻井技术”、“定向井、丛式井钻井技术”、“钻井液固控装备开发研究”等项目。一批重大工艺技术项目,如“长庆气田地面建设配套技术”、“马岭油田稳产综合治理”、“小井眼丛式井钻井完井技术”、“低渗透油气田压裂改造技术”、“CO_2泡沫压裂技术”等项目,实现了边研究攻关、边完善配套、边推广应用,在生产中发挥了重要作用,产生了很好的经济效益。据统计测算,五年中,科技成果应用率达到88%以上,科技进步对勘探局经济增长的贡献率约为39.6%,总体上达到了国内较好水平,为长庆油田实现“九五”发展目标提供了有力的技术保障。

(二)科技攻关促进了勘探局主体技术的发展进步

1.物探技术有了显著的进步,较好地发挥了地震先行的作用

“九五”以来,共安排地震勘探技术攻关研究项目21项,取得科技成果26个。形成了三大技术系列:黄土塬区地震勘探技术系列、沙漠区地震勘探技术系列、三维地震勘探技术系列。十项优势技术:(1)黄土塬区沟中弯线地震资料

采集技术;(2)黄土塬区直测线地震资料采集技术;(3)黄土塬区网状三维勘探技术;(4)复杂地表高精度基础静校正技术;(5)共反射面元优化叠加技术;(6)反射系数序列控制下的保幅处理技术;(7)两个侵蚀面的解释技术;(8)波形特征与地震反演相结合的储层厚度预测技术;(9)储层物性、含油气性预测技术;(10)井位优选技术。

这些独具长庆特色的物探优势技术,在油气勘探开发中发挥了重要作用。五年来,共提供中生界石油勘探建议井位 274 口,采纳 142 口;预测符合率 75.8%;获工业油流井 87 口,钻探成功率 61.3%。2000 年提供上古天然气探井井位 32 口,采纳 32 口,采纳率 100%,钻探成功率达 83.3%。其中,陕 141 井、苏 2 井、苏 6 井、榆 17 井、神 3 井等获得了高产工业气流;提供气开发建议井位 119 口,采纳 75 口,钻探成功率均在 80%以上。尤其是提供的苏 6 井,经试气获得日产 126 万立方米工业气流,为苏里格特大气田的勘探与发现做出了贡献。

2.钻井技术有了较快发展,市场竞争能力有所增强

钻井技术研究安排科技项目 78 项,取得科技成果 78 个。形成了五大技术系列:井眼控制技术系列、快速钻进技术系列、特殊工艺技术系列、油气层保护及优质钻井液技术系列、固井完井技术系列。十八项优势技术:(1)小井眼定向钻井技术;(2)定向丛式井、水平井钻井技术;(3)钻柱力学与井眼轨迹控制技术;(4)随钻测量技术;(5)天然气井优选参数钻井技术;(6)天然气井防漏堵漏技术; (7) 井身结构优化技术; (8) 天然气欠平衡钻井技术; (9) 井控技术; (10) 油气井开窗侧钻技术; (11) 井下复杂事故处理技术; (12) 优质轻质钻井液技术; (13) 油气层保护堵漏技术; (14) 钻井液固相控制技术; (15) 多级套管固井完井技术; (16) 小井眼窄间隙固井完井技术; (17) 防气、水窜水泥浆技术; (18) 防管外腐蚀固井技术。

钻井技术的研究应用,提高了钻井技术水平,增强了市场竞争能力。小井眼丛式井钻井技术,通过对小井眼定向井井身结构、钻具组合、井眼轨迹控制、提高钻速工艺技术、低固相、无固相聚合物钻井液体系、固井泥浆体系与窄间隙固井施工工艺技术的试验研究,形成了配套技术。试验推广应用 130 余口井,钻井成本比常规井下降 10%左右。天然气欠平衡钻井技术,通过设备配套、钻井、固井、完井、测试工艺技术的试验研究,2000 年 8 月 7 日首次成功地完成了陕 242 井欠平衡钻井工程,很好地实现了工程和地质目标,初步形成了天然气欠平衡钻井的 8 项核心技术和 7 项关键技术。这项技术的研究成功,对我局钻井技术实力的提高和市场开拓都有重要的意义。保护油气层的钻井液、完井液、固井泥浆体系及固井工艺技术有了新的发展,低固相、无固相聚合物钻井液、次生有机离子钻井液已得到推广应用;保护油气层的油溶软暂堵完井液在陕 241、242、苏 6 等井上古砂岩气层井段使用取得了减小地层侵入伤害的良好效果;提高天然气井、小井眼井、调整井、底水油层井固井质量研究取得较好的成果,固井质量显著提高;MTC 固井技术得到大面积推广应用,固井质量合格率均达到 100%;次生有机离子形成剂、变径扶正器等一批化学助剂与工具已形成系列产品,在钻井工程技术服务中发挥了重要作用。

3.测井技术向精细化、综合化方向发展,基本形成了长庆"低渗透"特色的测井技术系列

长庆测井技术发展工作,始终围绕油气勘探开发这一主体,坚持在攻克低渗透条件下的测井、射孔和综合录井技术难关上加大研究攻关和新技术应用力度,努力向精细化、综合化方向发展。安排科技项目 20 项,取得科技成果 23 个。形成了测井四大技术系列:裸眼井测井及解释技术系列、套管井测井及解释技术系列、射孔及井壁取心技术系列、综合录井及解释技术

系列。20项特色技术:(1)低孔、低渗天然气储层测井解释技术;(2)低孔、低渗储层测井精细解释技术;(3)成像测井应用技术;(4)古生界裂缝描述技术;(5)测井资料的地应力预测及评价技术;(6)低孔、低渗条件下低阻油层测井解释技术;(7)低渗透非均匀吸水描述技术;(8)声波变密度测井评价水泥胶结一、二界面技术;(9)测井沉积微相描述技术;(10)应用分形理论测井与地震结合的储层非均质描述技术;(11)水平井测井资料处理技术;(12)小井眼测井技术;(13)低孔、低渗条件下生产测井解释技术;(14)低孔、低渗条件下气测资料综合解释技术;(15)钻进式井壁取心技术;(16)水平井自定位射孔技术;(17)油管传输负压射孔联作技术;(18)丛式井连续测斜技术;(19)测井标准井技术;(20)岩电实验中“增水法”测量电阻增大率技术。

这些技术的研究应用,开拓了新的测井应用领域,提高了解释应用水平,在多区块、多层系测井为发现新的油气田和增储上产做出了贡献。尤其是5700成像测井系统、新型射孔及综合录井技术装备的引进应用,配套研究相关的应用方法、施工工艺和软硬件环境,使测井系列成龙配套,射孔技术系列比较齐全,综合录井技术有了大的起色,测井综合能力显著提高。测井解释符合率天然气探井达到76.67%,天然气开发井达到89.91%,石油探井达到76.19%,石油开发井达到86.58%。天然气井录资料合格率达到100%,一级品率达到92%,技术指标总体上达到国内先进水平。

4.井下作业技术水平有了显著提高,对提高低渗透油气田的开发效果起到了重要作用

井下作业共安排科技项目37项,取得科研成果46个。在油气井压裂工艺技术上,形成了两大技术系列:低渗透油层压裂改造工艺技术系列、低渗透气层酸化压裂改造技术系列。15项特色技术:(1)低渗透油藏开发压裂整体改造技术;(2)底水油藏压裂改造技术;(3)浅油层压裂改造技术;(4)老井复压改造技术;(5)高能气体压裂改造技术;(6)压裂液、支撑剂优化技术;(7)水平井分段试油压裂改造技术;(8)采油井下作业配套工艺技术;(9)普通酸酸压工艺技术;(10)稠化酸酸压工艺技术;(11)多级注入一闭合酸压工艺技术;(12)上古砂岩储层压裂工艺技术;(13)上下古分层压裂改造技术;(14)负压射孔与压裂测试联作技术;(15)CO_2泡沫压裂改造技术。

研究试验形成的主体井下作业技术,对长庆油气田的勘探开发起到了重要的作用。针对靖安油田特点进行的区块整体压裂改造技术,应用系统工程的方法,根据地质与储层特点划分改造类型,进行优化设计,研究建立配套的工艺技术及液体技术,使单井产量有较大提高,平均试采日产量达到6.3吨/天,为建成百万吨产能的大油田打下了基础。靖安油田ZJ60井区开发压裂试验,研究压裂优化设计、陶粒压裂试验、低温活化剂破胶试验等技术,取得了好的成效。CO:泡沫压裂技术试验研究,通过压裂液配方、添加剂评价、压裂工艺技术和方案优化设计,试验实施油井3口,天然气井10口,工艺技术基本都取得了成功。掌握了一套CO:压裂方案优化设计和施工工艺技术,获得了“三提高一减少”的效果,陕28井获得无阻流量56.2万立方米,苏6井获得无阻流量126.16万立方米的高产气流。在高性能压裂液技术研究上取得重大进展,开发的低温压裂液体系,解决了40℃以下浅油层压裂破胶的技术难题;研制的有机硼延迟交联压裂液体系,具有延迟胶联、抗高温、低摩阻、低伤害等特点,在长庆气田上古砂岩气藏压裂作业,取得显著效果。采油井下技术作业在油井三防、泡沫洗井、套损井治理等技术的研究应用,对提高井筒效率和油井稳产增产起到了重要作用。

5.地面建设工程技术有了新的发展,油气集输工艺技术模式进一步完善

结合地面建设工程开展27项技术研究试

验,取得了40个科研成果。在安塞油田“短、单、简、小、串”特色技术的基础上,形成了以优化布站、单井增压、区域转油技术为主要内容的靖安油田地面建设模式;针对长庆气田的特点,研究试验、引进应用先进、适用、可靠、经济的技术装备和工艺技术,形成了“多井高压集气、高压集中注醇、多井加热炉加热、间歇计量、集气站撬装三甘醇脱水、净化厂集中净化、MDEA湿法脱硫、井口安全保护、环氧粉末喷涂、自动控制”等10项技术配套的长庆气田建设模式。管道外壁熔结环氧粉末喷涂技术、高温熔融内防腐涂层补口技术、倒装法储罐自动焊工艺技术、管道水平穿越不开挖施工工艺技术研究都取得好的技术成果,对提高施工效率、施工质量和施工技术能力起到了较好的作用。

6.新产品开发取得显著成效,对提高企业效益、促进发展起到了积极的作用

近几年来,不断加大新产品开发力度,取得了较好的成果。气液分离器、多井加热炉、撬装式脱水装置替代进口装备在天然气田推广应用;新型JW-1型振动筛、摆轮式抽油机呈现畅销的势头;天然气井口安全保护装置、液力变径扶正器、气井完井工具已大面积推广应用;一批新的破乳剂、缓蚀剂、降失水剂等油田化学助剂在工程技术服务中发挥了重要作用。

(三)组织开展计算机信息网络建设和应用工作,为油田科研、生产、经营、决策提供了良好的服务

科技信息工作,在技术力量不足的情况下,采取专业队伍与群众性活动相结合,油田内外相结合等多种形式,充分利用现代信息网络工具,积极开展科技信息调研、交流和技术服务。组织编辑出版《钻采工艺研究》、《长庆石油物探》、《钻井技术动态》、《低渗 透油气田》、《长庆石油设计》等六种科技刊物。围绕长庆油田生产建设和技术问题,组织开展技术咨询、技术研讨活动,先后召开了“低渗透油藏水平井试油压裂技术研讨会”、“安塞特低渗油田开发技术及靖安油田地面工程建设技术研讨会”、“长庆油气经济研讨会”、“小井眼钻井技术研讨会”、“欠平衡钻井技术研讨会”等25个技术交流研讨会,交流发布技术论文260余篇。这些工作为长庆油田的科技攻关、技术决策和生产建设提供了很好的技术服务,对充分发挥科技人员的积极性和创造性,活跃学术气氛均起到了积极的作用。

计算机网络信息系统建设又有所发展。按照总体规划、分步实施、逐步完善的思路,根据单位的发展与财力等具体情况,努力加快信息网络建设速度。长庆油田计算机信息网络一期工程已经完成。物探、测井、钻井、采油等主要二级生产单位的局域网工程,调度、财务、计划等系统的计算机信息网络和应用软件,都在应用中不断改进与完善。针对计算机Y2K问题,通过问题清查、测试评估、方案制订与整改等认真细致地工作,妥善地解决了计算机Y2K问题,保障了生产、经营工作的正常运行,实现了2000年的平稳过渡。

(四)加强科技管理工作,对科技改革进行了积极的探索

几年来,勘探局注重加强科技管理和改革工作。一是抓组织机构健全,形成科技进步网络体系。勘探局、研究院所、主要生产单位都设立了科委会和科技管理部门,科技队伍也逐步得到精干;加强局、处两级的科技管理工作,发挥研究院所的科研中坚作用和二级单位新技术开发应用的推动作用,形成科技进步的全过程管理。二是搞好科技管理制度的健全和贯彻落实工作。先后制定了《长庆石油勘探局科技发展工作实施方案》、《长庆石油勘探局科技进步奖励办法》、《长庆石油勘探局知识产权管理规定》等5项管理制度,使科技管理工作逐步走向制度化、规范化、科学化。三是加强重点科技项目的实施管理工作。充分发挥科技管理部门的组织、管理、协调、指导和服务职能,加强组织协调,积极创造条件,确保科技项目的顺利实施。

在科技改革方面,结合我局实际进行了积极的探索工作。面对新形势,制订了适应市场经济发展的《科技工作实施方案》。明确了科技工作的指导思想;建立多形式的科技风险投资机制,根据课题性质、风险和难度分别按科技拨款、部分拨款和内部科技贷款三种形式运作;形成开放、流动、竞争、协作的科技项目管理运行机制,实行科技项目责任制,科技课题滚动立项,科技项目全成本核算,科研、试验、生产一体化;建立健全科技政策体系和激励机制,设立优秀科技人才奖励基金,鼓励多渠道承揽科技课题,实行重点科技项目承包津贴,维护企业和知识产权开发人的合法权益,技术要素多种形式参与收益分配。这些改革措施的初步实施,对促进企业科技进步,增强技术实力起到了一定的作用。

(五)科技工作存在的主要问题

勘探局"九五"期间的科技工作取得了显著成绩和进步,对促进生产发展和"九五"生产经营目标的实现提供了技术保障。但是,客观认真地分析近几年的科技工作,还存在一些问题,主要的有以下几点。

1.技术力量不足,不能满足科技进步和企业发展的需要

一是科技人员总体数量不足。重组后,勘探局共有工程技术人员4016名,其中从事科技管理与科技开发的人员562名,仅占职工总数的1.28%,远远低于行业的平均水平。特别是钻井、井下作业、采油工程等专业技术开发人员严重不足。工程技术研究院的技术力量也比较薄弱。很不适应科研攻关的需要。

二是技术人员结构不合理。科技开发人员中,大学以上学历人员仅占科技开发人员的56.2%,相对较少。高、中、初级职称人员比例约为1:4:5,高级职称人员所占比例太少。特别是高水平的学科带头人、高层次的技术开发人才、复合型的技术市场开拓人才严重缺乏。

三是科技管理力量比较薄弱。有的单位科技管理岗位不落实,人员变动频繁,业务生疏,一个强有力的科技管理体系还未形成。

2.产品开发与技术产业化的工作力度还不够大

新产品开发与技术产业化是企业科技工作的重要内容之一,对企业形成新的经济增长点和提高效益都有重要的作用。该项工作技术和组织工作难度较大。几年来虽然取得了一些成效,但是,由于技术、人才、机制、政策和工作力度不够等原因,工作进展还不够快,拳头产品和新技术产业化项目还比较少。

3.科技改革的步伐还不够快

近年来,在科技体制改革方面作了积极的探索工作,但是改革的力度还不够大,成效还不够显著,适应市场经济的流动、开放、竞争、激励机制和科技管理体制还未真正形成,科研单位的活力和广大科技人员的积极性还未充分发挥出来。一些单位对科技进步的战略作用认识不足,观念滞后,重视不够,管理不到位,影响了企业的技术进步和发展。

4.对信息与知识产权保护管理工作比较薄弱

在世界已进入知识化、信息化和经济全球化的时代,信息、知识将成为经济发展的重要依托,科技信息、知识产权的重要性日益突现出来。近几年来,我们对科技信息和知识产权保护工作有所加强,但总体上工作还比较薄弱。信息工作的规划、系统建设、信息资源开发与共享工作成效还不显著。知识产权保护意识、能力还不够强,知识产权管理体系还不健全,有待进一步改进完善。

二、"十五"科技发展规划与技术发展展望

(一)科技工作的指导思想

坚持科学技术是第一生产力的战略思想,以效益为中心,以市场为导向,以改革为动力,加大改革开放力度,广泛开展技术合作、技术引进和技术创新。以科技项目为龙头,实行科研、试验、生产一体化,强化新技术的开发应用和技

术产业化。依靠科技进步,出成果、出效益、出人才,提高勘探局整体科技实力、市场竞争能力和发展后劲。

(二)制定科技规划的基本原则

1.服从、服务于勘探局总体发展战略的原则

从长庆局的长远发展目标出发,结合长庆局经济、生产发展规划,为实现长庆局总体发展目标服务。

2.坚持技术创新的原则

面向国内外市场,加强主体专业关键技术的研究攻关,形成特色技术和技术优势,提高企业整体技术实力,增强国内外市场的竞争能力。

3.坚持效益优先,突出重点的原则

贴近生产,贴近市场,效益优先,先急后缓。突出主体工程技术和新产品开发,有所为有所不为。

4.坚持适当超前、技术储备的原则

从勘探局可持续发展角度出发,科技工作要统筹安排,合理布局,不断提供新工艺、新技术、新产品,根据技术发展趋势和生产中可能出现的技术问题,进行适当超前,做好技术储备,增强企业发展后劲。做到企业要发展,科技要先行。

(三)科技规划的总体目标

勘探局"十五"科技发展规划的总体目标是:贯彻落实科技进步的方针、政策,营造有利于出成果、出产品、出效益、出人才的良好环境,形成适应市场经济的科技进步工作体系;着重发展物探、测井、钻井、井下作业、地面工程、加工制造等主体工程技术,形成先进适用的特色技术,总体上达到国内先进水平,部分领域达到国际先进水平;通过技术引进、技术创新、发展高新技术和科技产业化,形成新的经济增长点,增强企业发展后劲;增强企业科技、效益科技的意识,注重科技成果的推广应用,使科技成果应用率达到85%以上,科技投入产出比达到1:4,科技贡献率达到50%以上;为增强长庆局的整体技术实力,实现降低成本、提高效益、增强市场竞争能力,提供强有力的技术支撑。

(四)"十五"主要科技发展项目安排与主体技术发展目标展望

"十五"科技发展项目,突出企业科技、产品科技、效益科技的特点,以效益与发展为中心,按照科技攻关技术创新、技术开发与应用、新产品开发三个层次,安排科技发展项目62项,其中工艺攻关技术创新项目22项,技术开发与应用项目25项,新产品开发项目15项。通过攻关研究和技术开发,在一定的专业和领域,发展具有长庆特色的专有技术,形成技术集成,争取达到国内或国际先进水平。

(1)地球物理勘探技术方面:力争在黄土塬区和沙漠区高分辨率地震勘探技术、黄土塬区三维地震勘探技术、储层横向预测技术和地震资料压缩技术等方面取得新的突破,形成适宜地面恶劣条件和地下复杂岩性油气藏的地球物理勘探技术,在储层物性、含油气性的处理解释上有所发展。沟中弯线1.0S以上目的层反射视主频达到70—80赫,频宽10—120赫;直测线1.0S以上的目的层反射视主频达到40—50赫,频宽10—80赫;能分辨10米的薄储层,识别浅层20米以上小幅度构造,深层50米以上的小幅度构造。总体技术达到国际先进水平,地震勘探解释预测成功率由目前的65%,提高到75%以上,在国内技术服务市场上形成竞争优势。

(2)钻井工艺技术方面:力争在井眼轨迹控制、天然气井欠平衡钻井、小井眼丛式井、大位移井、天然气水平井、复合导向钻井等技术上有较大发展。通过研究井壁稳定技术,保护油气层的优质钻井液、完井液,短候凝及塑性固井水泥浆体系,进一步提高施工质量,缩短作业时间,降低钻井成本,提高技术水平和技术能力。

(3)测井工艺技术方面:努力在提高精度、应用广度上下功夫。发展成像测井,水平井、侧钻井、小井眼井随钻测井技术,建立成像测井数

据处理工作站的软、硬件环境，完善处理方法，形成先进适用的处理系统；加强低阻油层的解释方法研究，建立适应陕甘宁盆地地质特点的解释图板和方法，使测井解释符合率再提高5个百分点；拓展测井资料的应用面，运用成像测井资料，在处理地质构造、流体识别、储层特性方面形成特色技术。

(4)井下作业技术方面：开展清洁压裂液、CO_2泡沫压裂、大型压裂、水平井机械封隔分段压裂工艺技术试验研究，发展完善低渗透油气田深度压裂酸化、浅油层压裂改造、压裂施工实时检测系统技术改造和修井工具、工艺配套技术，提高工艺与技术装备水平，形成先进适用的井下作业配套技术，增强市场竞争能力。

(5)地面工程技术方面：以节能降耗提高经济效益为中心，采用计算机优化辅助设计系统，研究油、气田地面工程优化设计；开发和推广应用新工艺、新技术、新材料、新装备，节能降耗，提高效率；研究油田污水处理流程，满足环保要求；通过技术装备更新改造和工艺技术研究，进一步提高油建、筑路工程技术能力和施工质量。

(6)加工制造方面：强化新产品开发和技术成果的产业化工作。一是以油田市场为依托，研制开发石油、天然气矿场装备和进口装备的国产化工作，支撑长庆局机械行业的发展；二是以钻井液、固井水泥添加剂为主体，开拓油田开采化学助剂市场，以技术服务带动技术产品的生产与销售；三是瞄准国内外市场，大力开展技术创新，开发高新技术产品，为兴办高新技术产业创造条件。

(7)信息与软科学方面：强化专业技术软件的开发与应用，地震、测井资料的精细处理与解释、人工智能、分形理论等新技术、新方法的应用研究要有大的突破；钻井工程、试油压裂工程优化设计与实时监控系统要有大的发展；发展计算机及网络应用技术，建立长庆局综合信息管理系统，做到高效、适用、快捷，为科研生产、现代化管理和经营决策服务。加强长庆局专业发展战略和总体发展战略研究，为生产、经营的科学决策提供依据。

三、2001年的科技工作

(一)2001年科技工作的主要任务、目标

主要任务：贯彻落实“科技进步与人才开发”战略，制定勘探局的科技发展政策与管理制度，建立新的适应市场经济的科技管理体制与运行机制。组织实施“十五”科技发展规划与年度科技计划，搞好科研攻关、技术创新和技术开发；强化技术成果的推广应用与产业化工作，促进技术成果的规模化、产业化；抓好知识财权保护和成果专利管理；搞好信息系统建设管理，组织开展信息开发与共享。不断提高科技工作水平，促进勘探局持续稳定发展。

工作目标：通过卓有成效的科研攻关，形成8项新技术，开发8项新产品，科技成果应用率达到85%以上，科技贡献率达到45%以上，为增强勘探局的整体技术实力和开拓市场的能力提供有力的技术支持。

(二)2001年科技发展项目安排

科技发展项目计划的编制，遵循结合生产、效益优先、突出重点、适当超前和滚动立项的原则。以效益为中心，以市场为导向，以提高技术实力和市场竞争能力的科技攻关技术创新项目、新技术开发应用项目为重点。经充分论证，共安排科技发展项目32项，其中，科技攻关技术创新项目16项，技术开发与应用项目16项。着重抓好以下18项重大项目的科研攻关：

1.物探

(1)黄土塬区多线地震勘探采集、处理方法研究。

(2)地震资料压缩系统研究。

(3)地震勘探钻井工程方法研究。

2.钻井

(4)天然气井欠平衡钻井工艺技术研究。

(5)天然气水平井钻井技术研究。

(6)定向井导向钻具复合钻井技术研究。

(7)地层岩石亲油化剂开发。

(8)塑性胶乳性固井水泥浆体系开发研究。

(9)钻井废液处理技术研究。

3.测井

(10)成像测井技术系列应用研究。

(11)数字井周声波处理软件开发。

(12)新型复合射孔技术应用研究。

4.井下作业

(13)天然气井高效压裂改造工艺技术。

(14)压裂施工优化设计及拟三维实时监测系统开发。

(15)水平井机械分隔试油压裂工具引进与应用。

5·地面工程与机械制造

(16)焊接熔融内防腐补口技术工业试验应用。

(17)新型钻井液固控系统设备开发。

(18)天然气矿场装备开发。

(三)实施措施与要求

1.提高认识,坚定不移地贯彻落实“科技进步与人才发展”战略

在高新技术迅猛发展,经济全球化进程日益加快的今天,先进的技术与人才已成为国家和企业发展、竞争的核心。党的十五届五中全会提出“十五”时期我国经济和社会发展的奋斗目标时强调,把改革开放和科技进步作为发展动力,高度强调了科技进步作用,把科技进步摆在与改革开放同等重要的位置,这是党中央对科技进步观念上的新突破,是对科技进步作用认识上新的深化。勘探局面对存在的诸多问题和严峻的市场竞争形势,为实现生存与发展的目标,制订和实施了“科技进步和人才开发战略”,勘探局科技工作的任务将是十分繁重和艰巨的。全局各单位必须进一步提高认识,转变观念,深化改革,加大科研攻关和技术开发力度,增强技术创新能力;要克服短期行为、短视行为,加强领导,真抓实干,创造条件,搞好科技进步工作,增强市场竞争能力和发展后劲。

2.加大科技投入,多渠道筹措科技经费

(1)科技工作要按照市场经济的机制运作,变科技资源的计划配置为市场配置。科技投入将根据课题的性质、风险和难度分为科技经费拨款、部分拨款和贷款三种形式运作。

(2)明确勘探局科技项目经费渠道,每年按总收入0.5%—1%的比例筹措科技发展经费。

(3)主要二级生产与工程技术服务单位按照单位收入的0.3%筹措本单位的科技发展经费。

(4)对市场前景广、作用大、经济效益好的新工艺、新技术、新产品研究开发项目,要加大科技投入给予重点扶持。

3.加大科技改革力度,重塑和强化研究开发主体

(1)强化勘探局直属的工程技术研究院,形成低渗透油气田特色的工程技术研究开发主体。加强压裂酸化试验中心、钻井液、水泥浆试验中心和新产品开发试验基地的建设,增强勘探局的整体科技开发能力。

(2)物探、测井、井下作业单位,要发挥自己的优势和特色,在各单位原有的工艺技术研究开发队伍基础上,通过充实、强化,形成物探、测井、井下作业研究所,发展成为有专业特色和优势的三支技术开发与推广应用队伍。

(3)充实科技队伍,完善科技创新体系。国家经贸委《国有大中型企业建立现代企业制度和加强管理的基本规范》要求,切实把技术创新作为增强企业竞争力的关键措施,国有大中型重点企业必须建立技术中心,加强科技人员队伍建设和经费投入力度,增强技术创新能力。我们要认真贯彻国家文件精神,积极筹建勘探局技术中心,尽快形成技术创新开发体系。

(4)健全科技管理体系。科技管理是科技创新开发体系的重要环节,各二级单位要明确落实科技管理岗位,完善科技管理制度,把科技管理工作真正落到实处。

4.建立开放、流动、联合、竞争的科技项目管理运行机制

(1)实行科技项目分级管理制度。勘探局负责带有全局性、战略性重大科技项目的立项与研究开发管理,其他项目由各单位组织管理,发挥和调动全局各单位的积极性,加强科技开发和管理工作。

(2)采取多层次、多渠道提出或承揽课题,广泛开展油田内外、科研院所、高等院校的技术交流与合作,取长补短,为我所用,缩短科研开发周期,提高科研攻关质量。

(3)实行科技课题滚动立项制度。改变以往年初计划立项,年终成果验收的单一做法,实行随时滚动立项;强化课题立项的经济性、可行性论证,成熟一项,决策一项,实施一项,确保立项决策的科学性;突出重点,突出效益,有所为有所不为。

(4)科技开发项目实行全成本核算,规范科技经费的使用范围,管好用好科技经费。

(5)科技项目实行项目承包和项目长负责制,重大项目实行项目招投标制,以合同形式明确双方责、权、利关系,严考核,硬兑现;项目课题组实行优化组合,课题长可跨专业、跨单位挑选课题组人员,并有课题人员组织、经费使用、奖金分配等权力。

(6)以科技项目为龙头,实行科研、试验、生产一体化,促进技术成果的推广应用和产业化。

5.建立健全科技政策体系和激励机制

逐步建立促进企业科技进步的政策体系,完善适应市场经济的科技成果转化和人才激励机制,创造出成果、出效益、出人才的良好环境,使作出贡献的科技人员真正有名有实,调动其积极性和创造性。

(1)用好优秀科技人才奖励基金,按照《长庆石油勘探局优秀科技人才奖实施办法》,对取得重大科技成果、创造重大经济效益、作出突出贡献的科技人员实行重奖。

(2)鼓励科技人员多渠道提出和承揽科技课题。对横向承揽的科技课题,单位按科技合同收入的25%提取管理费等费用,其余资金由课题组按规定自主支配使用。对个人承揽的科技课题,经组织实施,为勘探局取得好的经济效益的,可参照长局发【2000】第81号文件有关规定给予适当报酬。

(3)为确保勘探局重点科技项目的开发,对重点科技承包项目,实行科技项目津贴报酬制度。可视项目的研究任务、技术经济效益、研究周期、风险与难度等情况,在合同中约定给予项目组及有关人员0.5—2万元的津贴报酬。经合同验收,完成任务的予以兑现;未完成的不予兑现,并视情况给予0.3—1万元的经济处罚。对组织研究工作得力,并取得重大成果的优秀项目,经评定给予优秀科技项目奖。

(4)充分肯定科技人员在科技成果中的个人权益。实行单位、课题组和个人相结合的技术成果所有权认定登记制度,明确单位、课题组和个人对技术成果的所有权益。

(5)技术要素可以多种方式参与收益分配。职务技术成果可以作价入股,在技术股份中可以提取不低于20%的比例,划给科技成果完成者和成果转化的主要实施者。科技人员的职务技术成果进行技术转让时,可从转让净收入中提取20%—40%的比例,奖励给课题组和成果转化中作出突出贡献的个人。非职务技术成果转让,所得收益归成果所有者。科技成果转化投产后,受益单位应连续3—5年从实施该项科技成果新增留利中提取不低于10%的比例奖励给成果完成者和主要实施者。

(6)鼓励科技人员创办、领办、参与科技企业。科技企业可以划出一定数量的股份,作为创业股和管理股奖给企业创办者和主要经营管理人员。

6.实施人才开发战略,广纳科技人才

(1)留住、用好现有的科技人才,量才施用,委以重任,创造良好的工作与生活条件,营造一种崇尚科技、崇尚人才,有利于人才辈出的良好环境。

(2)加快人才引进的步伐。根据企业发展

需要，有计划地引进聘用大专院校毕业生和研究生，特别是要高薪聘用急需的高层次专业人才，以解决企业技术开发人才缺乏的燃眉之急。

(3)加大人才培训力度。有计划地培养专业技术人员，不断提高技术素质；大力培养懂技术、懂管理、懂经营的外向型、复合型专业人才，以满足企业参与国内、国际市场竞争涉外人才需要。培养选拔技术带头人，根据《长庆局学术、技术带头人选拔管理和高层次人才培养使用办法(试行)》，从工程、经济类专业中选拔培养一批学术、技术带头人，加强生产、科研岗位上具有研究生以上学历人员的培养使用力度，以缓解我局高级人才队伍数量不足、高层次人才缺乏的矛盾。对学术、技术带头人和高层次人才依据考核结果发放特殊津贴。

(4)激活局内人才市场，促进人才合理流动，形成能上能下、能进能出、竞争上岗、按贡献取酬的竞争机制，充分调动科技人员的工作积极性和创造性。

7.搞好科技信息开发应用与知识产权保护工作

(1)发展计算机及信息网络技术，建立长庆局综合信息管理系统，做到高效、适用、快捷，为科研生产、现代化管理和开拓市场服务。

(2)广开信息渠道，加强对外技术交流与合作，积极引进国内外的先进适用技术，研究发展长庆的专有信息技术和产业。

(3)加强长庆局企业发展战略研究，以企业发展和效益为中心，运用新的知识、技术和思维，重点对长庆局工程技术服务的市场定位、市场竞争、多元化发展战略等进行研究，为企业经营决策提供依据。

(4)建立和完善知识产权保护体系。从知识产权保护网络、规章制度、政策措施、信息的传播与利用等方面加大工作力度，使专利技术和专有技术得到有效的保护和提高市场竞争能力。

2002 年

孙玉辰同志在钻井总公司出征将士欢送仪式上的讲话

（2002 年 2 月 23 日）

非常感谢钻井工程总公司的各位领导，举办了这么一个非常庄重、非常热烈的出征仪式，也非常感谢新闻界的朋友能参加我们钻井总公司的出征仪式。

每年这个时候，勘探局各位领导都分别到陕、甘、宁参加钻井工程总公司的出征仪式。每年我们都受到了启发。说实在的，仪式完了就完了，我也没什么可说的，但参加这样一个活动，有很多的感想、有很多的收获。

今天是正月十二，很多人还都在尽情地过年。我们今天是锣鼓喧天，鞭炮齐鸣，出征的将士整装待发，突击队员请缨立功，你看我们是何等的光彩，何等的自信自强，长庆人以一种非常特殊的形式过大年，闹元宵，我觉得很值得我们认真的回味。

可以说目前虽然并不是冰天雪地，但山沟里仍然天寒地冻，我们的工人同志们今天早晨踏着冰霜出征，而且要等到带着雪花才能回来过年。一年 365 天可以说一身黄土两肩风霜，一日三餐两个馒头一碗汤。

这到底是为了什么？无非就是为了实现长庆发展的宏伟目标，今年要实现油气当量 1000 万吨的目标；无非就是为了让长庆人过上好日子、富日子。

今年春节，我们的修井队都没休息，从大年三十到现在已经修了 100 多口井。海外的钻井队、修井队、试油队更没有过年。我们的采油工、采气工一年 365 天坚守岗位。刚才这首歌词（《我在风雨中赶大潮》）当中我记得我写了几句话，那就是不管 30 多年的创业也好，还是当前的改革也好，长庆人在陕、甘、宁 37 万平方千米的鄂尔多斯盆地几十年如一日，那确实是蓝天热土，情同手足。为了啥？就是为了长庆的发展。

我看这样艰苦奋斗换来的幸福，是我们长庆石油工人特有的幸福，你看今天老的送少的，少的送老的，父子相送，夫妻同征，大家精神抖擞。这样的一个日子——艰苦奋斗的征程何时未了，我看啥未了，恐怕还了不了，恐怕要这样一代一代地传下去，所以局里领导、机关部门前年 2 月 19 日在宁夏、去年 2 月 18 日在陇东、今年 2 月 23 日在礼泉，都举行隆重的活动，就是感谢我们“龙头老大”在创业过程当中做出的特殊贡献，也激励我们的将士再立新功。

去年钻井总公司总进尺超过 192 万米，总收入占到了勘探局总收入的 44%以上，你说我们给你们来送行，感谢你们还不应该吗？当然，今年说老实话任务更重，钻井总公司提出的奋斗目标是总进尺超过 200 万米，再创新纪录。希望我们钻井总公司和去年一样发挥整合重组的优势，特别是要加强科学管理，要把精细管理作为科学管理的突破口，认真地把它落到实处；希望钻井总公司今年机关建设给全局带个好头；要在转变作风，为基层服务方面取得经验；在职工队伍建设方面，要确确实实提升我们石油企业特有的企业文化内涵。

在陕西，就是西安地区大中型企业中说老实话我们算是老大，长庆两边的收入去年超过 220 多亿，给国家的贡献——税费超过 25 个亿，但这样的企业在陕西来说还多得很，算不了什么,但有一条我们可以引以为自豪,那就是我们这一套行之有效的思想政治工作、职工队伍建设、多年来形成的特有的石油企业文化,很值得我们认真总结,在新的时期要注意发扬光大,这是我们宝贵的财富。我们每年给国家交25个多亿,是个贡献,我们长庆能有200多亿的收入,也很值得自豪。但是最宝贵的财富还是我们这支经过多年培养锻炼的职工队伍。

我记得有一年,崔林涛刚上任就到庆阳去拜年,我陪他到马岭川道,看到正在修井作业的职工,他问我:"这些人现在这么一身油一身泥,他一年能挣多少钱?"我说,他们的工资在我们这里是最高的,平均每月800元。他笑了笑说:"这要在西安市,你给他900元、给他1000元他也不干。"这是个实话。所以说我觉得钻井总公司要发挥我们的优势,当然队伍建设当中首先要抓的就是班子自身建设,我看去年一年,咱们整合重组,钻井总公司的领导班子有朝气,也有能力,也有这种责任,能够带领好这一支队伍。

说老实话,你们的职工总数占了勘探局的三分之一,也希望你们把这三分之一的"天下"管好,把三分之一的"天下"带好,不辜负局党委、勘探局对你们的期望。

刚才遇上咱们老钻井一处的处长徐德林同志,他已经退休了,看到今天这样热火朝天的局面,非常的激动,非常的感慨。他说:"就应该如此,我们的钻井工人,石油工人战天斗地,就应该有这种精神风貌,就应该有这种志气。"所以说,说说我的心里感受,电视台也好,报纸也好,不一定按我刚才讲的这么啰嗦地去报道,这种精神你可以宣传,我讲的基本内容可以宣传。

再一次感谢钻井总公司,也感谢机关各个部门的同志们,在这么一个非常关键的时刻,都来参加和组织好这次活动。

我听郭部长讲,今天将省电视台新闻部的小邱同志约来了。前些年我们已经大规模的组织过一些活动,有的规模要比这大得多。今年23号到26号,局里领导都上去了,要到陇东和宁夏组织活动,比这规模大。我们今天的议程一共不到半个小时,很简短,但是非常隆重,感谢你们。

前些年,像这些活动,就是我在局里管思想政治工作那些年,我们都不愿意麻烦地方新闻界的朋友,为啥呢?我们有一种与市场格格不入的旧观念,就是说这些事不要张扬了,自己的日子自己过。

这么多年,这些活动,你要在长庆陕、甘、宁、蒙四个省转一转,我不敢说天天有,我可以给你保证说月月有。我们召开总结会,全局性的总结会,那都不是一般的念报告,我们把这些劳模的事迹给他画漫画、给他送对联、给他做工艺品,给他制作专门的日历,请我们的女工用毛线编织了可以以假乱真的花。杨再生去年获"全国五一劳动奖章",给他画了那么大的一个漫画,现在还在办公室。每一个先进集体、先进个人,要给他拍一部MTV,要谱一首曲子,要写一首歌,要出一本书,我们这样来凝聚我们自己,来净化和升华我们自己,要不然我上你们西安招工去,都没有人来。

大家给今天的队伍饯行。如果要到他们工作的地方去,也许第一天你觉得很新鲜,第二天觉得还可以,第三天就想回来。我们的队伍一年洗不上澡,小伙子们一年与大山为伴,刮起黄土来说实在的天昏地暗,一天要吃二两土,白天吃不够还得晚上补。

我们给筑路集团公司(现在整合到一块,叫长庆建工)编了一首歌,有一句歌词叫"建工人的手是补天的手",结果一唱,有一位女工,她就是这样工作着,她激动地掉了泪,因为她在陕、甘、宁很多地方,都拿焊把子干过,一唱这首歌,她就想起来是这回事。不光是钻井总公司,长庆这个企业有1800多种产品,我们连擦脸油都生产,这么大的企业,如果自己不给自己鼓劲,自己不给自己长志气,在目前这种情况下,碰到好心的记者还能天寒地冻地跑来为我们加油,碰到那些不理解的记者他根本看不到,如果哪儿出个事故,抢个头条新闻的那可积极得很。

小邱你今天来得好,认识新闻界的朋友好,现在不希望你帮我们做些什么,只希望你们逐步地了解我们就行,也不希望你在报纸上给我们宣传多少,就是希望新闻界的朋友能和我们交朋友,了解我们。你看为了组织这个会,赵总是我们局班子当中较年轻的一位首长,昨天我们在一起开了一天会,他和机关的同志们连夜赶过来。别看不到半小时的会,那是非常认真组织的,你可以看得出来,天寒地冻的,那些拿旗子的小伙子,我一摸手冰凉冰凉的,但是站的倍直。那些化了妆的、那些耍社火的,都是我们的退休职工,你看扭得多高兴,唱得多自在,石油上的活动,向来就是不干则已,干,哪怕喝茶你也得喝出味来。所以说今天你来,咱俩交个朋友,你以后打电话就直接给我打,你将来到我办公室来,我招待你好茶,我没有好酒好烟。

孙玉辰同志在长庆油田陇东稳定工作座谈会上的讲话

(2002年5月14日)

同志们:

做好陇东的稳定工作,其切入点就是陇东的发展问题。陇东的发展问题解决不好,或者持续发展的问题解决不好,陇东的稳定就不是很牢靠。

前两天,油田公司把所有的二级单位主要领导召集开会,专门研究陇东的发展问题。这次,甘肃省委宋照肃书记一行来长庆视察,也是为了进一步趁陇东有一个好的形势,促进陇东的发展。这对我们广大干部职工也是一个鼓舞和教育。勘探局刘自强副局长、蒲建中主席还有机关处室10多位同志也在基层进行了一些调查研究,目的也是为了能够全面地保持稳定,做好陇东的稳定工作。

这两天有两个好的消息:

一是西峰石油勘探工作有指望在两三年中能够拿到上亿吨的控制储量,形势确实非常好。

这次宋书记参观了我们西33井的压裂。西33井这是非常关键的,如果西33井好的话,就能够在西峰的南边控制到100平方千米的含油面积。咱们井下的同志们36个小时不眨眼地把2000型压裂机组从内蒙调过来,压裂也非常成功,返液还没有排完,已经见了1立方米多的油,有望能取得好的结果。宋书记到我们的一个井队看了职工,最后又冒雨到白马镇看了我们一个单站的采油情况,昨天晚上又听取了胡文瑞同志的汇报,观看了一台节目,非常高兴。

这次宋书记来,正如上午胡文瑞同志讲的,到目前为止,陕、甘、宁、蒙、晋我们所接触的这些省级主要领导同志,对矿区环境建设这么重视,话说得这么坚决、恳切,这是第一次,使我们很受感动。昨天吃饭的时候,宋书记就对地委书记吉西平、专员王义说:你们能不能在这个位子上干,那就是由老胡、老孙讲了算,他们两个认为你们合格就合格,认为你们不合格你们就别干。当然,这里头有一半是开玩笑,或者有一多半是开玩笑,但是话说到这个份上,那是非常不容易的。接着宋书记又说:反正不换思想就得换人。昨天宋书记在听取汇报时讲到,现在甘肃进行“三个环境”的大讨论,不能说说就完,要“刺刀见红”。所以说,他真正把环境建设作为实现工业强省战略的重要举措，而且他重复了好几次。省委秘书长洪毅说：军中无戏言，记录在案。宋书记到了咱们的压裂现场，负责HSE的领导给他汇报HSE管理条例时，宋书记说，还应该加一条："不允许任何人偷油。"宋书记一路上讲："偷油偷不富。"到了中午我们告诉他：都1点多了还没吃中午饭，汇报完了就走吧！宋书记说："不能在你这儿吃饭？"我们说：没准备饭。宋书记说：我就吃两个馒头一根葱，难道没有？还得一个半小时看压裂结果，那就等一个半小时看结果吗！那也不是开玩笑，如果真的食堂有馒头的话，那就真的吃馒头了。昨天胡文瑞同志说了，就宋书记这几句话，就等于咱们增产了几万吨的油！

陇东这样一个好形势，地下与地上、人与自然协调发展，确实给我们整个陇东的发展、陇东的稳定带来了一个非常好的局面，我们大家都要尽可能珍惜。上午，油田公司就如何加快勘探召开了座谈会，而且提了些要求。

二是"西气东输"14标段首段的开工典礼由我们长庆建工组织，长庆建工不仅在这一段中了标，而且他们的各项准备工作（包括HSE）都初步得到了认可。

这个工程的开工典礼我为啥让他们推迟呢？为啥我一定要参加这个会呢？除了集团公司、管道公司项目组非常重视，地方上的领导也非常重视。因为他们都知道这个"西气东输"的分量。这个试验段必须一次合格，而且还要达到非常高的标准。这一次说老实话，咱们也把它当作政治工程来对待，从一开始就组织了专门的班子，包括滕局长、王主席、刘局长他们都做了很好的前期工作，我们觉得能参与就很幸福。因为这个工程存续企业在这么困难的情况下，在CNPC的支持下，用到项目的资金投了3500多万买了很多的专用设备，但这个效益并不是很好的，这个账谁都能算得来。之所以这么重视，千方百计要把这工程抢到手，并不是我们一开始就算不好账。开始这账我们算得就很清楚的。但如果我们自己家门口这些事都不干，或者干得不好，那我们自己脸上无光，这无光不仅是存续的无光，也是整个长庆的无光。所以我们在会上再次申明，这个事情我们就是一种参与，与其把它看成一种发展的机遇，倒不如把它看作是一种发展的基础。我们想通过这一次练兵，展示长庆的风采，创造我们新的业绩，培养我们好的队伍。立足于这一点，我们不仅要参与，而且非要把这一段收拾利索，收拾干净。建工提出要争金夺银，一共14个参战单位，我们在技术力量、生产能力、设备装备方面并不算强。回想起咱们当年在陕京管线建设时就没有发言余地，后来没办法，照顾面子给了一段试一试，结果到了最后，长庆的队伍不次于大庆的队伍。涩宁兰管线也是这样，开始质量不稳定，后来克服了重重困难。最后这两项工程都是甲方比较满意的。所以长庆人有这股子劲，有这么股子争气劲。因此，这一次要下决心从一开始就要让甲方满意。那天我们先到现场，看了现场，晚上和项目组座谈，听了他们的汇报，第二天又搞了一个简朴的典礼，仪式搞得很成功。从他们目前的准备工作（技术准备、思想准备、HSE准备、技术培训）方面，估计这个项目能给咱们长庆人争个气。我想，通过我们的参与，能够把咱们的天然气早一点送到千家万户去，先把这个市场拓宽。咱们也盼着长庆建工能够打一个漂亮仗，给咱们长庆两边都能报一个好的喜讯。

在油田公司的支持下，1—4月份勘探局的生产任务和各项生产经营指标完成得都比较好。当然这一次调研中也发现了一些问题，这些问题通过做工作能够得到很快的解决。

在这么一种形势下，我们来研究我们陇东的发展和稳定问题，从整个大局的把握上，我觉得是非常有利的。胡总上午讲，前两年的勘探工作总是一二季度被动，到了三四季度才能缓过劲来，最后取得一些非常好的成果。而今年呢，陇东这一块和全局一上手在春天就连连得手，所以说“人努力，天帮忙”。苏里格气田尽管两口水平井试气不是很理想，但最近两三口直井非常好，也非常争气，有指望取得比较好的勘探成果。苏里格气田我们控制上万亿的储量，只打了四十几口井，所以说，有些重点问题认识上不到位，这是非常自然的，也是用不着大惊小怪的。

在这么一种形势下，我和胡文瑞同志有一个总的想法，就是加快长庆的发展。利用贯彻稳定工作会议、中央9号文件精神这样一个机会，动员我们的干部职工要把自己的事情办好，要把我们自己发展这样一个大课题牢牢地抓住不放。发展的问题不解决，其他问题无从谈起。另外，我们也不允许社会上的敌对势力来插手，建立各种形式的非法组织，这是绝对不允许的。我们要抓住自己的机遇，解决我们发展的问题，这才能真正对得住长庆的老百姓，才能真正落实“三个代表”的思想。

今天下午这个座谈会，大家畅所欲言，包括分析发展的有利形势、加快发展的措施等等，如果大家从大的方面把握不住，鼓不起信心来，那怎么能把握大局呢？我那一天开了个玩笑，咱们有一个机关干部给我反映情况，我听完了就笑着对他说，你5分钟造了4个谣，今天每个谣我都不给你解释，到年底呢，你自己看看你今天讲的是不是事实。他也笑着说：你给我扣帽子，我今天把自己听到的、想到的给你说说，下次我什么都不说了。我说：看来你对我们勘探局、油田公司一些大的决策都不清楚，这是我老孙的失误，你说的这些我也早有所闻，但都按这样往下教育我们的职工，我们能鼓起创业的信心来吗？这次我来之前开了办公会，仍然是要求对职工、特别是对存续企业的职工进行创业信心的教育，要用我们自己的政策，要用自己的事实树立信心。如果我们的民心不正，那就无从谈起。发挥我们的整体优势，鼓起我们的信心，做好稳定工作，仍然是一个非常艰巨的任务。

关于陇东稳定工作座谈会上文瑞同志的最后讲话，回去以后陇东各单位要认真地在班子当中传达贯彻，两边的局级班子也要认真地传达贯彻。长庆电视台和二台要对今天胡总的讲话进行认真地播放和宣传。我觉得他讲得非常好，也非常全面，一定要把我们的稳定工作搞好。

我想利用几分钟时间，就政策问题讲一下。因为无论陇东还是全局稳定的主要任务都在存续，这一点必须明确。之所以两次都让文瑞同志和我研究后而由他来讲，有着特殊的意义，我觉得两边必须都得认真贯彻。对存续来讲，有些方面的工作要做得更细才行，贯彻得更坚决、更具体才行。所以，为了便于统一思想，结合这两天存续的汇报，有些政策方面的问题需要公开地、透明地宣传。

第一，关于物探和测井专业重组，要通过搞好专业化的重组谋求更快、更好地发展。

最近，大家都非常关心这个问题，也有同志非常担心，主要是担心继续在存续企业“扒了白菜心，煮了白菜帮”。这样下去，直接动摇的是创业的信心，这个问题如果不公开地、不理直气壮地讲清楚，不利于当前的稳定。所以，首先要明确，这些担心不怪群众，不怪基层干部，这是存续企业普遍关心的问题。正因为如此，CNPC党组包括马总、黄总、阎总对这个问题采取了非常谨慎的态度。政策方面，原则上提出“产权连接企业资源”，目前进展的情况仍然是谨慎地调研，没有确定最后的实施方案。这个必须给老百姓讲清楚。现在有些人传说，测井处已派出某人直接参与公司的组建工作，这完全是一种造谣。勘探局为了慎重起见，组织了一个专门的班子和上面一块搞调研，这个问题不仅测井处和物探处职工关心，甚至一些离退休的老同志也非常关心，他们担心走“扒了白菜心，煮了白菜帮”的老路子。去年，胡文瑞同志在北京听到了有关信息之后，非常负责任地提醒我：这个问题一定要慎重。勘探局所定的和一块汇报调研的方案，基本的调子是“一个积极，两个保证”。“一个积极”，是指采取积极慎重的态度；“两个保证”，一是要保证职工的既得利益，二是要保证企业的既得利益。还有“一个谋求”，是要利用专业化重组使企业发展得更快更好。达不到这个基本目的，我们企业就不自愿。全局的职工家属必须相信这条，也相信集团公司党组经过两次大的重组，对今后专业重组将越搞越得人心，越搞越得到基层的拥护，并通过重组谋求更大的发展，我们没有必要猜测和担心。

第二，在目前情况下，一定要认真研究全局和陇东的稳定和发展问题，要发挥整体优势，要积极主动地优化企业环境（内部环境和外部环境）。

我们从重组前到现在，一直没有放松，始终在积极主动地做工作，包括胡文瑞同志这几次大的调研，也是积极主动地发挥主观能动性来优化企业外部环境。省委宋书记来长庆视察，以及将来在西峰我们大的建设项目开工邀请他来剪彩，都是为了优化我们的外部环境。胡总讲的，从战略的高度来思考如何占领地盘，占住地盘，也是积极地在优化我们自己的环境。这方面我们有经验，当然也有教训。总的来说，我们这方面的工作越做越主动，但这个问题却越来越复杂，时好时坏。关于优化企业内部环境的问题，胡文瑞同志刚才点到了一个要害之处，即重组之后，心理上不平衡，利益上不平衡，工作上、衔接上的不平衡。对此，一定要引起高度重视。我们自己绝不能在这个问题上不顾大局，办蠢事。我认为胡总讲得非常到位。我们要防止错误倾向，及时给干部职工打个招呼，千万不能顾此失彼。

第三，对当前全石油系统出现的不稳定因素，一定要统一到中央9号文件的认识上，要统一到马富才同志对这个问题的认识上，也必须统一到胡文瑞同志对这个问题的分析上。

我们不能否定改革，更不能过多地指责（包括我们自己在内）带头改革甚至有所失误的人。对存续企业必须讲清楚。这次对吴总我们也带头讲清楚了。对存续企业来讲，目前的局势仍然是“不改革、没出路”。但是我们的改革必须结合长庆的实际，必须按照马总的要求，“稳定是前提”，我们不搞华而不实的改革。明后两天勘探局将在陇东继续调研，然后还要专门讲这个问题。从存续企业来讲，结构的调整，必须要保证实现“两降一开”的目标：必须要降低成本，必须要降低经营风险，有利于开发市场。对于转换经营机制，必须要实现目标的“两个提高，一个降低”，即提高服务质量，提高效率，降低服务成本。我们在特殊的时期用特殊的价格给予照顾是必要的，这也是集团公司要求的。但是要建立长期战略伙伴必须降低成本，提高服务质量。所以，改革对存续企业来讲无非就是调整结构，转换经营机制，重组的目的也是如此。正如胡总强调的，改革要从根本上让老百姓得益、受惠才行。

第四，必须转变思想观念，认识到“人心稳，局势稳；人心顺，百事顺”。

我主要是针对存续企业的干部职工讲的。在国有企业包括存续企业“二次创业”必须要转变管理体制，转换经营机制，这就要求必须转变思想观念，否则人心不顺、人心不安。我劝大家都想一想，我们两次大的重组，包括好几次内部的重组，一是职工的总体货币收入没有降低，包括存续企业职工收入都有所增加；二是造成的强制性裁员和失业并不严重，相反，通过改革，社会保障、社会福利的保障水平还有所提高。但是为什么大家还觉得那么多的不适应、不协调，那么多的事实和期望相背离？这正是观念认识上的问题。总以计划经济条件下形成的观念、理念和习惯对待眼前发生的现实，出现思想认识上的两个极端：一个是要改革，要与国际接轨，没搞过容易走教条；二是认为改革没必要。这种认识在两边都要特别注意纠正才行。改革必须稳步推进，要学会“渐”变，但不能不变。

第五，对油田的施工队伍必须认真进行重组。

三条要求，即：资质要合格，管理要统一，队伍要规范。存续企业必须首先认真做到。

第六，几个具体的政策问题。

一是目前两边都在为离退休职工在大中城市购房创造条件，这包括油田公司各单位。存续企业在这方面是统一规划的，而且要创造条件，稳步推进，要量力而行。

二是旧房交易的问题现在正在抓紧研究，这项工作如果做好与公、与私、与稳定都有利。但从目前条件来看，还不能一次到位。所以无论在何处购房的职工，目前必须自己做出承诺，来消化这个矛盾才行。

三是陇东基地的调整不管是有计划地关闭，还是有计划地缩小，都必须认真搞好管理工作。

孙玉辰同志在建设工程总公司西气东输项目组座谈会上的讲话摘要

（2002 年 5 月 10 日）

2002 年 5 月 10 日星期五下午，在靖边各单位汇报会上，孙局长指出：

一、管理问题

勘探局 2002 年工作会议上明确提出，今年要实施“管理提升战略”。执行这个战略的途径是进行科学管理，进行科学管理首先要更新理念。管理提升不是一蹴而就的，所以，今年把精细管理作为突破口。要使精细管理真正有效，要从你们基层项目组体现出来。

科学管理的另一层意思，是讲管理者本身的事。管理者必须从自己做起，怎么用科学的方法指导工作？怎么样用科学的语言表述工作？怎么开会？怎么发言？都要明确。精细管理不是把工作事无巨细地细化，搞烦琐哲学。我们“12 字”企业理念中还有一个“简捷”。精细管理要把数据、流程规范起来。

从今年你们出现的问题来讲，仍然是显得基层工作不落实。不管是出现的生产事故、交通事故、还是因为政策宣传不到位引起的是是非非，都是管理问题。管理可以提高效率，管理可以通过提高竞争能力最终提高效益。

二、关联交易问题

重组分立一开始，我们就把关联交易市场定位到一个特殊的市场。特殊在采用有效的协商机制解决存在的问题。实践证明这一条是对的。这几年我们靠这种协商机制解决了很多实际问题，也没有出现大的问题。

关联交易下一步的目标是进一步规范运作。规范运作的目标是明确责任。有效的协商不是搞哥俩好，明确责任也不是就变得对立。其实明确责任与关联交易无关。明确责任是市场经济的基本法则之一。

我们自己在管理当中也要明确自己的责任，是我们的责任就要勇敢承担。如果不在这方面研究，不是靠我们自己的价格、技术优势，也很难占领市场。所以，只有明确双方的责任，才能建立有效的协商机制。

“三个代表”中讲为老百姓办实事，对你们管理者来讲，就是要把老百姓的利益放在心上。关联交易这两年我们是有自己的做法的，那就是让小的，要大的；舍近的，求远的。但必须要抓住一头。所以要讲究策略。关联交易在协商当中难免变成“关系交易”，这一点要利用，不要反对，办蠢事。

但要注意明确责任。责任要时时、事事分清。不一定表现在正式合同上，但要建立统一的呈报制度。像出现作业当中的问题,要在什么时间报告到生产运行处、关联交易处、主管局长,甚至什么时间呈送给胡局长,都要形成制度。制度一旦形成,这种呈报就是顺理成章的,就不是打小报告或告谁的状。

凡是需要上面来协调,我们决不让你们为难,凡是需要你们基层协调的,必须要协调到位。

三、稳定问题

一是领导责任制不能马虎;

二是对问题的认识一定要统一到中央文件和马总讲话精神上来,要本着内紧外松的原则,给广大职工做稳定的教育;

三是要注意深层次的问题。按照马总对大庆不稳定事件的反思,不稳定有思想观念问题,也有工作问题。属于思想观念问题的,一定要提高;属于工作问题,一定要改进。一定要稳定我们的上班族。重组后出现心理不平衡、矛盾不平衡是难以避免的,有些事更深层次的反映,是在改革当中利益调整时出现的心理失衡。这就要求我们在调整利益关系时,不能伤害职工的根本利益。不伤害职工利益不是谁的利益都保全,因为改革就是在进行利益调整,企业该给职工增加工资的照涨工资,但该职工自己负担的也一定要负担。

关联交易当中,双方都要有全局观念。

虽然前指职工的士气很高,没有出现很不稳定的因素,但要提防世界上敌对势力、邪教组织插手,存续企业的职工很容易被利用。这要看你们怎么带兵。你们要找骨干交流思想,深层次的问题只有通过发展才能解决。

四、当前需要注意的两个不良倾向

一是认为有活干就有饭吃,而放弃了"二次创业"的根本目标:大力推进改革。改革要从一点一滴做起,不能听起来很热闹,做起来没效果。

我们的目标就是建立现代企业制度。现在从思想观念和管理水平上还相差太远,决不能因为有活干就掩盖矛盾。而且,建立现代企业制度也不是终点,它只是目前促进发展的一种形式。所以,我们要坚定不移地推动改革重组。

二是对自己生存发展缺乏信心,甚至牢骚满腹。这更要不得。这两年的实践证明,只要思想明确,观念科学,勘探局确实有自己的优势。建工是个好例子,运输也是个好例子。

我们一定要注意对职工进行自强自立的教育,不能光靠别人恩赐过日子。关联交易是历史的原因,是油田公司要给的,而不是恩赐。关联交易是稳定的基础,生存的基础。搞关联交易就是要培养我们自立,去开拓外部市场。

总之,长庆的效益问题、管理问题要从你们基层落实。我主张采取这种板块管理的方式,尽量减少管理层次,使项目长有职有权。另外,大家也要考虑,总结项目管理的经验,现在干部的短期行为包括在政府部门都是非常有害的。

2002 年 5 月 10 日星期五下午,在靖边各单位汇报会上,孙局长对部分具体问题的意见:

关于井下:实物工作量要及时签认,修改合同可以,不签合同也可以,但要把账算清。

关于靖边网络建设:能不能把宽带网引进来,各家利用基地服务器把网络建立起来。

关于靖边分处:各家不能再搞小而全。能在这里住的,决不允许到别的地方住;宾馆的员工要用自己的文明服务提高客人的文明程度;在这里住的职工也要文明。

关于管理:管理到一定时候,就是一种自然的养成。项目经理既不能谨小慎微,也不能随便下达指令,指令都要记录在案。

关于 HSE:要在每一个时空点上体现出来。

关于职工管理:对职工的管理一定要严格,带兵不能稀松。"三禁一反"要加强和落实。

孙玉辰同志在听取职工医院汇报工作时的讲话

（2002 年 5 月 12 日）

这次到陇东搞调研，通过听医院的汇报，我感到医院的工作做得不错，特别是在精细管理上做了不少工作，很好，我很高兴。

医院和学校不一样，医院的前途不是谁管的问题，不管交给谁，怎么样自负盈亏是主要的。交给地方，如果办不下去地方财政绝不会给你们拿多少钱，靠通过社保中心这部分来调节，自己养活自己，这是大势所趋。学校即使交给地方也是吃财政，因为有义务教育这一块。这个事你们看一看，怎么样适度规模，保持盈利，全局 2000 多万元，医院补 800 多万元，企业给个人交费部分增加，等于给大伙补，又给医院补。

光调研不行，要迈开实质性的步子，搞盈利性医院和非盈利性医院。医院比例失调，后勤一大块，本身要消肿，后边的压力也相当大，机制上有问题，要好好研究，这个要认真讨论一下。

现在的收费与工资所得不挂钩，不管干得怎样，照样升级，照样发奖金，这个你们要好好研究一下。

研究医疗布局，随着基地调整要调整，职工家属走向大城市之后，你这就萎缩，也要调整，病人有多少，你们才能自负盈亏。医院费用怎么收，既符合国家政策，又能实现自负盈亏。

设备靠租赁公司租，下一步医院定位到要办专科医院，才能和那些个体户对抗。和一些有名的医院合办，联合办医院今年能否形成的问题。这条路你们肯定要走，要办就办专科医院，办若干个专科医院，你输液，人家也输液，但人家比你灵活，这不是你的强项。

现在走老路大伙都习惯了，往泾河园搬，机械制造总厂把路修了 20 多公分厚，11 米宽，还没挣钱哩，先把办公室收拾得那么漂亮，沙发弄得那么好，我狠狠地批评了他们。这是我们最容易犯的毛病，不是真正的按照市场经济创业，在创业的过程中办些实事，自己也得到回报。

你们医院不严格要求是拿人命开玩笑，这是不行的。现在贯彻《医疗事故处理条例》这是走向法制，要好好培训。医院是要经常搞些活动，你们搞得不错，别看医院静悄悄的，大夫护士一块唱个歌，把联谊活动、学术活动搞好，振奋精神，提高医院的稳定程度。医院不批评不行，老批评也不行。学术活动，职工之间的联谊活动应经常搞，科室之间，全院之间的联谊活动，不断请外边专家来搞些学术活动，你们这些办法特好，你们不要以为医院的小道消息，上至局长，下至老农民的家庭小事都知道，是是非非的，他是一个特殊行业，你们什么不清楚，就去问大夫，绝对是这样。

你们和学校的骨干给予优惠条件，在西安购房。

宁夏几家，家家搞小诊所，钻三搞钻三的、采三搞采三的、物探搞物探的。这不行，这确实要搞调研，能不能联合办医院。我们要打主动仗，医院和好几家有名的医院搞联合办，这样才能解决人才问题、培训问题、流动问题。

你们能不能把局里给的补贴运作起来，服务性的投入是不行的，我们买设备租给你们用，现在还能挤出点资金来，以后就不好说了。

孙玉辰同志在陇东调研工作情况总结大会上的讲话

（2002 年 5 月 16 日）

同志们：

刚才，刘自强同志代表调研组对这次调研情况向大家做了通报，他讲得非常好。利用这点宝贵的时间，我和大家交交心，谈一些意见和想法，供大家在工作中参考。这次来陇东调研，受到很大的教育和启发。刘自强同志已经对调研工作作了非常好的概括和总结，我想在这里把一些问题再重复一次，便于大家统一认识。

下面，我主要讲四个方面的问题：

一、各单位工作的主要特点

这次赴陇东调研的主题是研究和探讨陇东各单位的稳定和发展问题。从调研情况来看，陇东的大局总体上是稳定的，发展形势也是好的。

主要表现在七个方面：

（1）陇东勘探形势非常好。西峰油田有望增加上亿吨的石油地质储量，年产量很可能达到 50 万吨，这一大好的勘探形势给我们带来了机遇。发展是硬道理。发展是我们稳定最可靠的基础和保证。

（2）各单位瞄准勘探局“二次创业”的目标，扎扎实实开展工作，1—4 月份各项生产任务和经营指标完成较好。

（3）各单位认真贯彻落实集团公司三次稳定工作会议精神和勘探局党委书记会议精神，充分发挥大政工的整体优势，切实落实领导责任制，把握政策，摸清底细，对不稳定因素做到心中有数，又能够及时化解。

（4）各单位能够按照局党委、勘探局和油田公司制订的关联交易政策，认真搞好关联交易。这是保持稳定最现实的保证。两边都能站在讲大局的高度，相互支持，相互理解，有效地进行协商。我们关联交易第二阶段的战略任务就是规范运作，目前已大大前进了一步。这为实现第三步战略目标，即建立战略同盟打下了基础。

（5）目前比较困难的企业，如运输处、第二采油技术服务处等单位大力开发市场，加强内部管理，推进改革，调整结构，见到了很好的成效。通过这次调研，上下左右都会加大对困难企业支持的力度，困难企业也会获得稳步解困和发展的机会。

（6）各单位大力推进改革，以改革促发展，特别是“三项制度”改革和结构调整、专业化整合等，又取得了新的进展。在此基础上，大力开发市场，转变观念，今年市场开发的形势比去年同期还要好。

（7）我们在积极进行生产、生活基地战略调整的同时，努力做好老基地的规划部署，确保老基地的物业管理水平不断提高。所谓“老少春秋、至尊至贵”这样一种意识和精神，在陇东这块地方变成了大家有效地运行，变成了稳定陇东的积极行动。昨天，我到水电厂看了看幼儿园、离退休管理站，晚上又看了职工表演的节目。我觉得一老一少的问题，各级党委都非常关注，也深得民心。大家不要小看这个问题。严格地说这与稳定不稳定没有关系，这是落实“三个代表”的具体措施，不过目前我们把这件事做得好一点，会对稳定工作起到很好的促进作用。总而言之，陇东各单位在贯彻落实勘探局“四会”精神，以及实现生产经营目标方面进展都不错，工作做得也比较到位。能够保持大局稳定，继续保持我们发展的好势头，确实难得，我们一定要珍惜。

二、关于稳定和发展问题

对勘探局来讲，当前要注意抓好三个关键环节。

1. 存续企业必须深化改革、调整结构，否则就不能发展

抓紧结构调整，深化“三项制度”改革，就能够发展得更好、更快。在这一点上，大家对形势不能判断失误。现在，局属各二级单位发展不平衡，这也是我们通过自己的实践来说明这样一个重要的问题。各单位要注意结合自己的实际，很好地把结构调整的目标进一步明确，要加大工作的力度。

2. 深化改革就必须进一步解放思想，转变观念

这次调研表明，哪个单位思想解放了，哪个单位的观念进一步转变了，哪个单位的“棋”就下活了。反过来说，如果思想保守，观念陈旧，既是市场工作量饱满，但也看不出有更多的“活棋”。一定要确立明确的改革目标，那就是提升本单位的核心竞争力，使我们的职工得到更多实惠。

3. 要注意抓好的几个薄弱环节

(1) 要全面贯彻落实勘探局提出的管理提升战略，实施科学管理，尤其要把精细管理作为突破口。要抓好精细管理，必须把抓好领导自身的无效的管理和非科学的管理作为切入点。现在我们提的精细管理不是把过去的粗放的管理简单地细化，搞繁琐哲学。过去实行岗位责任制、搞企业整顿的时候，已经搞得够细了，甚至有时还比较繁琐。现在讲科学管理，首先理念要科学，要解决领导班子特别是主要领导的问题。我在 2002 年工作报告中专门讲过这个问题。这个问题解决好了，就为我们进一步深化改革和建立现代企业制度打下了基础。

这次调研当中，从汇报的内容、形式和达到的效果来看，这方面做得还远远不够。工作是做了不少，汇报准备得也很认真，但是要去掉那些无效的管理，真正按照简捷、明确、责任、自信，开门见山，研究问题，这个差距比较大。把目前的切入点切入到具体的问题，为时过早。今后开会发言能不能规定一下，无论是谁都要限制时间，删繁就简，单刀直入。讲话没有数据、没有分析，或有数据无分析、布置任务没有时空点的控制都是无效的管理。我觉得首先应当从我们各级领导自身做起，以后开会要造就一种新风气，不要照本宣科，要抓住主要问题，讲深讲透。同时，要把领导接电话、打电话、发指令作为精细管理的切入点。

(2) 对于目前的结构调整，一定要注意与制订本单位可持续发展的目标相同，不要急功近利，盲目行事。我们不是为了调整而调整。各单位的情况不一样，更不能搞“一刀切”。调整结构的目的，是能够大幅度降低成本，能够有新活力，能够提高竞争能力。要做到这一点，就应该破釜沉舟，不要“前怕狼后怕虎”。

(3) 对职工的宣传教育，要真正做到有效。一定要把宣传的手段、主体和对象严格区分出来，不能混为一谈。不能老是给宣传部门、报社、电视台提要求，这不行，这只是手段问题。我们宣传的主体、宣传的对象是我们的职工，是我们的基层党组织。

现在很多政策并没有贯彻到底，老百姓并不十分了解。在这个问题上，我们要真正把党和国家的方针政策、集团公司的政策以及勘探局“二次创业”的目标和政策，给老百姓一点一滴地宣传明白，解释清楚，使广大职工真正了解、支持改革，使职工群众与我们共同克服困难。这一点不光对大庆有教训，我们这几年就没有教训吗？各单位的汇报材料中分析的不稳定因素，我看就说明了有些单位领导自身对现行政策都不了解。这一点需要引起重视。

(4) 要明确市场主体和客体的责任。不管我们当甲方还是乙方，都要明确自己的责任。我们在工作会议上讲，今后凡不合格的产品不

能出厂。我们讲产品，其实服务也是一种产品，没有承诺的服务也不能出厂。这个问题我觉得没有落实好。所以说，在科学管理方面，在市场责任问题上，首先要规范自己，不仅要明确责任，而且要进行责任追究。只明确还不行，只写在纸上也不行。只有这样，才能提高自身驾驭市场的能力，不仅要会当甲方，也要会当乙方，要不然只能是计划经济条件下具体操作员。关联交易合同没有完全签订，给基层实际运作带来很多困难，但是连实际工作量有效签认自己都无法解决，这还能行吗？在市场当中，我们不能拿政治原则来处理市场当中的问题。我给你干了活，你就要给我钱；我给你干了活，你就要承认我的工作量。这不是相互信任与不信任的问题。在这个问题上，我们自己该做的没有到位。价格没有定，实物工作量应该签认了吧。我们当甲方的时候，对乙方也应该如此。这个问题我就不多举例子了。不仅在国内的关联交易市场是这样，到国外的队伍也不会在市场当中运作。作为乙方不明确自己的责任，当甲方时也不明确责任和义务，这不行。

（5）要管理好老基地，建设好新基地。只有管好老基地，才能够建设好新基地；只有新基地建设好了，才能新老基地发挥互补的作用。新老基地的建设，不管是规模还是速度，都要与客观需要和客观实际相适应，快了也不行，慢了也不行。我们对管好老基地提出了一些基本的要求。现有的老基地，将按照新基地的建设进程有计划地进行“关、停、并、转”。不是想关就关、想搬就搬。刚才刘自强同志专门讲了十条政策，必须给职工作出郑重的承诺，也必须认真提高物业管理的质量和服务水平；要保证老有所养，少有所教；老少春秋，至尊至贵。

老基地不能流失资产，不能有任何破败景象。5月16日上午6时左右，我到井下技术作业处的院子里到处看了一下，把角角落落的地方都看遍了，没发现死角，到处打扫得干干净净，我感到很高兴。我与离退休老同志聊天，他们对基地搬迁的认识，比我们部分领导干部要高得多。我看了水电厂、采油二处的基层单位，看了靖边的食堂，职工的精神面貌都不错。尽管我们穷一点、难一点，但要有志气过“好日子”，就是“穿补丁衣服”，也要“补得整整齐齐，烫得平平展展”。所以说，不能有破败景象。

老基地必须要百分之百地方便生产、方便生活。阜城基地、马岭基地管理得都不错，当然我们也提了一些要求，该给职工做出承诺的，必须承诺。哪个单位由于这些问题影响职工的稳定，就要找哪个单位的责任。如果连水管子漏水、孩子上学、老同志看病这些问题都解决不了，甚至搞得大家有意见，我觉得不应该。

我们必须进行战略调整，要建设新基地，发展新基地。关于新基地的政策问题，必须按照刘自强同志讲的，认真传达贯彻，不能有任何走样。这也必须明确提出，我们建成的新基地，主要是为离退休老同志和随生产场点的调整的这部分职工创造购房条件，这里面包括油田公司各单位。随着新建基地规模的不断扩大，下一步将为科研人员和一部分管理人员在大中城市购房创造条件，包括我们的各级劳模。

如果我们和市场接轨较快，就有条件为想在大中城市购房的职工创造条件，甚至包括有偿解除劳动合同的职工创造条件。这是一个渐进的过程，不可能一年、两年把所有的事情都办完。所以，我们对生活基地和生产基地进行战略调整的目标绝不能动摇，工作必须做细，好事必须办好、办实；有困难要及时如实地向职工讲清楚。新基地房价问题，必须新房新价，旧房不保证百分之百地都能交易；孩子入托、入学、职工就医都要依托社会，必须严格按照“四个统一”的原则，所有搬迁的职工必须也向企业作出承诺。局党委、勘探局和各单位要为基地的战略调整创造条件，少给职工添麻烦，少给孩子添麻烦，少给老同志添麻烦。

三、关于领导干部作风问题

各级领导干部必须进一步转变工作作风，提高工作效率。

1. 要加强学习和调研

在当前这一特殊的历史时期，我们的领导同志确确实实要注意加强学习和调查研究，当前要注意把对当前形势的认识统一到文件精神上来，要学习勘探局制订的“二次创业”的方针政策和理念、战略，要积极主动地推进“二次创业”的进程；要联系实际，解放思想，勇于创新，要从实际出发，讲实话、办实事，既要报喜，也要报忧。学习是为了应用，要勇于负责，不当“和平官”。一定要加强对干部的培养和教育，要认真学习网络知识，利用现代化的科学手段提高办事效率。这次我们有一点遗憾，没让通信公司的领导来。各单位网络建设的积极性很高，但是网络利用率不高。

2. 一定要注意抓大事，谋大利

我们不仅要完成当前的各项生产任务，而且要深思熟虑地制订可持续发展目标。谋大利就是要着眼于大多数职工的根本利益，着眼于维护职工的权利，而且要落实职工的各项权利和义务。我们平常对职工的政治权利比较重视，做得比较到位。但是对职工的产权问题研究不够，而且下一步要在职工产权问题上大做文章，要真正实行政治平等、经济平等，真正在实现职工当家做主人上推进民主进程。

3. 要防止空谈，力求务实

我们这么大的企业，要靠理性取胜，不要含糊。有人对理念的研究，我看是照本宣科的多，对本单位理念的问题研究深度不够；靠技术取胜，靠科技兴企这个不要动摇；靠改革求生存、图发展，这个也不要动摇。现在要防止对看准的事犹豫不决，错过机会，贻误战机。不管是改革还是发展，一定要注意这个问题。

4. 要注意把握政策

当前要注意把握三个方面的政策：

一是要“拆围墙”。当前我们的思想太封闭，动不动搞起了“小而全”。我们必须把自己的“围墙”逐步地大胆拆除，真正使存续企业在管理上形成一种开放的系统。另外，我们不要老指责别人搞“小而全”，而要用“拆围墙”来融合当前这种特殊的局面，真正地打破封闭，加强横向联合和专业化重组，提高我们的效率。

二是要“早备荒”。我们说“早备荒”，提前3—5年最好。我觉得有些人对这个问题很盲目。认为只要工作量大、工作量饱和，就一定稳定，就一定安定，大庆的问题就值得我们认真思考。实际上1999年重组时，我们就在“备荒”。我们实行的一系列政策也是为了“备荒”。我们提出“先活心脏、后养肌肤”，有些人一开始不理解，到现在也不一定能理解。从去年开始到今年的关联交易，我们就在注重这个“后养”的问题。我们不能“先活不养”，老百姓也不答应，这个问题必须有先后。保持陇东稳定，就要真心实意地支持陇东的各项生产建设，特别是采油二厂的各项建设，在这个问题上不能有半点含糊。“先活心脏、后养肌肤”，尽管有一个小小的历史阶段，但对这项政策必须认真研究。“先活后养”的问题一定要落实。

对待关联交易问题，大家一定要注意“谋大求远”，包括关联交易价格、关联交易制订的方案。我们讲有效协商，要“好事多磨”。我反对有些人说大话、摆大架子，干不成具体的事情，不愿意做一些实实在在的协商工作，动辄用电话指挥人家，就像指挥自己的千军万马一样。我们讲“放水养鱼、激活基层”，今年对经营承包政策做了大幅度地调整，希望大家要真正地“养鱼”，在谋取更大利益的同时，也要承担更大的风险。这和我们基地调整一样，“放水养鱼”也必须担更大的风险，如果各单位把节约的钱，都藏在“小鱼池”，将来可对不起老百姓。勘探局成立的资本运营部不是一般的机构，不是资金管理部门，也不是一般的职能管理部门。我在报告当中讲，经营权、用人权和财产支配权还要下移一层，还要更深入。

勘探局已明确规定，凡是自己有石油招待所的地方，就不要到外面去住。靖边好多项目组，对职工都作了严格要求。领导应该想到，自己节约一点钱，就等于给老百姓多给了一点实惠。不能没本事给老百姓赚大钱，挥霍老百姓的东西却很在行。我们为每个领导都配了手机，并三令五申地要求领导干部手机必须保持畅通，但是有事找你时却打不通。权力要下放，但权力要用在老百姓身上。领导开车也是如此，我提倡领导开车。我以前管理的部门像公安处、电视台的同志学开车，是在全局提倡最早的。但是有一条，有事没事开车兜风，是工作的需要吗？有执照后先把小车司机取掉，行不行？从工作需要和实际出发学会开车，我还要表扬。

我每次都要到三产单位去看一看，我认为大家不要含糊，不要上边抓得紧，咱们就抓紧一点。抓与不抓，必须从存续企业的实际出发，不进行专业结构的调整、产权结构调整能行吗？所以我们要“早备荒”。我们三万七千人，一旦钻井工作量减少，马上就出现“荒情”，包括物探。我们“二次创业”总得要提出目标，总得用一种科学的意见来表述，从正面来引导。

三是“养儿娘”。不能忘了职工对我们寄托的希望。各单位要有积累，把自己的事办好一点。我说的老少春秋，至尊至贵，不能当笑话讲。首先自己的心态要正，德性要好，然后才能融化矛盾。“拆围墙、早备荒”，这就是我们的政策，用不着讲空话。

5. 要积极推进物探、测井专业整合

昨天我到测井公司与科以上干部座谈时讲了，今天还讲这个问题。因为最近在领导层中议论，影响了对这个问题的基本估计，甚至动摇了军心，首先是我们的领导干部心态不正。关于测井整合问题，三年以前重组时就和班子成员集体座谈讨论过，希望早一点和国际上的大公司接轨，今天讲仍然不后悔。老保持旧体制、旧体系是没有出路的，必须由局部的变成具有新活力的集体，和农村包围城市一样。有些人老担心“白菜心”被人挖走了，我想没有任何必要。包括资产的重组、专业的重组会搞得更好。马富才总经理讲，要以产权为纽带，采取企业自愿的原则。咱们局第一个“走西口”的是物探，第一个发 70% 工资的是物探，当时还不是运输。

不做具体的分析，人云亦云，这是领导干部不成熟的表现，也是我们领导干部的大忌。勘探局的政策必须保证职工的既得利益，必须保证勘探局的既得利益，还要通过专业化重组，谋求更好、更大的发展。实际上，勘探局正在向这方面努力。有了这些大的政策，就用不着庸人自扰。

四、几点启示

1. 测井处方元公司改革的启示

昨天听了测井处方元公司的汇报，给了我们什么样的启示呢？一个单位要主动地调整，主动地重组，主动地分离，就会优势互补。如果是被动地调整，被动地分离，优势互补可能就体现得不好。为什么呢？方元公司今年的产值可能达到 7000 万元，有一半的工作量是由测井工程处统一开发的，占了将近 3000 万。这一点同我原来估计的不一样，我原来估计的是方元公司可能有 80%—90% 的工作量是测井处照顾的，结果一看，起码还有一大半是其他产业挣来的。而且下一步在这个基础上，我看要继续调整，测井处和方元公司真正形成两个互补的战略同盟。那么股权呢？方元公司的职工占了 40%，测井处职工占了 20% 多，还有职工持股会占了 30% 多。方元公司今年能形成1000—2000万元的利润会到哪里去呢？到老百姓手里去了。

这和设计院的改革是一样的，我在大会上讲过，设计院改制后去年实际效益同比大大提高。但给局里上缴的有所减少，钱到哪去了呢？到老百姓手里去了。我们平常老提为老百姓多办点实事，为什么以前没有想到这个办法。如果方元公司成立一个设备租赁公司，设备、车辆实行租用，各发挥各的优势，这两个伙伴既让职工得实惠，又可以优势互补，不断发展。所以我昨天开了一个玩笑，我说：你们干了一种非常了不起的事情，尽管这种事情再过一两年，两三年可能不值得一提，但是现在你们干了一件非常了不起的事情，你们就好像成立"巴黎公社"一样，你们就是巴黎公社的社员。所以他们昨天让我题词，我写了：天地方元，重新收拾河山。我说：现在我没有检查指导你的权利和义务，但是我有继续支持你们搞好改制的义务和责任。当然，他们现在也遇到了困难，他们实行岗位工资，有40个全民身份的职工就很不适应。我说，不适应也要顶住，不仅方元公司要实行岗位工资，下一步测井公司也要实行岗位工资，全局都得要实行岗位工资。文瑞同志讲的完全对，现在不稳定的因素就是那些既得利益太丰厚，没有太大用处的人反对改革。方元公司给我一个什么启示呢？他们主动分离一部分，而且确实研究用新的机制和新的体制进行优势互补。他们这样一个指导思想，有许多值得研究和借鉴的地方。

2. 实施"西气东输"工程的启示

这是一个跨世纪的工程，一种标志性的工程，是党中央、国务院确定的一个战略性工程。西部大开发要投资1400亿元，将近4000千米管道。第十四标段首段开工典礼由长庆建工承担，得到了"西气东输"项目部和地方政府的高度重视。

这个问题有什么启示呢？长庆建工对这个项目的认识值得我们思索。他们并不是把此项工程看成是发展的机遇，而仅是把它看成是发展的基础，这个定位是对的。为什么这么讲呢？我们连续两年给长庆建工投资3000多万元，光专项工程也有1000—2000万元，而现在投入与回报是不成比例的，那为什么又干呢？为什么费那么大劲？包括滕玉林副局长在内，刘自强副局长、王树荣同志、蒲建中主席都亲自出马，专门竞标。为啥新疆在这里中了标又不干，而我们抽了120名精兵强将诚心实意要干呢？盈利并不丰厚，弄不好可能要亏，为啥还要干呢？除政治上的要求外，家门口的事情，我们不仅要干，还要干好，更主要是考虑到没有业绩的企业下一步也是寸步难行，这是一个展示长庆风采、创造业绩、锻炼队伍的极好机会，所以要下决心干。他们的分析对不对呢？我觉得是对的。这里面有两项新技术，STT低层带的焊接我们没搞过，现在搞了几十个焊口，除了自动焊尚未开始之外，低层焊带的焊接培训已基本过关。HSE的准备工作，包括壳牌公司监理认为也不错，他们准备争金夺银。他们对市场的分析不糊涂，然后只要把技术难点、成本控制的难点控制住，就一定能够"双丰收"。我讲的这个意见是在市场开发当中，有些必须急功近利，有些则不能完全急功近利。像壳牌公司在长庆8年，本来可以建成30亿吨的储量，但为什么打井不积极，却占着储量积极合作？从一开始我们就看透，他们的心思是搞市场的战略占领，等到西气东输工程开始实施，他们认为有利可图了。

如果我们在市场开发方面没有一个清醒的头脑，就会对有些事情下不了决心。像建北京输气管线时，根本不让长庆参与，认为大庆是最好的，后来借别人的面子，原油建处组成一个突击队，结果是长庆的队伍并不比大庆弱。涩—宁—兰工程也是如此，开始质量不稳，硬是克服了重重困难，后来甲方也是比较满意的。不创造业绩，下一步想"吃饭"都困难。油建即使不干"西气东输"，其他工作量也是比较饱满的，所以希望大家能好好地分析一下市场开发工作。

3．泾河工业园从征地到开工出现“一波三折”的启示

“一波”是当我们下决心征地建基地，引起了轩然大波。局内局外、上上下下，到集团公司开工作会时阎总找我谈话。“三折”是征地的时候一哄而上；规划的时候自立门户；建设的时候个别单位对政策宣传脱离实际。征地是贷款征地，告诉一些单位不要征地，他们不听。去年利用“五一”节在西安开了一个会，而且让有些单位必须写出书面检讨，这件事大家可能记忆犹新吧。有些单位想得太天真。勘探局当时已经明确规定不允许医院、运输、学校征地，但必须按比例为离退休职工盖房子，但就是不听，三令五申也不听，现在离开了“四统一”搞脱离实际的宣传，这不叫“一波三折”吗？我说，根子就在我们领导身上。这个战略调整绝不是哪个二级单位有钱能干成的事情。

这给我们什么样的启示呢？在当前，我们要发挥长庆的整体优势，实现共同发展，首先要发挥我们自己的整体优势。我们的领导干部必须遵守纪律，必须顾全大局。如果不这样，就会乱了自己的阵脚。如果那样搞，勘探局不是乱套了吗？整个集团公司不是乱套了吗？大庆油田一年200—300亿的内部利润，给每人200平方米的房子也盖得起，那些穷单位、无房户怎么办？我局也是如此。咱们费了多少口舌，才保持现在这个局面。我们有些人从小单位、小集团的利益出发，坏了整个大局。可以说，战略性的调整不是一人能办成的事，也不是想办就能办到的事情，一定要注意这个问题。

我希望老基地的管理和新基地的开发建设，都要服从勘探局战略调整的大战略。油田公司准备在靖边征400—500亩地，我们说服他们并在老基地中划出一块搞建设；油田公司想在银川基地征300—400亩，后来由我们统一征地建设，尽可能地为他们创造方便；油田公司提出在西安盖个车库，我们都没有同意。咱们自己乱了能行吗？这个问题，咱们自己首先要做到份上，咱们先把路铺平了，让人家先过去。西安基地从一开始定位就不是养老退休的基地，是科研、生产、指挥机关，有些人不认真做好本单位职工和离退休职工对这个问题的认识，一股脑地都想到那去，能行吗？下一步，存续企业不进行战略调整能行吗？现在的人事制度改革对我们冲击那么大，现在大学生分都分不来，能行吗？我们在西安基地不给科研人员、机关人员留块地能行吗？我们泾河工业园不把多数人安置好，能战略性的用好吗？有些话不一定说，只是我觉得咱们有些人太自私，老想着到群众当中捞选票。为啥会出现“一波三折”？有些会议还是我亲自开的，为啥不落实？这个问题要作为一个纪律问题来查。一到陇东来就把这个问题作为一个不稳定的因素，既然是不稳定因素，就把这作为责任制落实。陇东的单位、陇东的职工再出现政策不明的情况，就要追究领导责任，好事要一步一步地办，好饭也要一口一口地吃。

除了基地调整外，我们还有许多战略上的任务，还要在此基础上推进，只有这样才能抓住发展的机会，才能真正地把存续企业变成“三自”企业，有自我发展能力。咱们一定要下这个决心，而且现在我们认为有这个条件，我们绝不能因个别环节的失误影响大局。我觉得文瑞同志说了一句实话：反正你孙老书记给我说的事，我基本上给你都办了。油田公司能做到目前这个程度，我们应该真心实意地感谢。这次我到靖边去，胡文瑞同志说：靖边所有的单位都应给你汇报工作。我说：那倒没必要。但是那些同志们也能理解我。主要问题是自己绝不能乱自己的阵脚。不要打着维护本单位职工群众利益的旗号吓唬人、欺骗人，这种事我见得多了。大家要自觉理解这个问题。我

也相信，现在尽管发生了“一波三折”，毕竟一说就干了，也确实没有费多少劲。为了加强战略上的工作，专门请张文锦同志组成一个项目组，代替勘探局行使管理“四个统一”的权力，给大伙搞好服务。你们参与项目的人，回去都审查一下，有本事办的继续办，没本事办的统统撤回来换人。再发现各单位项目组参与“嚼舌头”，要立即卷铺盖走人，而且要让处长亲自参加项目组。为什么呢？咱今年能把步子迈出去，明年就好办，万事开头难，大家不要着急，包括离退休老同志也不要着急，你不就是想到西安有个安居乐业的地方吗？局里下决心给你创造这个条件，但是有一条，都想到西安基地院子这绝对不可能。在西安、银川方向给老同志创造购房条件，要老老实实地给职工办实事。我觉得有些老同志对这个问题的认识比咱们有些领导同志强。我们不要说老同志反映的问题不对，旧房子卖不出去，老同志没钱怎么办呢？正因为如此，泾河园锅炉房的设计我亲自帮着调研，我从报纸上剪下资料给项目组，派人到山西、北京等地考察；我自己利用双休日考察了西安几个小区的供热问题，尽可能地为老百姓降低一点成本，把楼顶设计得更好一点，让大伙充分利用面积。我们做力所能及的工作，目的还是让老百姓少掏一点。今天把这个问题讲得深一点，因为这个事情已经讲了整整一年了。讲了一年，中间还发生了“一波三折”，不值得我们深思吗？到底在群众还是在干部？上回胡文端同志调研了十几天后就给我讲：你要注意油建、钻二留下的基地稳定问题，再一个就是西安基地的建设。你们要注意，不光是胡文瑞还是其他同志，听到大一点的问题，都及时地给我说一下。当然我讲的胡文瑞同志不一定都同意，但我们两人能把握住一条：求大同、存小异。这才是一种正常的关系。一见面“好好好，是是是”，那才是一种不正常的关系。所以我早就表过态，我和胡文瑞俩人的工作不会让下面的处室长为难。

陇东稳定的有利条件是很多的，包括油田公司对我们的支持、油田大发展的形势，包括广大职工这两年“二次创业”的实践，也教育了我们，提高了我们自己，净化了我们自己。当然，事实上也存在一些不稳定因素。我希望这些不稳定因素不要像大庆事件一样，由于我们工作不到位，认识不统一，酿成阻碍改革、阻碍发展的事件发生。如果再出现这种问题，非查办不行；

对领导班子讲，有三条是不会让步的：一是对敌对势力插手捣乱是绝不会让步的；二是对成立非法组织是绝不会让步的；三是对党员干部祸害共产党的事情是绝对不容许的。今天把不稳定因素讲得稍微深了一点，讲的稍微惊险一点，这个有好处、没坏处，但也不要以为个别人就可以酿出什么事情来，我相信不会闹起来。我们担心的是这些人蛊惑人心。胡文瑞昨天说：你们要再讲我老胡不是善人，你们对不起我的。我说：谁要是认为不好的话是有眼无珠。开玩笑是开玩笑，但实话说到前头，咱们300多名处级干部也会各色各样。希望我们自己好自为之，主要领导当好“班长”，对同事严格要求，那就行了。至于个别人出现问题，重组时有，再过200年还有，那没关系。

今天利用这个机会，我讲了许多。6月初再来的话，我们继续到运输处，到班组，到基层去调研，绝不会光听汇报。首先要端正思想，绝不能听到风就是雨，对反映出来的困难必须条条有着落，不管是提出1万元还是100万元的问题，必须有答复，我们还要找机会到基层去学习。

（局办公室于2002年5月22日以长局办发［2002］第19号文印发）

孙玉辰同志在钻井工程总公司安全生产分析会议上的讲话

（2002 年 6 月 27 日）

同志们：

这次分析会开得很好，起码有三个收获：一是对钻井工程总公司当前的安全生产形势有了统一的认识；二是对三起事故的分析有了统一的认识；三是对做好下一步安全生产工作的目标和措施有了统一的认识。两天来，钻井工程总公司、局机关有关部门，以及驻靖边各单位负责人都提出了很好的意见。刚才，建中、业荣都讲了非常好的意见。会后要进一步做好检查帮促工作，将这次会议的精神切实贯彻落实到实际工作中去。

下面，我主要讲四个方面的问题。

一、安全生产分析会的三个收获

1. 对钻井工程总公司当前形势有了统一的认识

因为对任何事情都不能走极端，尤其对大的形势的把握，一定要正确。今年以来，钻井工程总公司总体形势非常好，内部关系逐步理顺，机关建设富有成效，管理水平再上台阶，生产速度大幅攀升，截至 6 月 26 日，钻井进尺已经累计超过 95 万米，广大干部职工士气高昂，对完成全年任务目标充满信心。我们有把握，也有信心再夺得一个“丰收年”。

钻井工程总公司连续两年刷新井筒作业的多项指标，机关建设、队伍建设不断刷新新纪录，确实为勘探局“二次创业”立下了新功劳，只有这盘棋下活了，勘探局近 12 万职工家属，1.3 万名离退休职工，2 万名师生，3.7 万在岗职工才能得到很好的生存和发展，我们的“二次创业”才能稳步推进。但是，近期连续发生几起安全事故，安全生产形势十分严峻，值得引起我们高度警惕。这不仅暴露了管理层认识上的不到位，而且暴露了我们在 HSE 管理措施的落实上出现了空白，也表明有的基层干部思想上有片面性，工作作风不实，重视短期行为，盲目追求速度，不能够正确处理好安全与速度、质量、环保之间的关系，如不及时纠正，不仅还会导致事故的发生，而且还会从根本上对班子建设、队伍建设、生产经营，以及企业管理造成非常严重的后果。

2. 对事故原因的分析有了一个统一的认识

与会的同志们一致认为，这三起事故有共同的特征，一是事故的直接原因都属于违章操作；二是现场的有关制度不落实；三是不认真落实整改已检查出的问题；四是培训不落实，职工的风险判别意识、安全防范意识和自我保护意识都比较差。这也反应了基层的管理人员工作作风飘浮；安全意识淡薄，片面追求速度，因而对人命关天的事故未作认真分析，未采取强制性措施，导致事故一而再、再而三的发生。杨再生同志对事故的分析虽然只是初步的，但也触及了深层次的问题，相信一定会对今后的安全生产起到促进作用。

3. 对做好今后的安全生产工作的目标和措施有了统一认识

（1）必须树立安全生产的新理念。安全生产新理念至少包括五个方面：安全目的、安全责任、安全管理、安全保证及安全目标。

安全生产的目的就是要推进社会的文明进步，提高全员整体素质，保证广大职工群众的生命安全和财产安全。作为一个企业，就要对社全尽义务。目前要做到安全生产必须抓根本性的东西。

安全生产的责任就是要落实第一责任人的责任，明确行政管理与监督的责任，并落实全员安全责任。不论从哪个角度谈，都必须明确“责任重于泰山”的思想。

安全管理就要树立以人为本的思想，要尽快建立行政管理与安全监督两个保证体系，一定要防止和消灭无效的管理，要很好地授权第一责任人全权负责安全生产工作，安全监督独立行使监督权，有条件时可在第一责任人授权下兼有管理责任。

安全保证包括四个方面：科学技术、设备环境、人员素质及软科学管理，四者缺一不可。具体到各钻井队，要分清轻重，实事求是。从三起事故来看，人的素质是最主要的因素。

安全目标就是要有志气把日常的安全生产管理、传统的安全生产管理推向科学管理的新阶段。正确的理念树不起来，就等于没有灵魂，只会就事论事。要注意加强这方面的研究和宣传。

(2)要不断完善和推行以 HSE 管理为主要内容的安全操作规范。以岗位责任制为核心的传统管理应当在 HSE 管理中得到有效的继承。要根据国际惯例，结合实际情况，有效地完善和落实好各项规章制度，井队的每道工序都必须按照标准化规程操作。作为存续企业，尤其要把钻井队当作工厂去办，必须要有标准化操作规范，实施每道管理规程之前，都必须做到三个清楚，即管理者、操作者、监督者清楚。

(3)应当制订 24 小时安全风险方案，并明确到操作规程之中。由井队长、HSE 监督员负责，详细列出风险提示，每道工序标有明示牌。标准化是现代化大生产的必然产物，只有标准化操作、标准化服务才能提高效率、效益和通用性。不能把“低、老、坏”的现象代代相传。有些东西要强制性推行，并进行独立有效的监督。

(4)要全面细致地做好事故调查工作。对发生的事故要进行科学的调查和鉴定，要提供事故现场的录像、照片、化验等各方面的资料，事故的报告中还要包括管理者的情况，如井队长、司钻的个人档案、经历、受到的培训情况等等，一定要调查清楚，否则严肃追究上级管理者的责任。

二、对当前安全生产问题的整改措施

(1)由建中、业荣负责，组织 10 个调查组，逐一对 72 个钻井队进行调查；7 月 15 日结束后，继续召开安全生产分析会。调研必须严肃认真，实事求是，切实为基层搞好服务。

(2)要对现有的关键设备进行性能鉴定，提出具体的安全整改措施，于 8 月底全面完成。

(3)进一步完善安全监督体系。钻井工程总公司作为独立监督、监管结合的试点单位，务于 7 月底前搞完。

(4)落实责任，赏罚严明。落实责任就是落实领导责任，从小事做起，从自身做起，反对形式主义和各种浮夸作风，要突出整改重点，不能面面俱到。对钻井队而言，重点包括人身伤害、防火防电、高空作业、设备安装、井控管理、食物中毒、营房安全等等。

(5)要认真抓好职工培训工作，提高全员安全生产意识。要本着“缺什么补什么”的原则，结合工作实际和岗位要求抓好培训。第一责任人要把培训工作作为管理的一项重要内容，亲自当教员，包括项目经理和井队长；要将勘探局近 30 年来有记录的事故编成教材，于年底前完成，由质量安全环保处负责人任主编，生产运行处、工程技术处、宣传部的领导任副主编，先编成书面材料，后制作多媒体，要通过这些血的教训教育职工；要落实“四个一百”目标，即培养 100 名井队长、100 名工程地质技术人员、100 名司钻、100 名机械师，人事劳资处、人力中心要与钻井工程总公司一起，把培训工作作为一项重要任务，抓紧抓实，逐步提高职工的操作技能和综合素质。每个班组都必须设有监督岗，由班长负责落实；由井队长负责，查处班组的违章操作现象;由项目经理负责,征集职工的合理化建议和意见。对于职工的每条合理化建议,都要认真对待,决不能推诿或留有遗案。科学管理的一个重要内容就是民主管理。

三、对安全管理的一些认识

(1)我们在今后相当长的一段时间,在这样的生产力情况下,人的因素是安全生产的第一保证因素。

(2)制度和组织形式必须保证人的积极性的发挥,这是第二保证因素。

(3)科学技术和设备环境是安全生产的重要物质条件。

设备、技术与人这三个因素缺一不可。提高人的素质,就要通过扎扎实实的培训或通过人力市场去选择,最重要的是要提高管理者和被管理者的素质。对重点岗位打破常规进行岗位管理,井队长、司钻、监督员要向高学历、高素质方向发展,做到以岗位管理为核心的人的管理。要加大硬件的投入,但要统一规划,量力而行。

四、关于干部作风问题

在计划经济向市场经济转变的过程中,人的价值观、人生观出现许多新的问题是必然的。但是有三个方面倾向性的问题值得研究:一是对党组织负责的观念淡化了;二是对人民群众负责的意识淡化了;三是无私奉献的观念淡化了。我们不能仅仅强调和追求个人价值,更要树立为党和国家,为企业和职工高度负责的思想观念,要克服几个误区:一是短期行为、急功近利;二是唯利是图、官僚腐败;三是假、空、虚、小(目光短小,画小圈子);四是离德离众、高高在上,坚决反对基层机关化现象。应该说,当前安全生产上出现的问题,也与社会上出现的不良现象有一定的联系。

不论过去、现在或将来,局党委、勘探局都要实行三条对策:

一是因势利导,强力推行正面教育。钻井工程总公司于年底前要总结出100个小故事,宣传求真务实的事迹和典型,将优秀的人和事编辑成册,广泛传颂。对基层贡献大者厚其利,同时保护社会公德和个人权益。

二是必须要标新立异,强力推行规范。任何管理制度都是有利有弊的,只要60%的有利于安全生产,能够保障人的安全,就要全力推行。

三是在方法上不求多而求深,要抓住重点,不能面面俱到。要定出安全管理的规划和具体目标,由质量安全环保处牵头,发展研究部协助。第一步目标,必须消灭低级事故。钻井工程总公司要着力培养一批有前途的年轻人,让他们和有经验的老同志一道,到钻井队、到关键岗位上去锻炼成才。

(局办公室于2002年6月30日以长局办发[2002]第24号文印发)

孙玉辰同志在井下技术作业处安全生产分析会议上的讲话

(2002年7月4日)

今天的会,我觉得有两方面的收获:

一是加深了对上半年井下作业4口井5次事故的分析。

二是对用科学管理的理念分析事故提出了

新的要求。

讲理念就是要从上到下，从我做起，认真学习、认真分析。讲问题必须要明确、有针对性、有操作性。大家讲的概念性的意见、建议都非常好，但讲了很多，不如讲一条具体的、有操作性的意见。领导干部容易犯的问题就是讲定性的东西多，讲定量的东西少，这不叫科学管理。这里我讲几条建议：

(1)从井下技术作业处开始，今后对工程事故的分析要以科学管理为标准。技术事故的分析，是技术管理的重要内容。先进的硬件必须和先进的管理软件相结合才能发挥作用。事故分析，既要分析硬件，又要分析软件，这还远远不够，还要分析硬件和软件的结合部，这个结合部就是人们往往容易忽视的技术管理和管理理念。正如人们往往重视肌肉和骨头，不太注意联结部位的韧带，这是一个共性。我的看法，韧带好是身体健康的标志。我用一个不太恰当的比喻，按摩的部位绝大部分不在肌肉，也不在骨头上，正是在骨头和肌肉的结合部。今后要在这个结合部做认真的研究。这几口井的事故，反映出的问题也是在结合部，这个问题希望你们要倍加注意。在科学管理这个问题上，比较容易做到的是规范硬件和一部分管理软件，但是往往忽略了结合部。分工越细，专业化越强，越需要加强结合部的协调。但我们往往在这个问题上不注意，导致失误。

(2)事故分析要用数据说话。结合这五起事故，我认为用三套数据才能形成比较客观的分析事故的三把尺子。一是操作规程的数据；二是监控数据；三是拾取一些数据(包括化验、实验数据)。没有这些数据做基础，谈不上事故分析，更谈不上科学的分析。

(3)今后对工程事故的分析，也必须认真分析相关人员的素质。

(4)事故分析必须要分析责任。一是岗位责任是否清楚；二是主要责任人应承担什么责任；三是责任的接替是否清楚，责任的接替不清楚，就不知道哪个事情由哪一级负责；四是责任记录是否清楚。

(5)事故的分析要有整改的措施。

好的整改措施，要来源于科学的分析；

好的整改措施，必须要能举一反三；

好的整改措施必须包括对职工的培训。

鉴于目前的情况，井下作业的施工必须实行两级施工方案制。甲方提出的是一级方案，我们提出的是二级方案。二级方案主要是制订风险施工预案。如果一级方案和二级方案有矛盾，必须要制订协调矛盾的程序。勘探局作为工程技术协调的处室是生产运行处、工程技术处及相关部门；局领导是总工程师、主管生产的副局长。

为了便于搞好对外协调，也便于勘探局内部协调。以后事故分析中：

属于材质的分析，由器材供应处牵头；

属于设备性能的分析，由生产运行处牵头；

属于人员素质的分析，由人事劳资处牵头；

事故的责任分析，由质量安全环保处牵头；

事故的整改，包括生产的恢复方案，由施工作业单位牵头；

事故的调查，工程事故由工程技术处牵头落实，生产安全事故由质量安全环保处牵头落实。

(6)事故调查完成的期限为：一般事故，七日之内完成；复杂事故一个月内完成。

(7)事故的分析文件由主要负责人、事故的责任人以及技术负责人审签之后上报。做好文件传递工作，包括油田公司。要注意现场的图片、录像等第一手资料的保存。

(8)把井下技术作业处作为勘探局主体技术服务单位进行科学定位和长远规划。其中：

第一，以市场为导向，加快设备配套更新。

第二，队伍建设要在不断强化班子建设的同时，抓好科研队伍和技术队伍建设。井下作业也要打科技战，不能打人民战争。处理好关联交易，首先必须强化我们自己的技术权威，其次，从上到下，落实好两级施工方案。

第三，机关和班子建设要带头施行管理提升战略。要做到两个重新审视：

一是重新审视是不是非常明确地实行了多项终极目标。这是帮助我们明确主要矛盾，属于目标管理。

二是重新审视施工作业是不是严格实行了标准化的规范操作，这是过程管理。施工作业必须实行标准化操作，每一道工序都必须规范操作，这是用一个严格的连续过程，来保证一个阶段的成果。必须规定每道工序的时空控制点，必须规定关键点风险控制预案，必须规定第一责任人，这是科学管理的要点。

人员的素质要想提高，在这些问题上要下功夫。希望井下技术作业处在全局带个头，实际上是让你们在全局给大家做个样板，来推动全局管理提升战略的实施。

（局办公室于2002年7月5日以长局办发[2002]第25号文印发）

孙玉辰同志在长庆石油勘探局钻井队检查调研汇报会上提出的管理思想

（2002年7月29日）

(1)管理者不一定会抓管理，更不一定能搞“科学”管理。

(2)成也在管理，败也在管理。

(3)要让管理者针对基层管理中共同的东西受教育。

(4)现在我们存在的问题，是在管理方面不打进攻仗，不是每时每刻在研究管理问题，不是向管理要效益，进不了角色。为什么出了事故，你们自己没有分析？反映出的本质是管理者不抓管理，可能也不会管理。

(5)现在要研究两个问题：

①研究制订新规则。

②规则明确了，也相对科学了，那为什么不落实，管理无效？

(6)现在要做的是要明确管理的终极目标，增强井队的活力，关键是提高管理者的责任心。

(7)不管把井队定义为被动的施工单位，还是作为小老板，总之都是为了千方百计保证其积极性的发挥。管理的问题不是制度不完善，也不全是执行不力，而是管理思想问题，应当是明确管理思想，如果违反这种思想就不行。

(8)现在，钻井工程总公司整合重组基本完成，应当是回头看管理，看管理者素质、队伍素质。

(9)管理者素质的分析，首先是管理者责任心的问题。

(10)研究管理问题，既是研究管理思想，又是研究管理方法。

(11)研究事故要切入事故研究分析原因，跳出事故研究管理问题。

即：管理思想有什么问题？管理方法有什么问题？管理重点在哪里？

调研后要明确：问题在什么地方？什么办法解决？什么时间解决？用什么方法来解决研究办法的问题？

(12)我们讲责任，是用科学的方法规范责任，明确责任，落实责任，而不是追究责任。

(13)分析事故，必须从具体的问题，基层发生的事故,影射机关业务部门的问题,在机关管理上、服务上好好解剖一下。

(14)要研究管理思想如何深化,管理方法是否科学。

要研究机制与体制问题,以及为之服务的机构设置和组织形式。

孙玉辰同志在长庆石油勘探局钻井队检查调研汇报会上的讲话

(2002 年 7 月 30 日)

同志们:

我认为这次的会开得很好,主要有两点收获:

一是在座的各位在管理思想上有了进一步的提高,对于一些重要的管理思想进一步统一了认识。

二是通过检查调研,对钻井队目前的情况基本上清楚了。尽管在许多方面还需要研究,但基本情况是清楚的。至于大家在不同方面提出今后工作的意见,各有侧重,甚至有些观点还不一致,这是非常正常的。因为调查和研究,研究是一个升华阶段,在研究阶段,允许人们有一个过程。

这次会议,我是自始至终的组织者和倡导者。从靖边钻井安全生产分析会到现在,已经一个月了,会议的结果和我的初衷相比,有什么启发? 有什么值得总结并建议大家共同接受呢?

一、管理者要抓管理,管理者要归位

在我们周围,不认真抓管理的现象带有普遍性,真正管理者归位、抓管理的领导少。

管理者的主要职责和工作目标是制订和实验“游戏规则”,而不是去执行“游戏规则”。不要认为管理者天天抓管理,责任和工作目标就把握住了! 很多人把执行游戏规则看成是管理,而不是积极制订规则,更没有实验游戏规则的科学性。

钻井队推行 HSE 管理经历了四个阶段:

1995—1997 年,借鉴物探的经验,引入钻井队进行试点和宣传。

1999—2000 年,以与壳牌反承包为契机,强力推行并与国际接轨,并在基层生产单位普遍推行。

2001—2002 年上半年,从组织上、管理上普遍实行 HSE 或 QHSE。

2002 年下半年开始,针对钻井队出现的问题,以安全生产检查调研为切入点,把钻井队的 HSE 管理,提高到一个新的水平。

描述这个过程的目的,是因为我觉得在这个过程中,钻井队、钻井工程总公司机关、主管领导、局机关部门是一种被动局面,也就是说,不是自身发起的管理上台阶。而且,这种现象普遍存在,不仅仅是钻井队。这不能不引起我深层次思考:可能管理者抓管理有误区,把执行游戏规则当作管理。如果上面主动,下面被动;或者局长主动,副局长被动;机关主动,基层相对被动。这个问题就不能不反思:我们的管理者是否在真正抓管理,是不是真正的管理者到位。在这一点上,在座的各位首先要反思自己。这次会议上,机关和钻井工程总公司的同志在分析问题时也都影射到了自己,但是还非常肤浅,只能说有进步,也仅仅是个开始。

这次调研,10 个调研组有 9 个组认为钻井队的职工士气很高,1 个组认为钻井队的干部压力较大。这两者没有矛盾,反映了基层的基本情况。

管理者要真正抓管理,必须跳出这个误区。过去我们讲管理,叫做要练“内功”,俗话讲“练武不练功,到头一场空”。外功练“筋、骨、肉”,内功练“精、气、神”。

管理是一个组织的最重要的东西,管理思想是企业的灵魂。一个单位有没有生气、前途和活力,我认为主要是管理者的思想能不能和实际结合得非常好。

为什么我们基层管理中无效管理和管理无效处处存在?这不是钻井队事故解剖时才发现的,这个问题普遍存在。我们这么大的企业,这样一般性地抓管理能行吗?

这次会议很大的收获之一,是在重要的管理思想上有提高。就是我们研究管理不能离开以市场为导向。

研究管理也要分层次,有些是最基本的管理思想,有些是具体工作的管理思想。例如安全管理思想,就要有更强的针对性。

这次会议至少在安全管理思想上做到了进一步提高。推而广之,在市场中,结合我们这样一个国有企业,在管理思想上,在某些方面是更高层次上的管理思想,是需要人们牢记的。

例如“以人为本”,是重视了生产力三要素中最活跃的因素——人的因素。

如“不断创新”,是说在市场当中,管理思想不能一成不变。

例如“多元融合”,我们现在总是把计划经济的方法或者是军队遗留下来的纪律约束应用到经济运行当中去,那是不奏效的。管理者自身要善于融合,不能搞军阀作风。这个问题大家也要研究。我们讲“拆围墙”,就是要拆掉封闭的东西。我们这次大会,有 30 多位同志发言,从不同的角度谈自己的看法和认识,允许有不同的意见。差异在市场当中本身就是财富,但我们很多干部,特别是主要领导不习惯。所以,在市场当中运作的权威不是命令,是市场效益。在市场当中仅凭原则、纪律没用,你能用纪律约束你不控股的企业吗?所以,在市场当中的管理者要学会融合。

例如“自胜自强”,这次我们是自己找自己的毛病,自己揭自己的短,道理很简单,你自己底气很足,怎么会怕别人撞你、压你呢?

例如“防微杜渐”,现在就要在具体的、小事上抓管理,要以小见大,在“防”和“杜”上加大力度。光在调查事故上有力度不是科学管理。

例如“亡羊补牢”,它讲的“为时未晚”是相对亡羊不补牢而言的,如果提前就把牢补好,不是更好?我们要反思现在抓自己的管理究竟怎么样?

例如“法则平等”,我们讲在法律面前、制度面前人人平等,其实遵守制度、服从制度就是平等。

所以,我们在管理思想上,首先一条就是净化、深化我们管理者自身的思想。有些事并不是说只有局长才能做到,副局长就做不到或业务部门就不能推行,不是这样的。

二、管理必须要有确定、唯一的管理目标

就勘探局来讲,目前在市场中的价值,井筒作业是重点。而井筒作业的重中之重是钻井井筒作业。它占全局企业收入的二分之一。

就落实以人为本的管理核心来讲,全局三万职工中,钻井占三分之一。

就科技管理来讲,钻井技术是勘探局最重要、最难管理的区域。

就资产管理来讲,每个钻井队上千万甚至几千万,年产值也是二、三千万。

所以,说钻井队是勘探局的衣食父母并不过分。两级机关要把服务的重心放在钻井队、试油队、地震队、测井队等基层队去。这不仅是现实的需要,也是发展的需要。

你们主意再好,也必须通过基层队去落实、去实现。管理者在这个问题上,不能颠倒管理者和被管理者的关系,必须围绕服从和服务于基层的管理。现在暴露出的问题有三类:

一是人员素质问题；

二是机制问题；

三是理顺交叉管理问题(包括设备管理)。

就钻井队而言，要解决的问题很多，促进和提高管理需要做很多工作。这里，我强调一个问题：要落实管理责任，关键在素质；要解决管理的动力，关键在机制。机制问题，就是要在钻井队建立以岗位责任制为中心的培训制度、分配制度、用工制度。我们各位领导和两级机关要把多级管理的第一管理对象确定到钻井队。在管理上必须要研究为基层“减负”，要使我们的钻井队和基层队，事事有人协调解决，项项有人提供优质服务。不管怎么改革，只要基层队、钻井队长觉得别扭，那就肯定不行。我们的管理思想是要激活基层，要体现责任，还要帮助钻井队建立高效的信息传输管理网络。我们通往钻井队的管理链很长，从局长到基层钻井队有十几个环节，链条如此长，就要研究如何使基层的管理有效，不能把基层捆死。

三、一定要提高调研的能力

并不是说，到基层去就算调研，也不是组织一部分人来汇报就叫做研究。我们一定要解决好调查和研究各阶段的任务。调查的基本任务是认定事实，研究的基本任务是寻找规律。事实本身不是规律，只是提供人们寻求规律的基石。而我们的管理者舍不得在研究上下功夫，所以，下去调研也看不出问题，而且给基层添麻烦。这个问题要引起注意。

比如“安全第一、质量第二、效益第三”的提法，就不是很科学。他们不属于一个领域的东西。因为就保护劳动者的权益来讲，安全第一；就市场竞争的后劲来讲，质量第一；就企业的管理目标来讲，效益第一。

比如“监”与“管”的关系、设备达标与不达标、分权与集权等，这些课题都需要我们掌握科学的调研方法，在今后的工作中好好研究。

同志们，今天的会议是靖边钻井安全分析会的延续，会议以钻井安全事故为切入点，以10个调研组的检查调研为基础，就企业安全管理做了深入、有效的分析研究，由点及面，也对全局科学管理做了初步探讨。但这仅仅是一个开始。管理是科学、管理是艺术、管理无止境。

由于大家在不同方面就今后的工作提出了很好的意见，这些意见各部门要逐步的分类整理，由杨庆理副局长和杨再生助理认真分析落实。有些不一致的意见可以进一步调研，从而使科学管理的思想在管理者当中逐渐深化，不断提高我局科学管理水平。

(局办公室于2002年8月5日以长局办发[2002]第31号文印发)

张继昌同志在长庆石油勘探局纪念建团80周年暨第六届“十大杰出青年”表彰大会上的讲话

(2002年4月28日)

同志们、青年朋友们：

今天，我们在这里隆重集会，纪念中国共产主义青年团成立80周年，表彰奖励在全局“二次创业”中做出突出贡献的青年集体和先进个人。首先我代表局党委、勘探局向全局广大团员青年致以亲切的问候！向受到表彰的勘探局第六届“十大杰出青年”、“五四红旗团支部”、“优秀团干部”和“优秀共青团员”表示热烈的祝贺！

80年来，在共青团组织的带领下，一代又一代中国青年，坚持发扬“五四”光荣传统，积极响应党的号召，走在革命、建设、改革的前列，为中华民族的解放和振兴奉献青春、智慧和力量，立下了不朽的功绩。中国石油工业发展的历史就是几代石油青年不懈努力、拼搏奉献的历史。长庆油田会战30多年以来，各级共青团组织在党组织的领导下，团结和带领广大团员青年为长庆的创业、稳定和发展做出了突出的贡献。重组改制以来，全局各级团组织围绕局党委、勘探局“两条基本思路”、“四大发展战略”和“十二字企业理念”，服务改革稳定大局，服务企业中心工作，服务青年成长成才，带领广大团员青年积极投身勘探局“二次创业”的伟大实践，为企业改革、发展和稳定工作做出了积极的贡献，充分发挥了生力军和突击队作用。全局共青团的工作在原有的基础上有了新的发展，新的提高，局团委被评为全国“五四红旗团委”、钻井工程总公司30533钻井队被评为“全国青年文明号”、兴隆园小区被评为“全国青年文明社区”、地球物理勘探处安宏刚、井下技术作业处周丰被评为“全国青年岗位能手”。这些成绩的取得，凝聚着全局广大团员青年的辛勤耕耘和艰苦奋斗，饱含着各级团干部的心血和汗水，这次受到表彰的青年集体和个人，就是全局各级团组织和团员青年的优秀代表。希望你们谦虚谨慎，戒骄戒躁，百尺竿头，更进一步，同时希望全局各级团组织和团员青年能够以先进为榜样，勤勉敬业，踏实工作，争做先进，在我局“二次创业”进程中更好地发挥作用，多做贡献。借此机会，我代表局党委、勘探局，对全局团员青年和共青团工作提出几点希望和要求。

一、广大青年要转变观念，更新理念，争做改革的先锋

2001年，勘探局在深化改革方面进展顺利并取得明显效果，是与广大干部职工转变观念、更新理念分不开的。实践证明，理念的更新是体制、机制创新的先导，是理性的升华，是依靠智慧办大事、处难事的保证。2002年是改革年，深化改革、持续重组的任务十分繁重。局党委、勘探局对产权制度改革、“三项制度改革”、专业化重组、公司制改造、拓展新的服务市场、提高企业科学管理水平等重点工作已经做了全面安排和周密部署。这些改革举措都将涉及广大职工的切身利益，涉及到原有工作方式的变化，涉及到旧的行为习惯的改变。这就需要各级组织加强宣传教育，做好正面引导，教育职工更新理念、转变观念。事实证明，青年组织在这方面有着不可替代的优势，青年人朝气蓬勃，思想活跃，眼界开阔，敢为人先，接受新事物快，最少保守思想，富有创新精神，应该成为转变观念、更新理念的先行者，成为改革的促进派。

二、围绕中心，服务大局，充分发挥团员青年的生力军和突击队作用

2002年，我局面临着较为有利的发展机遇和条件。一是有发展的机遇，油田公司的加快发展为勘探局提供了较为广阔的市场；西部大开发和“西气东输”工程的实施，为我局提供了一定的公路工程和管道建设工作量；国际市场开发已迈出实质性步伐，目前已经进入尼日利亚、厄瓜多尔、乌兹别克斯坦等国的石油工程技术服务市场。二是有发展的政策。集团公司在重组改制以后制定的关联交易政策、财务政策、投资政策、考核办法以及“三项制度”改革政策，为我局发展提供了强有力的政策保障。三是有发展的基础。经过两年多的实践，企业的经营状况逐步好转，职工中发牢骚的人少了，理解的人多了；观望不前的人少了，闯市场、实干的人多了。同时，“搞活”存续企业已成为广大职工的共同心愿和企业发展的客观要求。

同时,我们也要清醒地看到,部分干部职工的市场观念仍然相对滞后;市场的进一步开放使得石油工程技术服务市场竞争更加激烈;产业结构不尽合理、资产结构不平衡的状况需要改善;企业的市场竞争力还有待于进一步提高;企业的外部环境相对比较恶劣等。

目前,我局青工人数已经占到全局职工总数的60%以上,生产一线青年职工比例更高。充分发挥广大团员青年的生力军和突击队作用,是企业发展的需要,也是历史赋予各级共青团组织的神圣职责。广大团员青年要认清形势,把握大局,抓住机遇,紧紧围绕企业中心工作和生产经营目标,集中精力,发挥优势,为推进"二次创业"贡献自己的聪明才智。

三、广大团员青年要加强学习,注重实践,争做勤学技术的模范

人类社会已经步入知识经济迅速兴起的高科技时代。在这个时代,谁掌握了知识,谁就能够把握未来;谁成为人才,谁就能在竞争中占据主动。广大青年要深刻认识到,我们面对的不仅是国内的人才竞争,更主要的是国际人才尤其是发达国家青年人才精英的挑战,大家应该有一种泰山压顶的沉重感,有一种千钧一发的紧迫感。青年人应该树立终身学习的观念,岗位学习是青年终身学习的重要体现,是青年成才的关键环节。各级团组织要不断深化青工学技练艺活动,以提高青工岗位技能为重点,通过组织青工业务技术培训,开展岗位练兵、技术比武、导师带徒等活动,引导青工学业务、学技术,掌握娴熟的职业技能,成为本职岗位的行家里手。近几年,涌现出了刘瑛、周丰、安宏刚等一大批技术能手、技术状元,但是技术人才的数量和行业知名度还远远不能满足企业发展的需要,甚至在某些工种上还出现了青黄不接的情况。各级组织一定要结合生产经营实际,加大青工技术培训的力度,要从经费、场地、人员等政策方面给予大力支持。对技术学习突出、在各类技术比武中取得优异成绩的技术状元、技术能手,要在学历教育、住房分配、晋职晋级、评先选优等方面予以优先考虑,不断激发青年学技术的热情,为企业发展奠定坚实的人才基础。

四、要切实做好服务特殊青年群体的工作

当前,我局青年职工队伍总体上是好的,他们热爱石油,立足岗位,无私奉献,为改革、发展与稳定做出了突出的贡献。但是,我们也要清楚地看到,近年来,职工队伍中因酗酒引发的暴力案件有所增加,而且青年职工居多。因此,特别要在青工队伍中深入开展"三禁一反"教育,对曾经参与吸毒、赌博、酗酒、打架斗殴的青年和"两劳"释放人员,要重点帮助,教育转化。要成立帮教小组,制订帮教措施,做到组织、人员、措施、效果"四落实",力争杜绝恶性案件的发生,确保青年职工队伍稳定。

由于诸多方面的原因,部分青年群体存在一些特殊困难。如住房问题、生产一线青年职工找对象难、渴望接受学历教育、基层文化生活单调等,这些问题需要我们去关注,需要我们去帮助解决。各级团组织尤其要关心这些有特殊困难青年的生活,为他们排忧解难,做到雪中送炭。据不完全统计,全局现有待业青年3600多名,各级团组织要积极配合有关部门,教育待业青年转变就业观念,开展就业培训,提供就业咨询,帮助他们提高就业能力,尽快实现就业。

五、与时俱进,开拓进取,全面加强团的自身建设

局属42个单位共建二级单位团委23个,直属团总支2个、直属团支部3个,其中合署办公的有21个单位,全局仅有专职团干部18人。面对机构合并,人员兼职的情况,全局各级团组织要大力开展团建创新活动,认真研究改革进程中出现的新情况、新问题,积极适应企业改革的新变化,以有利于加强党组织的领导,有利于发挥团组织的作用,有利于团组织服务青年成长成才,有利于增强团组织的内在活力为原则,探索新时期团组织设置的新形式和有效开展活动的新机制,在工作内容、工作方法、活动手段上，既要继承过去好的经验和做法，又要与时俱进、不断创新。

随着经济全球化的迅猛发展和科学技术的飞速进步，尤其是互联网技术的普及，极大地改变了当今社会和人们的生活，经济成分和经济利益多样化、社会生活方式多样化、社会组织形式多样化、就业岗位和就业方式多样化日趋明显。这些都给青年思想政治工作带来新的考验。广大团干部要敏锐地把握这些新情况、新问题，认真研究其内在规律以及对青年工作的影响，真正做到心中有数，有针对性地做好思想政治工作。

要广泛开展团员意识教育，不断增强团员的先进性，更好地发挥团员的模范带头作用，要及时做好“双推优”工作，为党组织补充新鲜血液。

要加大团干部政治理论和业务知识的学习力度，在团干部中形成“讲学习、讲政治、讲正气”的良好风气，进一步坚定政治立场，把握正确的政治方向，倡导一种知难而进、顽强拼搏的苦干精神，引导他们始终保持一种不甘落后、勇于争先的工作热情，以一流的作风、一流的工作、一流的业绩，不辜负党的期望和青年的期望。

六、切实加强党对共青团工作的领导

青年是企业的未来，一个不重视青年工作的企业是没有发展前途的企业，不关心青年工作的干部是没有远见的干部，不支持青年工作的领导是不称职的领导。共青团工作是党的工作的重要组成部分，各级党组织要切实加强和改进党对共青团工作的领导，坚持党建带团建，把团的工作与党建工作一起研究、一起部署、一起检查和一起总结。要普遍建立共青团工作例会制度，定期听取共青团工作汇报，研究团工作中出现的新情况，不断解决新问题，支持他们独立自主、创造性地开展工作。要认真落实关于加强共青团工作的有关政策规定，做到经费到位、人员到位、政策到位。要从政治上关心团干部的成长，切实做好团干部的选拔、培养和输送工作，对于那些素质高、有能力、有潜力的年轻干部要敢于大胆启用，为团干部的健康成长提供良好的环境。

同志们，长庆的希望在青年。全局广大团员青年要大力弘扬“五四”精神，努力实践“三个代表”的重要思想，紧紧围绕局党委、勘探局的中心工作，与时俱进，开拓创新，在勘探局“二次创业”的伟大实践中再立新功，再创辉煌！

（局党委办公室于2002年4月30日以长党办发[2002]第8号文印发）

张继昌同志在长庆石油勘探局电视电话会议上的讲话

（2002年9月26日）

同志们：

根据局党委、勘探局的安排，利用今天下午的时间召开一个电视电话会议。主要目的是认真贯彻落实党中央、国务院和集团公司关于切实做好当前和十六大期间维护稳定工作的一系列指示精神，动员全局广大职工顾全大局，坚守岗位，扎实苦干，以饱满的工作热情深入展开向十六大献礼活动，以良好的氛围和优异的成绩迎接党的十六大胜利召开。同时，国庆佳节即将来临，各级领导干部一定要高度负责，周密部署，采取切实有效的措施，确保生产安全平稳运行，确保矿区生活正常有序，确保职工队伍和大局稳定，让广大职工家属度过一个欢乐、祥和、愉快的节日。

下面，根据局党委《关于组织开展向十六大献礼活动的通知》和勘探局《关于切实做好当前维护稳定、生产组织及安全保卫工作的紧急通知》精神，结合当前工作情况，我就近期应当注意和突出抓好的重点工作讲六条意见。

一、要始终站在讲大局、讲政治的高度，把维护稳定工作作为重中之重，抓紧抓实

稳定是改革和发展的基础，没有稳定的环境，改革就无法进行，发展就无从谈起。正如江总书记所说的，没有稳定的国际、国内环境，我们什么事情也干不成。各级领导都要充分认识到当前及今后一个时期做好稳定工作的重要性和紧迫性，牢固树立“稳定压倒一切”的思想，把维护稳定工作当作头等大事，作为当务之急，始终不渝地抓紧抓好。

今年以来，局党委、勘探局坚决贯彻落实党中央、集团公司关于维护稳定的一系列重要指示，把维护稳定作为一项政治任务，加强领导，周密部署，狠抓落实，始终保持了安定团结的良好态势。特别是各级领导干部学会和掌握了正确认识和处理各种矛盾的原则、策略和方法，建立和形成了一套反应灵敏、行之有效的领导体制、工作制度和工作机制，为维护稳定和应对复杂局面奠定了基础。

在具体工作上，牢固树立以稳定促发展、以发展保稳定的指导思想，认真落实维护稳定的各项措施，积极稳妥地推进整合重组、改革改制和结构调整，不断加强思想政治工作，教育和引导广大职工紧盯全年工作目标，全身心地投入到“二次创业”的实践中去。

春夏之交，勘探局与油田公司主要领导先后三次静下心来，认真分析形势，共同确定了4个重点工作单位，制订了12条稳定措施，联合召开了第二次稳定陇东工作会议。共同成立了长庆油田维护稳定工作领导小组，与地方公安机关共同制订了处置突发事件的预案。今年先后三次召开党委书记会议，专题研究稳定问题。8月7日又召开了全局维护稳定工作会议，勘探局主要领导与各二级单位、局机关各部门的主要领导签订了维护稳定工作责任书。4—7月份，由勘探局主要领导带队，分别到陇东、宁夏、靖边调查研究，现场办公，解决了市场开发、关联交易、经营管理、改革改制、安全生产和维护稳定等六个方面的56个主要问题。同时，加强了信访值班，并在陇东、宁夏分别增设了信访接待室，确保职工反映问题和意见的渠道畅通。

在解决职工群众普遍关心的突出问题方面，勘探局在十分困难的条件下，集中资金更新了部分关键设备，为企业持续发展和职工队伍稳定创造了条件；为了改善职工住房条件，我们加快了基地建设调整步伐；为了妥善解决学校和医院的生存与发展问题，我们继续对学校和医院给予扶持；为了扩大就业范围，规范用工行为，我们使用劳务合同工达到5118名，同时调整劳务合同工的工资待遇，为劳务合同工建立了基本养老保险、医疗保险和住房公积金。

特别是集团公司稳定工作会议之后，我们按照集团公司的部署，加强有偿解除劳动关系人员的管理，在贯彻集团公司39号文件过程中，到兄弟油田进行了广泛调研，对文件涉及的对有偿解除劳动关系的若干政策要求尽可能予以落实。

目前已解决的4项：一是为5722名人员办理了养老保险接续手续，占有偿解除劳动关系人员的89%；二是对5844名人员办理了档案托管手续，占有偿解除劳动关系人员的91%；三是理顺了2138名党员的组织关系（总数2348人，转出210人）；四是妥善处理了子女入托、入学及物业管理问题。

正在协调解决的3项：一是关于失业证和失业保险金发放问题，正在积极与陕甘宁三省（区）进行协商和联系；二是对工伤补助问题，目前正在陕甘宁三省（区）协商进行劳动鉴定；三是对其再就业问题，正在积极创造条件，引导他们采取各种方式实现再就业。

暂时难以解决的 2 项：一是移交地方社区管理问题，地方政府不愿意接收；二是医疗保险问题，已向地方政府专题报告，等待批复。经请示国家劳动部和社会保障部，目前尚不具备解决的条件。甘肃省准备在明年适当的时候出台有关社会医疗保险政策，为各地做好这一工作提供依据。

总体看来，当前我局生产经营运行平稳，矿区治安秩序良好，职工队伍保持稳定，全局上下团结奋进，有力地保障和促进了改革改制等各项工作的顺利进行。

但是，我们也要清醒地认识到，随着国际国内形势的深刻变化和企业改革的不断深入，各种深层次的利益矛盾正在逐步显现出来，诱发不稳定的各种因素依然存在，稍有不慎，就有可能引发新的矛盾和事件，甚至发生连锁反应。因此，维护稳定的任务还相当艰巨，越是在特殊时期和敏感时期，越是不能有丝毫的麻痹和疏忽，必须时刻保持高度的警惕，防范为主，常抓不懈，坚持把矛盾化解在基层，把问题解决在萌芽状态。

当前和今后一段时间，我们一定要集中精力，采取有力措施，切实做好以下几个方面的工作：

1. 要严密防范“东突”恐怖组织等敌对势力的渗透破坏

根据中央电视台《新闻调查》近期报道：东突恐怖组织成立于 1970 年，是境外民族分裂主义的一个反动组织。19 世纪末、20 世纪初，国外一些殖民主义者为了达到分裂中国的目的，有意把新疆称作“东突厥斯坦”，编造了新疆是“东突厥人”家园的谬论。一些新疆分裂主义分子正是以这一谬论为理论依据，否认新疆自古以来是中华民族各民族人民共同家园的历史，鼓吹“东突厥斯坦”是一个独立的国家，这就是所谓“东突”的由来。

从 1992 年到 2001 年，一小撮“东突”分子全然不顾新疆社会稳定的大局，为了达到分裂祖国的目的，实施了一系列的恐怖活动，先后制造了至少 200 多起暴力恐怖案件，造成 162 人丧生，440 多人受伤。

近年来，党和政府坚决依法打击“东突”恐怖势力，使其在境内的非法活动基本得到遏制，但是，恐怖主义的野心并没有消亡。他们与国外恐怖分子勾结，到国外恐怖组织受训，与国际反华势力沆瀣一气，策划恐怖事件。种种迹象表明，“东突”恐怖势力正在向内地渗透，恐怖势力的破坏活动有可能随时发生在我们身边。因此，我们必须高度警惕，严加防范，积极配合当地政府和公安机关，遏制“东突”恐怖分子的各种渗透破坏活动。

要加强对重点要害部位、重点目标和重点场所的安全保卫和巡查，加强对剧毒、易燃、易爆等危险物品的管理，杜绝爆炸投毒恶性事件的发生。要加大对可疑人物的排查力度，重点是油区各宾馆、招待所及人员集中的场所，随时监控，掌握动态，及时汇报，防止敌对势力的蓄意煽动和渗透破坏。

公安保卫部门要加强巡逻看护力量，加强敌情、社情调查，对不法分子要严加控制、对可疑人员要严格监控、对可疑线索要深究不放。要制订严密的防范预案，层层落实预防措施，明确责任，合理分工，做到环环相扣，不出纰漏。民兵应急分队要加强演练，随时处于应战状态，遇到紧急情况和突发事件，做到快速反应，果断处置，确保一方平安。

2. 要加强对少数“法轮功”痴迷者的监控和教育

抓紧处理和解决“法轮功”问题，根本出发点是为了进一步保持安定有序的大好局面，集中精力做好以生产经营为中心的各项工作。但是“法轮功”邪教组织的破坏活动一刻也没有停止。最为严重的是，今年 3 月 5 日，国内

"法轮功"分子受李洪志的唆使，在长春破坏有线电视设施，宣传"法轮功"邪教；6月23日至6月30日，境外"法轮功"邪教组织非法攻击我国鑫诺卫星；9月8日以来，覆盖全国的鑫诺卫星再次遭到"法轮功"非法电视信号攻击，中央电视台"村村通"节目和中国教育电视台、部分省级电视台的节目传输受到严重干扰，这一违法活动危及国家安全，公开侵犯大众权益，又一次暴露了"法轮功"组织反社会、反人类的邪教本质。

目前，油田255名"法轮功"习练者中97%的人已经转化，但受外部气候的影响，少数人仍然执迷不悟，寻机滋事，人数虽少，影响很大，对此决不能掉以轻心。各单位要按照属地管理的原则，加大监控力度，重点做好少数痴迷者的教育、转化和解脱工作，深入排查和严厉打击存心作乱的组织者、策划者和幕后操纵者，努力将"法轮功"的一切违法活动消灭在萌芽状态。对"法轮功"痴迷者，要专人监控，严密控制，盯牢看死，落实帮教责任制，严防"法轮功"地下组织策划实施非法聚集、张贴散发反动传单、利用有线电视插播"法轮功"有害信息、安装定时播音装置和进京滋事；对一般"法轮功"人员，要继续做好思想转化工作，帮助其早日脱离"法轮功"邪教组织。广大干部和党员要增强政治敏锐性和政治鉴别力，带头弘扬社会正气，倡导科学思想，破除封建迷信，推动油区的精神文明建设。

3. 继续做好不稳定因素的排查工作，有针对性地采取措施加以解决

从我局当前的实际情况来看，影响稳定的主要问题有六个方面：

一是有偿解除劳动关系人员的管理难度不断加大。截至2001年底，全局共办理有偿解除劳动关系6425人。这些人绝大多数居住在矿区，由于国家社会保障体系的不健全，使得他们与企业依旧保持着千丝万缕的联系。有可能因为再就业、物业管理、子女入学，以及外界影响等导致心态失衡，引发新的不稳定因素。对此类问题，重点是抓好39号文件的贯彻和落实。

二是随着基地调整和职工住房货币化分配力度的加大，职工最关心在何处购房及房价问题，若处理不慎，也会引起一些新的不稳定因素。大水坑、马家滩基地关闭后，面临的突出问题是一部分有偿解除劳动关系人员和300多户遗属的搬迁问题。对此类问题，我们正在按照孙局长的安排，将勘探局所定住房政策进行整理，形成文件后到各单位进行宣传，要让每一个相关职工对房价等有关政策做到明明白白、清清楚楚，涉及到多少职工，就要与多少职工见面，不留死角。同时，我们要努力压缩建设成本，既要建得起房，又要让老百姓买得起房。

三是由于油田矿区及作业区域高度分散，点多面广，综合治理工作的难度很大。特别是一些将要关闭的基地治安形势较差，入室盗窃等治安案件时有发生，矿区治安形势不容乐观。

四是职工子女就业压力较大。目前，全局共有待业青年3652名，其中男1139人，女2513人，年龄超过20岁的共2417人，占66.18%，由于就业渠道较少，就业矛盾比较突出，在治安方面容易引发一些不利于稳定的行为。

五是部分家属工集体信访上访较多。今年7—9月份，先后上访79人，最多时有15人；先后联名写信4件，共有1017人，主要集中在陇东各单位，如原二机厂有151人，水电厂有93人，运输处有98人。其主要目的是要求发放生活费。目前，全局约有3000多名家属，但没有相关政策，企业又无力支付。各有关单位一定要引起足够重视，做好一家一户的排查，做好其家人及本人的思想工作，让她们了解企业的现状和实际困难，争取对企业的理解

和支持。

六是随着分配制度改革的逐步推进，职工个人收入差距的加大，有可能导致一些人心里不平衡，出现不稳定因素。此外，部分改制企业、集体企业在用工方面，也出现了因处理方法不当而引发的一些群体上访事件。我们一定要吸取教训，有针对性地做好工作，在政策允许的范围内妥善解决。

各单位要针对本单位存在的主要问题和隐患，逐一分析产生的原因，波及人员数量，以及对事态和问题发展的预测分析。重点是排查有偿解除劳动关系人员、内部退养职工、改制企业职工、集体企业职工和家属工，以及待业子女中存在的可能影响稳定的重大隐患；因“两个确保”不到位、三条“社会保障线”不衔接可能引发群体性事件的苗头；容易引发群体性上访活动的问题和隐患。要组织专门力量进行一次集中排查，从源头上及时掌握可能影响企业和社会稳定的突出问题和重大隐患，做到情况清、底子明，切实把握维护稳定工作的主动权。

对于可能出现的苗头，一定要给予足够的重视，及时掌握职工的思想动态，加强正面宣传教育，发现问题及时解决，重要情况及时报告，果断处理“露头”事件，力争将群体性不稳定事件解决在萌芽状态。各单位特别要把工作重点放在预防、化解和妥善处理有组织、有计划的聚集上访事件上来，力求做到群体性事件不出本单位，不出油田，更不允许闹到北京去。

4. 要严格落实维护稳定工作责任制

维护稳定是全局上下、各级领导干部的共同责任，必须严格执行党政领导责任制、部门单位责任制和责任查究制。各级党政主要领导作为本单位、本部门维护稳定第一责任人，一定要按照勘探局《维护稳定工作责任书》的要求，认真履行职责，做到“谁主管、谁负责”，积极抓好本单位的稳定工作。属于哪个部门、哪个单位的问题，就由哪个部门、哪个单位负责解决，不得把矛盾和问题推向社会，不得把本该可以解决的问题推向上级。凡因工作推诿扯皮、作风粗暴、失职渎职，或对群体性事件预防处置不力，导致矛盾激化，引发集体上访，导致屡屡发生群体性事件的单位，一经查实，要按照局党委的规定，坚决追究有关领导责任，绝不护短迁就。

5. 坚持不懈地抓好党风廉政建设

重点要抓好党风廉政建设责任制的落实。为加强对干部的警示教育，勘探局要求处以上干部和局机关干部重读郭沫若的《甲申三百年祭》，牢记历史教训，保持清醒头脑，力戒骄傲，扎实工作。总体说来，我们的党员和干部队伍能够严以律己，遵纪守法，廉洁自律，但仍有个别单位的个别人出现了问题，违反了党纪政纪，甚至触犯了法律，教训很深刻，这也给我们敲响了警钟。

这里要强调一下，特别是在节日期间，一定要坚决禁止各种形式收受礼品、礼金的行为，坚决杜绝各种不良现象，纪检监察部门要加大监督力度，一经发现，严肃查处，决不手软。

6. 要深入基层慰问一线职工和困难职工

江泽民总书记在“5·31”讲话中强调，要永远与人民群众心连心，这是维护稳定的核心。因此，各级领导干部一定要把关心职工生活作为实践“三个代表”的具体行动，把职工群众的呼声作为第一信号，把职工群众的需要作为第一选择，把职工群众的利益作为第一考虑，密切党群和干群关系，切切实实为职工群众办大事、办实事、办好事。国庆节即将来临，各单位要认真安排，由主管领导带队，深入生产一线慰问职工，深入住户家中看望困难职工家属，看望离退休老职工，看望曾经为石油工业发展做出过突出贡献的劳模和标兵，关心他们的生活，关心他们的冷暖，帮助他们解决一些实际困难。

二、努力完成各项生产经营任务，以优异的成绩向十六大献礼

党的十六大将于11月8日在京召开，这是我们党和国家发展史上非常重要的一件大事，对于我们继往开来，与时俱进，全面建设小康社会，加快推进社会主义现代化建设的步伐，具有重大而深远的意义。以优异成绩迎接党的十六大，这是全局广大党员和干部职工的共同心愿。各单位要按照局党委的安排，把这个心愿化为广大干部职工的实际行动，各项工作都要紧紧围绕以优异成绩迎接党的十六大来展开，用这个要求来检验。

1.要努力完成全年各项生产经营任务

今年1—8月份，我局认真贯彻集团公司2002年工作会议精神和勘探局工作会议精神，以市场为导向，以改革为动力，以结构调整为重点，深化改革，加强管理，保持稳定，促进发展，业绩指标达到了八个增长，实现了速度、质量两个提高，各项工作取得了六个方面的明显进展。

八个增长是：

(1) 主营业务收入34.82亿元，完成年预期目标的75.65%，比去年同期增长22%。

(2) 钻井开井826口，完井763口，进尺151.08万米，完成年度计划的69.6%，比去年同期增长19.55%。截至9月25日，完井858口，钻井进尺已达到167.63万米，同比增加22.34万米。

(3) 测井、测试完成2905井次，完成年度计划的63.24%，比去年同期增长9.91%。

(4) 试油压裂完成1593层次，完成年度计划的66.93%，比去年同期增长28.99%。

(5) 井下作业完成5900井次，完成年度计划的78.67%，比去年同期增长24.55%。

(6) 建筑施工完成产值47720万元，为年度目标的76.98%，同比上升31.93%。

(7) 机械制造完成工业总产值14894万元，完成年度计划的93.09%，比去年同期增长82.01%。

(8) 完成二维地震4146剖面千米，比去年同期减少21.1%，完成三维地震51平方千米。

两个提高是：

(1) 速度提高。

钻井创造了日进尺、月进尺、平均钻机月速度、平均机械钻速、建井周期、单井机械钻速、气井队上万米时间、油井队上4万米时间等8项历史最新纪录。

(2) 质量提高。

钻井井身质量合格率、一次固井质量合格率、中靶半径合格率均为100%，平均取心收获率为99.77%，比去年同期略有提高；试油(气)压裂酸化成功率100%；地层测试成功率100%；压裂酸化全优率87.5%，同比增长1.9%；测井测试资料合格率100%，一级品率95.59%，同比提高1.2%。

今年以来，我们还在维护稳定、改革改制、经营管理、实施管理提升战略、确保重点工程建设，以及精神文明建设等六个方面取得了明显进步。

从1—8月份经营情况的调研和分析来看，全局绝大多数单位今年以来的各项工作扎实有效，预计完全可以实现年初确定的生产经营目标。

今后三个月，是完成全年生产经营目标并为明年生产经营做好准备工作的关键时期，各项任务仍然十分艰巨，我们必须按照集团公司和勘探局年初工作会议的要求，切实抓好各方面的工作，确保今年工作任务的顺利完成。

2.要迅速在全局掀起一个向十六大献礼的热潮

为迎接党的十六大胜利召开，局党委决定在全局广大职工中开展向十六大献礼活动，并确定了以下13个局级献礼项目：

(1) 全年主营业务收入45亿元，社会市场、国际市场价值工作量6亿元。

（2）完成重点科技项目 16 项，力争取得重大科技成果 8 项。

（3）钻井进尺达到 217 万米。

（4）物探在黄土塬地震直测线技术研究方面取得新的突破，在横波勘探、储层物性、开发地震等技术方面取得新进展。

（5）试油压裂完成 2300 层次。

（6）测井测试完成 3900 层次，开展成像测井系统技术研究，在低阻油气层识别方面达到国内领先水平。

（7）购发电量突破 6.6 亿千瓦·时，靖安 110 千伏变电所建成投产。

（8）机械制造实现产值 2.2 亿元。

（9）西气东输工程 14 标段施工提前竣工，综合进度、焊接质量、HSE 管理等工作要名列前茅；优质高效完成新疆塔且筑路工程。

（10）由我局参与投资的长呼输气管道工程开工，在管道建设、器材供应、监督监理及管道营运中力争承揽到 2000 万元以上工作量。

（11）厄瓜多尔项目物探野外采集全部完工，优质高效地完成第 3 口井钻井任务，地面工程建设完成全部设计。

（12）井下作业完成 7000 井次，其中第一采油技术服务处完成 1200 井次，第二采油技术服务处完成 3500 井次，第三采油技术服务处完成 2300 井次。

（13）多种经营完成生产经营总值 16.2 亿元，其中长庆实业集团有限公司实现生产经营总值 2.8 亿元。

各单位也要确定自己本单位的献礼项目，精心策划，抓好落实，确保各个重点项目圆满完成。同时，要充分利用报纸、电视、网络等宣传媒体，及时进行跟踪报道，在全局上下营造出“万众期盼迎盛会”的浓厚氛围，以此鼓舞士气，凝聚人心，保持大局稳定。

三、严格落实安全生产责任制，严防各类事故的发生

今年以来，全局安全生产形势比较严峻。截至 9 月 23 日，全局共发生各类上报事故 15 起，死亡 11 人，受伤 15 人。其中工业生产事故 7 起，死亡 3 人，轻伤 6 人；交通事故 8 起，死亡 8 人，重伤 6 人，轻伤 3 人。

深入分析发生事故的原因，主要是少数领导干部在争创经济效益和市场竞争的重压面前，对安全生产重视不够，安全管理存在缺陷；没有很好地解决安全生产责任制落实问题，致使基层干部的违章指挥、职工违章操作比较普遍。同时，职工教育培训力度不够，在大量新人员充实到基层队后，造成队伍整体操作水平下降、结构不合理，没有建立起有效的培训机制和培训条件，难以保证培训工作的顺利开展。

针对发生的安全生产事故，我们没有就事论事，而是把事故作为抓管理的切入点，举一反三，狠抓管理，目的在于提升科学管理水平。先后召开了钻井系统安全生产分析会、井下作业工程事故分析会，剖析问题，查找原因，制订解决问题的对策。派出 10 个调研小组，对全局 64 个钻井队 72 部钻机逐一进行调研帮促，回头看管理、回头看管理者素质、回头看队伍的整体素质，摸清现状，找准问题，制订整改措施。在此基础上，又召开了全局安全生产分析会。将调研中发现的问题列成运行大表，指定专人，限期整改，每月检查通报一次。8 月份，主管安全生产的局领导带队深入现场，一件一件抓整改。同时，在全局开展安全管理专题讨论，从基层看机关，从表面看本质，从操作层看管理层，从执行层看决策层，探索科学管理的有效途径和方法。9 月份聘请西北政法大学教授进行《安全生产法》讲座，在全局处以上领导干部中开展《安全法》学习培训，目前已有 46 名局处干部接受了集团公司和勘探局组织的《安全法》的培训。

为切实做好国庆期间和生产收尾阶段的安全生产工作，确保生产安全平稳运行，要重点做好以下几方面工作。

1. 加强领导，提高认识

各单位要站在实践“三个代表”重要思想的高度，从“讲政治、保稳定、促发展”的大局出发，充分认识做好当前乃至今后一段时期安全生产工作的极端重要性。各单位主要领导要切实负起责任，全面落实安全生产责任制，从组织上、措施上、管理上抓好安全生产工作，千方百计地保证生产经营的顺利进行。

2. 周密部署，精心组织

各单位要严格执行领导干部值班制度，要安排好节日期间岗位值班和安全生产抽查工作，基层单位要加强巡回检查和组织纪律、劳动纪律的抽查；要安排好抢修队伍，备齐备品备件。特别是在关联交易执行过程中，要严格遵守各项安全生产管理规定，对于突发性的抢修作业，要严格按照施工程序作业，加强防范，确保服务质量；同时各单位要部署好冬季安全生产工作，按照冬季“六防”的要求，落实冬季安全生产措施，做好防冻保温工作，认真组织修订冬季生产各项操作规程，做好设备、设施入冬前的检验检测和维护保养工作，确保冬季安全生产。

3. 突出重点，事前预防

要针对本单位安全生产工作的重点任务和薄弱环节，制订有效措施。组织好节前、节日期间的安全生产检查，针对不同的生产特点，抓好节日期间安全生产检查工作。

一是加强生产、施工作业现场的安全管理。节前要安排人员检查生产装置的运行和操作以及各项安全措施的落实情况，并制订各个关键工序可能出现的突发事件的应急方案，做好培训和演练工作。

二是加强重点要害部位和关键装置的监控工作。要指定专人负责，明确责任，节前由各单位主管领导带队，组织一次全面深入细致的安全检查，彻底消除隐患，防范事故发生；勘探局将对各单位节前安全检查情况进行抽查。

三是切实加强交通安全管理工作。领导干部要以身作则，严禁一切形式的开公车办私事行为；严格执行机动车辆“三交一封”制度。各单位除生产用车外，非生产车辆全部封存。各单位要将“三交一封”车辆和驾驶员登记造册，报生产运行处、质量安全环保处备案。

各单位要严格小车和大客车外出审批手续，认真落实不同路段的车辆限速规定，严禁擅自驾车外出，严禁酒后开车、疲劳开车和超速开车，一经发现，按事故处理。对节日期间发生的各类交通违章驾驶员都要参加年底质量安全环保处举办的违章驾驶员学习班。节日生产用车和值班用车，要进行认真保养和严格检查，实行谁检查、谁负责制度，杜绝车辆带病行驶；对执行长途任务的车辆，实行长途施令单制度，坚持先教育、再审批、后放行。节日期间，除运输处外，其他单位原则上不允许发放“交通车”，严禁私自租用局内车辆组织节假日旅游。局、处两级交通安全部门要认真组织好节日期间的路查路检工作。

四是要认真抓好消防安全，杜绝各类火灾事故发生。对文化宫、少年宫、舞厅、影剧院等公共娱乐场所要重点检查，安全防火没有达到规定的不能开放。要加强职工防火安全教育，牢固树立火险防范及应急救援意识。各级消防部门和医疗卫生部门要加强节日值班，严禁脱岗、乱岗。

五是要抓紧抓好锅炉压力容器管理。对正在运行的锅炉和压力容器，要严格操作人员持证上岗制度，认真执行操作规程，杜绝超温、超压和超负荷运行，对安全阀、液位计、压力表、温度计等安全附件进行一次检查校验，确保齐全完好；对尚处于试运行状态的锅炉压力容器，要抓紧时间组织验收，取得合法证件，依法管理；对新建、扩建、修理改造、移装更新的锅炉要加快施工进度，确保在冬季来临前能安全投运。

4. 明确责任，狠抓落实

要按照《安全生产法》中关于安全职责的

各项规定，结合本单位实际，建立完善的安全责任体系，明确规定各级领导、各部门、各岗位人员的安全职责，形成纵向上各级、各类人员的安全生产责任制，横向上各部门的安全生产责任制网络。使每一个领导干部、工作人员和职工个人都清楚自己所承担的安全生产责任，自觉地抓好分管范围和自身的安全生产工作。对发生的各类事故严格按照“四不放过”的原则进行处理（即：事故原因分析不清不放过、员工没有受到教育不放过、没有制订防范措施不放过、事故责任人没有受到处理不放过）。只有这样，才能真正使责任得到落实，才能维护责任的严肃性。要通过事故责任追究、管理机制转变来拉动人们思想观念的转变和促进安全责任的落实。

四、抓好社会治安综合治理，确保油田内部治安稳定

重点要抓好国庆长假期间及“十六大”召开前后的社会治安，大力开展“三禁一反”宣传教育，重申“三禁一反”的规定和要求，加大工作力度，严防节日期间发生因酗酒而引发的各类治安问题。

对吸毒人员，严格按照禁毒责任制要求，做好帮教、转化、控制工作。对复吸人员，该强戒的强戒，该劳教的劳教，严防其铤而走险；对违反“三禁一反”的重点人员和治安危险分子，各级公安保卫部门一定要纳入工作视线，严防失控，落实帮教责任制；对民工、临时工等暂住人员，要做好摸底工作，底数要清，该遣返的要及时遣返。

要加大基层安全创建工作力度。“安全小区”、“无毒单位”建设要在巩固和深化成果上下功夫，通过严密的防范措施，把入室盗窃、诈骗、邻里纠纷矛盾等可防性案件和问题的发生几率彻底降下来，增强职工家属的安全感。

各单位要对治安防范重点部位、公共文化娱乐场所、液化气站、易燃易爆品存放点、家属区、工业区、重点工程建设项目等部位，做好防范工作；要切实落实人防、物防、技防“三防”并举防范措施，严格值班看守制度和现金限额存放制度；对涉毒人员、参赌人员、酗酒人员、家庭有矛盾人员、“两劳”释放人员、改革当中矛盾比较突出的人员，工作更要做细、做深入，排查摸底到每个人头，不留死角；要有针对性地做好转化、教育工作，对重点人物要“一对一”地进行帮教，特别是要建立并发挥好“公安干警、治保人员、基层组织”三道防线的作用，形成强有力的治安防范体系。

五、加强思想政治工作，为党的十六大召开营造良好的政治氛围

1. 要认真组织好《江泽民论有中国特色社会主义》（专题摘编）的学习

中共中央文献研究室编辑的《江泽民论有中国特色社会主义》（专题摘编）一书，汇集了江泽民同志关于建设有中国特色社会主义的一系列重要论述，对于我国在新世纪全面建设小康社会、加快推进现代化建设事业，实现中华民族的伟大复兴，具有十分重要的指导意义，也为广大干部群众全面系统地学习江泽民同志关于建设有中国特色社会主义的一系列重要论述，提供了一部重要教材。

最近，中共中央办公厅专门发出通知，要求各级党委要切实加强对学习的领导，要结合实际认真贯彻。全局各级党组织和广大党员领导干部，要认真贯彻中办通知精神，利用多种形式，组织广大党员干部特别是处以上领导干部认真研读《江泽民论有中国特色社会主义》（专题摘编），以提高认识，统一思想，改进工作。学习中要同正在进行的深入学习江泽民同志“5·31”重要讲话结合起来，切实把解放思想、实事求是、与时俱进和“三个代表”的要求贯彻落实到企业改革、发展、稳定的各项工作中。特别要着重学习和深刻领会江泽民同志“三个代表”重要思想，把“三个代表”重要思想作为加强和改进党的建设，深化企业改革，促进企业发展，维护企业和社会稳定，不断夺取各项工作新成绩的强大理论武器。

2. 大力宣传重组改制以来取得的可喜成绩

重组改制后，局党委、勘探局面对未上市企业生存与发展的严峻挑战，率领广大职工开始了“二次创业”的艰苦奋战，经过三年多的努力，取得了一系列新成果、新业绩，可以简单概括为：思想观念逐步转变，企业理念基本建立；各项生产指标逐年攀升，创造了一系列历史新纪录；改革改制稳步推进，整合重组见到了明显成效；关键设备得到更新，竞争能力明显提高；特色技术不断发展，科技创新成果显著；施工队伍走出国门，市场开发成绩突出；结构调整逐步深入，扭困解困进展明显；企业核心竞争力不断增强，经济效益明显提高。2000 年主营业务收入 40.4 亿元，2001 年达到 44.2 亿元，今年 1—8 月份，主营业务收入 34.82 亿元，同比增长 22%。

特别是各单位认真贯彻局党委、勘探局“放水养鱼，激活基层”的政策和“老少春秋，至尊至贵”的方针，真心实意为职工办实事、办大事，使广大职工得到了实惠，人心齐，干劲足，大局稳定，已显示出重组改制所取得的丰硕成果。各单位要充分利用报纸、广播、有线电视、长庆互联网等宣传媒体，大力宣传勘探局在企业深化改革中取得的显著成绩。长庆石油报、长庆电视台等媒体要开辟专栏，以“创造新业绩、迎接十六大”为主题，大力宣传全局广大党员和干部职工在“三个代表”重要思想的指导下，在各项工作中取得的重大成绩，进一步振奋精神，扎实工作，立足本职，争创佳绩，为党的十六大的召开营造昂扬向上、团结奋进、开拓创新的良好氛围。

3. 积极开展各种文化艺术系列活动，迎接党的十六大召开

要加强思想政治工作，加大企业文化建设的力度，充分发挥大政工的作用，有的放矢地开展宣传教育和思想政治工作。结合庆祝“十·一”和党的十六大召开，举办青年歌手大奖赛，党在我心中集邮展，长庆油田健美操大赛，迎国庆职工集邮、手工制作、摄影作品展等健康向上的文体活动，丰富职工群众文化生活。组织好劳模进京观光和到临潼疗养院疗养活动。同时，统一企业视觉识别系统，宣传企业形象，凝聚职工队伍。各单位要根据自己的实际，按照局党委的安排，搞好节日氛围营造，悬挂标语，摆放花坛，举行小型多样的座谈会、报告会，组织文艺演出，开展自乐班活动。以丰富多彩、昂扬向上的形式，形成祥和、欢愉的气氛，使广大职工群众高高兴兴欢度佳节，喜气洋洋迎接党的十六大召开。

要充分发挥工会、共青团等群众组织的作用，加强企业民主管理，推行厂务公开，充分发挥青年突击队的作用，全面开展“创纪录、上水平、闯市场、增效益”劳动竞赛活动，引导和鼓励广大职工在“二次创业”中再做贡献，以优异的成绩向党的十六大献礼。

六、加强信息报送工作，保证信息渠道的畅通

在节日和十六大前后，各单位要特别注意及时搜集、获取有关集体进京上访、围堵机关、阻断交通、大规模聚集、示威游行等第一手信息，超前开展防范、化解工作。要认真执行勘探局重要信息报送制度，对有过激行为，进京动向以及集体越级上访活动，自事发始每日上报一次情况，并随时跟踪动向，及时上报措施方案，上报处理结果。

各单位要严格实行 24 小时值班制度，从现在起至十六大结束，对涉及稳定、安全生产、综合治理等有关重要信息，不得迟报、漏报、误报或隐瞒不报，确保信息报告及时、准确和畅通。在此期间，各单位党政“一把手”不得远离岗位，至少应有一名主要领导在家主持工作；各单位党政“一把手”的手机必须保持 24 小时开通，做到随叫随到；勘探局将不定期检查领导干部在岗情况，对擅离岗位的领导干部，要查究责任，

严肃处理。

同志们,现在距党的十六大召开已经不到两个月的时间了。做好当前和今后一个时期的维护稳定、安全生产及综合治理工作,为十六大的召开创造一个安定团结的政治环境具有特殊的意义。这是各级党组织和领导干部的政治责任,更是关键时候对我们的一次考验。各级领导一定要按照局党委、勘探局的工作部署,切实落实各项措施,以身作则,率先垂范,立足本职,扎实工作,确保全年生产经营目标顺利完成,确保职工队伍和大局稳定,以优异的成绩迎接党的十六大的胜利召开。

(局办公室于 2002 年 9 月 28 日以长局办发[2002]第 38 号文印发)

杨庆理同志在长庆油田安全生产工作电视电话会议上的讲话

(2002 年 2 月 8 日)

同志们:

集团公司在年初就召开今天的安全生产工作电话会议,这说明集团公司对安全生产工作的高度重视。刚才,陈耕副总经理宣读了《关于表彰 2001 年度安全生产环境保护先进企业的决定》,勘探局获得了集团公司"安全生产环境保护先进企业"的光荣称号,这是集团公司对我局 2001 年安全生产环境保护工作的充分肯定。这一荣誉的取得,是局党委、勘探局正确领导的结果,是各单位领导高度重视、全体职工共同努力的结果,是有关部门积极配合、齐抓共管的结果。同时,也是各级安全环保战线上的同志辛勤工作的结果。在此,我代表局党委、勘探局,向所有为安全生产环境保护工作做出辛勤努力的干部和职工,表示衷心的感谢!

刚才,辽河、新疆、大港三个兄弟单位介绍了各自的经验,他们一些好做法值得我们借鉴和学习。尤其是最后,阎三忠副总经理作了重要讲话。他系统总结了 2001 年安全生产工作,精心部署了 2002 年安全生产工作,并提出了明确的要求,我们一定要深刻领会,认真贯彻落实。

下面,我主要讲三个方面的问题。

一、新世纪安全生产、环境保护工作开局良好,全局安全生产、环境保护工作取得了阶段性成果

已经过去的 2001 年,是 21 世纪的第一年,是勘探局实施"二次创业"的关键一年,是安全生产、环境保护工作取得阶段性成果的一年。

去年,勘探局针对安全生产、环境保护工作形势严峻的状况,先后召开了两次安全生产环境保护委员会会议、一次安全环境与健康工作会议和一系列专题会议,专题研究,分析形势,做出决策,相继采取了一些重大措施。

一是加快了 HSE 管理体系建设步伐。制订了《HSE 管理体系建设五年规划》和《2001 年度 HSE 管理体系建设计划》。勘探局和大部分主要生产单位发布了 HSE 体系文件,建立了 HSE 示范队 14 个,有 247 个基层队实施了"两书一表",占全局作业队伍的 55%。培训 HSE 专业骨干人员 1026 名,其中:培养出集团公司级的 HSE 审核员 6 名,实习审核员 13 名,勘探局 HSE 内审员 130 名。

二是狠抓了工业安全管理的关键环节。在安全生产目标管理、安全生产责任制的落实、多种经营企业的安全监管、安全宣传教育、锅炉压

力容器监察、重点单位(部位)的现场管理和重点时段的动态监控等方面狠下功夫,取得了实质性的进步。建立了长庆石油安全网页,开发了事故管理信息系统,实现了安全管理的信息化。

三是夯实了交通安全基础管理。建立完善了交通安全信息数据管理库,进一步加大了驾驶员和车管干部的安全培训力度,强化了四个板块动态监控即重点时段监控、重点车型监控、重点人员监控和重点单位监控,组织开展了交通安全专项检查,特别在运输车队推行 HSE 管理试点取得了较好的效果。

四是进一步落实了污染治理措施。勘探局制订了《长庆石油勘探局污染源治理规划方案》,加强了流动源和生活污染源的治理,使全局污染防治取得了较大的进展。在机械制造总厂、长庆科技工程有限公司开始了 ISO14000 环境管理体系建设试点。

各单位认真贯彻勘探局有关安全生产、环境保护工作的整体部署,加强领导、落实责任、强化检查、狠反违章、治理隐患、遏制了重特大事故的发生,有力地促进了全局安全生产环境保护形势的好转。测井工程处严格安全生产责任制落实,大力推进 HSE 管理体系建设,已连续三年被评为勘探局安全生产先进单位。井下技术作业处以经济杠杆为手段,建立了自我激励与自我约束相结合的安全管理新机制。地球物理勘探处和第一采油技术服务处主要领导和主管领导坚持参加安全检查、主持安全会议、及时解决安全问题,扭转了安全工作的被动局面。第二采油技术服务处在 HSE 管理及示范队建设方面逐步形成了四大模式,即 HSE 风险管理模式、HSE 标准化现场模式、HSE 职工教育培训模式和信息化管理模式。长庆实业集团有限公司区别不同类型,与租赁承包单位签订安全生产协议书,明确双方安全责任,维护企业利益。运输处找出了本处交通安全认识上存在的“三个误区”,即:运输处出事故是不可避免的,交通安全生产全靠运气,受教育的不驾车、驾车的不受教育。制订了“三种对策”,即:开展驾驶员自我教育大讨论,实行安全教育跟踪卡制度;改变管理方法,落实驾驶员安全责任;严肃查处各类交通违章,强制落实治快措施。各项事故指标均控制在勘探局下达指标范围内。庆阳子弟总校以交通安全教育为切入点,建立了全局唯一的学生交通安全教育室,在各班设立学生安全委员,延伸了安全生产宣传教育网络。起到了带动家庭、影响社会的效果,值得推广。

据统计, 2001 年全局共发生各类上报安全责任事故 34 起, 死亡 11 人, 重伤 10 人, 轻伤 21 人。直接经济损失 373625 元。与 2000 年相比, 事故起数下降 42.37%, 死亡人数下降 62.06%, 重伤人数下降 28.57%, 轻伤人数下降 62.5%, 直接经济损失下降 73.2%。其中: 工业生产事故起数下降 56.25%, 死亡人数下降 50%, 重伤人数持平, 轻伤人数下降 72.72%; 交通事故起数下降 37.21%, 死亡人数下降 64%, 重伤人数下降 33.33%, 轻伤人数下降 60%。

环境保护可控废气排放达标率为 93%(集团公司考核指标为大于 90%),固定源工业污水排放达标率为 95%(集团公司考核指标为大于 90%),杜绝了特大环境污染和环境破坏事故的发生。

2001 年,在社会上重特大恶性事故频繁发生的情况下,全局工作量虽然大幅度增长,各类事故的发生却大幅度下降,工业事故得到有效控制,交通事故创历史最低点,安全生产创历史最好成绩。

在 2001 年的安全环保监督、管理工作中,涌现出了一批先进单位和先进个人, 为树立榜样、鼓舞士气, 勘探局将给予奖励, 希望受表彰的单位和个人, 以荣誉为动力, 发扬成绩, 再接再厉, 争取在新的一年里有更大的进步。其他单位和个人要向先进学习, 认真总结经验, 把安全环保工作提高到一个新水平。

二、正确认识2002年安全生产环境保护工作面临的形势，增强责任感和紧迫感，确保安全生产、环境保护持续平稳

2001年的安全生产环境保护工作，虽然取得了一定的成绩，但决不能因此而盲目乐观。认真分析2002年安全生产环境保护工作所面临的形势，可以说仍十分严峻。主要表现在安全生产环境保护管理方面还存在不少问题。

1. 在HSE体系建立与执行方面

一是HSE体系文件与现场管理、操作存在脱节现象。有相当一部分管理人员还习惯于按老的管理方法去思维和管理，不少基层员工还按老的习惯去操作。

二是HSE风险管理是个薄弱环节。

三是个别单位体系建设步骤较慢，影响全局HSE体系整体进程，使HSE体系认证工作达不到集团公司标准。

2. 在安全生产方面

一是少数单位安全管理存在薄弱环节，致使一些重大事故不能杜绝。

二是个别单位安全意识不到位，标准不高，给安全工作留下了隐患，在勘探局组织的检查和各二级单位自己组织的检查中，都发现不少的事故隐患和职工的“三违”现象。

三是交通安全目前较好的形势仍不稳固，管理力度需进一步加大。

四是部分单位对安全科技进步认识不高，安全科技投入较少。

3. 在环境保护方面

一是钻井、井下技术作业废液处理目前还没有找到经济性、可靠性和实用性的技术和方法。

二是在推行清洁生产、实施生产全过程污染防治方面，还需进一步加强管理和开发实用技术。

三是外来施工队伍在处理企地环保关系上短期行为严重，为了某个单项工程，向当地政府支付排污费、环评费、抵押金等费用的随意性和不规范性，造成了我局与当地企地环保关系变得比较复杂，也给我局与当地政府关系协调及办理环保手续带来了很大的困难。

四是多种经营企业环保管理基础相对比较薄弱，生产过程跑、冒、滴、漏现象比较突出，在造成原材料、能源浪费的同时，也带来了环境污染。

目前，勘探局正处在一个新的发展时期，新形势下安全生产环境保护工作面临许多新情况、新问题，对安全环保工作也提出了新的要求。

一是在勘探局持续重组和深化改革的进程中，由于管理体制、运行机制、队伍结构的变化，可能会从正、负两个方面影响到安全生产。

二是中国加入WTO以后，市场竞争的加剧，安全生产环境保护工作面临一系列新的挑战。

三是随着施工作业范围的扩大，作业环境恶劣，加大了安全环保管理的难度。

当然，我们的有利条件也是很多的。

首先，局党委、勘探局高度重视安全生产环境保护工作。其次，各级领导对安全生产环境保护工作的认识进一步提高，对安全环保工作的领导不断加强。三是已经培养和锻炼了一支过硬的安全环保管理队伍。四是经过多年的工作实践，我们在安全环保管理上已经形成了一系列的特色技术和管理方法。五是职工队伍的安全环保整体素质不断提高。因此，各单位必须抓住这一有利时机，以更大的决心，更强的力度，更实的作风，努力做好今年的各项工作，把全局安全生产环境保护工作推向一个新阶段。

三、振奋精神，再接再厉，努力开创安全生产、环境保护工作的新局面，为我局实施“二次创业”创造良好的环境

根据集团公司《关于2002年安全生产环境

保护工作的指导意见》的要求，勘探局在认真分析全局安全生产环境保护形势的基础上，提出了今年总的工作思路，并征求了各单位和有关部门的意见，最后经勘探局安全生产环境保护委员会审议通过，现已成文下发，各单位要认真贯彻落实。这里，结合今天召开的集团公司安全生产电话会议精神，我着重强调以下几点：

1. 进一步加快 HSE 管理体系建设步伐

已发布 HSE 管理体系文件的单位，要组织运行 HSE 管理体系。要按体系要求进行审计，定期进行内审和管理评审。内审要按不同层次，分级进行。各单位最高管理者要真正参与管理评审，融入体系管理当中。要处理好安全检查与体系审核之间的关系，使体系运行朝良性循环发展。要解决好体系文件和实际脱节的现象，按照体系管理的思想规范运作，按程序办事，特别是各级领导和机关部门要按照体系文件要求去办事，处理好体系管理与传统管理的接口，逐步实现科学化管理。

没有发布 HSE 体系文件的单位，要尽快组织编写文件，并初步具备运行条件。在有效运行 HSE 管理体系的同时，积极宣贯国家《职业安全卫生管理体系标准》，实现 HSE 管理体系与职业安全卫生管理体系一体化。

大力开展 HSE 认证年活动。地球物理勘探处、钻井工程总公司、井下技术作业处、测井工程处、建设工程总公司、第二采油技术服务处、水电厂等 7 个重点生产单位要通过 HSE 认证，并取得国家职业安全卫生管理体系认证。

在全局所有基层队推行 HSE“两书一表”。已编制好 HSE“两书一表”的单位要尽快落实到基层，没有编制好 HSE“两书一表”的单位要在 2002 年一季度完成编制发布工作。“两书一表”的内容必须贴近实际易于操作，现场操作工人必须自觉遵守“两书一表”的内容，相互之间形成监督检查的风气。基层队伍施工现场“两书一表”到位率要达到 100%，同时力争使全局零事故班组、零事故队（车间）达到 98% 以上。物探、钻井、修井（试油）、基建、供水电、综合等六个专业的 HSE“两书一表”，要力争拿到集团公司的奖牌。

2. 进一步理顺安全环保监督管理体制，实行监督管理两条线，完善安全环保激励约束机制

在管理上，要进一步落实各级直线安全环保责任。明确各级行政正职负总责，主管副职负管责，安全总监负监责。局级安全环保组织机构突出监督职能，二级单位及基层安全环保组织机构突出管理职能，并做好现场监督工作。

在监督上，勘探局和各主要生产单位上半年要完成安全总监、副总监的设置和异体监督队伍建设。

要加强安全环保目标管理，进一步完善激励约束机制。各单位要结合实际，将安全环保指标层层分解落实到人头。为将目标管理落到实处，勘探局对安全生产继续实行风险抵押金制度，对环境保护实行目标责任制管理，实行重奖重罚；加大事故处罚力度，对发生特大事故的单位厂（处）级领导和发生重大及其以上事故单位的基层领导实行引咎辞职和责令辞职制度。同时改革安全环保考核办法，实施安全环保整体“创优升级”工程。

3. 不断总结经验，探索新的管理方法，提升交通安全管理水平

原来行之有效的“一本两证”（驾驶员户籍本、准驾证、聘用证）管理、车辆集中管理分散使用、路查路检等方法，要继续坚持。要在运输车队全面推进 HSE 工作，以 HSE 体系管理促进交通安全管理的变革。所有运输车队都必须实施 HSE“两书一表”。对于载客达 10 人以上的车辆和拉运易燃易爆、有毒有害物品的车辆要严格用 HSE“两书一表”的标准进行监控。要严格贯彻落实《运输车队健康、安全与环境管理规范》，促进运输车队安全管理上台阶；要认真组织驾驶员学习《机动车驾驶员 HSE 手册》，提高驾驶员应急避险能力。要继续加强交通安全信

息数据库的管理，提高信息的准确性、及时性。要进一步完善外雇车辆，车辆租赁、承包，多元经济交通安全管理的办法。对外雇车辆继续实行准入制度，签订合同，明确双方在安全上的责任。要加大交通安全综合整治的力度，以降车速、反违章为突破口，促进全局交通安全秩序的进一步好转。要认真开展车辆安全技术状况检测检验和安全性能评估工作，加强对报废在用车辆鉴定清理工作，及时消除重大隐患。重点抓好挂靠公司和挂靠车辆的清理工作，规范队伍管理。

4. 采取切实有效措施，搞好春节期间安全生产工作

新春佳节即将来临，为使广大职工家属过一个安全、文明、祥和的节日，勘探局连续下发了《关于切实加强元旦、春节期间安全生产工作的通知》、《关于切实做好 2002 年春运工作的通知》两个文件，部署了节日期间的安全生产工作，并从 1 月 28 日到 2 月 3 日，组织人员对全局 11 个单位进行了检查。从检查的情况来看，各单位都能够做到主要领导亲自挂帅，认真研究节日期间及春运期间的安全工作措施，并亲自组织落实，对所属单位进行全面检查，为节日及春运安全生产奠定了好的基础。但是绝对不能有半点松懈情绪，这里我要重申三点：一是各级领导要继续高度重视，加大宣传力度，严细管理，落实“三禁一反”和车辆“三交一封”措施，亲自组织安全检查；二是要坚持值班制度，发现问题及时报告；三是组织重大活动必须要有安全预案，并经有关部门批准后方可实施。

同志们，安全生产环境保护工作事关改革发展和稳定大局。我们一定要认清形势，明确任务，发扬开拓创新、与时俱进的精神，认真做好今年安全生产各项工作，努力开创我局安全生产环境保护工作的新局面，为我局实施“二次创业”创造一个良好的安全生产环境。

最后，借此机会给大家拜个早年，祝大家新春愉快，阖家欢乐，万事如意。

（局办公室于 2002 年 2 月 9 日以长局办发[2002]第 9 号文印发）

杨庆理同志在长庆石油勘探局 2002 年设备管理工作会议上的讲话

（2002 年 12 月 22 日）

同志们：

这次设备管理工作会议，是在全局上下认真学习贯彻党的十六大和中央经济工作会议精神，全面开展设备冬修会战，积极为明年生产打基础、做准备的关键时刻召开的一次十分重要的会议，也是重组改制以来，勘探局召开的首次设备管理会议。

会上，生产运行处吴述普处长总结了近三年的设备管理工作，安排部署了 2003 年设备管理工作要点，提出了下一步工作思路。质量安全环保处王玉琦副处长、纪检监察处刘春科同志也分别就设备安全生产、设备专项效能检查情况作了详细的总结和安排。生产运行处孙智国副处长还总结了 2000 年至 2002 年非安装设备购置投资实施情况，提出了今后三年设备购置投资方向。他们讲得都很好，提出的工作目标切合实际，措施非常具体，我完全同意。会后各单位要认真贯彻落实。

这次会上,钻井工程总公司、井下技术作业处、建设工程总公司、第一采油技术服务处、第二采油技术服务处、第三采油技术服务处、器材供应处等七个单位介绍了各自在设备管理及用油管理工作中的主要做法和体会。这些经验是广大设备管理、使用人员在实际工作中创造的好做法,是职工群众智慧的结晶,是广大职工共同努力的结果。前面受到表彰的单位、机组和个人就是其中的典型代表。在此,我代表局党委、勘探局向获奖的先进集体和个人表示热烈的祝贺。各单位今后要不断完善好的经验和做法,互相学习,发扬光大,持续促进我局设备管理工作上台阶。

下面,我就近几年设备管理工作作一简要对比分析,对下一步设备管理工作讲几点意见。

一、近三年设备管理工作情况

"工欲善其事,必先利其器"。由于多年来长庆局生产建设一直在低成本水平运行,在设备购置上欠账较多,致使施工单位的装备整体水平差。重组改制初期,钻井设备主要部件,如井架、绞车、泥浆泵、柴油机等都已到使用年限,辅助设备和测试仪器不配套;测井、录井工具、仪器缺少,部分大型设备已属技术淘汰和报废设备;酸化压裂设备、沙漠地震钻机等设备新度系数低,难以满足油田公司勘探开发的需要,也不能满足参与反承包工程、社会市场开发的要求,更不能满足国际市场的竞争需要。

针对这一情况,勘探局从解决企业生存与发展的角度出发,在资金十分紧张的情况下,每年拿出3亿元左右的资金用以改善装备。同时,加大设备管理和设备的技术改造力度,提高设备技术性能,严格报废再用设备管理,使全局设备管理水平进一步提高。为确保全局广大职工群众能过上"好日子"、"富日子",为勘探局不断发展提供了坚实的物质基础。概括三年的工作,主要有"三个提高"、"三个变化"、"两个加强"。

(一)三个提高

1. 设备投资金额明显提高

2000年,勘探局非安装设备投资3.2057亿元,占总投资4.4337亿元的72.3%;

2001年,勘探局非安装设备投资3.018亿元,占总投资4.0185亿元的75.1%;

2002年,勘探局非安装设备投资3.3429亿元,占总投资6.4852亿元的51.6%。

三年非安装设备总投资达9.5666亿元,平均每年投资3.19亿元,比"八五"期间(1991—1995年,投资总额11.5119亿元)年平均投资2.3亿元增长38.6%,比"九五"期间(1996—2000年,投资总额12.5084亿元)年平均投资2.5亿元增长27.6%。

经过三年的大力投资,全局设备状况已经发生了质的变化。1999年底,全局上报非安装设备8234台,资产原值22.5亿元,资产净值11.26亿元;2002年底,全局上报非安装设备3604台,比1999年减少4630台;资产原值17.12亿元,比1999年下降23.9%;资产净值13.01亿元,比1999年增长15.6%,带动了全局资产结构的优化。

2. 设备新度系数明显提高

设备新度系数从1999年的0.5提高到2000年的0.60,2001年达到0.74,2002年预计将达到0.78。三年间,设备新度系数提高了28个百分点。

3. 设备经济技术指标明显提高

设备完好率从2000年的96.89%提高到2001年的97.07%,2002年预计将达到97.2%;

设备综合利用率从2000年的67.13%提高到2001年的71.08%,2002年预计将达到71.69%;

设备故障停机率从2000年的1.17%降低到2001年的0.46%,2002年预计为0.44%;

三年来,杜绝了设备重、特大事故。

(二)三个变化

1. 设备结构发生了明显变化

重组改制后,勘探局作为以工程技术服务

为核心业务的存续企业，工程技术服务、生产服务单位的装备水平高低决定着我局的生存和发展能力。经过三年的努力，主业单位的装备数量和质量有了显著提高。三年来，新增技术含量较高的大中型钻机18台，改造钻机2台，新增修井机41台，井下作业处和测井工程处分别拥有了2000型压裂机组、5700成像测井系统。运输车辆、汽车吊、动力设备等虽然总量有所减少，但质量却明显提高。全局设备的新度系数从重组时的0.50提高到目前的0.78。设备结构的优化，为各二级单位和勘探局的生存与发展提供了强有力的物质保障。

2. 市场竞争力发生了明显变化

主要大型设备数量的增加不仅提高了施工能力，更重要的是由于设备科技含量的增加、质量的提升，进一步增强了我局的技术创新和质量保证能力。电动钻机等一批新型钻机的购置使我局钻井施工迈上了新台阶，并打开了国际市场，已有三部钻机在国外施工。尤其是乌兹别克斯坦钻井工程项目于4月2日开钻，综合运用多种先进工艺技术，攻克难关，仅用116.71天完成了井深3677米，水平段长500米的G1井，机械钻速高达4.73米/小时，分别比当地直井平均钻井周期缩短2个多月，平均机械钻速提高89.6%，为今后市场开发打下了坚实的基础，现在已经同乌国达成了5口井的施工协议。无线随钻仪、欠平衡钻井设备有力地促进了我局天然气水平井和欠平衡钻井等新技术的研究应用；全自动焊机等先进设备的运用，使长庆建工在“西气东输”14A标段施工中大显身手，施工质量、进度、安全等指标在陕晋段各施工单位中名列前茅；一级路面施工设备的配套使我们具备了高等级公路施工能力。可以说，装备水平的提高有力地促进了市场开发工作，为我局开创了更为广阔的发展空间。

3. 施工能力发生明显变化

三年来(2000.1—2002.12)，共完成二维地震23804剖面千米，三维地震512平方千米；钻井进尺538万米；试油压裂6972层次；测井测试13275井次；井下作业28622井次；地面建设施工产值21.45亿元；机械加工总产值4.56亿元。其中2001年，工程技术服务单位共创造15项历史最新记录，生产服务单位创造了11项新成绩；2002年，各项生产施工共创造了18项历史新记录。三年来，总体实物工作量连续大幅增长，大部分经济技术指标、质量指标连创历史最好成绩。三年间，钻井进尺提高了73万米，相当于增加了27个钻井队(实际增加9台钻机)；试油气完成层次增加594层次，相当于增加了16套机组(实际增加14套)；测井完成井次提高了3238井次，运行效率翻了一番。

综上指标，由于提高了设备利用率和单机工作量，使得单位工作量成本结构中的固定成本部分下降，这既是设备效益的直接体现，也是近几年施工成本下降的主要因素之一。

(三)二个加强

1. 设备管理不断加强

一是针对设备管理不能适应重组改制新形势的状况，勘探局连续下发了《设备管理办法》、《非安装设备购置管理办法》等7项设备管理规章制度。各级设备管理部门也及时修订完善了各项管理制度，用制度规范设备管理、操作和维修人员的行为。第一采油技术服务处强化设备日常管理，盘活闲置设备，使设备管理水平进一步提高。第二采油技术服务处开展TPM(全面生产维护)活动，形成了全员关注设备管理工作的良好风气。各单位认真结合自身的生产特点，加强了设备的现场管理，狠抓制度落实，并把设备管理工作纳入岗位经济责任考核，使设备的使用管理效果与个人效益挂钩，确保了设备的操作规程和维护保养规程的落实。

二是根据工作量大、报废再用设备多的实际，加强了对报废再用设备的实物管理。勘探局专门制订下发了《关于建立账外设备台账和上报账外设备报表的通知》，定期上报报废设备运行情况，避免了这部分设备“有人用，无人管”

的现象发生。同时,对报废再用设备专门建立了实物台账,对56部井架、191台锅炉、368台特种设备进行检测,确保了这部分设备的安全运营,防止了国有资产流失。

2. 设备购置管理不断加强

近年来,设备购置工作在坚持效益第一,确保投资回报率的原则下,不断加强管理,形成了一整套严格完善的购置办法。勘探局制订并下发了《非安装设备购置计划管理办法》,重大关键设备的购置按设备类型和专业成立了由设备使用单位、专业技术人员、设备管理人员、上级管理部门等工作人员组成的设备购置项目组,对设备购置实行项目管理;购置方式实行公开招标,凡符合招标条件的设备全部进行了招标采购;在设备购置项目实施过程中,实行了技术质量责任和经济价格责任追究制,从制度上保证了设备购置工作的顺利进行。

二、切实抓好下一步设备管理工作

装备是企业在激烈的市场竞争中获得生存和发展的重要物质基础,设备管理是企业管理的重要组成部分。因此在新形势下要重新认识设备管理工作的内涵,努力适应形势变化的要求,改进传统的管理方法,积极探索适应我局生产发展的设备管理模式。同时,2003年,鄂尔多斯盆地的勘探开发工作量很大,我们能够参与的市场工作量也很大。预计油田公司2003年产能建设规模为天然气27亿立方米,原油156万吨(上级计划168.5万吨)。初步估算,勘探局承揽关联交易工作量为钻井进尺218万米(其中今年已提前实施32万米,2003年新钻进尺186万米);试油(气)作业2400层次;社会市场力争获得价值工作量5亿元;国际市场力争获得价值工作量2亿元。在施工服务价格基本确定的情况下,只有用多完成工作量保全局经营盘子。要实现这个目标,除了人的积极因素外,必须有良好的设备运行作基础。所以,加强设备管理,提高设备使用效率和使用寿命已刻不容缓。

(一)设备管理工作的指导思想

全局设备状况的持续改善,对设备管理工作提出了新的更高的要求,因此,在今后一段时期内,设备管理工作要坚持在购置上:以需定投、买租结合、近期为主、兼顾长远、效益第一;在管理上:实物管理和资产管理并重,使用过程管理和寿命周期管理并重;在设备评价上:参照使用时间比例,注重设备性能指标,依据运行成本对比;在观念上:从注重投入、追求设备资产占有向精算产出与回报转变。

(二)加大设备更新改造和技术升级力度

今后两年,勘探局将继续加大非安装设备购置投资和技术改造的力度,争取两年内基本完成主要设备购置目标。目前,勘探局资金仍十分紧张,我们要集中有限的资金,按照勘探局产业定位和发展的要求,加快主要施工队伍装备的更新改造。

1. 认真做好2003年设备购置计划

2003年,勘探局安排非安装设备投资2.913亿元,占总投资6亿元的48.55%。但是,各主要生产单位对设备需求都较大,虽然第三采油技术服务处等单位2002年多渠道解决设备配套资金,在一定程度上缓解了设备购置资金不足的矛盾,但是,目前仍然不能满足实际需要。因此,在2003年计划中,要首先安排新的经济增长点所需关键设备的购置,促进产业结构调整;要继续加大对主要施工单位的主力设备的更新改造,进一步增强竞争能力,扩大企业生存空间。同时,要继续重视制约一些单位发展,关系到广大职工利益的必要设备的更新和添置。要加强购置过程管理,订购过程中,严格按规定程序运行,继续实行项目管理法,专人负责,公开招标,确保购置设备质量过硬、技术先进、价格合理。每一个单位除了年度设备配套计划外,都要有一个中长期计划,避免出现井下已经暴露出来的同类设备多个厂家,不便管理的矛盾。

2. 在设备购置中要坚持五个原则和四个

结合

一是在购置非安装设备上要坚持五个原则：即坚持满足油田公司油气勘探开发需要的原则；坚持满足开拓市场、提高企业竞争能力的原则；坚持解决制约存续企业生存和发展问题的原则；坚持购置配套和租赁配套并重的原则；坚持增加技术含量，提高存续企业技术水平，培育新的经济增长点的原则。

二是装备技术更新改造上，要做到“四个结合”：既实用性和先进性相结合；新增、更新和技术改造相结合；购置和局内调剂、外部租赁相结合；满足拓展性能和满足安全、环保需要相结合。

同时要加强检测、控制仪器仪表和软件的配套。以市场定位、行业分工、专业化来确定装备，不搞重复购置与配套。

3. 加大设备技术改造

重点要抓好主要专业设备的技术改造工作。三个采油技术服务处集中资金对钻采特车等设备进行大修改造，有效地提高了设备的综合完好率；井下技术作业处已经具有改造压裂车的经验，明年要详细安排论证好 W1400 型压裂车的改造，以满足市场需求。

(三)加快设备管理信息化建设步伐

设备管理的信息化建设是新形势下设备管理最基础的工作，各单位务必抓好。

设备管理信息化是以勘探局信息网络为载体，各二级单位设备信息系统为基础，能够适时反映勘探局每台设备使用运行指标、维修费用、动态管理等信息的设备管理系统。这个系统同其他管理信息网络相互支持。2003 年，由生产运行处牵头，科技处、通信处及主要设备管理单位参加，全面展开。

设备信息化管理网络建设的基础是要健全每台设备的基本信息。要达到每一台设备及辅助装置、技术档案等技术资料档案齐全；设备的论证、决策、采购要清楚；设备的使用单位、运行时间、使用人员要明确；设备维修的原因、维修内容、更换的部件及其规格、型号、生产厂家、修理费用等记录要翔实；设备每次保养时已运行的时间、保养内容、及费用支出情况以及设备状况、技术分析、运行经济性分析情况等信息都要进行网络管理，并以此次设备信息化建设为契机，统一全局设备管理标准、编码分类。切实加强设备运行、维修及使用管理。

各单位要成立相应的组织领导机构，配备一定的人员，拿出实施方案。同时，要组织力量集中整理每一台设备的基础资料，先建立起本单位设备管理信息数据库，为下一步全局联网打下基础。各单位必须抓紧开展此项工作，生产运行处要把此项工作的进展情况作为 2003 年检查的重点，定期向勘探局汇报。

(四)根据企业发展要求，积极开展设备管理方法创新

设备管理是企业管理工作的重要组成部分。设备管理的水平直接体现了一个单位的精神风貌，也体现了一个单位各级领导的管理水平，同时也直接影响着一个单位成本管理、生产效益的各项指标。全局通过 2002 年近一年的时间，狠抓精细管理，各项管理工作均有了很大的进步。但是，传统的设备管理，强调设备的技术状态最好，而忽视了设备维修费用与管理费用最经济的问题。因此，今后要以“效益第一”为基本出发点，切实改变设备管理办法，保证设备运行效益。

1. 加强设备运行的效益管理

在今后的设备管理中，除了要继续坚持一些好的经验做法外，要加大对设备经济效益评价。设备一入厂就给一个自编号码(户口)，并从单台设备的购置、配套、使用、维修、保养直至报废全过程跟踪记录，既有其运行记录指标，也有其性能指标，还要有年运行费用指标。建立设备投资回报年报和台账，对设备真正实行单机核算，分析其“经济性”，并预测下年的使用效益。凭效益指标，确定单机的停用、修理或者报废。因此，设备管理部门在确定设备经济技术

考核指标时,要增加设备管理的经济指标,使设备在保持良好的安全运行状态的同时,维修和管理费用支出最合理。同时,要针对目前设备管理上,长期存在着财务资产部门管理的设备固定资产与设备管理部门的设备台账不相符的问题。今后,设备的资产管理要以单台设备为记账单元,单件管理,动态跟踪。成队配套设备在单元设备基础资料上累加,真实反映设备能力水平。对安全责任大的设备,资产报废不能人为提前。设备管理部门和财务资产部门要认真研究这一问题,并制订出设备资产管理新制度。

2. 开展设备管理机制创新

设备管理制度要同勘探局改革改制相适应,不断探索设备管理新方法、新机制。物探处设备租赁已总结出成熟经验,钻井工程总公司装备租赁公司的成立,也是一个有益的探索,2003 年要进一步完善,建立真正意义上的设备租赁专业化公司,减少设备的浪费。对内模拟市场化运行,对外逐步打开租赁业务市场。其他单位也要结合实际情况,在这方面开展一些有益的探索。同时,要积极完善设备租赁管理办法。今年,建设工程总公司在工作量大,多头开工,设备不足的情况下,租赁外部设备(支付租金达 1200 万元),保证了各项施工建设的顺利进行和企业经营收入的增长。在这种设备专业性强、工作量波动较大的行业,充分利用社会资源,可以减少资产占用,提高经济效益。

(五)要高度重视“无资产形态”的设备管理

勘探局“无资产形态”的设备存量很大,有 3980 台(套),占现在用设备的 52%。近几年来,“无资产形态”的设备,即报废再用设备在勘探局生产建设中发挥了十分重要的作用。在这类设备的管理上,多数单位都能够严格比照在册设备管理,但也有个别单位管理不善,没有按照局文件规定执行。在报废处置时也自作主张,甚至把处置报废设备收入也不进账,必须引起各级管理部门的高度重视。

一是要合理确定设备报废标准。设备的报废既要考虑设备资产的报废年限,又要考察设备本身的技术性能和运行效益。如果老设备维修保养费用超过新设备资产的折旧费,则要坚决报废,改变停用多年等待报废,年年还要缴费的不合理局面;对已经资产报废的设备,如果仍具有较好的技术性能、安全性能和运行效益,则要充分利用。

二是对资产报废而性能却未报废的设备,要和正常设备一样同标准管理。对资产、性能双报废的设备处置,要严格执行局有关规定。纪检监察、财务资产管理、设备管理等部门要把对报废再用设备的效能监察作为一项长期工作,常抓不懈,坚决制止违纪行为,防止国有资产流失。

三是要正确处理好报废再用设备生产与安全的关系。对安全工作比较重要的设备,要利用各种检测手段,定期进行全面检测,及时评价设备状况。对不能保证安全的设备必须坚决停用,对关键部件该更新的更新,该更换的更换,不断加大设备保养维修力度,保证报废再用设备的安全运行。

(六)加大多种经营和非勘探局投资购置的设备的管理

任何单位申请购置非安装设备,都必须纳入局里的计划。自筹资金购置设备也必须先申请,待批准后才能实施。对于局内多种经营单位、改造的股份制公司或用本单位自有资金购置非安装设备,必须按有关规定,到生产运行处登记。否则不予办理局内市场准入证,结算中心不予结算。同时,也要加大这部分设备的管理力度,严格执行勘探局各项设备管理制度,统一管理标准,绝对不能放任自流。

(七)关于上午讨论中意见较为集中的几个问题

由于几年来未开设备管理会,今天上午大家讨论非常热烈,提出了很多好的建议。同时,也提出了一些具体意见:

(1)关于报废再用设备问题。生产运行处、财务资产处回去后抓紧制订具体办法,并争取尽快付诸实施。

(2)近几年设备管理方面安排培训较少,而岗位上新人较多,所以要将设备管理人员培训列入明年培训计划,加强设备管理人员的培训。

(3)CC级机油不能再用,改用CD级。

(4)设备配件要尽量用原厂家的产品。

2003年设备管理的具体工作吴处长工作报告中讲得很好,大家要认真贯彻落实。

同志们,新年即将来临,各单位在抓好安全、稳定的同时,要深入基层,深入现场慰问仍坚持工作在生产一线的广大职工,解决前线职工生产、生活和工作中存在的问题,切实关心职工生活。

明年又是长庆油田大发展的一年,工作量仍十分繁重,各单位要深入贯彻党的十六大精神和中央经济工作会议精神,按照勘探局总体工作部署,坚定信心,团结一致,真抓实干,周密组织,为实现勘探局2003年各项生产经营奋斗目标做出最大的贡献。

(局办公室于2002年12月25日以长局办发[2002]第45号文印发)

滕玉林同志在长庆石油勘探局市场开发工作会议上的讲话

(2002年12月10日)

同志们:

这次市场开发工作会议,是在全局上下认真学习"十六大"会议精神,深入贯彻"三个代表"重要思想的时刻召开的。勘探局在年底工作头绪多、工作任务重的情况下召开全局性的市场开发工作会议,充分体现了勘探局对市场开发工作的高度重视。在这里,我首先代表局党委、勘探局对一年来在市场开发工作中付出辛勤劳动的各位领导和同志们表示衷心的感谢,对在市场开发工作中取得显著成绩的各单位表示热烈的祝贺!

今天我主要讲两个方面的问题,一是简要回顾2002年全局市场开发工作(这个问题局市场开发部和国际市场开发部还要作专题汇报发言);二是2003年全局市场开发工作的总体要求。

第一部分 2002年全局市场开发工作的简要回顾

2002年全局市场开发工作认真贯彻落实勘探局市场开发战略,充分发挥整体优势,转变思想、转变作风、转变职能,有计划、有步骤、有重点地开发和占领市场,使市场开发工作得到了健康、有序的发展,总体工作呈现出良性发展的态势,超额完成了年初制订的市场开发工作目标。

一、2002年全局市场开发完成情况

(一)国内市场开发完成情况

1. 工作量承揽情况

截至2002年11月份,累计承揽市场价值工作量90951.72万元。其中:长庆市场公开招投标承揽工作量17841.15万元,外部市场承揽工作量73110.55万元,外部市场比年计划

40000万元上升了82.76%。比2001年实际完成的40869.08万元上升了78.89%。具体情况如下：

按市场划分：

社会市场:66734.3万元,占73.37%；

长庆内部市场:17841.15万元,占19.16%；

石油系统:6376.25万元,占7.02%。

2.项目运行情况

2002年全年运行项目110个(当年承揽109项,跨年1项)。其中：

已完工78项,完成工作总量42499.96万元；

正在运行31项,工作总量46896.51万元,其中:已完成工作量29036.88万元,正在运行工作量17858.63万元；

中标,准备开工1项,价值工作量5178万元。

3.工作量完成情况

截至目前,累计完成工作量71536.84万元。其中：

(1)当年承揽项目累计完成68091.46万元,占当年承揽价值工作量的74.87%；

(2)跨年工程项目累计完成价值工作量3445.38万元,占跨年工作量的95.10%。

(二)国际市场开发完成情况

(1)厄瓜多尔项目完成投资10031.6万元,其他收入828.5万元。

(2)乌兹别克斯坦项目完成投资3486万元。

二、2002年全局市场开发工作的主要特点

(一)承揽外部市场工作量创历史之最

2002年全年累计承揽外部市场价值工作量73110.55万元,完成了年计划的182.76%,是2001年的178.89%,创历史之最。

(二)市场开发工作呈现出全方位、多层次、广领域的格局

一是外部市场开发突破了道路工程建设“一枝独秀”的状况,呈现出全方位开发的局面。今年以来,除道路建设、管道施工工作量继续增长外,钻井、修井、机械制造、施工监理、质量监督、器材供应、劳务输出等在外部市场开发上都取得了重大的突破。

二是工程施工突破了低级别状况,提升了施工层次。长庆建设工程总公司今年一举中标了宁夏中宁—郝家集高速公路路面工程施工项目,结束了我局道路工程施工多年来一直承担一级以下公路工程施工的局面;中标“西气东输”管道施工工程,使长庆建设工程总公司进入全国长输管道施工的先进行列。

三是外部市场份额逐步得到了扩大。钻井工程总公司在内部工作量满负荷运行的情况下,着眼长远,在市场开发部的大力协助下,2002年成功进入青海油田钻井市场;机械制造总厂在巩固油田和周边市场的同时,首次闯入中海油、新疆准东油田井下工具、固控设备等市场;井下技术作业处在服务油田的同时,积极将工程技术服务延伸到了中石化市场;地面工程和道路建设的市场开发工作,做到了在积极培育新市场的同时,努力稳定了原有的长庆油气田地面开放市场、西部道路工程市场、长输管道工程市场和周边油气田地面建设等四大市场,打开了青海、内蒙等省区的公路建设市场,取得了显著的成绩。2002年全局在上述四大市场中标了20多个工程项目,承揽工作量59822.18万元,为2003年储备工作量28000万元;公用事业处在进一步巩固内部服务市场的同时,充分发挥自身优势,积极开发西安基地周边社会供热市场,增加供热面积9.6万平方米,并积极拓展了油气田地面建设、园林绿化等市场,全年可实现产值2800多万元,创造了较好的经济效益。

(三)市场开发工作向深层次、整体开发方向发展

长呼管道项目的顺利实施,深化了我局市场开发的战略思想,标志着我局市场开发工作进入了深层次运作、整体推进的全新运作阶段。

长呼输气管道工程是内蒙古自治区西部大开发的标志性工程之一，该工程从立项开始就被列入我局市场开发的重点跟踪项目，勘探局多次派人到内蒙进行调研和考察。今年以来，在勘探局的高度重视下，经过全局上下共同不懈的努力，顺利达到了预期目的，取得了理想的成绩，不但使我局成为该项目的第二大股东，而且取得了可观的当前利益。通过激烈的公开招投标竞争，我局共承揽到工作量6304.95万元(其中：管道施工195千米，价值工作量5025万元；工程监理和质量监督价值工作量221.95万元；工程设计价值工作量488万元；劳务输出价值工作量340万元；化工产品销售250万元)。

在该项目的运作和承揽中，我们在市场开发的方式、方法上进行了有益的探索和尝试，收到了良好的效果，一是由过去单纯参与工程招投标的运行模式转变为从资金投入、工程设计、工程施工、工程监理、质量监督、产品供销、后期运营和劳务输出的整体运行模式；二是首次以大兵团作战的形式进行市场开发工作，改变了过去各单位单打独斗的现象，各路人马紧密配合，协同作战，展示了我局的整体企业素质和精神风貌，维护了全局的整体利益；三是实现了市场开发与资本运营最佳契合的成功尝试，从眼前利益看，勘探局投资入股5500万元，通过参与工程建设，承揽工作量6304.95万元；从长远利益看，该项目具有良好的市场前景，我局投资额占内蒙古西部天然气股份有限公司总股本金的22%，为公司第二大股东，可以确保投资的长期受益，为我局确立了新的经济增长点。

(四)外部市场服务质量不断提高，树立了长庆品牌，创造了良好的市场信誉

(1)钻井工程总公司30533队在青海油田开完井6口，进尺11650米，在当地34支钻井队伍中排名第二，各项指标处于青海油田领先水平，不但为我局工程技术服务队伍走向外部市场趟出了路子、积累了经验，而且取得了实现价值工作量807万元、实现利润108万元的工作业绩。

(2)器材供应处承揽“西气东输”工程两个物资中转站，价值工作量1100万元。在东线11个中转站现场物资供应“服务质量、安全检查”中被树立为样板站，并增加物资供应量122.25千米，价值工作量550万元。

(3)建设工程总公司新疆三条沙漠公路和“通县油路”获得自治区交通厅公路管理局40.16万元的嘉奖，在全疆施工的44个合同段项目经理部中名列榜首；西气东输管线焊接32.6千米，焊接质量一次合格率为99.34%，综合进度和施工质量在陕晋段名列前茅。

(4)第二采油技术服务处特修公司，在外部市场连续攻克复杂落物打捞、井筒处理等多项技术难题，受到客户普遍青睐。今年1—10月份创收400多万元，比去年同期增长50%以上。

(5)通信公司进一步提高和完善服务质量体系，对112故障台、114查号台、180投诉台等进行整合，建立了综合客户服务部，加大了服务质量监督力度，从而巩固和拓展了市场，今年新增固定电话2203户、拨号上网1327户、宽带上网1586户、局域网25个，全网全年实现收入5000万元。同时，积极拓展陕、甘、宁三省区电信施工市场，实现经济收入826.2万元，并取得了国家建设部颁发的“电信工程专业承包二级资质”。

(五)国际市场项目运行良好

厄瓜多尔项目在各种不利的社会和自然条件下，克服重重困难，注册成立了长庆局厄瓜多尔分公司，明确职能，完善制度，实施精细化管理，积极与国际惯例接轨。目前，项目运行正常，钻井已完井3口；物探钻井全面完工，野外采集工作可望在12月中旬结束，资料处理解释正在积极准备实施；井下作业完成两口井的完井工作；投资登记正按计划运行。同时，承揽到AP项目外一口井的钻井工作量和9口井的修井工作量，还正与另外5口井的钻井项目进行谈判，使我局被集团公司确定为下一步在厄瓜

多尔开展石油工程技术服务的首选单位。

乌兹别克钻井项目调动广大工程技术人员的积极性，狠抓基础管理，保证了项目的顺利运行。在充分调研论证的基础上，针对该项目复杂的地层、地质特点，研究、总结、运用新工艺、新技术，依靠过硬的队伍、精良的设备，连续攻克了一系列钻井难题，承钻的一口水平井已顺利完井，受到甲方的高度评价，在中亚油田市场树立了我局的企业形象，并承揽到了后续5口井的钻井工作量。

(六)产品销售市场进一步拓宽，销售业绩大幅度增长

1—11月份，全局主要产品生产企业共外销各类产品合计9649.86万元，比去年全年4737.31万元增长了103.69%。其中，机械产品外销4448.57万元，化工产品外销5201.29万元。产品的销售呈现出以下几个特点：

(1)产品质量大幅度提高。长庆机械制造总厂生产的70MPA高压阀门组取得了中国船级社的产品合格证书；咸阳长庆飞达有限公司生产的聚丙烯酰胺和聚丙烯酸产品被中国贸促会和法国科技质量监督评价委员联合会评选为向欧盟市场推荐的中国高质量产品，并颁发了证书。

(2)进一步细分了产品销售市场，实行了专业化营销策略。各生产单位按照不同产品确定了相应的营销模式和营销策略，实行了专业化生产与销售。

(3)普遍开展了产品和服务质量回访活动，及时了解和掌握产品用户的意见、建议，迅速解决产品销售和服务中出现的问题，受到了客户的广泛好评。

(4)加大了新产品的科研开发力度，通过提高产品的科技含量和新颖度，拓展和占领新的产品销售市场。

机械制造总厂调整充实产品开发的科研力量，增加新产品研发经费，实行了以产品科研攻关项目经理负责制为主的科研开发政策，先后研制开发了一系列适销对路的新产品，其中，70MPA高压阀门组成功进入了中海油钻井市场；GW－S型泥浆振动网销往新疆准东等油田。

井下技术作业处化工厂研制开发的CF－5E气井助排剂、YFP－2起泡剂、JL－1有机硼交联剂等产品，产品质量过硬，使用效果明显，产品远销中石化新星、青海、吐哈、周边地区等油田市场，销售收入350多万元，并进入了中石化的供货网络。

三、今年市场开发工作的主要体验

2002年，全局各单位在市场开发工作方面，都做了大量的工作，取得了显著的成绩，积累了很好的工作经验，在这次会议上，建设工程总公司、机械制造总厂、第三采油技术服务处等单位都要进行总结交流，希望各单位认真学习，并结合本单位、本部门的实际，创造性地开展工作。

概括起来讲，今年我局在市场开发工作中的主要体验如下。

(一)领导重视，是市场开发工作的关键

2002年，我局市场开发工作之所以成效显著，得益于有一支作风顽强、不断进取、扎实工作、勇于开拓创新的领导干部队伍。建设工程总公司、机械制造总厂、第三采油技术服务处、油气技术综合服务处、水电厂、乳山培训中心、长庆科技工程有限公司等单位的领导班子对市场实行分片包干，每个领导负责一个区块的市场开发工作，一年的大部分时间都在跑市场。钻井工程总公司、井下技术作业处、物探处、测井工程处、器材供应处、长实集团、第一、二采油服务处、运输处、公用事业处、通信公司、工程技术研究院、培训中心、监理公司、监测中心等单位的领导从年初就带领本单位的有关人员亲自跑市场，定期进行质量回访，随时保持和客户的联系，及时解决市场开发中的各种问题。房地产开发公司、银川物业处、监督公司、长庆石油报社、交通服务处、油气销售服务处、职工医院、

临潼疗养院、长庆宾馆、上海、兰州、北京等办事处的领导依据本单位的实际，积极寻找市场，也取得了一定的成效。由于各单位领导的高度重视，使市场工作量始终保持稳中有升的态势。

（二）有效、健全的激励和奖励机制，是市场开发工作取得成功的保证

经营机制的不断创新，激励和奖励机制的不断健全是市场开发工作成功的保证。今年，各单位在这方面都加大了工作力度，取得了显著的成效。第三采油技术服务处实行市场开发领导"风险抵押金"制度，超额完成任务的，除返还风险抵押金外，还要实行重奖；同时，对各单位按完成外部创收任务的3%增加效益工资指标。机械制造总厂继续实行"五费合一"的市场开发费用承包政策，保证了市场开发工作效益的稳步提高。建设工程总公司采取了市场开发费用与各单位、各部门市场开发业绩挂钩的办法，把市场开发工作指标完成情况与各单位的经济效益相结合。第二采油技术服务处在费用十分紧张的情况下，还设立了市场开发专项奖励基金，对在外部市场开发工作中做出突出贡献的单位和个人实行重奖，同时，对各单位在外部市场开发中实现的利润按50%进行兑现返还。所有这些都充分调动了各单位、各部门市场开发工作的积极性。

（三）培养一支高素质的市场营销队伍是市场开发的根本

我局这几年在这方面做了一定的工作，每年都组织各种培训班，采取请进来、送出去的办法集中培训了一批市场开发专业人员，在我局市场开发工作中发挥了显著的作用。建设工程总公司由于重视培训工作，已经形成了融市场调研、现场踏勘、报价决策、标书制作、参加投标、投标公关、接受咨询的一整套的市场开发有效办法，使中标工作量年年攀升。事实证明，凡是注重市场营销队伍建设的单位，市场开发的效果就好。因此，培养一支高素质的市场营销队伍是市场开发的根本。

（四）市场开发的思路要广，形式要活

一是在符合法律规定的前提下，只要能为企业带来经济效益的各种市场开发的有效手段我们都可以尝试。遵循市场规则，深入研究市场开发的方法。可以在资金、资产、人员、生产管理、经营管理等方面，与甲方进行协作、合作，形成一个融市场开发、资本运营、生产经营于一体的利益共享、风险共担、双赢互利、共同发展的战略同盟。

二是外部队伍进入长庆油田市场，一方面，我们要做好管理和协调工作。另一方面，利用我局的优势，与外来队伍充分协商，扩大我局配套服务的范围。仅1—11月份，运输处为外来井队搬家就达44队次，比去年同期的28队次上升了63.6%。局市场开发部与东部的大庆、吉林等油田就合作开发机械产品，技术交流等方面达成了很多意向性协议。

三是在开发外部市场方面积极进行市场互换的探索。水电厂今年在实现市场互换方面继续加大了工作的力度，该厂生产的铁丝实现了与平凉新窑、华亭、宁夏石沟驿煤矿市场的成功互换，今年仅该项收入就达到108万元。

（五）联合作战，发挥整体优势，是我局今后市场开发的保障

通过长呼管道等项目的运作，我们可以深刻体会到，联合作战，发挥整体优势，实行强强联合、以强扶弱、以大带小、相互补充、各有侧重，发挥整体市场开发的优势，是今后我们市场开发的必由之路。该项目的运作一开始就以大兵团作战的形式进行市场开发准备工作，建设工程总公司、器材供应处、油气技术服务处、监测中心、监理公司等单位紧密配合，协同作战，互通有无，信息共享，不但减少了不必要的开支和浪费，促进了共同工作的进展，取得了好的工作业绩，而且充分展示了长庆的企业素质和精神风貌，维护了全局的整体利益。

（六）实施工程技术服务队伍走出去战略，是适应今后市场变化的客观要求

据悉,目前国家正在制订和实施能源安全战略,陕、甘、宁盆地可能被列入战略储备区。如果这样,长庆油田的产建规模将会逐年递减,今后的市场规模必然要缩小。维持现状,不从长远考虑,势必造成以后工作的被动。2002年,我们的钻井30533队在青海油田成功完钻6口井,得到了甲方的充分肯定。厄瓜多尔项目的运营取得了阶段性的工作成果。乌兹别克项目也取得了突破性的进展。这些队伍不仅取得了较好的工作业绩和经济效益,而且自身也得到了锻炼,积累了经验,同时还培育了新的接替市场。

四、存在的主要问题

(一)全局市场开发工作的发展不平衡

尽管2002年全局的市场开发工作取得了较好的成绩,但是,个别单位新的市场开发工作的力度不够,原有的市场份额正在部分丢失,造成工作的被动。还有的单位等、靠、要的思想仍然存在,没有从市场开发的战略高度,去认识市场开发工作的重要性,信息闭塞、思想僵化、工作不主动、行动迟缓,造成了全局市场开发工作发展的不平衡。

(二)全局的市场开发还没有充分发挥好长庆的整体优势

长庆的品牌是一个巨大的无形资产。一流的资质,优良的设备,较好的业绩,高素质的职工队伍是我们取胜市场、占领和开拓市场的法宝。但是,我局的市场开发工作还没有形成一个整体,整体联动的市场开发格局没有完全形成,整体优势的发挥不明显。

(三)技术含量高、知识密集型的新项目、新产品的开发工作没有一个长远的考虑,工作的力度也不够

从长远来看,技术含量高、知识密集型、能安置我局富余人员,并产生未来经济效益的新项目、新产品的开发,重视和提高产品质量是我们今后市场开发工作的重点。但从实际情况来看,我们在这些方面的工作力度不够。尤其是高技术含量、高附加值的新产品开发更是空白。所以,加大这些方面的工作力度迫在眉睫。

(四)部分单位市场开发工作的盲目性较大,造成市场开发的效益不理想

市场开发工作应结合本单位的实际,有计划、有步骤、有的放矢地进行。不考虑自身的能力,不考虑周围的环境和其他历史因素,盲目的上新项目,搞开发,势必造成效益流失。这些方面的经验教训不少,请同志们一定要充分吸取。

(五)施工现场、施工质量的管理需进一步加强

施工现场管理是企业管理水平、企业外部形象的体现，施工质量高低是企业实力、市场信誉的标志。但是，部分施工项目的负责人，由于思想重视程度不够或是自身综合素质等方面的因素，在施工过程中，疏于现场管理、忽视质量保证，使某些工程项目现场管理无章，材料浪费较大，施工进度、施工质量达不到业主的要求。既给企业市场信誉造成伤害，又给项目的经济效益造成较大损失。这一点应引起我们足够的重视。

(六)对长庆市场的整体管理协调的能力不强

长庆油田内部市场的管理与协调较为复杂，也是一大难点问题，主要有：一是职责划分不清，管市场的没有管理市场的有效手段，造成工作的相对被动。二是部分单位的大局意识不强，各自为政、无序竞争的现象时有发生，给管理和协调工作造成一定的难度。三是承包商协会的作用发挥不好，协会之间相互协商的机制还没有建立起来。

(七)产品生产成本大，销售价格高，市场竞争能力不强

我局相当一部分产品生产企业，由于人员多，包袱重，材料进货渠道不畅，生产工艺相对落后等诸多方面的原因，造成我局目前部分生产厂家的产品，成本高，价格高，影响了市场竞争力。

(八) 国际市场开发的难度大

国际市场开发不确定的因素较多，市场不稳定，复合型的专业人才缺乏，尤其是主导专业人员过少，影响了市场开发。

第二部分 2003年全局市场开发工作的总体要求

一、指导思想

以党的“十六”大精神为指针,深入贯彻执行勘探局市场开发战略,市场开发工作要有一个新思路,市场开发领域要有新的突破,市场开发方式要有新的举措,整体工作要创出新局面。积极主动、扎实工作、开拓创新,以一流的质量和良好的服务,不断巩固和占领长庆油田市场,扩大和拓宽社会市场,稳住国外市场,为实现勘探局2003年的各项经营目标而努力奋斗。市场开发的主导思想是:

(1)继续巩固和占领长庆油田内部市场,扩大和拓宽社会市场,跻身国际市场。

(2)本着量力而行、积极主动的原则,有选择、有计划、有步骤的开发外部市场。

(3)考虑到今后市场的变化,本着适应市场、锻炼队伍、积累经验的原则,在目前内部市场格局变化不大的情况下,仍要让部分队伍走出去。

(4)结合资本运作,对有发展前途、领域开阔、能产生未来经济效益、能安置我局富余人员的新项目、新产品要重点发展和培育。

二、工作目标

(一)国内市场开发目标

2003年,全局外部市场创收力争达到5亿元。

具体是:油气田地面建设、管道工程、公路工程35000万元;产品销售10000万元;工程技术服务3000万元;其他2000万元;劳务输出400人。

(二)国际市场开发目标

完成产值1.8亿元,力争达到2亿元。

三、工作思路

针对我局目前的实际,2003年,在确保工程技术服务工作量达到90%以上负荷的情况下,我局市场开发工作的重点,要放在道路工程、地面建设、产品销售、劳务输出和国际项目等方面。同时,要不断研究、探索和尝试新的市场开发方式,以开辟、扩大市场领域。特别要在由单一的承揽施工工作量、产品销售、劳务输出方式向资本投入、联合运作的综合性市场开发方式转变方面多做工作。

(一)以建设工程总公司为龙头,实现我局地面建设市场开发的新突破

建设工程总公司要发挥地面建设领域的龙头作用,充分利用自身的资质、业绩、施工能力等方面优势,以长庆内部市场、周边市场和陕、甘、宁、蒙、新、青、西气东输等省区、项目的油气田地面建设、管道工程和道路工程为重点,联合带动局内其他施工单位共同开发市场,发扬协同作战、相互支持、共同发展的精神,以强带弱,力争使2003年地面建设市场开发工作有新的突破。

(二)以机械制造总厂为主体,带动产品销售上新台阶

加强营销队伍的建设,不断提高市场营销人员的综合素质,培养一支作风顽强、吃苦耐劳、能征善战的市场营销队伍。在提高产品质量、降低产品成本,不断提高产品的市场竞争力的同时,要拓宽产品外销的新渠道。机械产品要在原有市场份额的基础上,2003年还要将产品销售的触角延伸到中石化、中海油及中东地区。化工产品力争扩大在西部油田的市场份额,并逐步向东部油田渗透

(三)以油气技术综合服务处、三个采油技术服务处为重点,推动我局劳务输出市场开发工作的新突破

劳务输出的重点要放在输油输气管道、长

庆油田公司油田低产区块、单井单站、管线巡护以及物业管理和其他服务工作上。各单位要建立劳务输出的工作平台,并与培训中心联合,加大劳务输出人员技术培训工作的力度,不断提高劳务输出人员的技术素质。同时要与用人单位建立相互信任、相互支持的协商机制,形成对劳务输出人员的共同管理制度,实现互利双赢的目的。

(四)以钻井工程总公司为先行,促进我局工程技术服务队伍有选择、有步骤的实施走出去战略

工程技术服务队伍在充分占领长庆油田市场的同时,要有计划、有步骤的实施走出去战略。一要积累经验,锻炼队伍,适应市场。二要培育新的接替市场,与甲方建立长期稳固的关系,保证在以后长庆工程技术服务市场工作量逐年减少的情况下,有新的接替市场。

(五)以厄瓜多尔、乌兹别克工程项目为平台,拓宽国际市场开发空间

贯彻勘探局走出去的战略方针,积极、认真地研究国际市场开发工作的策略和措施。目前,要稳定、平稳运行好厄瓜多尔、乌兹别克工程项目,筑好国际市场开发平台。并以此为基础,有计划、有步骤、有效益的拓宽国际市场。

(六)以公用事业处、银川物业处为试点,加强物业管理、社区服务市场的调研和开发工作

物业管理、社区服务行业是市场前景较为广阔的行业,从我局实际情况看,具有很强的发展潜力。开拓物业管理、社区服务市场,不但可以增加经济效益,缓解这些单位经营状况较为困难的局面,而且对于分流富余职工,稳定职工队伍都具有十分积极的意义,经济效益和社会效益都十分突出。各物业管理、社区服务单位要认真细致地多做这方面的研究、分析,积极探索和实践,要使这方面的市场开发工作有新的局面。

四、工作的基本要求

(一)结合勘探局的整体重组改制,超前调整产业结构,确定有发展前景的产业,提高具有市场竞争力的基础产业实力

要结合本单位的产业结构和经济实力,发挥产业、技术装备、管理、人才等方面的优势,选择具有市场生命力、具有参与市场竞争能力的优势产业,进行改革改制,以产权为纽带进行产业结构的整合或重组,超前做好市场开发的前期工作和基础工作,以抗御、适应市场竞争的风险。

(二)进一步研究市场开发的战略与策略问题

市场开发战略是我局“二次创业”的重大战略之一。随着社会主义市场经济的不断完善,市场开发工作已成为企业经营工作的第一要务。认真、深入地研究市场开发的战略与策略,扬长避短,进行科学决策,明确开拓市场的重点与方向,防止盲目参与,降低市场开发成本,提高经济效益,这是一项十分重要的工作。

(1)明确认清自身的优势与不足,确定市场开发的重点和主次方面,拓展专项业务。

(2)要内外联合、优势互补、联合开发市场。市场竞争是复杂、激烈的,条件也是多方面的。竞争中各有优势、各有千秋,要以一定的市场项目为前提,采取联合作战的方式,取长补短,以进一步扩大市场,形成合力。

一是与优势企业强强联合,要建立长期稳定的合作关系,形成伙伴关系,既可以弥补自身资质、业绩、技术、社会关系等方面的不足,又可通过联合作业,学习别人先进的东西,取长补短,提高自己的施工技术、业绩、管理等方面的能力,提高企业知名度,从而壮大自己。

二是通过重组、整合,强弱联合,在内部形成有机的合力,适应市场需要,发挥强、弱各自的优势,增强整体的市场竞争力和适应力。

(3)以质量取胜,找准进入市场的切入点,提高企业知名度,增强企业信誉和形象,创名牌工程,干好一项工程、树立一个名牌。

(三)继续做好市场信息的收集整理和跟踪

落实工作

市场信息是做好市场开发工作的关键。加强市场信息的收集和整理、交流，重点是先人一步地掌握市场前景、发展态势、市场环境、开发条件、人际关系、地域状况等方面的信息，积极主动出击。

一是要全面、广泛地收集信息。

二是要细致地筛选、整理、追踪信息。

三是减少信息收集上的惯性运作，增强工作主动性。

(四)认真对待油田公司 2003 年长庆市场全面开放的新情况，明确 2003 年外部市场开发的重点和方向

(1)各单位要针对 2003 年长庆市场全面开放的现状，及时调整本单位的工作思路，要研究新情况，制订新措施，解决新问题，正确确立 2003 年本单位市场开发的重点和方向。要以可靠的质量、一流的技术服务、良好的合作态度力保长庆内部市场工作量在 2002 年的基础上有所提高。同时，要有计划、有步骤、有选择的开发外部市场，保证完成外部市场开发目标。

(2)三个采油技术服务处的工作重点仍要瞄准三个采油厂。要探索在新形势下巩固和扩大市场份额的新路子，以一流的服务质量和良好的合作精神牢牢占领三个采油厂的市场，与三个采油厂建立真正意义上双赢互利的战略伙伴关系。原则上实施市场的封闭性管理，除特殊情况外，禁止其他队伍进入目标市场。在此基础上，集中精力搞好地面建设、井下作业、产品外销、劳务输出等方面的市场开发工作。

(五)抓好投资性市场项目的调研、运行工作

抓好投资性项目的管理是市场开发工作的一个重要组成部分。所有的投资性项目的开发要符合三个条件，一是所开发项目的生命力要强，是长线产品。二是要产生经济效益。三是要考虑安置富余人员，以解决我局富余人员多的矛盾。按照上述三个条件，我们要抓好以下几个方面的工作，一是要进行项目前期的论证工作；二是要抓好项目在实施过程中的组织管理工作；三是要搞好项目实施后的综合评价工作。使项目的开发和管理严格按照程序进行。

(六)加大内部市场管理和整顿的力度

(1)继续抓好长庆内部市场的清理整顿工作。

一是加大力度，强化监督，切实保护“长庆”字号和“长庆”商标不受侵害，防止个人或少数队伍盗用长庆名义在长庆内部市场承揽工作量的行为发生。二是抓好勘探局非主业单位工程技术服务和生产服务施工队伍的管理工作，这些单位在长庆内部市场要按照统一协调、主动挂靠、互相支持、实行完全成本价进行结算等原则来承揽工作量，坚决杜绝无序竞争现象的发生。三是为了充分发挥现有施工队伍的潜力，今后凡是我局内部队伍能干的工作量，原则上要杜绝雇佣外部队伍，市场开发部在合同的审批上要严格把关，力争在源头上进行堵塞。四是发挥承包商协会各个分会在内部市场的管理和协调的职能，监督局内各单位严格按照承包商协会的有关协议执行。

(2)加大与外来队伍工作的协调力度。

对进入长庆市场的外部施工队伍要按照 2002 年“中国石油天然气集团公司长庆市场协调会”达成的有关协议，对其生产运行情况进行监督，并配合集团公司市场管理部门严格进行市场准入的审查。同时，要加大对其工作的协调力度，为我局开辟新的市场，外来队伍的工作量与我局施工单位发生矛盾时，要以满足我局施工单位工作量为前提，协调外来队伍遵守行业规定，维护长庆内部市场的竞争秩序。

(七)加大质量回访工作的力度

质量回访的目的是加强与甲方联络，沟通感情，巩固双方的合作伙伴关系，了解我局施工队伍的现状，查找存在的问题和不足。2003 年的质量回访工作要在坚持以往一些好的经验、做法的基础上，进一步加大工作力度，形成全方

位、全过程的质量回访工作机制。一是回访的层面要加大,形成上下结合、横向互动的回访新机制;二是回访的范围要扩大,要形成油田内部与社会市场并举的新格局。

(八)继续抓好市场调研工作

搞好长庆油田内部的市场调研工作。要落实2003年油田公司产建的部署和安排,以及外来队伍的数量和相关情况。在调研的基础上做好本单位的人员、设备、工作部署等方面的调整和安排,使工作早部署、早安排,有的放矢。

继续保持与青海、新疆、塔里木、吐哈等西部油田的联系,在2002年已经取得的成果基础上,力争使2003年在西部油田市场的开发上有新的突破。要加大工作力度,与东部油田充分协商,力争市场交换,使我局的机械、化工产品的销售在上述油田开辟新的市场。

(九)加大施工过程的管理,在确保质量的前提下,保证市场效益稳中有升

取得较好的经济效益是市场开发工作的根本出发点,要以质量赢得甲方,以信誉求得市场。一是通过提高速度、优化施工方案、减少运行费用、降低作业成本等确保工程项目的成本最小化,以合理的价格提高市场竞争力;二是通过对项目管理人员的培训,进一步加强内部管理,探索、总结行之有效的项目管理方法,挖潜增效,密切与甲方的合作关系,增强占领市场的能力,提高市场开发的效益。

(十)法律事务工作要继续发挥为企业保驾护航,为市场开发工作提供服务的作用

(1)加强学习,增强法制观念,加大培训力度,不断提高依法开拓市场的能力。

(2)把好合同的审批关。在项目合同管理中要坚持合同审查审批制度,使合同管理真正成为堵塞漏洞、防范风险、保证市场开发顺利进行的一条重要防线。

(3)对涉及大的工程项目的市场开发和工程承揽,法律事务要提前介入,超前服务。实行项目的法律论证制度,规避市场风险,确保项目的合法运营。

(4)充分运用好诉讼和非诉讼手段,补救缺陷,据理力争,维护市场开发的合法权益。

同志们,让我们在局党委、勘探局的正确领导下,认真贯彻党的“十六大”精神,积极实践“三个代表”的重要思想,进一步实施我局市场开发战略,与时俱进,开拓进取,为实现我局“二次创业”的宏伟目标再做新的贡献。

(局办公室于2002年12月12日以长局办发[2002]第44号文印发)

刘自强同志在长庆石油勘探局经营工作会议上的讲话

(2002年1月9日)

同志们:

新年伊始,召开全局经营工作会议,集中两天时间,专题总结经营工作、分析经营形势、探讨经营问题、研究经营任务。

这次会议是局党委、勘探局研究决定召开的一次十分重要的会议,也是今年召开的第一个全局性会议。会前,孙局长对如何开好这次会议提出了明确的要求,并作了重要批示,我们一定要认真贯彻,抓好落实。

下面,根据会议安排,我就2001年全局经营工作作简单回顾,对面临的经营形势作简要分析,对集团公司下步改革思路作概括性介绍,

并就今年经营工作作初步安排。

一、2001 年全局经营工作回顾

2001 年是重组改制，分开分立后，勘探局独立运作的第二年，也是实施“十五”计划的开局年，更是我们“求生存、图发展、闯市场、增效益”的关键之年。

过去的一年，在局党委、勘探局的正确领导下，全局上下认真贯彻集团公司和勘探局工作会议精神，坚持以发展为主题，以市场为导向，以效益为中心，以结构调整为主线，抓住机遇，自觉加压，积极应对，锐意进取，全面完成了年初确定的各项生产经营指标，实现了“十五”计划的良好开局，经营工作也取得了许多新的成绩和新的突破。

(1)经营收入持续稳定。地震、钻井、试油压裂、测井测试、油建、筑路、机械制造、供水、供电、井下作业等实物工作量均比上年有不同程度的提高，预计全年主营业务收入 40.2 亿元，圆满完成了集团公司下达的利润考核指标。

(2)市场开发取得新进展。关联交易市场得到巩固，价值工作量达 36.8 亿元。积极开拓社会市场，预计全年收入 2.5 亿元，比上年增长 11%。国际市场开发实现了“零”的突破，承揽工作量 6.5 亿元。

(3)整合重组初见成效。先后完成了机械制造、钻井、工程建设、教育及局机关等单位的整合重组，使勘探局主营业务产业结构、队伍结构得到优化，核心竞争力进一步提高。整合重组后的钻井工程总公司完成钻井进尺 192.9 万米，同比增长 36.8%。建设工程总公司完成建安工作量 5.6 亿元，同比增长 21.74%。机械制造总厂完成工业总产值 1.6 亿元，同比增长 58.4%。

(4)扭亏解困见到实效。建设工程总公司筑路板块 2000 年亏损 2923 万元，2001 年完成产值 1.92 亿元，同比增长 164.25%，实现了持平的经营目标；运输处也实现了年初确定的减亏目标。

(5)产权制度改革有序推进。完成了勘察设计研究院的公司制改造。改制后成立的西安长庆科技工程有限责任公司 2001 年实现收入 4590 万元，利润 690 万元，分别比上年增长 8.3%和 32.9%。整体带资分流改制工作有序推进，机械制造总厂抽油杆分厂改制初步方案和资产评估立项报告已报集团公司审批。

(6)多种经营稳步发展。全年实现销售收入 16.5 亿元，保持了经济总量的稳定，在困境中呈现了良好的发展态势。

(7)资产结构明显改善。全年投资 3.01 亿元购置关键性生产设备，占勘探局总投资的 77.18%，全局设备新度系数提高 8%。固定资产投资 3.9 亿元，与重组时相比，人均固定资产净值提高 8.76%。

(8)经营管理得到加强。推广了钻井工程总公司市场开发、生产运行、财务管理的“三位一体”成本动态控制体系；建立了投资回报机制，强化了投资效益观念。

(9)软科学研究获阶段性成果。《长庆石油勘探局生存和发展战略研究》等软科学研究课题取得进展，为勘探局深化改革、调整结构提供了理论和政策支撑。

回顾 2001 年，主要做了以下几个方面的工作。

(一)完善经营承包考核体系，加强过程控制，确保了全局经营指标的实现

进一步完善了内部经营承包责任制，层层分解经营指标，做到纵向到底，横向到边，逐级传导经营压力。加大了对季度考核和年度考核的力度，较好地实现了年初提出的“盈利单位力争多盈利，亏损单位要扭亏或减亏，费用补贴单位要减少补贴 10%—20%”的总体要求。

注意“抓重点”、“抓两头”，即抓好盈利大户和亏损大户，力求重点突破。在努力抓好工程技术服务板块，力争主营业务多创收、多增效益的同时，加大了对亏损和有预亏苗头单位的管理力度，进行了重点跟踪和解剖，以掌握动态，

寻求对策,减少亏损源。从全年实际运行情况看,两方面都取得了明显效果。为鼓励对外创收,增加收入,各单位在完成预算指标之后,按外部收入的3%奖励工资总额指标。对超利、减亏、成本节约单位给予工资额度的奖励,超利、减亏、成本节约的一部分也可作为其自有资金用于发展生产。这些政策的实施,促进了勘探局全年经营目标的实现。

勘探局及局属各单位都坚持定期或不定期地召开经营形势分析例会,掌握经营动态,找出存在问题,研究相应对策,从而确保了经营指标的实现。根据市场动态及各板块工作量的变化走势,及时预测各单位经营承包指标的完成情况,变静态管理为动态管理,以过程控制确保目标实现。

(二)加强资金和成本管理,逐步建立起了一套适应市场机制的预算动态管理体系

发挥各级资金预算委员会的作用,严格把握资金使用方向,严格资金管理监控制度,继续强化了资金集中统一管理,严格按预算安排各项支出,提高了资金预算的准确性和预见性,使各项支出控制在年度预算之内。为强化资金管理,先后出台了《资金授权管理办法》、《社会市场收入资金暂行管理办法》、《境外项目财务管理(暂行)办法》,进一步规范了资金运作行为。

加强了预算动态管理。针对市场、价格、政策等不确定因素增多的实际,进一步明确了预算管理的责任和编制及考核要求,建立和完善了动态预算管理制度,使预算随着经营环境和市场的变化,及时得到调整。

总结推广了钻井工程总公司市场开发、生产运行、财务管理"三位一体"成本动态控制体系,建立健全了以责任制为主体的成本管理和控制机制,形成了先算后干、动态分析、过程控制、财务监督等管理机制有机结合的成本控制集合体,保证了从源头管好、控制好成本。明确提出各级行政"一把手"是成本控制的第一责任人,并以此确定各层次的成本控制责任人,使各单位的成本同比均有不同程度的降低。

(三)开展财产清查和专项效能监察工作,努力提高资产运营效益

按照集团公司统一部署,组织专门力量对全局现有资产、负债、权益情况进行了全面清查和核实,重点查清了尚未处理的资产损失、潜亏挂账、不良资产和闲置资产。经过1085人历时7个月的资产清查、产权界定、资产核实、产权登记等程序,全面完成了资产清查工作,为勘探局进一步持续重组、推进产权制度改革奠定了基础。勘探局汇总上报的财产清查损失71197.44万元,资产损失占总资产的9.14%,占净资产的17.56%。

组织开展多种经营企业财产清查和产权界定工作。对全局106家多种经营法人企业进行了财产清查,资产总额为23.12亿元,负债总额为19.89亿元,所有者权益总额为3.23亿元,核实后的报损资产总额为0.93亿元。通过划清各企业原始投入和财产所有权归属及经济性质,规范了不同产权主体的财产关系,为推动多种经营企业改革和发展创造了条件。

开展对外投资、对外借款及对外担保专项清查和效能监察工作。通过专项效能监察,共查出问题137个,涉及资金总额33974万元,避免经济损失557万元,挽回经济损失274万元。集团公司已经把对外投资、对外借款及对外担保、外汇融资的审批权上收,勘探局制订了相应的管理办法,对违反规定造成损失的责任人实施责任追究制度。

(四)明确市场定位,积极有效地开发市场

将关联交易市场定位为勘探局的基础市场和主导市场,确定了与油田公司建立长期战略伙伴关系的工作目标,建立了与油田公司多渠道的有效协商机制。面对关联交易市场逐步开放的形势,积极制订新的应对政策和措施,在政策和措施上统筹规划,确保了关联交易市场的有效占领。全年实际价值工作量可达到90%以上。

树立“大市场”观念，努力开拓外部市场。全局上下高度重视市场开发工作，勘探局多次专题研究市场开发的策略、目标及市场定位，在有效占领关联交易市场的同时，努力开拓外部市场，拓展发展空间。8月12日到22日，局主要领导带领3名局班子成员，对新疆市场进行了调研和开发。建设工程总公司把市场开发作为事关企业生存的“头号工程”来抓，领导班子对各个目标市场实行分片承包，从而使外部市场工作量明显增加。物探、机械制造、水电、测井、设计等单位，也都发挥各自优势，在开拓外部市场方面也取得了可喜进展。

稳健步入国际市场，对外合作取得突破。成立了国际市场开发部，重点开拓国际工程技术服务市场。到目前，已在厄瓜多尔AP油田承揽到钻井、地震、测井等工作量57475万元；在尼日利亚国家石油公司承揽到4373万元的钻机租赁项目；在乌兹别克斯坦承揽的3486万元的钻井工程项目也进入了实施阶段。

(五)发挥整体优势，搞好关联交易

年初，双方主要领导高度重视，共同商定了2001年关联交易工作的思路和大政方针，既面对现实又面向未来，形成了《关于当前和今后一个时期应共同把握好的五个原则》，构建了搞好关联交易的思想基础和工作原则，为搞好关联交易奠定了良好的基础。建立完善了关联交易协商例会制度，强化了双方不同层次的对接协商机制。

重点围绕市场、资金、价格“三个关键”和市场划分、价格、超大特作、土地涨价、资金结算、税费附加等“六大问题”，有侧重、有策略、有步骤、有组织地做好关联交易工作。协商确定了2001年关联交易市场的整体划分格局，为勘探局争取了较为充裕的油区内市场工作量。除获取50%的关联交易份额外，钻井工程技术服务通过议标方式又承揽到了30%的市场份额，其余20%由油田公司通过公开招标方式选择施工队伍。物探、井下、测井等工程技术服务，除通过议标又承揽到30%的市场份额以外，还从公开招标的20%中承揽到了大部分工作量。协商确定了《2001年关联交易资金预结算的暂行规定》，较好地解决了资金运行问题，缓解了勘探局资金周转困难的局面。双方还协商确定了2001年关联交易、议标价格以及相关的重大事项。

从关联交易运行情况看，总体进展良好。通过两年的探索，初步形成了应对油田公司市场开放的基本策略，建立了适应市场要求、符合油田实际、有利于双方共同发展、有利于维护勘探局整体利益的关联交易管理模式和运行机制，形成了解决若干关联交易问题的有效方法，为今后做好关联交易工作积累了经验。

(六)实施持续重组，积极推进产权制度改革

根据集团公司加快产权制度改革的总体要求，按照勘探局深化改革的总体思路，坚持以建立现代企业制度为目标，以产权制度改革为重点，以专业整合、持续重组为切入点，推进改革改制工作。

继年初完成对三个钻井处和两个机械厂的整合重组后，下半年又完成了油建工程处与筑路工程总公司、石油学校与技工学校以及宁夏片中小学等单位和系统的整合重组。涉及了全局15802名职工、27.37%的资产。重组力度之大、范围之广、涉及人员之多、影响层次之深、实施效果之明显，都是前所未有的。在拉动全局资产结构、产业结构、市场结构、组织结构、队伍结构以至基地布局优化调整等方面都产生了很大的影响。

按照“缩减总量、优化存量、控制增量、提高质量、做专做强”的原则，各单位也积极推进内部专业整合，调整结构，开发市场。全年实物工作量、劳动生产率等指标同比均有不同程度的增长，产品质量、经营业绩明显提高，企业核心竞争力也得到提升。

积极推进产权制度改革。规范、完善了勘

察设计研究院的改制工作，通过吸收职工个人股，改制成了勘探局控股的多元投资的法人实体。整体带资分流改制迈出实质性步伐，召开了专门工作会议，出台了实施意见及10个配套政策。选择确定了改制条件比较成熟、企业成长性较好、职工改制积极性较高的机械制造总厂抽油杆分厂，作为勘探局第一个试点单位。目前，改制初步方案及资产评估立项报告已经勘探局研究同意，上报集团公司审批。多种经营系统继续扩大改制试点企业，6个单位或企业的改制方案已上报勘探局。此外，还研究了集体资产权益分割办法，利用带资分流和有偿解除劳动关系政策，提出了解决历史遗留的集体工问题的初步方案，并正在着手试点工作。

（七）建立投资回报机制，培育新的经济增长点

勘探局出台了《固定资产投资管理办法》，突出了投资回报原则，凡勘探局全额投资的项目，依据不同业务板块及项目性质，确定了相应的投资回报率，并由受益单位主要领导与勘探局签订《投资回报承诺书》，以优化投资结构，保证效益的最大化。投资回报机制的建立，是投资管理体制上的重大改革、新的突破，也得到了集团公司的充分肯定。

坚持“投资跟着项目走、项目跟着效益走”的投资管理原则，在论证、立项、审批、施工等环节上落实责任，加强了投资项目的全过程管理，杜绝了重复、无效、低效投入。

按照市场导向、效益优先的原则，调研论证新项目，努力培育新的经济增长点。如投资建设天然气设备制造项目；论证投资参股的长呼管线建设项目已报集团公司审批。

同志们！刚刚过去的一年，是极不平凡的一年，是我们克服困难、冷静面对、勇于进取、富有成效的一年。上述成绩的取得，是局党委、勘探局正确领导和决策的结果，是全局广大干部职工共同奋斗的结果，是油田公司大力支持的结果，它也凝集着我们经营系统干部职工的智慧和汗水，在此，我代表勘探局向经营系统的干部职工表示崇高敬意，对大家的辛勤工作表示衷心的感谢。

二、当前全局经营工作面临的形势

过去的一年，取得了来之不易的成果，进一步坚定了我们走出困境的决心和信心。但是，随着集团公司持续重组战略的实施和企业改革的不断深化以及经济全球化、信息化发展进程的加快，企业生存和发展将面临着更加严峻的考验，对我们工作的前瞻性、系统性和科学性也提出了更高、更新的要求。这些都需要我们保持清醒的头脑，以足够的思想和行动适应新形势、研究新问题、迎接新挑战、寻求新发展。

一是来自股份公司的压力越来越大，潜在的不利因素不能低估。关联交易市场是我们的主体市场、基本市场，是勘探局收入的主要来源。而股份公司对油田公司的投资、成本、油价等政策的变化以及市场的开放程度，都会对勘探局产生联动的影响。按照上市时的承诺和追求股东利益最大化的原则，为提高投资效益，油田公司必然要加大实施低成本战略的力度，进行精细管理，而这些措施的力度就是对勘探局的影响程度。在关联交易价格本身就没有到位、“大市场、低效益”局面没有改观的情况下，我们面临的风险和压力越来越大。放开市场，主要目的还是降低成本。据测算，若关联交易市场再开放25%，价格每下浮1%，全局将减少利润945万元。在今后勘探局生存和发展过程中，不仅面临如何占领市场的考验，还要面临巨大的成本压力。

二是市场竞争日益激烈，恶性竞争局面不可避免。石油工程技术服务市场逐步开放，关联交易业务将逐步减少，区域化的无序竞争逐步加剧，国内同行以“先占市场、后要利润”的低成本策略进入油区市场，加剧了工程技术服务市场的业务争夺。竞争的焦点集中于服务收费定价和技术服务水平，从长远看，业内“恶性价格竞争”进一步加剧的局面将不可避免，我们面

临的是巨大的挑战。

三是来自社会市场的压力和挑战。实施多元化发展战略,必然要适度发展非油经济,要发展非油经济就必然要面向社会。当前国家宏观经济总体过剩,真正有市场的项目很难寻找,现在我们发愁的不完全是资金,也不完全是技术和人才,发愁的是缺乏有市场、有效益的项目。因此,我们今后开发新项目、对外提供劳务、提供产品,不但有很大难度,而且还可能冒很大风险。社会市场的不规范、不平等还将长期存在,就我们自身而言,能够把握市场机遇的人才不多,闯社会市场的经验和能力尚显不足;国际市场开发刚刚开始,尽管我们力求规避风险,但由于缺乏国外工程项目管理的经验,很可能承担较大的风险。

四是加入WTO后带来的冲击将日渐显现。入世后逐步降低关税、消除非关税壁垒,对外实行国民待遇、开放重要产业的市场准入。有人讲,入世对我们的影响还相差很远。其实,入世对中国经济的影响将渗透到各个方面,我们同样不可避免。从国家讲,为兑现入世承诺,将减少对国企的政策性补贴扶持力度,集团公司给予存续企业的保护性、扶持性政策也必然逐步减少,甚至取消,比如所得税返还的政策。投资壁垒的削弱、投资环境的改善,国外石油工程技术专业公司必然大举进入中国市场,以其雄厚的资本、先进的技术装备、成熟的管理体制整合中国的石油工程技术服务业。这对我们的管理体制、经营机制、服务理念、技术装备、员工素质都构成了全方位的挑战。

五是内部经营管理还存在着许多矛盾和问题。结构性矛盾依然突出,资产结构中具备增值潜力的资产比例低;市场结构、产权结构单一,相当一部分单位没有形成自身的核心竞争力;队伍结构尚需进一步优化调整。关联交易运作还有许多不规范之处,价格确定、协议及合同签订滞后,执行更难。精细管理还不到位,经营管理过程中的“跑冒滴漏”现象依然存在,有的单位甚至很严重。一些二级单位经济效益不高,处在盈亏平衡线上摇摆,盈利基础十分脆弱。少数单位长期亏损,个别单位亏损严重的局面,必须采取革命性的措施才能改变。管理体制和运行机制还不适应形势发展的需要,对勘探局提出的如何“放水养鱼、搞活基层”,处理好集权与分权的关系研究的还不够、还缺乏经验。产权制度改革的速度和质量有待于提高,整体带资分流改制试点推进速度还需加快,这些挑战、矛盾,必须引起高度重视,既不能低估,更不能回避。但全面看来,我们还有许多优势,也面临着许多良好的发展机遇。

首先,西部大开发、西气东输,特别是油田公司的大发展为我们提供了发展机遇,是我们最大的优势,可以提供更大的发展空间。集团公司把长庆油田作为增储上产的重中之重。油田公司的大发展,必然使工程技术服务市场需求持续扩张。虽然市场开放程度将不断增大,但只要我们充分利用自身的技术、装备、人才和地缘、亲缘优势,最大可能地赢得油区市场,就能够在为油田公司实现宏伟目标做出贡献的同时,实现自身的经营目标。

其次,经过多年的发展,勘探局主营业务在资产、装备、人才、技术等方面具有相当的实力,具备了一定的整体竞争能力。我们长期在鄂尔多斯盆地的油气勘探开发中“摸爬滚打”,形成了一整套在国内外领先的低渗透油气田开发理论和专有技术,形成了自身优势,这也是现在以及未来我们赖以生存和发展的竞争优势所在。

第三,勘探局规模较大、涉及行业较多、多元化发展有了一定基础。国家西部大开发战略的实施,必将推动区域经济快速发展,拉动经济需求,加之我们有良好的外在形象,这就为勘探局在壮大主营业务的同时,有条件开辟更广阔的市场空间,建立更多的经济增长点。

第四,国家和集团公司为存续企业改革和发展出台了一系列扶持政策和具体措施,既为我们指明了方向,又为我们创造了条件。有进有退、抓大放小；有偿解除劳动合同；整体带资分流改制；对存续企业“三项费用”以及导向投资实行只补、只投、不收的政策等等。这些都为我们调整产业结构、改善队伍结构、深化产权制度改革、加快新体制新机制建立等，提供了有力的政策支持和良好机遇。

第五，分开分立后，广大干部职工的思想观念和思维方式发生了深刻变化，市场观念、经营意识明显增强。增强了危机感、紧迫感和责任感，居安思危、自强不息、直面挑战，在困境中求发展，已成为全局上下一致的共识，这同样为勘探局的长远发展提供了强大的内在动力和精神支撑。

第六，经过两年的磨合、过渡，勘探局所确定的发展战略基本符合长庆的实际。确立了新的定位和主营业务，明确了“两条发展思路”、“四大发展战略”和“十二字企业理念”，各项工作已呈现了良好的发展态势。与油田公司确立了战略同盟伙伴关系，双方相互支持、密切配合，油田公司对勘探局的工作也十分关心和支持，这为我们改革与发展创造了十分有利的条件和环境。

在当前形势下，看不到我们面临的挑战和差距，就会迷失方向，人云亦云，是危险的。看不到我们面临的机遇和优势，就会丧失信心，失去斗志，同样是危险的。困难和希望同在、机遇和挑战并存。分析我们面临的经营形势，目的是要理清好思路、明确好目标、把握好现在、规划好未来，把我们自己的事情办好。

三、集团公司下步改革的基本思路和“十五”期间我局经营目标

前不久，集团公司召开有关会议，集中讨论了《关于未上市企业深化改革的若干意见》，该意见提出了未上市企业深化改革的目标和任务，提出了改革的基本思路。

未上市企业深化改革的目标：概括的讲是“三个基本”，具体是：“十五”期间，基本完成战略性结构调整，营造几个市场竞争力较强的专业服务公司，以及若干具有一定规模经济实力的地区服务公司；基本完成企业的公司制改造，使大多数企业初步建立起现代企业制度。到2005年，在取消集团公司“三项费用”补贴后，未上市企业整体扭亏为盈，基本具备自我积累、自我发展的能力。

改革的主要任务有四项：

一是按照有进有退、有所为有所不为的原则，继续坚持以地区服务公司为主，加快推进企业内部体制改革和结构调整，彻底解体“小而全”，实施专业化整合，做专做强主营业务，放开和退出其他一般性业务，创造条件分离办社会职能，进一步优化产业结构、队伍结构和企业组织机构。

二是按照专业化、集约化的原则，对部分技术含量高、设备更新快、市场流动性强的技术服务业务，下决心进行跨地区、跨行业的专业化重组，培育具有技术优势和国内外市场竞争力的专业服务公司。

三是按照建立现代企业制度的要求，积极推进未上市企业的公司制改造，建立规范运作、精干高效的公司管理体制。同时，进一步深化“三项制度”等配套改革，着力转换经营机制，增强企业发展活力。

四是按照以改革带动管理、以管理促进改革的要求，坚持严格管理、精细管理、科学管理，充分利用信息技术等现代管理手段，努力实现管理创新和管理增效。

《若干意见》主要要点还有：把未上市企业分为综合服务公司、基地服务公司和专业服务公司三种类型。各企业要通过结构调整，努力做强一块，提高主营业务的产业集中度；控制一块，限制发展能力过剩、市场饱和的业务；退出一块，放开和退出与主业关联度不高的业务；淘汰一块，下决心关闭一些没有市场前景、长期亏损、扭亏无望的企业。今年内，各企业都要基本完成“两个分离”，即主业与辅业的分离、生产服务和社会服务的分离，下决心解体内部“小而全”。要将物业管理、生活服务、社会服务等业务,从二级单位剥离出来,实行集中管理、独立核算;将多种经营和机修、运输、通信等社会通用业务,通过改组改制,逐步融入社会等等。

《若干意见》虽然还未正式下发,但大的方向已经确定,集团公司对未上市企业的改革力度明显加大、结构调整步伐明显加快,我们必须从思想、观念、措施、行动、政策上积极应对,及早准备。

关于我局“十五”期间的经营目标。在去年12月4日召开的集团公司2002年财务预算和投资计划审查会上,集团公司领导根据2005年存续企业在取消“三项费用”补贴后,实现盈亏平衡的总体目标,对我局提出了“明确两个目标、倾斜一项政策”的思路和要求。“两个目标”:一是我局提前一年,也就是在2004年真正实现持平;二是2005年职工总数控制在30000人以内。“一项政策”:同意我局在严格按照标准的前提下,增加一点有偿解除劳动合同的资金。

四、关于2002年的经营工作

(一)2002年经营目标

2002年我局经营工作主要指标是:投资计划规模5.4亿元,实现营业收入45.06亿元,预算利润总额-10062万元,在集团公司解决“三项费用”补贴后,实现持平有余。

集团公司确定今年我局预算编制和内部考核利润指标的要求是:

(1)利润形成的机制不变。以2001年实现的利润为基数,考虑减员增效、投资回报的因素,确定今年的利润指标,通过利润控制收支和预算编制。从2001年开始,企业实现的利润三年不上缴,全部注入企业。

(2)对集团公司安排的投资项目确定的8%的投资回报率不变,企业必须出具投资回报承诺书。

(3)从总量上严格控制债务,明年原则上不增加新负债,经论证确有效益的项目,经集团公司批准方可申请贷款。

(4)实行弹性预算。根据市场、产品、价格、成本的变化适时调整预算,确保集团公司利润指标的实现。

(5)勘探局仍是亏损单位,持平是在集团公司给予“三项费用”补贴下实现的。

(二)2002年投资计划

重点保证工程技术服务装备更新和低效油田开发,2002年全局投资计划总规模5.4亿元。投资计划中,集团公司导向投资1.5亿元,其中1亿元用于解决设备更新,0.5亿元用于低效油田开发。

(三)2002年经营工作重点

2002年经营工作总的要求是:认真贯彻集团公司和勘探局工作会议精神,解放思想,更新理念,以发展为主题,以结构调整为主线,深化改革,强化管理,围绕“一个目标”,搞好“两个调整”,突出“三个重点”,加大“四个力度”,实现“三个进一步”,为推进勘探局“二次创业”做出新的贡献。

“一个目标”:确保实现勘探局的经营总目标。

“两个调整”:宏观上的产业结构、组织结构及基地布局的调整;微观上的产权结构、产品结构及队伍结构的调整。

“三个重点”:进一步完善承包经营责任制、进一步规范关联交易运作、积极培育经济效益增长点。

“四个力度”:加大成本控制和资金管理力度、加大以整体带资分流改制为重点的产权制度改革力度、加大低产低效油田开发力度、加大内部经营管理力度。

“三个进一步”:经营状况得到进一步改善,自我发展能力得到进一步增强,核心竞争力得到进一步提高。

2002年经营工作要重点抓好以下几个方面:

(1)转变观念,更新理念,进一步适应改革和发展的新要求。

一是要牢固树立以发展求生存的新观念。发展是硬道理。要解决勘探局面临的诸多矛盾和困难,根本出路在发展。对待生存和发展有两种选择,一种是活着就不错了,另一种是不仅要生存,而且还要求发展,我们选择的是后者。“以发展求生存,生存有保障;就生存而生存,生存没希望”。因此我们必须牢固树立发展观,坚持内抓发展质量,外抓发展速度。一方面把有限的内部工作量做精、做细、做好,力争高效益;另一方面,大力开拓外部市场,拓展发展空间,使每年外部收入都有一个较大幅度的增长。在竭诚为油公司搞好服务,解决生存问题的同时,加大结构调整和多元开发力度,逐步形成支柱产业和拳头产品,力争实现有质量、有效益、有竞争力的较快发展。勘探局今年要集中力量加强和加快低产低效油田开发工作,确保 14 万吨产能建设的如期实现。搞油田开发是我们的优势,也是我们发展的重点,今年要力争生产原油 5—10 万吨。同时还要切实抓好两个工业园的建设和发展,下决心调研、论证一批技术含量高、市场前景好、预期效益高的项目,培育新的经济增长点。

二是要进一步确立市场化经营的观念。分开分立后,勘探局最明显的标志就是全面走向市场。但由于我们对市场游戏规则理解还不深,对市场经济规律把握还不够,驾驭市场的能力还有限,计划经济条件下形成的一些观念和思维方式还根深蒂固。因此,必须进一步强化市场意识,增强市场化经营观念。各级领导要带头摒弃计划经济时期的陈旧观念和直线思维、惯性思维,树立起与市场经济发展相结合的全新观念。坚持以市场为导向,合理配置生产要素,优化内部结构,确定和适时调整经营政策,按市场经济规律办事。在市场经济条件下,谁占有市场,谁就能够生存,谁就占有财富,所以我们必须要有强烈的市场占有意识,积极有效地抢占市场,牢牢把握生存和发展的主动权。

三是要进一步增强自解难题、自立自强的观念。市场哲学就是优胜劣汰,市场不相信眼泪、不同情弱者。在现阶段,勘探局如果没有关联交易市场的支撑、资金投入上的扶持、企业办社会费用的划拨,是无法生存的,所以积极争取外部好的环境,争取上级政策支持是我们必须要做的工作,但另一方面,从勘探局今后的发展看,必须彻底丢掉幻想,以积极的态度面对市场开放,争取在较短的时间内,达到盈亏平衡,最终走上“四自”发展轨道。因此,必须克服“等靠要”思想,树立起“靠天靠地不如靠自己”的自立自强观念,凭实力创市场,靠管理增效益。要充分认识到,企业的生死存亡最终只能靠自己,“上帝说了也不算”。

四是要进一步增强精细成本管理的观念。追求利润最大化是企业的根本目标,我们不能左右市场价格,但能够控制成本。要提高效益,就必须控制住成本。因此,精细成本管理,努力降低成本,应该变成干部职工的自觉行动。要依靠科学决策降成本、依靠管理创新降成本、依靠技术进步降成本。要认真研究成本构成,优化成本支出,选准最佳控制点,科学、合理、有效地降低成本,努力实现经济发展速度与质量的同步提高。

五是要进一步增强“双赢互利、共同发展”的观念。关联交易市场是勘探局生长的土壤、生存的基础、发展的根基,也是优势所在,必须积极有效地占领。无论市场开放到什么程度,都必须发挥和利用好服务就近、快捷和各种技术措施适应的竞争优势,全力支持油田公司的勘探开发,坚定不移地为油田公司提供好服务,做好技术支撑,在双赢互利的基础上,共同促进油区经济的繁荣。树立换位思考的甲方意识,主动为甲方出谋划策,团结协作,利益共享。

六是要进一步强化效益观念。效益是企业追求的目标。既要反对过去那种重数量轻质量的做法,也要反对只有质量没有数量的做法,有量无质不会有好的效益,有质无量同样也不会有好的效益。要正确处理好质量、数量和效益的关系，增强效益观念，在保证质量的前提下，努力提高施工作业速度，增加工作数量，提高经济效益。

(2)进一步完善内部承包经营责任制，在激活基层上下功夫。

改革经营承包体系。根据单位性质、经营状况，采取三种不同的内部承包考核方式。对钻井工程总公司等5个主要工程技术服务单位，采取内部模拟资产经营承包方式；对水电厂、采油技术服务处等19个生产经营单位，采取内部利润经营承包方式；对学校、驻外办事机构等15个费用补贴单位，采取定额费用经营承包方式。这次工作会上，我们还要结合实际，对经营承包方式进行讨论，广泛征集意见，定出合理的办法。

"放水养鱼、搞活基层"，是今年勘探局经营工作的指导原则。要逐步把各二级单位作为生产经营主体，配套落实责、权、利，实行自主经营、自负盈亏，自己的日子自己过。工程技术服务是勘探局的核心业务和主要收入来源，要在实行集中调控、统一资金管理、统一协调对外、统一纳税的前提下，适度放权经营。把那些勘探局管不了、也管不好的事情，下放到基层，减少管理层次和运行成本。生产服务系统具有一定的社会通用性，是市场竞争主体，勘探局鼓励具备条件的，利用整体带资分流改制政策、有偿解除劳动合同政策、集体资产量化分割政策，注册为独立的法人企业，改制为公司制企业。驻外机构、费用单位要增强市场意识、自立意识和经营意识，逐步向经营型转变，2002年乳山长庆公司"先走一步"。

为搞活基层，调动各单位开拓市场、增加收入、自我发展的积极性，今年勘探局制订了相关政策和措施，主要有：

①根据市场需要和本单位实际，可在定员定编内自主进行机构设置和调整、组织市场开发，灵活安排本单位生产经营活动，进行经营决策。

②可根据市场信息及企业发展战略，自主决定除勘探局已确定的局内价格以外的部分产品、劳务的价格。

③在坚持"效益优先、兼顾公平"的原则和保证职工收入不低于当地最低工资保障线的基础上，自主进行内部分配。

④经局批准有权决定单位自有资金的使用。

⑤有权提出闲置、无效或报废固定资产的处置方案，按程序办理后，增加的收入留给本单位，作为其自有资金。

⑥可自主决定勘探局下放权力的用工、人事任免、物资采购等。

(3)进一步加强和规范关联交易工作。

关联交易工作是经营工作的重点，也是难点，必须抓实抓好。

一是继续坚持双方制订的"双十二条"和"五项工作原则"，坚持发挥整体优势，双赢互利、共同发展，完善双方关联交易有效的协商机制，多通气、多沟通、多协商、多理解。对双方有分歧的问题，要积极主动地找好"切入点"，选好"结合点"，寻找"平衡点"，力争"效益点"。

二是要严格执行关联交易的总协议。搞好关联交易，对油田公司和勘探局发展都极为重要，但对我们来讲更为重要，是我们的"生存工程"。关联交易的协议，是勘探局和油田公司经济关系的总原则，也是最高原则。各单位在工作过程中必须按照总协议的原则和规定，签订双方的关联交易合同，坚持合同的规范化。在贯彻关联交易协议过程中必须严肃认真，如果哪个单位签订的合同走了样或不严谨，就等于承诺了对关联交易协议的修改，就容易形成连锁反应，不规范的交易行为就会增多，从而就会损害勘探局的整体利益。

三是态度要积极，工作要主动。签订关联交易合同，主动权不在我们，但迫切的却是我们。合同签不下来，对甲方影响不大，但对我们影响却很大，没有合同就结算不了，结算不了，就加大了资金困难。所以我们要积极主动地去工作，多争取对方的理解和同情。这不是谁比谁低一等的问题，我们毕竟是靠服务吃饭，等人家找我们来签合同是不现实的，必须找上门去，主动争取。“脸要笑、腿要勤、嘴要甜、情要真、事要办”。

四是要增强经营意识，避免无序竞争。为油田公司搞好服务、保证生产、实现双赢，是我们必须做好的。但搞好服务是为了效益，不是无偿服务，也不能是亏本服务。现在我们大多是先干活、后签合同，这就要更加注意。过去只要生产任务一下来，就安排队伍上，现在来看，要与经营部门、合同部门协调一下，不能前边干活、后边算账，前后脱节，这方面是有过教训的。市场经济需要竞争，但要避免勘探局内部的无序竞争。在关联交易价格已经确定的情况下，实际上是质量、速度和管理水平的竞争。有的单位，包括三产单位，各自为战，为承揽到工作量，压低价格，扰乱市场，这既违背关联交易的协议，又把应属于乙方的合理收入和效益，变成了甲方的利润。要专门召开协调会议，逐条逐项的落实，避免无序竞争。

五是要正确对待油田市场逐年开放的客观现实，积极组织参与投标，凭借自身实力获取市场份额，并积极开拓社会市场。

(4)以结构调整为主线，加快改革改制步伐。

结构调整是勘探局的一项长期而艰巨的任务。分开分立后，我们面临新的管理体制和运行机制，必须重新进行主辅分离、精干主业，以增强核心竞争力和抗风险能力，提高勘探局综合效益。

为抓好结构调整，集团公司提出了“增、减、分、降”的四字理念。

增——增强市场竞争能力，增加产品和劳务的技术含量，增加企业效益；

减——通过减少定员、减少编制，实现减亏的目标；

分——非主营业务实现分流、分离，融入社会自求发展，逐步卸掉主业负担；企业办社会的医院、学校、公安等系统尽快移交，集团公司将尽快督促国家有关部门形成正式文件，当前不能移交的，采取相应的对策；物业管理必须实现企业化经营、市场化运行。

降——加强资金、成本、预算管理，通过结构调整、降低费用、降低成本。

勘探局深化改革和持续重组，将重点围绕大力实施内部组织结构和产业结构调整，精干主营业务而展开，不仅主营业务，而且辅助生产、物业管理、多种经营等都要搞好结构调整。要从生产能力、装备配套、科技含量、人员素质和管理机制等方面，进行组织结构调整和资源优化配置，以适应内外部市场竞争的需要。

工程技术服务板块，在基本保持现有规模和能力的基础上，要努力提高工作质量和效率，降低运行成本，努力多增效。生产服务板块，要在立足油区内市场的同时，加大社会市场的开发力度，依靠各自的优势，重新定位，减少重复投入和同业竞争。水电等生产保障系统，要根据“一对一”服务的原则，按需求定规模、定布局、定能力，不断提高服务保障能力。通信公司要通过联合等方式，积极参与社会市场竞争，拓宽业务范围，逐步融入社会。运输处、油气综合服务处等亏损或处于亏损边缘的单位，要积极探索管理体制和运行机制的改革，加大减员增效、下岗分流力度，努力实现扭亏为盈。总的原则是，企业不消灭亏损，亏损就消灭企业。进一步探索物资管理的新体制，加快由委托采购向代理制的过渡，充分发挥买方市场的优势，积极开展批量采购、公开招标竞争、减少流通环节。经费补贴单位，原则上不再扩大规模，不再有新的投入，为在2—3年内实现企业化经营打好基础。多种经营系统要坚持速度与效益并重的原则，优化产业和产品结构，把好的做大，把大的做好，同类的归并，扭亏无望的关闭。鼓励多种经营企业间相互兼并和联合，发挥优势企业的辐射和带动作用。

要积极创造条件，加快“两个分离”步伐。稳妥推进社会服务单位专业化管理，有计划、有步骤地分离企业办社会职能，加快股份制医院的建立，探索新的办学思路。今年重点抓好银川燕鸽湖基地及泾河工业园股份制医院的组建。公用事业系统要加快专业化重组步伐，坚持专业化管理、区域化布局、企业化经营、社会化服务的总体思路，扩大经营领域，尽快实现以收抵支、自负盈亏，公用事业系统靠补贴来维持的局面必须尽快改变。

按照“宁养人不养机构”的原则，下决心打破传统的多级管理体制，大力压缩管理层次，进一步精简机构，完善和转换职能，推行扁平化管理模式，提高工作效率和服务水平。没有效益的机构坚决不设，可设可不设的机构也不能设，尽快建立权责明确、决策高效、运转灵活的新的管理体制，以适应现代市场竞争的需要。

继续推进产权制度改革，加大整体带资分流改制力度，今年除完成机械制造总厂抽油杆分厂改制试点外，要重点选择2—3个二级单位或三级单位试点，扩大试点范围。此外，还可选择联合、租赁、兼并、资产出售、承包经营、股份制改造等多种形式，放开搞活社会通用和市场竞争性强的非主营业务，推动存量资产在流动中优化重组。要通过产权制度改革，从根本上实现企业“四自”经营，真正调动起所有者、经营者和劳动者的积极性，彻底转变经营机制。在产权制度改革中，要充分利用带资分流和有偿解除劳动合同政策，解决好“改制不分流”的问题，维护好职工利益。

(5)进一步强化经营管理，向管理要效益。

一是进一步加强投资管理，严格控制总量，优化投资方向，科学确定项目，确保投资回报。改革投资体制，坚持一级投资主体，实行内部两级管理，对外投资(包括筹资、融资)、局内重大投资项目，由勘探局统一论证、决策，坚持先评估后论证再决策实施的工作程序，尽可能规避投资风险。明确投资重点，把有限的资金用好、用活、用出效益。今后投资要做到“三个倾斜”，向勘探局主营业务急需的技术改造和装备更新项目倾斜；向开拓市场、提高竞争能力急需的主体装备配套和更新倾斜；向市场前景好、经济效益高的骨干项目倾斜。建设项目要按程序立项，严格技术经济论证，效益指标不低于国家和集团公司规定的行业基准率。要严禁计划外项目，未经勘探局批准，各单位不得自行上项目，不准将流动资金变成固定资产，对外投资项目必须经勘探局同意后，报集团公司审批。要严格落实投资责任制，把评估论证、审批决策和实施操作的责任落实到人头，强化项目跟踪管理，加强实施过程中的监督、检查，实行投资项目后评估制度，把项目管理好、经营好。

二是进一步强化成本控制和资金管理。加大市场开发、生产运行、财务管理“三位一体”动态成本控制体系的推广力度，切实把成本、费用控制的责任和指标，落实到单位、岗位、人头，形成全员、全过程、全方位降低成本、降低费用机制，打破固定成本不可变的思维模式，不断扩大降低成本的广度和深度。要加强物资器材管理，推行比价采购和“零库存”，努力降低采购成本和物料库存，加快资金周转，减少资金沉淀，提高资金效率。在搞好会计核算的基础上，加强财务动态分析，及时纠正经营活动和资金运作过程中出现的问题，努力实现财务工作由核算型向经营管理型转变。

三是逐步探索资本运营的新路子，做好资本运营这篇高难度文章。搞资本运营，一是可以加快建立现代企业制度；二是可以把我们现有资本做大、做好，提高资本运营效率；三是可以解决融资问题。要充分运用好重组、收购、兼并等资本运营手段，既可卖，也可买，使我们的资产流动起来，在流动中优化、增值。资产只有流动起来、使用起来，才能体现它的价值，否则，就会造成国有资产的真正流失。要加强股权管理,理顺股权关系,行使好股东权利,提高股权收益。

四是要加强内部市场保护、清理挂靠队伍。加强内部市场保护对勘探局近几年的生存至关重要,必须采取有力措施解决好这个问题。要组织有关部门认真研究如何用经济手段、用政策机制来保护内部市场问题。要严格纪律,对违纪违规的外包、分包、转包、挂靠等造成市场、工作量流失的,要追究有关单位和当事人的责任。目前挂靠问题比较严重,各种“杂牌军”混迹于油区市场和周围,既扰乱了市场,也影响了声誉。在我们许多生产能力和队伍过剩,外部市场开发难度又很大的情况下,自己身边的工作量、效益却还在大量流失。现在施工队伍有挂靠、车辆有挂靠、结算有挂靠,这个问题要引起我们的足够重视,采取相应的措施。

(6)不断提高业务素质,努力造就一支适应市场经济要求的经营管理队伍。

企业管理重点在经营,经营的关键在决策。在新的历史条件下,能否实现全局经营工作的新跨越,实现这次会议提出的工作目标,关键还在于人,在于我们自身素质和卓有成效的工作。WTO的加入、知识经济的到来、现代企业制度的建立、科学管理的推行、学习型企业的建立等,都要求我们必须具备全方位、复合型的知识结构。当前,要重点学习贸易、金融、法律、财会、资本运营、管理等方面的知识,完善知识结构,提高自身素质,适应形势需要。

要加强经营管理人才的培养。全局改革与发展任务艰巨,经营系统担负重要历史使命,事业的发展迫切需要一大批年富力强、懂经营、会管理、善于应对市场挑战的经营管理人才,以担当起勘探局可持续发展的重任。要拓宽选人、用人渠道,加大培训力度,建立健全适应新形势要求的激励机制,为经营管理人才的脱颖而出创造宽松的环境。

同志们,“蛇年已过、马到成功”。今年是勘探局发展史上十分重要的一年,摆在我们面前的任务繁重而又艰巨,做好今年的工作,意义重大,影响深远。现在方向已经明确,目标已经确定,我相信,有局党委、勘探局的正确领导,有全局广大干部职工的奋力拼搏,我们一定能够与时俱进,求真务实,创新创效,实现全局经营工作的新跨越。

(局办公室于2002年1月15日以长局办发[2002]第2号文印发)

蒲建中同志在长庆石油勘探局第七次工会会员代表大会上的报告

(2002年2月1日)

各位代表、同志们:

现在,我受长庆石油勘探局第六届工会委员会的委托,向大会报告工作,请审议。

一、四年来的工作回顾

长庆石油勘探局第八届职工代表暨第六次工会会员代表大会是1998年2月召开的,至今已经四年了。过去的四年,是长庆进行战略调整、重组整合、实现油气发展的四年,是勘探局求生存、图发展、“二次创业”的四年,是全局工会工作抓住机遇,全面加强,整体推进的四年。回顾四年来的工作,主要如下。

(一)坚持以生产建设为中心,大力实施经济技术创新工程,积极引导广大职工投身“二次创业”

各级工会始终坚持以经济建设为中心，围绕局党委、勘探局“两条基本思路”、“四大发展战略”和“十二字企业理念”，依靠广大职工群众，以实现“二次创业”为目标广泛开展经济技术创新工程。

各级工会把各种形式的劳动竞赛、合理化建议、岗位练兵、技术比武、小改小革、技术攻关、职工读书自学等活动与勘探局的生产发展有机地结合起来。特别是重组改制以来，面对生存与发展的强大挑战，把市场开发、科技进步、强化管理、提高素质作为创新工程的切入点。强化市场意识，经营活动延伸到哪里，创新工程的领域就扩展到哪里，把各项活动与提高市场占有率和竞争力结合起来，放到企业经营管理的大格局中去运作。依靠科技进步，实现由简单的追求数量型向提高技术含量的科技型转变，针对生产经营的关键和重点，发动职工开展技术创新、技术攻关，促进新技术成果向生产力的转化。结合企业产业结构、组织机构和队伍结构的整合，通过多途径的管理创新，发动职工向科学管理要效益，争取企业效益最大化。组织开展不同主题的劳动竞赛和“干好一个岗位，多学一门技术”、“精一门、会两门、懂三门”的万人大练兵活动，鼓励职工学习科学文化知识，爱岗敬业，岗位成才。局工会始终抓住创新这一主线，加强分类指导，注重实效性和群众性，建立了创新成果、劳动贡献与物质利益、社会荣誉相一致的激励机制，对在劳动竞赛、技术比武、岗位练兵、科技攻关中创造的新记录，涌现出的岗位明星、技术标兵给予表彰和奖励，形成了崇尚科学、尊重人才、激励职工人才成长的良好环境，为“二次创业”奠定了坚实的群众基础。四年来，全局组织开展劳动竞赛 546 项(次)，参与职工 84650 人次，“创纪录上水平”382 项，奖励 210 万元。全局职工提合理化建议 24215 条，采纳 9686 条，实施 6053 条。局工会坚持每年一届的工人技术运动会，在全局 160 多个工种(次)、5 万多人次参加的技术比武、岗位练兵的基础上，开展了 21 个工种(次)、962 人次参加的局级决赛，表彰树立了 126 名技术状元和技术能手，先后有 9 名同志荣获集团公司技术能手称号，并夺得甘肃省职工计算机比赛一等奖，极大地调动了学习新知识、掌握新技术、提高岗位技能的积极性，为勘探局生产建设的发展起到了积极的促进作用。

（二）认真履行基本职能，全面落实职工代表大会和平等协商制度，有效地维护了职工的合法权益

各级工会坚持从劳动关系的变化中不断研究工会的地位和作用，从职工队伍不同利益群体的变化中确定工会工作的思路和重点。在企业重组改制、内部整合、基地搬迁等职工群众普遍关注的热点和难点问题上，坚持履行维护职能，为保证职工队伍的稳定，保证大局的稳定，协助党委、行政做了大量艰苦细致的思想政治工作，确保了各项工作的顺利进行。

发挥职代会的主渠道作用，增强了超前参与力度。局厂两级工会不断加强和完善职代会组织、制度建设，对涉及企业改革改制、重大决策和职工切身利益的政策方案，坚持职代会审议制度。四年间，局工会组织召开职工代表团长联席会议 6 次，讨论审议勘探局关于职工内部退养、内部待岗、有偿解除劳动关系的暂行规定以及职工基本医疗保险实施方案、职工企业补充医疗保险方案、企业年金实施细则等重大改革方案 18 项。职代会民主评议干部与厂处领导班子年度考核、党风廉政建设责任制考核有机地结合，进一步制度化、规范化，四年共民主评议干部 1244 人次。

建立和完善集体合同制度，维护了职工劳动权益。1998 年，局工会与勘探局签订了集体合同，出台了 5 个配套制度，完善了多层次劳动法律监督体系。针对体制、机制、制度等方面的改革，健全劳动争议调解组织，培训工会劳动争议调解员，保证了企业协调劳动关系机制的有效运作。

积极参与企业“HSE”管理体系的建立，落实劳动保护监督检查委员会和劳动保护监察员责任，定期开展了劳动保护监督检查，及时发现和反映违反劳动法律法规的行为，维护了职工的劳动权利和生命安全。

(三)全心全意依靠职工群众，不断深化厂务公开制度，企业民主管理有了新的进展

以实施厂务公开制度为主要形式，加大了基层民主管理和民主监督的力度。各级工会把建立和推行厂务公开制度作为工作的重点内容，建立健全了工作运行机制，制订了适合本单位实际的实施办法和细则，对厂务公开的内容、形式、程序、时间、考核、监督等方面进行了规范，采取职工大会、厂情发布会、公开栏、职工代表意见书、厂长接待日等多种公开形式，把厂务公开制度的实施由厂处级向大队、车间、班组延伸。全局厂务公开制度实施率100%，公开内容涉及生产经营、干部廉政建设、职称评定、住房改革、招工招生、工资奖金及计划生育、职工疗养等22个方面。

厂务公开完善了职工代表大会制度，将职代会、职工大会报告工作的事后参与变为事前及决策过程中的参与，职工参与管理、参与决策的渠道更加畅通，广大职工的政治权利和民主权利得到了落实，职工与企业的凝聚力增强了，职工与领导干部的关系融洽了。各级领导干部自觉接受职工群众的民主监督，促进了企业领导班子建设，提高了企业经营管理水平，调动了职工群众的积极性。

针对全局职工持股会成立单位多(17个)，职工参股人数多(近2万名)，股金总额大(9000多万元)，市场风险大，涉及职工切身利益的情况，积极发挥民主管理和民主监督作用，搞好宣传教育，编发《职工持股会及工会法人资格登记文件资料汇编》，举办持股会知识学习班，组织专人对全局职工持股会情况进行调研，不断规范和完善持股会的运作，进一步加大了职工参与董事会、监事会的力度，为企业制度创新和拓宽工会工作领域做了有效的尝试。

(四)积极实施送温暖工程，大力开展“交友帮扶”活动，把组织的关怀送进千家万户

送温暖工程是局党委、勘探局和全局职工对困难职工关爱的具体体现。各级工会站在落实“三个代表”重要思想的高度，从维护企业稳定的大局出发，认真开展送温暖活动，在工作机制、工作内容和工作方法上不断地改进和发展。为了把“第一责任人”的职责落到实处，组织开展了处以上领导干部与困难职工交友帮扶活动。通过“交友、谈心、帮扶”等具体措施，深入了解特困职工的思想、工作和生活情况，反映和帮助解决职工的实际困难。全局处以上领导干部与困难职工结成帮扶对子214对，使送温暖工程和“交友帮扶”活动成为党政工齐抓共管的大事，有效地加强了领导干部与职工群众的联系，密切了管理者群体与困难职工群体的关系，使广大职工感受到了企业的关怀和温暖，进一步坚定了搞好企业改革发展的信心。

局工会启动温暖工程增值资金243万元，救助特困职工812户，全局6个单位建立了温暖工程基金，资金22万元；慰问生产岗位、困难职工及伤病职工26000多人次，慰问金额257万元；勘探局共拨职工疗养费624万元，局工会组织外出疗养2889人次，内部疗养2904人次；为4万多名职工办理了短期人身意外伤害保险；建立了234份特困户职工档案。

(五)大力开展企业文化建设活动，努力培养一支高素质的职工队伍

各级工会坚持以群众为主，以基层为主，以小型多样为主，发挥工会组织在企业文化建设中的优势，广泛开展了丰富多彩的群众性文化活动，为培养职工团队精神，丰富职工文化生活，提高职工素质，陶冶职工情操，起到了潜移默化的推动作用。

在企业重组改制的形势下，及时掌握职工思想动态，有的放矢地组织开展了形势任务主

题活动、“二次创业”等教育活动，教育和引导职工解放思想，转变观念，增强信心，树立大局意识、竞争意识和创新意识，适应改革和市场的需要。通过“三德”教育、法律法规教育、深入揭批“法轮功”，鼓励职工遵纪守法，提倡科学，反对迷信，爱岗敬业，争当文明职工。

发挥先进人物的激励作用，大力宣传先进典型和先进人物的先进事迹，激发广大职工“二次创业”的干劲。各级工会利用春节、“五一”、“十一”等节日，组织各种形式的劳模座谈会、联谊会、招待会、事迹演讲会，制作劳模专题片，编撰劳模风采录；组织劳模先进到新、马、泰、港、澳等地和国内著名景点参观旅游；组织劳模事迹报告团，深入基层巡回宣讲，宣传了劳模事迹，弘扬了劳模精神。四年来，局工会表彰工人明星 367 名，先进女职工 52 名；勘探局表彰劳动模范 80 人次，先进生产（工作）者 362 人次；3 名同志荣获省级职业道德标兵，16 名同志荣获省部级劳动模范；8 名同志荣获“全国先进女职工”、“全国先进女职工工作者”称号；3 名同志荣获“五一劳动奖章”，3 名同志荣获“全国劳动模范”；机械制造总厂等 5 个单位荣获省级职工职业道德建设“十佳单位”称号，地球物理勘探处、职工医院、井下技术作业处、水电厂先后荣获“全国职业道德建设先进单位”称号。

坚持把有限的经费向基层倾斜，各级工会先后投入 800 多万元用于职工文化活动阵地的建设。坚持发挥职工业余兴趣协会的作用，以广场文化为主要形式，推动兴趣文化、阵地文化、井站野营文化、节日文化、双休日文化的健康有序发展。局工会先后两年组织了 150 对职工赴北京、香港、澳门参加大型集体婚礼活动，在职工中倡导健康向上的社会主义精神文明新风尚。

四年来，坚持每年开展全民健身月活动，开展全局性的文化体育活动 70 多项（次），各单位组织开展文体活动 60 多个项目数千场（次），体育人口呈台阶式上升，文体比赛荣获全国性的奖项 7 个，省（部）级的 30 个。2001 年，继荣获“全国石油系统体育工作先进单位”称号之后，又被国家体育总局授予“全国群众体育工作先进单位”的光荣称号。

（六）不断加强工会自身建设，努力推进整体工作上水平

根据勘探局深化改革、重组整合的实际，各级工会认真研究探索改革改制过程中工会的组织形式、领导体制、工作职能、工作方法的新思路。坚持做到凡是有职工的地方就有工会组织，凡是有工会组织的企业，就要最大限度地把职工吸纳入会。重组整合后，新建工会组织 6 个，配备专兼职干部 24 名，全局建成二级单位工会 35 个，车间、大队级工会 737 个，工会小组 2388 个，工会组建率达到 100%，职工入会率达到 97.6%。

加强工会干部队伍建设，提高了各级工会干部素质。在工会干部中继续开展了“内增活力，外树形象”的教育活动，树立“团结、务实、高效、廉洁”的机关作风和“勤奋、好学、自律”的工会干部形象。四年间举办培训班 8 期，内外培训 420 多人次。9 名工会干部受到全国、省、集团公司的表彰。

转变工作作风，大力开展调查研究活动。针对工会工作面临的新问题、新情况，及时确立调研课题，对职工队伍基本状况、职工思想动态、工会工作理论、工会信息硬件、信息员队伍、工作状况、发展方向等方面进行详细的调查研究。2001 年，组织召开“新时期国有企业工会工作”理论研讨会，工会干部撰写调查报告、论文 53 篇，并将获奖论文编印成了《求真务实、继承创新——新时期国有企业工会工作思考与探索》一书。

积极探索“职工之家”建设的有效途径，促进了工会组织建设上台阶。在全局模范职工之家评比的基础上，进行星级模范职工之家评

比，两次修订和完善了考核办法和标准。继局工会荣获全国“模范职工之家”之后，地球物理勘探处等3个单位工会也获此殊荣。全局星级模范职工之家达到21个，占模范职工之家总数的87.5%。星级模范职工之家的评选，解决了多年来模范职工之家评选的持续性和上台阶的问题，得到甘肃省、陕西省及中石化工会的充分肯定。

二、基本经验和体会

回顾四年来的工作，我们的基本经验和体会是：

第一，坚持党的领导，用党的理论、方针政策来指导工会工作，确定工会工作的重点和思路，工会工作才能始终保持正确的方向。在思想上、行动上与局党委保持一致，紧紧围绕局党委、勘探局的决策和部署开展工作，是工会独立自主开展工作的基本前提和根本保证。

第二，围绕企业生产经营中心，找准“党政所急，职工所需，工会所能”的交汇点，为人局服务，为职丄服务，工会工作才能得到党政的支持，职工群众的拥护。坚持以勘探局“两条基本思路”和“四大发展战略”统揽工会工作全局，立足于提高职工的积极性和劳动技能，进一步增强为勘探局“二次创业”做贡献的责任是工会工作服从、服务于勘探局中心工作的基本要求。

第三，正确处理维护企业整体利益与维护职工具体利益的关系，在落实全心全意依靠职工群众办企业方针中，发挥桥梁纽带作用，工会工作才能有力度、有深度。企业的长远发展是职工的根本利益所在，维护勘探局的整体利益，促进勘探局的改革发展，保证勘探局“二次创业”目标的实现，是对职工利益的最大维护。

第四，努力提高职工素质，最大限度地把职工群众的积极性调动好、保护好、发挥好，工会工作才能适应时代变化，有为有位。不断提高职工的思想道德和科学文化素质，充分发挥他们的积极性、主动性、创造性，是工会的第一要务，是工会在“二次创业”中有作为，在职工的心目中有地位的有效途径。

第五，勇于在继承中创新，敢于在探索中创造，善于在实践中总结，不断增强工会组织的活力，工会工作才能永葆生机。着眼于在“二次创业”中如何更好地发挥工会组织的作用，着眼于工会工作实际问题的理论思考，着眼于工会工作新的实践和新的发展，在继承中发展，在发展中创新，是工会工作兴旺发达的不竭动力。

同志们，四年来工会工作成绩的取得，得益于上级工会组织和局党委的正确领导，得益于勘探局的大力支持，得益于各级党政领导的关心和帮助，得益于全局各级工会干部的辛勤工作和广大职工群众的积极参与。在此，我代表局工会，同时，受局工会老领导王树荣同志的委托，向关心、支持和帮助全局工会工作的各级领导，向为工会工作的进步付出辛勤努力的各级工会干部和广大职工群众致以崇高的敬意和衷心的感谢！

总结四年来的工作，我们还必须清醒地看到工作中存在的问题和不足，主要是：在企业结构调整，重组整合的形势下，对做好新形势下工会工作的方式方法探索不够；工会及工会干部适应企业改革改制对工会工作要求的能力还需要进一步提高；转变工会工作作风，为基层、为职工群众服务，增强基层工会活力还需要加大力度等等，这些都要在今后的工作中认真加以重视和解决。

三、今后几年的工作任务

今后几年全局工会工作的指导思想是：以邓小平理论和党的基本路线为指导，按照“三个代表”的要求，紧紧围绕勘探局“两条基本思路”、“四大发展战略”和“十二字企业理念”，坚定不移地推动党的全心全意依靠工人阶级根本指导方针的贯彻落实，以贯彻实施《工会法》为重要契机，坚决履行基本职责，最大限度地把广大职工组织到工会中来，最大限度地维护广大职工的合法权益，最大限度地保护、调动和发挥好广大职工的积极性、创造性，充分发挥广大职工群众在“二次创业”中的主力军作用。

从这一指导思想出发，全局工会工作的总体要求是：依法维护，重在创新，突出重点，讲求实效。当前和今后一个时期的主要任务是：

（1）深入贯彻《工会法》，进一步突出和履行维护职能修改后的《工会法》明确规定：“维护职工合法权益是工会的基本职责”。各级工会要做好学习宣传和贯彻实施工作，深刻认识修改《工会法》的重大意义和《工会法》赋予工会的权利、义务，充分认识工会在企业改革、发展和稳定中的重要地位和作用，自觉贯彻执行《工会法》，进一步突出和履行维护职能，依法维权，依法治会，把工作重点放在代表职工的利益和维护职工合法权益上来。

健全和完善以职代会为主渠道的职工民主管理和民主监督，维护职工政治权利的维权机制。要积极探索职代会在日常生产、经营、管理中新的实现形式，改进职代会运行方式，提升职代会质量，真正落实职代会的五项职权。把实施厂务公开制度作为一项重要内容纳入到维护职工的政治权利中来。要继续完善职工持股会制度，不断地规范运作程序，让职工在“共同治理”企业模式下参与管理和决策。改制后的单位要正确处理“新三会”与“老三会”的关系，特别是正确处理职代会与股东会的关系，切实发挥职工董事和职工监事的作用。

建立和完善以平等协商、集体合同为基本形式的协调劳动关系机制，从经济利益上维护好职工的劳动权益。要把集体合同内容纳入到企业管理内容之中，逐步使集体合同向各二级单位延伸，用集体合同规范劳动合同，特别是处理好支持企业改革与维护职工利益的关系，促进劳动关系的和谐稳定。

建立健全补充保证机制。要建立健全预警机制，构建以预测、预审、预报、预控为主要内容的工作机制，最大限度地避免和减少劳动争议和群体性事件的发生；要建立健全劳动争议调解机制，工会在参与劳动争议调解组织中，必须严格按照程序，及时、正确处理好各类劳动争议纠纷；要建立健全法律援助机制，大力开展《工会法》、《劳动法》的宣传，解答职工和基层工会的来信来访等各类法律咨询，受理职工和基层工会法律援助申请，依法提供法律帮助与服务。

（2）紧密围绕“二次创业”目标，促进勘探局改革发展和稳定。

“二次创业”是局党委、勘探局在新世纪针对新形势、新任务，提出的一个宏伟目标。各级工会组织必须以实现“二次创业”目标为主线，充分认识深化改革、促进发展、保持稳定的重要性，在改革、发展和稳定的大局中发挥更大的作用。

改革是“二次创业”的关键。广大职工群众是推动企业改革的重要力量。目前，“二次创业”已进入攻坚阶段，改革越深入，攻坚难度越大，就越需要广大职工群众的支持和参与。各级工会要积极疏通职工参与企业改革的渠道，动员职工群众为进一步建立“产权明晰、权责明确、政企分开、管理科学”的现代企业制度，实现经营理念、管理方式、行为模式的根本性转变出谋划策。把广大职工群众对企业改革的意见和建议及时反映到决策层面，体现到企业改革的各项措施中去，使企业的各项改革能够顺利进行，使职工的根本利益得到保障。

发展是“二次创业”的目的。各级工会要紧紧围绕生产经营活动，团结动员广大职工发扬主人翁精神，继续开展适应市场经济要求的，以劳动竞赛、合理化建议、技术革新、技术协作、发明创造等为内容的群众性经济技术创新工程。把增强企业创新能力、市场竞争能力、抵御风险能力和提高企业整体素质作为主攻方向，把解决影响全局发展的难点作为重点，围绕技术创新、加强管理、提高质量、降低成本、增进效益，搞好各项服务，开展“创新能手”、“创新工程示范岗”评选和计算机普及应用学习活动，使职工练就一流的岗位技能，创一流的岗位业绩，促进勘探局全面发展。

稳定是“二次创业”的前提。各级工会要把稳定工作放在极其重要的位置，作为头等大事抓好。针对不同时期出现的工作难点和热点做好思想政治工作，帮助职工转变观念、提高认识、理顺情绪、凝聚力量。教育引导职工转变在计划经济体制下形成的利益分配、住房分配、医疗保险、养老保险、子女入学就业等方面的旧观念，树立市场竞争的新观念，自觉做到局部利益服从整体利益、眼前利益服从长远利益，增强对改革的信心。把职工的积极性、创造性引导到实现“二次创业”目标上来，坚定不移地维护勘探局的稳定。

(3) 深化和拓展送温暖工程，积极为职工群众说话办事。

各级工会组织要从实践“三个代表”的重要思想、落实党的“依靠”方针、发挥桥梁和纽带作用的高度出发，切实履行好第一责任人的职责。要经常倾听职工的呼声，了解职工的情绪，关心职工的疾苦，扎扎实实地为职工办实事办好事。建立和完善以送温暖工程为主线的职工基本生活保障和监督机制，协助企业解决好困难职工群体的基本生活问题。拓宽温暖工程基金的融资渠道，多方筹措和扩大送温暖工程基金，壮大帮困救助的经济能力。

坚持对困难职工进行动态管理，深入实际，调查研究，摸清困难职工家庭的实际情况，建立健全特困户职工档案。坚持处以上领导干部与困难职工“交友帮扶”制度，扩大交友范围，落实帮困措施，确保困难职工的基本生活。

加快职工健康疗养的步伐，可根据职工的愿望，增加新的疗养点和疗养项目。做好职工身体健康普查工作。关心女职工生活，保护女职工的特殊权益。

督促并协助企业认真执行国家有关劳动安全卫生的法律、法规和标准，完善 HSE 管理体系。积极配合行政搞好职工安全教育，普及职工劳动安全卫生知识，增强职工安全生产意识、自我保护意识和遵章守纪意识。建立健全职工伤亡报告制度，参与重大事故的查处。

建立和完善职工互助保险体系，开办职工安康保险，坚持以基层工会为主体、行政支持、职工自愿参加的原则，对遇到暂时困难的职工家庭给予经济上的援助，避免职工因病或意外伤害而陷入困境。

在结构调整和持续搞好专业化重组的过程中，要积极协助行政，做好转岗职工的技能培训，增强职工岗位竞争能力和自主择业能力。对企业实行公司制改造、深化“三项制度”改革及机构调整、基地调整等职工群众关心的热点和难点问题，加强来信来访工作，及时地反映职工群众的意见和建议，做好化解矛盾和思想转化工作，确保企业改革改制的顺利进行，确保职工队伍和大局的稳定。

(4) 以建设“四有”职工队伍为目标，在创建先进的企业文化中发挥优势。

围绕“二次创业”，充分发挥工会企业文化建设中的优势和独特作用，运用丰富多彩、寓教于乐的活动形式，不断深化企业文化理念、企业经营理念，使之成为广大职工群众的集体理念。工会文化宫、俱乐部要进一步发挥“学校与乐园”作用，坚持为职工服务，大力开展全民健身活动，丰富职工业余文化生活，促进企业文化建设。

全面落实《公民道德建设纲要》，在广大职工中积极倡导以爱岗敬业、诚实守信、办事公道、服务群众、奉献社会为主要内容的职业道德，深入推进“讲文明树新风”、职业道德“双十佳”等群众性精神文明创建活动。要坚持用爱国主义、集体主义、社会主义思想教育职工，引导广大职工牢固树立建设有中国特色社会主义的共同理想和正确的世界观、人生观、价值观。继续坚持与“法轮功”邪教组织、同各级消极腐败现象做坚决的斗争。要大力弘扬劳模的先进事迹、奉献精神和先进思想，激发职工奋发向上的生机和活力。

深入广泛地开展职工读书自学活动，完善修订《长庆石油勘探局职工自学成才奖励条例》，为职工读书自学创造良好的宽松环境，引导职工树立加快知识更新和终身学习的观念，不断增强学理论、学文化、学科学、学技术、学管理、学法律的紧迫感和自觉性。要充分利用职工文化活动教育阵地，协助行政部门搞好多层次、多门类、多样化的职工劳动技能和业务技术培训，在推动企业科技进步、推动全局职工知识化进程中发挥作用。

（5）与时俱进，以创新的精神加强工会自身建设。

新的形势对工会工作提出了新的要求。新时期的工会工作必须与时俱进，要按照全总“抓机制、办实事、转作风、求实效、促发展”的工作思路，在继承中创新，在创新中发展。创新思维方式，深化工会思想作风建设。工会干部要不断改进思想作风、学风和工作作风，把主要精力放在加强调查研究和为基层及职工群众服务上来。解决好理论与实践的一致性，务实与创新的一致性，向企业负责与向职工负责的一致性。用是否真正得到职工群众的认可和信赖、是否在“二次创业”中发挥了作用作为衡量标准，努力推动工会作风建设迈上一个新的台阶，充分发挥党联系职工群众的桥梁和纽带作用。

创新工作方法，深化工会组织制度建设。要不断适应勘探局整合重组、调整机构的需要，抓住油气发展、西气东输、西部大开发、加入 WTO 等机遇，及时调整局、厂（处）两级工会机关的设置和分工。借鉴“精细管理”的原则，提高针对性和时效性，逐步建立起关系顺畅、工作有序、运转灵活、服务高效的运行机制。要坚持在党委的领导下独立自主地开展工作，依据《工会法》的规定，保证工会组织、活动和经费的独立性，建立健全各级基层工会组织，增强基层工会组织活力，逐步形成局工会为重点工作的指导中心、二级单位工会为各项工作的组织中心、基层单位工会为具体工作的实施中心的工作格局。

创新工作内容，深化工会工作体系建设。要从体制和机制创新的角度进行整合，形成七个工作体系。即：组织建设体系，最大限度地把广大职工组织到工会中来；生产建设体系，要以经济技术创新工程为载体，努力提高广大职工的生产积极性；权益保障体系，建立职代会、劳动关系预警、平等协商集体合同和劳动争议调解的维权工作新机制；工会法律体系，形成以源头参与、法律监督、法律援助为主要内容的法律保障机制；工会教育体系，教育和引导职工爱党、爱国、爱社会主义、爱企业、爱岗位；工会自身建设体系，加强工会的基础性、理论性、前瞻性、指导性、实践性研究，加快工会组织群众化、民主化、法制化进程；信息网络化体系，进行网络化管理，加快信息传递，建立经常性的工作交流制度。

各位代表、同志们，2002 年，是中国入世后集团公司朝着建设具有国际竞争力的大型企业集团目标迈进的一年。集团公司 2002 年工作会议，明确提出了今年工作的指导思想、基本思路和主要目标。刚才，局长孙玉辰同志作了勘探局工作报告，精辟准确、实事求是地总结了 2001 年的工作，突出重点、全面细致地部署了 2002 年的工作，为全局改革和发展明确了目标，指明了方向。这对于统一全局职工的思想，在新的一年里实现“二次创业”的宏伟目标和全年任务，将产生深远的影响，具有十分重要的意义。各级工会组织要充分认识贯彻落实好两级工作会议精神的重要性，广泛深入地开展形势任务教育，通过各种形式进行传达贯彻，组织和引导广大职工按照局党委、勘探局的统一部署，团结协作，奋勇拼搏，在“二次创业”中做出更大的贡献！

赵业荣同志在钻井工程总公司安全生产分析会议上的讲话

（2002 年 6 月 27 日）

同志们：

根据这两天会议讨论、研究、分析的情况，下面，我主要讲三个方面的问题。

一、关于目前钻井队安全管理现状的分析

1. 对安全管理工作有所松懈

整合重组以来，钻井工程总公司充分发挥了市场竞争优势，调动了广大干部职工的积极性，提高了生产水平，增强了市场意识。从一定意义上讲，总公司形式上的整合已基本完成，但从内容上讲，企业文化、工作措施及管理程序还没有完全到位，加之工作量大幅度增加，经营压力过大，在安全生产上出现松懈。通过对三起事故的分析，一定要提高对安全问题重要性的认识，将安全生产工作的重心放在速度、效益与经营的均衡考虑上。

2. 安全监督与井队长职责不明确

以监代管、监管不分，这是今年实行安全监督制后出现的一个新问题，在很大程度上，把安全方面所有的问题都归由工程监督部和监督站，基层干部在监督与安全管理上产生了模糊认识。在一定程度上，上级机关也存在这种模糊认识。所以就出现了不该有的安全管理空白点，导致管理主体及责任不明确，事情发生后又互相推诿，从而导致井队安全管理上出现漏洞。这不仅仅是一个点、一个队，而是整个面上都存在的。

3. 职工的基础素质有所降低

由于井队数量扩展较快，新增设备多，市场压力大，老化设备也没有及时淘汰，特别是短时间内扩张队伍，导致人员素质普遍下降，特别是作业风险大的岗位人员培训时间短，素质较低，造成仓促应战，不具备岗位操作能力，无法满足工作要求。

4. 关键设备的装置和维护使用不到位

井口小型机械化已搞了多年，而且我们对钻井风险最大的环节如上顶下砸、猫头伤人等都作了分析，除重锤式防碰天车外另增加了三种新的手段。新的设备有新的要求，但我们没有认真使用。

5. 工作规范和岗位职责管理未能很好地执行

目前对 HSE 管理提得比较多，而对岗位责任制、岗位标准化操作讲的相对较少，这并不意味着我们放弃了对岗位的管理，也不意味着我们就不搞岗位操作规程管理，其实二者并不矛盾，HSE 管理中都包括了这些。我们只重视了 HSE 文字的东西，既不想丢弃旧的东西，也不想学习新的东西，忽视了现场的实际运用。我们一定要重申并加强岗位责任制和岗位操作规程管理，同时进一步贯彻 HSE 管理思想中丰富、真实的内容。

6. 基础管理工作有待加强

规章制度、防范措施和教育培训工作，最终都要落实到基础工作中，尤其是在计划经济走向市场经济的过程中，我们更要加强基础管理工作。

7. 必须加大安全管理力度

关键看对发现的问题和各种隐患是否进行及时整改；事故发生是否汲取有关教训。我们一定要在安全问题上抽出时间，一抓到底。

二、对下一步工作的安排和要求

(1)钻井工程总公司要采取果断措施，抽调有责任心、有井队管理经验的人员驻队，认真传达会议精神，传达局领导对大家的关怀。同时，要尽快明确安全责任，分清监管、理顺管理与监督的关系，协助井队查找事故隐患，坚决遏制事故苗头。

(2)必须理顺监管职责，实行监管分开。要配备足够监督人员，克服监督脱岗的现象，不能使监督岗位轮空，必须从总公司到井队，自上而下地实行监管两条线管理。

(3)管理重心要前移、下移。工程项目部要加大安全管理力度，加大对事故违章处罚力度，要有领导专人负责安全管理。钻井工程总公司要于7月10日前将已发生事故的处理意见上报质量环保安全处。

(4)明确安全第一、质量第二、速度第三的关系，认认真真地抓好落实，彻底克服明知故犯的不良习惯。

(5)下大力气强化职工培训力度，努力提高职工队伍素质。要确保职工经常接受培训，培训要有针对性、时效性，以现场操作和熟练程度和HSE培训为主，逐步形成有效的滚动培训运行机制，做好人力资源储备。

(6)立即组织开展以HSE管理为核心的岗位大检查。

勘探局将组织10个组分赴72支钻井进行检查帮助。具体安排如下：

6月28日—7月1日，部署准备阶段；

7月2日—7月16日，检查帮促阶段；

7月17日—7月20日，总结汇报阶段。

检查帮助要以集团公司、勘探局有关钻井队的管理规定、标准和规程为依据，重点突出以下内容：

①岗位责任制落实情况；

②HSE“两书一表”贯彻实施情况；

③安全生产规章制度建立及执行情况；

④安全活动开展情况；

⑤工程项目部对钻井队的安全管理情况；

⑥职工队伍的素质及宣传教育、培训情况；

⑦设备管理情况；

⑧ 安全检查及整改落实情况；

⑨ 安全监督员的作用发挥情况；

⑩事故与违章查处情况；

⑪井控管理情况；

⑫防洪防汛情况；

⑬防火防爆情况；

⑭车辆管理。

对检查组提出以下要求：

①各负责组织的部门和单位必须明确一名副处级以上干部带队，同时挑选懂现场、会管理、经验丰富、有权威的钻井或安全专家。

②每个检查帮促小组事先要认真学习有关规定、标准和规程，在每个钻井队检查帮促的时间不能少于2天时间，重点要找准每个钻井队管理上存在的问题，并制订解决问题的有效措施，最后形成相关报告。

③钻井工程总公司各钻井队要积极配合这次检查帮促工作，共同把检查帮促工作做好、帮扎实，真正使管理水平上一个台阶。

④检查结束后，要对检查帮促小组进行考评。

⑤要通过案例宣传、HSE电视教学片，以及多媒体形式加强宣传工作，创造良好的安全生产氛围。

此外，要高度重视并抓好防洪防汛及交通安全工作。对上次检查中发现的107个问题要认真整改，要逐一对野外驻地检查一遍，至少储备10天以上的生活物资。

三、几点认识

(1)管理是企业永恒的主题，任何时候都不能变。基层管理是企业管理的基础，是企业发展的前提,绝对不能放松。

(2)管理与监督的关系。它们是对立统一的关系,管理是企业的内在因素,是促进企业发展的动力,是主观的、能动的,属于操作层的;监督是制约企业发展过程的违规行为,是起外在限制作用的,是被动的、客观的。监督不能代替管理,管理应该受到监督。

(3)HSE 管理与岗位责任制的关系。HSE 管理是以人为本的,内容丰富,健康第一;岗位责任制以人为管理的对象,面上相对较窄。HSE 管理是社会文明与进步的产物,对人的素质要求很高,但两者本质上都是一致的。

(4)要正确处理好安全与速度、质量、环保及效益的关系。

(5)管理幅度加大不是安全管理被削弱的原因,我们坚决反对基层机关化、干部官僚化和井队生产盲目化。

(6)要时刻树立安全责任重于泰山的思想,切切实实地落实各项安全制度、规程和措施,确保生产安全平稳运行。

(局办公室于 2002 年 6 月 30 日以长局办发[2002]第 24 号文印发)

张芝兰同志在长庆石油勘探局经营工作会议上的讲话

(2002 年 1 月 10 日)

同志们:

经过大家的共同努力,勘探局经营工作会议已圆满完成了既定的各项任务。

在这次会议上,刘自强副局长总结了 2001 年经营工作,对 2002 年面临的形势进行了客观、实事求是地分析,并对 2002 年全局经营管理工作进行了安排部署。规划计划处、财务资产处、人事劳资处、资本运营部的负责同志等作了专题发言,大会还利用近一天的时间进行了分组讨论。刚才,刘自强副局长又传达了孙局长关于这次会议的重要批示。邓火孝助理、张启英常委还先后作了重要讲话。

今天晚上,孙局长还要抽出时间作重要讲话。下面我再讲三个问题:

一、关于这次经营工作会议的几点体会

1. 这是今年开局之际召开的一次十分重要的会议

勘探局对这次会议非常重视,会议对于认真做好 2002 年经营工作非常重视。勘探局今年召开的第一个大型专业会议就是经营工作会议。孙局长还曾多次作过重要指示,就在会议期间,他对如何搞好下步经营工作还作了重要批示。为了开好本次会议,刘自强副局长多次召开经营口会议,就会议内容、会议筹备等工作进行了认真讨论和研究。这次会议,各单位主管经营工作的领导和财务、经营部门负责人都参加了会议,并利用整整两天时间研究全局经营工作,这在近年来都是少有的。

2.2002 年经营政策令人关注

孙局长曾多次要求,经营工作要充分体现"放水养鱼、激活基层"的指导思想。他昨天在对会议的批示中又指出:"成也市场,败也市场;活也在基层,死也在基层;快也在人,慢也在人"。经营是企业的中心工作,"中心"就需要"质重","质重"才有引力、向心力、带动力、推动力。"质重"的核心即经营管理人才是企业的"财神",应该是解放思想的行家,也是运作市场的专家,更是激活基层的"大家"。我们对这一重要指示要很好地加以理解。

为了认真贯彻孙局长的重要批示精神,我

们在认真调研论证的基础上，对过去的经营承包办法从五个方面进行了改进，充分体现了责任与贡献、利益与风险相一致，以及充分调动二级单位积极性的原则。这个办法和刘副局长的报告确实是本次会议讨论和关注的热点问题。代表们畅所欲言，各抒己见，总体上对《办法》和《报告》表示了认可与赞同，同时也提出了许多富有建设性的意见和建议，也确实给我们开拓了思路。

3. 更加坚定了大家搞好2002年经营工作的信心

2002年，虽然我们面临困难很多，全局经营压力很大，但通过近两年的锻炼和考验，大家已有了适应市场的经验和策略，有了在新形势下搞好经营工作的办法和措施，尤其是会议期间讨论的2002年经营政策，更是增强了大家的决心和信心。只要人的问题解决好了，积极性充分调动起来了，我们就有创造人间奇迹的必胜信念。我相信，只要大家统一思想，增强信心，天大的困难也一定会克服，我们的明天会更美好！对2002年的经营形势，刘副局长在报告中分析得非常透彻，我们应该有足够的信心去做好各项工作。

二、对大家讨论中提出问题的几点说明

本次会议分三个组，用近一天的时间进行了讨论。大家所反映的问题、意见和建议共40多条。归纳起来，主要有以下几个方面：

第一个问题，大家担心根据这个办法确定的指标能否完成？特别是费用承包单位。我想，确定指标很重要，但大家不必担心。

一是今年制订的办法与往年实行的办法相比，在形式上虽然发生了变化，但在内涵上变化不是特别大。因为在2001年下达预算指标时，均未考虑效益工资和误餐费，明确规定为自行消化。从年终决算情况看，除个别单位外，绝大部分单位都“装”进去了，都未超出预算指标。今年的运行中，我们就不能再这样做，而要把形成的超利润及节约额上缴勘探局，由局里下达新增工资指标并拨付资金。这样就能防止先发钱后算账的做法，可以比较直观地反映效益工资与实际效益之间的关系。

二是我们希望大家经过努力能把误餐费、效益工资挣回去。勘探局要在确保“大盘子”的前提下，认真细致地测算各单位的经营指标，使之经过努力能够完成；平时运作过程中多做调查研究，做到心中有数，发现问题及时研究和调整。

各二级单位一定要实行精细管理，大力控降成本，努力增加收入，特别是在今年关联交易工作量饱满的情况下，一定要抓住机遇，确保预算指标如期完成。今年的经营承包办法是对局处两级管理水平的考验，只要上下一心，共同努力，就一定能做好各项工作。

第二个问题是“捆绑”经营单位的经营承包模式问题。

昨天我参加了第二组的讨论，深受启发。大家提出，在实行三种模式的基础上，可另搞一种模式，经过讨论认为有道理。按照集团公司对勘探局的有关政策，可以将五个“捆绑”单位列为费用化补贴单位。实际上五个“捆绑”单位像勘探局一样同属亏损单位。大部分单位的预算盈利额小于“三项费用”补贴，内部利润考核指标为零，差额部分实行“三项费用”补贴，否则就是亏损单位。

第三个问题是大家关心局机关有关部门对所控专项资金的使用效果。问题提得很好，我们会后认真研究。随着市场经济的进一步发育，我们相信局属各单位一定会自觉安排好各项开支，不必过多地分散资金。

第四个问题是购置新设备要和生产实际需要相结合。这个问题提得好，我们会后认真落实，并对存在问题予以坚决纠正。

第五个问题是大家担心费用单位未下达管理指标。这不必担心，本次讨论的考核办法只是一个总办法，对各单位的具体责任考核指标还要结合实际，分类确定，管理指标均含在其中。

第六个问题大家反映预算盘子不好把握。这是个非常现实的问题，我和大家有同感。重组改制后，影响预算盘子的不确定因素太多。今年我们要以争取提早签订分协议和施工合同，但这个问题将长期存在，也是市场经济的必然规律，惟一的办法是转变观念，适应市场，实行动态管理，及时调整预算。

第七个问题是大家反映勘探局出台政策前面都加有“经局批准”，感到不过瘾。

一个精明的企业家应当虚心和自觉接受监督和审计。对于自有资金的使用，我相信绝大多数单位领导都是自觉的，这是宏观管理和微观控制的问题。各单位虽然觉得应该这样办，但不符合国家、集团公司和勘探局的政策规定，经过勘探局批准是很有必要的。今后机关部门要强化服务意识，简化审批程序，努力提高办事效率。

三、对贯彻落实会议精神的几点要求

一是要认真学习，吃透精神。

首先要认真学习孙局长对开好会议的重要批示精神，这是指导今后各项工作的“纲”，我们一定要认认真真、扎扎实实地学习，深度思考，领会实质，并且贯彻落实到实际工作当中。

其次是要认真学习2002年经营工作部署。对勘探局今年的经营承包办法，还要继续深入讨论。主要看与往年对照有什么相同和不同之处，是否充分体现了孙局长所讲的“放水养鱼，激活基层”的指导思想。

通过学习，要进一步认清形势，统一思想，树立信心，理清思路。

二是要根据会议精神，提早着手，尽快研究本单位2002年经营工作部署。实行模拟资产经营和内部利润考核的单位，要制订出创收和节支的具体措施；实行定额费用包干的单位，从现在开始就要采取切实有效的费用控制措施，要做好长期的思想准备，实施合理的低成本战略，绝不能在2001年决算一结束就“刀枪入库、马放南山”。

三是要高度重视市场开发工作，尤其是关联交易市场，这是我们生存和发展的基石。如果关联交易出了问题，就会造成大局不稳。重组改制后两年来，如果没有油田公司的大力支持，没有发挥好整体优势，搞好全局经营工作也就成了一句空话。所以，我们要从当前生存和长远发展出发，把油田公司的大事当成自己的大事对待，把油田公司的难事当成自己的难事对待，真正建立起相互理解、同甘共苦、荣辱与共、双赢互利的战略伙伴关系，只有这样，我们的各项工作才会主动，我们的生存根基才会牢靠。

（局办公室于2002年1月25日以长局办发[2002]第6号文印发）

杨再生同志在钻井工程总公司2002年度钻井技术座谈会上的讲话

（2002年2月12日）

同志们：

我们这次技术座谈会，是长庆钻井整合重组后又一次专业性的技术盛会，也是我们在座的每一位技术人员展示风采的一个盛会。会期虽短,但内容丰富、意义重大,必将对提升我公司发展的核心竞争力产生积极的影响。首先让我们以热烈的掌声,向百忙之中来这里参加会议的赵总、陈老局长、雷老局长、贾副总,还有局机关有关部门的处(室)长、油田公司的刘建民副处长,以及工程研究院的各位领导、专家,表示衷心的感谢!

两天来,大家回顾了过去一年的工程、固井、钻井液和钻具管理等技术工作,听取了西安石油学院付鑫生教授《井下闭环钻井》等新技术介绍,并针对钻井生产中出现的一些技术难点、难题分组进行了讨论,总结交流了一些新的技术成果和管理成果,会议自始至终洋溢着技术创新、管理创新的浓厚气氛。刚才我们表彰了52名优秀技术人才,评选了80多篇优秀论文。会议开得比较成功,达到了预期的目的。

下面,按照会议议程安排,我主要讲五个方面的问题:

一、关于这次会议评估

我认为这个会议有六个特点:

特点一:体现了一个实用的特色。这次会议受到了局主要领导和主管领导及有关部门的高度重视,使我们更深刻的认识到钻井技术在钻井企业重要核心竞争力中的分量,孙局长、杨副局长、赵总、贾副总都亲自过问会议安排情况,并在百忙中抽时间来参加这次会议,赵总还作了非常重要的指示。这次会议采用了报告厅式的形式,空话和套话少了,实际的多了,可操作性的东西多了,所以说突出了一个“实”字。

特点二:体现了承前启后、“传帮带”的特色。主要体现在三个方面:

一是我局从事钻井生产管理的老领导雷局长、陈局长,根据自身多年的丰富经验和我们这次会议上提到的一些技术问题,在关键的技术和管理上提出了非常好的意见,这是我们难能可贵的一种财富,必将在我们今后的钻井生产经营和技术发展中起到非常重要的作用。

二是与会的很多技术人员从不同的专业和层次,分析讲解了目前存在的技术问题和一些具体好的做法、成熟的技术等等,并针对现在存在的问题,提出了下一步应该怎么办、怎么防,体现了“以防为主”的指导思想。

三是西安石油学院付鑫生教授介绍了钻井技术的三大新动向:一个是近钻头测试方式,另一个是导向钻井技术,再一个井下闭环钻井技术。这“三大技术”目前是钻井技术发展的大趋势,必然会对钻井技术的发展产生革命性的影响,对我们的技术人员将会起到抛砖引玉、开拓思维的作用。

特点三:体现了沟通信息、相互交流学习。主要体现在四个方面:

一是从专业角度讲,各个专业都总结了2002年的技术特色,供内部同行学习、交流。

二是从横向上讲,各专业通过大会和分三个组讨论相互得到了交流。

三是油田公司代表李建民副处长也提供了天然气开发的新动向,这是一条非常重要的信息。特别是在市场经济条件下,作为一个甲方代表,为我们战略性的占领市场提供了难能可贵的信息,真正体现了我们之间的感情和友谊。

四是工程研究院的专家也作了详细的技术介绍,达到了相互交流、学习的目的。

特点四:体现了市场性和新颖性。主要体现在两个方面:

一是凡是在会议上交流的技术报告,都是通过技术分析得来的,同时也分析了技术本身的经济价值,这在以往的技术报告里是没有的,22篇论文中有一些分析得非常好,说明我们的市场概念已经建立起来了。

二是技术报告也有它的保密性,这在市场经济下我认为也是正常的。但从另一个角度讲,会议有不足的地方,也是在座的技术人员感到不过瘾的地方。大家都看到的是结果,或者是定性的东西,到底是什么起的作用呢?所有的材料都没有提到,使我们这个会议真正要交流核心技术的目的没有达到,下来后要利用分片技术会议进行弥补。但是,真正要把核心的东西在这个地方讲,这就涉及到我们的保密工作。因为我们已经吃了这个苦头,外部队伍刚来的时候,在陇东3个月才打一口1400米的井,可现在20天、10几天就打一口井。原因是我们的技术出现流失。

会议交流的报告有些也很新颖,最大新颖性就是直截了当,充分利用了现代工具。以前,发言人一上来就是照本宣读,大篇文章读的人很费劲、听的人也不耐烦,一讲就是个半个小时,讲完了谁也不知道讲了些什么。这次用多媒体这就是一个明显的进步。我公司目前正在搞信息平台建设,下一步还要在机关实行自动化办公,在钻井队实行信息无线传输、有线接入,利用电子技术、网络技术来提高我们的管理水平。

特点五:体现了讨论技术的平等性。技术讨论就是学术讨论,不论是你的职位的高低,应该都是平等的,只有这样才能放开地讲,才能发现一些问题。这次会议至少是有了这个起步,没有哪一个领导在会议上发布指示,都在虚心地听大家讲,都在认真地思考问题。只有这种平等的讨论方式,才能真正发现我们的人才。当然也有些人没有发言,我分析无非有五种情况:

一是腹中有货而无时间发表。这是会议安排的问题,责任在领导。

二是腹中有货胆怯不敢讲。这是锻炼的不够,失去了一次表现自我价值的机会。

三是腹中有货语言表达不行。这是讲演能力问题,一个优秀的技术人员或管理人员不会讲也不行。不会讲,你的技术措施就传达贯彻不下去,更谈不上落实。我们有些技术人员,干起活来是一套一套的,在开钻前进行技术交流时越讲越黏糊,这个需要锻炼。

四是腹中有货但不善于思考。这是个最大的问题,凡事没有准备、随大流,这是绝对不行的,是没有事业心表现。

五是腹中无货无话可讲。混混将来要被淘汰。

特点六:确定了今后技术的难点和主攻方向。这是我们经过对现场第一手资料的分析而确定的,具有可操作性。

二、关于2002年技术工作亮点

听了22个专题报告,可归纳为12个技术亮点:

亮点一:复合钻井技术。复合钻井技术包含两个部分:一部分是PDC钻头+复合钻井技术,在区域应用上基本成熟,更进一步的就是优选区域、优选地层的问题;另一部分是纯粹的复合钻井技术,在天然气钻井方面取得了突破。像PDC钻头+复合钻井技术,据31口井的资料显示,有5个队机械钻速平均上升了2.23米/时(与普通钻具相比较);复合钻井技术在天然气井的应用,对应地层机械钻速提高了3—4米/时,这是非常了不得的成果。我们早在推广高压喷射钻井时,机械钻速提高1米/时就很不错了,而且泵压都分了1.2.3个台阶,费了很大的劲。

亮点二:多波形天然气水平井钻井技术。这是我们钻井行业的新的技术亮点。

亮点三:欠平衡(负压)钻井技术。特别是在天然气井上取得了成功,这是我们长庆钻井行业技术亮点。

亮点四:以青海防斜打直为主的综合钻井技术。青海钻井防斜打直问题制约了整个青海油田钻井速度的提高,他们只要一加压就井斜,有的井斜就超过了20度,可是我们上去采取该项技术后,取得了非常好的效果。由于我们去的晚,打了个第二名,在青海赢得了一片市场,打出了长庆的品牌。

亮点五:乌兹别克斯坦易漏易喷的综合钻井技术。特别是低压低渗膏盐层的综合钻井技术,在乌兹别克打响了第一炮。这个综合技术里面包含了14项技术。

亮点六:无固相强抑制的钻井液技术日趋

完善。这种技术可以对付不同的地层、不同的区域,应该是一个成套的技术。

亮点七:防塌防漏钻井液技术。特别是在陇东的西峰地区,防塌防漏取得了新的突破,还有南部气井也取得了新的认识。

亮点八:乌兹别克的水包油钻井技术。我认为也是个亮点,要说特色技术也行。

亮点九:低密度水泥浆体系固井技术。这个技术在天然气井,还有我们的油井,以及乌兹别克易漏区块都取得了成功。

亮点十:低水油气藏固定技术更加完善。原来,我们费了很大的劲,采用各种途径都解决不了的问题,现在看来有很大的进步,起码说甲方是满意的。只要甲方满意我认为就成熟,甲方满意就是检验的标准。

亮点十一:适应多压力层系的固井技术。

亮点十二:特殊螺纹加工技术。

从以上12个技术亮点来看,2002年也可以说是我们钻井技术取得辉煌成绩的一年。在此,我代表公司党委、总公司,向在技术工作中做出突出贡献的精英们和在座的各位技术人员,表示最诚挚的感谢!

三、关于2003年技术工作主攻方向

关于2003年的技术工作,赵总已讲了一些非常好的意见,岳砚华也作了详细地安排,我也不再重复。但从另一个角度讲,我们的技术攻关方向要紧紧围绕以下五个重点来展开:

一是天然气的开发。我们要以天然气开发这个大市场形成一套综合钻井技术,特别是苏里格庙经济可行性开发论证阶段的配套技术。因为苏里格庙不仅仅是明年开发的经济性问题,而且是甲乙双方长期生存的战略性问题,我们一定要认识到这个问题的重要性,必须从工艺技术上主动进行突破,要和油田公司一起做这个方面的工作。不管是6000亿也好、5000亿也好,我们真的能从技术上取得突破的话,我们长庆钻井至少二三年、三四年还有市场。如果苏里格庙突破不了,我们明年干完后到哪里去?这是我们的生存饭碗问题,技术上必须主动进攻。综合性技术不是单纯的钻井工艺,这里面有钻井工艺技术、泥浆工艺技术、固井工艺技术、钻具管理技术、设备管理技术,还有一个环保技术问题。我们搞技术的不要以为钻井的搞钻井、固井的搞固井,如果环保跟不上,把环保技术解决不好,那就干不成,挣上10来万花掉20万、倒扣10万,还让你停几天,现在已经有很多麻烦,这是一个重点,要进行认真研究。

二是西峰油田的开发。陈局长和雷局长两位老领导也讲了,我们必须紧紧围绕西峰油田开发形成一套经济有效的特色配套技术。西峰油田的地下情况是非常复杂的,如果我们在技术上出了问题,开发过程中突然停下来,我们的油井队走向何方呢?鄂尔多斯的长庆油田市场是我们依赖生存的市场,目前看到的一个是气田市场,再一个就是西峰油田,我们至少这两年在这两个地方不能出现问题,作为搞技术的必须从市场上、从战略性上考虑问题,要形成我们的特色技术。

三是老油田的挖潜。围绕老油田的挖潜,我们要开发一套钻井方面的综合技术。股份公司总裁陈耕最近来油田讲了一个“31599工程”,关键是后面的两个9,表示到2005年原油产量达到900万吨,天然气产量达到90亿立方米。实现这个目标,一个方面要靠增加新的储量,另一方面老区稳产是重点。老区递减不能靠新油田弥补,如何在老油田提高采收率,钻井是关键,我们的技术必须跟上去,必须主动进行研究,我们琢磨透了就能占领这个市场,这是我们要紧紧围绕的一个中心。

四是围绕增储、增产发展综合特色技术。长庆目前原油产量是600万吨,要达到900万吨还需净增300万吨,而这300万吨是没有考虑递减因素的,按1.1%的采油速度得要更多的储量。油田公司下一步要把这个作为主攻方向,不然就要增加探井工作量,在新区域打探井必然会遇到新的问题,对此我们就得主动研究,特别是在充满竞争的今天,我们不能因为我们的技术不过关而把别人的路给挡住,那是最笨人的做法。要占住市场,我们就得主动出击,就要从技术上做好准备。

五是乌兹别克易漏喷地区的配套技术。就是以乌兹别克这个大市场为中心,搞综合性的配套技术。最近乌兹别克钻井公司有2口井的技术服务我们已谈下来了,下一步就要谈合同,一口井大概就是250万美元,如果加上套管就相当于每口井290万美元,这个甲方已经认可,就剩下和中技开谈合同的问题了。另外还有一个项目我们也要搞,2月10日我们研究了多种经营如何走向国际市场的问题,我们的技术服务要和市场经济结合起来,从某种程度上讲既是市场开发的载体,同时又是市场开发的实施,这就叫做“承揽一个项目,拓展一片市场,带出一批产品”,这是我们海外市场的经营宗旨。按照马富才总经理讲的叫做“三外一体”,即:外事、外贸、外经一体化。我们最近准备在一些区域的管理上,试行条块化的一体式管理模式,具体的模式我在油井小组讨论时讲过这个问题。昨晚我们把会开到12点,领导班子再次讨论了这个问题,我认为主攻方向还应紧紧围绕这个方向。青海这块的技术已经成熟,现在的任务就是搞好应用。

通过这些重点工作,要体现甲乙双方同心协力共谋发展的目的和钻井总公司“为客户创造价值就是发展自己”的价值观,这里面也包含了可持续发展的战略与战术问题,因为时间关系我就不展开讲了。

四、技术工作者要把握好八个关系

八个关系里面既包含了做人的关系,又包含了方法关系,同时也包含了事业心的关系。在讲八个关系之前,我先讲一讲两个与此有关的问题:

第一,提纲式地说一下我在总公司民主生活会上要求领导班子在2003年工作上要把握好五个关系:一是市场开拓与企业可持续发展的关系。作为领导层,干任何事情都不能急功近利,要有长远的目标,哪一届领导不这么做就是对不起职工,我们领导班子必须把握好这个关系。二是生产经营中质量与安全的关系。今年生产启动的原则是“平稳起步、规范运行、超前组织、讲求实效”,不再说“逐渐加速”,这几年我们吃亏都是吃在“逐步加速”阶段。现在,我们的经济政策足以调动钻井队,积极性没有必要催它,作为管理者就是要稳住,就是监督,把措施督促落实到位。三是改革改制中提高企业经济实力和职工生活水平的关系。以前叫提高企业的竞争实力,现在我们把职工生活水平也加上去,对此我在工作报告中已经进行了明确论述。四是改革开放与廉政建设的关系。这是领导班子成员需要把握的重要问题。五是主业发展与带动多元发展的关系。

第二,讲一讲钻井行业的地位。钻井在石油矿产行业中仍是“龙头”。对此,在一段时间曾经反复过几次,钻井开始是“龙头”,后来排到“龙尾”,但两家重组后逐渐发现钻井还是“龙头”。曾有人还提出地震就可以把什么都能定,甚至说“一个搞地质勘探的专家可以顶50个钻井队”。实践证明并非如此,主要有三点理由:一是钻井的不可替代性决定了它的“龙头”地位。到目前为止,世界上最大的壳牌公司也好,多么发达的技术公司也好,没有哪一家说不经过打井可以把油采出来?不经过打井可以认识地层?不经过打井可以把产、储的关系搞清楚?不经过打井就能把油气藏的储量搞明白?不经过打井就能把地层的剖面搞清楚?即使正式开发也没有哪一项技术说不经过打井就能把油从地下弄出来。所以,钻井在石油行业是不可替代的,这个不可替代性就决定了钻井的地位。二是钻井技术自身的发展确定了它的“龙头”地位。比如水平井,目前可以说是指到哪里就能打到哪里,说怎么打就能怎么打,苏平2井水平段不就是形成了多波形轨迹吗?当然还有一些技术的空间非常大,钻井技术的自身发展确定了钻井的地位。三是钻井延伸技术的空前发展加固了它的“龙头”地位。什么叫钻井延伸技术的空前发展？简单地讲：一个就是近钻头的测试技术的发展，目前完全可以通过钻井工具近钻头测试来替代完井测井。另一个就是水平井的不断发展，可以解决压裂行业解决不了的问题，如：注水开发区的死油区直接靠压裂人工造缝的方向是根本无法控制的，但水平井可以按设计的方位贯穿剩余油田，达到老油田挖潜的目的；底水油气藏压裂无法靠压裂来增产，但水平井就可以解决这个问题。

从上述三个角度讲，钻井这个“龙头”地位仍然是确定的、也是必然的。实践证明，上天难下地更难，说明我们钻井技术走到现在不是那么简单的，单凭经验干是不行的，经验性东西逐渐在减少，而高新含量在逐渐增加。就拿钻机来讲，电动钻机一般知识的人是操作不了的，况且不要说看不见、摸不着的复杂地下。今天讲这个的目的，就是要让咱们这些搞钻井的技术人员，要对钻井行业有个清楚的认识，要明白自己所从事的事业是光荣而伟大的，技术含量是非常高的，不是别人认为的那种“傻大粗”职业。我认为我们不亚于搞航天飞机的人，自己要树立信心。

有这两个前提，我现在讲一下技术人员在市场经济条件下如何把握好八个关系：

1. 把握好职业和事业的关系

职业和事业之间是有内在联系的，是密不可分的。职业是市场经济下契约式运行过程的产物。作为职业，职、责、权是非常明确的，合同上规定什么就是什么。作为职业来经营的话，必须在合同规定的职权范围内干，多干就有问题。但事业就不一样，事业里面有奉献。作为钻井技术人员，不管从哪个角度讲，在企业内部干事业的分量要大一些。长庆钻井整合重组后，如果我们大家把长庆钻井不当作一个事业而当作一个职业来干的话，我公司就会发展不到今天。我们的技术人员也好，管理人员也好，操作人员也好，都在没完没了地干，这里就体现了一个事业性问题。当事业来干，这个行业才能做大。对你本人来讲，最好的工作时机在钻井队，在基层可以锤炼你的工作作风、扎实的知识基础、做人的根基，还可以锤炼你宽大的胸怀、豪爽的性格，有这个性格你就能与人相处。有事业心的人才能干好自己的行业，干好自己的事业，干好自己的职业。对外提供服务的时候，我们必须要按照职业来干，因为在对外提供服务的规范是非常清楚的，多干了会出现一些麻烦，多干了得不到价值的认可，搞不好还可能会引起一些纠纷。国际惯例就是这样。为什么讲这个问题，因为我们在座的技术人员，是在不同时期从大学门里出来的，不同时期接触的思想都不一样，思维方式也有一定的差距，那么我担心大家在内部一味地讲求职业，把自己框在一个限定的范围，多一点都不愿意干，那就害了你自己。所以，这个关系一定要把握好。

2. 把握好个人价值体现与整体价值观体现的关系

作为一个大学生，虽然接受了系统的培训，也具有扎实的技术基础，但在现场搞钻井还是个新手。钻井是一个技术综合性、实用性非常强的行业，你如果一到钻井队就摆起大学生的架子，那你什么都干不成。大学只是个抛砖引玉，教给你的只是一个思维的方法，并没有教给你一种技能。如果抱着这种态度不放，是永远没有价值，也体现不了价值。我们一定要把握好这个关系，对自己绝对有好处。这个关系要对大家讲清楚，因为去年来了一批大学生，今年还要来一批大学生，我担心的就是这个问题，当然大部分是好的，只是让大家借鉴一下。

3. 把握好服务质量与市场份额的关系

技术人员在井场上不要老是谈技术，甲方来了按合同要求给他们应该介绍什么、应该提供什么，心中都要有数。这就是服务质量。如果他们该了解的东西我们提供不上，尽管现在和油田公司还可以，到外面去那是绝对不行的，服务质量上不去就争不到市场,甚至到手的市场就有可能会失掉。每一个员工都要牢固树立优质服务的思想观念,都要把握好这个关系。

4. 把握好个人利益与企业利益的关系

这个主要说的是服务的规范性,陈老局长也讲了,我们的技术人员要特别注意职业道德问题、职业规范问题,不要因为有人给你1000元或者两条烟你就给人家提供服务,这是绝对不能干的事。你虽然提供了一口井的服务,结果这一片市场就让人家给占了,我们将来再进去时就会非常麻烦,甚至会付出更大的代价,企业的整体利益就会受到损失。如果企业这个大锅里没有"饭",你的碗里还能得到几勺?我讲八个关系时为什么要提职业道德问题、做人问题,还有技术思路的问题?道理很简单,个人利益和企业利益是拴在一起的。不管怎么讲,作为技术工作者必须把握好这个关系,有企业才有显示个人价值的场合,如果失去了这个企业你走到哪里都不行,鉴定书会把你的问题记录在案。所以,这个关系我们一定要把握好。

5. 把握好效益与质量的关系

我公司井队实行全额承包后诱惑力非常大,只要有一个利益的驱动,必然就会出现偷工减料的问题。质量上不去,不但会影响我们企业的形象,也会影响你那个钻井队的形象。你的信誉不好市场就不会选你。所以,在工作中绝对不能偷工减料,不该减的地方绝对不能减。从施工质量角度讲,涉及质量方面的东西在设计的时候就已经设计进去了,设计进去的都不能减,程序也不能逾越。否则,就有可能造成机毁人亡的恶果。作为技术人员都要把握好这个关系,绝对不能因为一点小利益而忽视了质量这件大事。

6. 把握好市场开发价值和技术水平的关系

我们的技术要和市场价格接轨,一分价格一分货,不搞剩余技术,也没这个必要搞剩余技术。面对市场,我们适当搞一些技术储备是可以的,但必须慎重,不能冒险行事,成功了皆大欢喜,如果不成功这个损失谁来补?我们要好好研究这个事情,该做到什么地方就做到什么地方,将来我们的技术要体现它的市场价值。现在,市场是初级阶段,发展也是初级阶段,所以大家有些不规范,把技术的真正价值没有显示出来。在这个问题上,技术人员和管理人员一定都要脑子清楚,不要为了拿个证书不计效益地盲干。在市场经济条件下我们要的是效益,不要亏损的技术员,更不要亏损的井队长,如果我们还没有树立起这个观念那是不行的。

7. 把握好繁重工作与不断学习的关系

现在我们钻井队尤其是油井队的钻井技术员,虽然生产节奏特别快,时间很紧张,但是一定要不断地学习,要不断地武装自己。目前,钻井技术发展很快,只有不断地学习,才有不断创新的思想,才有不断创新的技能。如果不去学习,老是凭经验办事,要创新就根本不可能的。学习,不仅要学习技术,还要学习管理。刚才赵总也讲了,一个优秀的钻井技术人员,既要以某一项技术的特长为重点,又要了解地质技术、泥浆技术、打捞技术、固井技术、机械技术,还有组织能力。没有很好的组织能力,想得再好也无法实施。现在,我们很多的技术员大学毕业时理论基础很扎实,英语水平也不错,干了两三年后想提到有关部门搞国际市场开发,可是一考英语不及格、理论也忘了,难以派上用场,实在太可惜。所以,希望大家在干好本职工作的同时,对学习要抓紧,不能放松。

8. 把握好个人价值与务实工作的关系

我们的大部分技术工作者在过去的工作中,确确实实取得了辉煌的业绩,也确确实实表现出了非常高的技能和水平。但是往往在有些方面却把握不住,一有点成果就不知道天高地厚,认为谁都不是自己的对手,好的意见听不进去,工作也安排不下去。这是一种轻浮的表现。我要告诫大家的是,在成绩面前必须谦虚谨慎、戒骄戒躁,只有不断的谦虚才能不断的进步。

毛主席说过“虚心使人进步，骄傲使人落后”，这个含义非常广泛。

五、关于技术政策及改革

一是我们实施的技术学术带头人激励政策，要坚持不断地执行下去。我们对技术学术带头人，每月至少要增加400元的收入，这个收入是固定的，就是一种奖励。

二是要实行技术职称评聘分开。去年我们在技术公司已经搞了试点，有9人高聘、4人低聘。今后，我们在技术职务聘任上要以实际水平为依据，你有水平没有资格就可以聘，你有资格但水平达不到就不能聘。这是制度上的一大改革，我们要逐步推开。

三是技术人员也要实行岗位管理。我公司作为CNPC三项制度改革的试点单位之一，整体方案基本通过了CNPC的审查。在技术这一板块，总公司设有首席工程师、主任工程师、副主任工程师、主管工程师、责任工程师、执行工程师，这几个工程师的具体任职条件是不一样的，当然薪水标准也就不一样。工资管理是动态的，你在哪个岗位拿哪个岗位的工资，首席工程师的岗位津贴是在总经理的线下、副总经理的线上，依此类推。这是我公司2003年要办的“四件大事”中的一件大事。

四是要坚持每年评选一次优秀技术人才制度，并给予重奖。

五是利用新型的投资方式，逐步将技术公司改造成为总公司控股的法人公司。今年我们要先模拟试行，采用多种投资形式来进行组织实施。

同志们，新春新气象，新年新历程。今年生产即将启动，面对艰巨的任务和壮丽的前景，蓄势待发的长庆钻井人又一次站到了新的起跑线上。只要我们大力开发市场、开拓创新、不断发奋进取，长庆钻井就一定能够跟进技术发展的大势，就一定能够在“三个市场”中立于不败之地，在“二次创业”中再造出新的辉煌！

最后，我借此机会，并代表公司党委、总公司向大家拜个晚年，衷心祝愿大家在新的一年里万事如意、心想事成！

2003 年

孙玉辰同志在长庆石油勘探局国际市场开发暨境外项目管理工作会议上的讲话

（2003 年 1 月 21 日）

同志们：

今天，我们召开国际市场开发暨境外项目工作会来总结部署我们的国际市场开发工作，这非常好。我想利用这个机会，一方面分析一下当前的形势，另一方面好好研究一下我们下一步的工作。

一、当前的形势

“利用两种资源、开拓两个市场，实施‘走出去’战略”是上个世纪末党中央和 CNPC 提出来的。利用国际资源、开发国际市场不仅是一项具体工作，而且是我局“二次创业”的重大战略部署。

由于我局近十来年油田内部工作量比较饱和，到 1999 年重组时，所有国内油田单位中，惟有长庆和滇黔贵油田在国际市场中没有一席之地。

重组之后，我们非常认真地思考了这个问题，觉得这样下去非常危险：

一是虽然今后三五年中内部市场还会比较饱满，但是大市场、低效益的问题已经形成事实。关联交易是以 1998 年的价格为基础的，但 1998 年的工程技术服务价格又是历史上最低点。这是由于前十年我们是“勒紧裤腰带”找储量、拿产量的，在当时情况下这么做是对的。我们上下节衣缩食买大件，施工作业单位“零”利润运行。所以，这几年我们的工作量每年增加，甚至翻番，但收入并没有增加多少，这与我们的估计是基本吻合的。去年我们的钻井工作量占到了 CNPC 的 16%，而我们的收入只占存续部分的 5%，这是非常不合理、不公平的，但是已经既成历史。这就把我们推到非常极端的、非常危险的境地。

二是市场观念相对滞后。这要通过与国际接轨来促进观念的转变。在市场化运作过程中如果市场观念滞后，可以说是非常危险的。人们对此问题的认识也需要一个过程。三年前，我们分析勘探局重组形势的时候，提出“一明一暗”的矛盾是阻碍我局发展的两大基本矛盾，所谓“明”的就是结构不合理，“暗”的就是市场观念滞后。

正是基于这些特殊情况和实现我们“二次创业”目标的分析，在任务比较饱和的情况下，才下决心极力“走出去”。经过这三年实践，我们来很好地回顾一下我局国际市场开发工作，有四件事：

第一件事是和国外公司合作搞了一些项目。一是厄瓜多尔 AP 综合项目；二是乌国的钻井项目；三是尼日利亚钻机租赁项目；四是在国内与壳牌公司合作的两口水平井项目；五是井下和其他国际公司为壳牌承担试气作业项目；六是器材处的民用品国际贸易项目。另外还有采油三处的电厂安装项目。这些项目的运作目前基本达到了预期的目的。

第二件事是培训了一批人。这也是我们实施走出去战略开始阶段既定的目标之一。从与壳牌合作到厄瓜多尔 AP 项目，我们始终坚持要到市场实践中去培养人。我们只要有一批会赚钱、能赚钱的人，我们就不会穷。

第三件事是探索出了一些境外项目管理经验，也包括一些非常宝贵的教训。经验和教训都是财富。

第四件事是以井筒作业技术服务带动了其他相关服务，包括民品贸易。

这四件事在整体运作上基本正常，基本如愿。万事起头难，能够如此就非常不容易，局党委、勘探局衷心祝贺和感谢所有境外项目的市场开发人员、管理人员、操作人员，并借此机会向同志们拜个早年，希望大家在今后的工作中能取得更好的成绩。

二、下一步的任务

一是坚定不移地实施“走出去”战略；

二是认真总结经验，加强境外项目管理；

三是坚持在实践中培养人才；

四是大力开拓国际市场。

1. 坚定不移地实施“走出去”战略

在刚刚结束的集团公司2003年工作会议非常突出的一个内容就是实施“走出去”战略。

大庆每年产量递减，长庆每年净增七八十万吨也填不了这个窟窿。东部油田保持略有递增，但没有太多增长。集团公司2003年的原油生产计划比2002年只增长几十万吨，要在国内搞到一个1000万吨的油田谈何容易，几年内是搞不成的，而海外权益油已经增长到1000万吨。下一步的计划是十年左右国外这块要搞到4000万吨。我们国家已经从出口国变成了进口国，到2005年可能要上亿吨，到2010年我国原油的一半都要进口。

集团公司会上，有两个公司给我们放多媒体，一个是国际工程公司介绍这几年的发展，另一个是负责国际勘探开发的公司介绍这几年的国际市场形势、走向以及下一步的目标。那个会议让人感觉到战略明确，任务迫切，决策正确，真正地看到了国际发展的趋势，看到了一种新生力量，一种新的队伍，一股含苞待放的活力。将来国内也要走这一步。

集团公司确立的目标是要建立一个具有市场竞争力的跨国公司集团，计划是用十年左右的时间使CNPC的总资产达到1000亿美元，CNPC的总收入要达到800—1000亿美元，其中国外这一块要达到十分之一，也就是80—100亿美元。在那个时候，存续这一块才能达到相当于目前国际上大的石油技术服务公司的实力，才能和国外大的石油公司平起平坐。

不管是国内形势还是国际形势都要求走出去。集团公司近五年海外投资达242亿美元，累计原油作业量6022万吨，天然气作业量50亿立方米。累计取得权益油3068万吨，权益气27亿立方米。目前在30多个国家的作业队伍170多个，人员达3800多人。去年CNPC在国外探明储量1.2亿吨，原油作业量2129万吨，比2001年增长506万吨，权益油达到1014万吨。签订海外技术服务工程承包合同13.7亿美元，完成工作量10.7亿美元。仅去年一年，109个工程技术服务作业队完成合同额8.23亿美元，海外项目收入23亿美元，比上年增长69%，利润1.93亿美元，比上年增长42%，出国人员达4800人。

物探局去年在外地震队达到26个，仅去年一年就增加了9个，签订合同2.7亿美元，完成合同工作量1.7亿美元，全局40%的收入来自于国外，要养60%—70%的人。

管道局和我们一样是国内的活干不完，但去年签订海外合同2亿美元。

与之相比，我们去年完成合同工作量2948万美元，出国95人，靠现有的市场要实现“奔小康”肯定达不到。长庆现在做的这方面的工作和我们将来的发展相比是微不足道的，我们没有志气能行吗？不立这个志向能行吗？如果只为出去混个饭吃能行吗？因此，咱们要认认真真地解决一下志气的问题，要立足于培养我们自己的人。但是有一点，我们毕竟走出去了一步，从无到有，这是一个质的飞跃，从小到大，又是一个飞跃。我们现在和集团公司差了一大步，集团公司已经到了收获期，我们现在还是投入期，而且是投入期的开头。

走出去海阔天空。长庆人不应该胸无大志。所以，我们下一步要坚定不移的实施“走出去”战略，要将之作为实施“二次创业”的一项重要战略部署来理解、来贯彻，也要将之作为让职工致富的一条路子去闯。

2. 认真总结经验，加强境外项目管理

大家在总结报告中实事求是地分析了一些教训，这非常好。但是不管是对经验的总结还是教训的分析都是初步的。我们在十二字理念中提出“自信”，就是要战胜自己，超越自我。今天我再提出几个问题供大家认真思考：

一是市场调研必须加强。

我们过去在国际市场上没有一席之地，更没有这方面的经验和人才。今后，我们要加强国际市场开发过程中的市场调研工作，这样我们才能实现更好的盈利水平。

二是境外项目运行要充分利用当地资源。

联合国贸易发展委员会用 TNI 指数来评价一个企业的国际化经营水平，即该企业的海外资产、海外销售额、海外雇员数占总体数的百分比的平均数。国际上排名前一百名的大公司该指数一般达到 60%—70%，较低的如雪佛龙、德士古等占 30%，CNPC 即使取得了长足发展，该指数也非常的低。CPEB 与之相比更低。

在国外要赚钱就要想方设法利用国际资源、人才赚钱，要靠照搬国内的一套去赚钱几乎不可能。实事求是地分析，靠我们的技术含量去赚钱目前没有优势，靠设备去赚钱要很好地运作才行。我们只有靠管理来赚钱，要将国内“三位一体”的动态成本控制体系在海外项目的预算管理和成本控制中应用到位。我们在人和物的管理上不能还是国内的一套，出去的人要精，待遇要高，要让他们提前达到小康。在国际舞台上就应该大大地挣钞票。按照旧机制是不行的。我们的思想要彻底摆脱原来的管理模式，不仅要和国际接轨，也要结合实际，一般的机械的、教条的接轨是没有任何意义，我们必须闯我们自己的路子。国际部应该好好研究如何为各家共同参与建立一个平台，这个事虽然难，但非干不可。

3. 坚持在实践当中培养人

目前重要的是要培养人才。人的价值要放到市场上去评价，管理者要抓管理，管理要上台阶。我们以前在派人时没有注意吸取别人的教训，片面地强调了外语水平而忽视了管理水平。不可否认，语言交流不畅会对国际市场开发、境外项目管理造成障碍，但是管理水平是最重要的，选择人才不应该只选懂外语的，而是选既有市场头脑，又有实干精神的。更主要的是要把人放在市场上去锻炼，还要认真总结，不总结不能进步。首先要跳下水去学游泳，中间再上岸交流提高，要培养出一批过硬的人才。

4. 大力开发国际市场

一是开发国际市场要以合同为纲，要凭信誉、凭合同法来保证项目的运作；二是要以预算管理为管理目标；三是以利用国际资源为手段；四是以人才开发为根本，搞好国际市场开发工作。

孙玉辰同志学习《第五项修炼》的体会

——创建学习型企业的初步思考

（2003年3月21日）

创建学习型企业作为一项任务明确地提出来，在我局还是第一次。

今天主要讨论五个问题：

一是问题的提出；

二是基本内容；

三是相关理论；

四是初步设想；

五是归纳思考。

一、创建学习型组织问题的提出

学习型组织作为一个理论，在国际上由来已久。在我国，江泽民同志于2001年5月在亚太经合组织（APEC）年会上第一次正式提出“构筑终身教育机制、创建学习型社会”。

今年，勘探局工作会议报告中提出要“建设学习型班子，带出学习型队伍，创建学习型企业”。

二、创建学习型企业的基本内容

关于学习型组织理论，当前大家公认的代表性著作是彼得·圣吉和他的《第五项修炼》。

圣吉说：“历史上人类首次有能力制造出多得让人无法吸收的资讯”；“密切得任何人都无法单独处理的相互关系”；“快得让人无法跟上的变化步调”；“复杂的程度确实是空前的”。

彼得·圣吉这四句话，是作为一种“系统论”来考察社会的。

对于管理者来说，如何看待市场当中的剧变？有两种识“变”观和结果。

一种管理者认为这种剧变既充满着危机，又充满着希望。市场既不是天堂，也不是地狱，而是一个过程。“变为常，变有机，变有始。”只有变，才能生存，才能发展。

另一种管理者却“谈变色变”，“变为恐，变为亡，变为倾”，害怕得不得了。这种管理者不可能在剧变当中生存与发展。

过去鲁迅曾经描写过清朝末年的社会变动，就是剪辫子运动。当时有人就非常的恐惧，认为剪掉辫子就必然要亡国灭种。

管理学者认为社会的“群”，包括我们企业，有一种从众性和适应性。不管是从众性，还是适应性，都具有二重性。对这种二重性进行实验和研究，必须判定它到底是积极的还是消极的。如果是积极的，那肯定是有生命力的；如果是消极的，那必定是垂死的、挣扎的。因此管理学家认为，作为一个企业要注意“群”的从众性、适应性的判定。

美国科学家约翰·法伯做了一个“毛毛虫”跟随性的实验。他在6英寸的花盆周围撒满毛毛虫爱吃的松叶（花盆下面也撒满松叶），毛毛虫首尾相接，2天后松叶就吃完了，但毛毛虫仍然首尾相连接地觅食。7天7夜后全饿死了。

其实只要出局（到花盆下面），即可逃生。这就是从众性。在人类社会中也有这个问题。我们要警惕当那些毛毛虫。我们一谈改革，就拿那些空洞的、教条的、所谓的“三性”来圈定，这是不行的。首先要来判断，现在是不是处于危险的境界，要是处于危险的境界，就得必须出局，不出局，企业非得死亡。

对适应性，科学家也做过“青蛙跳水”的实验。把青蛙放到开水里，它会很快地跳出来逃生。但是把青蛙放到温水当中，它自得其乐，如果慢慢地加温，它不断地适应，如果再加温，它会再适应，直到被煮死。

人类的生存也存在着类似的现象。梅花冒雪能迎春，菊花顶霜难越冬。判定自己，判定一个企业，判定一个“群”，如果形成一种“认同危机”是最可怕的。如果这个“群”，认同了倒霉，认同了“没有办法解决”，就非常危险了。

现在我们很多的职工，包括一些下岗的职工，都存在这个问题。认为转岗困难，老怀疑自己干了一辈子石油了还能干别的？干了一辈子钢铁了还能干别的？不下岗有啥办法？形成一种认同危机，这是最可悲的，也是最可怕的。你们看，院子的梅花正开着，天上还飘着雪花。而菊花，想着冒寒冒霜过冬，实际上过不去。

现代管理思想更强调对知识的综合运用，也就是“修炼”。

马克思说，“一步实际行动比一打纲领都重要”。我们创建“学习型企业”是一种实践。机遇是可遇不可求的，我们不可以坐而论道。等待，就等于“坐以待毙”。但是管理学认为，“不等待，也不等于进步”。这儿说的进步，必须在时空点上有一定的位移。毛驴推磨的教训是，它也在动，也在行，但始终是在原点，位移不变。这种动，是一种“坐以待毙”。

我们要建立时空坐标，相对于原时空点坐标没有产生位移的运动，不但没有任何意义，反而容易造成误区，造成智障。你看小毛驴非常辛苦，但它的位移不变。我经常说，我们把自己的姓名写了一辈子，也没多大进步，更不用说当书法家，原因是多次低级的重复运动不会有任何进步的。

现代管理学家，通过对世界500强企业兴衰史的研究，得出的结论是，不仅是生命生于艰辛，死于安乐，作为一个企业亦如此，不创新就灭亡。做到与时俱进，才有可能不被时代所淘汰。70年代的世界500强到了80年代就消亡了三分之一，对这些企业，管理学家都进行了跟踪。像我们企业，如果不进行改革与创新，要在市场中参与竞争，那是非常危险的。

创新，是成功者最主要的品质。创新的动力来自对生命的延续和扩张的追求。创新之所以这么重要，具有强大的生命力，是因为别人不能代替，花钱买不来。

当然应对变革不能盲目行事，要采取科学的方法、思维和管理模式，减少不必要的付出与代价。

应变，一定要用新的理念作支撑。这就是我今天给大家要介绍以下管理思想的真正目的。

现在简要介绍一下彼得·圣吉和他的“第五项修炼”。

圣吉生于1948年，在大学里学航空工程，毕业后在麻省理工学院师从动力学的奠基人佛睿思特教授，获得博士学位。他透彻地领悟了导师的理论要义，把系统动力学的原理进一步简化、通俗化、可操作化，并应用到管理上来。

1990年他出版了《第五项修炼》这本书，旨在推动人们刻苦修炼，学习、掌握系统思维的方法。

他还成立了一个组织，叫做“学习型组织化学习中心”。对目前世界上包括壳牌在内的一些大企业进行辅导，获得了成功。

圣吉是从研究系统动力学入手，穷10年之功，认真总结近30年来4000多家企业和一批优秀企业领导人的实践，才使五项修炼技术应用于管理，形成一种新的管理思想。

学习型企业本身是五项修炼的融合，它并非以缔造一个学习型组织为最终目的，而是引导出一个实验与进步的新理念，使组织不断创造未来。

第一项修炼：自我超越。

这是“学习型组织”的一个基础。这里边最核心的就是“自信”。能够实现内心深处最想实现的愿望，而且从不满足，要战胜自我。

对待生命的态度如同艺术家对待艺术作品一样，全身心地投入。

圣吉认为，“不断地创造和超越是一种真正的终身的学习”。要为自己描绘一幅成功的愿景。能做到这一点，才能真正成为一个有理想的人。只有有理想的人，才能发展成有希望的人；只有有希望的人，才表现出有信心、有勇气、有胆识。在此基础上，才会是一种“脚踏实地的人”，才有可能成为成功的人。

用这个标尺、这个晋升阶梯，来衡量我们自己、我们这个企业，看一看我们处在哪一个台阶上？有的组织连描绘一个远景蓝图都不想去做，要想中间跨上好几步，成为一个成功的人，成功的组织，成功的“群”那是不可能的。

成功的前提是，志向要远大。我们也要有一个远大的志向，没有一个远大的志向，一个管理者，一个“群”，是没有希望的，不可能成功。

“自我超越”，不仅要有理想，而且更强调培养一种品格，即集中精力和培养耐心。有的人无事忙，精力不集中，坐不下来，这不可能实现自我超越，再忙也没用。有的人没有耐心，同样办不成事。因为它牵扯到对系统要素的研究，其中一个要素叫作“时间的滞延”。由于“时间的滞延”，任何一个系统在运转的过程中，它的因果关系，衔接是有时差的。如果没有耐心，不可能有效地缩短滞延、利用滞延，你肯定是白忙乎。

要解决团体学习与个人学习的关系，解决个人与组织的承诺，培育企业精神，没有耐心，分散精力根本不行。所以，我总是强调，就是再忙，也要抽时间坐下来思考一些问题，好好地学一些东西。

第二项修炼：改善心智模式。

人们不容易觉察自己心智模式对自己行为的影响。一个企业决策什么，不决策什么，必然有一种根深蒂固的心智模式在起作用。改善心智模式，就是“把镜子转向自己”。这是看心智模式是否改善和修炼的起步。

比如我们“十二字理念”当中的“自信”，分为三个层次来解释，最后一个层次是“真正的自信”，而不是盲目的自信，是把自己当作“敌人”。改善管理者的心智模式，就是要挖掘内心世界的图像使其显于表面，并严格审视。不光是办企业，就是一个人要进步，也必须具备这一点，才会有出息。

圣吉倡导的，是有学习效果的和体现充分表达的交谈，并以开放的心态容纳别人的想法，这也是衡量一个人心智模式的重要特征。

我们有过很多浪费，有学习效果的交谈很少。用平常的话讲，那种钻死角，抬死杠的多。尽管很充分地“知无不言，言无不尽”，但是没有任何意义。要把自己内心世界的图像表面化，要用一个开放的心态容纳别人的想法。

“太阳也有黑子”，但是不影响其光明。一个人也应该是这样，他总是有缺点，甚至有错误，但是只要自己不掩盖这些缺点，使之于表面化，得到大家的批评与帮助，这就是一种光明磊落，像太阳一样光明磊落。

作为一个企业，一个组织也应该如此。要“与人为善”、“互利双赢”。“与人为善”，要做到不容易。在市场当中竞争，以往的那种生存方式和模式，要能做到“与人为善”更不容易。

一个班组 10 个人升级，只给一个名额，评高级职称也只给一个名额，引导大家学雷锋自觉自愿地让，能做到这一点吗？个别能做到，绝大多数做不到。不但做不到，而且还会培养一种非“与人为善”的心智模式，因为只有找到别人的缺点，把自己的缺点隐藏起来，用自己的优点比较别人的缺点，才能评上。评不上归罪不公平，怪别人，怪社会。现在要反其道而行之，要怪自己，非如此不能很好的竞争。

要建立一种放射性、外延性的企业，要动

员我们企业的“个”，为了“群”，把蛋糕做大，要在时空点上取得更大的时空，这才能行。

有时候，我们也制订“自己抢自己蛋糕”的方案，连自己也觉得非常可笑。不这么弄，目前还没有别的办法，要这么弄，肯定是离这个理论相距较远。但是如果了解了这个理论，就应该了解当前的行动方案，仅仅是目标过程的一半，甚至是三分之一。是不得已而为之，不必太着急、太认真。

改善心智模式，最主要就是“把镜子对准自己”。

第三项修炼：建立共同的愿望。

现代管理学家认为，一个理念，如果在一个组织当中能够鼓舞人心，就拥有一种能够凝聚并坚持实现共同愿望的能力。一个正确、科学的理念就是一面旗帜。

比如我们“重组”，在最困难的时候，我们首先强调的要逐步竖起一面旗帜，要改善我们自己的心智模式。

相反，一个缺少共同目标价值观的组织，必定难成大器。能够衷心地渴望实现目标，是争取主动的第一步。

管理者一定要尝试把个人的愿望转化为共同的愿望，要用一种技术来整合个人的愿望，开发出未来的共同愿望，使这个组织的成员能够主动真诚地奉献和投入。

我认为，“建立共同的愿望”就是看你有没有这个本事来整合个人的愿望，就是一种“整合术”，就是培养“个”对“群”的长期承诺与忠诚。

一个缺少相容性的管理者，不管你是正职还是副职，也不管你是局长还是科长，就会与市场的法则相悖，就是封建社会小生产者的独断专行，这与社会化大生产格格不入。

老子讲“无为而治”。我认为“拔苗助长”不如“厚土积肥”，“推车”不如“清障”。培养共同的愿望，靠命令的行政办法强压是不行的。

同样，改善心智模式，不能把个人的心智模式强加给第二个人。

没有经过转变的心智模式，一般都是“由自己往外想”，遇到困难责怪别人，责怪环境。转变了的心智模式，是“从外往里想”。

第四项修炼：团体学习。

这里讲的学习，它不限于学会学懂某项具体知识，而是要深入到哲学的领域，用“方法论”来研究管理，要改善传统的思维定势，要强求而且要约束自己进入科学的心智模式。这是一种实践，一种修炼，一种心灵的感悟。

机关的好多同志都在学习这个理论，但真正懂其要领、悟其精髓的不多。因为它不是一般的具体技术，而是哲学领域里的一个“方法论”。这个学习的真正内涵是“通过学习，重新创造自我”，从而做到你从来没有做到的事情。

圣吉认为学习是人的天性，在人的日常行为中占了相当大的比重。我算过一个账，一个人若按活 60 岁计算，这 60 年当中，干活的时间不超过 22%，学习的时间超过 22%，睡觉则花去了 33%。所以圣吉说学习是人的绝大多数的行为是对的。

圣吉认为知识和能力不是天生的，是后天学的，这完全符合认识论。当人类社会处于贫穷落后的情况时，人们追求的是物质财富，工作是获得财富的一种手段。这时的工作观是工具性的。当社会富足了时，人们开始追求精神层面上的满足，而且要充分发展以求实现自身的价值，就要通过不断的学习，来获得知识和能力。

我们要真正地搞“人本主义”，让职工真正地创建学习型的企业，真正地从人性的本质上“维权”。圣吉的思想就突破了这一点，他是用“系统思考”来代替“机械思考”，以整体思考来代替片面思考，以动态思考来代替静态思考。诊断企业，正本清源，是通过一套修炼的方法来提升企业群体的智能。我局提出“三位一体”的成本动态控制体系，也是基于上述认识和试验。

现代组织中，学习的基本单位是“群”而不是“个”。它要建立和提升的是集体的智慧，而且要用加总的技术，使集体的智慧高于个人的智慧。它强调团体要有整体的搭配能力。

科学家做过一个有关蚂蚁功能的实验，蚂蚁超过了一定的数额，蚂蚁群的个体所不具备的功能都开发出来了。甚至有的科学家认为，人类进化到今天，眼睛可能是一生物进化的结果，鼻子是另一群生物进化的结果，只不过是在一个载体上组合，具备了一个人体的功能。管理学家研究“个”和“群”的功能时发现，一个“群”产生的功能和一个“个”是不一样的。比如对一些“神童”的早期教育，幼教专家、社会学家、心理学家认为，如果方法得当，他三四岁就可以上初中，但不合群。缺少社会和“群”的影响力，这是非常危险的。

我们现在研究企业，就是要用“积木式”的机构、机理、机制，来构筑我们这个“群”的高智商。如果做到了这一点，说明这个“群”的智慧是一种高智商的群体。就怕做不到这一点，现在我们动不动画一个小圈子，搞一个小院子，离现代管理思想比较远，它不可能效率高。

当然，圣吉也论证了，当一个团体学习产生出色成果的时候，这个“群”里的“个”也必定是进步得很快。在这样的一个团体当中，必然是人才辈出。

在研究“群”商的问题上，我有一点想法。我们过去有三句老话，讲了几十年了，叫做“横向到边，纵向到底，消灭死角”，但实际上做不到。因为所谓的“没有死角”，强调的是工作目标和工作责任。只有形成共同愿望才能到边到底没死角。所以，群商是共同愿望的体，共同愿望是群商的用。

现在学习五项修炼，利用加总技术，实现共同的愿望，它更强调的是人的心智的沟通。这要比只强调工作目标和工作责任显然是高了一个层次，而且会更有效。

心智的沟通，是建立共同愿望的基础。一个大企业，不能靠一两个能人，要靠“群”的高智商。个别的先知先觉，如果不能形成共同愿望，等于零。我们的经验也是如此。靠行政的、经济的、法律的办法，也可以在一定程度上形成共同愿望，但却没有心智沟通的层次。

对厄瓜多尔 AP 项目，我们决策层强调的是战略上利用中间商，强调的是学习与接轨。我们花了几千万，不是家里没有活干，而是花钱到社会上去学习、去接轨。可在开始运时并未形成共同愿望，结果甩掉中间商，甚至出现“我们要跟大鼻子斗争到底”的奇怪现象。从这个问题上可以看出，上边强调的，不等于是下边执行的，这个代价是非常沉重的。当然，后来这个项目，包括其他项目，都有了很大的转变。主要领导同志要注意，你不建设一个高智商的“群”，别说你那“个”的本身想法还不一定科学，还不一定正确，即使是你那“个”的想法是科学的、正确的，也是难以实现的。

为什么我对一些人，特别是主要领导坐不下来而忧心忡忡？从去年开始我们强调“管理者要抓管理，管理者要归位”，有些人不理解。这个问题，是有教训的。不管是在二级单位还是在局里，管理者的职能和本事就是要利用社会上的各种平台。既参与别人的平台构建，同时，也要整合好多种平台为你服务。也就是说要把电子仓库的那些零件拿来组装成功能多样的电子产品，这才是本事，而不是去制造或开发哪一种具体的零件。

第五项修炼：系统思考。

圣吉认为企业和人类的其他活动一样，也是一种系统运动。所有的一切行为都是互相牵连、彼此影响的。这一点谁都不否认，问题是出在“当局部变化的时候，全局性的变化往往是滞后的”，是经年累月才可以看清的。毛病就出在只知其局部，而忽略其全局，只有本事了解局部变化，而没有本事预测全局性的变化。

系统思考，就是要解决全局性的复杂系统的问题。

古人说，叶落知秋。秋天来了，就预测到马上要下雪了，早点搭窝，储备菜和粮。这就是一种“系统思考”。

系统思考是第五项修炼的核心。圣吉作过一个非常有名的“啤酒”实验，从一个零售商到一个批发商，再到一个厂商，这三者都按照市场中的价值规律认认真真地去运作。由于零售商有一个小小的变动，引起整个三个环节大幅度地变形。在运行了26周以后，零售商库存本来一天只有2箱，结果却达到50多箱，而中间批发商的库存达到上百箱，厂里库存积压了上百箱。为啥会出现这个问题？圣吉从管理学的角度分析认为，尽管每个环节上运作都很规范，但并未解决整个系统中的复杂问题。

现在世界500强之首是位零售商，他必须要实行零库存，必须要厂、销直接见面，减少中间环节。他有4000个零售点，可以在1小时内对库存盘点一次。就是因为它系统地考虑并较好地解决了系统要素之一的时间“滞延”问题。

我跟宣传科长座谈时说，我管宣传的时候也这么说过，什么“贯彻局党委、勘探局指示，要家喻户晓，人人皆知。”可仔细分析起来，从勘探局到基层有9个环节。如果每个环节由于时间的滞延都出现了这么大的变形，那么经过9个环节运作后，怎么能把“局党委、勘探局的指示家喻户晓”？我说你们再不要当“家喻户晓、人人皆知”的科长好不好？我不相信目前的这种设置与管理真正做到“人人皆知”。我到基层去，你们认认真真的给我汇报，是对我的尊重，是对工作的真诚，但要做到“人人皆知”运行不变形，必须用系统论来逐步解决。

圣吉之前的管理者，大都用传统的西方思维方式看待企业，将企业管理切割成各种功能管理。管理上越分越细，战略上却越来越粗。现在机关设置的模式，包括政府设置的模式，完全是照搬计划经济时期前苏联的那种模式。特别是企业又照搬了政府的那一套管理模式，与科学管理思想相距甚远。

圣吉认为“破镜”不能“重圆”。这当然不是指婚姻问题。一面镜子本身反射出来的影像，把它摔碎之后再拼，一块也不少，都不可能拼成一个整体的影像。现在为啥越大的企业，上层的管理人员越要精干，部门越要综合，对人综合运用知识的能力的要求越高，道理就在这里。圣吉从一个简单的现象和事实当中，发现了一个道理，即“系统思考”。它的理论基础之一就是“系统论”。

一个部门要真正做好自己的工作，如果不和其他部门融合，是不可能的。现在我们既要保证工作细致而高效，又要保证战略上不失大局，比较有效的办法就是创建高智商群。能系统思考的“群”，一个由系统思考的“个”组成的系统思考的“群”。

系统思考理论，经过50多年的发展日益成熟。现在的系统论既是一个理论的构架，也是一套实用的工具。

飞机在1803年就被莱特兄弟发明出来了，但是32年后，才开始大批地制造飞机，投入商业运营。原因很简单，变矩螺旋桨，收放式起落架，轻质金属壳，新型的气冷发动机和可动副翼，这五项技术，综合运用后才真正地具有了商业价值。圣吉从飞机这五项技术的综合应用所出现的奇迹中，悟出了新的管理思想。

我们局提出来“开荒备荒”，既是基于现实的考虑，也是一种系统论思考。

修炼的目的，是要使“群”而不是“个”，做到见微知著，知变应变。而且要防止两个倾向，一个是“见微不知”，一个是“见微惊恐”。

圣吉举了个例子，给你一个杯子，叫你注满一杯水。这个问题，用系统思考和不用系统思考得出的结论是不一样的。系统的思考，它就要考虑水龙头的调节问题；水流将要满的时候，水龙头的控制须得要放慢速度；现在的水位差问题，最后怎么能够把这个水倒得又快又好又稳。要不这么考虑，最后的效果是不一样的。所以人的智商高低，在很大程度上表现为能不能系统的思考。有的人能举一反三，有的人就不能。“注满一杯水”虽然是一个很简单的工作，但在管理学家的眼里却区分了两个领域。

圣吉认为未来真正出色的企业，只能是企业各阶层人员全身心地投入，并有能力不断学习的结果。未来惟一持久的优势是，有能力比竞争对手学习得更快更好。他直逼事物的本源。他讲的学习型企业，不是我们讲的一般的办学习班，而是要解决这个“群”的学习能力和创造未来的能力问题。

圣吉在管理方法当中特别强调对“群”的整体搭配的能力，这是对创造未来的能力和学习能力的一个综合性的考验。这个搭配能力核心强调了人不仅要能做到系统思考，而且贵在躬行。光讲不行，要搞实验。

圣吉讲的搭配不仅是各要素间的搭配，即：个人与集体的搭配，各部门之间的搭配，现在、未来与资源的搭配，理想与现实的搭配，左右脑决策的搭配，规章制度与执行能力的搭配等，而且搭配要保持相对稳定。

解决所谓的“搭配”并不是那么简单，是帮助人们解决复杂结构中的变化问题，叫你寻找一个“解”。这个“解”就叫杠杆解，它有一个最有效的支点。

这个“解”严格地说，就是自我，难就难在这儿。老是到外边求解，老是找不到真正的“解”在哪儿。前年机械制造总厂请我写几个字，我说你们是搞机械的，杠杆是最简单的机械，就写“杠杆能撬动地球，关键智取支点”吧。我写的目的就是让他们自我寻找一个最有效的支点。

这五项修炼操作性很强，从理论到实践，是配套的管理体系，必须作为一种系统工程来实践。

圣吉认为构想不等于发明，发明也不等于创新。创新必须要有一定规模的实践，要有合适的成本。

圣吉所说的创新，跟我们 12 字理念中的“创新”是一样的。创新是一个实验过程，是一个综合运用管理理论实现企业发展的过程。发明不等于创新，还要加上切合实际成本且有一定的规模，好多实验室的发明并不是创新。

归纳起来，建立共同的愿望，就是培养成员的长期承诺；改善心智模式，就是专注于以开放的方式，体察我们认识方面的缺失，把镜子对准自己；团体学习，就是发挥团体的力量，用一种加总技术，实现团体的高智商；自我超越，那就是真正做到“自信”了；系统思考，之所以重要，关键在于建立一个整合上述四项技术潜能的平台。

圣吉强调，人人虽然都有学习的天资，人人都能学习，但是要学好，首先要清除学习的“智障”。

什么是学习的“智障”？我的理解是“自己掉入了误区，还以为是自己的长处，还以为是自己的智慧”。其实，恰恰是进步的障碍。

学习的“智障”主要表现有几种：

一是局限的思考，这是人们最容易犯的毛病。现在我们各个部门包括一些主要领导同志，以为我管那么多的事干什么，把自己的事管好就行了。实际上当今社会光管好自己那个系统，那个部门是管不好的。这与分工和越权是两个概念，是管理学和行政分工两个领域的问题，不要混为一谈。

二是遇到问题，归罪于外，把别人的东西看得入木三分，但是却不知道自己干什么、为什么。

三是专注于个别的事件，把那些个别事件分析得头头是道，但是，只见树木，不见森林。

四是缺乏系统思考的积极主动性。总认为，我忙没闲着。人一生下来没有一个闲着。我开玩笑说，现在最忙的，一个是小学生，他们比咱们还要起得早；再一个是个体户，半夜还开车到处跑。缺乏系统思考的各扫门前雪，不仅无益反而有害，尽管很卖劲、很主动。这一点要特别警惕。

五是从经验学习的错觉。仅仅从经验中学习，必然是落后的。尽管很正确，很保险，但是不可能创新，也就不可能取得胜利。一般来说，单纯模仿别人的东西，不会成功。

所以，人们应当经常用扫帚不断地清除自己脑子里边的一些"智障"。只有把"智障"清除后，学习才能真正入门。

三、创建学习型企业的相关理论

关于相关的理论我只介绍个提纲，目的想说明一个问题：管理科学是前人经过大量的多学科综合运用实践的结果，不是人们脑子里随便想出的花招或一时产生的"灵感"，它有很多专门学科理论作为支撑点。

另一个意图，是想给大家一个参照物，看看时至今日形势对我们有哪些基本要求？我们这个组织及个体，处于哪一个阶段？便于准确定位。

1. 传统科学管理思想与现代管理科学思想的主要区别

传统的科学管理思想与我们要学习的现代管理思想有区别，其管理目标、模式方法都不一样。

传统管理是控制两极，总结了前人好多经验，在很多地方应用，也是成功的。过去在计划经济条件下我们也是用这套管理方法，希望值最大，风险值最小。

现代管理，是注重控制过程和结果的大多数满意。这些年，我们决策局里的大事也大胆地尝试了一下，总的来看，控制过程和结果，特别是寻求让大多数满意的结果，可以保证效率和减少失误。

怎样理解过程控制的大多数满意？我们运行的轨迹点能不能做到让大多数满意？我认为只能控制个"均值"，而不是决策的每一个轨迹点。轨迹点，让大多数满意难以做到。这"大多数"是指大多数的"个"或"群"。

这个问题，在市场中大家还要在职权范围内去积极探索。控制"均值"，是我个人的一点体验。你要说控制每一个过程点和每一个轨迹点，让大多数"个"或"群"都满意才作为，在很多情况下市场可能早叫别人抢走了。

我跟好多同志开玩笑说，不用到外边去找，你就在局内找一个例子，说明大家都对决策的每一个轨迹满意，结果也满意，恐怕也找不到。

2. 民主型管理和独裁型管理的主要区别

民主型管理是指决策过程中的广泛参与。但是可能在很多情况下以牺牲效率为代价，像现在的职代会、股东代表大会，"两参一政三结合"等，都是强调决策过程中的广泛参与。在市场中，按照价值规律来衡量，是要以牺牲效率为代价的。它不是研究是与非，而是研究"好"与"更好"，"适应"与"更适应"。

独裁型管理是指决策过程中权力高度集中。但是如果决策者素质低，就容易造成失误。不是说任何一个系统都不需要"独裁"，像军事指挥、像处置突发事件，就必须要授权。

管理本身具有两重性。一个是自然属性，由合理科学的生产要素组成。一个是社会属性，必须维护生产关系，调整人与人之间的利益关系。

我们的企业，总是模仿政府，想着把企业一些管理职能和经营职能分开。对此我的观点是，分与不分，以解决效率与效益为前提，而不是以满足程序需要为前提。具体运作时，能分开的相对分开，但一般不另设部门。大家也不要落入这个误区。不然，你在实践当中走走试试。这里边有一个规律，有一个管理的两重性。

3. 关于管理科学发展的三个阶段

第一个阶段：经典管理。是上个世纪初美国工程师泰勒提出的“标准劳动法”和劳动定额的“泰勒制”理论，其代表作是1891年的《科学管理原理》，泰勒被誉为“管理之父”，同期的还有法约尔的《管理过程论》，韦伯的《行政组织理论》。

第二个阶段：行为科学管理。是上个世纪二十年代发展的以《行为科学理论》为基础的管理理论，创始人是美国哈佛大学教授乔治·奥米顿·梅奥和费里茨·罗特利斯伯格等。把行为科学用于管理，就比“泰勒制”理论进步得多了，而且在实践当中获得了成功。

第三个阶段：现代管理理论。它是以系统论、信息论、控制论为理论基础，应用数学模型和计算机手段来研究解决问题，注重过程的控制。因此，我很早就提醒大家应该尽早学点计算机知识，否则，无法真正地和现代管理理论结合。

4. 关于XYZ理论

X理论是美国人库尔特卢因1944年提出的。X理论对人性的判断是：人生来就懒，缺乏进取心；人生来就是以我为中心；人生来就习惯守旧，反对变革，而且缺乏理性。由此对人性的判断而得出的管理方法就是：强硬、威胁和严格监督。

我们看卓别林主演的电影，拧螺丝，简单的重复劳动，越拧越快，人变成了机器的奴隶。最后拧不过来，连人都滚到机器当中去，那就是严格的管理、定量的管理。这是卓别林对当时管理的一个典型的讽刺与批判。

Y理论，是美国心理、行为学家麦格雷戈1960年提出来的，这是对泰勒经典管理的一个批判。麦格雷戈认为人并不是生出来就“厌恶”工作，人可以运用体脑工作，如同游戏、休息；外部的控制和惩罚、威胁，并不是实现组织目标的惟一的方法，人可以自我控制，实现组织的目标；在适当的条件下，人不仅能接受责任，而且能主动承担责任；大多数人具有解决问题的丰富想像力和创造力。

按照麦格雷戈对人性的分析和对X管理理论的批判，其管理方法是，通过分权、授权，使下级能够自由地活动，承担责任；扩大工作范围；实行参与制，鼓励职工自我评价。

Z理论，是美籍日本人威廉·大内1981年提出来的。是对美国实行的A型企业组织的批判。他认为由于“短期雇工”、“快速提拔”、“突出专项技能”，不能够诱发人的才智及创造力。

威廉·大内提倡建立“Z”型组织，即长期雇用；长期的考核、逐步的提拔；培养一专多能人才；提倡管理过程同时注意对人的潜能的发挥；树立牢固的整体观念；以自我指挥代替等级指挥；采用集体研究与个人负责相结合的决策方式。

他还提出由从X理论向“Z”理论转变的13个步骤，即：(1) 领会Z理论；(2) 分析原企业指导思想、经营方针；(3) 领导者与各级管理人员共同制订管理策略；(4) 培养管理人员；(5) 检查对“Z”理论认知度；(6) 培养弹性人际关系；(7) 让工会参与变革；(8) 确定稳定的雇佣制度；(9) 确定长期考核、提升制度；(10) 经常转换工作；(11) 动员第一线人员搞改革；(12) 实行参与管理；(13) 建立员工个人与组织的全面关系。

我们国家通过理论专家研究，在很多地方基本上采纳了“Z”理论的一些观点。但是美国很多的管理学者在研究过“Z”理论之后，认为，要讲效率，可能“Z”理论做不到。彼得·圣吉，则是把“XYZ理论”有用的精华都用五项修炼进行了概括。

我们之所以要采取人事代理的办法，是因为首先必须解决企业的一个难题，那就是“只能上，不能下，只能进，不能出”。起码要为解决这些难题迈出第一步。但也必须看到，人事代理的有利有弊，对培养“个”对“群”的长期承诺不利。所以任何一项管理，虽然都是解决局部问题，但必须系统地、配套地解决综合问题。

超Y理论，就是人们说的权变理论学派，它是约翰·莫尔斯杰伊·洛希在1974年提出来的。主要内容是：每个人最需要的是实现胜任感；不同的人对管理方法有不同要求；组织目标和工作性质、职工素质对管理方式组织结构影响很大；当一个目标达到后，可以进一步激起职工的胜任感。

5. 关于经验主义学派

就是“经理主义”学派。代表人物大概有彼得·德鲁克、欧内纳斯·戴尔、威廉·纽曼、艾尔费雷得·斯隆等。主要理论是认为管理的性质是人的技巧。

管理的任务是造成一个“生产的统一体”，既要考虑企业的整体问题，又要考虑企业的特殊问题。在经理决策中，要求当前与长远利益相结合；要把“泰勒制”与“人际关系”相结合。

在目标管理上，要上下级共同制订目标，制订同每个职工相联系的职责范围以此来考核评奖贡献。

在组织结构中，认为应该是分散的“联系”的事业部，即扁平式的管理。

6. 关于管理科学学派

就是“数量学派”，其理念是，管理就是制度，是运用数学模式与程序的系统。管理就是用数学符号和公式来表示计划、组织、控制等合乎逻辑的程序，求出最优解答，达到企业的目的。管理科学就是制订用于决策的数学和统计模式。

2000年重组分开的时候，我在临潼给领导干部讲过一次课，我说，人对自己定位要科学，定位科学就能生存，定位不科学就不能进步。当时我之所以把科学与正确加以区别，就是表示科学属于数模化的理念，是经过实践能够达到的理念。

空想社会主义不能说它不正确，它指出了人类社会发展的一个基本的方向，但是把它由空想变为科学则是马克思和恩格斯完成的。

马克思和恩格斯主要的功绩不是创立了社会主义学说，而是把空想的社会主义学说变为科学。

我们今年提出在软科学研究当中建立几个分析控制模型，把科学管理与管理科学在概念上相区别。也是为了体现这样一个管理理念。

管理科学理论的目的，主要不是探索科学的管理理论方式，而是设法把科学的原理、方法和工具综合应用于管理实践。

彼得·圣吉本人并没有在哪一个单项上有所突破，但是他把前人的管理经验，用系统论的观点和其他的一些基础理论归纳为五项修炼，这就是他的特色。

管理科学学派理论的主要内容：

(1) 关于组织的基本看法。

企业是由“经济人”组成；是一个追求经济利益的系统；由作为操作者的人同物质技术组成的人机结合的有机系统。

(2) 关于管理科学的目的、应用范围、解决问题的步骤。

它的目的是运用科学的原理、方法、工具减低管理中的“不确定性”。

我们这几年提出的要消灭无效管理和防止管理无效，就是想使管理的目的更科学。能够把“不确定性”减少。

另一个目的是优化资源富区，实现最大效益和效率。

应用的范围是管理程序当中的计划和控制两大职能。在管理科学学派看来，计划控制和其他的一些调控系统要单列开。这是解决系统问题的，高于其他的管理。我们现在把计划管理，同其他财务管理和专项管理看成了一个等同的管理，从管理学应用范围控制来说，不应该是不一样的。

解决问题的步骤是，提出问题、建立数模、得出解决方案，对比论证方案，建立解决方案控制。其方法是线性规划、决策树、计划评审法、关键路线法、模拟论、对策论、概率论、排队法等，所使用的先进工具是计算机和网络，网络是我加的。网络和计算机是两回事。当然，管理科学学派有一个缺点，就是对人的因素注意不够。

7. 关于现代化管理

现代化管理，是应用现代科学的管理方法，提高计划组织和控制能力，它包括管理思想现代化。它和传统管理的区别在于，传统的管理源于自然经济小生产条件，其特点是因循守旧、孤立狭隘、封闭静止、依靠经验、依靠人治、实行家长式、封建衙门式的管理。

现代的管理思想产生于商品经济、社会化生产和科技进步，是以社会系统学派、经验主义学派、权变理论学派、管理科学学派等为基础。它更强调的是要素关系、数模化和可操作性。管理的核心是决策，管理的基础是信息。

仅有管理思想现代化还不行，管理组织也要现代化。要按照现代管理组织理论，采用开放系统这一模式，建立灵敏的反馈系统，决策系统。我们提出建立若干个“平台”，也是想探索建立起一个开放型的、积木式的高效决策系统和信息处理系统。

同时还要规范组织行为，确定组织功能、目标，协调管理组织系统各层次关系。

当然，管理人才也必须现代化。即管理人才要具备较高的智力、较好的知识结构和运用现代管理方法的能力。

8. 关于团体动力学

优化一个团体（组织）的要素，首先要分析成员之间的相互影响。个体在团体当中产生的心理效应，包括归属感、认同感、团体支持儿方面；其次要分析团体对个人的影响，包括社会助长作用、标准化行为、社会从众倾向等；最后利用团体中的熵和誉，可以提高个人工作效率。这一点，好的管理者一定会注意。

另外，我们要把企业文化当作无形的资产来培育、来利用。因为它具备四种功能，包括维持巩固团体的功能，树立评价标准的功能，团体动力功能，行为导向功能。企业的竞争，包括技术层面、人才层面上的竞争，实际上到了最后就是管理层的管理竞争。

与此同时，要运用团体行为规范分析理论，整章建制。有正规与非正规规范、社会认可与不被社会认可以及团体的与个人的规范三种类型。

高智商的组织是以信息和知识为基础，其成员具有自我学习、自我发展、自我控制的能力。这样的组织有四个特点，它强调终身学习，全员学习，全过程学习，以共同的愿望团结组织成员。

管理者要实行个性的凝聚，完成的过程必须要有开放的、求实的心态，切磋交流，更新思路、创造性思维，提高创造未来的能力。

9. 关于系统科学

系统论、广义的系统论，当前系统科学及系统科学在中国的实践等方面

系统论是研究系统模式、原理和规律并建立数学描述的综合性学科。1934 年（美）生物学家贝塔朗菲在《现代发展论》中提出了“机体系统论”的概念，1968 年发表《一般系统论：基础、发展和应用》，1971 年他又发表《一般系统论的历史现状》，与此前后的“曼哈顿工程”和“阿波罗计划”是为其应用提供的成功实例。

1969—1973 年，普里高津的耗散结构理论、哈肯的“协同理论”、托姆的“突变”理论等，为系统论绘出了数理框架。

系统论是把世界作为一个系统，研究其整

体性、关联性、等级结构性、动平衡性、时序性。

广义上的系统论包括系统论、信息论、控制论、耗散结构论、协同论、突变论、运筹学、模糊数学、物元分析、灰色系统、系统方法论、系统动力学、系统工程学、计算机科学、人工智能学、知识工程学、传播学、现代概率论、超熵论、奇异吸引学及混沌理论、紊乱学、模糊逻辑学等等。

当前，系统科学一般认为包括五个方面，即：系统概念、一般系统论、系统理论分析、系统方法论、系统方法应用等；也有人认为系统科学是研究系统类型即系统组织学，一般性质即系统方法学，运动规律即系统工程学。

上个世纪70年代开始，系统科学在中国有了很大的发展。一般认为在国内提出系统科学的内容、体系、结构最早、最详尽框架的是钱学森。他认为系统科学、自然科学、社会科学处于等同地位。他提出系统科学分四个层次：第一层次是系统工程学、自动化技术、通信技术等，主要是改造自然。第二层次是运筹学、系统论、控制论、信息论，是系统工程的直接理论，属技术科学层次。第三层次是系统学，是系统科学的理论基础。第四层次是系统观，是系统的哲学和方法论，是系统科学通向马克思主义哲学的桥梁和中介。

这一结论，有待于今后的实践来验证。在这里，值得注意的是系统思考与过去说的大局（全局）意识的区别。传统意义上的大局意识，主要是指觉悟、党性，属于社会道德范畴。现在讨论的系统思考，是科学的决策，属于管理范畴。两者有关系，但本质上不是一回事。系统思考也不是传统意义上的防止片面性。我们常常把主观主义、片面性认为是经验不足或者是作风问题，但是从管理学的角度来考察，是心智模式被扭曲，是一种危险的误区，是与管理本身格格不入。

片面性容易走极端，它违背了管理科学本身的规律。造成片面性的根源，主要是没有树立起科学管理理念和没有认真实践，而不是缺乏经验。有的人越老越主观，越老越片面，在误区中越走越远，即是例证。

四、创建学习型企业的初步设想

圣吉设计的这一套模式，必须结合企业的实际情况，科学地运用才能实现。而且它本身就是一个开放的批判系统。我们制订的企业理念、策略，也是一个开放的批判系统，是个不断完善的系统，并不是若干年不变的。

创建学习型企业要瞄准目标一步一步地推进。所以，我们要破除认识上的误区，创新学习理念，高度重视员工的培训，重新定位领导的角色，把学习作为可持续发展的行为，树立企业共性与员工个性统一的企业文化氛围。

1. 要高度重视员工培训

IBM一年要投入20个亿，搞自助餐式的培训；Motorola（摩托罗拉）一年投入10个亿，在14个著名的大学里培训员工；西门子光国内的培训基地就有600多个，50种专业，年培训15万人次；斯伦贝谢公司每天要投入200万美元搞培训。当然，我们所说的重视员工培训，主要是培训员工的学习能力，而不仅仅是增长知识与操作技能。

2. 要重新定位领导的角色

现在，没有一个单纯的管理决策人员，领导的角色必须定位在是整个组织的设计师、“仆人”和“教师”。管理者必须整体思考企业的发展问题。不仅仅是过去说的设置机构、制订文件。如果设置机构、制订文件是为了满足于分工，那么制订得越多越麻烦。必须要解决企业的发展战略、发展理念、资源整合、共同愿望怎样树立等共性问题。分工与合作，共性与个性的关联协调问题。分工越细，协调、亲和和融和越充分。所谓“管好分内之事”的含义，当今只是个“责任”概念，而不是管理概念。这个角色必须要转过来。

“仆人”，是指把自己变成了一个“个”，

你的意愿是共同愿望的一部分，你必须随时听从这个“群”共同愿望的召唤。

“设计师”，是指整合“组织”要素，不仅是设计结构、政策、策略，而且要设计基本理念。基层的许多同志说，越是在市场当中独立运作，越觉得不设计这个东西不行。

“教师”的首要任务是界定真实情况，协助员工进行正确深刻地把握。真实情况的把握，是非常不容易的。并不是说层次多，很难把握。是变形，有些人即是住在基层也很难把握。“实事求是”，难就难在“求”上。我们一定要提高员工对组织系统的了解。

这几年，我们在这方面有成功的经验，也吃了不少苦头。咱们盖了房子出售给职工，一波三折。后来下决心把局里的房改政策宣讲到基层，与涉及到的每一个员工见面。领导同志亲自宣讲。有时问题不是难在下边，是难在领导的身份没有转变过来。

这次第三轮房改，涉及到5万多名职工，我们提出的要求是，政策一旦出台，马上和职工见面，叫作“不见不散”。

我们今天讨论当好教师，也是尝试着进一步转变身份。有些同志，想得太简单，以为办个学习班或者报告会，就把自己的身份转过来了。其实，根本没有。因此，从去年开始，我们就重点训练党政一把手。

我们连续两三年来的工作会议报告，主要针对的是管理者，而不是老百姓。我这一次到基层去，仍然听到把“贯彻勘探局的工作报告，做到人人皆知，家喻户晓”，我说没有必要。重要的是班子要拿出贯彻的具体意见，往下边只是个传达。所以，我强调首先要“自己当好教师，转变自己的身份”，“自己当学员，自己当教师”。

“教师”另外一个责任，就是要负责促进员工学习。

3. 要把学习作为可持续发展的行为

要从系统项目研究当中来学习，不要绕弯子。到外地参观学习很有必要，但更重要的是从自身的工作实践中好好学习。

要把用户作为一个共生的生态系统和信息的外源，现在买一个笔记本或者卡，要想得到售后服务，必须填写很多表格，那些人“傻”么？不是，他们认为客户的需求及信息对他们的生存发展太重要了，咱们有好多地方客户送上门来都不好好学。

信息交流是个很大的资源，我曾经给长庆宾馆说过多次，在兰州办事处也和他们商量过，我说你不要把那些娃娃仅仅当成一个劳动力，你把那些娃娃当成潜在的资源开发，把她们每个人家里的拿手好菜嫁接过来，过不了几年，就形成了你的特色。所以说实现资源共享，这是一种兼收并蓄整合的艺术。

4. 要树立企业共性与员工个性统一的企业文化氛围

要处处学习，处处是课堂，而不是都要去学习班；要树立企业的共性与个性相统一的企业文化氛围。

5. 破除认识上的误区是培养学习型企业的前提

误区之一：就是把学习型组织等同于学习，实则非指加强培训、教育、竞赛、技术练兵等。

培养学习型企业更侧重强调的是整个企业（组织）的学习能力，不是强调吸收资讯和知识，而是更强调修正行为、修行、修炼。

误区之二：是“运动式”组建的方法。

学习型企业是现代企业制度的产物，是依托扁平化组织结构，建立在有机的、高度柔和的、符合人性的、持续发展的组织之中。因此，不进行组织变革、不破除“运动式”组建方法，就谈不上建立学习型企业。

误区之三：是把圣吉理论当成管理“圣经”。

圣吉理论是开放的批判系统。提升学习能力是根本目的，当今惟一持久的竞争优势是比竞争对手有更快的学习能力。过去讲竞争，主要是产品、质量、技术、服务的竞争，市场发展愈深入、成熟，愈感到这些都是“人”的竞争，必须提升人的学习能力。所以，提高“群”的学习力、组织力，是建立学习型企业的惟一目的。

6. 必须创新学习理念

传统的学习理念认为，学习就是吸取知识、获取信息。

新的学习理念强调：（1）学习是生命的源泉。人的生命在于学习，企业的生命也在于学习。只有学习的人，才能悟出生命的意义；只有学习的企业，才能持续生存、发展。过去认为学习积累可以终生所用，现在已经过时了，现在必须是终生常学常新常用。学习在人生当中的时间比不仅会增加，而且价值比会几倍于时间比。（2）重新塑造自我。传统理念重在增长才干，实现自我价值。新的理念则更强调与时俱进，永葆青春。所以，要不断塑造新的人生和企业形象。（3）增强创造自身和企业未来的能力。

透过学习，重新认知世界和我们的关系，提升自身和企业的学习能力和市场竞争能力；进行五项修炼是各级管理者的必修课。特别是年轻同志，要成为合格的管理者，就必须进行认真的修炼。

五、创建学习型企业的归纳思考

1. 关于系统思考

系统思考与现在社会分工有密切的关系，大生产必然是分工越来越细；分工越细，人们的分辨智越高。

分辨智有功也有过，“功”是把难事变易，效率提高了，过去认为不能解决的问题现在能解决了；“过”是把大事变复杂，效果变差了。

技术只能解决难易问题，不能解决复杂动态系统问题。

人们生存在缺氧而拥挤不堪、高度文明而又复杂不能自拔的社会当中，系统论想解决这个问题，也能解决这个问题。

同理，作为一个企业、一个部门，解决本系统的问题并不难，难的是要解决全局的可持续发展问题。

2. 关于动态管理模式与动态管理思维模式

企业是个复杂的动态系统。任何系统包括二种“动环”：一种是不断增强的反馈（滚雪球）；一种是可调节的反馈。

分析你管的单位处于哪一种状态，科学地解决问题。比如“滚雪球”，这是一种增长性的反馈，“雪球”可以“越滚越大”，它有一定的条件；“越滚越大”是一种增长性的反馈。反馈有正与负两种性质和态势，但它都是失控的。有的企业处于一种负反馈状态，也无法控制它；企业处于一种正反馈态势，做成了一笔买卖，一传十，十传百，信誉越传越好，这是良性循环。有的企业处于一种负反馈态势，一件事没办好，四面楚歌，步履维艰，会雪上加霜生存都有问题，更谈不上发展。这两种态势的企业都很危险。我们寻求的是可调节反馈的态势。

实现系统功能的过程必然会出现时间的滞延，管理的责任是尽可能地缩短时间滞延。要建立一种时间滞延较短、良性循环、适合企业特点的系统。

扁平化管理不等于扁平式机构。扁平化管理，是让作业点或“个”，或者“结点”，在若干个自由平台上实现最简捷、最重要的功能。扁平式的组织结构只能提供服务与管理的平台，不能提供管理本身。

管理本身是在这个平台上的“表演”、“大合唱”。

结论是：管理平台与服务平台，对企业来讲是分不开的。而且，只有跨行政组织的管理平台才具有真正的意义。如果你跳不出建立的平台，跳不出划定的行政管理组织，就没有多少意义。

管理平台的核心是探索直接为各作业点和

各个结点服务的高智商的高效平台。这就要求班子成员，人要精、智商要高，特别是群智商要高。

系统论主要是解决战略问题。战略目标是节约时间的问题，战术目标是增加效益和效果的问题。

与战略家合作，“非等闲之辈所能为”。如果你不是一个战略家，而是一个战术家，你就没法与他合作；与一些成功的战术家合作，“非唯利者所不为”，硬拉战术家跟你在战略目标的高度来合作，肯定不成。战术家是讲究眼前效果的，必须和他一块来唯利。

因为时间就是金钱，时间就是效率，时间就是胜利。一定要共同不断完善我们的战略，只有这样，我们才能在市场当中争得时间。

我们跟斯伦贝谢签订了第二轮合作合同。人家提出来跟咱们合作，说与我们合作一定能够成功，跟我们推行团体协力，英语叫 powers-tim。可见，建立“学习型企业”，在国外的一些大公司中已经应用得很成熟了。咱们认为，“超强的技术开发”是他们的宝贵财富。但他们认为，超强的技术开发只是他们发展的基础，员工们的忠诚才是成功的根本。

在去年的工作报告中，我们强调“流程再造”，主要是指建立动态流程，即在“环”中寻求支点，建立环状的流程。人们的思维方式往往是“线”状的，即反应式的，正如对“倒满一杯水”过程的分析一样。

管理者的相容性不是讲方法、讲觉悟，也不是讲后果，而是讲规律、讲修炼、讲转变。

我们强调“三位一体”，是想通过学习修炼，求得共识，为企业可持续发展建立有效的调节环路。

结论就是：因与果之间是个环路，可以互相转化、互为因果。

企业扩张方式主要有两种：一种是平面式扩张，像倒了一杯水，向四面流去；拉网式扩张也属这一类。

这两种办法都能扩张。水倒下去，地毯式的平坦扩张，花得代价非常大，但是扩张后建立的根据地是稳固的；拉网式的扩张很快，但系统本身稳定性较差。

另一种是立体式的扩张。有的像抛铅球，花得代价大，速度比较慢；气球式的扩张，膨胀得很快，但是系统容易破坏；网架结构的立体扩张，建得快，信息来源快；“核辐射式”的扩张，有一个内核，始终活力不断，花得代价很小。

所以，“二次创业””要把 3 万多人带向一个真正的良性系统，仅仅依靠拼命干是做不到的。大家要从战略上确确实实地研究这个问题。

3. 关于关联交易的再思考

勘探局提出，关联交易是特殊的市场交易，而且分三步走，最终形成一个战略伙伴关系。这是有理论根据的。

有些人认为，目前的关联交易“是市场运作中的甲乙方关系”；

有些人认为，目前的关联交易“是经济合同意义上的甲乙方关系”，这就离谱了；

还有些人认为，目前的关联交易“是照顾存续企业生存而让利的关系”，这比前两个更离谱。

关联交易到底是个什么关系？我们认为，目前的关联交易“是妥善处理原企业员工之间的产权关系”，是处理“原企业员工与国家产权关系”的关系，是处理“大股东与小股东关系”的关系。

因为不论是存续还是上市板块，都必须在政企分开过程中处理好股企关系——股东和企业的关系。

按照系统论的观点，关联交易是要处理好国企关系、股企关系和大股东与小股东的关系。

一种人认为，现在没有“股企关系”。

另一种观点认为存续也好、上市也好，

“产权是同一的两个基本的主体”。这两个基本主体是所有权和经营权同属于同一的 CNPC。如果没有两个主体的统一，也不存在关联交易，这是对的。

存续与上市板块的产权同出一个本源，派生出两个经营主体。按照传统经济理论，就是“所有权决定经营权”。这给人们的第一个错觉是经营权即是所有权，实际上并非如此。目前，不论存续还是上市部分，产权同属 CNPC，而经营权都人为地造成了“一个大（上市），一个小（存续）；一个完整（上市），一个不完整（存续）”。

同时造成的第二个错觉，就是“对财产的经营量认为事实上的股权量。实际上现在不管是存续业务，还是上市公司，职工作为自然人对国有资产占有的比例应该是“等额的”。

第三个错觉是“把现在以法人对财产使用权的比例误认为是自然人占有权的比例”。

结论是这些理论上的问题在实践中产生的矛盾，如果处理不好，将会遗患很多，甚至不能安宁，更谈不上发挥整体优势、谋求共同发展。

所以，只能在我们的职权范围内做“力所能及的工作”，提出我们自己的主张，也就是我从一开始对关联交易的定位。尽管在运作时没有给上边捅“大娄子”，但是真正从系统论这个高度来认识关联交易问题，现在才刚刚开始。

4. 突破经验学习的时空界限，解决团体学习的“迷思”

一般来讲，从上学到参加工作，都不是奖励那些提出主张的人，更不是奖励那些深入质疑复杂问题的人。于是，大家都不懂装懂，害怕“穷根问底”给自己带来“危机”，造成的恶果是潜在的探究都被堵死了。

我们要达到的是“深度会谈”，而一般是自己干自己的事，淹没了个人和团体的才智。

大企业的平均寿命不到人的平均寿命的一半。长庆已经 30 岁了，已经来了一次大重组。我们应该对儿孙负责，造就“学习型企业”。

鲁迅说“解剖自己”；毛主席讲“自我批评”；圣吉讲“左手栏、右手栏”，左边记录真实的想法，右边记录实际做的，只有左边等于右边了，才是真正地解放了自己，成为“自由人”。

我从事管理 30 年，大体上分三个阶段：30 岁以后是讲党性，报党恩，严己而不能宽人；40 岁以后讲尽职，求自治，约己而不能厚人；50 岁以后讲试验，求支点，但仍学己不能学人。

我的结论和体验是，改变心智模式走出误区，非长期的修炼，别无捷径。

从解放生产力的角度来看，管理科学是“厚生学”、“利民学”，但是要真正成为“厚生学”、“利民学”，还得改变心智模式，就是用现代管理思想落实“三个代表”重要思想。

5. 关于学习与应用的问题

学习是为了应用，贵在精义。

思而不学则殆，学而不思则罔。我们不能思而不学，更不能学而不思。

要堵塞垃圾信息通道，有用的信息和没有用的信息，如果未经大脑过滤，都是没有用的。

人人都有潜能，但要用科学的方法去开发。圣吉有一条讲的是，“人的脑子有联想性”，这就是分辨智。古人云“耳听为聪，欲知为明”。

但是，听到风即是雨是联想的误区，就是跳跃式的推论，也是我们聪而不明的误区。多数人在这个问题上不能自拔。聪明只得到小的智慧，却得不到大的智慧。

我建议，领导都要搞自己的“实验田”，“不求丰收”，“只防歉收”。

6. 关于 12 字企业理念

“创新”是一种具有规模可行性成本的发明，它是一个实验的过程，是综合运用管理理论与实现企业发展的过程。

“开放”是指与周围的关系，是批判的开放的系统，是不断完善与自我完善的系统。

“简捷”是修炼之精要，是体现修炼运用的关键。想事办事，直逼事物的本源。

“明确”是指数模化、可行性，是定量与定性的科学。

“责任”是建立共同的愿望，培育“个”对“群”长期的承诺，是责任与目标的统一。因为不存在无目标的责任和无责任的目标。管理者的责任是在改变角色的基础上，运用系统思考的艺术，实现共同愿望。当前，我们要发挥共同优势，落实“二次创业”的使命，让职工过上“富日子”。

“自信”是实现自我的超越。

今天讲这些的目的，是进一步提醒大家，在我们“二次创业”的关键阶段，要很好地学习运用新的管理思想。在“二次创业”三年之后如不提出这个问题，将会失误。

创建学习型企业是一个长期的行为，不是讲堂课、开个会、办个学习班就能实现的。希望大家认真读书思考，并重视在实践中不断探索，总结提高。

孙玉辰同志在长庆石油勘探局2003年教育工作会议上的讲话

（2003年2月13日）

同志们：

今天，勘探局在家的领导停了正在开的会来看望大家，目的就是要带头尊师重教。普通教育战线上的1600百多名教职工，不管是去年的工作还是过去的工作所取得的成绩是可敬的，大家所付出的辛劳是值得我们学习的，而且今后的工作会更艰巨更光荣。

这几年，在非常特殊的情况下，局党委、勘探局对尊师重教做了一些应该做的工作，我觉得值得肯定、值得鼓励，但是不值得颂扬。道理非常简单。一个民族的兴旺，教育为本，国家如此，作为一个企业目前所担负的特殊责任也是如此。

尊师重教不是我们共产党的专利，任何一个对人类的社会进步和教育有点儿觉悟的人都会这么做的。尽管给大家办一些实实在在的事，做了很大的努力，但还欠教职工的很多，所以说不值得颂扬。我们的老师默默无闻，辛勤耕耘，可以说啥也不图，要说表扬的话，应该很好地宣传表扬大家。作为一级组织，特别是领导干部所做的这些工作是应该这么做的。如果不这么做就缺乏一种起码的觉悟。因此，今后随着勘探局的创业发展，我们对教育还应该有更多的支持，更多的关怀，要动员局机关各个部门以及二级单位都要做好这方面的工作。

这两天我翻了你们的三个报告，你们对过去的工作总结得非常好，看了以后受到许多启发和教育。我想占用大家一点时间讲三件事：

第一件事，当前的教育政策必须符合形势的要求。局党委、勘探局提出义务教育必须稳定提高。我们不管怎么改，不能靠教育赚钱。义务教育具有法律保证，我们必须守法。对勘探局来讲不管学校由哪里办必须认真办好。我们大人上班今天没做完的工作可以加班去干，但是孩子们受教育的黄金时间毕竟只有十几年，错过这段时间一生将再无法弥补。咱们再穷不要在孩子身上穷。再把话说得丑一点，咱们积不了德，也不要干缺德的事。所以，要搞好我们的普通教育，首先要搞好义务教育。

第二件事，要对我们的石油后代负责，不要因为这样改那样改，让我们的子孙受损失。文化大革命的悲剧不能在我们手里、在我们职权范围内重演，这是绝对不允许的。在这个意义上那不仅仅是稳定不稳定的问题，对政策必须理解到位；我对老师很尊重，但是对不负责的老师我认为他比敌人还敌人。有道是童叟无欺，糊弄孩子们那是缺大德。教师对孩子不负责任，在授业、解惑方面耽误孩子，甚至把自己评工资没评上等消极情绪带到课堂上去当故事讲，这样的教师应该撵出课堂；文化大革命给我们的教训我是记忆犹新的，不能因为改革在这个问题上动摇。

说老实话，办教育是要花钱的。我们力所能及，实事求是，钱多就多花一点儿，钱少就少花一点儿。正因为基于这样一个基本的考虑，局党委、勘探局是统一了认识，铁了心的，谁都不能马虎。当然，这个问题的落实，还要靠大家。真正使我们的教育由应试教育向素质教育转变，谈何容易。正因为很难，要给广大教职工创造一个好环境，让更多的老师能够一心敬业，别为了住房问题、奖金问题影响他们的精力。对这个政策我们必须要认识到位。

对于幼儿和高中教育在管理上、在教学上要推进与社会接轨的进程。这个问题和刚才讲的第一个政策是联系到一块儿的。同志们必须看到这一点，如果我们不和社会接轨，在这个阶段想提高质量是非常难的，是对不起我们这两个阶段这些孩子的。我讲的是推进接轨进程，不是说划定一个时间作为一个行政任务把它交出去。推进这个进程的目的还不是为了省钱。今天上午我还和刘副局长讨论这个问题，高新技术开发区原来想在泾河工业开发区和我们联合办学校，人家很积极，还想独家办，一期投资拿出一个多亿，而且已和县上订了意向性合同。他们是作为一种产业来办的，设计标准是按南高新的设计标准来定的。我们非常清醒，到未央区教育局谈这个问题，办这个学校不让我们勘探局投入倒没有啥，但是让长庆局的孩子上学收费太高，4800—5000元。他们设计实验的标准，包括40个人班额标准，其中谈的学生去向有三个出口，包括直接到国外去，不光是在国内就业，设计得都非常好。我们现在就有好多孩子在南郊上学，他们瞄准的是我们这个对象，办成贵族学校，大多数老百姓沾不上这个光，那离我们的实际太远。我们宁可拿一部分钱参与，也必须把上学费用标准降下来。要办得适合我们目前大多数职工的孩子能入学，这才叫真正的把好事办好，把好事办实。

我说的是啥意思呢？就是企业现在再有钱，其中有一个问题解决不了，就是生源问题解决不了，师资来源也解决不了。他们是大面积社会招生，优中选优，我们能做到这一点吗？好是好呀，那天上的馅饼我们够不着啊！教师的待遇很高，也是到社会招聘优中选优。他们能做到这一点，我们企业现在有钱也做不到。所以不能坐以待毙，必须推进与社会接轨的进程。高新区还在城运村办了第五幼儿园，收费标准很高，办得相当好，我们有很多的孩子在那儿上，他们提出在我们这院里还要办。看看要不要接轨？不接轨行不行？咱们不能坐在办公室里胡思乱想，得看清形势，所以要早点儿接轨，既要接这种社会投资的优势，也得要符合长庆局的实际。真正把老百姓的事情办好，不能只为几个有钱的孩子办事情；我们教学的立足点也不要仅仅看重培养几个尖子生，都是我们的石油子弟，我们必须要立足于提高整体学生的素质，将来升学也好，就业也好，到社会上在市场竞争中，学生素质要符合人才要求。这叫不叫实事求是呢？不是说不要讲名牌，不是说哪几个尖子生影响力不大，而是说我们办学的立足点应该在哪儿？

我看了你们编辑的那本“学校德育”论文集，其中有几篇谈到后进生的转化问题，我很受教育，教育处让我题字，“尚德敬业，梅质松骨”，这话符合实际。说实在的，培养几个尖子生固然有老师教育、学校管理的功劳，但尖子生的产生有他天生的基础、家庭教育等各个方面的影响。真正把那些看起来不成才的学生通过我们耐心的教育，把他们培养成人才，才是我们的办学宗旨。高中阶段，对解决就业是非常关键的一步，我们必须得立足于这样的一个现实。特别是现在我们有条件这样做了，逐步让一些老同志在大中城市买房、养老，下一步要放开，上班族（包括油公司的同志们）尽可能在大中城市买房、住房。我们不能办傻事，国家一年往西安、银川公建部分投入那么多钱，我们为啥不沾这个光呢？就交通设施、城市配套、文化建设投资不少钱，他们天生就享这个福，咱们石油工人天生就受这个罪，没有这种道理。我们逐渐有了这样的条件，改革时要坚持两个坚定不移。

一是必须坚定不移地推进与社会接轨的进程；二是不要办那些办不到的事情。

第二件事，普通教育要建设好队伍。对班子队伍在5号会议纪要里我提了一条，也强调这一条。学校的领导必须爱老师、爱学生。如果对待学生是孩子调皮点你就讨厌，有了几个调皮的老师你就束手无策，甚至反感，这样就当不成领导。尚德敬业，领导班子首先要带好这个头。

对队伍建设也提了一条，骨干教师是教育教学工作的支柱和灵魂。我们的钱不能平均花，我们的精力不能平均使，在培养学科带头人方面要花大力气。教学是一种创造性的劳动，教师工作量化比较困难。没有几个能立得起来的标杆作参照物，向谁看齐？国外教授都实行终身制，我局退了一批非常有前途、非常好的老师，很是可惜。下一步，在我们的职权范围内，确实是教学方面的人才、教学的专家，再给点特殊待遇也不过分，到了55岁、60岁，退休的待遇给他，如果让他继续工作，要比过去给他的待遇还要高，给他创造的环境还要优越。

骨干教师队伍要相对稳定，但也要用市场机制来管理。今年给钱，不给定员，解决调剂余缺，到社会上去招聘一些骨干教师。不能笼统地谈尊师重教，也不能笼统地谈提高教学质量，必须有强硬的措施作保证；无论中年教师还是青年教师，真正要吃这碗饭，就安心地吃，将来长庆局给这些同志把路子铺得宽一点。我们有许多事情搞了一刀切，不能不痛定思痛，搞一刀切在计划经济条件下对干部素质是一种要求。在市场经济条件下，过去的优点，所谓组织性、纪律性在现在闹不好就是缺点。管理上、用人上不真正按照一种机制来搞，那将来要闯出一条路子来也很难。教育上的改革从管理的角度来讲，不一定天天吵吵，一说改革就是往外交。我们应该在人才培养方面加大力度，这才真正对我们有好处。

最后，我再强调一点，刚才我在办公室给教育处写了一封信，我在这里念一下：“有一件事值得重视，更值得研究，即：对少儿环境教育问题。当然从本质上看这是个社会问题，一是勤与俭。刚刚有吃有穿，铺张浪费处处可见。民族如果是一个‘讲求消费’的民族，后世危矣。大人要做给孩子看；机关要做给基层看。孩子要从滴水粒米养成。二是环境。大家善待环境，善待自然，勿以小善而不为。清洁文明之地才是现实的天堂。进庙烧香，不如把门前扫光。机关和宣传教育部门要尽责。妥否，请鉴。”为什么讲这件事呢？现在铺张浪费、讲求形式是个问题。独生子女，家里省吃俭用供他上学，给他创造良好的环境这是应该的。勤俭节约是我们兴旺的一种精髓，发展的一种后劲，不能丢呀。学校教育要从孩子们抓起，要叫我们儿孙真正养成些有用的品质。如今包装越来越不像话，一瓶酒值不了三十多块钱，一个包装盒三百多块钱，这是一种畸形发展，我们一定要警惕呀！对社会上这些问题，孩子们没有鉴别能力。办一件事情都得讲个排场，好像是市场经济的需要，我看不见得。这个问题得要注意，不注意的话儿孙走了弯路，回过头来吃苦头。艰苦奋斗在新的形势下，包括我们的职工，总得要有点具体的约束；还有环境问题，一到双休日，就不说别的地方，就西安基地，不是说讨厌孩子，而是觉得我们做长辈的没有尽到责任，随便在草坪里跑，随便在草坪里躺，随便扔纸屑。这个问题光靠罚款是不能解决的，还得从学校的娃娃抓起，从幼儿教育抓起，尽到我们做长辈的责任，尽到我们做领导的责任，尽到我们做师长的责任。

最后，我代表局党委、勘探局向在座的各位，也通过你们向全局教育战线上的广大教职工表示衷心的感谢，给你们拜个晚年。

（局办公室于 2003 年 2 月 28 日以长局办发［2003］第 3 号文印发）

孙玉辰同志在长庆石油勘探局 2003 年上半年工作总结电视电话会议上的讲话

（2003 年 7 月 12 日）

同志们：

刚才庆理和继昌同志的讲话非常具体，都很到位，也是我们专门研究过的，大家回去以后要认真领会、研究落实。为了贯彻好两位领导的讲话精神，我再讲几点意见。

上半年，由于处于“非典”特殊时期，我们很少开大会，但机关的调研工作却一直没有停止过。继昌同志在讲话中主要针对存在的问题提出了一些要求。我们既要看到今年上半年取得的成绩，更要研究当前存在的问题和困难，不然就很盲目。对上半年勘探局的形势怎么认识，这一点我觉得非常重要。我们应该负责任地给广大干部和职工讲清楚。

勘探局上半年的形势是非常好的，确实在一个特殊的时期保证了重点工程项目施工服务的顺利进行。同时，我们在部分产业同比收入大幅度减少的情况下，整体经营形势是非常好的：成本控制和费用节约仍然呈现出良好的发展态势；改革改制稳步推进；新的经济增长点正在形成，仅这两年在西安地区就不声不响地很快形成了 3 亿多元的产值；结构调整继续推进；以建立学习型企业为动力的科学管理，在钻井工程总公司等单位见到了实效；机关职能确确实实有了新的变化；主题教育活动深入开展；党的基层建设和精神文明建设也在不断深化；安全生产、综合治理态势基本平稳。特别是管理层企业理念在改变，信心足、士气足，全局生产生活保持了稳定。

下半年在贯彻庆理、继昌同志的讲话的同时，要认真研究和对待两个问题：一是管理问题；二是油气勘探开发建设和技术服务的良性循环问题。

一、关于管理问题

主要表现在三个方面：

第一，部分单位改劲不大，创劲不足，四平八稳，满足现状，缺乏发展的目标和动力，更没有确切的发展措施，个别单位还有畏难情绪。这个问题我在“七一”讲话中专门讲过，我同意两位领导的分析。一些单位的领导班子特别是主要领导的管理理念需要更新。我也冷静地分析过，不改不创的，要么说明你无能，要么说明你自私，因为这几年，时间给了我们比较清晰的答案。凡是改了和创了的，还没有出现大的失利。相反，凡是大改的大得益，小改的小得益，不改的不得益。以设计院的改制为例，设计院本是我们局党委、勘探局抓的一个试点，他们的实践令人深思，他们无疑是改革的受益者，老百姓也跟着受益，但不是最大的受益者，因为他们在争取带资分流时已经错过了一个机遇，现在上面明确不批。说实在的，当时的情况是院领导班子怕丢了这块“肉”，职工怕丢掉依靠。现在回过神来想往前再迈一大步，可集团公司已经不允许整体带资分流，是不是值得我们反思？机械制造总厂的设备制造厂和抽油杆厂改制后，现在也开始尝到了“甜头”，这个“甜头”不仅是经济的，更主要的是得益于管理和市场的结合。原来，机械制造总厂和油气技术综合服务处的基础条件不如运输处，但现在他们的实践可以为运输所借鉴。

我是注重研究管理的。我讲人们对一个事物从不同的角度来考察会有不同的结论，可能这些不同的结论都是科学的，但要注意考察的角度。有些单位的改劲、创劲不大，从管理学的角度来考察，从对干部的德才角度来考察，主要原因不是没有经验，也不是没有本事，是因为没有胆略。为什么没有胆略？是因为缺乏自觉的使命感和责任感，宁愿放弃也不想冒险，明哲保身。这个问题，用传统的理念来分析，这样的管理者是最大的耻辱。所以古人说：知耻者近乎勇。你要不知道廉耻，就不可能有胆略，因为占着位子，拿着高薪，你错失良机不为民谋福，那要你还有啥用。局党委要研究一下，不管你是年轻的、年老的，在当前这样有利的发展形势下，允许你谨慎地探路，而不能允许你停滞不前，这是明确的，也是绝不允许的。

第二，我们要防止改与创的表面化。就像继昌同志刚才讲的，现在是股份公司按照全资公司运作，集体经济按国有经济运行，有些公司是地地道道的集体经济，是地地道道的有限责任公司，但是决策的体制、经营的机制、那种“吃大锅饭”的现象比国有企业还死硬，还缺乏活力。有的公司还是主要领导兼任董事长，但我跟有些同志当面讲，你“长（董事长）”而不“长（擅长）”不行，你当董事长既不擅长法人治理结构的运作，又不擅长新机制的创新，你当董事长干啥呢？开始，由于股权设置问题，由于起步的问题，由于市场的问题，我们领导带个头是可以的，但是你不按规范认认真真运作，不是在耽误事吗？

第三，要防止工作上的失误。上半年，我们生产上仍然有些失误，综合治理上特别是在学生管理上出现了八年来未曾发生的恶性案件。我们要认真贯彻最近召开的有关专题会议的精神，杜绝恶性事故的发生，保持良好的风气。这是管理上要注意的一个问题。

二、关于油气勘探开发与技术服务共同步入良性循环问题

这个问题一定要注意。大家都知道，长庆油田连续5—6年油气勘探开发都是箭头向上，按年递增百万吨的规模发展，不仅为CNPC做出了贡献，也为我们提供了较大的市场空间。但是，任何事物都有两面性。刚才继昌同志提到“掩盖了我们改革方面的一些矛盾”，我这里讲的是另外一个方面。

当前出现了三个值得注意的问题，需要勘探局和油田公司共同研究，而且要认真对待。

(1)投资与增量的矛盾。

由于投资紧张，而下达的储量、产量的指标实际上完成有困难，这个问题除了要调整自己的经营理念、管理理念之外，也必须如实向上级反映我们的实际情况，让上级真正了解低效低渗油田在勘探开发方面的实际困难。

(2)“寅吃卯粮”的幅度越来越大。

以这两年为例，由于投资额度与当年形成的产量不配套，不成正比，所以就必须跨年运作。去年仅勘探局就提前为今年打了近 30 万米的进尺，到今年才能结算，加上外雇队打的就更多了。今年，我们要申请比原计划增加 50 万吨产能，而现在已经到了 7 月份了，如果只能得到 20 万或 30 万吨的投资，那么我们今年就得为明年提前干 50 万吨的产能才能平衡。这不是良性的循环。

(3)由于前面两个原因，工程施工提前垫资额度越来越大。

提前垫资在一定的幅度内是可行的，而且其他油田也是这么做的，过去我们也这么做，甚至在一定的幅度内对长庆实现“31599”的目标也是有利的。为啥呢？价格可以压下来，资金可以提前垫支，但是超过一定规模就会引发三个不可回避的矛盾：

一是结算上出现问题，盘子不能平。就是我们能不要利息提前垫资，到银行贷款垫资打井，但是结算不回来，当年盘子平不了。

二是工作量出现紊乱，甚至出现内部市场“有量无保”，不能保证我们内部的工作量。到目前为止，我们打了 100 万米，外雇队也打了 100 多万米，如果上面只批 30 万吨，工作量就难以保证。

三是机会价格会造成企业“内伤”。并不是价格压的越低越好，特别是“有量无保”要引起重视，应该尽量避免。

最近我给油田公司的领导同志讲，如果长庆没活干，这样做大家还可以理解；如果每年进尺 300 万米而自己的队伍却没活干，那就非乱套不行。作为我们存续企业，就应该提高效率，降低成本，调整市场结构，准备必要的资金，逐步调整和消除这些不良的信号，而且还要全力保证“31599”发展目标。

当然，要真正解决这些问题：一要深化和统一认识；二要发挥整体优势，以产权为纽带，建立经济战略同盟。我觉得实际工作中对这些问题的认识，基层的同志要比我们机关想得长远，做得踏实。最近，局纪委的同志到靖边去调研，发现油田公司基层和勘探局基层，包括金总和苟总他们在指挥前线生产上，统一调动，确实发挥了整体优势。我之所以把这些问题和矛盾讲出来，是要引起我们管理层的高度重视。

三、关于下半年工作问题

下半年我们要努力做好以下工作：

一是要以兴起学习“三个代表”重要思想新高潮来统领我们的行动。局处两级党委中心组，要相对集中一段时间，先把精神和意义搞明白，要注重在实际工作中贯彻落实“三个代表”重要思想。

我们还是要继续推进改革改制，包括“三项制度”改革。最近，集团公司专门召开会议，要大力推进工资分配制度的改革，这对我们存续企业来讲是极大的好事。我们要通过这次改革，进一步深化和完善分配机制。这里面有一个分配原则，就是按照要素分配；还有一个制度，就是以按劳分配为主，其他形式为辅的制度。这些都要在改革当中认真解决。

二是要千方百计地保证重点工程的建设。只有这样，才能为明年的市场做好准备。

三是要加大科学管理的力度。真正在基层建立学习型的企业，以此推动我们的各项管理工作。

四是要加强基层建设和企业文化建设。没有这样一个坚强的保证，我们的很多工作会陷入被动。

五是召开改革改制专题研讨会。在上半年调研的基础上，根据这次会议的总体部署，准备召开一个规模比较大的改革改制研讨会。

总之，上半年，全局各条战线，特别是前线的职工克服了种种困难，取得了非常好的成绩，在这里，我再次向全局广大干部职工问好，向前线的职工致敬，向白衣天使们致敬！

同志们，勘探局总的发展形势是不错的，只

要大家继续认真地贯彻好这次会议精神，到年底会有一个令广大干部职工都比较满意的结果。希望大家能再接再厉。

最后，预祝我们全年有一个“好收成”，让大家过上“好日子”！

（局办公室于2003年7月12日以长局办发[2003]第24号文印发）

孙玉辰同志在长庆石油勘探局公司治理培训班上的讲话

（2003年8月2日）

同志们：

今天，我既不讲理论，也不讲实际，只讲一点对我局“二次创业”的认识和感受。

我们请有关教授给我们讲“法”，就是要搞法制。市场经济是严格意义上的法制经济，我们学“法”就是为了了解规则。但对我们在座的来讲，这不是最重要的，也不是新鲜东西，因为相关法律我们都学过多次了。关键问题在于不管我们贯彻哪一种“法”，都是处在现在这样一个过渡期、转型期。这个时期是非常特殊的，是一种选择不充分的市场经济。在这种时期，尽管我们非常熟悉计划经济那一套，但是不能全部套用。而不管是《公司法》，还是其他法律，也只有在一个理想的、市场发育健全的状态，才能很好运行。

昨天，我和美国能源地球科学公司的总裁座谈，他就说，美国是一个市场经济发育成熟的社会，很多我们在这里想像的情况，或在其他国家发生的一些问题，在美国不用担心。

在社会的经济形态中，企业就是厂商，就是商家，就是一种无法选择的形态。过去在计划经济高度统一下，我们已经习惯了。而将来可充分选择的成熟的市场形态还没有到来。我们现在处在这种还不能充分选择的市场形态，就得要研究现在这个市场形态。

今天，我们就是要研究长庆在这样的现实下，还有什么矛盾和问题。

第一部分讲现状和对策；第二部分讲人的素质问题。

一、现状和对策

截至2002年底，勘探局参股、控股的公司中，有职工股权和集体股权的企业共13家，职工股总额达到7600多万元，集体股达到5700多万元。这些企业，现在到底碰到了哪些带有共性的问题？我觉得要好好地分析一下。而研究和讨论这个问题，首先得有一个标准，那就是现在定义和实践的现代企业制度，就是我们常说的“产权明晰，政企分开，权责明确，管理科学”。

今天我们主要讨论与产权有关的内容。

（一）现状和对策之一——产权明晰问题

按照法律原则讲，我们局国有资产与企业资产、集体资产是明晰的。国有资产的管理，下一步按照十六大的精神，要进一步规范和加强。集体资产的管理，目前我们局有“三个层次”、“两个方面”需要研究。

我们现在讲的勘探局的企业资产、集体资产，有局一级的、厂一级的，还有改制公司这一级的。由于层次比较多，现在我们在管理上，还没有一个更好的、更科学的办法，其核心问题就是所有权和支配权。

首先，需要分析和研究的，就是职工与企业资产之间的关系。这三个层面中的任何一个，所有权和支配权都是缺少法律依据的。比如我们局里规定，不管哪一个层面的集体资产，对职工个人而言，都只具有效益的分配权、经营权，但都不具备对这部分资产的完全意义上的所有权、支配权、处置权。

勘探局层面的集体资产，是采用委托法人的形式，厂一级大部分采用社团法人的形式，对职工的股权依照信托法、投资法，或者说，按照过去职工持股会、社团法人和自然法人的形式，进行股权管理。除个人的股份以外，任何意义的企业资产，职工只有经营权和收益的分配权，而不具备资产的所有权和分配权。

其次，分析一下运作当中出现的三个矛盾。一是没有量化，或者没有动态量化到职工个人；二是由于上述原因，责与权不够明确；三是由于以上两个原因，经营权与所有权分离之后，对权与责的调节不够灵敏。

要解决这些矛盾，在国家还没有明确的方针政策之前，一是能不能在政府的指导下，探索企业内部的股权交换，即使是社团法人之间的交换也行。从去年年底，我们已经给资本运营部提出了这个课题。当然，要不要在政府有关部门的指导下来进行，还需要很好地研究。

二是要设法把集体资产量化到人头，而且是一种动态地量化。因为对这一部分资产收益的分配权，职工不光人数是动态的，而且职工个人的身份也是动态的。

比如，原来设计院改制时，大家就讨论这个问题。现在的集体资产，是属于当前花名册上的人呢？还是包括离退休的、已经调出的那些人呢？如果退休职工来要一部分，你给不给？调出的职工来要，你给不给？因为没有形成那种动态量化的过程，所以如果人家要打官司，我们一点不给，也没有法律依据。

现在，我们的股权、集体资产只有很小的一部分。如果我们勘探局要是达到每人 10 万元，就相当于又是 30 亿元资产。而且每人每年股权分红很可能达到 1—1.5 万元。到那时再这样产权不清晰，很可能要引起法律上的纠纷。这个问题不解决，会影响我们企业资产的膨胀，会影响我们大踏步地发展。

三是要强化对资产的经营责任。后面，我在人的素质、管理者的素质这方面会涉及到这一点。这是我们工作中已经碰到的问题，几乎每一个有限责任公司都会遇到这个问题。

（二）现状和对策之二——责权明确问题

依照《公司法》，公司股东会、董事会、监事会，股东、董事、董事长、经理，其权责都是明确的。每一个公司的管理，有法可依，也有自己的章程可循。国有、集体以及个人股权的管理，无论是参股、控股，行权的规则也是明确的。

那么，在行权的过程当中，存在或者说应当避免什么问题？如何很好地解决这个问题？我概括为三句话：

一是股东民主决策、民主监督不健全、不到位；

二是职工个人风险意识淡漠；

三是形式上规范的法人治理结构，往往还是按照我们习惯的厂长负责制、或者党委领导下的厂长负责制来运作。

原因如下：

一是因为集体资产的所有权“虚位”，不是“缺位”。像我们局这一级，就由集体资产投资管理中心受企业法人的委托进行管理，所以不是缺位。但作为资产，它的主体是不清的，特别是集体资产所有权应该是量化到职工身上去。这个权的“虚位”使得行权意识淡漠，职工利益挂钩反应迟钝。

二是回顾集体资产成长的环境和成长的特殊的过程，无论是决策还是监督，到现在，往往把无上级企业当有上级企业管理，把无级别企业当成有级别企业管理，把有限责任公司当成全资公司管理。在机制上，甚至把集体企业还当成国有企业来对待和管理。现在有的责任公司，比吃“大锅饭”的计划经济条件下的企业还计划经济，旱涝保收，没有任何责任。我们勘探局，现在就存在这个问题。当然，这其中还有另外的原因，就是管理层与执行层个人素质的问题。

正是由于这些原因，真正的股东民主决策、民主监督是不健全、不到位的，职工个人的风险意识也是比较淡漠的。形式上是法人治理结构，实质运作中是厂长负责制，或者党委领导下的厂长负责制。这个倾向一定要注意避免，注意研究。所造成的危害，也是显而易见的。最大的危害，是不能充分发挥新体制在市场当中的优势，直接威胁着企业竞争力的提高和活力的增长。针对这个问题的主要对策，就是应该好好地学习，我们之所以组织重新学习有关的法律，包括《公司法》，就是要提高股东的风险意识和行权意识，提高管理层的基本素质。

（三）现状与对策之三——法人治理结构

法人治理结构，对于我们绝大多数公司来讲是健全的。但是，经营机制大部分是陈旧的。表现形式：

一是集体资产、个人股股东权责有其名无其实；

二是决策层的权责不对称。这个不对称，不光是权与责不对称，甚至权、责、利都不对称；

三是执行层与决策层，不管是现在必要的交叉任职，还是不必要的交叉任职，随意性比较大；

四是企业战略决策削弱，短期行为比较严重；

五是企业缺乏活力。

董事会是制订企业战略的，执行层是更注重眼前的。董事长兼总经理的危险，在于集战略决策和战术决策于一身。如果素质好，是有利的；如果素质一般，是危险的。

对我们目前成立的地区性的公司来讲，我们在很多或者不少的公司采取董事长和总经理集权于一身，主要从五个方面来考虑：

一是便于起步；

二是我们现在还没有职业经理；

三是为了强化行政协调，减少新、老“三会”之间的行权矛盾；

四是为了提高决策和执行的效果；

五是为了适应长期形成的等级观念。本来经理、董事这一级都没有级别，董事长也没有什么级别。可是现在很多基层都给我反应，新成立的公司，如果是二级单位的副经理兼职，出去联系工作别人很重视，如果不是这样的话，别人就不重视。这些都非常实际。

所以，本来我们可以把用人机制搞得非常活，经理班子、经理这个职务既可以在局内聘任，也可以到局外聘，谁适合谁就干。干完这件事，你愿走，来去自由。而且只有这样，才能真正能把这个公司运作好，才能在所有权与经营权分离之后，真正地把董事会的战略决策、公司长远和近期的发展目标，通过经理班子有效地运作。而现在这种状况，执行经理对用人就不敢大动干戈。

机制问题，包括刚才举例所说的用人机制问题，还没有真正地发挥新机制应有的这种效用，仅考虑建立法人治理结构，而不真正地从机制上解决问题，这个公司也是没有前途的。所以，我们必须要大力地推进人事、用工包括分配制度的改革，必须大力推进科学管理。

我们要能够真正地做到，使法人治理结构在市场当中依法保护股东的利益，使经营当中的效益能大大地提高，使人们的观念能够得到进化，使经营管理的人才能够得到训练和保障。新成立的公司千万要注意，不然，就是个挂牌公司，没有什么实质意义。

当然，我们目前刚开始运作，存在的问题还不止是这三个方面，我想咱们先提出这三个问题，也提出一些初步的对策，供大家在下一步公司制规范和改造过程中，特别是对新组建的公司、依法成立的公司，要认真地注意研究。

二、对公司管理者素质修炼的思考

作为一个公司，新体制、新机制要靠人去运作，靠人去治理。靠人把它变成现实。人的修炼要比讨论具体问题还重要。我提个原则，就是:以"三个代表"思想为人生价值目标;以求实、求是、求正为行为准则;以科学管理作为手段。把掌握适应现代企业制度要求的、企业战略决策的本领,完成每个阶段的发展目标,来作为我们修炼的基本要求。

1. 体悟人生价值

体悟人生的价值目标,可以分成三个层次:

第一个层次,就是没有个人价值目标的价值目标;

第二个层次,是人性平等的个人价值目标;

第三个层次,是人性不平等的个人价值目标。

第一个层次,是把人生提高到生命的高度来认识;第二个层次,是把人生提高到生命的高度来实践;第三个层次,是把生命降低到人生的这样一个高度来认识,来对待。

到底人生和生命有什么本质的区别?我的理解,生命对人来讲只有一次,不能选择,不能改变。人生对人来说,是分阶段的,有若干次,可以选择,也可以改变。但第一个层次的人,他的人生哲学是人生第一,第三个层次的人,是生命第一。第一个层次的人是为人生活着,第三个层次的人,是为生命活着。

我们讲人本主义,有的人,他确实具有人性平等的个人价值目标,他的所作所为,也是在实践人性是平等的。

例如研究菌草的专家,开始并不是搞这个专业的。偶然的机会到贵州、云南调研,一群孩子乞讨吃的,这改变了他的人生。他当时想,这个地方怎么还有那么多吃不饱的孩子。那么作为一个人生的价值,能帮这些孩子什么忙?后来他就研究利用菌草,生产菌类,帮助山区农民致富,千辛万苦,终于成功了。而且,他又到世界上其他贫穷的地方,推广培植菌草。那些黑人一看专家组的车来了,大人小孩都鼓掌,不管他是否在车上,都呼喊他的名字。在我们日常生活中,这种成功的例子,古今中外,太多了。他体悟到了人生价值,他实践的是人性平等的个人价值目标。

那么,人性不平等的价值目标,有没有成功的呢?也有。有的人认为,我就应该发财致富,别人的水平、智力、环境,就应该是穷。而且我们现在的社会,现在的市场法则,恐怕就是在培养这种人性不平等的价值目标。昨天,美国客人就给我说,他那个社会就是保护这样的人生价值。

那么问题是,我们现在的公司董事长、经理们,两条路都能成功,你到底走哪条路。这个问题,是别人不能强迫的。可以举出好多例子,大家要很好地体悟。

2. 体悟创新精神和创新能力

首先是要启发与自觉。深度思考一个问题,思考现实要不要改变。创新开始,就要启发。要自己启发自己,得要自己给自己提出个简单而又明确的问题——现实要不要改变。谁能给自己提出这个问题,启发就做到了,启发就这么简单。

接下来,思考这个问题,特别是深度思考这个问题,就会产生两种效应,第一种是自动产生了系统效应,第二种是自动产生了反观效应。哲学意义上的自觉,是人的认识达到了这种境界和状态,那就是自动产生了一个系统效应,能把个人的自觉自动地融入群体的自觉当中,能把个人的利益、个人的价值看成群体价值、利益的一部分。

自动产生的反观效应,就是不仅能自动地、有计划地把握规律,按规律去实践,而且不管成功与失败,都能从自身寻求与实际的差异原因。如同古希腊提出的一个严肃的命题一样——认识你自己。也就是毛主席在"两论"中提出的,在改造客观世界的同时,改造主观世界。而不是先改造主观世界,再改造客观世界;或者先改造客观世界,后改造主观世界。

有了这样两个效应,才谈得上启发与自觉。启发与自觉的外在特征,是实践。所以,很多人,通过自己的实践,感悟到最伟大的寓言。有了最起码的自觉,加上第一步实际的试验,那么,他才产生了一种对现实的不满。大家不要把讲管理与讲政治混为一谈,这种对现实的不满,表现在政治上,就是革命;表现在管理上,就是革新。

所以说,真正地研究创新,前面这个过程是不能缺少的。什么是创新,无非是三种类型:一是实践新的体系;二是实践并丰富旧的体系,从旧的体系当中挣脱出来,成为一种新的体系;三是实践并赋予旧体系新的内涵。

创新是有条件的,那就是不可缺少的一种觉悟。马克思曾经指出,对一个时代来说,主要的困难不是答案,而是问题。问题就是公开的、无畏的、能左右一切时代的声音。如果你满足现实,就不可能觉悟到问题。

所以,创新并不难。实际上我们天天在创新,人人都可以创新,人人都具备创新的本领。但是,是不是能够自觉地去创新,这确实是需要修炼的。创新就是对现实的批判与抗争,自觉创新的人,他始终是要站在巨人的肩膀上抗与争。

站在巨人的肩上是个继承,但又不是一般意义上的继承。能站在巨人的肩上,本身就得抗与争。随时欢迎别人站在自己肩上,也得抗与争。如果只是为了站在别人肩上抗与争,而不自觉地让别人站在自己肩上抗与争,他始终就站不到巨人肩上去。

所以说,创新与继承,我的体悟就是这个关系,而且难就难在这儿。虽然人人都具有创新的本领和机会,但不是所有的人都能做到、都能实践。创新是永不满足的,但是长乐的。因为他不是为自己不满足。当然,不管哪一个类型的创新,都是开拓新路,所以活得很累、很苦。

管理者的素质,在市场当中,创新素质的要求应该放在第一位。所以,一个公司、一个部门,如果是一潭死水,老是说过去的话,老是爱恋旧,那个地方可能创新的能力很弱,创新的精神没有培育起来。不管这个公司大与小,特别是在创业阶段,要想着不苦不累,就别想成功。

我调研了好多私人企业,不管是从事哪个行业,创业阶段都是相当苦、相当累的。而且除了高新产业之外,没有十年的创业,是难以成熟的。即使产品可以当年生产出来,甚至是很成熟,但是,管理没有十年的磨炼,是不能成熟的。我觉得,咱们得要好好地体悟这个问题。

3. 管理者要体悟战略管理的价值

企业发展战略从提出、制订到形成共同的愿望、到落实,是一个非常系统、庞杂的工程。任何一个企业,要想在市场当中立于不败之地,就要解决可持续发展的问题。没有战略管理,是不可能的。

实务发展规划目标,实务发展实施方案、组织与策略等等,构成了我们的发展战略。勘探局有发展战略,各个公司有自己的发展战略。去年,我们提出了管理者要抓管理,管理者要归位。归什么位?什么才叫归位?首先归战略管理之位。最近,我们局领导和有关的部门,听取有关单位上半年的工作汇报,就是重点和各个单位讨论战略管理的问题。

虽然我们去年的工作报告当中提出管理者要归位,但提了就能归位?报告上写了、讲了就能归位?那是不可能的!今天就是要让大家体悟战略管理的价值。

管理层没有战略胆识的管理者,是不称职的,是没有入门的。凡是有竞争的地方,就必须有战略管理。我们讲战略管理,不是说不讲战术管理。战略和战术是统一的,是“体”和“用”的关系。

打个不恰当的比方,我们手里拿的笔和我们写的字之间,笔为“体”,字为“用”。但是,我们手里拿的笔和手这二者之间,那手为“体”,笔为“用”。再推一步,人的脑子和手臂之间的关系,脑为“体”,手为“用”。战略和战术的关系,在同一个问题上,从不同的层面来对待,来策划,它是统一的。正如,同是手、同是个笔,在不同层面,既可以是“体”,也可以是“用”。

战略和战术,也是如此。我们自己的实践,也说明了这个问题。战略管理,缺少不得。凡是能够分清“体”和“用”这样关系的管理者,一定是个明白人。凡是能够解决“体”和“用”的管理者,就一定是个战略家。战术,可以决定成败;战略,才能够决定“兴废”。

我们这个企业如果达到可持续发展的状态,而且保持住,这就是“兴”;如果不是这样,那就是“废”。我总是讲,战略家总是赢得时间。因此,他也总是拥抱时间,创造未来。咱们哪一个公司,哪一个二级单位,真正地把战略管理这个问题弄明白了,而且认真地在实施战略,哪一个公司就会兴旺。

4. 体悟管理者自身的作用

管理者自身的作用就是求实、求是、求正的作用。求实很难,难就难在需要大德;求是也很难,他需要大智慧;求正不是难不难,是看有没有耐心,需要的是大循环。

求实,是指虚中求实。

任何人在人群当中求一句实话都很难。正是因为我这样理解,所以,我才推断出随便给别人一句实话,就是大德。

天道是损有余,而益不足;人道正好相反,是损不足,而盈有余。财富总是向富人集中。是顺从天道的人道,是人道合于天道。求实能不能求来,要看你本身具备不具备这样一个大德、德行。有了这样一个德行,你就能够求实,你就能非常慷慨地给别人一句实话。你没有大德,你就不可能慷慨地给别人一句实话,你也求不到别人的一句实话。

所以,漂亮话、美言总是从低位向高位流得多。因为这个“言”是虚的多,实的少;轻得多,重的少。所以说,容易向上浮。但是,清水也好,污水也好,都是从高位向低处流。因为不管是清水也好,污水也好,它与不值钱的话相比,毕竟是重的多,实的多。

所以,要顺天道,行人道。顺天道,不要把虚的当成实的,把假的当成真的。名和誉,不可把他看得太重,他本身就不重。当然,你更不要把实的当成虚的来对待,把重的当成轻的来处理。厚重了,就实了。承重了,就求实了。所以,求实确确实实得从德上来修炼。

求是,需要大智慧。

大智慧有高低不同的两个层次。低层次的叫分辨值;高层次的,叫觉悟值。两个层次解决两个不同领域的问题。

人生上学、念书、实践、总结,包括今天办学习班,是一种分辨值的积累,也就是一种“比较量”的积累,使我们越来越聪明,分辨率越来越高。原来辨别不出来的是与非,能分辨出来了;本来辨别不出来的分子和原子,把他区分开了。所以,人越来越聪明。

但是,“比量”的积累解决了愚昧的问题,但解决不了“迷”的问题。甚至,有的人,这种比量积累越多,而迷也越来越多。所以说,仅读书还不行,必须得跳出智障。所以,我就很佩服《第五项修炼》的体会。自然科学和社会科学的结晶是哲学。有些事情,得要靠哲理才通达真理。

觉悟值,是一种“现量”,他解决“迷”的问题。可是人们往往注意“比量”,“比量”靠积累,他“现量”是靠开发,靠觉悟,是一种觉悟值。

所以,求是的这两个层次应该一起来解决,才叫大智慧,才能解决特殊矛盾。所以说,大智若愚,好像傻子一样,因为“比量”和“现量”都开发了,都达到了一定的程度了,解决了观察事物的体循环问题。他既能从小见大,又能从大见小,所以说“视而不见”了,“听而不闻”了。因为视万物如同一物,听万般如同一般,触类旁通了。若他用这样的智慧来解决我们市场的竞争问题,来管理,他就把管理变成一种有趣的艺术。

真正有大智慧的人,他对待人生和生命,都是乐观的。但是,他绝不是没有责任的。对社会,才是真正的、自觉地负责任,他不会浪费一秒钟。因为,他形成了一个观察事物的体循环之后,叫作“举目可见己之不足”,所以说,“学不顿”。“举手可得己之未有”,所以说,“行即得”。他只要行动,就有所得。他只要活着,他就要学习。

“比量”可以辨别差异,觉悟才能发现问题。所以说,要解决很多“迷”的问题,要搞战略管理,光靠那些书本上的东西,自己没有认真消化,没有认真地理解,没有形成自己血液当中的东西,不可能解决任何问题。我说,咱们之所以重视“第五项修炼”,是因为它系统思考问题;之所以强调修炼,是强调的一种实践,而且是自我心智模式的改变。

解决这些问题,仅靠一般地谈管理,你能做到,别人也能做到。所以,在竞争当中要立于不败之地。就要制订战略管理,要靠现量;实施战略管理,要靠比量。战略管理,争取的是时间。

求正,需要大循环。

求正,需要实践。实践,需要时间。系统运行,总有时间滞延。时间滞延过程中,会给人们带来错觉。要避免错觉,就得培养耐心。系统运行过程中,包括一个产品开发,包括企业战略的实施过程,相当于一个生命在时与空的轨迹中运行的过程。要真正地演绎出来,需要一个大循环。市场当中胜了,不要张狂;市场当中败了,也不要气馁。胜了、败了都是人生的小循环。求正,既要求“正”胜,也要求“正”败。求正得到了,他回归到求实和求是当中去,加速了求实、求是的进程,使我们的生命周期相对地延长。人生的小循环,也变得更大更长了。

所以说,要审视我们自己的做法,是不是求实了,是不是求是了,人们往往没有耐心,把一时的成功误认为整个大循环当中的成功,那就错了!

5. 关于管理者的素质

要培养自己的大德。德,随着社会的发展,他有不同的内容。但是,他有一个共同的特征,就是维系人群的生存和发展,有益于人群生存和发展的一种规则和法则。德,立了法的,那就是“法”;没有立法的,但是也必须要这么做的,那就要靠道德的行为和力量来维系。

作为企业管理者,确实要行大道,通大理,才能干大事。行大道,就是刚才我说的,天道和人道是不一样的。行大道,就是使我们自己的人道,符合天道的行为。国外很多研究机构,很多著名企业家,也在研究中国的德行。十六大报告当中也提出,我们要以德治国。即便是在市场竞争当中,这也是非常需要的。

作为一个企业的管理者,凡是行大道的,外在的特征,必然是谦和的。所以说,我在龙梅厅的那幅画中,把这个梅花重新定义了。梅花,就是谦和、颐寿,报春不争春。

作为人,在市场当中,一定要记住,天道是损有余,而益不足。你老是虚着,他就往你这儿流。你老觉得自己行,他就想法让你往外流。什么时候把你的精力、智慧都流干了,你的生命虽然没有结束,但是你的人生早已经停止了。所以说,谦和受益,忘我而行。

凡是在市场当的一个成功者,没有一个不是真正的、实践“以德制厂”的实践者。市场管理当中的参与意识,是人性平等的一种意识。参与的成功,是人性平等的回应。市场当中,不能发号施令,不能行诡术,不能唯我独尊。也就说,在市场当中不能行“三权”,即权势、权术、权威。

发号施令,是因为你有权,而且有势。你如果会行诡术,说明你精通权术。你要唯我独尊,说明你具备权威。但是,不管是权势也好,权术也好,权威也好,在市场当中,都不认。所以说,你必须以德治厂,取得信誉。特别是在这样一个过渡时期,这样一个选择不充分的市场经济,信誉更需要。我们要自己具备和修炼这种德行。

要通大理,讲大众之理。我们既讲人理,更要讲众理;既要讲一人之理,更要讲三人之理。讲三人之理,倒不是因为加起来是个“总”字。而是老子说,一生二,二生三,三生万物。所以说,讲、通大理,就是讲、通大众之理。

众,为人道之首,为人道之大。只有真正明白了这样一个理,那才能真正地去实践。也就是说,个人是一滴水,没有了不行,少了一滴,无关大局。江还是江,海还是海。我们在企业当中,修炼的目的是为了干大事,为了把大理变成大义。只有真正地行大道,通大理,才能真正地干大事。

人人都能干大事,但并不是人人会干大事。谁能够“觉”而“行”,觉悟到了自己应该以德治厂,能够以大理治厂,就能够搞战略管理。

市场,是一个价值交换的平台。它虽然不是有了人类社会就有,但是,人类社会发展的初期,就逐渐地形成,逐渐地培育。市场非常的简练、非常的简捷。它只吃一种“食”,只认“价值”两个字。

这个平台是一个非常特殊的平台。它自身产生的推动力,这个巨大的、无形的杠杆,一直推动着人类社会文明的进展。市场确确实实在无时无刻地改变着生产力和生产关系,改变着人们的生活方式和生活质量。所以,市场,可以把鬼变成人,也可以把人变成鬼,改变着人们的灵魂。

我认为“有人富是因为人家在市场当中把自己的影子当马骑;我们穷,是因为我们在市场当中,老是拖着一个沉重的影子在爬行”。市场既不是地狱,也不是天堂,用不着一提市场就害怕,对市场的认识,人们还缺少实践,也缺少理论。但是,不管大公司,小公司,包括现在我们存续的这样一个全资公司、独资公司,企业的经营,全部的、核心的内容是市场问题。

我们前面谈到的,对管理者素质的一些体悟,是市场这面镜子反照出来的,不是哪一个人在这儿来杜撰出来的。我们成立了公司,只是在市场当中竖起了一个招牌。我们制订的发展战略,是为了能主动地占领市场空间。我们实施发展战略,是为了在市场当中获得财富。我们要修炼,是为了在市场当中要永久地获得财富。而且,要永远还富于民。

市场是自我设计出来的,不是别人恩赐的。譬如,“三太子”方便面。一群30来岁的小伙子,从1999年开始,共同凑了170多万元办方便面厂。当时他们市场调研后明知全国有一千多家方便面厂,方便面生产线有两千多条,40%的生产线是闲置的,而且“康师傅”、“统一”牌这些行业的巨头占了80%的市场份额。剩下的20%的空间,还有上千家的方便面厂在角逐。

他们就是在这样的情况下,自己设计自己的市场。从一开始,他们就没有想有哪几家,包括巨头们恩赐他们,给他们留一点市场空间。他一开始就设计一条血路,要自己杀出去。三年之后,经营规模每年保持在25亿到30亿元,出资300多万元给老百姓修桥铺路,为6000村民免费供水供电。除了搞了方便面,还搞了很多的绿色植物园,一共带动了100万人致富。凡是和他能挂钩的,人均年收入超过5000元。

西安有一个很大的园林公司,叫富强园林公司,总经理叫谢富德,河南人,50多岁。创业十多年,现在园林2700亩。他实际投资并不多,一次性投入了300多万元,可300万元投资买的东西叫人吃惊。一是买了十几台电脑,二是高价挖了两个人才。

一个人是到四川挖的,这个人做私人园林很有名,江泽民参观过,他就偷偷地去联系。搞园林的这些人,生怕别人去拍照、照相,他就千方百计伪装,准备要买他们附近的房子,买他的一些东西,结果把这个人招来了,给他的报酬,远远超过他自己的期望值。工资一月几千元,给他租了住处,一个月让他探一次家,给他往返飞机票。

另外,跑到江浙,请了一个能工巧匠。而且让他从江浙一共挖了20多个能工巧匠,最低月工资2500元。年工资成本超过100万元。

结果今年虽然“非典”影响,但第一笔揽了380万元的活。这个公司没出西安,已揽了将近两千万的工作量。这是不是在自己设计市场?我们去开拓市场为啥找不着呢?因为我们使用计划经济的理念去研究市场问题。计划经济是搞区域平衡,我们现在自觉不自觉地用计划经济去研究,总觉得市场是满的,没有项目可做。

当然,机制不一样,体制不一样,但是,我们总有可以冲破的地方。我想,培育我们自己的职业经理可能还有一个相当的过程,在中国来说,都还有一个相当的过程。但是,发挥我们现在的优势,立足于培养现有的这些同志还是可以的。

我们现在还没有研究跨国公司的运作方式,就国内的市场,也够我们认真地去干一番事业。所以,前面,我讲了公司运作当中需要注意的实际问题,后边我重点讲了事在人为,我想,用不了多长时间,在座的都是企业战略家。我们"二次创业",只要抓住这些需要注意的实际问题,我们就不用愁。

任何时候都要解放思想。十几年前,80年代初,我们培养了一批企业家。由于种种原因,有的还引起了一些经济诉讼关系。一朝被蛇咬,十年怕草绳。我们现在能不能反其道而行之,反过来来思量这个问题。能不能给我们三万人有意识地创造条件,搭成平台,培养三万个私人企业家?如果我们的职工,别说是三万个企业家,就是有三百个企业家、三千个企业家,我们长庆的财富都不知要扩充多少倍。贯彻"三个代表",最根本的,还是要代表最广大人民的根本利益。

所以,大家还得解放思想,特别要大胆实践。等到大家都拥护你的时候,机遇就丢掉了。

迷就是"颠倒梦想"。我们要远离"颠倒梦想",究竟涅槃。《人民日报》在介绍"三太子"企业的发展过程中,标题就是《凤凰涅槃》。

我们也要克服智障,远离颠倒梦想,究竟涅槃。

孙玉辰同志在长庆石油勘探局机关管理创新研讨会上的讲话

(2003年8月12日)

通过参加机关的读书活动和研讨,我感觉机关在发生变化。这种变化是积极的,是潜移默化的,是非常有生命力的。机关悄悄地在变,队伍悄悄地在变年轻,首脑、支脑也在越变越年轻。

队伍悄悄地变年轻,这是自然规律。这个大家容易理解。再过上两年,我们台上台下的还会发生一些大的变化。首脑能变得越来越年轻,这可是个不得了的事情。我说首脑、支脑变得越来越年轻,不是指勘探局的党政领导班子,指的是机关整体的内在的含义。有两个特征,第一是自我充电;第二是自我调谐。不是协调的"协",是和谐的"谐"。

充电就是补充能量。人脑子老了,主要是能量不足了,记忆力不行了。充电有被动的,有主动的,有直接的,有间接的。我觉得机关正在由被动变成主动,由间接变为直接。也就是说向实践学习,我们今天交流的是机关的管理创新,创新的含义按照《第五项修炼》的科学表述,它是一种实践。机关组织的读书活动,包括这次理论研讨,是基层自发组织的,不是局长,党委书记具体安排的一项活动。我觉得这是向同志们学习、交流的非常好的形式和机会。对充电的体悟,不管是主动的还是被动的，我认为都非常重要。我认为充电就是财富积累的过程，是改善自我的过程，是改善整个社会的过程，所以充电是绿色的，是具有活力的。自我充电的一个家庭，都是给社会尽义务，给儿孙积累财富。自我充电的一个组织，都是给这个组织的成员积累财富，给社会做贡献。所以一个家庭也好，一个组织也好，能够形成一个自我充电的态势，我相信生活是充实的，公务是诚实的，财富是殷实的，大家小家同理。勘探局如果保持这样一个态势，“二次创业”的目标一定能够实现。我们的日子会过得非常富足，我们的人际关系会更加协调。大家应该思考和体悟这一点。

一个非常浮躁、盲目的集体，它不可能给成员创造多少财富。所以大家静下心来，互相启迪，相互交流，共同研讨一些有益的问题，我觉得非常好。当然，我看这次研讨涉及的内容很多，包括理念的创新，制度的创新，包括一些工作方法和方式的创新。我觉得是大伙在给自己充电。机关党委和大家一块建造这样一个环境，这才叫真正的、温馨的、有前途的环境。

自我调谐，我个人的感受是，体用层次分明，体用互助互补。大伙开收音机要选一个台，看电视要选一个台，那就得把选定的台调出来，其他台暂时屏闭起来，层次分明。勘探局相对集团公司而言，就是体用关系，CNPC是体，勘探局为用。各个处室相对于勘探局来讲，勘探局为体，各个处室为用。这种体用关系是层次分明的。这是一层含义。而且这种体用又是互补互助的。叫做“用一藏百”。虽然电视机收看的时候用的是一个台，实际上里面可能藏了60个台。只有这样才有可能协调起来。

作为我们考核机关来讲，主要特征是适应。适应只是其中一个特征，也有主动的适应和被动的适应。我们现在也正在由被动的适应逐渐变为主动的适应。适应啥？主要的是适应市场。当然不是百分之百的为了适应市场。因为现在除了适应市场之外，还有适应其他的。比如说，我们为了适应市场，机关在理念上有一个重大的转变，就是动态管理。不管你怎么说，不管你愿意不愿意，你是一个市场竞争的主体。但是在管理市场这方面，你能不能当主体是另外一回事，这个不是你想不想当的问题。我们现在主动的适应市场，就是叫做不仅成为市场竞争的主体，还应该努力做到成为市场管理的主体，叫做在市场当中游刃有余。这个管理思想的转变，对我们机关来说，尽管还有很多不到位的地方，我认为它是一个重大的转变。这和计划经济体制相比，是一个重大的转变。

像财务系统，包括结算系统，甚至对流程都进行了再造，当然这个问题也不容易，财务系统的同志们也是费了劲的，包括张总。也有从不自觉逐渐到自觉。

再比如说，计划管理当中的，投资周期动态的管理体制，就不是那么简单。

我们的资本运营部对企业资产管理当中的主体缺位是一种补位，这个也不简单。

人事组织部门进行的一些“三项制度”改革，包括建立的一些人事平台，还有我们内部监督平台，由监督结果向监督过程转变。

我们市场开发当中，那更不用说。现在不管国际市场还是国内市场的开发，你不和市场接轨，就寸步难行。这些都是为了适应市场。这是一个适应。

第二个适应，就是适应基层。是让基层适应上层，还是让上层适应基层，还是基层上层互相适应？这个答案是肯定的，是非二的。那就说，理论上必须上层适应基层。

从计划经济体制过渡到市场经济体制，都必须适应。可是过去在计划经济条件下，我们残存的动不动让基层适应我们上层的那些东西，是根深蒂固的。为什么呢？上边是制订政策的，拿着这种政策去要求下边。但并没有再深层次的想一想，制订的政策，如果适应基层它就奏效；如果不适应基层，哪怕是中央制订的，将来也必须要改。你可以具备法律、政权的权威，但是你并不具备实践的权威。那么，现在到了市场经济条件下，这种残余是企业发展的一个重大障碍。在实践当中，给人们的一种感觉，好像是上层和基层是相互适应的，实际上，这是一种短暂的、暂时的态势。上级不适应下级，这是从哲学的、理论的、我们的工作当中获得的，这是一种常态。所以我经常说，包括对我自己说，我们在机关工作的同志们，自己要不警惕，就由一个好人变成了废物。

我觉得我们这两年，机关在主动适应基层这方面，迈出了非常大的步子，这也是形势所迫。重组后，油田变成了两个经营主体，那么，在处理两个经营主体中怎么适应？我们首先提出“先活心脏，后养肌肤”。关联交易分三步到位，三年多过去了，三步到位的最后是建立战略同盟，内部还没有完全到位。可能还要有个过程。基层要竞争，要整合生产要素，机关就要搞好服务。我们不能老抱着过去那套观念来看待整合的问题。不是按机关领导层个人的好恶来定是否整合重组。尽管那种担忧和思考，都是为公的，但总得要从基层的需要出发来考虑这个问题。基层改制以后，我们通过产权进行管理，其他的一些行政管理，能和过去管理一样吗？我们现在仅仅是搞了一些试点。如果我们大面积地改制，说实在的，同志们，机关不精简是不行的！都通过股权管理，要那么多人干啥？

重组之后，我们存续碰到了一个很大的问题，那就是需要“休息”于民，休养生息。不“放水养鱼”行吗？陈老局长到银川转了一圈，回来跟我说，别的没啥体会，包括物探也好，农工商也好，采三处也好，这几个单位在宁夏建设的那些办公大楼、经营大楼，他说就明显地感觉到，那就是养了几条“鱼”。科研综合楼盖了4年多，除了中间因为重组，将近一年多由于资金不到位而影响。咱们五区写字楼，明年的7月份就做准备，10月份就要进去，从去年挖基础奠基，到明年投用的时候也就是500天左右。

在重组以后，基层单位蹲在山沟里“小而全”、“大而全”，将来怎么办？我们不进行生息战略的调整、生存战略的调整能行吗？而且这些都是机关主动为基层搞服务的。我以前还没见过一个退休的职工表扬一个项目组，走到龙凤园一问，都是表扬泾河项目组的。这说明项目组确实为老百姓节约了每一分钱，让大伙能够靠近大中城市，他们得了民心。这应该是我们机关的骄傲，是我们领导的骄傲啊！所以说，我们逐渐由被动的适应向主动的适应过渡。适应市场，适应基层，适应了，使我们的调谐达到了和谐。

第二个特征是主动的参与。参与也有主动、被动之分。从政治来看参与是一种权利。从管理上，应该把它看作是一种支撑。主动参与是参与的主体，被动参与是向主体参与的一种过渡；主动参与是市场客观的需要。被动参与是我们管理者的大忌。现在，我明显的感觉到，机关在主动参与上比过去品位高了，积极性高了。受机关上次的读书会对局领导的感染教育的影响，这次我们是主动来的。起码给人一种启发，坐到台上的也好，坐在台下的也好，权力大的也好，权力小的也好，都得要思考思考，机关的同志们现在在学啥想啥干啥？不要整天盲目的发号施令，不知道东西南北。我觉得那么多好的论文，而且编成了论文集，机关的组织、机关的服务建立了一个平台，更重要的是大家主动地参与。今天这么多领导都来了，这一条我的体会很深。我昨天还给张总讲，今年到年底，即使你办了退休手续，还要有一个任务，除了管理上的任务，就是要认认真真的总结经验、教育干部。

被动地参与，那是我们管理者的一个大

忌。凡是工作叫别人被动牵进去的，没有一个管理成功的。现在大家到这里来学习，或者参加一个会，就应该利用这个机会，积极地参与，尽管会开上三天，甚至没有一次发言的机会，但是不等于你不积极地参与，不等于你不是一个参与的主体。一个处室在这里汇报，就像电视上的一个台，其他的台不是没用，你要办好自己的台，就必须得参与这个台。所以，我对参与的体会，是一种亲和、融合的唯一的平台。所以，我一直悟出这么个道理来。在当今，不管他人“瓦上霜”的那种时空不复存在。不管哪个处室，要做好本处室的工作，不关心、不参与其他处室的工作，根本就做不好！这和咱们学习《第五项修炼》那本书，叫做系统思考是一样的道理。

参与是改善人际关系的一个纽带，是把个性人逐渐变为社会人的一个熔炉。人都是在参与当中来改变自己心智模式的。改善心智模式就是要把镜子对准自己。遇事就找自己的毛病。这才算改善了。其实啊，遇事对照自己要做到，太不容易了。那才是大彻大悟者，是真正的智慧者。所以，中医有一个理念是非常科学的，就是不要向外界求什么药，所有的药都在你自身。当然，我们倡导的参与必须是积极的、科学的、进步的。那种为非作歹、祸害社会的参与，不在我们说的这个参与之列。

像我们参加的研讨就很好。起码一个增智，说不定还能增慧。智和慧，我的体会是应该把他们分开来看。我已经讲过好多次了，是积量和现量的关系。参加研讨既可以积累积量，也有可能开发现量。像我们参与改制、改革，很可能就是我们真正体悟到生产力和生产关系这一对矛盾，在我们的实验台上，就能让它活灵活现地表现出来。如果我们参与一项科学实验，那就可以把科学与进步结合起来等等。

第三个调谐，是启发与体悟。关于体悟，我的理解都是主动的，没有一个是被动的，不可能产生被动的体悟。遇到事情只要首先提出问题，就是体悟的开始。体悟是改变人们灵魂的。我的体会是把一个外在的人能够变成一个内在的人的一个过程，会使一个人的人生观、价值观发生质的变化，是净化人生的过程。体悟的核心内容是人本主义，这是我的体会，和大家一起研讨。以人为本有两层含义，一是社会要把自然人当成社会人来管理，这是一层意思。第二层意思，每个人要把自己变成一个社会人。人本主义，我的体会是，一个是从社会的角度来考察，应该怎么办？从作为一个自然人来考察，就应该把自己早一点变成一个社会人。社会要用法律的，包括行政的、政治的、道德的，甚至包括艺术等诸多途径，达到对人的管理与服务。对个人来讲，怎么样能够使自己变成一个本应是一个社会的人？在属性上就没有一个所谓的自然人，那是法律上为了区分定义。人就是一个社会的人。你要真正的变成一个适应社会的人，还有一个非常艰难的过程，有一个体悟的过程，有一个改造的过程。公有制就是人的行为必须适应“公”，法律、道德等必须保证“公”；私有制就是人的行为必须适应“私”，法律、道德等必须保证“私”。这是对社会的经济支撑，社会的政治制度必须来为它服务。现在需要研究一下，以公为主和以私为主，要求我们的行为就很复杂。人要把自己变成一个社会人还比较难。人本主义追求政治上的平等，大家都容易理解。但是经济上的平等，这就需要具体分析了。现在我们追求的是市场法则的平等，它是政治原则上的平等，是人性的平等。人类社会制造不平等与追求人性的平等，始终是一对矛盾。那么，作为我们来讲，不管你对这些深层的道理，学也好不学也好，但是你必须现实的处理，必须要把自己培养成一个社会性的人。只有如此，才能实现自我价值，这几乎是唯一的正确的道路。所以，如同《把信送给加西亚》一书中倡导的精神，不管是什么制度，只有那样才能实现自己的社会价值。

就是我们在计划经济体制分配制度“吃大锅饭”的情况下，也是如此。所以，它直逼事物的本源。一个真正的自觉的对社会负责的人，社会肯定也会给予同样的报应。但任何时候都有例外。那个例外并不是告诉人们遵循的一般的原则。我昨天看了中央电视台《焦点访谈》关于陕西安康的一个报道，连续三起农民自杀，给人们一个深刻的反思。国家的政策让退耕还林，你再在地里面种小树苗，上边要派工作组来检查，按照现在的一般的管理和法权的原则，那应该是对的。要不然，退耕老是退不了耕，那不是白花钱吗？但是，有一条，怎么适用法权？罚那个种了地的农民560块钱，而且得把苗子拔了。他就不知道560块钱，在那个时候，在那个情况下，560块钱对他意味着什么？就意味着一条命！拿不出来，他就走投无路。那个时候的560块钱，和我们现在吃一桌饭的560块钱是等值的吗？人家的一条命就值560块钱吗？所以，工作组的人，如果不是站在人性平等的道理上，从站在法权的角度上看，可以和电视上是一样的，可以认为没有任何责任。但是，我个人的看法，学习“三个代表”重要思想，作为我们自己来想，再修炼自己来想，要是在下面出现这个问题，不管是法律上判不判刑，恐怕是要自觉的申请偿命才行。所以说，把一个人变成自觉的、社会的人，谈何容易啊！

当然，谈得实际一点，机关都是做了很多管理服务工作，我们要落实“执政为民”这样一个宗旨，也要在实际工作当中，不断创新才行。包括企业内部的法律监督，党内的民主监督，职工的群众监督。一方面，我们要按照有关的政策和规定，从程序上、制度上，讲求科学有效。我觉得还有一个重要的方面，就是途径创新。要真正地给职工维权。除了廉政建设，我再举下边几个方面的例子。这是从根本上维权。

对一个领导干部来讲，包括对一个机关部门来讲，“不求有功，但求无过”；“错过改革发展的机遇”。这样的领导是不是从根本上违背了“三个代表”重要思想？可是现在这样的人，我们怎么监督？靠我们年度评论评论，画个圈，行不行？有效无效？一个单位的主要领导，没有战略管理思想，他会给企业今后的发展埋下一个“炸弹”，埋下一个“祸根”。那么，现在有没有战略管理，我们单位的民主监督也好，职工的群众监督也好，对这样的干部怎么监督？怎么管理？别说我们这么大的企业，咱们管理41个下属单位，任何一个单位，离开了战略管理，就得给那个企业埋下一个“炸弹”。那个单位的职工就要跟着他受罪。更不要说他为了不纯的目的，搞什么效益工程、政绩工程。他确实在努力工作，但就是缺乏战略管理。

为什么今年春天，包括“非典”期间，尽管局机关下不去，我们还是让大的二级单位上来汇报，目的并不是检查他们前半年的工作，主要是落实战略管理问题。像井下技术作业处，连续两周汇报了一次工作，第二周又专门召开会议，研究他们的战略管理问题。不这样行吗？各个处室也是如此。如果没有战略管理，也不会搞好。想为基层服务，那都是主观愿望。再比如说，到现在，我们有些管理者、领导干部，乱施权威，挫伤基层的积极性，甚至也不排除这样那样的形式主义。

我的体会是，管理无中性，要么就是有益，要么就是有害。这几年，为了矫枉过正，局党政领导班子有意识的在市场当中培养一种新的人际关系，这种关系，就是以市场当中的价值来淡化过去在计划经济条件下、根深蒂固的、带有一种封建性质的、腐朽性质的人际关系。所以说，局党委研究干部，不研究具体任用的人，只研究具体的竞选对象，就这一步小小的改革，就打破了传统的好多东西。把选人、用人尽可能地和市场结合，和基层实际结合。当然，这只是一次小小的尝试。我们这些年没有在干部的选人上费过多精力。我并不是不知道人权的重要。我正是因为知道人权的重要，才要破它这个老的规矩。现在，我们机关有一个非常好的气氛，工作上的矛盾归矛盾，但互相之间，配合密切，关系和谐。我所直接管的这几个部门，有意识地谁也不能在我面前来叨叨坏话，只能讲这个人的长处，不能叨叨别人的是非。这叫矫枉过正。在市场当中，那种过去的是是非非，它离开了一个衡量的价值。为什么任人唯亲？唯我独尊呢？捧你两句就是好人？骂你两句就是坏人？所以，并不是说报喜不报忧。我觉得我们现在局里的领导，在提拔干部这方面，没有那些是是非非。我这一点叫大伙放心，是因为我有这种把握。你要说绝对的没有，咱已经迈到天堂了，绝不是！我说是小小的部分，相比过去而言。

说实在的，我从 29 岁就当副处长，现在是 59 岁了。在各式各样的班子当中，还多少有点体会。但是，这个问题要从根本上维权，维一个什么权呢？维一个民心所向之权。选一个贴心为民的干部，还有个很长的过程。建中同志当了工会主席以后，我对他说，程序上的问题，该坚持的要坚持，但要把精力放在怎么从根本上维权。光给职工表态不行，谁也不听你的。过去提着脑袋跟共产党闹革命，是因为打下江山来，他就可以分田地，起码他在集体当中是平等的。

现在到了市场经济条件下，老百姓跟你干了半天没有一点实惠，如果改革叫大伙失去利益，牺牲了眼前的，还要再牺牲长远的，叫我也没那个觉悟。但是，说实在的，要从根本上体悟这个事情。尽管现在有党内监督、民主监督，包括其他监督，你也必须自己来修炼这个东西，必须自己来要求自己，在你的职权范围内，不要得过且过。你必须研究战略管理，不搞那些没必要的花架子。上次我还给机关讲了一个例子，现在吃皇粮的人，还有很多是一种无为的冗员，这是直接寄生在“民益”身上的一种“毒瘤”。我们怎么铲除、怎么监督？我主张，工会也好，党内也好，对这个问题也要监督。我提出现在要“精官简政”。这些问题虽然还在逐步的探索、摸索，也不仅仅是我个人的体会，是大家在实践当中逐渐研究和探讨这些问题。

所以，机关在悄悄的变，叫做自我充电，自我调谐，最后的结果是创新自我。对机关这样一个气氛，我太感兴趣了，太高兴了。如果我们机关的干部，特别是全局 300 多名处级干部，都和机关同志们一道，坚持下去，那么未来的勘探局会是什么样子？经济规模有多大？我们的职工是怎么样的殷实富足？我的看法是，现在说任何一个具体的数字，都是保守的。不信，同志们走着瞧！再用上三五年的时间，职工的收入能不能奔小康，达到 5 万元。前两年，我说多种经营、多元开发，三分天下有其一，用不了那么长时间！

但是，话说回来，理论研讨的目的，不是为研讨而研讨，我们必须要研究自己的实践，必须要解决自己的现实问题。包括我们当前兴起的学习“三个代表”重要思想的热潮，必须研究勘探局自己的实际。“一寸光阴一寸金”啊。咱们来不得半点的应付，咱没那个时间，也没那个必要，更没那个精力。所以处级干部还要办学习班。我们准备后天开一个比较大范围的研讨会，那就是关于勘探局当前改革改制方面的研讨。机关带了个非常好的头！我既向同志们学习，也应该感谢大家。希望我们能够学习、学习、再学习，进步、进步、再进步！

孙玉辰同志在长庆石油勘探局领导干部学习贯彻“三个代表”重要思想培训班上的讲话

（2003 年 8 月 22 日）

同志们：

兴起学习贯彻“三个代表”重要思想新高潮，是十六大作出的一项重大战略部署，是当前全党全国人民的一项重大政治任务。

今天，我着重从以下几个方面谈谈学习贯彻“三个代表”重要思想的心得和体会，与大家共同交流和讨论。

一、认真学习胡锦涛同志“七一”重要讲话，充分认识兴起学习贯彻“三个代表”重要思想新高潮的重大意义

胡锦涛同志“七一”重要讲话，深刻阐明了“三个代表”重要思想的理论意义、实践价值、本质要求和学习中应当坚持的科学态度、基本要求。是学习贯彻“三个代表”重要思想的纲领性文献。

第一，兴起学习贯彻“三个代表”重要思想新高潮，是坚持和发展马克思主义，用新的理论指导新的实践的需要。“三个代表”重要思想紧密结合新的时代条件，生动具体地坚持和发展了马克思主义，再一次有力地证明马克思主义基本原理仍然是我们正确认识和改造世界的锐利思想武器。“三个代表”重要思想的形成，表明我们党对执政规律、社会主义建设规律的认识，达到了新的理论高度。

第二，兴起学习贯彻“三个代表”重要思想新高潮，是实现全面建设小康社会宏伟目标的需要。十六大提出，我们要紧紧抓住本世纪头20年的重要战略机遇期，集中力量全面建设小康社会。在实现宏伟目标的征程中，我们必须解决好关系党和国家前途命运、关系全面建设小康社会兴衰成败的重大课题。“三个代表”重要思想为我们正确认识和处理这些重大课题提供了科学理论和科学方法，指明了方向。

第三，兴起学习贯彻“三个代表”重要思想新高潮，是坚持立党为公、执政为民，实现好、维护好、发展好最广大人民根本利益的需要。它不仅提出了坚持立党为公、执政为民的根本要求，而且指明了实现立党为公、执政为民的根本途径。

局党委、勘探局在掀起学习“三个代表”重要思想的高潮中，先后下发了《关于掀起学习贯彻“三个代表”重要思想新高潮的通知》等 4 个文件，明确了学习的目的意义、指导思想、方法步骤、内容要求；邀请专家教授进行了 6 次大型的专题辅导，举办领导干部学习班 8 次，召开各种座谈会、研讨会、交流会 40 多场次，有针对性地在全局范围内巡回宣讲 28 场次，进行了广泛的思想发动，在全局初步形成了学习氛围。

在今天的学习班上，又学习了《求是》杂志总编王天玺和集团公司总经理马富才同志的宣讲辅导报告。为了进一步掀起学习贯彻“三个代表”重要思想的新高潮，下一步总体要求是做到“四个必须”：

第一，必须坚持用“三个代表”重要思想来分析形势和把握方向，理清工作思路、拓展工作内容、改进工作方式，促进改革发展、维护大局稳定。

第二，必须坚持用“三个代表”重要思想作为检验各项工作的根本标准。我们所采取的各种措施、所做的各项工作，符合“三个代表”的，就坚持；不符合的，就必须加以改正。

第三，必须坚持认真研读十六大报告和党

章,研读江泽民同志一系列重要著作和讲话,力争全面、准确地理解“三个代表”重要思想这一系统的科学理论,在认识上达到新的高度。

第四,必须坚持和“创建学习型企业”及“形势、目标、责任”主题教育结合起来,改善心智模式,凝聚队伍,鼓舞士气,充分调动广大职工的积极性、创造性,努力完成各项生产经营指标。

我们要通过系统学习“三个代表”重要思想,使局处两级干部和广大职工群众对“三个代表”重要思想的时代背景、实践基础、科学内涵、精神实质和历史地位有一个明确的认识,自觉运用“三个代表”重要思想指导实践,推进“二次创业”,加快长庆发展。

二、以发展为第一要务,增强“二次创业”的信心

发展是硬道理。全面贯彻“三个代表”重要思想,必须进一步把握先进生产力的内涵、特点和作用,努力使我们企业成为发展先进生产力的载体。

1. 把握先进生产力的实质

在生产方式和整个社会系统结构中,生产力是最活跃、最积极、最革命的因素。

先进生产力的含义有三:一是生产力诸要素的科技含量高;二是由生产力所表现的活劳动的科学化程度高;三是企业效益、社会效益高。

“先进生产力的发展要求”也有三个方面的内涵:一是上层建筑、生产关系(包括政策、制度、机制、体制等)符合先进生产力的发展要求;二是生产条件、科学技术符合先进生产力发展要求;三是人的素质符合先进生产力发展要求。

国有企业应该是发展先进生产力的主导力量。走新型工业化道路,是国有企业发展先进生产力的基本方向。我们石油行业关系国民经济的命脉、国家的安全,是国有经济的骨干行业,肩负着增强国家竞争力的重要责任。必须进一步解放思想,认真解决好诸多不适应先进生产力发展的方面,促进先进生产力的发展。

2. 树立新的发展观

我们不仅要发展,更要解决好依靠什么发展和为了什么发展的发展战略问题。集团公司提出:“全面建设具有国际竞争力的跨国企业集团,在立足国内发展的同时,大步向海外扩展。努力做到‘两个转变’,即由国内石油公司向跨国石油公司转变,由单纯的‘油气生产商’向具有复合功能的‘油气供应商’转变”。实现“三个跨越”:即油气资源开发实现由国内向国外的跨越;发展领域实现从单纯的生产型向生产经营与科工贸一体化的跨越;经营机制实现由一般的生产经营管理向市场化运作的跨越。进而达到目标市场全球化、技术能力全球化、人力资源全球化、企业品牌全球化的目的。我们局的战略定位,必须符合 CNPC 战略发展的要求。为此,我们必须更新观念。我们曾提出要树立:

抓住机遇的发展观念;

“走出去”的发展观念;

多元化的发展观念;

“有进有退、有所为有所不为”的发展观念;

主动营造市场、主动适应市场的发展观念;

放手发展非国有经济的发展观念;

持续改革重组的发展观念;

依靠科技和人才的发展观念;

发挥整体优势,建立战略同盟的发展观念;

企业获得学习能力和创新能力是可持续发展的发展观念;

改革、发展、稳定系统思考的发展观念等。

3. 必须培育企业核心竞争力

核心竞争力,说到底是企业的战略管理能力。马总讲了六条:

(1)企业具有独具特色的全局性、长远性的战略构想,每一个发展阶段、每一项投资行为都有明确的方向和目的,企业的发展始终有明确的指导思想;

(2)企业具有自己所需的技术研究力量和技术更新能力,具有自己的专利和核心技术,始终保证在技术上能处于同行业领先地位;

(3)企业内部有很好的组织构架、运作流程、监控体系、决策和控制能力、市场拓展能力、协调能力;

(4)企业具有良好的筹资能力和良性的资金运转状态,资产负债结构合理,现金流量好;

(5)企业具有自身的文化和经营理念,并且在这种文化和理念指导下建立起好的用人机制,并形成自己的各类人才;

(6)企业拥有知名的品牌和较高的知名度,产品质量和企业素质一流。

以上六个方面的核心竞争力的内涵既是战略管理的内容,又是实施战略管理的措施。我们也必须按照以上六条的要求,认真进行战略管理,提高核心竞争力。

三、以改革为动力,持续推进“二次创业”

国有企业改革的中心任务是改革管理体制,转换经营机制。改革就是为了解放生产力,全面建设小康社会。

1. 改革是“二次创业”的发展战略

我们之所以把企业改革改制,作为“二次创业”的发展战略,是因为重组之后,不仅形势逼迫我们需要改,而且也同时创造了改革的机遇。

实践证明,改革改制是“一把手”工程。

管理学界很早就提出:“做正确的事比正确地做事更重要”。改革有困难,有阻力,也有风险,但不改企业不能生存,不改就没有活力和竞争力。

马总最近讲“由于改革与发展面临着一系列矛盾和问题,解决起来比较困难,因而等待观望,甚至不求有功,但求无过,错失了改革发展的机遇;虽然工作热情很高,劲头十足,但缺乏对企业发展的整体谋划,方向不明,思路不清,带有一定的盲目性。”显然,马总在这里把改革与发展,放在战略管理的高度来认识和提出了新的要求。

2. 改革就是创新

马总在8月3日讲,深化国有企业改革的基本内容:坚持一个方向,即建立现代企业制度的基本方向;实行“两个分开”,即政企分开、政资分开;确立“三体”,即确立企业为法人实体、市场竞争主体和技术创新主体;完成“四个创新”,即制度创新、机制创新、技术创新和管理创新。

对于国有企业来说,制度是一种重要的资源,谁先启动,谁先创新,谁就最先获得发展的机遇。制度创新是国有企业绩效成长的源泉。

存续企业的体制创新,是下一步改革的主要方向。

近几年,我局在机关建设上,注重管理流程的再造;在组织结构、人事制度等方面,注重按市场需要进行制度创新;在基层体制改革中,一方面改造旧的,另一方面创建新的平台,都收到了初步的效果。

在推进产权制度改革方面,突出研究解决好三个问题:明晰产权、明确责权、建立健全法人治理结构。

还探索了整带、控股、参股等六种模式。所有这些,说明不改不行,早改早主动,改了就受益。改,就是创新,只有创新才能激发活力,焕发动力。

3. 改革的首要目标就是调整结构

“二次创业”以来,勘探局坚定不移地推进产业结构、资产结构、市场结构和组织结构的调整,优化资源配置,积极推进配套改革,取得了一定成绩。但企业要实现可持续发展,还必须进一步优化结构,增强抗风险能力。

勘探局目前的总体产业定位是:主营业务有井筒作业、低效油气资源开发、机械加工、水电、运输和建筑施工、设计等。要进一步放开搞活通信、物业管理、油田化工、商饮服务、现代物流、绿色产业、城乡管网输气等。逐步改革文教卫生及社保、离退休管理体制。

我们讲主营业务,是指当前在企业收入中占有相当大比重的产业;我们讲“退出”,主要指的是产权而不是业务市场。当然,没有市场的任何产业都要逐步退出。

4. 积极推进各项配套改革，促进经营机制转换

积极推进三项制度改革。逐步通过人才市场和竞聘上岗，形成人员能进能出、能上能下；工资分配能高能低，激励、约束有效的人事用工分配制度。

5. 认真贯彻落实人才战略

人才资源是企业的第一资源，是最活跃、最有创新能力的资源，是最具有基础性、战略性、决定性的资源。在企业的所有投资中，人才投资风险最小，效益最大。其价值也最稳定、最长远。

一要完善人才市场平台。使人才在市场竞争中“流”起来；

二要做好培训工作；

三要用好的机制吸引管理人才，整合社会人才。

处理好技术引进与增强自主创新能力的关系。

处理好技术应用与技术储备的关系。

6. 创建学习型企业，把企业改革提升到战略管理的新高度

创建学习型企业，是企业战略管理的重要内容，也是实现战略管理目标的重要措施。

创建学习型企业，是一个“过程”，是从更高的层次上引导企业改革改制和落实管理提升战略。

今年，按照勘探局“建设学习型班子、带出学习型队伍、建立学习型企业”的要求，局领导带头作专题辅导，局机关开展了读书活动和管理创新研讨，为创建学习型企业进行了入门教育。目前，局机关出现了“自我充电、自我调谐、创新自我”的良好氛围。

用创建学习型企业的途径实现可持续发展的目的，也是对传统管理理念的创新。“企业唯一持久的竞争优势，就是比对手学习得更快更好”。当今企业竞争的优势在哪里？就是企业学习的能力和创造未来的能力。用钱可以买来技术，但买不来管理。而科学技术必须通过科学管理才能持久地发挥作用。企业竞争归根是管理竞争。

创建学习型企业，领导干部必须带头转换心智模式，积极引导管理层运用“系统思考”的理论，不断修炼、提升企业的“群商”，提高整体搭配能力。

创建学习型企业，还要把战略管理目标形成共同的愿望。推动“个”与“群”的双向互动，树立“全员学习、全程学习、终身学习、团队学习”的观念，培育“个”对“群”的忠诚。只有这样，改革的目的、目标才更清晰，意志才更统一，行动才更持久。

四、大力培育和发展先进企业文化，增强企业的凝聚力

十六大报告指出：“文化的力量，深深熔铸在民族的生命力、创造力和凝聚力之中”。培育先进的企业文化，是以调动广大干部职工的积极性和创造性为根本目的的，是以培育人本思想为核心的。

它是企业价值观的集中表现。是企业职工共同创造、共同遵循、共同维护、共同发展的群体文化和道德价值观念的集中体现。企业文化是企业生存发展的灵魂，是企业战略的外在表现和无形资产。企业文化的穿透力和影响力，是企业竞争力的基础。

创建学习型企业，是培育优秀企业文化和保持企业文化先进性的有力措施。

当前，我们要按照《集团公司企业文化建设纲要》、《勘探局企业文化建设规划》的要求，做好如下工作：

在观念上，要用“三个代表”的思想为指针把“人本思想”的内涵予以明确、科学的定义。

在企业行为上，要以创建学习型企业、文明工程和职工思想教育基地为载体，使“二次创业”的战略措施形成全局职工的共同意志和共同愿望。

在企业形象上，大力推广企业视觉识别系

统，打造长庆品牌。

要切实加强对企业文化建设的领导。充分发挥工、团、统战、政研会、文联等群众组织的作用，形成党、政、工、团齐抓共管，职工群众广泛参与的企业文化建设新格局。

抓好企业文化建设，就要推动党的基层建设，发挥思想政治工作的优势和作用：

要结合集团公司"形势、目标、责任"主题教育活动，大力宣传先进模范事迹。

要引导教育职工支持和参与改革改制。

要开好政工会。总结党的基层建设和思想政治工作的新经验。

五、以人为本，调动一切积极因素，持续推进"二次创业"

人是生产力诸要素中最活跃、最积极、最革命的因素。"三个代表"重要思想是"人本"思想的集中体现。

1. 必须坚持全心全意依靠工人阶级的方针

国有企业要把保持和发展工人阶级先进性作为企业的重要使命。

工人阶级的先进性是共产党先进性的基石。党的先进性是工人阶级先进性的集中体现。共产党的奋斗目标是走向共同富裕。工人阶级的每一位成员、共产党员必须以此来确立自己的人生观、价值观和规范自己的行为。

要全面提高工人阶级队伍的素质。工人阶级要肩负起新的历史使命，一定要增强政治意识、责任意识、大局意识和主人翁意识，胸怀全局，立足本职，推进改革，促进发展，维护稳定，为实现党和国家提出的各项任务充分发挥工人阶级的主力军作用。

要切实维护工人阶级的利益。在国有企业中，职工是企业改革发展的主体。以人为本就是要坚决维护工人阶级的主人翁地位，要通过职工民主监督，股权管理、厂务公开等来保障和落实职工当家作主的各项权利。要进一步建立和完善监督制度和保障机制，切实维护职工的各项政治、经济和文化利益。要通过股权使职工拥有劳动者和投资者双重身份，使之在按劳分配获得收入的同时，还可以获取合法的非劳动收入。

要进一步完善社会保障制度，使职工的权益从法律上、制度上得到保护和保证。只有这样，才能调动职工群众的积极性、创造性，团结一致推进"二次创业"的进程。

2. 必须抓好党的建设和领导班子建设

加强企业党的建设，发挥党组织的政治核心作用，是搞好国有企业的政治优势。

在思想政治建设上，要认真深入地学习马克思列宁主义、毛泽东思想、邓小平理论和"三个代表"重要思想，用科学的理论武装广大党员干部的头脑，保持党的先进性。

在组织建设上，要建设坚强的领导集体和健全的组织体系，增强党组织的创造力、凝聚力和战斗力。

在作风建设上，要密切联系群众。

在制度建设上，要使企业党的建设不断规范化、科学化。要坚持民主集中制，加强和改善企业党的领导方式、领导制度和工作制度。

要建设好各级领导班子。

要进一步破除领导干部存在的旧观念，要教育引导干部培育自身的市场价值。提高领导干部在市场中的决策水平和管理能力；要调查研究，大胆探索；要增强班子的整体功能，发扬民主，优势互补；培育德才兼备的职业经理队伍。

"规愈圆，矩愈方。"领导干部自觉接受监督的意识和相融合作的能力是政治上成熟的表现，是现代企业管理者必备的素质。

要进一步搞好党风廉政建设，用"八个坚持、八个反对"规范各级领导的行为；要抓好党风廉政建设责任制的落实；要严肃查处大案要案。要搞好效能监察，纠正违纪、违法行为。

3. 必须认真实践立党为公、执政为民的本质要求胡锦涛同志在“七一”重要讲话中指出,“三个代表”重要思想的本质是立党为公、执政为民,学习贯彻“三个代表”重要思想必须以最广大人民的根本利益为出发点和落脚点。这是衡量是否真正学懂、是否真正实践“三个代表”重要思想的标志。

党的全部任务和责任,就是为实现人民群众的根本利益而奋斗。古人云:“诗三百,一言以蔽之,曰无邪。”马克思主义的道理千言万语,一言以蔽之,就是为人民服务,就是为最广大人民群众谋利益。这是马克思主义科学世界观、人生观和价值观的精髓,是共产党人全部理论与实践的基础。

只有把坚持立党为公、执政为民的本质要求,落实到各项工作方针政策的制订和实施中去,才能体现出“三个代表”重要思想的现实意义和现实威力。

只有把立党为公、执政为民的本质要求,落实到各级领导干部的行动中去,才能体现出“三个代表”重要思想的理论吸引力。一个党员领导干部就是一面旗帜。一步实际行动胜过一沓纲领。要用我们立党为公、执政为民的实际行动,体现实践“三个代表”的示范作用。

领导干部必须树立正确的权力观。要坚持权为民所用、情为民所系、利为民所谋。

必须保持良好的精神风貌。领导干部能保持一个良好的精神状态,就能感召职工、凝聚民心。好的精神风貌,首先表现要有爱民之心,要有创新精神,要勇于承担困难风险,要勇于改正自己的缺点和错误。要始终如一地坚持事业第一、他人第一、学习第一。

必须学会战略管理。必须把战略管理变成一班人的统一意志,变成职工的共同愿望。战略管理是靠大智慧替老百姓谋大利。否则,就会出现短期行为,就会图虚名,华而不实。

我们提倡领导干部种“试验田”和抓好战略管理并不矛盾。种“试验田”是培养自己好作风、培养自己才智的过程,专治虎头蛇尾,蜻蜓点水的漂浮之顽疾。我们在创业、在创新,事事需要试验,不能当大官不会干小事,买空卖空浪费时光。不要落入分级管理的误区、死区。只有以小见大,才能大中见小,只有务实才能务虚。关心老百姓的油盐酱醋茶、生老病死,都是我们学习“三个代表”重要思想去认真实验的课题。

兴起学习贯彻“三个代表”重要思想新高潮,是我们党提出的战略举措。各级领导干部要紧密结合思想实际和工作实际,在学习中把握住本质和精髓,解放思想、更新观念、转变作风,勇于创新,不断推进我局“二次创业”的光辉进程。

孙玉辰同志在厄瓜多尔总统欢迎会上的讲话

(2003 年 8 月 29 日)

尊敬的卢西奥·古铁雷斯总统阁下,各位来宾,各位朋友,女士们,先生们:

下午好!

首先,请允许我代表 CNPC 长庆热烈欢迎你们来到古城西安,并光临长庆参观访问。借此机会,衷心地感谢贵国为长庆提供了参与石油勘探开发的机会。同时,也十分荣幸地向总统阁下介绍一下长庆油田,以便能更好地为贵国提供服务。

长庆油田是 CNPC 下属的从事工程技术和

油气生产的大型综合性企业，主要从事石油天然气勘探开发、油气集输储运、炼油化工、建筑施工、机械制造、科研设计等业务，可以提供从物探、测井、钻井、井下作业、管道运输、地面建设，到油气开采、综合利用等工程技术作业。

长庆油田现有员工46000人，其中各级各类管理及工程技术人员13800人。2002年实现主营业务收入21亿美元，利润6亿美元；2003年计划生产原油5200万桶，天然气45亿立方米。

总统阁下，正如您所知道的，长庆按照CNPC国际发展与合作战略的总体要求，从2001年5月开始，我们和厄瓜多尔国家石油公司就A－P项目进行合作。这是一个联合作业项目，也是一个“交钥匙”工程，工程造价7000万美元。包括三维地震、钻井工程、井下作业、中央发电站建设、输变电、地面建设等。

通过A－P项目三维地震，我们已向厄瓜多尔国家石油公司提交了7500万桶的石油探明储量和3200万桶的石油预测储量。优选了7口开发井、3口勘探井和1口评价井位。

截至目前，我们已在厄瓜多尔完井3口，第4口井已经开钻；电站、输变电设备也已运抵厄瓜多尔，即将安装和调试。

两年来，在厄瓜多尔政府及各界人士的帮助下，我们共同努力，克服困难，A－P项目取得了丰硕成果。同时，我们的服务也得到了厄瓜多尔石油界的充分肯定。在此，请允许我向总统阁下、各位贵宾，表示我们最诚挚的谢意。

长庆与厄瓜多尔石油界的合作，也得到了中国各级政府的全力支持，特别是中国驻厄瓜多尔大使馆和陕西省的大力支持。

我们相信，通过总统阁下这次来长庆访问，一定会把A－P项目做得更好，让总统阁下满意，让CNPC满意。

厄瓜多尔是个美丽而富饶的国家，人民勤劳善良，发展潜力巨大。

下个月，我将去厄瓜多尔，征求贵国各界对我们工作的意见和建议，并向给予我们支持和帮助的各界朋友表达谢意，同时寻求更广泛的合作。届时，我期待能再次见到总统和各位贵宾。

最后，希望我们的工作能够继续得到总统阁下、各位贵宾的关心、帮助和支持。我们愿意尽最大的努力，为中厄两国人民的友谊和经济合作关系的发展，做出新的贡献。

孙玉辰同志在长庆石油勘探局工资分配制度改革工作电视视频会议上的讲话

（2003年12月5日）

同志们：

刚才，继昌同志代表局党委、勘探局就当前工资分配制度改革作了非常重要、非常全面的讲话，讲得非常好，我完全赞同。希望各单位认真领会精神，扎扎实实地贯彻落实。

工资分配制度改革是企业改革的重要内容。这次工资分配制度的改革，其根本目的是进一步建立和完善在市场经济制度下，企业以岗位管理为核心的，与能绩、能效相联系的工资分配制度，提高职工的生活水平，带动其他人事制度改革,推动和实施勘探局“科技进步和人才开发”战略,进一步贯彻落实“三个代表”重要思想。下面,我再强调三个方面的意见。

一、要坚持效率优先、兼顾公平的原则,引入和树立劳动力市场价位理念

重组四年来,特别是近三年来,职工平均工资收入有所增加,从1999年人均1.49万元提高到2002年的2.13万元,净增长43%。今年还要在去年的基础上有一个较大幅度的增加。但就制度建设来讲,基本上没有多大变化。这也是制约企业深化改革的一个重要因素。通过这次改革,首先要教育干部职工提高对工资分配制度改革的认识,解放思想,转变观念。当前,要进一步引入和树立劳动力市场价位理念,引入竞争激励机制,按照劳动力市场价位调控劳动者收入水平,促使各类岗位人员的收入逐步向劳动力市场价位靠拢,逐步建立起符合效率优先、兼顾公平原则的分配制度。既要使低于劳动力市场价位人员的收入得到相应提高,也要使已高于劳动力市场价位的人员收入逐步向劳动力市场价位靠拢。结合单位自身实际,以此吸引人才、留住人才,调动各类人才的积极性,为企业的发展注入活力,努力创造“尊重劳动、尊重知识、尊重人才、尊重创造”的良好氛围,形成让一切劳动、知识、技术、管理和资本的活力竞相迸发的局面。

二、要坚持以改革、发展的观点,正确认识和对待这次工资分配制度改革工作

从普遍增加职工的工资收入来看,这次基本工资分配制度改革实施方案中,充分体现了这一点。这既符合民心,又符合国情、厂情,非常必要。这对调动各方面的工作积极性,稳定大局是有好处的。

从每个人具体的增资额度来看,有多有少,这是必然的。不这样调整,就不能改革计划经济条件下遗留下来的旧的工资制度造成的弊端,不这样调整就不能更好地适应市场机制的需要,就不能发挥工资分配制度在市场经济的调节作用。尽管相对差距不一定都那么科学,但这是改革的方向。各级干部、广大职工必须支持改革的措施,把握住大的方向。局部相对的不合理,只有不断地进行完善。

从党的十六届三中全会关于建立现代企业制度的发展来看,当前的改革也仍然是过渡性的。现定的岗位及相关工资待遇,在法人治理结构的企业只具有参考、导向的价值,并不具有法律效用。企业管理层要逐步实行年薪制;企业其他人员在国家政策指导下,要逐步实行协议工资制。所以,大家不要认为这次工资升上去就不会降下来,企业改制了还要求新企业实行这个标准,那将是不现实的。

从产权制度改革的发展来看,让职工过上好日子、富日子,光靠工资还不行,还必须靠股权。如果这样运作得好,股权的经营增值要比工资更快、更容易。

从企业的发展来看,不论增资多少,企业内部只是规范了“粮票”。如果企业不发展、没效益,所有这些指标都是空话。所以,这些实施方案对各二级单位来讲,给了很大的余地。效益好的单位比规定的标准还可以多发,没有效益的单位,只有比规定的标准少发。

由此看来,要从大局着眼,正确处理好改革、发展与稳定的关系,处理好国家、企业与个人的关系,处理好眼前利益与长远利益的关系,在企业发展上下功夫。不要因为局部相对不合理或有这样那样不同的看法和意见而影响情绪,甚至忘了根本,闹出笑话。

三、要加强领导,群策群力,把握政策,把好事办实办好

工资分配制度改革是大家的事情,大家的事情要靠大家办。既不要随便乱开口子,制造矛盾,不要在油田分公司和勘探局以及兄弟单位之间制造矛盾,也不要横向无原则的攀比。同时又要充分听取广大职工的意见。在我们的职权范围内,不断改进、完善这项制度。维护好广大职工的根本利益,调动各方面的积极性,为

"二次创业"而奋斗。

要实行相应的责任制,凡是各单位自己闹矛盾的,一律自行消化,自行解决。自己应该解决而没有解决好的单位,先暂停下来,不能影响全局整体改革工作的进程。

年轻的同志要往远处看,不当近视眼,不与老同志攀三比四,今后涨工资的机会还很多。老同志要支持年轻的同志该多拿的别少拿,该上靠的不下靠,不要让他们还当苦行僧。机关的同志要鼓励基层的同志多拿,支持能者多拿,建立起更为和谐的人际关系。

我们相信,大家盼望的好事,大家一定能办好,让大家过一个相对富裕的新年。

张继昌同志在长庆石油勘探局纪念建党82周年座谈会上的讲话

（2003年6月27日）

同志们:

今年7月1日是中国共产党成立82周年纪念日。我们纪念党的生日，其根本目的就在于增强全体党员的理想信念，使广大党员进一步增强党性，树立正确的世界观、人生观、价值观，艰苦奋斗，无私奉献，在勘探局"二次创业"中充分发挥共产党员的先锋模范作用，这是我们企业的活力所在，也是我们企业的巨大财富。

今天,我们欢聚一堂,以"形势、目标、责任"为主题,举行纪念建党82周年座谈会,纪念党的生日,歌颂党的丰功伟绩,交流贯彻学习党的十六大精神、贯彻"三个代表"重要思想的经验和体会,总结安排"形势、目标、责任"主题教育活动取得的阶段性成果,这对于我们进一步认清形势、坚定信念,推动勘探局的"二次创业"等都具有非常重要的意义。

下面,我谈两个方面的问题:一是前阶段工作小结;二是下一步工作要求。

一、前阶段工作小结

局党委将学习十六大精神,深入开展"形势、目标、责任"主题教育活动作为全年工作的重点工作,下发了《关于深入学习贯彻十六大精神开展"形势、目标、责任"主题教育活动的意见》(长党发[2003]4号),进行了详细的策划部署,并通过强有力的保障措施确保各阶段目标如期实现。

1. 认真学习,深入讨论,广泛宣讲,再来一次思想大解放

按照"形势、目标、责任"主题教育活动的总体部署，局党委提出要"建立学习型班子、带出学习型队伍、创建学习型企业"，号召全局再来一次思想大解放。局处两级中心组紧密围绕勘探局改革发展的全局性战略问题,重点学习了党的十六大精神、胡锦涛同志在西柏坡考察时的重要讲话、集团公司工作会议精神。围绕局党委确定了六个方面的思考题，进行深度思考。

1至6月份,共组织局党委中心组集中学习6次,两次扩大到西安地区二级单位中心组,两次采用网络电视会议的形式。组织西安片读书会学习一次,局长、党委书记孙玉辰作了《关于创建学习型组织的思考》的专题辅导。局处两级中心组在深刻领会十六大精神和"三个代表"重要思想的基础上,坚持从勘探局的实际出发,各级干部、特别是领导干部打破了陈旧思想观念的束缚，逐步树立与时代发展相适应的新思想、新观念；树立了加快发展非国有经济的思想观念；树立了整体、持续、快速发展的新观念；树立了“走出去”发展的新观念；树立了多元化发展的新观念；树立了抢抓机遇、“开荒备荒”的新观念；树立了新的就业观、分配观、稳定观等。

为了促进基层党员、干部、职工思想观念的转变，从3月份起，局党委组织了“形势、目标、责任”主题教育报告团，深入陕北、宁夏、陇东各单位进行宣讲，重点宣讲了重点工程建设中的典型事迹和集团公司、勘探局2003年工作会议精神。报告团行程3000多千米，共报告11场次，听众近5000人次。与此同时，局领导带队分赴陇东、宁夏调研，亲自宣讲集团公司、勘探局工作会议精神，为基层职工作专题辅导4次。局党委给全局107个党总支、947个党支部下发了集团公司党组《形势、目标、责任》辅导材料1900册。组织宣传理论人员编写了6个专题的辅导材料共计3万余字。

通过广泛深入的宣讲和大讨论，使广大党员、干部和职工进一步明确了实现勘探局“二次创业”目标的意义，增强贯彻十六大精神、实践“三个代表”重要思想的自觉性和坚定性。增强了大局意识、政治意识和责任意识，使他们在转变观念、更新理念方面有了明显进步。

2. 紧密围绕重点工程建设，大力培养典型，增强主题活动的针对性和实效性

年初，集团公司提出长庆要实现“31599”的奋斗目标，对油田的发展提出了明确的要求。勘探局把开展主题教育活动，作为实现勘探局“二次创业”目标，落实“31599”历史重任的重要方式，发挥党支部的战斗堡垒作用和党员的先锋模范作用，积极调动职工群众的积极性，增强他们的责任感、紧迫感，鼓舞他们以百倍的干劲，投入到生产经营等各项工作中去。

为了及时报道重点工程建设取得的成果，对全局重点工程建设宣传进行了总体策划，确定了长庆气田27亿立方米产建工程、西气东输13标段项目、西峰油田勘探开发工程等十项重点宣传项目，组织了四次重点工程采风活动。围绕全局“创纪录、上水平”、“重点工程建功立业活动”、“经济技术创新工程”和“安康杯”劳动竞赛活动以及“小井眼天然气欠平衡钻井技术”等重大科研项目，组织采访小组深入一线采访，及时报道了取得的新纪录、新突破，极大地鼓舞了职工士气。

我们还积极用身边的先进典型教育引导职工，集中宣传了2002年度全局20名劳模、勘探局第二届青年科技人才十佳形象。“五一”前后，我们对“全国五一劳动奖章”获得者、“全国五一劳动奖状”获得者的事迹在《工人日报》、《中国石油报》开辟专版进行宣传。5月份以来，在电视上开辟《“二次创业”中的共产党员》专栏，展示奋战在各条战线上的共产党员的风采，在全局范围内形成一个“形势、目标、责任”教育活动的浓厚舆论氛围。“七一”期间，我们还要隆重表彰一批先进党支部、优秀共产党员和优秀党务工作者，举办先进党支部、优秀党员事迹报告会和庆“七一”电视文艺晚会，利用多种形式，大力宣传他们的事迹，弘扬长庆精神。

3. 抓“非典”防控工作，增强主题教育活动的深度和广度

我们坚持团结稳定鼓劲，正面宣传为主的方针，牢牢把握正确的舆论导向，认真传达中央、集团公司、勘探局有关文件精神，把干部群众的思想认识统一到上级的决策上来，在油田防治非典型肺炎斗争中进一步凝聚了人心，增强了信心。组织部、局纪委分别下发了《关于充分发挥各级党组织和广大共产党员在预防和控制非典型肺炎斗争中作用的通知》、《关于严明纪律确保非典型肺炎防控工作顺利进行的通知》。同时，召开了党群系统“非典”防控网络电视会议，进行安排部署，号召共产党员、共青团员充分发挥党员先锋模范作用和青年突击队作用，夺取“非典”防控工作和生产经营“双胜利”。

在“非典”防控斗争中，局党委把预防和控

制“非典”作为对各级领导干部政治品德、工作作风、领导水平的一次严峻考验，作为对各级领导干部政治敏锐性、全局观念和驾驭复杂局势、应对突发事件能力的综合考验。广大共产党员，特别是“非典”防控一线的共产党员，站在防控“非典”斗争的最前列，在特殊的时期承担特殊的责任，哪里最危险，哪里就有共产党员；哪里最艰苦，哪能里就有共产党员；哪里最需要，哪里就有共产党员，经受住这场严峻的考验。局党委表彰了全局医疗卫生系统“非典”防控35个先进集体、208名先进个人，大张旗鼓地宣传他们可歌可泣的感人事迹，弘扬了正气，鼓舞了士气。

我们有理由相信：我们的队伍是过硬的，我们的干部是可以信赖的，我们“二次创业”目标是一定可以实现的。

二、下一步工作要求

1.进一步认清形势

今年，是国有企业进一步深化改革、实现大发展的一年。党的十六大提出的走新型工业化道路，以及国家已出台的若干政策，极大地改善投资环境和企业发展环境。集团公司认真总结重组改制以来的基本经验，规范关联交易，推动存续企业的改革与发展。西部大开发战略的实施、“西气东输”等重点工程建设进展的加快，为我们提供了广阔的市场空间。

集团公司将加大勘探开发的力度，加大难动用储量开发的投入，加大整体带资分流的力度，加大科学管理的力度，加大房改的力度，加大维护大局稳定的力度。这为我们的发展优化了环境，提供了支持和保证。对长庆来讲，油气勘探开发的步伐继续加快，产量的持续增长，为我们巩固区内市场创造了有利条件。

重组后三年多来，我们已逐步建立了一套基本适应市场竞争要求的管理体制和运行机制，企业综合实力、市场竞争能力、技术创新能力和自我发展能力显著增强，为实现可持续发展奠定了基础。勘探局的发展思路、企业理念、产业定位已得到广大职工的普遍认同，职工思想观念发生了明显变化。这是“二次创业”的强大精神动力。特别是我们探索了深化改革的路子，注重了管理提升和人才培养，调整了结构，保持了比较稳定的局面，为2003年持续改革发展提供了经验。

当然，我们在抓机遇、图发展的同时，要清醒地认识到新出现的不利因素，必须客观地认识自身目前的发展基础。特别是随着服务市场的全面开放，油田公司市场的竞争会更激烈，工程技术服务价格走低。拿我们自身来说，与市场经济相适应的管理体制和运行机制还没有真正建立起来，主辅分离等改革的任务依然很艰巨。所有这些，必须引起我们的高度重视。

2.进一步明确目标

党的十六大提出了全面建设小康社会的目标。这是中国特色社会主义经济、政治、文化全面发展的目标，是与加快推进现代化相统一的目标，符合人民的愿望，意义十分重大。

基于此，集团公司确定了“全面建设具有国际竞争力的跨国企业集团”的宏伟目标，实现由国内石油公司向跨国石油公司转变，由单纯的“油气生产商”向具有复合功能的“油气供应商”转变。

集团公司“全面建设具有国际竞争力的跨国企业集团”目标的确定，以及一系列政策的调整，为勘探局今后的持续发展指明了方向，提供了根本保证，创造了有利条件。局党委、勘探局按照十六大精神和全面建设小康社会的形势要求，按照集团公司整体发展的需要，从企业重组改制的现实出发，对“二次创业”目标进行了科学的、准确的概括：以持续发展、全面建设小康为目标，以建立现代企业制度、转换经营机制和调整结构为动力，真正使勘探局成为多元发展的现代企业集团。

根据勘探局的产业定位和“十五”规划，预计到2005年，营业收入达到48.73亿元，在不考虑三项费用补贴情况下，实现扭亏为盈；预计到“十五”末，总收入将超过80亿元，非国有经济收入超过30亿元，实现历史性的大跨越。

3. 进一步落实责任

党的十六大提出：发展要有新思路，改革要有新突破，开放要有新局面，各项工作要有新举措。要完成党的新世纪、新阶段“全面建设小康社会”的奋斗目标、集团公司“全面建设具有国际竞争力的跨国企业集团”以及勘探局“二次创业”的奋斗目标，各级党组织和每个共产党员，要肩负起这一历史重任，立足岗位，勇于实践，积极投身到建设中国特色的社会主义这一壮丽事业中去。

学习贯彻“三个代表”重要思想，重在理论联系实际。要按照关键在坚持与时俱进、核心在坚持党的先进性、本质在坚持执政为民这个根本要求，不断增强实践“三个代表”重要思想的自觉性和坚定性。把“三个代表”重要思想贯彻到企业发展的各个领域，体现在党的建设的各个方面，落实到改造客观世界和改造主观世界中，使广大党员干部真正在思想上有所提高，使各单位、各部门的工作切实得到改进。通过学习贯彻“三个代表”重要思想，把思想进一步统一到“三个代表”重要思想和十六大精神上来，把智慧和力量进一步凝聚到实现十六大确定的各项任务上来。要围绕全面建设小康社会的奋斗目标和集团公司、局党委的重大部署，在国家宏观规划指导和集团公司、勘探局的总体部署下，紧密联系本单位本部门的实际，提出具体奋斗目标，形成发展思路，制订发展措施，推动各项工作取得新进展，开创新局面。通过学习贯彻“三个代表”重要思想，进一步树立与时俱进、开拓创新的良好精神状态。要查找思想观念和精神状态上存在的差距，振奋精神，开阔视野，着眼新的实际，总结新的经验，探索新的路子，使各项工作体现时代性、把握规律性、富于创造性，不断推进理论创新、制度创新、科技创新、文化创新以及其他各方面的创新，努力做到发展要有新思路，改革要有新突破，开放要有新局面，各项工作要有新举措。要坚持实事求是、一切从实际出发的科学态度，讲科学、鼓实劲、求实效。

通过学习贯彻“三个代表”重要思想，着力解决本单位本部门影响发展的突出矛盾和问题，促进改革发展，维护大局稳定。要针对存在的问题，深入调查研究，集思广益，提出解决问题的措施和办法。通过解决突出矛盾和问题，深化企业改革，推进结构战略性调整，推动勘探局“二次创业”。通过学习贯彻“三个代表”重要思想，切实解决职工群众生产、生活中的困难和问题。要把群众的身体健康和生命安全放在第一位，始终关注群众的安危冷暖，努力实现好、维护好、发展好人民群众的根本利益。当前，要按照中央的统一部署，坚持“两手抓”，一手抓防治“非典”这件大事不放松，一手抓生产经营这个中心不动摇。要着力解决职工群众关心的热点问题，把好事办实、实事办好。通过学习贯彻“三个代表”重要思想，落实“两个务必”，按照“八个坚持、八个反对”的要求，认真解决党的建设和干部作风中存在的问题。要查找和解决影响发挥党委的核心作用、基层党组织的战斗堡垒作用、党员的先锋模范作用的主要问题，使党组织真正成为贯彻“三个代表”重要思想的组织者、推动者和实践者，使广大党员真正成为实践“三个代表”重要思想的模范。

通过学习贯彻“三个代表”重要思想，继续推动“形势、目标、责任”主题教育活动不断向纵深发展。要充分发挥党支部的战斗堡垒作用和党员的先锋模范作用。当前是生产的黄金季节，各单位一定要按照局党委的要求，紧密结合生产经营的实际，创造性地开展工作，努力做到一个支部一个堡垒，一个小组一块阵地，一个党员一面旗帜。各级党组织要以增强党性、提高素质为目标，加强对党员的教育、管理和监督，保持党员队伍的先进性、纯洁性。要紧密结合企业改革和生产经营，扎扎实实地开展党员责任区、党员目标管理、民主评议党员、创先争优等活动。在全体党员中进一步开展创建“党员责任区”、“党员模范岗”活动，吃苦在前，奉献在前，拼搏进取，模范带头。紧紧围绕勘探局重点工程、重点项目建设，积极参与勘探局“创纪录、上水平”劳动竞赛、“闯市场、增效益”劳动竞赛、“安康杯”劳动竞赛和群众性的科技创新工程，力争取得好成绩。

同志们，目前已进入了“二次创业”的关键时期，任务繁重而艰巨，我们要以党的十六大精神和“三个代表”重要思想为指针，以“形势、目标、责任”主题教育活动为契机，动员全体共产党员和全局广大职工，立足岗位，锐意进取，全面完成今年的各项任务，为“二次创业”做出贡献。

张继昌同志在长庆石油勘探局基层党的建设工作会议结束时的讲话

（2003 年 11 月 19 日）

同志们：

勘探局基层党的建设工作会议历时两天，今天就要结束了。这次会议是在全局上下认真学习贯彻党的十六届三中全会精神，全面推进“二次创业”的关键时刻召开的一次十分重要的会议。对当前和今后一个时期加强和改进以党建为核心的基层建设工作，必将起到重要的指导和推动作用。

会议进一步传达学习了集团公司基层党的建设工作会议精神，听取了局长、党委书记孙玉辰同志代表局党委所作的《实践三个代表，强化基层建设，为实现“二次创业”宏伟目标奠定坚实基础》的重要报告；听取了局党委《关于进一步加强党支部建设的意见》的专题发言。隆重表彰了 28 个基层建设的“红旗单位”；有 34 个二级单位党委和“红旗单位”代表交流了关于加强基层建设的典型经验；会议主题鲜明，内容丰富，形式生动，气氛热烈，开得十分成功。

局党委对这次会议十分重视。在年初召开的工作会议上，孙玉辰局长在工作报告中提出，要以党的十六大精神和“三个代表”重要思想为指导，大力加强基层党的建设和思想政治工作，并决定在今年召开重组改制以来的第一次政工会。局党委下发了[2003]8 号文件，专门进行了安排部署。局机关有关部门两次组织调研组分赴 30 多个二级单位进行专题调研，了解掌握当前基层党的建设、思想政治工作的基本情况，发现了一批基层建设的先进典型。在此基础上，决定召开勘探局基层党的建设工作会议。这次大会表彰的基层建设“红旗单位”，是从勘探局各条战线中，经过层层推荐和严格评选产生的。整个评选过程分为四个步骤。第一步是各单位申报，共推荐了 36 个基层单位；第二步是局党委组织部和宣传部初评，确定了评选范围并征求了 13 个机关处室意见；第三步经局党委常委扩大会议研究确定了 28 个候选名单。第四步上网公示，广泛听取职工群众意见，接受监督。这次受表彰的 28 个“红旗单位”，反映了勘探局基层建设的整体水平，他们是勘探局 1000 多个基层单位的杰出代表，是学习贯彻“三个代表”重要思想的典范，是广大基层单位学习的榜样。

孙局长在报告中系统总结了重组改制四年来勘探局基层建设工作的主要成绩和宝贵经验，以“三个代表”重要思想和党的十六届三中全会精神为指导，认真分析了新时期基层建设工作面临的新形势，强调了在新形势下加强党建为核心的基层建设的重要性和紧迫性。大家普遍反映，孙局长的主题报告贯穿着解放思想、实事求是、与时俱进的思想，既继承优良传统，又富有创新精神；既体现了集团公司党建工作会议的要求，又紧密联系长庆的实际，总结成绩全面准确，对形势、问题分析透彻，目标明确，重点突出，对于强化基层建设，全面推进“二次创业”具有重要的指导意义。

这次会议虽然时间不长，但是收获很大。概括起来，主要有以下四个方面：

一是认清了形势，提高了认识，统一了思想，增强了搞好基层建设工作的紧迫感和责任感。与会代表深刻领会党中央、集团公司党组对基层建设的新要求，正确把握勘探局改革发展的新形势，认真分析基层建设面临的新情况、新问题，深刻认识到加强以基层党建为核心的基层建设工作，是贯彻落实“三个代表”重要思想，确保国有企业保持正确改革发展方向的需要；是继承石油企业的优良传统和政治优势，强化基础管理，提升企业整体竞争力的需要；是培养高素质的职工队伍，实现企业可持续发展的需要；是创新思想政治工作，保持大局稳定的需要；是实现集团公司建设具有国际竞争力跨国企业集团和勘探局“二次创业”奋斗目标的思想武器和精神动力。增强了做好以基层党的建设为核心的基层建设工作的使命感、紧迫感和责任感。

二是明确了基层建设工作的指导思想和目标任务，思路更加清晰。通过学习孙玉辰局长的重要报告，参加会议的同志进一步明确了当前和今后一个时期勘探局基层建设工作总的指导思想和重点工作，对结合实际贯彻落实会议精神，方向更加明确，思路更加清晰，精神更加振奋。

三是总结交流了加强基层建设工作的宝贵经验。会议交流的 34 个典型经验，从不同侧面反映了各级党组织按照局党委要求，紧密围绕中心工作，与时俱进，继承创新，不断加强和改进基层建设所取得的丰硕成果，显示了基层党建工作的强大生命力。这些典型经验鲜活具体，真实可信，内容丰富，事迹感人，甚至催人泪下。他们是重组改制以来全局职工克服困难，经受考验，在艰难中崛起，创造不凡业绩的真实写照，是“二次创业”的旗帜和典范，他们的经验不仅使我们深受教育和启发，更应该成为推动各项工作的强大动力。

四是振奋了精神，坚定了进一步搞好基层建设工作的信心。“二次创业”必须以加强党的建设为保证，这是我们的政治优势，也是四年来“二次创业”取得不凡业绩的原因。通过这次会议，局党委决心把以基层党建为核心的基层建设工作提高到一个新水平，为实现“二次创业”的宏伟目标奠定坚实的基础。这就为各级领导干部和基层同志努力工作，实现自身价值创造了更加广阔的舞台，使所有与会者感到备受鼓舞。

这次会议，不仅是一个总结会、表彰会，而且是进一步认真学习党的十六届三中全会精神和集团公司基层党建工作会议精神，全面加强以党建为核心的基层建设的学习会、动员会。当前，最重要的是把会议精神真正贯彻落实好。下面我就如何深入贯彻落实会议精神，进一步加强基层建设工作强调几个问题。

一、认真学习贯彻十六届三中全会精神，是当前和今后一个时期的首要政治任务

党的十六届三中全会，是在改革开放和现代化建设的重要历史阶段召开的一次十分重要的会议，会议通过的《中共中央关于完善社会主义市场经济体制若干问题的决定》，是指导今后一个时期经济体制改革的纲领性文件，也是教育广大党员干部进一步转变观念，开拓创新，深化改革，加快发展的重要理论武器。

《决定》提出了一系列新思路、新观念：

(1)《决定》提出的“五个统筹”、“五个坚持”，系统而准确地阐明了市场化改革的总体要

求,体现了全面、协调、可持续的发展观和改革、发展、稳定相统一的改革思路;

(2)《决定》提出的“使股份制成为公有制的主要实现形式”的新观点,突破了以往把公有制主要形式定位于国有经济和集体经济的传统观点;

(3)《决定》提出了大力发展非公有制经济的新思路,为非公有制经济的发展扫清了认识上和制度上的障碍;

(4)《决定》提出了产权制度改革的新论断,明确指出产权是所有制的核心和主要内容,并进一步阐明了建立现代产权制度的四个基本特征;

(5)《决定》提出了国有资产管理体制改革的七项任务和主要内容,明确了改革方向。

这些理论上的新突破,必将对深化经济体制改革,促进经济和社会的全面协调发展产生极大的推动作用。

为了使我们的改革能够积极稳妥地深入下去,我们必须集中精力认真学习好党的十六届三中全会精神。各级领导干部要带头学习,结合工作实际,边学边悟,在提高认识、统一思想的基础上,对本单位的改革发展进行深入分析,从战略的高度科学决策;各级党组织要把党的十六届三中全会的重要精神,传达到广大党员干部和职工群众中去,进一步转变观念,解放思想,不断适应改革发展的新形势。

二、增强做好基层建设工作的紧迫感、责任感和使命感,以党建为核心,全面加强基层建设

基层党组织必须加强,绝对不能弱化,这个认识来源于“支部建在连上”这一中国共产党革命成功的基本历史经验。正因为把支部建在连上,发挥了党员的骨干和带头作用,凝聚了人心,人民军队最终取得了胜利。事实证明,如果没有得力有效的组织,队伍很可能变成一盘散沙,经不起任何挑战。而有效的组织可以使队伍由小到大,力量由弱变强。

“十六大”对于党的基层建设工作提出了十分明确的要求:党的基层组织是党的全部工作和战斗力的基础。基础不牢,地动山摇。必须适应新形势、新任务的要求,坚持围绕中心、服务大局,拓宽领域、强化功能,扩大党的工作的覆盖面,不断提高党的基层组织的凝聚力和战斗力。使党的基层组织成为贯彻“三个代表”重要思想的组织者、推动者和实践者。这为基层党的建设指明了前进方向。

在集团公司基层党的建设会议上,马富才总经理明确提出要以基层党的建设为核心,全面加强基层建设工作。在勘探局的这次会议上,孙玉辰局长结合勘探局“二次创业”的实际,进一步阐述了这一观点。按照我的理解,这个提法有以下三层含义:

第一,基层建设的核心定位于党建,这既是由我们党的执政地位所决定的,又是发挥党的政治优势的必然要求。只有充分发挥基层党组织的战斗堡垒作用,企业的基层建设才有坚实的脊梁和支柱。

第二,基层党的建设是企业基层建设的核心,但不是基层建设的全部内容。基层作为企业的细胞,是企业生产力发展的基础。因此,它必然要求加强管理、技术、队伍素质等方面建设。而基层党的建设则必须为基层全面建设提供强有力的思想政治和组织保证。

第三,强化以党建为核心的基层工作,进而促进基层生产经营、科学管理、科技创新、市场开发等各项工作上水平,这些重要手段和举措,其根本目的就是要在基层贯彻落实“三个代表”重要思想,全面实现长庆“二次创业”的宏伟目标,让企业得到快速发展,让职工过上好日子。

基于以上认识,从勘探局的实际出发,我们今后加强基层党的建设,必须紧紧围绕生产经营管理这个中心,切实服务于实现“二次创业”这个大目标;必须建立符合市场经济要求的基层管理制度,完善基层党组织设置,使之更加有效地融合到生产、经营、管理、科研等领域的各个环节,激活企业细胞,促进基层工作整体上水平。

三、确保改革、发展和稳定的大局

基层是企业一切工作的落脚点。这次会议明确提出:把基层建设成为发展先进生产力的排头兵;把基层建设成为确保大局稳定的第一道坚实防线;把基层建设成为创建学习型企业的基础单元;把基层建设成为实践、创造优秀企业文化的实验基地和展示平台;把基层建设成为塑造"四有"职工队伍的大熔炉。会议对基层工作的定位是十分准确的,这充分说明,局党委把基层建设放在了实现"二次创业"宏伟目标的战略高度来对待。

要坚持以经济效益为中心,以发展为目的,妥善处理改革、发展、稳定的关系,这样才能增强基层工作的针对性、实效性。

要动员职工全面完成今年生产经营任务。现在已到了全局各条战线向年终目标冲刺的关键时期,要充分发挥党组织的战斗堡垒作用和党员的先锋模范作用,鼓舞士气,振奋精神,带领职工全面实现各项奋斗目标。

要围绕改革改制做好思想政治工作。勘探局的主辅分离、全员竞聘、工资制度改革等正在深入进行,我们要切实做好各项政策的宣传解释工作,及时化解矛盾,理顺情绪,争取广大职工群众的理解和支持,积极稳妥地推进各项改革。

要全力做好稳定工作。我们局总体情况是好的,但也存在一系列不稳定因素。对于这些,各级党组织决不能掉以轻心,麻痹大意。一定要做过细工作,认真排查,及时发现问题,把不稳定苗头消灭在萌芽状态。

四、创建学习型企业,加强基层企业文化建设

这次会议明确,加强基层建设是创建学习型企业的重要方面。创建学习型企业,既是对传统管理理念的创新,也是从更高层次进一步深化改革。创建学习型企业,要把握三个重点:一是建设学习型班子,使企业具有一个坚持"三个代表"重要思想、具有前瞻性目光和胆识、善于把握机遇、不断创新的决策层;二是带出学习型队伍,在积极引进企业急需人才的同时,坚持立足现实、立足自己、立足岗位,大力培养各级各类人才,提高队伍的整体素质,着力建设一支朝气蓬勃、奋发有为的经营管理者队伍,一支技术过硬、具有较强创新能力的技术骨干队伍,一支以井队班组长为主体的优秀职工队伍。三是建立五种机制,即党政工团齐抓共管机制、组织保障机制、激励机制、交流机制和监督约束机制,推动创建工作上水平。

这次会议要求,加强勘探局基层建设,必须与时俱进,更新理念,以基层文化建设为先导。勘探局制订了《2003—2007 年企业文化建设纲要》,下一步将制订《企业文化建设实施手册》,这都是指导企业文化建设的纲领性文件。把《纲要》和《手册》的精神真正贯彻落实到基层,是加强勘探局基层建设的一项战略性任务。各单位要采取有效措施,认真宣贯《纲要》和《手册》的有关精神,规范地使用勘探局视觉形象系统,规范职工行为,凸现企业理念,把勘探局的发展战略真正落实到基层。积极开展企业文化建设的六大工程,以此来凝聚职工,鼓舞士气,打造品牌,塑造长庆企业形象。加强文化阵地建设,大力开展社区文化、项目文化、队站文化等,为"二次创业"提供更加有力的文化支撑。

五、加大典型宣传力度,形成基层争创一流的机制

这次会议受表彰的"红旗单位",不仅是全局基层建设的典范、"二次创业"的领跑者,更是闯国内外市场的"金字招牌"。要通过各种形式,大力宣传他们的先进事迹,为全局广大党员和职工树立学习榜样。要根据国内国际市场的要求,打造更多技术一流、服务一流、管理一流、效益一流的名牌基层队,逐步形成有长庆特色的"独有的技术优势,独有的攻坚能力,独有的质量信誉",提高企业整体竞争力。

要开展"创铁人基层队,争当行业一强"活

动。我们要把这项活动作为当前和今后党支部的一项长期工作和有效载体，紧密结合建功立业劳动竞赛，培养能够跻身集团公司“行业一强”的基层队和在全局范围内叫得响的“铁人基层队”，形成你追我赶、争优创先的生动活泼局面。要使荣誉和奖励真正发挥激励作用。集团公司和勘探局对“百面红旗”和“红旗单位”的奖励，力度之大，层次之高，是前所未有的。局党委要求“红旗单位”的奖金要全部用于对“红旗单位”职工的奖励，任何人不得以任何借口截流。这充分表明了局党委、勘探局对基层建设的重视和对长期奋战在基层做出贡献的同志们的关心和爱护。希望“红旗单位”的全体职工珍惜荣誉，戒骄戒躁，继续努力，取得更加优异的成绩。

六、转变工作作风，切实为基层服务

这次会议讨论的《关于进一步加强党支部建设的意见》，内容涵盖了党支部建设的方方面面，有较强的针对性和可操作性。本来要安排讨论，广泛征求意见，但由于会议内容多，没有时间。希望各单位党委会后专门组织讨论，将修改意见通过文字形式及时反馈上来。我们修改完善后将以局党委文件下发。

会议结束后，各单位要按照集团公司党组和局党委的要求，组织力量对本单位基层建设情况进行一次专题调研，切实摸清情况，科学分析现状，认真查找存在的问题，研究制订改进措施，有针对性地制订加强基层建设的意见。局党委将在明年组织机关有关部门深入基层进行专题调研，认真研究制订全局基层建设工作规划，指导和推动基层建设的健康发展。

加强基层建设，是各级党组织、各级领导和机关部门的共同责任，是一项长期的任务。只有高度重视，加强领导，落实责任，基层建设才能取得实效。要切实加强领导，形成抓基层建设的合力：要创建基层建设工作的责任机制、目标机制、考核机制、奖惩机制，促使基层建设走上制度化轨道。

要坚持实事求是，力戒形式主义。各单位在加强基层建设的过程中，要根据基层建设的实际情况，制订切合实际、具有可操作性的工作规划、工作标准和考核体系。最近，勘探局组织了两次调研活动。一次是孙局长对厄瓜多尔、美国、加拿大等市场的调研；一次是局机关组织6个调研组对钻井总公司进行全面调研。通过调研，最大的感触就是基层建设确实要符合市场竞争的需要，决不能搞花架子，做表面文章；更不能好高骛远，贪大求洋。

要切实转变工作作风，切实服务基层。基层建设的面貌是反映领导机关工作状况的一面镜子，要想从根本上加强基层建设，必须抓好领导和机关作风建设。要继续发扬各级领导关心爱护基层、深入基层的优良传统，切实转变职能，增强服务意识。要在提高管理水平和办事效率的同时，大力压缩会议，精简文件，切实帮助基层解决实际问题。要带头学习、带头创新、带头勤政廉政，处处给基层作表率、当楷模。

另外，我强调几个具体问题：

一是2003年11月底，长庆油气当量将突破千万吨，这是长庆30多年会战历史上的一件大喜事，是几代长庆人坚持不懈的追求。要瞄准这一目标，全力组织好生产经营，同时与油田公司一起搞好庆祝活动。

二是年终总结评比。今年我们打了大仗、硬仗，从现在起要自下而上认真进行总结，肯定成绩，大张旗鼓地表彰先进，同时也要查找不足，积极为明年生产经营做好准备。

三是开好勘探局2004年工作会议。集团公司工作会初步定于2004年1月8日，勘探局工作会议要在集团公司工作会议之前召开。各单位要按照这一时间要求安排部署好本单位的工作。

四是“两节”即将来临，各级领导要关心困难职工生活，搞好送温暖活动。要加强廉政教育，杜绝不正之风。要结合实际，组织好小型多样的文化活动，丰富职工文化生活。要加强综合治理，强化“三禁一反”措施，确保节日安全、文明、祥和。

同志们，通过大家的共同努力，我们已经圆满完成了会议的各项议程。希望同志们回到本单位以后，以“学习、学习、再学习”，“落实、落实、再落实”的态度，认真贯彻好会议精神，不断开创勘探局基层建设的新局面，为“二次创业”奠定坚实的基础。

杨庆理同志在长庆石油勘探局2003年上半年工作总结电视电话会议上的讲话

（2003年7月12日）

同志们：

根据会议安排，我就勘探局上半年工作作一简要总结，并就下半年工作安排讲几点意见。

一、关于2003年上半年工作情况

今年以来，全局上下认真贯彻落实集团公司、勘探局2003年工作会议精神，解放思想，实事求是，团结一致，真抓实干，在市场形势复杂多变和“非典”灾害突如其来的困难情况下，一手抓防治“非典”这件大事，一手抓生产经营这个中心不动摇，企业的改革、发展、稳定等各个方面继续保持了良好的态势，取得了生产经营和抗击“非典”的双胜利。

主要体现在以下八个方面。

（一）在前线生产无法倒班、设备器材无法按时到位的情况下，保证了重点工程建设的顺利进行

1. 主要生产指标大幅攀升

钻井今年开钻475口，完井409口，完成进尺96.8万米，其中：气井33.6万米，油井63.2万米。按价值量折算成油开井进尺，共计141.1万米，同比增长17.87%；

试油压裂完成1077层次，同比增长18.6%；

井下技术作业完成5727井次，同比增长31%；

建筑施工完成货币工作量5.4亿元，同比增长180.8%；

供水656.6万立方米，同比增长2.16%；

供电4.44亿千瓦时，同比增长15.9%；

运输处完成货物周转量4863万吨千米，同比增长23.7%；

通信信息期末固定电话用户48934门，同比增长1.8%；宽带计算机用户装机数3366户，同比增长230%；

机械制造完成工业总产值1.11亿元，同比增长27.6%；完成抽油机制造636台，同比增加4.8%；

器材供应完成物资吞吐量21.87亿元，同比增长5.73%。

2. 强化市场和效益观念，不断探索新的生产运行机制

一是改进生产组织管理模式，提高生产运行效率。今年以来，勘探局生产组织坚持为甲方提供最优服务，以油气勘探开发重点工程为工作重点，确保了油田公司重点油气区域的快速、高效开发。各主要施工单位普遍扩大、完善了各工程项目部和前指的责任，真正做到靠前组织、快速反应、组织有力、管理有效。各生产服务单位加大保障力度，超前运行，促进了生产运行效率和效益的提高。钻井生产时效达96.2%，同比提高4.67%；纯钻时率5.79%，同比提高5.31%。仅时效提高一项，就相当于多

动用10台钻机。

井下技术作业处以“紧跟钻井，不留积压井”为目标，狠抓工序衔接，5月7日试气压裂酸化突破百层大关，同比提前66天，创历史最好成绩。

三个采油技术服务处主动配合甲方编排出各类原油上产进攻性措施，开展抢扶躺井修井会战，确保油公司原油生产顺利运行。

建设工程总公司按照“贴近市场、区域组织、优化配置、项目管理”的原则，不断提高资源利用率，上半年累计完成产值达5.43亿元，同比增长180.8%，取得了全年生产经营的主动权。

二是充分发挥协商机制的作用，保证双方生产同步运行。今年以来，双方先后召开生产联席会议15次，及时协商解决井位衔接、套管供应、队伍调整、对外协调、区块调整等重点问题。针对去年提前实施工作量大、油田产建部署变化大的状况，在油田公司和各产建项目组的支持、配合下，勘探局领导带领局机关和油田公司机关部门领导走访8个甲方项目组，联合现场办公，落实工作量，调整队伍部署，开发产建市场，确保了双方生产运行的协调同步。

三是加强检查指导，强化井控管理。今年，突出抓了油转气的15个钻井队、8套试油(气)机组的井控监督、检查。各钻井、井下、试油(气)队伍深入落实集团公司、勘探局井控管理制度，坚持井控工作例行检查、重点抽查、突击检查相结合，进一步完善了井下、试油(气)施工中的井控管理。勘探局于5月份抽调12人，分专业、分工种、分层次进行了井控大检查，对所发现的各类问题及时进行了整改，有效地促进了井控管理工作上水平、上台阶。

3. 集中优势，顾全大局，重点工程进展顺利。

今年以来，各单位坚持“突出重点，整体平衡”的原则，注重发挥整体优势，以重点工程进度带动各路生产逐步加速，各项重点工程进展顺利。

一是生产启动准备充分、动手早，运行良好。

二是气田勘探开发进展顺利。长庆气田和苏里格气田27亿立方米产建是“西气东输”的重点工程，“西气东输”的先锋气源。勘探局承揽到气探井20口，气开井149口，进尺59.87万米的绝大部分气田勘探开发工作量。我们将这一工程列为今年各项工作的重中之重，投入5500万元配套3部新70L钻机；投入3257万元，将12支油井队配套为气井队，并长途调迁到气田，使勘探局在气田的钻井队达36支，配备试气机组30套，是我局历史上气井动用钻机、试气机组最多的一年；购置了较先进的设备和仪器，供气田施工。成立了由主管领导负责的靖边前线指挥部，切实强化了重点工程施工现场的组织、协调、检查和监督，促进了与油田公司北线指挥部和甲方项目组的联系，加强了一线各施工单位之间的生产衔接和横向联合。钻井、井下、建工等主要生产单位，加强气田组织施工力量，严格管理，提高服务质量，使气田生产优质、高效，按计划超前运行。针对苏里格气田在开发中遇到的困难，勘探局配合集团公司试验项目，动员各方力量，创造性地开展工作。3月18日，同斯伦贝谢签订了鄂尔多斯盆—苏里格气田开发技术服务方案，力争应用科技手段降低开发成本。截至6月底，气田共开井110口，完井75口，进尺33.6万米。

三是“西气东输”管道工程施工进展顺利。3月19日，我局承揽的“西气东输”工程13标段和靖边首站建设正式开工。面对这一形象工程、业绩工程、效益工程，建设工程总公司抽调150多名精兵强将和70多台(套)设备，采用科学施工措施，取得显著效果。开工以来，已运管59.2千米，完成管道焊接55.1千米。

四是电力春检停电少、效率高。电力春检严格按照“速度快、质量高、停电少”的原则组织进行，从3月10日开始，历时85天。共检修变电所36座,主变66台;发电站10座,发电机组20台;带电检测35—110千伏线路34条、759.7千米;停电检修14条、364.1千米,6—10千伏线路127条、2109千米,配电变压器1474台。春检过程中,未发生一起计划外停电、停水事故。

五是防洪防汛组织到位。早在4月初,勘探局就对防洪防汛工作做了全面部署,并根据今年汛期气象预测情况,要求各单位加强防洪防汛值班,确保通讯畅通;两次组织专人检查施工现场,落实防洪防汛措施,确保野外队伍、运输车辆安全度汛,确保职工家属生命和财产安全。截至目前,90项重点防洪防汛整改加固工程已全部完工。

4. 以现场管理和质量管理为重点,施工质量不断提高

今年,勘探局把实施"用户满意工程"作为加强现场管理和质量管理工作的重点,强化"质量回访"制度,突出过程控制,严格质量责任制,规范了24项质量标准,确定了钻井、井下、建工、采一、机械总厂等5个单位为"用户满意工程"试点单位。各施工作业单位不断完善质量回访方式,力度逐步加大,时间更加灵活,形式多种多样,效果日益显著。主要技术及质量指标稳中有升,钻井井身质量合格率100%,定向井一次定向成功率68.3%,井眼轨迹符合率、中靶半径合格率均为100%;固井质量合格率100%;取心平均收获率98.86%,其中定向井取心收获率100%。试油气合格率100%;试油气资料合格率100%;压裂酸化成功率100%;共完成特作31井次,综合成功率100%,较去年同期提高了6个百分点。

5. 安全生产形势平稳,各类事故指标大幅下降

今年以来,勘探局在安全生产上提出了要达到集团公司安全生产先进企业水平的总体工作目标。并以此为标准,进一步强化安全管理,全面推行HSE"两书一表",探索异体监督模式,积极宣贯ISO14000系列标准,保持了安全生产良好的发展态势。

上半年,全局共发生各类上报安全责任事故9起,同比下降47.1%;死亡2人,同比下降80%;重伤2人,同比下降66.7%;轻伤9人,同比持平。工业生产杜绝了死亡事故,交通事故得到有效遏制,事故起数同比下降62.5%,死亡人数下降71.43%。

一是HSE管理更加规范,管理效率进一步提高。为了剔除重叠管理,减少工作接口,提高管理效率,简化体系审核,勘探局按照"统一、相融、可操作"的原则,进行了多套体系的整合实践。井下技术作业处、第二采油技术服务处、水电厂通过了HSE/OSH双认证;工程技术研究院、西安长庆科技工程有限公司通过了ISO14001、ISO9001和GB/T28001等三套管理体系的整体认证。结合全局第一次HSE体系内审工作,各单位广泛开展了生产作业中危险因素、危害因素、环境因素的识别、评价活动;并在钻井、井下、运输等行业初步建立HSE风险管理模型。

二是安全监管力度不断加大,专职监管机构得到加强和充实。加强安全生产目标管理,严格落实安全生产责任制,强化动态监控,按照《安全生产法》的规定,修订安全管理制度,推广异体监管模式。今年,井下技术作业处、三个采油技术服务处、运输处都设立了安全监督站,安全管理与监督初步分开运行的体制得以确立。强化了重点时段、车型、人员、单位的动态监控;组织开展交通安全专项检查,特别在运输车队推行HSE管理试点工作取得了较好的效果。全局已有112个运输车队实施了HSE风险管理,113个运输车队编制并运行了"两书一表",分别占车队总数的88.1%、88.9%。

三是污染源治理措施进一步落实,现场管理水平有了较大提高。各施工单位以推行HSE管理为基础,以实施清洁生产为手段,严格HSE"两书一表"和环评要求,加强了对现场环境保

护的分析，实施全过程预防和控制，及时进行风险评估，采取削减措施进行预防，已有8个绿色钻井、井下作业示范队主要环保技术指标达到或接近国际先进水平

（二）在部分产业大幅受损的情况下，经营业绩仍然保持了增长的势头

上半年，针对经营形势的变化，各单位主动克服困难，积极采取措施，加强内部管理，增收节支，取得了比较好的经营业绩。

1—6月份，主营业务实现收入26.26亿元，同比增长12.2%；补贴后实现内部利润1186万元；上缴税费1.59亿元。

多种经营完成销售收入4.2亿元，同比增长16%，亏损4500万元，与去年同期相比减亏3081万元，减幅达41%。

主要工程技术服务单位，收入有较大幅度增长，生产服务及其他单位的生产成本和费用得到有效控制，踏上了完成年度预算指标的步子。

低效油田开发按照“滚动开发，做大做强”的原则，以王盘山为主战场，以评价分析为先导，以滚动开发为手段，注重生产过程管理，逐步扩大油气勘探开发区域。上半年，钻井完成19口，正钻5口，钻井进尺48612米，累计生产原油4579.3吨。

一批新项目、新产业按新体制、新机制初步建成。水电厂、三个采油技术服务处、工程技术研究院、公用事业处、宁夏长庆工业园项目组等单位多种经营投资新建项目11个，总投资4588万元，预计年增加收入4858万元，年净增利润354万元。

另外，还有天然气气化工程，银川、西安加气站等项目正在论证中。

1. 加强投资管理，强化项目全过程管理

努力争取投资规模，抓紧投资项目的落实。在物探、测井整体分离出去的情况下，勘探局年度投资规模不仅没有降低，与2002年相比，还增加了6000万元，达到6.0亿元。在项目实施过程中，重点项目推行项目经理责任制；重大项目实行挂牌制，并明确第一责任人；重大项目派专人实行现场监督、检查；列入计划实施的项目，均由主管单位成立项目组，按照勘探局项目管理办法，实行综合经营责任制，保证了投资回报率。

2. 加强预算、资金和成本管理，提高了财务管理水平和经济效益

一是全面实施动态预算管理。在2002年决算期间，对各单位各类成本进行深入分析和研究的基础上，通过“算细账、两上两下”的方法，确定了各单位经营承包指标。在预算执行过程中，结合市场情况的变动，强化动态预算管理，对预算执行情况及时分析、修订和调整。从5月下旬起，在月度分析的基础上，对所属单位实行旬报分析，对重点单位进行跟踪检查，确保预算执行不出偏差。钻井工程总公司进一步完善“三位一体”动态成本控制体系，对财务管理分析系统进行流程再造，建立起管理有效、监督与分析高度结合的动态财务和分析体系，使财务管理分析紧贴生产经营动态，解决了财务管理和分析滞后的问题。

二是积极推进会计集中核算试点。钻井工程总公司作为全局会计集中核算的试点单位，实现了“四个不变”，即会计责任主体、经营自主权、资金使用权和财务审批权保持不变。通过分片设立核算部，达到既满足基层单位经营管理的需要，又便于专业公司进行预算分析和成本控制。同时，统一账户进行收支核算，资金实行统一集中控制使用，加速了资金周转，提高了资金使用的效益。

三是强化资金集中管理，确保生产经营的需要。为减少资金沉淀，加速资金周转，降低资金成本，编制了2003年分单位、分阶段货币资金预算，并积极筹措资金，灵活调度，千方百计保证生产经营活动资金需求。面对资金紧张及关联交易结算滞后的情况，与油田公司多层面协商，清理上年欠款及往来账务10亿元，结算

关联交易资金25.6亿元,与去年同期相比增加2.5亿元;银行贷款从年初的2.7亿元降至0.7亿元,有力保证了生产经营活动所需的各项资金。

四是严格控制生产成本和各类费用。为确保经营工作按预算目标运行,全局各单位严格按照“三位一体”动态成本控制体系开展工作,在大力开拓市场的同时,采取了许多符合实际、科学有效的管理措施,全员、全方位、全过程控降成本费用,取得了显著的效果。井下技术作业处确立节约挖潜项目有14项,仅上半年节约挖潜增效650万元;水电厂大力实施低成本战略,共砍掉不合理项目预算近300万元;油气技术综合服务处实行成本管理责任到人,并与个人经济效益挂钩,减少费用支出116万元;器材供应处实行物资网上招标采购,节约资金2016万元。

(三) 市场开发取得新的突破

1. 发挥有效协商机制,确保关联交易市场占有率

年初,在认真分析形势、客观评估各种有利条件和不利因素的基础上,制订了指导当前和今后一个时期关联交易工作的总体规划,进一步理清了工作思路。面对关联交易出现的一些新情况,我们本着“急不得、缓不得”的指导思想,主动而富有耐心地搞好协商,建立了关联交易要情通报制度和多级协商制度,为关联交易的顺利进行打下了基础。今年,预计钻井可承揽油田公司总工作量的55%;井下作业可承揽油田公司工作量的78%左右;地面建设承揽油田公司工作量的71%。三个采油技术服务处从长远战略性出发,认真搞好“一对一”服务,全力保原油上产,努力实现自我发展、自求平衡。

2. 国内市场开发领域不断拓宽

今年以来,水电厂租赁油田公司供变电设备资产总额1.08亿元,租赁运行采油厂水源井、供水站,进一步扩大了供水供电范围和市场份额,改变了2002年以来供水市场逐年萎缩的状况;油气技术综合服务处获得长呼管线生产试运行和运行管理两个标段580万元的工作量;机械制造总厂外销固控系统及设备、钻井液管汇1400万元,外销抽油机90台,销售收入690万元;工程技术研究院与胜利钻井院共同承担大平1井钻井技术服务,与新星公司华北公司共同研究鄂北、鄂南压裂技术,实现产值173万元;器材供应处在局领导的指导和帮助下,在“西气东输”项目争取到1亿多元的物资采供任务。

1—6月份,全局共承揽社会市场价值工作量3.2亿元,为年度计划5亿元的64%;在所承揽的137个项目中,已完成72项,正在运行的65项,完成工作量2.98亿元,其中,当年承揽完成1.92亿元,跨年项目完成1.07亿元。此外,全局产品销售、管道施工工作量同比分别增长了151.16%和20%,分别净增4617.83万元、1850万元。

3. 国际市场开发取得新的进展

今年以来,在大力开拓国际市场的同时,国际市场开发部按照动态管理的要求,加强现有项目成本管理,将工期计划、资金计划、成本计划图表化,建立了动态监控模型,主动请勘探局对厄瓜多尔项目进行审计。针对“非典”影响,国际市场开发人员不等不靠,根据我局现有可供对外服务设备情况,采用电话、传真、电子邮件等形式,积极联络沟通,跟踪南美、南亚、中东及非洲等10多个国家的钻井、修井、钻机租赁项目,有望获得一定的工作量。

截至5月底,厄瓜多尔项目共实现投资登记598.88万美元(其中经营性补偿收入139万美元),回款60万美元;乌兹别克斯坦项目去年底共签订5口井的合同,价值工作量2035万美元,350井于2月25日开钻,目前井深3316米,已接近完井。

(四) 改革改制平稳推进

1. 改革的方向和目标进一步明确

根据国家经贸委等八部委《关于国有大中

型企业主辅分离辅业改制分流安置富余人员的实施办法》和集团公司《关于贯彻落实〈关于国有大中型企业主辅分离辅业改制分流安置富余人员的实施办法〉的实施意见》，勘探局研究制订了《关于主辅分离辅业改制分流工作的若干意见》，编制了《长庆石油勘探局主辅分离改制分流总体方案》，并已上报集团公司。这标志着主辅分离、辅业改制工作已正式启动。勘探局即使研究批复了钻井工程总公司等24个单位的产业定位，明确了各单位今后发展的主要方向和发展的重点产业，避免了单位之间同业竞争、重复建设，提高了各单位和全局的资源优化利用。并制订了全局2003—2007分年度滚动发展计划，切实加强了计划的科学管理。

2. 改革改制工作进展顺利

2003年上半年，产权制度改革立项10个，勘探局已批复正在组织实施项目6个，改革改制进展基本踏上了年初计划的步子。

国有改制企业包括新组建的西安泾河物业管理有限公司、建设工程总公司的庆阳长庆工程检测有限责任公司、第二采油技术服务处的西安长庆七彩印刷有限责任公司等3家，已批复并正在实施，共涉及资产708.53万元，净资产492万元，分流职工146人。

多种经营改制企业共计7家，包括13个法人企业，涉及资产5.2亿元，净资产1.2亿元，分流国有职工1087人。改制后，新公司注册资本总额1.2亿元。

其中，已批复正在组织实施的项目3个，即井下技术作业处的咸阳长庆鑫源工程技术有限公司、油气技术综合服务处的宁夏长庆油气工程有限责任公司、器材供应处的宁夏长庆膨润土有限责任公司。

正在报批研究的项目4个，即第三采油技术服务处的宁夏长庆石油建设工程有限责任公司、水电厂的长庆水电工程有限责任公司、第一采油技术服务处的延安长庆华泰石油工程建设有限责任公司、培训中心的庆阳长庆八达工程有限责任公司。

三个采油技术服务处以市场为导向，以产权为纽带，自愿联合发起成立了长庆化工集团有限责任公司，并于6月18日举行了5个出资方的出资签约仪式。勘探局及时对新公司给予了8项政策性支持。

钻井工程总公司控股的管业公司5条钢骨架复合管生产线已试生产7200米，经陕西省质检局鉴定，全部符合行业标准；控股成立的西安长庆石油钻头公司，填补了我局的空白。

这种自下而上的改革，说明人们观念上发生了深刻变化，对市场机制的运用更加自觉，说明基层领导对形势的认识不再盲目，也说明基层单位的改革已由被动走向主动，符合形势变化的客观要求，符合勘探局的产业定位和发展方向，符合勘探局2003年工作会议的部署。

3. 加强股权管理，构筑资本运营平台

今年以来，勘探局不断深化股权管理，规范公司制企业法人治理结构，进一步修改完善了股权管理实施细则，并对2002年6个控股企业提出了兑现方案，对2003年8个控股企业提出了考核意见。

同时，完善控股公司法人治理结构，加强股权监管，收缴2002年度6个控(参)股企业的股权收益；清理整顿和规范了部分单位自行成立的小公司；在长宁复线投资、长呼管线建设及管理过程中，依法行使股东的权利，积极参与决策和协商，切实维护了企业的整体利益。

目前，我局已形成以股权决策、股权代表、股权收益和股权信息管理为基本内容的控(参)股企业股权管理机制，初步建立了集体资产投资管理平台，控(参)股企业管理基本理顺。

4. 全面启动油田住房分配货币化工作

为了做好住房与分配货币化工作，勘探局组织四个工作小组，深入基层做好政策宣传和解释工作，使房改政策家喻户晓；及时召开油田住房分配货币化工作电视电话会，全面安排部署了油田住房分配货币化工作；进一步完善“住房普查和住房补贴信息系统"数据库,在公示职工住房状况和基本情况的基础上,积极编制住房分配货币化实施方案;规范住房交易,上半年完成住房交易 668 套,交易金额 2231.78 万元;积极办理购房支取公积金,开展职工购房贷款业务,上半年共办理贷款 52 户,贷款金额 147 万元,为第三轮房改的顺利推进创造了条件。

全局今年新开工住宅建设 3294 套,面积 40 万平方米,完成在建工程 3649 套、38 万平方米。目前,各项工程进展顺利,已完成 2.3 亿工作量。龙凤园从 2001 年 9 月开工建设,在不到两年的时间里建成住宅 66 栋,3084 户达到入住标准,其余 62 栋于 10 月 1 日即可入住。

(五) 科技创新能力进一步增强

2003 年,勘探局科技工作紧紧围绕形成一批长庆特色技术的目标,抓住制约生产发展和提高效益的技术难点,安排 38 项科技项目,其中重点攻关项目 15 项。通过局处两级科技机构的积极组织和全局广大科技人员的共同努力,上半年科技项目总体进展情况良好,计划进度完成率 92.1%,重点项目技术攻关取得了阶段性成果。

苏里格气田小井眼天然气欠平衡钻井实验。为了降低钻井成本,探索苏里格气田的有效开发途径,在苏 39 - 14 - 1 井,实施了天然气欠平衡钻井试验。虽然由于地层出水量大,导致中途停止,但仍取得了多项重要成果和认识:采用小井眼天然气欠平衡钻井技术进行工艺试验并获成功;采用天然气为循环介质钻井 783.7 米,并创全国新纪录;机械钻速达 20.87 米/小时,比常规钻井液钻井高出 3 倍,提高了工作效率,坚定了进一步深入试验的信心。

天然气复合钻井工艺技术。累计完井 20 口,有效解决了钻具失效问题;机械钻速大幅度提高,在东部区块全井机械钻速提高 2.05 米/时;缩短钻井周期 6—7 天;中北部区块提高机械钻速 2.31—6.42 米/时,缩短钻井周期 3—7 天。

提高西峰地区钻井速度的技术研究。针对西峰地区普遍井漏的问题,开展了充气钻井液试验,通过 5 口井试验,已取得了良好的效果。

同时,东部天然气井防塌钻井液技术研究、长庆气田上古压裂液体系研究、高等级公路沥青路面接缝与平整度的技术研究,以及新产品新装置研制等 4 项重点科研项目都取得明显的进展。

博士后科研工作站以科研项目为纽带,充分发挥高水平科技平台优势,结合工程技术服务中的难题和生产中的实际问题开展课题攻关。目前,油套管腐蚀预测软件的开发、硫酸盐还原菌杀菌剂的开发研究,以及经营者激励机制与绩效考核制度设计方案等 4 个项目进展顺利。

(六)企业科学管理再上新台阶

今年以来,通过继续实施"管理提升战略"和广泛开展"管理增效年"活动,使各级领导干部和广大管理人员的管理意识进一步加强,管理理念更加科学,管理水平逐步提高,管理创新不断推进。

1. 以理念创新为先导,创建学习型企业

我们以《第五项修炼》、《把信送给加西亚》为教材,把理念创新作为局处两级班子建设的重点,逐步改善心智模式,努力建立共同愿望,有益于领导干部在市场中的学习能力、系统思考能力,以及管理能力和决策水平的提高。

一是规范软科学研究管理及企业管理,为管理创新创造条件。建立和完善了《软科学研究项目及成果验收办法》、《软科学成果奖励办法》等规章制度;围绕勘探局中心工作和重点工作,确定了 8 个局级软科学研究项目;针对改制企业管理问题,专门组成调研组,深入到 17 个单位,开展了为期 29 天的调研活动,比较全面、准确地了解了改制企业管理工作的现状,勘探局将对加强改制企业管理问题进行专题研讨。根据国家 7 部委和陕西省经贸委的要求,开展了企业总法律顾问试点工作。

二是加大了对各类人才的选拔和培训，持续改善和优化人才成长环境。勘探局重奖17名优秀科技人才、10名“优秀技术人才十佳形象”获得者；建立了全局专家数据库，完善了专家选拔程序；选送了9名工程、经济专业的骨干参加集团公司组织的工程硕士、工商管理硕士研究生班学习。并着重抓了二级单位党政主要领导、对外合作项目经理英语的培训，以及高级技术操作人员及退伍军人的岗位技能培训和上岗培训。上半年，采取多种形式举办各类培训班252期，参加培训9421人，其中干部1693人，工人7728人。

2. 构建管理平台，实现管理增效

在人力资源开发服务和社会保障平台建设上，积极做好应届高校毕业生引进工作，目前已签约258人，其中石油主体专业104人，同比增长48.6%；对《长庆人才网》进行升级改版，扩大了网站的信息和影响力；加强人才劳动力市场建设，举办人才交流会一次，参会单位15家，求职人数100人，并积极做好劳务公司的前期筹备工作。同时，加强养老保险个人账户管理，上半年累计收缴和筹集养老保险金1.0962亿元，其中单位缴费8180.25万元，个人缴费2781.57万元，收缴率100%。

在股权管理平台建设上，以多元化发展战略为依托，以主辅分离改制分流和发展壮大集体经济的大目标为前提，就相关政策法规进行了调研、探索和论证，初步拟定了集体资产投资管理和产权交易两个管理平台构建方案。

在信息网络平台建设上，从网站基础设施建设、专业数据库开发与应用、企业综合信息管理系统开发与应用及信息化标准制订等四个方面确定了18个子项目，从建设目标与重点任务、实施措施与进度要求等方面作了统筹规划，出台了《勘探局2003年信息化建设工作计划》，切实做到了计划、人员、措施、经费、时间的“五落实”。钻井工程总公司为钻井队配备专职信息员，上半年实现了25个钻井队的无线传输、有线接入，使钻井队生产、物耗等数据及时采集、报送，促进了科学管理水平的提高。

在电子商务平台建设上，按照“边运行、边总结、边完善、边提高”的原则，在完善运行规范、健全各类数据库的同时，办理登陆入围供货网络厂商1600多家。并筹资35万元，进行全局物资管理信息系统机房标准化建设，使勘探局招投标网络和物资管理信息网络建设逐步完善。

在房地产开发平台建设上，以集资建房和商品房开发为龙头，充分发挥“两种职能”、“两种作用”，规范了房地产开发有限公司的运作；新征土地、储备资源取得实质性的进展；组建并启动了混凝土有限公司和装饰有限公司；并将注册成立房地产开发银川分公司，为组建长庆地产集团做好了准备。

另外，文教卫生系统加强管理，保证了油田广大职工身体健康和职工子女接受良好教育。今年全局本科上线人数645人，上线率达40.1%，均高出陕、甘、宁三省(区)平均水平近15个百分点。

(七)“非典”防控工作取得了阶段性成果

今年4月份，面对突如其来的非典型肺炎这一重大灾害，勘探局坚决贯彻中央、集团公司和当地政府的一系列重要指示精神，动员各级卫生组织挑起了油田“非典”防控的重任，并从健全机构、构建网络、加强协作、互通信息、制订预案、预防控制等各方面，分三个阶段进行了部署。第一阶段：教育动员，制订措施；第二阶段：建立发烧门诊，落实流动人员管理措施；第三阶段：落实逐步放开措施。

油田上下统一思想、统一认识、统一行动，立足于“防大疫、抗大疫、持久战”，全面落实油田“非典”防控各项措施，取得了重要的阶段性成果。

截至6月30日，油田77个单位在“非典”防控工作中已累计投入资金700余万元(含勘探局、油田公司投入70万元)；购置各类消毒药品50余吨,公共场所消毒599万平方米;印发宣传资料、传单等14.38万份;检查矿区内沿街商业网点2000多店次;配发防护服350套;配备防化服6套;各级"非典"防控办公室、医院、卫生所接待咨询人员、接听咨询电话1.5余万次;参与"非典"防控工作的医护人员872名,有1016名医护人员接受非典型肺炎的医护、救治业务培训。

4月25日,国务院"非典"防治工作陕西督查组在西安听取了油田"非典"防控工作汇报,并检查了西安基地卫生所防治准备工作后,对油田"非典"防控工作给予了充分的肯定。截至目前,油田区域内无一例"非典"病人和疑似病例。

1. 建立防控"非典"组织领导体系,落实领导责任

4月上旬,获悉广东、北京等地发生"非典"疫情后,勘探局主要领导未雨绸缪,提早安排。与油田公司联合成立了油田"非典"防控领导小组及其办公室,而且把物探、测井、石化等单位统一纳入防控体系。先后6次召开局领导办公例会及专题办公会议,16次召开油田"非典"防控领导小组会议,研究"非典"防控措施;两次召开"非典"防控电视电话会议和网络电视会议,明确领导责任制,全面安排部署各阶段防控工作,使"非典"防控工作始终在紧张、有序、高效中进行。

2. 采取切实有效措施,打好"非典"防御战

勘探局按照"防大疫、抗大疫、持久战"的原则,制订完善各项措施,建立完善了防控网络、工作标准和工作程序,严格生活小区和公共场所管理,大力开展爱国卫生运动,切断传染源、阻断病毒传播途径,取得了明显的成效。

同时,把生产要害部位和一线施工队伍作为"非典"防控工作的重点,严格落实各项防范措施。"非典"防控办公室及时协调解决了陕北地方政府借"非典"防控名义挡路、堵车干扰生产等问题,保证了各项施工的顺利运行。

3. 加强法制和公德教育,提高职工群众思想道德水平

"非典"疫情防控初期,勘探局主要领导就明确提出,要利用"非典"这一特殊时期,加大对职工家属公共卫生、疾病防治等法律法规和公民道德素养方面的宣传教育力度,锻炼队伍,倡导文明,提高素质,促进各项工作上水平。广大医护人员发扬无私奉献的精神,踊跃报名参加油田"非典"防治医疗队,短短5天,自愿报名828人。宣传部门在各种媒体上开设了新颖、生动的专栏,配合"非典"防控期间的宣传教育工作。

各种切实有效的宣传教育工作,把干部群众的思想认识和行动统一到了局党委、勘探局的各项决策部署上来,在防治"非典"斗争中凝聚了人心,增强了信心,倡导了文明,提高了职工队伍的素质。

(八) 党建和思想政治工作得到进一步加强,保持了大局的稳定

1. 围绕企业改革、发展和稳定,切实加强和改进领导班子建设

各级党组织以"三个代表"重要思想为指针,认真学习党的十六大精神,把"两个务必"作为班子思想建设的重要内容。上半年,局党委中心组集中学习5次,两次扩大到西安地区各单位中心组;局长、党委书记孙玉辰同志还两次亲自以多媒体形式,为参加培训的党政主要领导和二级单位宣传科长作了《关于创建学习型企业的初步思考》的专题辅导;其他局领导也先后4次为基层干部职工作了学习贯彻集团公司、勘探局工作会议精神专题辅导。通过理论学习,局处两级领导班子、领导干部在转变观念、更新理论方面有了明显进步,大局意识、政治意识、责任意识和工作的原则性、系统性、预见性、创造性也都得到了进一步的增强。

各单位还把理念创新作为班子建设的重点,按照勘探局关于"建设学习型的班子、带出学习型的队伍、建立学习型的企业"的要求,发

扬理论联系实际的学风，突出学习了学习型组织相关理论和工商管理、网络信息、现代物流等知识；有30多个单位的领导和理论骨干撰写了52篇体会文章。局机关深入开展管理创新活动，大力转变机关作风，实行服务承诺制，由以前的管理型向服务管理型转变，受到基层的普遍好评。

2. 以创新的精神，切实加强基层党组织和党风廉政建设

今年，勘探局把“夯实基础、抓好培训、深入调研、创新工作”作为加强和改善党的基层组织建设的出发点和着力点，取得了新的成效。通过广泛开展“党员责任区”、“党员模范岗”创建等活动，对广大党员普遍进行理念教育和党性教育，使广大党员真正成为“非典”防控和生产经营各项工作的中流砥柱，充分发挥了先锋模范带头作用。在建党82周年之际，局党委表彰了32个先进党支部，100名优秀党员和30名优秀党务工作者。还召开了“七一”建党座谈会，编排了《长庆儿女心向党》大型电视专题晚会，同步向全局各电视网传输播出。

同时，按照党风廉政建设责任制的要求，全局上下建立起了局、处、大队、班组四级党风廉政建设组织体系；加大预防力度，牢固构筑抵御腐败思想侵蚀的思想道德防线，把党风廉政宣传教育落到了实处。全局上半年受理案件36件，初查34件，结案7起，处理8个责任人，挽回经济损失32.99万元。

3. 认清形势、明确目标、增强责任，“形势、目标、责任”主题教育活动扎实有效

根据集团公司党组的统一部署，局党委对“形势、目标、责任”主题教育活动进行了统一安排和精心策划。从3月份开始，勘探局组织的主题教育报告团历时20多天，行程3000多千米，巡回报告11场次，32个单位听取了报告，听众达5000人次。在下发集团公司“形势、目标、责任”辅导材料1900多册的同时，还编印下发6个专题3万多字的辅导材料，引导全局广大职工学习讨论。各单位也都对主题教育活动加强领导，精心策划，突出重点，结合实际，开展了多层次的宣讲、讨论活动。钻井工程总公司组织了12场次的“共同责任”的报告会；井下技术作业处开展了“深入思考的六个问题”的大讨论；第一采油技术服务处、第三采油技术服务处、机械制造总厂、水电厂、运输处、通信处围绕中心工作，开展了“形势、目标、责任”与“理念、改革、市场”的宣传教育活动，使广大干部职工进一步认清了形势，明确了任务，增强了发挥整体优势、谋求共同发展的使命感和责任感，激发了各级领导和广大职工做好各项工作的积极性、主动性和创造性。

4. 正面宣传教育和政策引导，确保了职工队伍及大局稳定

局党委坚持团结稳定、正面宣传的方针，围绕企业改革、发展和稳定工作，通过报纸、电视、网络等媒体和手段，积极做好政策宣传和思想引导。

结合各阶段生产重点，利用各种媒体，确定了三次重点工程采风和五项宣传活动，落实人员、落实责任，对重点工程取得的阶段性成果及时进行了报道。同时，对先进集体、劳动模范和“非典”防控工作35个先进集体、208名先进个人，以及青年科技人才的典型事迹，大张旗鼓地进行了集中宣传。“五一”前夕，在《工人日报》、《中国石油报》、《宁夏日报》、《长庆石油报》、长庆电视台等媒体上，对“全国五一劳动奖章”获得者，局长、党委书记孙玉辰同志和“全国五一劳动奖状”获得单位——第三采油技术服务处的先进事迹，进行全方位、立体式的宣传报道，取得了很好的典型示范作用。大力开展精神文明创建活动，制订了《长庆石油勘探局企业文化建设2003—2007年规划》，上报了将军楼、长庆兴隆园小区等8个部级爱国主义教育基地，注意做好一人一事的思想政治工作，化解矛盾，理顺情绪，保持了大局稳定。

5. 以生产经营为中心，切实加强党对工

会、共青团等群众工作的领导

局党委以健全民主、依法治企、实现小康为目标，进一步建立健全广大职工群众参与企业民主管理的渠道和机制，推行厂务公开，充分调动职工群众发挥聪明才智、推进企业发展的积极性和创造性。

各级工会认真组织实施“双节”期间的“送温暖”工程，全局共动用资金461.87万元，及时救济和慰问了弱势群体；围绕生产经营工作，组织开展了群众性的经济技术创新工程及合理化建议竞赛、重点工程群众性劳动竞赛；弘扬劳模的时代精神，开展“建立学习型组织，培育知识化职工”系列活动；开展了丰富多彩、形式多样的文体活动，活跃了职工群众的业余文化生活，稳定了职工队伍。

共青团工作和青年工作围绕“二次创业”主题，通过开展“青年文明号”创建、创新、创效等教育活动，鼓励青年在“二次创业”中建功立业。

从上半年工作整体进展情况来看，经过全局广大职工的共同努力和奋力拼搏，我们在生产经营、市场开发、科技创新、改革改制、科学管理、“非典”防控、文教卫生以及党建思想政治工作和企业文化建设等各个方面，都取得了新的成绩和重要的阶段性成果。这些成绩的取得，是与油田公司的大力支持分不开的。特别值得肯定的是，各单位站在企业可持续发展的高度，结合自身的产业定位和发展方向，系统思考，准确定位，勇于创新，谋求发展，工作更加积极主动，举措更加切实有效，成效正在逐步显现。希望各级领导和广大职工进一步发扬成绩，鼓足干劲，再接再厉，扎扎实实地做好下半年各项工作。

二、关于2003年下半年重点工作安排

下半年是我们完成全年生产经营目标的重要阶段，也是为明年生产经营做好准备工作的关键时期。各单位、各级领导要充分认识到上半年“非典”疫情对我们各项工作带来的负面效应和后续影响，充分认识到生产经营工作仍有诸多不确定因素，充分认识到当前防洪防汛工作的重要性和紧迫性。

全局广大干部职工要继续按照勘探局2003年工作会议的总体部署和要求，全力以赴抓好市场开发工作，切实加强生产组织和经营管理，积极稳妥地推进企业内部改革，进一步加强企业管理，兴起学习贯彻“三个代表”重要思想的新高潮，牢牢把握各项工作的主动权。特别要重点做好以下五个方面的工作。

（一）继续加强生产组织和经营管理，全力以赴保证重点工程顺利进行，确保今年经营目标如期实现

1. 强化管理，严密组织，全面完成剩余合同工作量

要坚持效益优先、突出重点、整体平衡的生产组织原则，强化生产管理，搞好质量回访，确保全局各路生产平稳、有序、高效运行。同时，要主动与油田公司沟通，协商处理好关联交易中的问题。充分利用协商机制，站在保证整体发展、共同发展的高度，着力解决好队伍部署、工作量落实等问题；各工程技术服务单位要协调好与项目组的关系，以一流的质量和服务巩固现有市场，拓展有效市场。各单位要开足马力，尽最大能力多干工作量，保证全年生产经营目标的实现。同时，勘探局内部各单位要加强协作，密切联系，取长补短，互相支持，共谋发展。

钻井生产按11月底完成186万米进尺组织，下半年剩余进尺90万米，按照11月中旬全部完工，日均6522米。下半年生产组织中，要保证重点工程工期。气田钻井生产9月份要完成今年产建部署，日均进尺要达到2919米，与上半年日均2773米相比，每天要多完成146米；西峰油田产能建设要保证在10月底完成。因此，要进一步加大钻前组织协调力度，使井位顺利有序接替；加快两头，强化中间，组织好钻机运行中的过程管理；加大技术、现场管理工作力度，提高机械钻速和生产时率。

试油(气)压裂生产,预计全年将完成试油(气)工作量 1163 口,试油压裂 2650 层次;上半年已经完成 1077 层次,下半年尚余 1573 层次,占总工作量的 59.4%。所以,井下技术作业处要根据生产前松后紧的特点,下半年重点抓好队伍调整、平衡运行工作,按照甲方要求,保质保量完成 2003 年试油、压裂任务。同时,钻井、井下要通过各种努力守住市场,并以优质服务、高水平开发技术占领市场,不能丢掉市场份额。

油田地面建设主要工作量集中在下半年,建设工程总公司要合理调配队伍,精心组织好“西气东输”管道建设,尽快完成重点产建项目,尤其是要加强气田产建力量,保质、保量、按期完工,保证 10 月 1 日顺利输气。同时要加大市场开发力度,查找中标率较低的原因,力争为明年多储备工作量。

水电厂、三个采油技术服务处等“一对一”服务单位要坚持效益优先的原则,均衡生产,按照满足甲方、满足市场的要求组织运行。

机械制造总厂、运输处、通信处等生产服务单位要进一步落实“三位一体”成本动态控制体系,努力开拓市场,提高服务水平。

同时,各单位要认真抓好结算的资料收集工作,特别是超大特作的工作量签认要专人负责,不得贻误。

加快低效油田合作开发。下半年,要将已部署评价井作为重点,对现开发区块做好随钻分析,对已办好的井位要尽快组织队伍施工,力争有新的发现和突破。

2. 以 HSE 为重点,确保全局生产安全运行

一是切实抓好工业和交通安全生产。下半年,生产建设任务仍然十分繁重,各单位必须进一步加强安全生产力度,切实落实各项安全措施。上半年已经发生安全事故的单位要吸取教训,采取非常措施,杜绝事故的发生;没有发生事故的单位也要举一反三,严格自查,继续坚持好的做法,确保实现达到集团公司安全生产先进企业水平的目标。

国家最近颁布了《安全生产违法行为行政处罚办法》,细化了对各种违章和事故的领导责任者的处理办法,加大了地方政府管理部门对责任单位和领导责任人的处罚力度。因此,作为企业管理者,必须从讲政治、保稳定、促发展的高度,增强落实安全责任的责任感、使命感和紧迫感;进一步落实各级领导干部和工作人员的安全责任,自觉地抓好分管范围和自身的安全生产工作;严格执行安全责任追究制度,对发生的各类事故,要严格按照有关法律法规和管理制度,严肃追究有关人员的行政、法律责任,决不姑息迁就。

二是开展“HSE 创优升级”活动,实现全局 HSE 管理创新。各单位要根据集团公司《HSE 创优升级计划》和勘探局《HSE 创优升级实施方案》,完善本单位 HSE 创优升级实施方案。钻井工程总公司、井下技术作业处、建设工程总公司、三个采油作业处、水电厂、机械制造总厂达到 HSE 创优升级评价要素分级考核标准的第三级要求;运输处、长庆实业集团有限公司、通信处、工程技术研究院、长庆工程科技有限公司、交通服务处、器材供应处、油气技术综合服务处、油气开发公司达到 HSE 创优升级评价要素分级考核标准的第二级要求;其他单位达到 HSE 创优升级评价要素分级考核标准的第一级要求。

进一步开展“两书一表”精品工程活动。建立岗位考核约束机制,通过严格考核和现场监督来规范现场 HSE“两书一表”实施;各作业单位要全面推行《员工岗位作业卡》,建立完善岗位考核体系,将 HSE“两书一表”作为基本技能考核重要内容。

3. 加大社会市场开发力度,努力扩大市场占有份额

全年市场开发工作量目标是 5 亿元,力争 5.5 亿元,下半年外部市场(国内)工作量要力争达到 2.5 亿元,才能保证队伍不停,另外还要为明年储备一定的工作量。

各单位要认真分析研究市场需求，积极主动地了解市场信息，对重点项目要继续采取紧盯、精算战术，确保项目开发成功率。同时在内部市场要严格履行“守土有责”的职能，确保勘探局整体利益。

钻井工程总公司、井下技术作业处要继续加强与油田公司的联系，占领和巩固油田市场，实现共同发展。

建设工程总公司要把主攻方向放到外部环境较为有利的新、宁、青、内蒙等4省、自治区，适当关注甘、陕两省，并抓住下半年招标量大幅度增加的局面，确保承揽工作量过2亿，为2004年储备一定的工作量。

机械制造总厂要加大新产品开发力度，提高售后服务质量，下半年争取在中油技术开发公司的乌兹别克斯坦固控设备项目和青海油田抽油机外销上有所突破。

在内部市场开发上，要以全局利益和整体利益为重，联手开发，加强协作，避免相互压价，无序竞争。勘探局将出台内部市场管理办法，规范市场行为，与油田公司一道，共同维护好长庆市场秩序。同时，外部市场开发必须兼顾市场占有和经济有效的原则，两者不可偏废。

在国际市场开发上，由于我局国际市场开发工作启动较晚，与兄弟油田相比有较大差距。因此，境外市场开发人员任重而道远，务必加倍努力。首先要重点解决好市场接续问题和境外项目周边市场开发问题；解决好厄瓜多尔项目后期作业及风险控制问题。其次，要进一步拓展市场，开拓新的领域。下半年力争再出去1—2部钻机，承揽1个地面工程，中标1个地震项目、1个修井项目，市场开发工作量达到3000万美元。

4. 加强资金和成本管理，全面推进会计集中核算，提高企业经济效益

要加强资金管理和监控，加速资金周转，提高资金利用率。重点抓好资金预算管理和资金的跟踪调度，做好结算资金的清收工作，特别是关联交易资金结算和社会市场收入的回收，为全局的生产经营提供资金保证。

严格控制各类成本（费用）。按照“三位一体”动态成本控制管理体系的要求，加强市场开发、生产组织和财务核算等各个环节的信息沟通，加强工程项目实施过程中的管理、控制和监督，努力降低成本和费用，要按照年初工作会议的总体要求，开源节流，压缩成本，使成本比上年降低3%—5%。

勘探局作为集团公司会计集中核算的试点单位，下半年，要在总结钻井工程总公司集中核算经验的基础上，进一步完善方案，搞好业务流程再造。各单位要高度重视此项工作，严格按照勘探局会计集中核算领导小组办公室的安排和要求，认真组织落实。务必使全局会计集中核算如期实施。

（二）按照改革的总体方向和目标，积极稳妥地推进企业内部改革

1. 以产权结构调整为突破口，加快公司制改革步伐

改革是一个长期的过程，目前我们的各级干部特别是领导干部，对这个问题还是认识不清，怕承担责任，怕冒风险，不推不动、坐失良机的现象屡见不鲜，贻误了改革的大好时机；有些已改制的单位，仍然惯性运作，计划经济管理的模式改得不彻底，没有完全按公司制运作。要教育我们的干部，切实解决好认识问题，领导干部要敢于承担责任，善于开展工作，抓住改革的机遇，主动地去改，认真地去改，彻底地去改。

下半年，勘探局将继续以改革改制和系统管理为突破口，对主业板块主要实施以优势企业、特色业务、拳头产品为龙头的持续重组与结构调整，争取完成5—7个单位的公司制改造。

非主营业务继续以改制分流为主攻方向，力争使具备条件的多种经营企业于2003年年内基本完成整合重组及公司制改造。

对改制或新近成立的公司制企业，必须按照法人治理结构规范运作。

对一些费用单位必须加大改革的力度，加快改革的步伐，大刀阔斧地进行改革。

完成集体资产投资管理中心的股份制改造。初步形成以股权决策、股权代表、股权收益和股权信息管理为基本内容的控(参)股企业股权管理机制，初步建立集体资产投资管理平台，力争使勘探局集体资本实现更大的回报，使广大职工得到更多的实惠。

长庆实业集团有限公司要按照董事会的要求，区分不同成员企业的情况，严格依照法定工作程序，于2003年内，高质量地完成规范理顺及重组整合工作，进一步规范公司的运作行为。

2. 积极推进主辅分离辅业改制分流及各项配套改革工作

目前，勘探局已按照集团公司的初审意见，对主辅分离辅业改制分流总体方案进行修改并上报。这是今年改革的“重头戏”，一定要结合实际，确保各项工作顺利进行。

主辅分离辅业改制分流工作政策性强，优惠条件多。局机关有关部门要按照分工，及时做好地方政府有关部门的沟通协调，帮助改制单位搞好各项社会保险的接续，落实国家鼓励改制分流的优惠政策；切实做好资产债务处置、人员和劳动关系处理、土地处置等工作，维护国家、企业、职工和债权人权益；认真开展改制企业财产清查，进行产权界定，并由勘探局财务资产处委托专业机构进行资产评估，防止国有资产流失。

各级领导班子一定要全力支持和推进战略性结构调整。大力推进运输等单位主辅分离辅业改制分流工作，加大对办事处等费用单位的改革力度。有得有失是必然的，但是要避免大的失误，避免犯重复性错误。

3. 进一步深化“三项制度”改革

一是继续探索适应现代企业制度的干部选拔任用新机制。把公开竞聘中层管理人员和组织调整有机结合起来，通过公开竞聘、组织调整，达到保持合理的梯次结构，使干部队伍朝年轻化、知识化、专业化方向发展。在适当时机，选择3—5个单位进行人事制度改革试点，实行班子成员整体聘任上岗，为今后全局范围内的全员聘任工作积累经验。

二是深入探索和完善国有企业产权制度改革中的相关配套措施和管理办法。下半年，将陆续出台改制企业建立法人治理结构暂行办法、经营责任制考核办法、股权代表管理暂行办法、加强改制企业党组织建设等相关配套政策，建立合理的改制企业管理人员聘任、管理、考核、激励等有效机制，为勘探局顺利推进产权制度改革提供制度保障。

三是试行以岗位管理为核心的专业技术职务聘任制度，为专业技术人员管理改革积累经验。根据《关于深化专业技术人员管理制度改革的实施意见》，在钻井工程总公司和国际市场开发部继续做好人事制度改革综合试点工作，在工程技术研究院、西安长庆科技工程有限责任公司以及文教卫生系统开展专业技术职务聘任改革试点。

四是制订相关政策，强化对操作技能人才的管理。建立全局操作技能人才管理信息系统，加强对技师的动态考核和跟踪管理，全面建立评聘分开、择优聘用、动态考核、定期复证的技师管理制度。探索建立高级技能人才评审制度，制订高级技能人才评选奖励办法。

五是全力抓好工资分配制度的改革。7月11日，集团公司召开了工资分配制度改革电视视频会议，对工资分配制度进行了全面的安排和部署。这次工资分配制度改革主要是建立与市场经济相适应的企业分配机制，是在改革基本工资制度的前提下提高职工收入，在提高职工收入的同时调整分配关系，完善企业基本工资分配制度。勘探局将按照集团公司的统一安排，结合实际，周密组织，有计划、按步骤地推进。工资分配制度改革直接关系到广大职工群众的切身利益，政策性强，各单位要高度重视，要实行“一把手负总责、亲自抓，主管部门牵头、有关部门全力配合”的工作运行机制,确保领导工作到位,指导协调工作到位,责任落实到位;要严格工作程序,强化工作纪律,确保工资分配制度改革的规范运作。

(三)依靠科技攻关、技术创新和人才开发,进一步提高工程技术服务水平和综合竞争能力

1. 加大重点科技项目的攻关力度

下半年,要争取在6个方面有新的突破,即继续完善小井眼天然气欠平衡钻井技术的研究与试验,形成适用苏里格气田开发的配套技术;进一步推广和完善天然气井复合钻井技术,提高钻井速度;积极组织苏里格气田分层压裂改造技术的现场试验;加大西峰地区新技术新工艺集成与现场试验;研究解决乌兹别克项目复杂水平井钻井技术难题;加强长庆低效油田开发配套技术研究与试验。同时,要搞好技术研发中心和重点实验室建设。

2. 积极推进企业信息化建设

进一步搞好钻井工程数据库的修改与完善工作,以及网络综合查询等报表系统的研究与开发工作;完成办公自动化系统及长庆一中数字校园网应用系统的开发与应用工作;摸清物资管理信息系统在器材处“三站一库”的应用情况,并分析软件在二级单位推广应用所存在的问题,继续做好软件的修改与完善工作;抓紧信息化标准规范制订,为勘探局网络、数据库及应用系统建设提供标准依据。

3. 努力培养高层次和紧缺专业技术人才

抓好专业技术人员继续教育项目的落实,突出加强局处两级学术技术带头人的培养。9月底前,选送10—15名综合素质比较好、具有培养和发展潜力的年轻专业技术骨干攻读硕士研究生学位。委托西安理工大学举办一期50人左右的工商管理硕士进修班,争取在9月底以前开班。

按动态管理的要求,对局级学术技术带头人进行调整和选拔。选拔2—5名局学术技术首席专家、50—100名局一级学术技术带头人,对局二级学术技术带头人和后备人才的选拔、培养、待遇和使用情况进行一次检查。7月底前,完成集团公司和甘肃省技术能手的推荐上报工作。

在搞好科研攻关的同时,要十分注重和强化知识产权保护工作。对勘探局今年重大科研成果进行分析研究,编制计划,组织申报一批专利。开展专有技术认定研究,建立一套专有技术认定办法和流程,加强专有技术的保护。

(四)创新管理模式,进一步提高企业科学管理水平。

1. 积极创建学习型企业

各级领导干部要进一步解放思想,更新理念,勇于实践,改善心智模式,提高广大干部特别是领导干部的学习能力和系统思考能力。努力建设学习型的班子,带出学习型的队伍,建立学习型的企业。

2. 认真抓好企业战略管理和决策管理

要搞好企业发展战略研究,加强与高等科研院所的交流与合作,深入研究勘探局及各单位的未来发展,制订与新形势、新任务相适应的发展战略和经营策略。在决策管理上,要实行严格的责任追究制度,真正做到谁决策、谁负责。

3. 进一步强化基础管理

以合理有效的监控现金流量和防止潜亏为重点,加强内部财务制度建设,全面落实财务预算管理制度,认真实施“三位一体”成本动态管理体系,积极推行会计集中核算;严格实行投资回报制度,按照谁使用投资、谁上缴回报的原则,事先投资承诺,事后严格兑现;以关联交易市场为重点,进一步加强和规范市场管理,实现合作双赢;抓紧对各项定额的修订,加快建立科学合理的价格体系。

4. 继续广泛深入地开展“管理增效年”活动

各单位要结合实际,抓住各项基础管理工

作中的薄弱环节和突出问题，认真分析根源，制订切实有效的措施，限期整改，不留死角，真正在强化企业内部管理上取得更大的成效。同时，要抓好两级机关建设，转变机关作风，搞好调查研究，抓好落实，提高服务水平。

通过开展“管理增效年”活动，切实做到“五个促进”，即促进管理思想的更新；促进管理方式的根本性转变；促进管理手段和管理方法的改进；促进企业克服各种困难和抵御风险的能力；促进企业扭亏增盈。从而，真正实现管理增效。

（五）大力加强党建和思想政治工作，为企业改革与发展提供强大的思想保证和精神动力

1. 抓好以“三个代表”为重点的政治理论学习

各级党组织要按照中共中央关于印发《“三个代表”重要思想学习纲要》的通知要求，相对集中时间举办学习班，深入学习“三个代表”重要思想的时代背景、实践基础、科学内涵、精神实质和历史地位，使认识达到新的高度，把党员干部和职工的思想和行动统一到邓小平理论和“三个代表”重要思想上来，为实现“二次创业”提供强大的思想武器。

2. 抓好新形势下的党建和党风廉政建设

积极研究新形势下党的建设和党风廉政建设的新情况、新问题、新特点，继续加强党的基层组织建设，充分发挥党组织的政治核心作用、党支部的战斗堡垒作用和党员的先锋模范作用；适时召开民主生活会，用改革创新的精神，进一步搞好党风廉政和反腐败斗争，深入抓好案件查处和效能监察。

3. 抓好宣传思想工作和企业文化建设

继续深化“形势、目标、责任”主题教育，加大重点工程、重点工作的宣传力度，重点建设好爱国主义教育基地。加强思想引导、政策解释和深入细致的思想政治工作，发挥工会、共青团等群众组织的作用，搞好人民武装和统战工作，实现物质文明建设和精神文明建设“双丰收”。

同志们，我们一定要按照集团公司、勘探局的工作部署，团结一致，坚定信心，同心同德，扎实工作，全面贯彻“三个代表”重要思想，为取得抗击“非典”斗争的最后胜利，全面完成2003年改革发展和生产经营等各项工作任务而努力！

（局办公室于2003年7月12日以长局办发[2003]第24号文印发）

滕玉林同志在长庆石油勘探局2003年教育工作会议上的讲话

（2003年2月13日）

同志们：

这次教育工作会，是在我局喜庆春节后文教系统召开的一次重要会议，大家欢聚一堂，共同商量中小学教育大事，会议开得很成功。教育处王处长总结了去年的工作，对今年的工作提出了安排要求；大家畅所欲言，对2003年的工作目标进行了充分的讨论，提出了一些好的意见和建议，并就新形势下如何办好中小学进行了广泛深入的研讨，发表了很好的看法；会议还对2002年目标考核予以公布，并进行了表彰。这次会议既是一次总结会，也是一次动员会，又是一次教育教学研讨会，会议达到了预期的目的。

新春伊始，勘探局于2月11日召开了局务

会议，孙局长等在家所有领导专门听取了教育处、庆阳子弟总校和银川高级中学的工作汇报，对中小学教育倾注了极大的关心和支持。昨天张助理又对近几年来的教育工作进行了总结回顾，对重要工作进行了强调和要求。现在任务安排布置了，工作目标明确了，在新形势下如何办好中小学，大家也有了统一的认识，下去后一定要抓好贯彻落实。

我局中小学校分布很分散，各学校所处的环境不同，办学条件有差异，大家回去之后，要根据各个学校的实际情况，把孙局长的重要指示，勘探局和局党委对教育工作的总体部署，张助理的讲话要求和王处长的工作安排，以及2003年教育工作目标与学校工作紧密结合起来，通盘考虑，认真研究安排制订2003年的工作目标和任务。

油田重组分开后，存续企业接受了严峻的挑战，近几年来，在局党委、勘探局的领导下，经过全体职工的共同努力和积极工作，全局各项工作都取得了令人满意和令人鼓舞的成就。中小学教育这几年走过的道路也是很不平坦的，分离企业办社会舆论的宣传，内部机构的调整，生活基地的调整，给学校的管理、教学都带来了很大的影响。可喜的是在这种困难的条件下，这几年我局中小学教育质量不但没有滑坡，而且有了一定的发展和提高。从高考来看，近三年录取人数比率远远超出了陕、甘、宁三省(区)的录取率，特别是本科录取人数上升的比率更快，1996年专科录取人数是52.16%，占到多一半；但到2002年时，专科只占了25.71%，四分之一多一点，本科是大专的4倍。高中会考成绩更好，已接近或超过省(区)重点中学。教育教学质量的稳步提高和持续发展，足以说明我局中小学教育有了很大的进步，已经跨入了所在省(区)中等城市的先进行列。由于我局大部分学校地处偏远矿区，交通不便，信息闭塞，经济文化相对落后。全局教育工作者、学校领导、教职工长期在各种艰难、困苦和复杂的环境条件下工作，面对各种困难，大家不是消极等待，而是克服困难，恪尽职守，积极工作，忘我、无私、精心、努力，为人师表，教书育人，为我们长庆的教育事业做出了巨大的贡献，所取得的成绩是有目共睹的。借这个机会，我代表孙局长、代表局党委、勘探局向在座的各位，并通过你们，向教育战线上的所有教职工表示最诚挚的谢意和敬意。

重组分开以来，尽管在生产经营上还存在很多困难，但局党委、勘探局始终把中小学教育工作摆在十分重要的位置，想方设法帮助解决重要问题。孙局长多次指示要把中小学的事情办好，在很多会议上都强调：“老少春秋，至尊至贵”。勘探局在2001年9月份召开会议，听取了教育工作汇报，研究了中小学急需解决的8件大事，并下发了《会议纪要》，这8件大事在2002年基本上得到了落实。特别是有关教职工切身利益的问题，勘探局都竭尽全力去解决，如教师的奖金问题，校长的待遇问题，多年来一直都没有得到妥善解决，这次解决得非常好、很彻底；教师的职称问题，也是呼吁了好几年，2000年以前中学高级每年最多评定七八个人，但从2000年开始，每年评审20多个近30个，基本上缓解了矛盾，稳住了人心，赢得了人心，也调动了积极性。2002年勘探局还拿出了1000多万元，用于学校设备添置、校舍维修、教育科研、教师奖金等。特别是今年新春伊始，局党委、勘探局听取了教育处、庆阳子弟总校和银川高级中学的工作汇报以后，对逐步改善办学条件，提高教师待遇，又制订了8条措施，从这些问题上，可以看出局党委、勘探局对教育工作是十分支持的，是摆在了十分重要的地位，同时，也是肯定了近几年来教育工作所取得的成绩。希望大家戒骄戒躁，努力工作，取得新的更大的成绩，不辜负局党委、勘探局的殷切希望。

如何在新形势下进一步搞好中小学的教育工作，张助理和王处长都讲了很好的意见，我完全同意,这里我再强调几件事。

一、抓教育创新,办特色学校

学校工作要有自己的特点,要办出学校的特色。一个学校如果没有特色,四平八稳,就没有生机,没有活力,也就没有名气,要提高教育教学质量也就困难。所以说,2003 年工作乃至今后,我们一定要把办特色学校放在重要议事日程上,以质量求生存,以特色求发展。学校工作一定要有特点,要有创新,不能老是跟在别人的后面,没有自己的东西,这样工作没劲头。江泽民总书记把教育创新和科技创新、制度创新提到同等重要的地位,说明了教育不能墨守成规,需要改革、创新、发展。十六大报告也提出了“坚持教育创新,优化教育结构,合理配置教育资源,提高教育质量和管理水平,全面推进素质教育,培养数以亿计的高素质劳动者和数以千万计的专门人才和一大批拔尖创新人才”的教育工作总体目标。所以,各个学校要结合这次教育工作会议精神,认真研究、认真分析学校的实际情况,有哪些长处,哪些方面能够具有自己的特色,哪些方面需要改革,需要创新,如观念创新,制度创新,创新教育环境等等。先把方向搞准确,把目标搞清楚,才会避免盲目性。不管学校大小,都有创新的条件,不要认为学校小,就形不成特色。实际上大有大的长处,小有小的优势,只要好好抓,找准位置,是能够抓出成效来,都能创出特色来。从我局这几年教育发展情况来看,中小学已初步形成了一些具有长庆教育的特色,如目标管理、教师培训、教师当第二家长、抓薄弱学科等,有些工作还很突出。部分学校在创新工作上也抓得很好,如庆阳子弟总校的“分段式”德育工作、长庆八中的英语教学、银川高中的教师培训等,都是很有特色的。还有其他一些学校,搞“珠心算”实验,进行考试内容改革、课堂教学改革等等。总之,2003 年中小学教育工作要有新的思路、新的举措、新的突破,取得新成绩,要在创新上下功夫。各学校要以创新的思想和创新的观念为前提,坚持正确的办学方针,树立与时代和社会发展相适应的教育思想;树立符合现代化建设需要和全面发展的新型的人才观、教育观和质量观;树立“大教育观”、“终身学习观”等现代教育理念。同时要积极借鉴国内外先进的教育思想并运用到实践中,促进教育改革和发展。要通过努力工作,把全局所有的学校都办成所在地区的一流学校,使我们的子女有良好的学习环境、教育环境,受到很好的教育,使孩子们身心得到健康的发展。

二、关于新课程改革问题

这个问题张助理、王处长都讲了,但事关重大,还想再强调一下。国家这次对基础教育课程进行全面地、彻底地改革,中小学教育是非常重大的一件事,从某种意义上说,等于是基础教育的一场革命,一次形式和内容上的裂变,关系到今后 50 年培养什么样人的问题。新课程的教育思想、观念,以及教学方法、学生的学习方式、教育评价等等,都和旧大纲要求有很大的差别,这么大的问题如果不好好研究、不认真组织,恐怕是弄不好的,就会跟不上新形势,成为落伍者。多年来形成的长庆特色教育,积累的经验,就会毁于一旦。在座的各位领导、校长们,对这件事决不能掉以轻心,要认认真真地、实实在在地按照国家的要求去做,去学习,去培训,研究新课程,全面适应课改的要求。

目前最重要的任务是要组织学校领导、教职工尽快适应新课程改革的要求。当然这是一件比较难的事情,比如以前是耍刀的,现在要换成枪,肯定先是不适应,要经过努力,付出代价,交好学费,逐步才能过渡到适应。对年轻教师来说,可能还会好一点,接受得快,转变得也快。对老教师来说,多年形成的习惯,困难会大一些。但困难再大,也得改,我们不但要按照国家的要求去做,而且要做好,不能有丝毫的马虎和懈怠。在这方面,大家都很有经验,我先讲几点意见,供大家参考。

一是要组织教职工认真学习新课程。通过

学习，从思想上、认识上全面领会新课程的内容、要求、内涵和实质。对新东西，你得先搞明白、弄清楚，搞明白了、弄清楚了，做起来才有可能，才会自觉一些。这就是我们平时所说的，从自然王国走向自由王国，先理论后实践。学习问题大家一定要抓好，不要怕耽误时间，不要怕影响教学，这个道理是很清楚的，所以要下决心把教师的学习组织好，学出水平来。

二是要加强培训。各单位、各学校都要积极创造条件，为教师的业务培训提供方便，只学习不培训还不够，必须把学习和培训结合起来，才会有更好的效果。要在新课程全面铺开之前，尽可能地把每个老师轮训一遍，进行脱胎换骨，转变观念，改进方法，树立新的课程观、质量观、学生观，适应新课程的要求。

三是加强实践，搞好实验、试点，取得经验。我们现在有 4 所学校进入了省级实验，今年秋季还有 3 所学校要参加省级实验。要努力搞好这些学校的实验，充分发挥他们的作用，从中总结经验、吸取教训，为其他学校提供学习、培训和参观的样板，使非实验的学校少走弯路。同时，其他学校也要组织老师到实验学校去听课、参观、学习、探讨，进行现场培训。另外还要请专家进行指导，从理论上点拨，实践上帮助，对改革转制过程中的一些疑难和困惑问题，实验过程中出现的一些新问题，请他们给予指导，帮助解决。通过学习、培训和实践、专家指导，使我们的教师尽快地、全面地适应新课程的要求。

三、关于抓好教师队伍建设问题

有一句话说得非常好，叫做：百年大计，教育为本；教育大计，教师为本。一个学校质量的高与低，关键在于是否有一支高水平的教师队伍。所以，我们再困难，也要把教师队伍建设好，把教师的事情办好。

对教师队伍来讲，教师的教学素质、教学技能的提高，知识的扩展，是十分重要的，特别是全面综合素质的提高，在这方面我们一定要花大气力，下大功夫。

要通过教育科研培养教师，给他们提要求，压担子，分任务，明责任，通过教学—研究—再教学—再研究，在教学实践中培养学者型、专家型人才，提高教师队伍整体水平和质量。

要继续抓好学科带头人、骨干教师、教学能手的培养，要努力创造条件，帮助他们学习、提高，要推选一批优秀教师参加省、市自治区以及国家级的培训、竞赛，拓宽视野，经受考验。力争在 2—3 年内培养出长庆的名师、名人，提高学校知名度，打造品牌。

对学科带头人、骨干教师、教学能手要落实好待遇。钻井工程总公司、机械制造总厂在这方面做得好，除了局里评选的骨干外，他们还评选了单位骨干，并落实了津贴。勘探局 2 月 11 日又做出决定，对于教师的待遇，又提出了很多鼓励的政策，下一步相关的处室要认真地落实，要有具体的措施。从勘探局这个决定，我们体验到什么叫尊师重教，我想这就叫最大的尊师重教吧。在我局尊师重教不是一句空话，是有丰富的内涵的。银川高级中学对骨干教师一方面提要求，压任务，另一方面落实待遇，这就非常好，符合多劳多得、优质优酬政策。如果大家待遇都一样，干好干坏一样，水平高低一样，这样对我们的工作就没有促进作用，不要说提高教育质量了，恐怕连正常的管理也维持不了。

目前教师队伍的稳定是十分重要的，要做好学校稳定工作，首先要做好教师的稳定工作。我说的稳定包括两个方面的稳定，一是保持教育教学骨干队伍和学校整体工作的稳定；二是教育教学质量的稳定提高。这两个稳定需要我们做大量的工作，如果出了问题，那是我们管理者在工作中还有欠缺或有做得不够的地方。稳定的问题，学校、主管职能部门，以及各个单位的主管领导同志，都要认真思考和研究，下决心解决好。

四、关于要研究的新问题

在目前这种形势下，企业办学要研究的新问题实在是太多了。特别是近几年来，新问题层出不穷，需要我们作深层次的研究、探讨和探索。

第一是企业分离办社会职能问题。这是国家的大政方针，是谁也不可能逆转的。正因为这个精神，这种政策，给我们目前的工作带来了一系列的新情况、新问题，尽管目前仍然是雷声大雨点小，但给企业办学带来不少的困难。集团公司对文教卫生的投入做了限制的政策，在这种形势下，如何进一步办好中小学，需要我们认真、严肃地研究。我的意见一是顺其自然，二是要有坚定的自信。顺其自然是国家有这种政策，要想逆转也不可能，有些也是深入改革发展需要的。第二有自信，要坚信自己在任何条件下也能生存下去。我们有了这两条，坚持走自己的路。要做到队伍稳定、秩序良好、质量持续提高，需要大家好好探讨，并努力地做好工作。

第二是基地调整带来的问题。由于基地逐步向大中城市调整，石油工人苦了一辈子，有个好的归宿，这是非常好的事情。问题是基地调整了，家搬走了，学校怎么办？学生要上学的问题、校舍问题、教职工稳定的问题、还有一些地方教师富余、一些学校教师又十分紧缺等等问题都凸现出来了。如何进行教育结构调整，发挥我们的教育资源，这些问题需要我们认真地去研究，去摸索。

第三是学生的管理问题。以前是多子女，现在是独生子女，如何教育好这些宝贝疙瘩，怎样才能做到有针对性，保证他们终生学习发展，需要我们很好的研究。

第四是教学质量问题。近几年来教学质量提高很快，要在现有的基础上再上一个台阶，再往高里拔，也就不那么容易了，每提高一个百分点恐怕都要付出很大的艰辛和努力。在国家高考录取人数基本稳定不变的情况下，如何保持教育质量持续稳步的上升，在这方面各学校还有哪些潜力可挖，有哪些好办法，需要大家集思广益。同时，今年高考提前了一个月，对学生的复习、训练就不能按以前的方法做，要按照现在考试的时间安排。要保证今年高考再创好成绩，多走几个大学生、好大学生。另一方面，学生德育工作不能仅仅满足于不出事，能不能提高标准，能不能再上个台阶，把目标锁定在培养高素质、高质量的优秀学生上，使我们的子弟在德、智、体方面都得到全面发展，人人成为合格生，成为优秀人才，这个要求当然很高，需要大家认真地想办法，研究对策。

五、关于对中小学教育支持的问题

今天这个会上各办学单位的主管领导和职能部门科长都来了，在家的局领导都来参加了会议，特别是孙局长本来今天在省上参加会议，在百忙之中抽出时间专门参加2003年教育工作会，下面还要作重要讲话。实事求是地说，各个学校目前还存在很多实际困难，有许多问题需要我们调查了解，研究解决。在学校工作方面，我们机关工作部门应该说做了大量细致的工作，但对有些情况还缺乏深入了解。这就需要我们很好地转变工作作风、思想作风，深入实际，了解这方面的问题和情况。学校的一些困难、问题，有些是人为的，有些是客观的，对于这些问题要调查研究，归纳整理，提出整改解决的意见。按照职权范围，能解决的立即解决，不能解决的，提出建议，报上一级或勘探局研究解决。

各单位要一如既往地关心和支持中小学教育工作，为了我们的孩子，为了我们的职工，我们要舍得投入，舍得支持。2002年各二级单位，无论是有主管学校或无主管学校，在这方面都做了很多有益的工作，对教育工作都给予了足够的重视，也确实帮助学校解决了不少问题。希望大家今后继续支持教育工作，帮助学校解决实际问题。

其他一些问题，如安全问题、学校管理问题、教研问题，张助理作了特别要求，工作报告上也讲得很详细，我就不再说了。希望大家回去以后，按照局领导的要求、按照会议精神去贯彻落实，切切实实地把中小学的事情办好，使我们的教育工作再上台阶,再创辉煌。

借此机会,向大家拜个晚年,祝大家及全局教育系统的教职员工羊年吉祥,身体健康,事业有成,生活幸福。

(局办公室于2003年2月28日以长局办发[2003]第3号文印发)

刘自强同志在泾河工业园项目组2003年工作会议上的讲话

(2003年3月4日)

同志们:

刚才,张文锦同志代表项目组全面总结了2002年工作,安排部署了2003年工作,肯定了成绩,查找了问题,明确了任务。讲得很好、很实际、很具体,我完全同意。

西安泾河工业园自2001年9月18日开工奠基以来,在短短一年半的时间内,经过各级组织和项目组、入园单位、施工单位、设计单位、监理单位的共同努力,完成投资4.3亿元,基本完成系统配套大骨架工程,五个工业项目已经投入使用,128栋住宅楼已开工建设,今年“五一”前将有66栋3084套住宅楼达到入住条件,近万名职工家属将从陇东乔迁园区,实现在古城西安购房居住的愿望,长庆油田又一个新型基地即将在三秦大地上崛起。

西安泾河工业园在建设中,始终得到了勘探局各级领导的高度重视,得到了地方各级政府的帮助指导,也得到了各施工建设单位的大力支持。

局党委、勘探局多次召开会议,专题研究解决园区建设中的重大事项,并在经营形势非常困难的情况下,千方百计筹措资金,用于西安泾河工业园系统配套建设和基础设施建设。

勘探局领导非常关心泾河工业园的建设,孙局长亲自参加园区重大方案的审定,数十次深入园区检查指导工作,对关系到职工切身利益的售房价格、供热、绿化、教育、就医、物业管理、户口迁移等问题,亲自过问和协调。为了使西安泾河工业园各项政策更加深入基层、深入职工、深入人心,三名局领导带领十几人的宣讲团,深入陇东11个单位宣讲政策,消除了职工的疑虑,稳定了人心,为加快园区建设创造了良好的条件。

作为全面负责园区建设的西安泾河工业园项目组,坚持勘探局“四统一”原则,抓统一规划设计,上下联络,左右协调,千方百计弥补了前期总体规划的不足;抓现场管理,在园区组织开展了以质量、进度、安全、文明工地建设为主要内容的劳动竞赛活动;抓成本控制,采取七项措施,把工程成本由12.26亿元控制到9.89亿元,有效降低了房屋造价;抓系统配套工程建设,做了大量艰苦细致的工作,付出了艰辛的努力,取得了可喜的成绩。

各入园单位按照勘探局“四统一”要求,以建好园区为己任,本着对职工高度负责的精神,六次召开领导会议,研究讨论园区建设中具体问题,广泛开展政策宣传,积极进行思想引导,并从人力、物力和财力上满足工程建设需要,确保了园区建设的顺利进行。

各监理单位、施工单位和设计单位,按照局项目组的统一要求,精心组织,合理安排,严格设计要求,严格现场管理,严格质量监督,确保了工程质量和施工进度。

西安泾河工业园的建设,也得到了当地政

府的大力支持。高陵县委、县政府主要领导和政府有关部门,多次深入园区现场办公,解决工程建设中遇到的困难,给予了我们许多优惠政策,承诺减免八项费用,为园区建设创造了良好的外部环境。

在此,我代表局党委、勘探局,向关心支持西安泾河工业园建设的各级组织、各级领导和各位朋友,表示衷心的感谢!向日夜奋战在园区的全体建设者,表示亲切的慰问和崇高的敬意!

同志们,今天这个会议,既是深入贯彻落实勘探局2003年工作会议精神,高质量、高水平建设好西安泾河工业园区的一次工作会,也是大战60天、实现"五一"搬迁目标的一次动员会。下午,孙局长等领导还要到会作重要讲话。

下面,我就今年园区的建设工作,讲几点意见。

一、按照"三个代表"的要求,统一思想,精心组织,确保"五一"搬迁工作顺利进行

"三个代表"的核心就是代表最广大人民群众的根本利益。加快实施西安泾河工业园建设,就是勘探局认真贯彻落实"三个代表"重要思想和党的十六大精神的具体体现。要完成"五一"搬迁工作目标,目前仍有许多工作需要去做。如果有一个问题或者某一个环节处理不好,都会影响整体工作安排,影响队伍稳定,影响企地关系。

(1)提高认识,继续做好售房政策宣传工作。去年年底,勘探局组织了一次宣讲活动,取得了比较好的效果。随着园区建设和"五一"的搬迁的临近,各单位要组织一次售房政策宣传,把各项政策原原本本地给职工讲清楚。特别是那些对政策不十分清楚、有"随大流"心理的职工,帮助他们有一个符合自身实际的决策,切实把实事办实、好事办好,这是我们各级领导干部的责任。

各单位要从维护队伍稳定的高度,认识这个问题,组织好这项工作。不要因为政策宣传不到位,造成新的思想波动,影响园区建设。我们常讲"守土有责",在这个问题上也要讲"守土有责"。如果哪个单位出了问题,哪个单位的领导就要负责任。

(2)统筹安排,确保"五一"搬迁工作顺利实施。勘探局机关有关处室要发挥职能部门的作用,积极主动地配合入园单位和局项目组搞好"五一"搬迁的各项工作。

各入园单位要把"五一"搬迁工作当作一件大事来抓,作为"一把手"工程对待,主要领导亲自上手,提前做好准备,按照项目组的统一安排,精心组织实施,保证"五一"搬迁工作万无一失。

局项目组要做好搬迁前的各项准备工作,加快施工进度和园区绿化工作,解决好职工关心的具体问题,制订统一周密的搬迁计划,保证职工入园后生活正常。在搬迁工作中,要尽可能把困难估计的大一些,把问题想的多一些,把各项措施和预案制订的具体一些,也不要因为考虑不周,造成工作上的被动,进而影响搬迁工作。

(3)积极协调,公开、公平、公正地解决好各种问题。去年,局项目组两次召开入园职工代表座谈会,组织职工参观了施工现场管理、施工质量和住宅样板间,征求了职工对园区建设的意见和建议,收到了较好的效果。今年,西安泾河工业园项目组和各入园单位项目组,要进一步增加透明度,广泛听取职工的意见和建议,在售房政策的制订、住房面积的登记、楼层及户型的选择、建筑质量、售房价格、子女上学、职工就医、物业收费、户口迁移等职工普遍关心的问题上,以高度的责任感和使命感,处理好这些问题,使入园职工满意。

(4)严守规定,遵守组织纪律和工作纪律。这个问题我在庆阳宣讲时讲过,我们要对职工比较敏感的问题,或者说对职工思想上的"常见病"、"多发病",要采取慎之又慎的态度,不能乱解释、乱承诺、乱许愿和乱开口子。不能为了保持现在平稳,就把矛盾推到后面去,这显然是不行的。共产党人要讲实事求是,我们现在有多大能量就为职工办多大事情,把真实情况给职工讲清楚、说明白。不能办到的,要争取大家的理解。

同时,给职工承诺的事情,就要想方设法兑现,“言而无信、必受其害”。凡是我们在陇东宣讲期间给职工讲了的、承诺了的事情,绝对不能轻易改变,包括资金控制、售房政策、住宅楼出售价格、房屋装修标准、物业管理收费等等。这个问题不但要给各单位的领导讲清楚,还要给两级项目组人员讲清楚,更重要的是要给广大入园职工讲清楚,不能有半点含糊。

(5)合理安排,积极主动地协调安排好各项工作。在“五一”搬迁工作中,我们要注意处理好以下几个方面地问题。

既要加快施工进度,又要保证施工质量;

既要进行新基地的建设,又要做好老基地的调整,各单位对基地调整要有整体规划,在3月15日前上报规划计划处和公用事业处;

既要抓好搬迁工作,又要抓好物业管理公司的运作;

既要抓一期工程,又要抓二、三期工程;

既要搞好政策宣讲,又要抓好队伍稳定;

既要完成基地搬迁,又要协调好企地关系;

既要抓施工队伍管理,又要抓好建设单位给施工单位支付工程款和施工单位支付民工工资两个层面的工程进度款的支付。

二、坚持“四统一”原则,全面抓好园区建设工作

大家知道,西安泾河工业园建设工程是勘探局继兴隆园建成后,在靠近西安大城市建设的又一大型生活、生产基地,是长庆油田的窗口工程,是勘探局调整产业结构,发展多元经济,实施“两条基本思路”、“四大发展战略”的一项重要战略举措,也是勘探局实践“三个代表”重要思想的具体体现。园区建设具有投资主体新、运作机制新、管理模式新、建设规模大的特点,这就更加要求我们必须坚定不移地贯彻落实勘探局提出的统一规划设计、统一施工建设、统一售房政策、统一物业管理的“四统一”工作原则。

“四统一”是园区建设的原则,也是对园区工作的要求,我们必须认识到位、宣传到位、落实到位、措施到位。要增强政治意识、大局意识、责任意识,处理好局部利益和整体利益的关系、短期效益和长远发展的关系,不能各打各的“小算盘”,要服从勘探局整体利益和园区的长远发展。

前一阶段,局项目组和各单位做了大量艰苦细致的工作,在建设规划、工程招投标、建筑材料供应、现场施工管理、售房政策的确定、内外关系的协调等各个环节上,较好地坚持了“四统一”原则。但是,也有个别单位对“四统一”的认识还有一些差距,在土地证办理、材料供应使用、现场管理形象进度款和材料款的支付方面还存在问题,这些都必须引起我们足够的重视。在西安泾河工业园建设中,“四统一”的工作原则没有什么条件可谈,也没有讨价还价的余地。如果哪个单位不按勘探局“四统一”原则去办,就把哪个单位的项目停下来;如果哪个单位项目组认识不到位,就把哪个单位的项目长换下来。特别是对一些不顾大局、损坏企业形象、当家不办事和不负责任的人,要坚决从各项目组清退出去。

三、要真正树立为职工群众谋利益的思想,确保“四个满意”

西安泾河工业园建设工程是勘探局为陇东职工办的一件好事实事。因此,无论是局项目组还是各二级单位项目组,无论是作为建设单位还是施工单位,都要以对勘探局、入园单位和入园职工高度负责的态度,认真落实勘探局提出的“把好事办实、把实事办好”的要求,建设成一个让勘探局满意、入园单位满意、入园职工满意、自己满意的“四满意”新型园区。

(1)严格成本控制,真正做到“房子盖得起,也要让职工买得起”。我们一直讲,西安泾河工业园建设不同于其他基地建设,它属于勘探局在适当补贴系统配套工程费用基础上的职工集资建房,入住园区的大部分职工是为长庆油田建设付出心血和汗水的职工家属,买房子的钱是一分一分抠下来的。我们一定要精打细算,依法运作,降低成本,不该花的钱一分不要花,该花的钱也要会花,把老百姓的血汗钱一分一厘用在刀刃上,确保资金控制目标的实现。

要坚持“先审计、后签约,先审计、后结算,不经审计、不予付款”的原则,加强项目审计和合同管理工作。凡进入泾河工业园区进行建设的工程项目,无论其隶属关系、资金来源和去向怎样,只要是外付款项,都要经过勘探局驻泾河工业园项目审计室审计后方可付款,未经审计擅自付款的,一经查出要追究单位主要领导的责任。

(2)坚持“三个精心”,努力为职工创造一个良好的居住环境。勘探局和各入园单位对泾河工业园的环境绿化、美化工作非常重视,孙局长多次听取园区绿化方案的汇报,亲自参加方案的审定,为园区绿化、美化工作做了许多重要指示:园内要搞一些让职工业余时间能够休闲的地方,这个钱不一定要让老百姓掏,职工有钱难买好环境,而不是有钱难买好房子。

去年12月28日勘探局所有领导在西安泾河工业园听取了园区绿化方案汇报,审定通过了文化步行街设计和绿化方案。勘探局也为园区绿化、美化投资了近千万元,准备修建文化步行街、泾河公园,建景观、搞雕塑。所以,局项目组要严格按照勘探局审定的方案实施,做到精心设计、精心施工、精心养护,为入园职工创造一个优美、舒适的居住环境。

(3)严格质量,加快园区生活服务配套设施的建设。这是关系到职工入住后能否正常生活的大问题,必须抓紧抓好。园区内商业服务网点,特别是文化步行街的建设,要加快建设速度,二期工程力争在国庆节前夕投入全面使用,确保职工入住园区后有一个良好的购物去处。同时,要为职工就业创造一些条件。职工进了城,除了养老外,还要想办法赚点钱,让我们的职工、子女有活干,除几个大的项目外,其余方面都要优先满足局内特别是入园职工的需求。

(4)要把关系职工切身利益的问题解决好。局项目组要继续搞好和地方政府部门的协调工作,认真研究园区建设期间和职工入住园区后地方政府的各种政策。要逐一落实已经承诺的优惠政策外,还要和地方政府、相关企业协商,争取更多的优惠政策。要继续解决好职工普遍关心的子女上学、职工就医、户口迁移、物业管理,以及水、电、气的供应及价格问题,力争有一个好的结果。

四、严格施工管理,确保建设工程质量

(1)加强现场施工管理。一年多来,局项目组在泾河工业园施工现场管理工作中采取了许多行之有效的措施,也取得了较为明显的效果,现场管理、文明施工得到了职工代表和各级领导的好评。但是,近一段时间,一些入园单位项目组在现场文明施工管理工作上有所放松,极个别住宅楼建设施工现场管理不够规范,“脏、乱、差”及施工操作不规范现象十分突出,特别是在清障、清垃圾工作,还存在与园区整体要求不够协调的问题。希望各单位领导经常到施工现场看一看,督促检查,制订措施,落实整改。

(2)严格施工质量管理。要落实工程质量领导责任制,建立工程质量行政领导人责任制、项目法人责任制、参建单位工程质量领导人责任制、工程质量终身责任制,分级负责,层层把关,确保质量。

各建设单位要严把建筑材料供应关,决不允许不合格产品特别是粗制滥造、假冒伪劣材料进入泾河工业园建设工地。

各施工队伍要严格施工标准,加强HSE管理体系建设,加强施工现场管理,不断运用新技术、新工艺,提高施工标准和工程质量。

各监理单位要本着对建设单位高度负责的

态度，以高尚的敬业精神、严细扎实的工作态度，严格按照设计图纸和工程标准进行全过程的微观监督管理，交给住户一个满意的住房。

(3)抓好工程进度。“五一”前，一期工程66栋住宅楼3084户住宅达到入住标准，具备搬迁条件，这是勘探局向入园职工郑重承诺了的，谁也不能改变。全体建设者要坚定信心，团结协作，互相配合，横下一条心，大战60天，顺利实现“五一”搬迁目标。

五、健全监督约束机制，加强党风廉政建设

党风廉政建设是一项长期性、艰巨性、复杂性的工作，特别是在目前有形建筑市场秩序还不够规范的环境下，一定要引起我们各级干部的足够重视，切实抓好党风廉政建设。要结合园区建设实际，构筑制度保障、思想教育、监督制约、廉洁自律、检查考核“五道防线”，努力增强各级领导及党员干部反腐倡廉的自觉性。在西安泾河工业园建设过程中，决不能出现“高楼建起来、干部倒下去”的问题，要明明白白干事，清清白白做人。

要严格执行中央工委提出的“三不准”和建设部、监察部下发的《工程建设若干违法违纪行为处罚办法》，公开办事制度，提高工作的透明度，做到办事制度化、规范化、公开化，坚决杜绝在工程招标、合同签订、建材订货、竣工验收、工程结算等环节中违法违纪问题发生。

各单位要根据项目管理的特点，制度上有新创意，管理上有新办法，落实上有新成效，切实加强对工程建设人员的管理。不断加强从源头上治理和预防腐败的力度，强化职工的责任意识，努力建设一支思想过硬、作风扎实、纪律严明、廉洁奉公、开拓创新、能打硬仗的参建队伍，实现“建好一个园区、培养一支队伍、锻炼一批人才、赢得一片赞誉”的目标。

六、按照“四新”原则，积极搞好物业管理有限公司的组建工作

西安泾河工业园建成后，园区物业管理要按照勘探局产权制度改革的总体思路和“四统一”的要求，坚持“新基地、新体制、新机制、新模式”原则，设立园区物业管理有限公司，使其成为“产权清晰、责权明晰、运转协调、有效制衡、面向市场、独立核算、自负盈亏”的法人经济实体。

公司组建的初步方案，已征求了各单位的意见，总的来看，组建物业公司是必要的，在具体细节修改完善后，按程序经局改革改制领导小组、局务会研究决定后，即可组织实施。

即将组建成立的物业公司，要把体制创新、制度创新、管理创新有机地结合起来，建立精干高效的管理体制和灵活多样的用人机制，全面推行“按需设岗、按岗聘用、竞争上岗、易岗易薪”的用人及分配制度。要落实好“以园养园”政策，提前做好经营项目的筹划，树立“经营园区”理念，多渠道创收，以收抵支，尽量减少业主负担。

当前，局项目组要组织力量，搞好前期物业管理的各项准备工作，必须保证在“五一”搬迁时，各项服务工作到位，物业管理公司正常运转。

七、要继续支持西安泾河工业园区建设工作

西安泾河工业园自开工以来，始终得到了各单位人力、财力等方面的大力支持，保证了建设工程的正常进行。但是，要完成建设目标，面临的任务还很重、困难还很多。所以，各级组织和领导要继续给予关注和支持。

一是局机关各处室要一如既往地支持泾河工业园建设工作，工作上给予关怀，政策上给予支持，业务上给予指导，确保工程建设顺利进行。

二是要积极搞好系统配套费用的筹措。西安泾河工业园建设由于文物勘查问题的影响，住宅区无法按规划集中成片建设，这给系统配套工程建设带来非常大的困难。加之建设资金不到位，导致系统配套工程进展缓慢，直接影响园区建设。各单位要及时上缴分摊的系统配套工程费用,保证系统配套工程按期完工。

三是及时支付住宅工程形象进度款、工程材料款和土地征用费。目前园区一、二期工程已开工128栋楼,三期工程即将开工建设,但还有一些单位的形象进度款没有到位,影响了施工单位的积极性和工程进度,也影响了长庆油田的诚信形象。特别是所欠土地费,尽快上缴高陵县土地局,由局项目组统一核算代入配套费用进行抵减,以确保园区工程建设的顺利进行。

四是入园单位要继续支持局项目组的工作。西安泾河工业园项目投资主体是入园单位职工,局项目组是一个从管理模式、运作机制、人员管理、工资奖金待遇等各方面都比较特殊的管理机构。项目组的工作人员都是经勘探局同意从各入园单位临时借调的,其工资、奖金、福利待遇等都由原单位承担,各单位在局项目组运作过程中给予了大力支持,希望各单位继续关心、支持局项目组的工作,把大家的事情办好。

同志们,西安泾河工业园建设工程已经取得了阶段性成果,完成今年的工作目标,还需要付出艰辛的努力和汗水。我们要以党的十六大精神为指针,认真贯彻落实勘探局2003年工作会议精神,以高度负责的精神、求真务实的态度、知难而进的勇气、敢为人先的斗志,高质量、高水平地建设好泾河工业园区,向局党委、勘探局和广大入园职工交一份合格的答卷!

(局办公室于2003年3月6日以长局办发[2003]第4号文印发)

蒲建中同志在长庆石油勘探局工会学习贯彻工会十四大精神暨厂务公开会议上的讲话

(2003年11月22日)

同志们:

今天,我们在这里召开了“学习贯彻工会十四大精神暨厂务公开研讨会”,会议交流了经验,沟通了信息,增进了友谊,取得了丰硕的成果。在这里,我代表局工会向为这项工作付出辛勤努力的各级工会组织和广大干部职工表示衷心的感谢!向为本次会议付出辛勤劳动的工作人员和给予会议大力支持的厦门疗养院表示衷心的感谢!

这次会议总结了近年来全局厂务公开工作情况,分析了厂务公开工作面临的新形势、新任务,并就进一步做好厂务公开工作提出了明确要求。会议期间,有15个单位的代表就厂务公开、民主管理的各个方面进行了很好的发言,还有好几个单位由于时间关系进行了材料交流,这些经验和做法都十分生动具体,切实可行,值得各单位认真学习和借鉴,对于我们进一步深化厂务公开工作,加强企业民主管理,将会起到积极的、重要的推动作用。

近年来,全局各级工会组织认真实践“三个代表”重要思想,坚持全心全意依靠职工办企业的指导方针,围绕中心、服务大局,突出和履行维护基本职责,在推行厂务公开、民主管理,坚持和完善职工代表大会制度,实施送温暖工程,努力为职工办实事,促进企业文化建设等方面都取得了阶段性的成果,维护了职工的合法权益,调动了广大职工的积极性,在推进勘探局“二次创业”,促进企业改革、发展和稳定中发挥了重要的作用。借此机会,我代表局工会向辛勤工作在基层,为工会工作做出默默奉献的同志们致以亲切的问候和衷心的感谢! 下面,我就厂务公开工作和工会近期重点工作谈几点意见。

一、深刻认识实行厂务公开的重要意义

1. 实行厂务公开,是实践“三个代表”思想的重要体现

曾庆红同志在中国工会十四大祝词中指出:工人阶级始终是中国生产力发展的基本力量,是我们党最坚实、最可靠的阶级基础,全心全意地依靠工人阶级是我们党必须一贯坚持的基本方针。厂务公开工作与党的基层建设、企业领导班子建设、职工队伍建设和深化改革、加强管理、提高效益都有着紧密的联系。实行厂务公开,有利于增强职工的主人翁责任感,有利于促进企业领导班子建设和党风廉政建设,有利于密切企业党群、干群关系,对促进企业的改革、发展与稳定,加强企业文化建设,实现广大职工群众的根本利益,都能起到积极的促进作用。

各单位必须加强对厂务公开工作的领导,各级领导班子和领导干部必须自觉地接受职工群众的监督,要从实践“三个代表”的高度,切实把厂务公开作为一项关系企业改革、发展、稳定的重要政治任务来抓,以实际行动贯彻党的全心全意依靠工人阶级的根本指导方针。

勘探局1999年在物探处召开厂务公开会议后,各单位在厂务公开工作上都做了大量的、艰苦的工作,使厂务公开工作不断引向深入,取得了许多新的成果和经验。勘探局厂务公开工作在去年中石油召开的厂务公开经验交流会上介绍了经验,《工人日报》予以转载并加了编者按,给予了很高的评价,这都是大家共同努力的结果。但是也应看到,还有部分单位对这项工作的重要性认识不足,工作做得还不够扎实,还存在“形式主义”、“一阵风”、“应付差事”的问题,这就需要我们统一思想、统一认识,站在维护企业改革、发展、稳定大局的高度上来,从而提高我们做好这项工作的主动性和自觉性。

2. 实行厂务公开,是保持企业发展稳定大局的客观要求

厂务公开是职工参与企业民主决策、民主管理、民主监督的一种重要形式。中央对厂务公开工作高度重视,中央领导同志多次作过重要批示和指示,中央办公厅、国务院办公厅去年6月专门下发了关于深入实行厂务公开制度的通知,这些对于进一步推进厂务公开工作都具有重要的指导意义。

重组分开以来,勘探局按照集团公司的整体部署,结合自身实际,进行了多项重大改革,实施了多领域的专业化重组,出台了一系列相关配套政策,推进了结构调整步伐,加快公司制改造和“三项”制度改革,使企业逐步摆脱了困境,走上了可持续发展的道路。应该说,勘探局每一项改革政策的出台实施,都是在公开的环境中进行的,都给予了广大职工最大限度的知情权,也赢得了广大职工的理解,保持了队伍的稳定,推进了企业的发展。当前,勘探局正处在进一步深化改革、加快发展、推进“二次创业”的关键时期,面对新的形势和任务,面对新的情况和问题,要进一步做好厂务公开工作,首先就必须加深对这项工作重要意义的认识。

3. 实行厂务公开,是扩大企业基层民主政治的有效形式

厂务公开是职工群众当家作主的有效载体,是建立企业稳定、协调劳动关系的重要方面,是依靠职工办好企业,加快自身改革和发展的内在要求,是基层民主政治建设的重要内容。职工是企业的主人,主人的地位能否落实到位,首先要看职工有无知情权,当家就要知家底,做主就要知厂情。

近年来,各单位大力推进企业民主化进程,通过各种渠道扩大职工的知情权,使广大职工真正了解企业改革与发展的重大决策,了解企业的热点、难点、疑点问题以及领导干部廉政勤

政方面的情况,同时,很好的坚持了职代会制度,落实职代会职权,发挥职代会作用,使职工真正体验到了有事可议,有权可使,真正感到享受到了民主,有当家作主的权利。随着集团公司、勘探局改革改制的进一步深入,企业的发展与职工的切身利益变得更加紧密,在这种情况下,职工比过去更关心企业的发展状况和经济效益,更加珍惜民主管理的权利,更加追求利益分配和调整的公平、公正,更希望通过厂务公开了解到更多的信息。各单位要充分认识到这一点,高度重视厂务公开工作,理解、支持和引导职工积极参与企业的民主决策、民主管理和民主监督。

二、努力把厂务公开工作全面引向深入

一是要在促使各级领导干部积极主动公开上形成新认识。厂务公开的基础是公开,关键是真实,实质是监督,核心在于企业领导干部是不是真心实意地公开。实际工作中,我们有一部分单位领导对厂务公开缺乏正确的认识,热衷于个人说了算,搞一言堂,不想公开、不愿公开、不敢公开;部分单位公开遮遮掩掩,无关痛痒,不敢公开深层次的问题,使厂务公开流于形式。各级领导干部要充分认识到推行厂务公开的重要性和必要性,树立全心全意依靠职工办企业的思想,积极主动地将厂务公开工作引向深入,最大限度地提高企业办事的透明度,最大限度地调动职工群众的积极性和主动性,赢得职工最广泛的支持与理解,促进企业的可持续发展。各单位要结合厂务公开工作的实际,加强理论学习,加强思想政治工作,努力搞好实行厂务公开的目的、意义和作用的宣传教育,使广大干部职工不断加深对实行厂务公开重要性、必要性的认识,进一步坚定信心,明确方向。要努力提高企业经营管理者的认识,取得他们的重视和支持,形成一种良好的舆论和工作氛围,不断把厂务公开工作推向深入。

二是要在向企业生产经营管理的广度和深度延伸上实现新突破。实行厂务公开的目的,是要通过组织职工群众开展民主管理、民主监督,切实提高企业的管理水平,增强企业应对市场竞争的能力。工作中,我们往往有意无意地将公开的重点放在了与职工切身利益相关的热点、难点问题上,忽视了企业生产经营管理方面的公开,但随着企业的发展壮大,职工更加关注企业发展的深层次问题,更加关注个人发展问题,这就要求我们必须进一步加大公开的广度和深度,引导职工群众不仅加强对涉及自己切身利益问题的监督,而且注重加强对企业生产经营管理方面一些重要问题的监督,尤其要在涉及大宗物资采购供应、工程建设项目招投标、产品销售、投资决策等重大事项的公开上取得实质性进展,从而把各方面力量凝聚到齐心协力搞好企业上来。这是保持厂务公开工作持久生命力的关键所在。

三是要在加强公开的规范化、制度化、程序化上迈上新台阶。要实现企业重大决策的科学化、民主化,就必须逐步建立健全依靠职工办企业的体制、机制和制度,为厂务公开工作的深入发展提供可靠的保障。各单位应该认真总结几年来实行厂务公开工作的经验,把经过实践检验行之有效的做法,吸收到企业的各项管理制度中去,融入到依靠职工办企业的体制、机制和制度之中。要结合本单位实际,在制度化、科学化和规范化上下功夫,进一步搞好厂务公开实施细则的修订和完善工作,科学地规定公开的内容和深度,规范公开的时间、形式和程序,明确承办部门的职责和领导人员的责任。要建立目标责任制度,把厂务公开纳入各自的工作目标责任制中;要建立定期报告制度,要把厂务公开落实情况定期向职代会报告,并成为领导干部述职和企业年度总结的重要内容;要建立职工评价制度,通过一定形式让职工代表做出是否满意的评价;要建立效能监察制度,围绕厂务公开、民主管理的重点内容,对公开形式是否恰当、程序是否规范、情况是否真实、整改是否有效等,选题立项,进行效能监察;要建立考核奖励制度和责任追究制度，坚持考核验收，对好的单位和好的经验及时进行表彰和推广，对不公开、假公开或压制民主、打击报复造成不良后果的，依据党风廉政建设的规定，追究有关责任人员和主管领导的责任。

四是要在推进职工代表大会等企业民主管理制度上探索新途径。职工代表大会是厂务公开的主要载体。搞好厂务公开，有赖于落实职工代表大会制度；推进厂务公开，也有助于坚持和完善职工代表大会和其他形式的企事业民主管理制度。在新形势新任务面前，我们要大力弘扬与时俱进的精神，在更好地坚持这一制度的基础上，不断充实其内容，丰富其形式，提高其质量，并努力开辟加强企业民主管理的新途径，使厂务公开的措施更加切实可行，作用更加明显直接，进一步落实好职工群众的知情权、审议权、决定权和监督权。各单位要结合企业的重组整合、改革改制，强化对企业改制、重组等重大改革方案的审议建议权；强化职工分流、安置方案和企业领导干部工资（年薪）、职工的工资、奖金分配的审议建议权；强化重大投资、基建、采购等专项工程和管理项目的效能监察和民主监督权；强化对企业领导干部的评议监督权和民主选举经营者的民主选举权，要将职代会的评议结果量化到党委组织部门对领导干部的考核指标中去，推动企业领导班子的建设。同时，要在改制企业建立以职代会为依托的职工董事、监事制度，对改制企业决策管理实施全过程监督，维护职工群众合法权益。

三、当前亟须做好的四个方面工作

1. 学习工会十四大精神，准确把握工会工作的定位

中国工会十四大是一次承前启后、继往开来的大会，党和国家领导人给予了高度的重视，大会明确了新世纪、新阶段工人阶级的历史使命，提出了工会工作的指导思想，取得了令人鼓舞的成绩。各单位要充分认识学习、宣传、贯彻中国工会十四大精神的重要意义，要联系工作实际，制定具体的学习计划、宣传措施和贯彻意见。工会领导干部要带头学习，把握精神实质，学以致用，通过对实际问题的理论思考，来指导新的实践和新的发展。各单位工会要集中精力，集中时间，通过各种有效形式，利用工会各种宣传阵地和新闻媒体，在全局工会干部、各级党政领导和广大职工群众中掀起学习贯彻落实工会十四大精神的热潮，进一步扩大工会的影响，推动工会工作。

学习贯彻工会十四大，最重要的是各级工会组织要准确把握自身的定位。曾庆红同志在中国工会十四大祝词中指出：“在新世纪新阶段，工会组织要准确把握自己的定位，做到围绕中心、服务大局，全面履行各项社会职能，突出维护职工合法权益的职能，这是工会组织实践‘三个代表’重要思想的具体体现，也是适应现阶段我国劳动关系变化的迫切需要。”因此，各级工会组织思维定位必须着眼于全局；工作定位必须着力于适应；职责定位必须突出维护；服务定位必须面向职工，必须统揽全局，服务大局，最大限度地保护和调动职工群众的积极性和创造性，充分发挥广大职工群众的主力军作用，投身“二次创业”的伟大实践中去，为勘探局的改革、发展、稳定做出新的贡献。

2. 围绕企业中心工作，发挥职工群众的主力军作用

工会十四大将围绕中心、服务大局，充分发挥工人阶级的主力军作用贯穿于会议的主线，为今后的工会工作指明了方向。勘探局工会近年来在围绕中心工作上做了大量的、卓有成效的工作。今年以来先后开展了上半年重点工程立功竞赛活动、“大干一百天、建功大气田”立功竞赛活动等大型劳动竞赛，在职工中造成很大的影响。同时，我们以提高职工素质为目的，开展了勘探局第十届工人技术运动会，也取得了丰硕的成果，对提高职工技能起到了积极的推动作用。但我们在围绕中心、服务大局的深度和广度上做得还不够，还需进一步加强和改进，

各级工会组织必须围绕各自的发展目标和生产经营中心，充分发挥广大职工的主力军作用，在企业改革、发展和稳定的大局中发挥更大的作用。

各单位工会要紧紧围绕生产经营活动，团结动员广大职工发扬主人翁精神，继续开展适应市场经济要求的，以劳动竞赛、合理化建议、技术革新、技术协作、发明创造等为内容的群众性经济技术创新工程。把增强企业创新能力、市场竞争能力、抵御风险能力和提高企业整体素质作为主攻方向，把解决影响全局发展的难点作为重点，围绕技术创新、加强管理、提高质量、降低成本、增进效益，搞好服务，开展活动。要以提高职工素质为重点，大力加强职业培训和职业道德教育，开展创建学习型组织、争做知识型职工活动，形成终身学习、全程学习、团队学习的机制，引导职工树立与社会主义市场经济相适应的思想观念，着力提高职工科学文化、技术技能和业务素质，增强职工的学习能力、创新能力和竞争能力，全面提高职工队伍素质。

3. 深入开展送温暖工程，切实为职工办好事实事

群众利益无小事。凡是涉及职工群众切身利益和实际困难的事情，再小也要竭尽全力去办。工会要做职工的贴心人，履行好基本职责，必须围绕职工群众最现实、最关心、最直接的利益来落实，满腔热情地为职工群众办实事、做好事。

送温暖工程在我局已经开展了整整十年，今年3月，为了进一步推动送温暖工程的深入开展，我们在临潼也召开了专门会议，对此项工作做了专门的部署。各级工会组织一定站在实践"三个代表"的高度重视此项工作，坚持不懈地开展下去，使其成为职工办实事的一个有效平台和载体，产生更强大的影响力和感召力，调动广大职工的积极性、主动性和创造性，更好地服务于中心工作，促进勘探局各项事业的发展。

各级工会组织要针对职工中存在的问题，有针对性地解决职工生活中的实际问题，把工作重点放在为职工办实事的成效上。各级工会要从小事做起，从一点一滴做起，办一些看得见摸得着的事情。要特别关注困难职工群体，把解决他们的生活问题放在突出的位置，优先考虑，优先安排。要切实落实"第一责任人"职责，用好人力、物力、财力，解决困难职工的当务之急，真正落实"三个不让"的承诺，让职工从一件件实事中认识工会，不断凝聚人心，把广大职工团结在为企业生产建设服务上，促进企业的发展上。关心职工生活，为职工办实事，要着眼长远，从根本上解决职工困难。从根本上解决职工生活，归根结底就是要发展经济。勘探局把发展作为第一要务，适应了职工群众的需求，是从根本上解决职工生活问题的基础。各级工会要教育和引导职工正确对待企业发展中的困难，正确处理改革发展与自身利益的关系，调动广大职工的积极性，把他们引导到企业中心工作上来，通过企业效益的提升，促进职工整体生活水平的提高。

4. 不断加强工会自身建设，开创工会工作新局面

要做好新世纪、新阶段的工会工作，既要继承传统，总结成功经验，更要着眼新的实践，开拓创新。全局各级工会组织必须适应时代发展的要求，以改革的精神、求实的态度加强自身建设。

一是要加强工会基层组织建设。基层工会是维护职工合法权益的最基础单位，必须随着企业的改革改制而调整、巩固、发展。一方面做好勘探局改制企业、新建企业、非公企业工会的组建工作，真正做到"哪里有职工，哪里就要有工会"。另一方面加强现有基层工会的巩固和提高。要进一步加强工会干部队伍建设，培养基层工会骨干队伍。基层工会工作强化了，工会工作才有了牢固的基础，才能将工作部署和要求落到实处。基层工作水平提高了，才会使全局工会工作水平进一步提高。

二是要转变思想观念和工作作风。广大工会干部要进一步强化政治意识、责任意识、创新意识和群众意识。要树立坚定的信念,树立强烈的事业心和敬业精神,保持昂扬向上、与时俱进的精神状态,解放思想,转变观念,奋发有为,埋头苦干,创造性地开展工作。要牢记“两个务必”,发扬优良传统和作风,改进领导方法和工作方法,克服机关化、行政化的倾向,怀着深厚的感情,倾听职工群众的呼声和要求,了解他们的安危和冷暖,敢于说真话、报实情,更好地服务基层、服务职工,使工会真正成为职工信赖的家,使工会干部真正成为职工的贴心人。

三是要加强调查研究工作。各单位工会要大兴调查研究之风,要围绕勘探局中心工作和工会重点工作开展调研,研究工会如何发挥职工群众的主力军作用、职工的就业与生活状况、职工的社会保障状况、企业民主管理状况、企业劳动关系状况、职工队伍内部的利益差异与群体分化等等,要沉下去,掌握第一手资料,要具体问题具体分析,坚持实事求是的原则,突出重点,加大力度,抓出成效。通过开展扎实有效的调研活动,及时提出具有针对性、指导性、前瞻性的意见和建议,及时向党委和行政报告和反映,更好地发挥工会作为党联系职工群众的桥梁和纽带作用。

同志们,中国工会十四大明确了新时期新阶段工会工作的目标和任务,党中央国务院也对工会工作提出了更高的要求和期望,工会工作面临的任务更加艰巨。希望各级工会组织,以更加昂扬的精神状态,更加饱满的工作热情,全身心地投入到工会工作的实践中去,充分发挥广大职工群众的积极性、主动性和创造性,为企业的改革、发展和稳定做出更大的贡献,在推进勘探局“二次创业”的进程中,更加充分地发挥工会组织的作用!

张启英同志在长庆石油勘探局组织人事工作会议上的讲话

（2003 年 4 月 9 日）

同志们:

这次勘探局组织人事工作会议，是继勘探局 2003 年工作会议之后，局党委决定召开的又一次十分重要的会议。这次会议的主要任务是：认真贯彻落实集团公司人事工作会议和局 2003 年工作会议精神，全面总结重组三年来的组织人事工作，明确今后一个时期组织人事工作的目标和总体思路，安排部署今年的工作任务，努力开创新时期新阶段全局组织人事工作的新局面。

一、三年来组织人事工作回顾

重组三年多来，我们坚决贯彻落实集团公司人事制度改革的一系列重大部署，紧紧围绕勘探局的改革发展，始终把企业领导班子建设、人才队伍建设、队伍结构调整和人事制度改革摆在落实“三个代表”重要思想，加快工程技术服务主营业务发展、提升企业核心竞争力和管理水平的突出位置来抓。坚持体制创新和制度创新，在建立和完善适应现代企业制度要求的组织人事管理新机制方面，进行了有益的探索和实践，收到了较为明显的效果，为勘探局生产经营目标和各项任务的顺利完成做出了积极的贡献。

1. 坚持以改革为动力，大力推进制度创

新，干部人事制度改革工作初见成效

作为集团公司干部人事制度改革试点单位，我们深入调查研究，突出改革重点，认真制订了较为科学的试点工作方案及相关配套办法，对干部人事制度改革实践起到了有效的作用。一是干部能上能下方面，在实行领导人员辞职制度和老同志提前退出班子的同时，积极探索干部选拔任用的新机制和新办法，公开选拔企业中层管理人员取得良好开端。为全局14个单位及部门公开竞聘23名副处级领导人员，扩大了基层单位的用人权和职工群众的知情权、参与权、选择权和监督权，反响强烈，效果明显。二是职工能进能出方面，贯彻“不求所有、不求所在、但求所用”的用人理念，多方疏通出的渠道，相继成立了中国西安人才市场长庆分市场、陕西省人才交流服务中心长庆分部和甘肃、宁夏、陕西三个长庆职业介绍服务分中心，成立了长庆局博士后科研工作站，实现了企业内部人才市场与社会人才市场的有效接轨，开辟了企业与社会人才劳动力市场人员流动的“绿色通道”。对引进人员实行人事代理，初步探索建立了一套与市场相衔接的人才引进、考核、付酬和管理机制。二年来，引进和聘用了499名急需的专业技术人才，其中博士生4人，硕士生5人。三是收入能增能减方面，强化经营效果对分配制度的调控作用，放水养鱼，激活基层。通过完善经营承包考核办法，充分体现效益工资的激励作用，对所属单位的党政正职实行以责任目标为重点考核内容的风险抵押奖惩办法，加大了领导人员考核兑现的幅度，向实行年薪制和取消企业行政级别迈进了一步。同时，在勘探局工资总量控制和基本工资制度指导下，在个别单位进行了内部工资分配制度的改革试点工作，充分调动了基层和职工的积极性。四是按照“产权清晰、权责明确、政企分开、管理科学”的要求，坚持“谁投资、谁派人，谁管理、谁考核”的原则，先后对勘探局控股的西安长庆科技工程有限责任公司、西安长庆房地产开发有限公司和长庆实业集团有限责任公司的法人治理结构进行了完善和规范，公司经济效益凸现。

2. 坚持不懈地抓好基层党组织建设和党员队伍建设，党组织的战斗力和凝聚力不断增强

用邓小平理论和“三个代表”重要思想武装党员的头脑，组织开展了以邓小平理论、“三个代表”重要思想、“七一”重要讲话以及十六大精神等为主要内容的一系列学习教育活动，先后举办各类报告会、研讨会、座谈会以及培训班100多场次，参加7800多人次，使广大党员的思想理论素养和队伍整体素质有了较大提高。按照“三同时”原则及时建立健全并完善改制企业、新型经济组织和海外项目的党组织，近年来全局共调整或增补党委委员59人、纪委委员64人，新建基层党总支、党支部170多个。结合重组改制后的新情况、新问题，开展了党建工作研究，不断完善基层党组织建设工作制度，组织修订了《基层党组织建设工作制度》14项，适时制订下发了《加强基层党组织建设有关问题的意见》、《改制企业党团工会组织管理工作的意见（试行）》、《发展党员公示制度和责任追究制度》、《进一步加强基层党组织和党员管理的通知》、《加强局属派驻境外党组织建设工作的意见》等，使全局的组织建设工作逐步迈上了制度化、规范化、科学化的轨道。坚持围绕生产经营中心工作，积极开展党员责任区、党员模范岗、创先争优和“一联二带三承包”等党建活动，以及“求生存、图发展、闯市场、增效益”主题活动，较好地发挥了党组织的政治核心作用、党支部的战斗堡垒作用和党员的先锋模范作用，有力地保证和促进了全局生产经营工作的顺利进行。三年来，先后有36个基层党组织、109名共产党员和31名党务工作者受到局党委、集团公司和陕甘宁三省（区）的表彰奖励。

3. 坚持党管干部原则，切实加强领导班子建设，厂处领导班子的整体功能和驾驭市场经济的能力不断增强

紧紧围绕勘探局生产经营中心，严格按“德才兼备”原则和干部“四化”方针，深入开展“三讲”学教活动，加强对各级领导班子的考核建设和管理监督，建立和完善了以经营业绩和工作实绩为主要考核内容的量化考核办法，在提高素质、优化结构、强化管理、增进团结、提高用人效益上狠下功夫。三年来共计调整领导干部 283 人次，选拔领导干部 100 人，退出领导班子干部 26 人。积极推行巡视员派驻工作制度，提高了领导班子和领导干部的思想素质、作风、工作能力和领导水平。从近年来日常考核、年中巡视、跟踪考核以及各单位自我考核的情况来看，各单位领导班子和领导干部大局意识、责任意识、改革意识、创新意识、竞争意识、经营意识明显增强，贯彻落实局党委、勘探局一系列重大部署更加自觉、更加坚决，精细管理初见成效，科技进步成效显著，市场开发卓有成效，经营业绩比较突出。全局 2002 年主营业务收入 48.2 亿元，同比增长 9%；国内社会市场承揽工作量 7.3 亿元，同比提高 78%，国际市场实现收入 4000 万元。经民主测评，2002 年全局厂处领导班子的“政策水平”、“团结协调”、“勤政廉政”、“内部管理”优良率分别达到 96.93%、93.54%、95.17%、94.12%。

4. 坚持内举外引的人才开发战略，企业识人、育人、聚人环境已经形成，职工队伍整体素质全面提升

积极研究，并配套出台了相关培养和吸引人才的优惠政策，确立“引进急需人才、培养高素质人才、盘活现有人才、稳定核心人才”的工作思路，制订了人才队伍建设的整体工作目标，实施“四个一”和“28568”人才开发工程，人才队伍总量已达到 8919 人。通过大力挖掘企业内部人力资源，职工队伍文化结构、职称结构和技能结构明显好转，中专以上学历人员比例由 27.7%上升到 32%，高、中级职称人员比例分别由 4.2%、29.7%上升到 5.6%、33%，高级技师、技师比例分别由 0.02%、1.07%上升到 0.07%、1.53%。建立了 60 人的局一级学术技术带头人和学术技术首席专家队伍。培养选拔了 17 名高级技师和 124 名技师。设立 1000 万元的科技奖励基金，对 44 名人员进行了重奖。组织开展“优秀专业技术人才形象宣传”活动，两年来，评选表彰了 20 名优秀技术人才“十佳形象”获得者。努力营造出人尽其才、才尽其用的良好氛围，激发了各类人才奋发向上，为长庆建功立业的工作热情。

5. 坚持以提高效益为目标，加大整合重组和改革改制力度，结构调整成效突出

本着“专业整合、优势互补、资源共享、整体发展”的原则，在广泛深入调研论证的基础上，根据市场需要，先后对钻井、机械制造、建设工程、职工培训、通信等专业的 15 个单位及部门进行了整合重组，成立了钻井工程总公司、机械制造总厂、建设工程总公司、培训中心、通信公司、录井公司等单位，同时，相继成立了发展研究部、市场开发部、国际市场开发部、关联交易处、资本运营部等业务部门或单位。全局整合重组和队伍结构调整工作涉及职工 15802 人，占职工总数的 42%。重组力度之大、范围之广、涉及人员之多、影响层次之深、实施效果之明显，都是前所未有的。通过整合重组，优化了产业结构、理顺了管理体制，区位优势、人才优势和技术优势充分发挥，经济效益明显。勘探局全员劳动生产率由 2000 年的 3.1 万元/（人·年）上升到 2002 年的 4.6 万元/（人·年），增长 48.4%。钻井工程总公司、建设工程总公司、机械制造总厂 2002 年全年收入分别达到 20.1 亿元、6.0 亿元和 1.4 亿元，较 2001 年同比分别提高 22.2%、28.2%和 9.9%。

6. 坚持统筹规划、分级实施、突出重点、提高质量的原则，职工培训工作成效明显

进一步理顺和规范职工培训管理机构，用人和育人更加一体化，培训工作的针对性和实用性不断增强。通过加强工商管理、市场经济、法律法规、工商管理硕士、工程硕士和实践锻炼等形式培训，提高了经营管理人员宏观决策、综合协调以及驾驭市场经济的能力。通过跟踪国内外石油工程技术发展趋势，结合知识更新和技术改造，采取“请进来，送出去”的形式，进行学术交流、举办专业技术讲座和新技术、新工艺的培训，强化了高层次专业技术人才石油高科技知识更新，解决了工程技术服务中的重大技术难题。适应开拓国际市场需要，突出了以项目经理、作业队长、操作骨干为主的对外合作人才外语及相关知识的培训，先后举办英语、俄语、西班牙语等多种语言培训班12期，有390多人参加了培训，90多人取得了集团公司对外合作A级证书，为勘探局实施“走出去”战略，开拓国际市场提供人才保证。注重高级操作人员实用性技能培训，培训高级工、技师、高级技师4220多人。在进行普遍性岗位练兵的基础上，重点组织了局、处两级操作人员的技术比武，参赛人员占技术操作人员的44.8%。三年来，全局共举办各类培训班10008期，培训职工6.7万人次，全员培训率达到64%。

7. 坚持贯彻基本保险属地管理原则，积极实施保险制度改革，稳步推进保险社会化进程

根据国家企业职工社会保险制度改革的总体部署和集团公司及有关省区的政策要求，稳步实施基本保险属地管理，顺利完成了与地方政策并轨和业务衔接工作，油田目前已开展的和参保的养老、医疗、失业三个险种全部实现了属地管理。及时为企业职工建立了企业年金和补充医疗保险，较好地维护了油田职工利益。积极解决有偿解除劳动关系人员基本养老保险接续和失业保险金发放问题，为5700多名有偿解除劳动关系人员接续基本养老保险，5700多人领取了失业保险金，对维护油田和社会稳定起到了积极的作用。

8. 坚持立足油田，面向社会的原则，加大职业资格证书制度推行力度，职业技能鉴定工作发展势态良好

建立健全技能鉴定组织体系，职业技能鉴定中心与中国石油长庆职业技能鉴定中心、石油天然气特有工种职业技能鉴定站、甘肃省第五十一国家职业技能鉴定所实行一套机构四块牌子，将原来的17个所（站）调整压缩为11个，并在陕西、宁夏两省区获得鉴定资质。积极开展职业技能鉴定工作，三年来，共鉴定22111人次，其中：初级工8157人次，中级工9033人次，高级工4921人次。鉴定综合合格率74%。在井下作业工、电焊工、钳工等29个工种中考评技师599人，合格448人。在井下作业工、电工、钳工、热力司炉工等9个工种中考评高级技师35人，合格20人。在搞好油田内鉴定的同时，拓展业务范围，社会市场累计鉴定770人。

回顾重组三年多来的工作，取得的经验和体会有以下八个方面。

（1）以邓小平理论和“三个代表”重要思想为指导，坚持党管干部原则，坚持实事求是和一切从实际出发，自觉把组织人事工作放在企业改革发展稳定大局中去实践，从有利于建立现代企业制度、有利于企业经济效益的提高和管理水平的提升、有利于企业整体改革相互配套、有利于职工队伍稳定去把握，是做好组织人事工作的根本出发点和落脚点。

（2）以理念创新为先导，坚持用时代发展的要求审视自己，与时俱进，开拓创新，牢固树立人力资源是第一资源、人才就在身边的观念，是做好组织人事工作的灵魂。

（3）以提高素质、优化结构、改进作风、增强团结为重点，不断加强各级领导班子建设

和领导干部教育管理，建设朝气蓬勃、奋发有为、具有驾驭复杂局面能力和市场经济能力的坚强领导集体，是促进企业改革与发展的根本保证。

(4) 以干部选拔任用机制为突破口，扩大职工群众的知情权、参与权、选择权和监督权，创造公开、平等、竞争、择优用人环境，是增强干部队伍活力，解决“能上能下”问题的有效途径。

(5) 推行巡视员派驻制度，能够在一定程度上弥补以往监督考核工作中存在的不足，实现事前监督考核、过程监督考核、事后监督考核三者的有机结合，使监督考核工作更具直接性、经常性、真实性和全面性，是加强对领导班子和领导干部考核管理和监督约束的有效延伸。

(6) 狠抓人才培养、吸引和使用三个环节，不拘一格选拔人才、放手大胆使用人才，大力培养高素质的经营管理人才、专业技术人才和操作技能人才，是提高核心竞争力的关键，也是实施科技进步和人才开发战略的必由之路。

(7) 坚定不移地推进人事制度改革和创新，逐步形成与企业整体改革相互衔接、综合配套的政策制度体系，建立健全干部能上能下、职工能进能出、收入能增能减，充满生机与活力的人事管理机制，是建立现代企业制度的关键环节。

(8) 既要继承和发扬组织人事工作的优良传统，又要努力在与时俱进中开拓创新、大胆探索，创造新鲜经验，同时还要善于学习和借鉴国内外的先进管理办法，坚持继承、创新和借鉴相结合，是确保组织人事工作健康发展的基本要求。

三年来组织人事工作的各项成绩，是在局党委、勘探局正确领导和上级有关部门支持帮助下取得的，是各单位和人事部门认真贯彻落实局党委、勘探局的“两条基本思路”和“四大发展战略”，开拓进取、勤奋工作的结果。在此，我代表局人事劳资处、党委组织部，向上级部门及领导、局属各厂处单位党政领导班子和组织人事部门的同志们表示衷心的感谢！

同志们，我们在回顾过去三年成绩的同时，更应清醒地看到我们的理念还不够新、人才队伍结构还不够合理、各方面的配套机制还没有完全形成等问题，特别是在市场意识方面，还没有真正有效地进入市场开发人才，把人才放到市场中去评价、去衡量，人才的市场化配置还不够发育。主要表现是：部分单位领导班子和领导干部的经营理念还不能完全适应当前工作的需要；领导班子和领导干部管理体制与现代企业制度下法人治理结构的要求还有一定的差距；高层次经营管理人才、拔尖专业技术人才和高级操作技能人才短缺的问题还比较突出；企业组织结构和队伍结构还需要进一步调整，冗员多、社会负担重的问题尚未从根本上解决；职工激励的模式和手段相对单一，与市场相适应的高效激励机制尚未建立起来。这些问题是制约企业发展和推进改革改制的瓶颈因素，有些问题在短期内是难以解决的，我们各级领导和人事部门要以高度责任感、危机感和紧迫感正视问题，面对现实，立足创新，采取有力措施认真加以研究解决。

二、今后一个时期组织人事工作的目标及思路

在集团公司 2003 年工作会议上，党组明确提出了全面建设具有国际竞争力跨国企业集团、实施“两个转变”的战略目标和部署。勘探局 2003 年工作会议上，局党委书记、局长孙玉辰同志进一步明确了我局“二次创业”要以持续发展、全面建设小康为目标，以建立现代企业制度、转换经营机制和调整结构为动力，真正使勘探局成为多元发展的现代企业集团。落实集团公司的战略决策，实施“二次创业”目标，作为提供组织保证和人才支持的组织人事部门，担负的任务更加艰巨，责任更加重大。没有坚强的组织保证和强大的人才智力支持，就不可能顺利实现“二次创业”目标。因此，确定组织人事工作的目标和思路，必须紧紧围绕实现勘探局“二次创业”目标来进行。

今后一个时期组织人事工作的思路和要求是：以邓小平理论和“三个代表”重要思想为指导，坚持“党管干部”和“党管人才”原则，认真贯彻落实集团公司人事工作会议精神，以企业发展为主题，以干部人事制度改革为动力，以加强领导班子建设和结构调整为重点，以建立一支高素质的企业经营管理人员、专业技术人员和操作技能人员队伍为目标，把各项工作收到的实际效果，用市场的需求和法则去衡量、去评价，大力实施科技进步与人才开发战略，为实施“二次创业”提供强有力的组织人才保证。

建设多元发展的现代企业集团，必须大力实施科技进步与人才开发战略。其基本内涵是：尊重知识、尊重人才，把勘探局的发展牢固地建立在比较雄厚的人才基础之上，在推进“二次创业”以及发展生产、创造效益和科技进步中使人才先行，在市场竞争中靠人才攻坚、破难、取胜，在工程技术服务领域形成人才较为密集的优势，通过数以千计各类人才的培养、使用，造就适应企业发展、门类齐全的人才群，创造人才辈出的全新局面，不断发展壮大勘探局的先进生产力和人才综合实力。

实施科技进步与人才开发的总体目标是：建立以市场为主导的人才资源配置机制，以政策激励为主导的人才资本吸引机制，以唯才是举、唯才是用为政策取向的人才开发机制，建立以学习型企业为组织形式的人才资本积累机制，逐步形成与市场经济相适应的人才管理模式，创造充满生机与活力、有利于优秀人才脱颖而出的良好环境，按照“总量较为适宜，结构不断优化，素质明显增强，环境持续改善”的规划，建设适应市场竞争要求的企业经营管理人才队伍、专业技术人才队伍、操作技能人才队伍，实现人才的可持续发展，为建设多元发展的现代企业集团提供强有力的人才支持。到“十五”末期，我局人才总量达到9000人，其中，经营管理人才1800人，专业技术人才6000人，操作技能人才1200人。

落实科技进步与人才开发战略，必须认真研究制订实施科技进步与人才开发战略的政策和措施，保证人才培养、吸引和使用三个环节的工作卓有成效地进行。

一是落实中央关于“党管人才”的要求，大力推进科技进步与人才开发战略。“三流企业靠产品，二流企业靠技术，一流企业靠专利，超一流企业靠人才”。要在思想上要高度重视人才队伍建设，切实把人才工作纳入工作视野，列入重要议事日程，作为重点工作来抓，认真研究和实施本单位人才队伍建设规划并加强检查监督，建立党的干部工作和人才工作统筹规划、紧密结合、协调运作的工作机制，推动人才工作持续健康发展。

二是建立具有地区服务公司特色、符合勘探局实际和发展需要的人才政策体系，激励各类人才迅速成长和作用的充分发挥。建立完善科学规范的各类人才评价体系和分类分级管理制度，为不同人才的认定、评价及使用提供依据，同时改进考试、考核、测评方法。建立完善勘探局和所属单位两级奖励体系和激励政策体系，加大对有突出贡献的人才的奖励力度，激励各类人才通过发明创造、获得专利等，争相为勘探局发展做贡献，形成重实绩、讲贡献的高效激励制度体系。研究探索在科研单位逐步实行技术要素按贡献参与分配的新型薪酬制度。研究探索长效激励机制，进一步加大薪酬分配向关键岗位和优秀人才倾斜的力度。对企业拔尖人才和有特殊贡献人员，研究探索另外建立补充养老保险、住房公积金和带薪休假等特殊激励政策。努力通过分配制度和办法的突破与创新，积极营造一个有利于培养、吸引和用好人才的市场环境，建立充满活力的有效激励机制。

三是放宽人才工作视野，努力把人力资源优势转化为人才优势。勘探局有三万多职工队伍，人力资源十分丰富，蕴藏着大量各具专长和技能、能承担更加重要任务的各类人才。目前摆在各级党组织和组织人事部门面前的一项重要任务，就是健全人才工作机制，消除人才屏蔽因素，及时发现人才，大规模开发人才，适时地用好各类人才，做好人力资源优势转化为人才优势的工作。探索多渠道、多形式发现人才的途径和方法，建立人才储备库，不断拓展选人用人的更大空间，实现人才队伍的可持续发展。各级党组织和组织人事部门一定要树立人才就在身边的观念，勇于做人才资源的开掘者、人力资源转化为人才资源的推动者。按照“不求所有，不求所在，但求所用”的用人观，以不断优惠的政策，加大人才引进工作力度，将更多高层次人才、特别是紧缺人才为我所用。

四是逐步建立勘探局内部人才市场，实现各类人才有序合理流动。打破人才流动上的人为限制，破除单位之间、地区之间、岗位之间以至不同所有制之间存在的壁垒，根据人才供求实际，引导人才合理流动，避免人才闲置和浪费，逐步建立市场导向、自主择业的就业新机制。对于个别情况特殊并且确有实际需要的单位、部门、岗位，允许有组织地面向社会招聘紧缺人才。

为建设多元发展的现代企业集团提供组织和人才保证，组织人事工作必须在思想观念、管理制度和运行机制方面全面创新。发展是企业永恒的主题，创新是企业发展的灵魂，也是实现组织人事工作与时俱进的动力。在组织人事工作的创新发展中，思想观念的创新是先导，管理制度的创新是根本，运行机制的创新是重要途径。三个方面的创新互相促进、相辅相成，共同作用并统一于组织人事工作的整体创新之中。

思想观念的创新最为活跃，也最能发挥能动作用。组织人事工作政治性、政策性很强，直接涉及到企业职工的切身利益，在政策把握上需要严肃认真、慎之又慎，但是，要实现人事制度改革的更大突破，更需要思想观念上的转变和创新。除了继续树立政治观念、大局观念、市场观念、竞争观念等必须遵循的观念，并不断赋予新的内涵，还要树立人力资源是第一资源、人才就在身边等观念，特别要把“创新、开放、简捷、明确、责任、自信”作为勘探局科技进步与人才开发战略的核心理念。

组织人事工作运行机制的创新，主要是适应建立现代企业制度和投资主体及股权多元化的需要，在党管干部、党管人才的前提下，改进选人用人办法，建立和完善科学的选人用人配套制度和程序。要把市场观念，按市场要求评价人才、选拔干部作为组织人事工作的出发点和落脚点。建立起能上能下、能进能出、有效激励、严格监督、公开平等、竞争择优、充满活力的用人机制，核心是要下大力气解决好能上能下、能进能出两个难点问题，探索的重点则是“竞争择优”的具体运用问题。在工作要求上，一是要有新的突破，二是要有实质性的进展，三是要在促进企业改革发展中见到明显效果，这三点也是检验干部人事改革工作成功与否的重要标准。

第一，要立好“上”的阶梯，开通“下”的渠道，在“能上能下”方面力争有新的突破。能上不能下，是用人制度上僵化的典型表现，应当彻底破除，但实行中难度非常大，这是客观现实。深究其中原因，不单单是思想是不是解放和敢不敢的问题，从制度本身来说，还有一个配套政策是否完善的问题。因此，我们要在“下”的方面多进行探索，形成有利于上者确有作为、下者心悦诚服的配套政策。在对待“下”的问题上，应当制订并配之以恰当的政策，越符合客观实际、政策越稳妥，下的通道就会越畅通。通过近年的改革实践，我们已有了一些比较成熟的经验和好的做法，今后要在进一步完善的基础上逐步形成制度，规范运作。

第二，要以建立市场化、社会化的劳动用工及就业服务制度为重点，在“能进能出”上力争有新的突破。在劳动用工上做到能进能出，近几年我们的工作力度比较大，成效也比较明显。但也要看到，前一个时期我们采取有偿解除劳动合同等办法进行的减员，是在国家政策支持下一定时期的经济性裁员，目的是解决富余人员过多的问题，不属于经常性、制度性的人员出口通道。要形成真正体现“能进能出”要求的劳动用工制度，还需要我们进行深入探索。现在需要研究的是，除了现有人员中的富余部分要有较为畅通出口外，对于新增人员在其进入时就应当纳入到“能进能出”的劳动用工制度之中。如新招聘的院校毕业生、复转军人和其他社会人员，继续采取“新人新办法”，除国家另有规定外，进入时只签订有固定限期劳动合同，实行协议工资制度。

第三，要正确处理好点上的突破与面上推进的关系。虽然近年来我局在干部人事制度的改革与创新上有一定的突破，但总体上我们仍处在试点工作阶段。“摸着石头过河”，成功一点推广一点，搞得比较稳妥，改革工作才能见到成效。今年准备选择部分单位进行综合或单项试点，在一定程度上讲，试点工作的进展情况直接关系到整个面上的工作，试点工作的力度越大，突破越多，面上的推进就越快。各试点单位在推进中既要大胆又不盲目，既要创造又要及时总结经验，这是总的原则。凡条件具备、时机成熟的，就不要犹豫，大胆往前推进，往深处探索；如果条件尚不具备，可积极创造条件，不要勉强硬推。

第四，在推进干部人事制度改革的总体进程中，要做到推进的力度与职工承受能力相适应。企业干部人事制度改革工作是涉及到每一名职工切身利益的大事，我们既不能急功近利，过分超前，幻想毕其功于一役，也不能缩手缩脚，停滞不前，一味“等、靠、要”。要看到，承受能力与实践进程一般是成正比的，职工群众的承受能力会随着实践进程，在亲历实践、经受冲击和考验后不断有新的提高。应当让职工群众亲身经历改革实践，使承受能力不断有新的提高，在做好各方面工作的前提下，将改革大胆向前推进。

第五，大力加强党的基层组织建设和党员队伍建设，把基层党组织建设成为贯彻“三个代表”重要思想的组织者、推动者和实践者。全局基层党的组织工作，要紧紧围绕勘探局“十五”规划所明确的奋斗目标，用党的十六大精神和“三个代表”重要思想武装广大党员，积极开展工作研究，主动探索新形势下基层党组织建设以及党员队伍建设的办法和途径。切实加强党内监督，按规定参与本单位重大问题的决策，组织党员干部和广大党员为企业的发展谏言献策，充分发挥党组织的政治核心作用，党支部的战斗堡垒作用和党员的先锋模范作用，以出色的工作保证勘探局“二次创业”各项目标的顺利实现。

上述今后一个时期人事工作的总体目标、思路和要求，各单位可结合本单位实际制订具体的、操作性强的意见、办法和措施。

三、2003 年主要任务和重点工作

今年是全面贯彻落实中央提出全面建设小康社会的第一年，也是全面贯彻落实集团公司人事制度改革的一年，组织人事工作任重道远，我们必须按照“二次创业”的总体目标要求，认真贯彻落实集团公司人事工作会议和勘探局工作会议精神，转变观念，创新制度和办法，积极推进干部人事制度改革，稳步实施科技进步与人才开发战略。今年要重点做好以下九个方面的工作。

（一）切实加强党的基层组织建设，充分发挥党组织的政治核心作用、党支部的战斗堡

垒作用和党员的先锋模范作用

要按照“两个务必”的要求，结合“形势、目标、责任”主题教育活动，大力加强党的基层组织建设和党员队伍建设，把基层党组织建设成为贯彻“三个代表”重要思想的组织者、推动者和实践者。

坚持用邓小平理论、“三个代表”重要思想和胡锦涛同志在西柏坡考察时的重要讲话精神武装党员，不断提高广大党员的思想政治素质。各级党组织要从建设一支“素质优良、结构合理、规模适度、作用突出”的党员队伍出发，深入学习贯彻十六大精神，结合实际在全局党员中开展以实践“三个代表”重要思想和“两个务必”为主要内容的教育活动，使广大党员成为勤奋学习、善于思考的模范，解放思想、与时俱进的模范，勇于实践、锐意创新的模范。

坚持结合企业生产经营中心，服务改革发展稳定大局，进一步加强和改进基层党组织建设。按照“调整行政机构必须同时调整党的组织设置，新建行政机构必须同时建立党的组织，配备行政干部必须同时配备党务干部”的精神，及时建立健全党的基层组织。任届期满、条件成熟的党组织，要认真做好换届改选工作。要采取多种形式加大支部书记的培训力度。党组织要积极参与单位重大问题的决策，在促进改革发展，确保大局稳定中充分发挥政治核心作用。

坚持以改革的精神研究解决基层党组织建设中出现的新情况、新问题，不断增强党组织的创造力、凝聚力和战斗力。要切实加强对全局基层党组织建设状况的调查研究，掌握和了解基层党组织发挥政治核心作用的基本情况，积极探索基层党组织建设的新形式、新途径、新方法，增强党组织活动的吸引力。要在调查了解、工作研讨的基础上，制订有助于改进和加强党组织建设的办法和措施。

（二）紧紧围绕建设多元发展的现代企业集团为目标，进一步加强企业领导班子建设

坚持以提高素质、优化结构为重点，进一步加强领导班子建设，努力建设一支朝气蓬勃、与时俱进、奋发有为，能够担当重任、经得起风浪考验的企业经营管理者队伍。

深入开展十六大精神和“三个代表”重要思想的教育，进一步提高各级领导人员的整体素质。加强对“三个代表”重要思想的时代背景、实践基础、科学内涵和精神实质的理解，牢牢把握关键在坚持与时俱进、核心在坚持党的先进性、本质在坚持执政为民这个根本要求，把各级领导人员的思想和行动统一到“三个代表”重要思想上来。各级党组织要充分发挥选人用人在作风建设上的导向作用，坚持用好的作风选人，选作风好的人，切实把那些政治上靠得住、业务上有本事，肯干事、干成事的人选拔到各级领导岗位上来。

搞好领导班子的考核调整，进一步优化领导班子结构。围绕领导班子建设“231”目标，结合班子年中巡视和年度考核情况，从优化班子年龄结构，保持合理的梯次结构，努力实现年轻化的目标考虑，加大领导干部的组织调整力度，重点对工作被动，打不开局面以及知识结构、年龄结构不合理的班子进行必要的调整和补充。积极实施“一把手”工程，切实加强对他们的选拔培养、考核管理和监督约束，发挥他们在班子中的“班长”作用。加大领导干部交流力度，加强机关与基层之间、单位与单位之间以及岗位之间的交流，提高素质，优化结构，充分发挥班子的整体功能。

积极探索改制企业领导干部管理体制，建立规范的法人治理结构。坚持“谁出资、谁派人、谁管理”的原则，把组织推荐和引入市场竞争机制、公开竞聘结合起来，把坚持党管干部和董事会依法选择经营管理者以及经营管理者依法行使用人权结合起来，完善体制，健全制度，改进方法，逐步建立起符合法律法规、切合实际、有利于调动各方面积极性的领导干

部“双向进入，交叉任职”管理新机制。

（三）进一步深化人事制度改革，建立和完善企业领导人员选拔任用和管理监督机制

以建立企业领导人员选拔任用和管理监督机制为重点，力争在企业领导人员竞争择优、严格监督、有效激励、能上能下等方面取得新进展，实现新突破。

积极稳妥地推行企业（单位）和领导干部分类分级管理。取消局属企业或单位行政级别，实行分类分级管理，是适应市场经济和现代企业制度要求，健全和完善企业（单位）领导人员管理体制的重要措施。根据集团公司人事工作会议精神，我们研究制订了《企业（单位）分类分级管理实施意见》和《企业中层管理人员管理暂行办法》，经这次会议讨论修改后下发执行。实行分类分级管理就是按产权性质，将勘探局所属企业（单位）分为全资（直属企业和全资子公司）、控股、参股三种类型。依据总资产、净资产、职工人数、经营收入、实现利润五项评价指标，将全资（直属企业和全资子公司）企业分为特级、一级、二级、三级四个级别。并以此为基础，明确企业领导人员的管理关系及相关待遇，建立与企业类级管理相适应领导人员业绩考核及薪酬管理办法，形成有效的激励与约束机制，进一步调动企业领导人员的积极性、主动性和创造性。

改进经营管理者选拔任用方式，完善企业领导人员公开选拔、竞争上岗机制。认真贯彻执行《领导干部选拔任用条例》，继续推行和不断完善公开选拔任用中层管理人员办法，力争在以下四个方面有新的进展：一是公开竞聘向科级及以下管理人员延伸；二是在条件成熟时，进行班子行政副职集体竞聘上岗的试点工作；三是积极探索面向社会公开招聘企业经理、副经理；四是完善竞聘程序，使竞聘工作更加简捷、实用和科学。同时要加快人才评价体系建设，建好相应的试题库，通过对应聘人员个人素质特点以及实际工作能力和应变、适应能力的测试，使人才评价结果更具客观性、准确性和公正性。

建立符合企业实际的企业中层管理人员激励约束机制。在企业（单位）分类分级及其他人事制度配套改革的基础上，对现行的以效益制指标为重点考核内容的领导班子成员风险抵押奖惩制度进行补充完善，在计算方法、标准的确定等方面仔细研究，进一步加大考核和风险抵押奖惩兑现的力度，继续执行奖金兑现“上不封顶，下不保底”的政策，使激励约束制度更有效、更科学、更切合勘探局实际。

坚持下放权力和加强监督相结合，进一步完善企业（单位）领导人员的监督约束机制。加强财务监督、审计监督、党内监督和民主监督，探索研究财务总监委派制度，加大巡视员工作力度，积极探索现代企业制度下发挥各种监督机构职能作用的监督模式和运行机制，研究制订对企业领导人员实行分类分级监督的办法。研究确立企业领导人员的“忠实义务”和“善管义务”，探索和逐步建立领导人员声誉机制和考核追溯制度。

（四）以优化配置、提高用人效益为目标，搞好组织结构和队伍结构调整，积极推进劳动用工制度改革

劳动用工管理工作要坚持从企业实际出发，在控制总量、调整结构、优化配置、提高效益等方面取得新的进展。

加快专业化整合重组的步伐，进一步优化组织结构和队伍结构。按照企业产业功能定位，构建科学规范的组织结构和用工制度。努力做强工程技术服务队伍、优化生产服务队伍、精干加工制造队伍、改制多种经营队伍、逐步分离社会服务队伍。加快推进企业内部组织机构改革，精简管理层次，实行扁平化管理。按照“突出主业、分离辅业、整合归并”和专业化管理，集约化、规模化经营的原则，继续搞好全局结构调整和持续整合重组，加快队伍结构的调整，基本上实现主业与辅业的分

离、生产服务与社会服务的分离。对经营规模小，人、财、物资源分散，经济实力和竞争力弱的中小单位，实行有效整合，实现资源、信息、市场共享，整体优势充分发挥和企业可持续发展。解体单位内部“小而全”，理清多种经营企业的隶属关系、产权关系和劳动关系。

严格控制职工总量，规范劳动用工管理。各单位的各类用工必须控制在勘探局下达的总量控制计划之内。对2003年工作量增大的单位，人员的补充要立足内部挖潜，除安置复转退伍军人和接收高校毕业生外，一般不再新增劳动力；对工作量变化不大和费用补贴单位，要做到人员只减不增，同时要加大企业改革改制、主辅分离力度；对新建单位所需用工，通过劳务结算的方式聘用，实行市场化、合同化管理。进一步加强劳务合同工和各类临时性用工管理，规范录用审批程序，认真落实“先培训、后上岗”和职业资格证书制度。对于新增人员在其进入企业时，应当纳入到“能进能出”的劳动用工制度之中，实行短期合同，市场工资。

进一步巩固和完善劳动合同制度，强化劳动合同动态管理。根据国家有关法律法规，结合实际工作需要，完善劳动合同条款内容，规范劳动合同的签订、终止与解除。配合企业改革改制和产权制度改革，认真研究企业改制中劳动关系变化的新情况，制订相关政策，妥善做好劳动关系调整工作。

（五）坚持效率优先、兼顾公平的原则，进一步搞好工资总量调控，稳妥推进基本工资制度改革

根据集团公司提出的改革现行基本工资制度的要求，按照效率优先、兼顾公平的原则，加快建立和实行“以岗定薪、易岗易薪、岗变薪变、能升能降”的薪酬分配机制。

进一步完善工资总量调控办法。以效益为中心，以市场为导向，在认真总结经验的基础上，配合有关业务部门，研究完善2003年度勘探局生产经营考核办法。根据各单位不同的经营性质和具体情况，深入研究适度拉开不同类型单位工资增量的可行方法，加大向经济效益好的主要生产经营单位和开发市场好的单位倾斜的力度，合理拉开工资增长的差距，不断强化工资总量调控的激励作用。

根据集团公司安排，做好基本工资制度改革的准备及实施工作。结合勘探局及各单位的实际，在认真编制“五定”方案及各类岗位人员竞聘、考核竞争上岗等综合配套改革的同时，按照集团公司2003年工资工作的思路和统一部署，年内择机研究拟定勘探局基本工资制度改革方案并组织实施。争取在有利于企业改革、发展和稳定的前提下，实现职工工资水平合理增长，实现工资制度的平稳过渡及有效运行。

采取各种有效办法，进一步放开搞活企业内部分配。勘探局支持各单位在局控制的工资总额范围内，结合本单位生产经营特点和实际，自主研究制订内部工资分配制度，采取多种途径、方式和方法搞活单位内部分配，职工原工资标准可作为档案工资进行管理，充分发挥工资的激励作用。

（六）实施科技进步与人才开发战略，不断完善人才培养、吸引和使用的配套政策

各级党组织要切实履行“党管人才”的责任，牢固树立人才资源是第一资源的思想，以优化人才队伍结构为主线，紧紧抓住人才培养、吸引和使用三个环节，逐步形成具有地区服务公司特色，适合勘探局发展需要的人才管理机制。

抓紧制订实施勘探局人才队伍建设规划。以勘探局“十五”发展计划为依据，修订完善《2003—2005年勘探局人才队伍建设规划》。围绕经营管理人才队伍建设，重点培养造就一批政治坚定，具备现代企业管理知识，熟悉市场经济规则，具有战略思维、改革创新精神和创业能力，能够驾驭全局、科学决策的党政正

职；一批熟悉企业情况，适应市场经济要求，思维敏捷，勇于开拓进取，善于科学管理的生产经营管理和市场开发人才；一批能够忠实代表和维护国家利益及企业利益，熟悉现代企业管理和资本运营，确保国有资产和集体资产保值增值的产权代表；一批坚持社会主义方向，能够维护国家、企业和职工利益，善于围绕企业生产经营开展党建和思想政治工作，促进改革发展稳定的企业党群工作人才。围绕专业技术人才队伍建设，重点培养造就一支在石油系统有一定影响，在科研攻关和新产品开发方面有较强能力，具有较高专业技术水平的技术专家、学术技术带头人队伍。围绕操作技能人才队伍建设，重点培养造就一支以高级技师、技师为骨干，技术精湛、都有“绝活”、精一会一、作风过硬、结构合理，能够适应国内外市场施工作业规范要求的高级操作技能人才队伍。

积极推行专业技术人员管理改革，推行以岗位管理为核心的专业技术职务聘任制度。逐步实行“按需设岗、按岗聘用、竞争上岗、易岗易薪”的岗位管理模式，根据岗位工作性质、工作需要对专业技术人员进行分类分级管理，制订分类分级管理办法。建立和完善专业技术人员绩效考核制度、职业资格制度，将职称评审、专业技术资格考试统一纳入职业资格管理。实行评聘分开和持证上岗制度，职业资格作为上岗条件，不与待遇挂钩。制订《深化专业技术人员管理制度改革的指导意见》。选择部分单位开展人事制度改革综合试点和专业技术职务聘任改革试点工作。

以建立学习型企业为目标，加大职工培训力度，不断提升企业人才队伍素质。把培训工作作为建立学习型组织的有效途径和建设一流职工队伍的推进器，加强培训基础设施建设，优化培训资源配置，建立和完善创新性培训机制，稳步推进培训产业化进程。要着眼于企业人才队伍建设与发展需要，加快培训工作步伐，增强培训的实用性和时效性。加大三支队伍的市场经济、工商管理、法律法规、对外合作、WTO相关知识、新知识、新技术、新工艺和技能储备的培训力度，抓好各类高层次复合型人才、创新性管理人才、对外合作人才的培训。加强职工学历培训的组织管理工作，组织完成好各类培训计划，切实抓好急需人才的培训工作。加强培训方式、方法的研究，加强施工单位野外作业队伍的冬训工作。

推进人才劳动力市场建设，搞好人才引进交流与劳务输出工作。创建劳务公司，理顺企业内部自行用工管理。发挥社会人才劳动力市场作用，大力开展职业指导、就业登记和职业介绍服务，扩大劳务输出，促进油田子女和失业人员多渠道就业。完善就业和再就业服务体系，坚持市场导向的就业机制，做好人力资源合理配置，妥善安置分流富余职工。继续扩大人事代理范围，发挥人事代理制度在深化人事、工资和劳动用工制度改革方面的促进作用，逐步建立企业新增人员和引进高层次人才市场化配置、社会化服务的新机制以及人才所有权与使用权相分离的新型管理模式。在完善内部人事代理制度的同时，尝试部分人员实行社会人事代理。扩大对有偿解除劳动关系人员养老保险接续面，做好服务和稳定工作。

（七）深化企业保险制度改革，建立完善企业内部补充社会保险制度，使职工处于多元社会保障之中

积极推行企业社会保险制度改革，按照属地化管理原则，实行各项基本保险社会统筹，并按照国家有关政策，建立企业内部补充保险制度，提高职工的福利待遇和医疗保障水平，切实维护广大职工的切身利益。

完善企业年金制度，提出建立劳务合同工企业补充医疗保险和企业年金的意见。结合集团公司企业年金办法，对油田企业年金实施办法进行修订完善。对劳务合同工企业补充医疗保险和企业年金制度进行专项调研，为下一步

制订劳务合同工企业补充医疗保险和劳务合同工企业年金制度做好准备。

做好有偿解除劳动合同人员社会保险接续工作。积极向地方劳动和社会保障部门进行协调，争取政策支持，妥善解决有偿解除劳动关系人员参保接续方面存在的问题，探索解决有偿解除劳动关系人员社会保险纳入地方管理问题的有效途径。

（八）加大职业资格证书制度的推行力度，搞好职业技能鉴定工作

全面推行就业准入和职业资格证书制度，对关键操作技术岗位、技术工种实行技能鉴定持证上岗，对非技术工种实行考核持证上岗。

继续搞好初、中、高级工、技师、高级技师的职业技能鉴定工作。改进高级工、技师、高级技师的鉴定方式方法，结合油田实际，采取相关知识和多个项目的综合考核，准确客观地评价鉴定者的实际技能水平。继续加大对劳务合同工、职业技术学校学生等的鉴定工作。在搞好油田操作服务人员职业技能鉴定的同时，加大对社会人员鉴定力度，进一步扩大职业技能鉴定范围。

改进鉴定办法，实施工作创新，提高技能鉴定质量。贴近市场需要，研究探索新的职业技能鉴定管理体制和运行模式。对操作技能人员的技能鉴定，要更加符合企业实际，对做出突出成绩、表现优秀的人员，可不受资历限制，提前晋升技师或高级技师。建立职业技能鉴定质量督导制度，加强内部管理，积极采取措施提高考评员素质，对管理人员和考评员全部实行持证上岗。

（九）加强组织人事劳资部门自身建设，努力把组织人事部门建设成为实践“三个代表”的表率部门

组织人事部门在全面推进多元化发展的现代企业集团建设进程中，肩负着十分重要的责任。必须按照“三个代表”重要思想的要求和胡锦涛总书记视察西柏坡时的讲话精神，加强各级组织人事部门自身建设，不断提高工作水平。

进一步加强组织人事部门思想政治建设。各级组织人事部门一定要深入贯彻党的十六大精神，全面把握“三个代表”重要思想这个灵魂，加强政治理论学习，善于从政治上考虑和处理问题，安排部署工作要把握好政治方向，分析判断问题要掌握好政治动态，解决和处理问题要注意政治影响，识人用人要讲求政治条件。要坚持组织人事工作为企业发展服务的方向，增强大局意识，紧紧围绕“二次创业”目标开展工作，切实提高服务大局的水平，做政治坚定、服务大局、转变作风的表率。

进一步提高组织人事部门的业务素质。各级组织人事部门的同志，要按照建立学习型组织和学习型企业的要求，自觉学习现代科技知识、石油相关专业知识、企业管理知识以及市场经济等方面的知识，形成学习共享与互动的组织氛围，努力掌握现代企业人事管理的新理念、新技能，不断提高业务素质，拓宽知识领域，更新知识结构。大胆吸收和借鉴国内外企业人事管理的先进经验，注重组织人事工作的政策理论研究，进一步增强应对与处理各种复杂问题的能力。

进一步改进组织人事部门的工作作风。各级组织人事部门和全体组织人事工作人员要公道正派，严守纪律，树立人事部门的良好形象。务必保持谦虚谨慎、不骄不躁的作风，务必保持艰苦奋斗的作风，自觉加强党性锻炼，坚决抵制各种腐朽思想的侵蚀，树立和保持浩然正气。想问题要符合党的路线方针政策，符合广大职工群众的根本利益；定政策要注重调查研究，集思广益，实事求是；办事情要公道正派，廉洁自率，严守纪律；做工作要严谨细致，精益求精，兢兢业业。各级组织人事部门要认真贯彻落实中纪委二次全会精神，从严治内，强化管理，严格遵守人事工作纪律。建立和完善组织人事部门内部的制约和监督机制，

建立健全用人失察、失误责任追究制度，坚持用制度管人，按程序办事。坚决防止和从严治理用人上的不正之风，保持组织人事部门的良好形象，努力做政治坚定、公道正派、求真务实、作风严谨、勤政廉洁的表率。

同志们，当前和今后一个时期组织人事工作的目标已经明确，摆在我们面前的任务十分光荣而艰巨。我们一定要以奋发有为的精神状态，贯彻“创新、开放、简捷、明确、责任、自信”的企业理念，以强烈的事业心和责任感，转变观念，开拓创新，为勘探局的改革发展稳定，为“二次创业”目标的实现，提供强有力的组织保证和人才智力支持，不断开创新时期我局组织人事工作的新局面！

张元忠同志在长庆石油勘探局2003年教育工作会议上的讲话

（2003年2月12日）

同志们：

这次会议，是在2003年春节后，全局召开的第一个重要的专业会议。会上，王处长代表教育处对2002年工作做了认真、全面总结，并详细安排部署了2003年主要工作任务，我完全同意。按照会议议程安排，大家将对王处长的工作报告和2003年目标管理考评办法进行充分地讨论，与会的校长还就新时期如何办好中小学校进行大会发言。勘探局将对2002年目标考核结果进行奖励兑现。会上，滕局长还要就如何搞好今后的教育工作作重要讲话。

下面，我讲几点意见。

一、近年来我局普通教育工作的回顾

近几年来，我局普通教育工作的基本情况，可以说是在油田重组改制、学校移交地方、基地调整搬迁、学生流动的形势下进行的，我们坚持排除干扰、强化自我，坚持稳定学校、提高质量的原则，教育教学效果显著，成绩斐然，成果辉煌。

1999年重组改制以来，油田进入了重大转折时期，中小学的办学环境随之也发生了重大变化，由于分离企业办社会的原因，油田学校受到了一定的冲击，办学模式和以前相比发生了较大的变化。以前是企业给钱，学校办学，哪里有生产单位，有生活基地，哪里就有学校。对学校来说，一不存在学校布局调整问题；二不存在学生、教师大的流动问题；三不存在教师队伍不稳定的问题。而近几年我们的中小学在一片分离企业办社会的喊声中坚持办学，一定程度上造成了教师队伍的不稳定；加之企业投资体制的改变，中小学在投入上遇到了前所未有的困难。近年来，又由于我局基地的调整，职工的调动，学生的流动，也给学校的办学带来了影响，孩子的上学问题又成为职工关心的一大热点。

局党委、勘探局清楚地认识到，在这种特殊的形势下，中小学教育质量的高低，直接影响着油田队伍的稳定，直接影响着企业效益的好坏。局党委、勘探局高度重视中小学的改革和发展，对普通教育给予了极大的支持，对广大教师和教育工作者给予了无微不至的关怀，局领导做出的努力是有目共睹的。

首先，局党委、勘探局将稳定学校、提高质量、办好中小学列入非常重要的议事日程。在油田重组改制的初期，面对企业分离办社会的大环境，局党委、勘探局明确提出：稳定学校，提高质量的办学原则。孙局长曾多次讲，“不论在什么情况下，都不能亏了孩子，不能干对不起下一代的事，要让石油子弟受到良好的教育。”2000年10月，勘探局在讨论《关于深化教育培训改革的意见》时，对中小学教育改革和发展提出了明确的要求，这就是“三个有利于”，即：一是要有利于企业的改革和发展；二是有利于教育事业的发展和教育质量的提高；三是有利于教职工队伍的建设和油田的稳定，确保石油子弟受到良好的教育。这“三个有利于”一直是我们近几年工作的出发点。2001年9月，勘探局又召开了局务会议，专题研究了中小学教育问题，就加强中小学教育、解决中小学教育存在的有关问题形成了《会议纪要》。《会议纪要》的贯彻落实对中小学教育的改革和发展起到了非常大的推动作用。2002年，孙局长又着眼教育的未来，提出了学校信息化建设问题。今年春节过后，勘探局在局领导办公例会上听取的第一个汇报就是教育部门和两所重点学校的工作，勘探局召开的第一个专业会议是教育工作会议。局领导把教育放在十分重要的地位，相信大家是有目共睹的。

其次，勘探局在人力、物力方面对中小学教育给予了大力的支持。每年“教师节”，勘探局、办学单位都大力表彰先进和优秀教师，解决教育教学中存在的问题。2002年，勘探局增拨教师奖金人均1000元；增拨专项教科研经费80万元；和办学单位共同投资为部分中小学配置微机210台。近两年来，勘探局在投资非常紧张的情况下，新建了银川初级中学、增建了银川高级中学阶梯教室、音乐教室；先后投资300多万元改善了井下子校、咸阳子校、庆阳总校等学校的办学环境。从2003年开始，勘探局拟分两年投资600多万元进行中小学信息化建设；在2月11日的教育工作汇报上，勘探局又做出了进一步改善办学条件、提高油田办学水平的决定，从7个方面在财力、物力、人力上给了我们很多优惠政策和大力支持。

这些大力支持，也极大地鼓舞了我们每一位教育工作者。近年来，广大教职工认清形势，爱校敬业，呕心沥血，辛勤努力，转变教育教学观念，潜心研究，认真教学，使全局中小学在改革和发展的过程中呈现出了前所未有的大好形势。

1. 调整规模初见成效

为了适应油田改革改制以及生产、生活基地调整需要，先后调整、撤并中小学校12所。基本上完成了宁夏地区中小学的整合，使银川基地中小学在办学层次和办学规模上形成了比较好的格局。由于我们及时、合理地调整布局，给中小学教育带来了新的活力。

一是学校数量精简，全局中小学校由1999年的31所减少到现在的24所。二是规模化办学、使紧缺的教育经费集中合理地得到使用，有限的资源得到合理配置，办学效益明显增强。三是规模化办学，优化了教师队伍，形成合力，提高了教育质量。在学校布局调整过程中，由于很好地解决了学生就学问题，学校教育质量不仅没有受到影响，反而越来越高，达到了单位满意、家长满意、学生满意。

2. 办学理念发生了重大变化

2000年以来，国家不断加大了对基础教育的改革力度，中小学教育原有的指导思想、教育观念发生了根本的、质的变化。特别是《新课程标准》的颁布，要求教育者的教育思想、教育观念、教育方法等必须彻底的转变。2001年孙局长提出的“创新、开放、简捷、明确、责任、自信”的十二字企业理念，全面指导了全局各方面的工作，也极大地拉动了教育系统观念的转变。特别是孙局长又提出“老少春秋、至尊至贵”的思想，这把“孩子们”的问题提到一个新的高度。全局中小学通过实行开门办学、外出培训、引进示范，以及与发达地区的学校结成“友好学校”、抓教研教改、总结研讨，较好地落实了孙局长“老少春秋，至尊至贵”的思想，形成了长庆自己的教育理念。那就是：“一切为了孩子，为了孩子的一切，为了一切孩子。”为了实现理念转变，推动学校教学工作，我们每个学校坚持管理创新、观念创新、思想创新、方法创新；体现育人为本、质量第一的原则，使教师的办学理念、教学理念发生了深刻变化，有力地促进了油田办学水平的提高，为学校的工作注入了新的活力。

3. 办学环境有了较大改观

重组改制以来，尽管勘探局财力比较困难，但始终没有减少对教育的投入，始终把改善教育教学条件放在全局工作的重要位置。近几年，全局中小学配置微机300多台；全局有12所学校新建了多媒体教室；有2所学校初步建成了校园网络；目前又提出建设全局中小学信息网，实现“校校通”；给有的学校修建了塑胶操场；一些校容校貌比较陈旧的学校通过局“形象工程”焕然一新，学校绿化、美化工程有了一定进展。一个文明、健康、向上的育人环境正在形成。最近，孙局长在关于教师队伍素质的批示中写到：“我衷心祝愿老师们有个好心情，我们为之创造个好环境”。我们落实了孙局长的指示。

4. 学校管理水平明显提高

中小学通过落实孙局长管理提升战略和精细管理，提高了管理水平。近两年来，中小学未发生学生意外伤亡事故和学生违法犯罪事件，学校安全工作做到了警钟长鸣，防患于未然。在全国青少年违法犯罪呈上升趋势的情况下，做到这一点，是很不简单的。这从一个侧面有力的说明我们的学校实行了精细管理，工作扎实，措施有力，行之有效；学校落实《勘探局关于加强学校安全工作的通知》卓有成效；教育部门和团委组织的学生寒暑假教育效果明显。

5. 培养造就了一支高素质的教师队伍

近几年，尽管有许多不稳定的因素存在，但由于勘探局明确了尊师重教的思想和行动，我局教师队伍是安定的。经过自身的努力，涌现出了一批爱校敬业的骨干教师。特别是通过落实九年制学校及完全小学的级别；增拨教师奖金、“教师节”表彰优秀教师、年度兑现目标考核奖金、落实局级“学科带头人、骨干教师、教学能手”津贴等，建立了教师表彰奖励机制；开展各种形式的教师培训，增拨教科研经费，大力开展教研教改活动；选拔培养骨干教师以及教师的爱校敬业教育等活动的开展，使我局教师队伍的整体素质有了非常大的提高。孙局长在一份关于教育工作的汇报材料中批示：“我们有一支高素质的师资队伍，是大家的幸福。德为魂，业为本，教书育人，从不争春，如松似梅，自知寒暑。”这既是对我局教师队伍的评价，也是对我们的鼓励。高素质的教师队伍，已成为我局一份重要的教育资源。

二、对2003年工作的几点要求

总的来讲，根据国家现阶段对企业办教育必须办好的要求，从2003年开始，我局教育工作将进入第二个发展时期，即：“创新、提高、办精、办好”的阶段。油田各级领导、广大教育工作者必须认清形势，鼓足士气，开拓创新，使教育质量再上台阶。为勘探局“二次创业”，为职工子女的成才就业做出积极的贡献。

1. 继续搞好学校布局调整

根据勘探局产业结构调整和生活基地的调整安排，今后中小学布局调整将按照“合理布局，就学方便，效益优先”的原则，继续根据生源和教育发展状况，进行相应的调整。调整的重点是陇东地区和陕西地区，教育处要对调整工作精心组织，认真对待，切实搞好。

首先，在调研的基础上，制订陇东地区中小学布局调整意见。今年开始，新建的泾河工业园、未央湖、咸阳、三桥等基地的入住职工将陆续搬迁，教师和学生将会出现部分流动。那么，陇东地区的原有学校布局和规模就有一个进一步调整的问题，希望教育处和有关学校一定要掌握时机，弄清情况，做到心中有数。学校布局调整，一要尽量减少因学校调整对教育教学工作的影响；二要安排好被调整学校的学生就学和教职工的工作；三要保证全局教育教学质量的稳步提高。

其次，要继续撤销、合并规模过小的学校。陕西地区调整的重点是解决好新建基地的学生上学问题。最近，集团公司提出，企业办学校可以采取“企有民办”、“校企联合”、“公办民助”等多种形式。我们也要积极研究、探讨我局城市学校的办学机制问题，实现与社会、政府和企业进行联合办学，既解决好我们职工子女的就学问题，又激活我们的办学机制。就陕西地区学校而言，长庆七中主要是解决如何办好的问题，实现水平、质量提高得更快、更高。礼泉子校、咸阳子校、长庆八中是创造环境，解决办学层次，实现再上台阶的问题。

总之，要通过调整使现在学校的规模更加合理，办学层次更加符合要求，达到教育资源合理利用，教育经费集中使用，教师队伍优化组合，实现新阶段我局中小学教育创新、提高、办好、办精的目标。

2. 认真搞好教育改革创新

教育创新与理论创新、制度创新和科技创新一样，是教育改革的原动力。实践证明，只有创新改革，学校改革的步伐才会更大，效果才会更明显。2001 年以来，国家在中小学推行新的课程方案，这是建国以来基础教育改革力度最大的一次，其改革步伐之大，速度之快，难度之大是前七次教育改革所无法比拟的。可以说是教育思想、教育观念、教育管理模式、教学方式、方法的一种脱胎换骨。目前，我局高中学校已实施了新的课程方案，初中和小学已开始在起始年级进行课程改革实验，并逐步扩大实验范围。按国家教育部的部署，2005 年初中和小学要全面实施新的课程方案。因此，改革、创新是近两年学校工作的重头戏。各办学单位、各个学校都要结合实际，认真对待，潜心研究，通过创新来促进观念转变，促进办学水平的整体提高，切实把学校办好。

首先，改革创新要认真执行新课程标准。新课程明确提出要实现三维目标：即知识与技能、过程与方法、情感态度与价值观，构建起课堂教学比较完整的目标体系。由以知识本位、学科本位转向以学生发展为本，真正对知识、能力、态度进行有机的整合，体现对人的生命存在及其发展的整体关怀。同时，新课程标准包括三大理念，即：生活性、发展性和生命性。教育处要按照新课程标准要求做好以下工作：一是要加强对课程改革实验的指导，经常了解、掌握实验进展，搞好交流、总结工作；二是对实验中的难、重点以及共性问题要进行专题研究，切实做到新教材、新教法、新学法，保证实现认识到位，教法到位，质量到位；三是实验学校要切实按照教育处的要求，对实验的各个环节进行探讨、研究、安排、部署，真正做到目的明确，效果明显，有经验，有推广价值。教育处要掌握实验进展情况，适时安排好全局性总结交流工作，保证油田所有学校整体效益的提高。

其次，改革创新要很好转变教育理念。长庆处于经济不发达地区，我们大部分中小学又办在老、少、边、穷地区，信息闭塞，观念落后，与发达地区的先进学校相比，在教育理念、办学方式和管理水平上存在着很大的差距，加上新课程标准要求教师不能再把单纯的知识传授作为教学的主要任务，而应把形成学生正确的学习态度、方法以及灵活的知识迁移的能力作为重要任务，对学生获取知识过程的关心甚于对他们掌握知识结果的关心，对于学生掌握知识方法的关心甚于对他们掌握知识量的关心。这就要求我们必须转变教育思想，更新教育理念，实行新的教学方法。按照新的课程方案，要求学校必须具备三种教育观念：一是以学生发展为本的观念；二是树立学生为主体的观念；三是树立师生平等、民主的观念。我们的教育质量能不能实现跨越式发展，说到底，还在于我们的教育行政管理人员、校长、教师在教育理念上能不能取得突破。我们如果没有先进的教育理念，那只能是穿新鞋走老路。我们的课程改革也只能是一句空话。因此，各学校一定要进一步解放思想，转变理念，更新教育思想，用新的教育思想、新的教育理念指导我们的教育实践，推动我局教育事业的快速发展。因此，2003 年教育处要以课程教材改革为契机，将学校教育思想理念的更新作为重点工作，抓紧抓好。

一是要坚持开门办学，要通过考察、学习经济发达地区先进学校的先进经验，促使我们教育思想和教育理念的转变与更新。向发达地区的学校学习，并不是一定要向人家的“硬件”看齐，关键是要学习人家的“软件”。银川高级中学在这方面带了个好头，他们 2001 年与上海市西中学结成“友好学校”，两年来已先后 4 次派教师到上海学习，请市西的学校领导与老师到学校示范教学，探索新的办学方式，研究新的教育思想，更新老的教育理念，提出一整套符合自己实际的办学方法，促进了学校办学水平和质量的快速提高。

二是用“请进来”的方法，通过讲座、报告、座谈、交流等多种形式，学习先进学校的教学经验，真正把先进的教育思想与理念内化为促进我们办学水平提高和增强教师实际能力的有力措施。

3. 继续加强教师队伍建设

教师队伍建设是学校工作的永恒主题。任何时候、任何情况下都不能放松，只有抓好这个主题，提高教育质量才有保证。按照江泽民总书记对广大教师的要求，做一个新世纪合格的教师必须具备三方面的素质：一是政治素质，“希望我们的教师志存高远、爱国敬业”。教师是为国家和人民培养人才的人，职业神圣而伟大。教师本人必须忠诚党的教育事业，政治素质过硬。二是职业道德素质，“希望我们的教师为人师表、教书育人”。叶圣陶先生曾说过“教师的全部工作就是为人师表”。教师要真正做到“学高为师，身正为范”，需要很高的道德修养。教师要忠于职守、敬业爱岗、爱生如子。我认为，师德的灵魂是爱。热爱教育，热爱学生，用爱去爱护、关心、培养学生的教师，绝对是一个称职的教师。全局每一个教师都应把是否具有高尚的职业道德作为对自己最重要的要求，并在教育教学的过程中加以实践。三是业务素质，“希望我们的教师严谨笃学、与时俱进”。给学生一碗水，教师必须有一桶水。教师在知识不断更新的当今时代，必须加强学习、终身学习。教育处和学校要在这方面积极创造条件，加大教师的培训力度，加强教师的教材教法研究，严格教师的岗位练兵，组织好以听课为主的观摩教学，广泛开展优质课评选活动，大力推广先进教师的教学方法，切实培养一批业务素质过硬的教师队伍。以上三点，既是对全局教师的要求，也是教育部门、学校教师队伍建设的任务。

目前，全局已初步建立了骨干教师的选拔培养机制和教师教育教学的考核、奖励机制；各校应积极采取措施，注意通过制度和管理机制促进教师职业道德水平和业务水平的提高。今后，要在全局教师中树立“六种精神”：热爱党、热爱人民的爱国精神；恪尽职守的敬业精神；爱生如子的园丁精神；淡泊名利的奉献精神；为人师表的自律精神；锐意进取的创新精神。力争造就一支献身教育事业的高素质的油田教师队伍，为长庆教育的跨越式发展奠定坚实的基础。

4. 进一步加强学校管理

近几年，我局中小学通过目标管理、精细

管理，方方面面的管理水平有所提高。加强学校管理是学校工作的永恒主题，管理也要改革，管理也要创新，要与时俱进。学校的管理重点是人的管理，一要管好教师，二要管好学生。

首先，要管好教师。校长要以学校为本，学校要以人为本，学校管理应体现人文关怀。人是有情感的，有了情感才能有同情、有理解、有爱心、有热情。情感在学校这样的环境中能起一种亲和与凝聚作用，所以校长要重视情感在学校管理中的作用。对教师一是要尊重；二是要宽容；三是严格要求；四是要激励。激发教师的群体意识和使命感，焕发他们的工作热情，为他们的辛勤工作创造一个有利于焕发工作热情的舒心环境。同时，也要严格要求我们的教师。教师的行为规范必须符合教书育人这样一个神圣的职责，符合我们倡导的教师要具备的“六种精神”。

其次，要管好学生。爱学生是管好学生的前提。这两年我们要突出抓好对滞后生的管理工作。滞后生的形成除了主观原因外，很重要的因素是在他们发生问题时，社会、家庭、老师因为教育的态度和方法不当造成的。要树立为学生健康成长的服务意识，根据新的教育思想和理念，针对学生的年龄特点和思想状况确定管理内容、制订管理制度，采取科学有效的管理方式，促使学生全面发展，确保学生身心健康。各校要特别注重要因人因事而异，因材施教，把管理和教育有机的结合起来。同时，学生管理工作既要反映时代的发展和学生生活的新变化，也要尊重学生的成长规律，研究新时期学生思想变化的特点，有针对性地做好矫正工作。目前，要特别注意社会上一些消极因素对学生产生的负面影响，如有的中小学生打架、抽烟、喝酒的现象时有发生；少数学生迷恋电子游戏、迷恋网吧。滞后生各校虽然数量不多，但转化存在一定难度，主要是容易反复。2002 年教育处组织各个学校对滞后生的转化进行了专题研讨，还编印了一本专集，这很好。我想，2003 年教育处和学校更要突出研究一下这两个问题。通过研究逐步加以解决。同时，也要注意探索新形势下德育工作的新思路、新方法。

再次，要进一步搞好学校安全工作。近几年，局教育行政部门、办学单位和中小学校根据勘探局对学校安全工作的要求，在学生家长和有关单位的积极配合下，做了大量工作，各种安全防范知识在中小学师生中得到了普及，师生安全意识增强，防范能力提高。安全工作保证了中小学生健康成长。

2003 年，我们要进一步落实办学单位主管领导和校长是学校安全的第一责任人的要求，逐项逐条地研究落实学生安全管理措施，保证中小学生不发生人身伤害事故及严重违纪问题。这次会议，王振昌处长已在工作报告中对安全工作进行了安排部署。但是，我还要强调一下安全问题。我们这样经常讲，反复讲，并不是小题大做。目的只有两个：一是要引起你们的足够重视；二是要你们回去以后狠抓落实。江泽民同志指出：“隐患险于明火，防范胜于救灾，责任重于泰山。”学校安全无小事，必须警钟长鸣，防患于未然。各办学单位的主管领导和校长一定要把安全问题提到非常重要的工作日程上，以对国家和人民高度负责的态度，下大力气抓好学校的安全工作，保证学生健康成长，保证我们校校平安，保证全局所有的中小学生平安无事。

5. 认真搞好学校信息网络建设

2002 年，孙局长首先提出了我局教育信息化的问题，对信息化建设提出了明确的要求，并亲自参加信息网络考察汇报和方案研讨会议。目前这项工作已经起步。信息网络建设的实施方案和步骤已经确定，这是我局实现教育现代化的重大举措。各单位、学校一定要理解局党委、勘探局的良苦用心，管好用好信息网络设施，充分利用教育资源，提高教学质量。教育处和实验学校要在建设方案的制订过程中，吸取发达地区的经验，培训师资，制订管理办法和使用方案。要多渠道、多用途入手，研究管理、教学、德育、课外活动等各个环节做好信息收集、交流、传输和利用问题，保证信息建设的高效实用，实现油田远程教育的信息网络化。

同志们，“老少春秋，至尊至贵”。我们任重而道远。“少有所教，教有所成”是我们的目标和责任。我们要认真贯彻新时期党的教育方针，树立“长期办学，质量立校”的思想，形成风正人和，爱校敬业的氛围，把培养具有创新精神和创造性的人才作为新世纪肩负的重大责任，努力开创长庆教育工作的新局面。

我相信，在局党委、勘探局的正确领导下，我们有能力、也有信心做好全局中小学教育工作，为我局“二次创业”再做贡献。

（局办公室于 2003 年 2 月 28 日以长局办发［2003］第 3 号文印发）

附　录

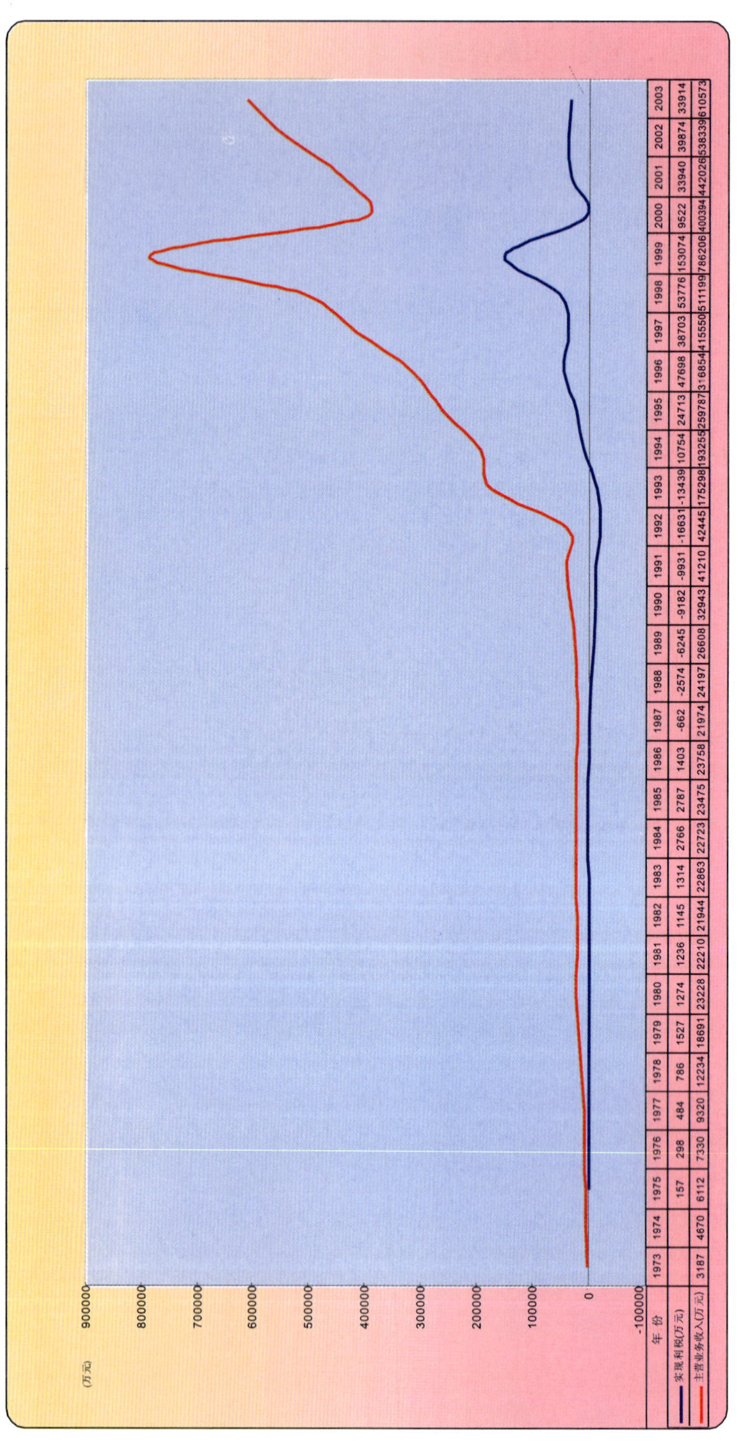

年 份	1973	1974	1975	1976	1977	1978	1979	1980	1981	1982	1983	1984	1985	1986	1987
实现利税(万元)			157	298	484	786	1527	1274	1236	1145	1314	2766	2787	1403	-662
主营业务收入(万元)	3187	4670	6112	7330	9320	12234	18691	23228	22210	21944	22863	22723	23475	23758	21974

年 份	1988	1989	1990	1991	1992	1993	1994	1995	1996	1997	1998	1999	2000	2001	2002	2003
实现利税(万元)	-2574	-6245	-9182	-9931	-16631	-13439	10754	24713	47698	38703	53776	153074	9522	33940	39874	33914
主营业务收入(万元)	24197	26608	32943	41210	42445	175298	193255	259787	316854	415550	511199	786206	400394	442026	538339	610573

历年主营业务收入、实现利税

（万元）
600000
500000
400000
300000
200000
100000
0
73128
87167
116569
147008
222586
282900
327376
393409
511252
156684
160918
191719
199800
1991
1992
1993
1994
1995
1996
1997
1998
1999
2000
2001
2002
2003
（年）

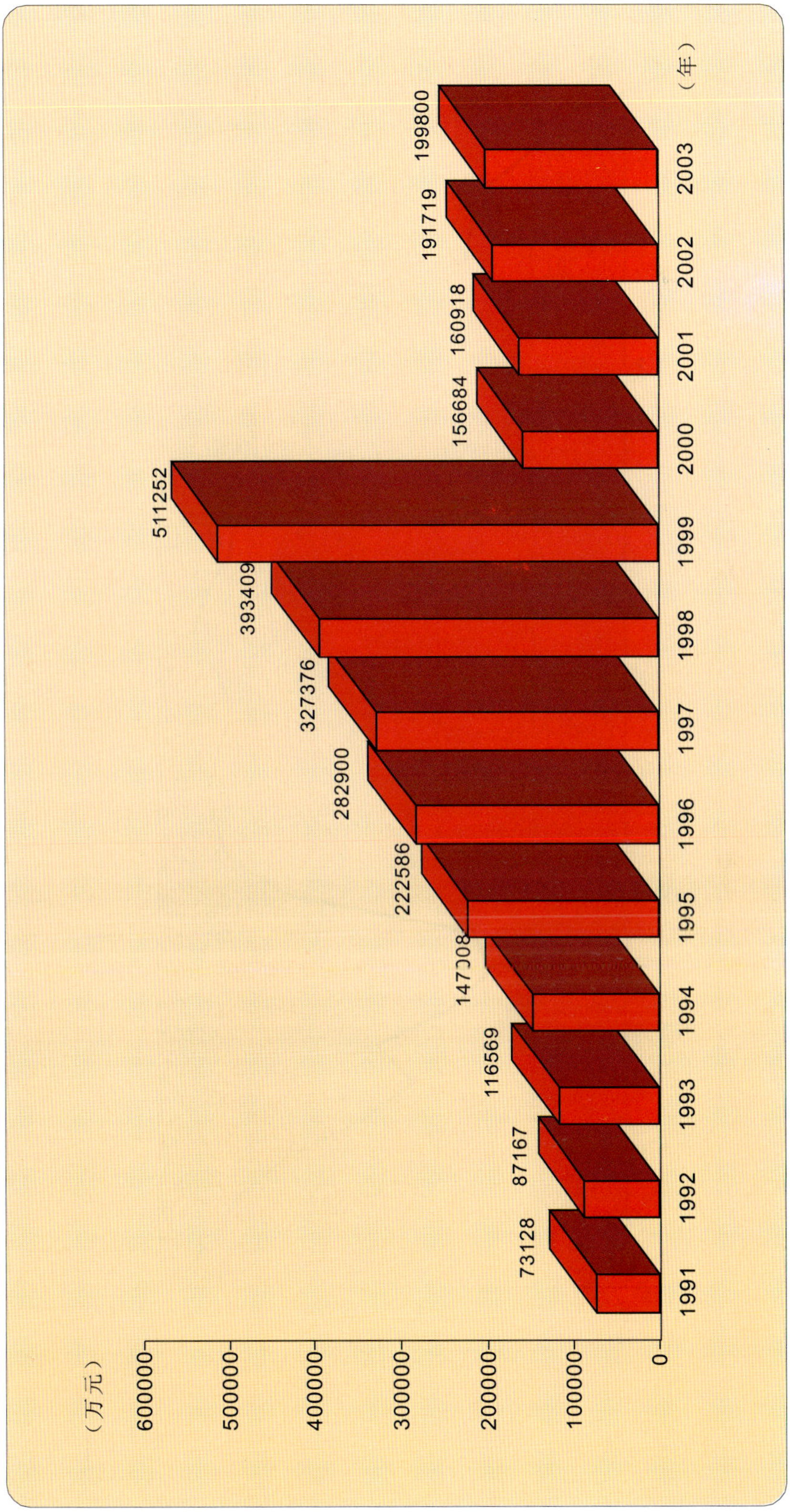

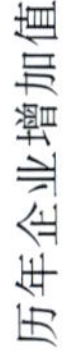

历年企业增加值

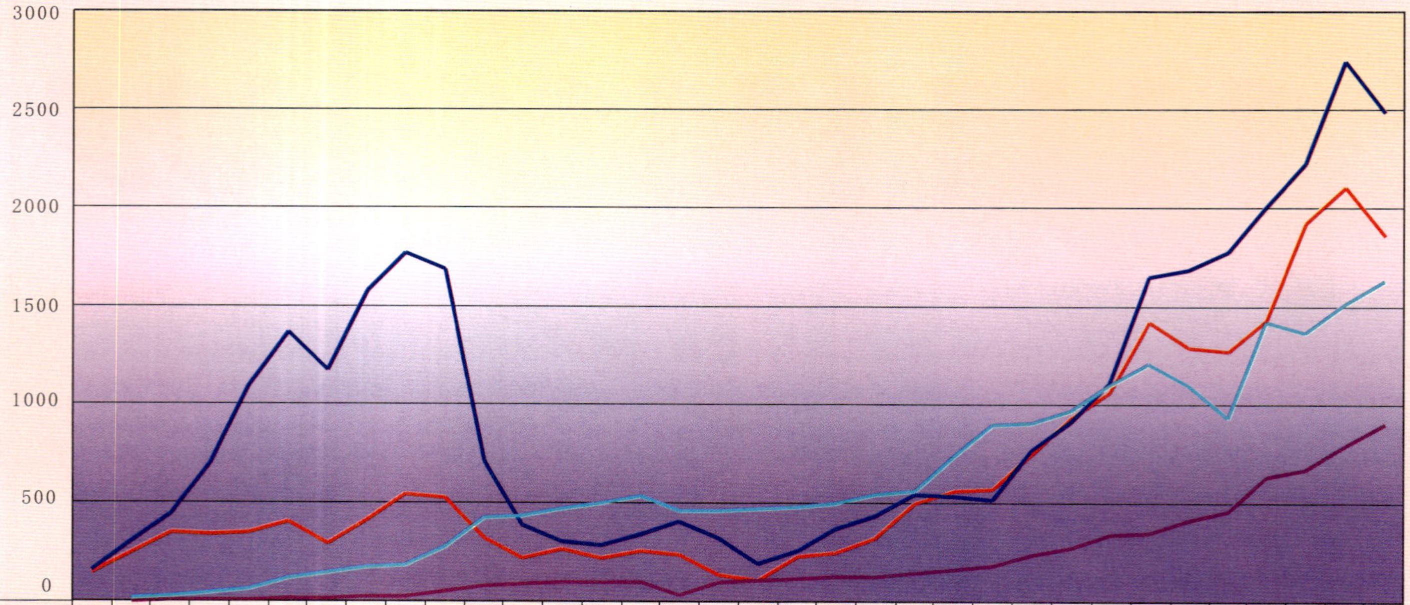

年份	1970	1971	1972	1973	1974	1975	1976	1977	1978	1979	1980	1981	1982	1983	1984	1985	1986
钻井进尺（千万米）	149	246	351	340	347	405	295	411	549	523	321	217	268	225	261	243	142
试油压裂（层次）	154	302	439	701	1091	1362	1176	1575	1769	1692	711	389	303	285	339	407	327
供水量（万方）		14	32	50	65	123	146	174	187	277	421	436	468	500	538	466	463
供电量(百万千瓦·时)		4	5	9	12	19	23	25	29	53	82	92	99	98	101	37	105

年份	1987	1988	1989	1990	1991	1992	1993	1994	1995	1996	1997	1998	1999	2000	2001	2002	2003
钻井进尺（千万米）	109	235	251	327	503	562	568	752	931	1066	1423	1293	1273	1433	1929	2113	1865
试油压裂（层次）	197	261	373	437	544	534	513	768	918	1110	1649	1688	1779	2015	2232	2752	2491
供水量（万方）	470	480	499	547	567	741	894	904	965	1094	1208	1096	934	1417	1369	1517	1632
供电量(百万千瓦·时)	108	117	128	133	148	164	188	237	273	342	347	411	460	641	673	797	901

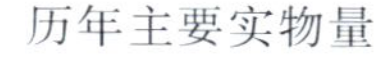
历年主要实物量

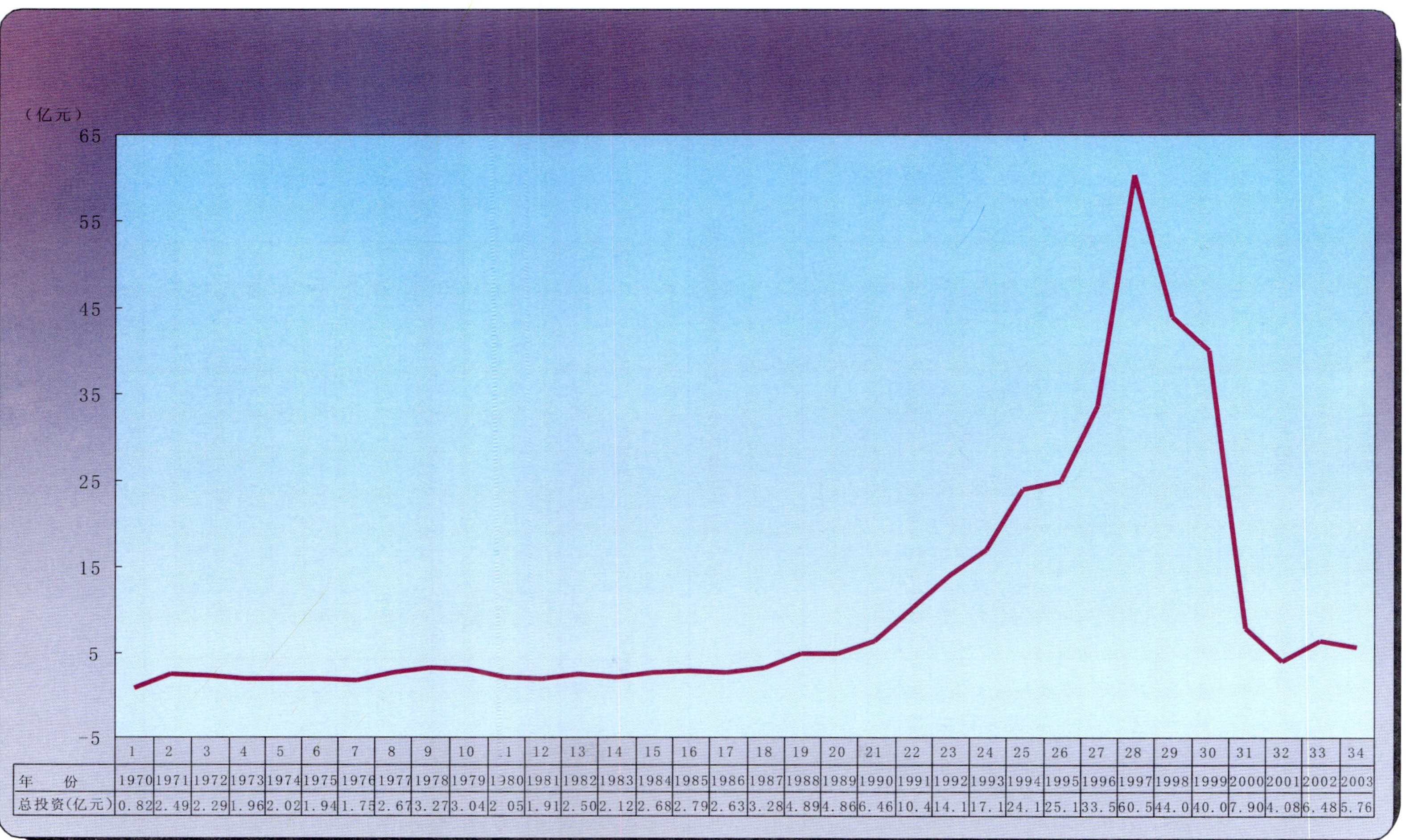

年　份	1970	1971	1972	1973	1974	1975	1976	1977	1978	1979	1980	1981	1982	1983	1984	1985	1986
	1	2	3	4	5	6	7	8	9	10	11	12	13	14	15	16	17
总投资(亿元)	0.82	2.49	2.29	1.96	2.02	1.94	1.75	2.67	3.27	3.04	2.05	1.91	2.50	2.12	2.68	2.79	2.63

年　份	1987	1988	1989	1990	1991	1992	1993	1994	1995	1996	1997	1998	1999	2000	2001	2002	2003
	18	19	20	21	22	23	24	25	26	27	28	29	30	31	32	33	34
总投资(亿元)	3.28	4.89	4.86	6.46	10.4	14.1	17.1	24.1	25.1	33.5	60.5	44.0	40.0	7.90	4.08	6.48	5.76

历 年 投 资

2000—2003年钻井工作量完成排名表

排名	钻井进尺（万米）							
	2000年		2001年		2002年		2003年	
	工作量	单位	工作量	单位	工作量	单位	工作量	单位
1	257.29	大庆	242.73	大庆	248.27	大庆	293.50	大庆
2	145.00	长庆	179.72	长庆	195.08	长庆	202.60	新疆
3	140.71	辽河	163.25	吉林	159.97	新疆	190.49	长庆
4	134.76	新疆	149.59	新疆	146.66	华北	165.81	华北
5	121.56	华北	127.13	华北	142.47	吉林	164.83	吉林
6	94.03	吉林	125.48	辽河	124.93	辽河	159.59	辽河
7	67.67	大港	74.59	大港	72.27	大港	86.35	大港
8	38.36	吐哈	42.88	四川	44.79	吐哈	67.18	吐哈
9	31.21	四川	38.70	吐哈	43.08	四川	57.96	四川
10	15.38	青海	15.68	青海	15.94	青海	27.35	中油国际
11	1.40	玉门	0.75	玉门	1.03	玉门	20.48	青海
12							1.11	玉门
合计	1047.36		1160.50		1194.48		1437.23	

2000—2003年井下作业工作量完成排名表

排名	井下作业（井次）							
	2000年		2001年		2002年		2003年	
	工作量	单位	工作量	单位	工作量	单位	工作量	单位
1	26584	辽河	39376	辽河	39473	辽河	37712	辽河
2	17093	吉林	20428	吉林	18987	吉林	20498	吉林
3	8832	新疆	9008	长庆	11137	长庆	13503	长庆
4	7825	长庆	8590	新疆	10193	新疆	11207	新疆
5	3954	大港	5018	华北	4699	大港	6320	华北
6	3926	华北	4217	大港	4356	华北	5563	大港
7	2543	玉门	2345	玉门	2499	玉门	2602	玉门
8	1746	冀东	1687	冀东	1891	冀东	2134	冀东
9	1318	青海	1550	青海	1737	吐哈	1843	吐哈
10	943	吐哈	1473	吐哈	1394	青海	1552	青海
11	252	四川	342	四川	367	四川	452	四川
12		大庆		大庆	74	大庆	352	大庆
合计	75016		9403		96807		103738	

2000—2003年试油工作量完成排名表

排名	试油（层）							
	2000年		2001年		2002年		2003年	
	工作量	单位	工作量	单位	工作量	单位	工作量	单位
1	903	长庆	880	长庆	1022	长庆	922	长庆
2	583	华北	559	华北	564	华北	544	华北
3	305	大港	376	大港	276	大港	437	中油国际
4	224	新疆	284	吉林	270	吉林	344	大港
5	200	吉林	219	新疆	145	四川	240	吉林
6	130	辽河	120	辽河	135	辽河	146	四川
7	90	四川	91	四川	122	新疆	132	新疆
8	86	青海	55	青海	83	中油国际	123	辽河
9	41	吐哈	41	吐哈	80	青海	105	青海
10	26	冀东	39	中油国际	77	吐哈	94	吐哈
11	14	玉门	20	冀东	14	玉门	36	冀东
12			16	玉门	11	冀东	12	玉门
合计	2602		2700		2799		3135	

2000—2003年录井工作量完成排名表

排名	录井（口）							
	2000年		2001年		2002年		2003年	
	工作量	单位	工作量	单位	工作量	单位	工作量	单位
1	904	辽河	1103	吉林	1332	新疆	1722	新疆
2	884	新疆	1033	新疆	999	长庆	1065	辽河
3	819	长庆	1009	长庆	990	辽河	1057	吉林
4	581	吉林	941	辽河	871	吉林	906	长庆
5	458	华北	473	华北	633	华北	594	华北
6	300	大港	322	大港	484	大港	489	大港
7	177	青海	139	青海	189	青海	261	吐哈
8	151	吐哈	137	吐哈	161	吐哈	140	四川
9	81	四川	86	四川	103	四川	134	中油测井
10	31	中油国际	40	中油国际	59	中油国际	97	中油国际
合计	4386		5283		5821		6465	

编 后 记

《长庆石油勘探局年鉴》2001—2004 年卷在各级领导的关怀和支持下，在年鉴编辑部同志们的共同努力下出版了，这是长庆局史志建设中的一件值得庆贺的大事。本年鉴分（一）、（二）、（三）三册，全书约 300 万字。书中全面、系统、真实地记述了长庆局在社会主义物质文明和精神文明建设中的基本情况，重组改制、“二次创业”的战斗历程和所取得的瞩目成就，为读者了解、认识长庆局提供了权威性信息资料。

长庆局各级领导十分重视和支持年鉴的编辑出版工作。局长、党委书记孙玉辰任编委会主任，并作序言。局机关各部门、各二级单位领导也十分支持年鉴工作，组织专门人员撰稿、审核年鉴稿件，对年鉴工作予以极大的关心和支持。局机关各部门、各二局单位的撰稿人员，为本年鉴的出版付出了辛勤的劳动。同时，《中国石油报》长庆记者站、油田档案馆、局办公室、长庆石油报社、工程技术研究院的同志们为年鉴编辑提供了大量的档案、资料和照片。在此，对这些单位和同志们，对所有支持年鉴工作，为年鉴编辑出版提供了帮助的人们致以崇高的敬意和深深的谢意。

尽管在本年鉴的编辑过程中，我们做出了很大的努力，但限于工作经验和编辑水平等方面的原因，难免存在疏漏和不足，恳切期望大家提出批评和建议，以利于在今后的年鉴编辑出版工作中做得更好。

《长庆石油勘探局年鉴》编辑部

2005 年 2 月